高等学校计算机应用规划教材

信息软件系统
测试与实践

张伟　王骋　孙涛　魏理豪　许海洋 编著

清华大学出版社

北　京

内 容 简 介

本书浓墨重彩地描述信息软件系统的基本概念、开发技术、测试技术和测试工具，详细介绍测试管理工具 HP ALM、功能自动化测试工具 HP UFT、性能测试工具 HP Loadrunner 和安全测试工具 IBM AppScan 的基本操作方法并列举实际应用案例。

全书分为基础、测试管理、功能测试、性能测试和安全测试等 5 个部分。第 I 部分系统介绍信息软件系统的基本概念、开发技术和测试技术；第 II 部分主要介绍软件测试管理的基本概念及内容、测试管理工具 HP ALM 的工作流程及常见操作；第 III 部分主要介绍功能测试以及自动化测试的基本概念和原理、测试工具 HP UFT 的常用操作和关键技术以及使用 HP UFT 实施功能自动化测试的过程；第 IV 部分主要介绍性能测试的基本概念和原理、测试工具 HP Loadrunner 的常用操作和关键技术以及使用 HP Loadrunner 实施性能测试的过程；第 V 部分主要介绍安全测试的基本概念和原理、测试工具 IBM AppScan 的常用操作以及使用 IBM AppScan 实施安全测试的过程。

本书可作为高等院校软件工程及计算机相关专业的教材和参考书籍，可作为软件测试应用型人才的培训教材，也可供软件测试、质量保证及项目管理从业人员参考。

图书在版编目(CIP)数据

信息软件系统测试与实践 / 张伟 等编著. —北京：清华大学出版社，2017
(高等学校计算机应用规划教材)
ISBN 978-7-302-47799-0

Ⅰ.①信… Ⅱ.①张… Ⅲ.①信息系统－应用软件－测试－高等学校－教材 Ⅳ.①G202

中国版本图书馆 CIP 数据核字(2017)第 170414 号

责任编辑：王 军 韩宏志
装帧设计：孔祥峰
责任校对：成凤进
责任印制：王静怡

出版发行：清华大学出版社
网　　　址：http://www.tup.com.cn，http://www.wqbook.com
地　　　址：北京清华大学学研大厦 A 座　　　邮　　编：100084
社 总 机：010-62770175　　　　　　　　邮　　购：010-62786544
投稿与读者服务：010-62776969，c-service@tup.tsinghua.edu.cn
质 量 反 馈：010-62772015，zhiliang@tup.tsinghua.edu.cn

印 装 者：三河市金元印装有限公司
经　　销：全国新华书店
开　　本：185mm×260mm　　　印　　张：27.25　　　字　　数：731 千字
版　　次：2017 年 8 月第 1 版　　　印　　次：2017 年 8 月第 1 次印刷
印　　数：1～2000
定　　价：79.80 元

产品编号：070865-01

序

近十几年来，在国家政策的大力扶持下，我国的软件产业迅猛发展，软件在国民经济各个领域中的作用越来越重要。作为软件的一个领域，信息系统在软件产品中占有相当大的比重，各类信息系统的开发建设形成了巨大市场。特别是近十年来，党中央不断提出基于工业化需求牵引、信息化技术驱动的"两化融合"目标，而"两化融合"的关键是软件：工业软件、信息系统软件。

软件测试是保障软件质量的重要环节，是软件工程的重要分支之一。随着用户对软件质量要求的不断提高以及软件规模和复杂程度的日益增加，各IT企业对软件测试岗位的要求也越来越高，测试人员不仅要精通各种软件测试技术和方法，具有一定的软件测试实践经验，还要熟悉软件开发技术和开发流程，具备理解新技术和应用新工具的能力。

我国的软件测试研究和应用起步较晚，在软件测试理论研究、测试工具开发、测试框架开发、测试过程管理等方面还落后于一些软件业发达的国家。可喜的是，越来越多的国内IT企业成立了独立的测试部门，重视测试人才的培养和引进，并将更多时间和资源投向测试领域。测试经理、测试工程师已成为热门职业，许多优秀技术人员在从事软件测试方面的工作。

《信息软件系统测试与实践》的编写团队已经从事高校教育及软件测试工作多年，并已为编写该教材做了较长时间的准备工作。该教材具有如下特点：

- 内容安排合理，重点突出，能够满足国内IT企业，特别是国内各种评测机构或评测组织对现代软件人才培养的要求；
- 用大量篇幅讲解了测试工具的使用和自动化测试技术的运用。重点讲解HP ALM、HP UFT、HP Loadrunner和IBM AppScan四种测试工具的使用技巧，这些工具都是测试信息软件系统的主流工具；
- 适合案例式教学，注重实践动手能力的培养。作者根据自己的测试实践经验，在教材中设计了若干个典型的测试案例，并用企业规范的测试流程说明了这些案例的测试实施过程，这对缺乏实践经验的培养对象而言具有极好的引领作用，对开阔软件测试人员的眼界、思路和具体实践有很大帮助。

总之，这是一本集专业性、实践性、思想性和实用性为一体的软件测试教材，是作者总结多年软件测试工作、软件测试理论教学及实践教学的经验编写的。它的出版必将有助于国内软件测试人员和计算机相关专业的本科生、专科生及研究生的培养，有利于推动自动化测试技术和方法的研究、教学和实践的进一步发展，同时对我国软件测试业的发展和软件测试人才的培养起到积极的推进作用。

李建平

航天中认技术总监及国家科技进步奖评审专家

前　　言

21 世纪是社会信息化高速发展的时代，信息系统改变着人们的生活、工作和学习方式。随着信息系统应用领域的扩大以及软件规模和复杂程度的增加，信息软件系统产生错误的概率大大增加，这给信息软件系统质量的保障工作带来了挑战。软件测试是保障软件质量的重要手段，也是发现与排除缺陷最有效的手段之一，可以说，通过软件测试发现软件中的缺陷并进行修复是提升软件产品质量的重要途径。

《信息软件系统测试与实践》是一本综合性实践教材。它以信息软件系统为测试对象，较系统地介绍了软件测试的基本概念、测试方法、策略、测试管理技术、功能自动化测试技术、性能测试技术和安全测试技术等内容。其中，测试管理、自动化测试、性能测试和安全测试是软件测试工程师职业进阶必备的专业技能。本书设计了大量案例和习题，适于实践性教学和读者自学。

随着软件测试地位的逐步提高，测试的重要性逐步显现，测试工具的应用已经成为普遍趋势。本书选取主流的测试工具——测试管理工具 HP ALM、功能自动化测试工具 HP UFT、性能测试工具 HP Loadrunner 和安全测试工具 IBM AppScan，详细介绍了它们的基本操作和关键技术，并以规范的软件测试流程为基础，完整呈现测试过程管理、功能测试、性能测试和安全测试的整个过程。

本书特色

(1) 首次全面系统地介绍信息软件系统的测试技术，重点介绍信息软件测试中较重要的功能测试、性能测试和安全测试的基本概念、原理、技术以及测试工具的使用。其中，测试工具选取的是当前主流的、较新版本的测试工具，这使读者将来可以更好地理解和迅速融入企业的软件测试项目中。

(2) 在测试实施过程中，以较规范的测试流程为主线，涵盖了分析测试需求、制订测试计划、设计并编写测试用例、开发测试脚本、执行测试、管理软件缺陷、分析测试结果等软件测试活动的各个环节。通过本书的学习，读者可以切身体会到测试知识在实际项目中的应用，实现从学校到企业的平滑过渡。

(3) 将自动化测试工具与测试管理工具完美融合到测试案例中，使得整个测试过程更规范，便于测试资源、测试脚本以及测试文档的集中管理，促进项目成员间更好地协同工作，提升了测试活动的效率和智能化程度。其中，HP ALM 对测试的管理贯穿于软件测试生命周期的始终，从测试周期的发布、测试需求树的创建、自动化测试用例的创建与管理、测试脚本的创建与管理，到自动化测试的执行、测试缺陷的管理以及测试报表的分析，使得整个测试活动成为一个有机整体。

(4) 重视分析过程，倡导 "what - how - why" 的学习三部曲。从分析实际问题入手，寻找合理的解决方案，并探究其背后的原因，而不是仅简单地讲述测试工具的使用。本书引入了基于 HP UFT 和 HP ALM 的功能自动化测试框架，阐述测试思想，并用其指导自动化测试脚本的开发、执行和维护，提升脚本的可读性、可重用性和可维护性。

(5) 采取行之有效的设计方法来编写测试用例。在测试用例的设计过程中，不仅要结合等价类划分法、边界值分析法、错误推测法等常用测试方法，还要考虑测试覆盖率、测试优先级、测试充分性等因素。

本书可作为软件测试方向应用型人才培养的指定教材，也可作为计算机相关专业的选修教材，建议 96 学时。

本书的作者均具有企业一线工作经验，在航天软件测评中心、航天中认软件测评科技(北京)有限责任公司、中国软件测评中心等单位从事软件测试工作多年，参与过多项重大项目的测试和开发工作。蔡建平教授担任本书的主审工作，提出了很多宝贵建议；我的学生王大川、丰淑成、张涛、张恒铭参与了本书的审稿工作；同时，航天中认公司的多位工程师在本书编写过程中给予了大量技术支持，在此一并表示感谢。

本书很多内容来自实际项目的经验总结，由于笔者水平有限，难免存在错误和不足之处，希望能与广大同行和读者共同讨论研究。谢谢关注本书的所有读者。

张伟

目　录

第 | 部分

信息软件简介及技术
要点分析

　　如果把信息软件系统比作一座城堡，那么开发工程师就是建造城堡的工人，测试工程师则是这个城堡的巡检员。测试工程师的工作是检验这个"城堡"的方方面面是否符合设计要求，甚至在"城堡"投入使用之前要尝试破坏这个"城堡"，以测试它的极限承受力。按照这个比喻，本部分第1章的内容就是要告诉读者这座"城堡"的基本构成、建造工艺、布局特点等内容。第2章描述了通过什么方法去检测这座"城堡"的基本功能(供给水、防御)、坚固程度、宜居情况等内容。木部分是信息软件系统综合测试的基础篇，通过学习，读者应该能够掌握信息软件系统的相关概念，并从整体上熟悉和理解信息软件开发和测试的基础知识，为后续学习测试管理、功能测试、性能测试、安全性测试相关知识提供理论支撑。

第 1 章　信息软件概述

据历史记载，早在三千多年前，中国就有了利用烽火台通信的方法。烽火台筑在长城沿线的险要处和交通要道上，一旦发现敌情，便立刻发出警报：白天点燃掺有狼粪的柴草，使浓烟直上云霄；夜里则点燃加有硫磺和硝石的干柴，使火光通明，以传递紧急军情。烽火台可以被看成一种信息传递系统，即信息通过烽火台得到了加工、传递和共享。21 世纪是社会信息化高速发展的时代，信息化社会的重要特征是网络化，即通过计算机和高速网络来传递各种信息，这里的计算机及网络构成了传递现代信息的"烽火台"。

随着社会信息化进程的加速，出现了信息量激增、知识爆炸等问题。为更好地组织、管理、传递和共享信息，使人们可以快速、便捷、准确地从海量信息中查找所需的信息数据，出现了各种各样的信息软件系统。目前信息软件系统已经广泛应用于人们生活、工作和学习等各个领域。

本章要点如下：
- 信息系统基础知识
- 信息系统组成及分类
- 信息软件生命周期
- 信息软件开发过程模型
- 信息软件主流架构及技术

1.1　信息系统基础知识

随着社会的不断发展，人们希望能针对性地按照计划来组织和使用信息，信息系统应运而生。所谓的信息系统(Information System)是以提供信息服务为主要目的的数据密集型、人机交互型计算机应用系统。通过对计算机及网络通信技术(特别是互联网)的充分运用，信息的收集、传递、存储、加工、维护和使用变得更高效。信息系统已成为企业以及各类组织进行运营和管理不可缺少的工具之一。

1.1.1　信息系统组成

随着人们对信息系统的智能化、友好性、及时性、全面性等要求的不断提高，信息软件系统的规模日趋庞大和复杂。一般来说，信息系统由计算机硬件、计算机网络、计算机软件、信息资源、信息用户和规章制度组成。下面简单介绍信息系统的主要组成要素。

(1) 计算机硬件包括通信终端、服务器、网络设备以及其他数字化设备等硬件。

(2) 计算机网络是一个集合，将地理位置不同的具有独立功能的多台计算机及其外部设备，通过通信线路连接起来，在网络操作系统、网络管理软件及网络通信协议的管理和协调下，实现资源共享和信息传递。

(3) 计算机软件包括支持信息软件运行的系统软件(如操作系统、数据库等)、信息软件以及与信息软件通信的其他应用软件。

(4) 信息用户是指信息软件的使用者。

(5) 信息资源是指信息软件中可传递给使用者的消息内容。

通过对信息系统的运用，企业或者组织能在以下几个方面受益：

(1) 能够极大地提高信息收集、传递与处理的效率和有效性，从而增强企业或者组织对内、外环境变化响应的敏捷性和灵活性，提高管理决策的及时性和科学性；这是实现企业或者组织战略目标的重要保证。

(2) 信息系统是实现业务链上组织之间协调与合作的重要手段。

(3) 信息系统加速了组织内部信息的传递与共享，提高了信息处理效率，减少了中间环节，使得组织扁平化、网络化、虚拟化改造成为可能。

(4) 信息系统是对业务流程诸多环节进行集成管理，实现生产与服务过程柔性化和个性化的重要手段。

(5) 信息系统实现了对组织业务信息的及时、统一的管理，加强了企业控制能力，提高了信息处理的效率，从而降低了人力成本。

(6) 信息系统加强了业务、管理流程和数据的规范化，减少了随意性和人为失误。

1.1.2 信息系统分类

信息系统的划分有很多种方法，可将信息系统分为业务信息系统、管理控制系统和战略信息系统三类；还可以根据系统资源的空间布局状况将信息系统分成集中式系统和分布式系统两类；也可以按照信息系统面向的职能分为生产、销售、财务、人力资源等系统，现有信息系统的商品软件中不少就是面向某个或某类管理职能的。为便于对一个组织内的信息系统进行开发、应用与管理，按照信息系统支持业务活动的层次与范围，信息系统分成以下几类：

(1) 业务支撑系统，这类系统又可分成：事务处理系统(Transaction Process System，TPS)，用于组织核心业务活动的处理，如商业银行的交易系统，移动通信公司的计费系统等；知识工作支持系统(Knowledge Work Systems，KWS)，如生产行业的质量事故分析和学习体系。

(2) 管理决策系统，这类系统可分成两类系统：管理报告系统(Manager Report System，MRS)，如各类报表系统；决策支持系统(Decision Support System，DSS)，如常见的各类商业智能应用。

(3) 面向协作与交流系统，这类系统又可以分为：办公自动化系统(Office Automation，OA)，如各类工作流应用；协同办公系统；信息门户网站。

1.2 信息软件开发

一般来讲，软件被分为系统软件、应用软件和介于这两者之间的中间件。其中系统软件为计算机使用提供最基本的功能，但并不针对某一特定应用领域。而应用软件则恰好相反，不同的应用软件根据用户和所服务的领域提供不同的功能。信息软件属于应用软件，或者说信息软件是面向信息应用的软件。

1.2.1　软件的生命周期

软件工程的传统解决途径强调使用生存周期方法学和各种结构分析及结构设计技术。它们是在 20 世纪 70 年代为了应对应用软件日益增长的复杂程度、漫长的开发周期以及用户对软件产品经常不满意的状况而发展起来的。

人们解决复杂问题时普遍采用的一个策略就是"各个击破",也就是对问题进行分解,然后分别解决各个子问题的策略。软件工程实际上是从时间角度对软件开发和维护的复杂问题进行分解,把软件生存的漫长周期(或把用户的要求)转变成软件产品的过程。

1. 什么是软件生命周期

与任何事物一样,一个软件产品或软件系统也要经历孕育、诞生、成长、成熟、衰亡等阶段,一般称为软件生存周期(软件生命周期)。把整个软件生命周期分为若干阶段,使得每个阶段有明确的任务,使规模大、结构复杂和管理复杂的软件的开发变得容易控制和管理。通常,软件生命周期包括问题定义与可行性研究、需求分析、设计(概要设计和详细设计)、编码、测试、维护等活动,可将这些活动以适当方式分配到不同阶段去完成。

这种按时间划分的思路是软件工程中的一种思想原则,即按部就班、逐步推进,每个阶段都要有定义、工作、审查、形成文档供交流或备查,以提高软件的质量。但随着面向对象的新的设计方法和技术的成熟,软件生命周期设计方法的指导意义正在逐步减少。

2. 软件生命周期的阶段划分

1) 软件生命周期的阶段概念

(1) 用生命周期方法开发软件时,首先分析任务的抽象逻辑,一个阶段一个阶段地进行开发;

(2) 前一个阶段任务的完成是开始进行后一个阶段工作的前提和基础,而后一阶段任务的完成通常是使前一阶段提出的解法进一步具体化,加进了更多物理细节;

(3) 每一个阶段的开始和结束都有严格标准,对于任何两个相邻的阶段而言,前一阶段的结束标准就是后一阶段的开始标准;

(4) 在每一个阶段结束之前都必须进行正式严格的技术审查和管理复审,从技术和管理两方面对这个阶段的开发成果进行检查,通过之后这个阶段才算结束(如果检查通不过,则必须进行必要的返工,并且返工后还要再次审查);

(5) 审查的一条主要标准就是每个阶段都应该交出"最新的"(即和所开发的软件完全一致的)高质量文档资料,从而保证在软件开发工程结束时交付完整准确的软件配置;

(6) 文档是通信工具,它们清楚准确地说明了到这个时候为止,关于该项工程已经知道了什么,同时确立了下一步工作的基础。此外,文档也起备忘录的作用,如果文档不完整,那么一定是某些工作忘记做了;在进入生存周期的下一阶段前,必须补足这些遗漏的细节。在完成生存周期每个阶段的任务时,应该采用适合该阶段任务特点的系统化技术方法,如结构分析或结构设计技术。

2) 软件生命周期阶段划分的意义

(1) 软件生命周期分成若干个阶段,每个阶段的任务相对独立,而且比较简单,便于不同人员分工协作,从而降低了整个软件开发工程的难度;

(2) 软件生命周期的每个阶段都采用科学的管理技术和良好的技术方法,而且在每个阶段结束之前都从技术和管理两个角度进行严格审查，合格之后才开始下一阶段的工作，这就使软件开发工程的全过程有条不紊地进行，保证了软件的质量，特别是提高了软件的可维护性。

总之，采用软件工程方法论可以大大提高软件开发的成功率，软件开发的生产率也能明显提高。

3) 软件生命周期阶段的划分方法

目前划分软件生命周期阶段的方法有许多种，软件规模、种类、开发方式、开发环境以及开发时使用的方法论都影响软件生命周期阶段的划分。在划分软件生命周期的阶段时应该遵循的一条基本原则就是使各阶段的任务彼此间尽可能相对独立，同一阶段各项任务的性质尽可能相同，从而降低每个阶段任务的复杂程度，简化不同阶段之间的联系，有利于软件开发工程的组织管理。一般来说，软件生命周期由软件定义、软件开发和软件维护三个时期组成，每个时期又进一步划分成若干个阶段。

(1) 软件定义时期的任务

软件定义时期的任务是：①确定软件开发工程必须完成的总目标；②确定工程的可行性，导出实现工程目标应该采用的策略及系统必须完成的功能；③估计完成该项工程需要的资源和成本，并且制订工程进度表。

这个时期的工作通常又称为系统分析，由系统分析员负责完成。软件定义时期通常进一步分成三个阶段，即问题定义、可行性研究和需求分析。

(2) 开发时期的主要任务

开发时期的主要任务是具体设计和实现在前一个时期定义的软件，它通常由下述四个阶段组成：总体设计、详细设计、编码和单元测试、集成测试。

(3) 维护时期的主要任务

维护时期的主要任务是使软件持久满足用户的需要。具体地说，当软件在使用过程中发现错误时应该加以改正；当环境改变时应该修改软件以适应新环境；当用户有新要求时应该及时改进软件满足用户的新需要。通常对维护时期不再进一步划分阶段，但每次维护活动本质上都是一次压缩和简化了的定义和开发过程。

软件生命周期中软件项目管理是自始至终的，软件项目管理包括软件度量、项目估算、进度控制、人员组织、配置管理、项目计划等。

统计数据表明，大多数软件开发项目的失败，并不是由于软件开发技术方面的原因。它们的失败是由于不适当的管理造成的。遗憾的是，尽管人们对软件项目管理重要性的认识有所提高，但在软件管理方面的进步远比在设计方法学和实现方法学上的进步小，至今还提不出一套管理软件开发的通用指导原则。

对于不同的场景和应用，有不同的过程模型。关于过程模型我们会在下一节详细描述。

1.2.2　软件开发过程模型

对于任何一个组织来说，信息软件的开发都是一种挑战，在软件刚诞生的那些年代，一些商用组织 80% 的软件项目都会流产或者被弃用。因此，软件开发过程模型被提出，简单地说，软件过程模型就是一种开发策略，这种策略针对软件工程的各个阶段提供了一套泛型，使工程的进展达到预期目的。典型的几种软件开发过程模型包括瀑布模型、快速原型模型和增量迭代模型等。

1. 瀑布模型

瀑布模型因酷似瀑布而闻名，如图 1-1 所示。在该模型中，首先确定需求，并接受客户和软件质量保证(SQA)小组的验证。然后拟定规格说明，同样通过验证后，进入计划阶段，可以看出，瀑布模型中至关重要的一点是，只有当一个阶段的文档已经编制好，并获得软件质量保证小组的认可才可以进入下一阶段。这样，瀑布模型按照强制性的要求提供规约文档，来确保每个阶段都能很好地完成任务。

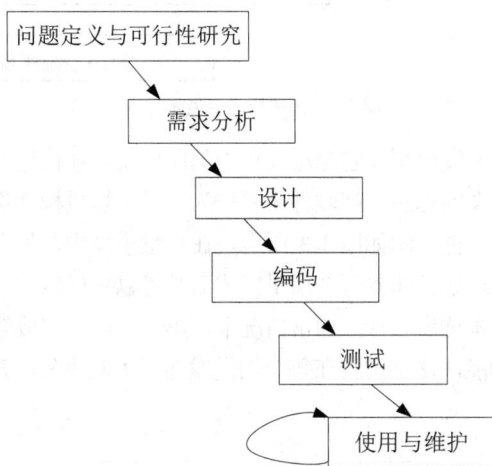

```
        ┌────────────────────┐
        │  问题定义与可行性研究  │
        └────────────────────┘
                  │
                  ▼
            ┌──────────┐
            │  需求分析  │
            └──────────┘
                  │
                  ▼
             ┌────────┐
             │  设计   │
             └────────┘
                  │
                  ▼
             ┌────────┐
             │  编码   │
             └────────┘
                  │
                  ▼
             ┌────────┐
             │  测试   │
             └────────┘
                  │
                  ▼
          ┌──────────────┐
       ◁──│   使用与维护   │
          └──────────────┘
```

图 1-1　传统瀑布模型示意图

瀑布模型在文档的驱动下实施开发各个阶段的内容，它对文档的依赖性强，有时由于客观或主观原因，通过评审的文档仍然存在很多问题，这样会影响后续的开发。例如：需求设计阶段，用户无法完整、准确地说明需求，这样生成的需求规格说明书肯定存在问题。可使用原型模型的思想来解决这个问题。

2. 快速原型模型

快速原型模型的核心思想是快速建立一个能反映用户主要需求的原型系统，用户试用它并提出修改意见，开发人员按照意见修改原型系统，然后重复让用户试用，直到用户认为这个原型系统满足要求为止。一旦通过原型系统确定了用户需求，原型系统就要被放弃，重新按照软件生命周期来开发系统。快速原型模型的最大优点是可在较短时间内获知用户的真正需求，使开发的系统满足用户的需求，减少了后期的维护成本(即不需要大返工)。快速原型模型如图 1-2 所示。

3. 迭代增量模型

迭代增量模型(Incremental and Iterative Model)是当前应用比较广泛的一种开发模型,近几年比较流行的敏捷开发主要就是采用该模型的思想来进行开发的。与其他开发模型有所不同，增量迭代模型不是在项目结束时一次性提交软件，而是分块逐次开发并提交软件。该模型包含增量模型和迭代模型的思想，下面具体介绍这两种思想。

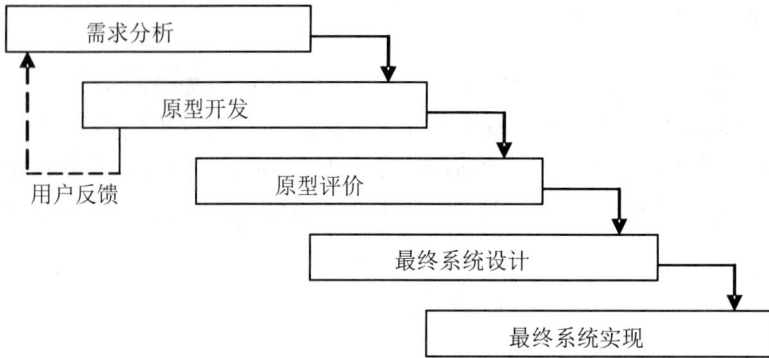

图 1-2　快速原型模型示意图

　　增量模型是一种非整体开发模型，它是瀑布模型的顺序特征和快速原型模型的迭代特征相结合的产物。该模型采用分块开发的思想，把软件产品作为一系列增量构件进行需求分析、程序设计、编码、集成和测试，增量模型框架图如图 1-3 所示。在增量模型中，每个增量都能完成特定功能，都是可以独立运行和测试的，这意味着每个增量完成后都可以生成软件的一个可发布版本。通过多个增量的逐次开发，软件版本逐步完善。通常情况下，第一个增量完成软件最核心的功能，后续增量再先后完成软件的其他功能，这个过程在每个增量发布后不断重复，直到生成最终的完善产品。

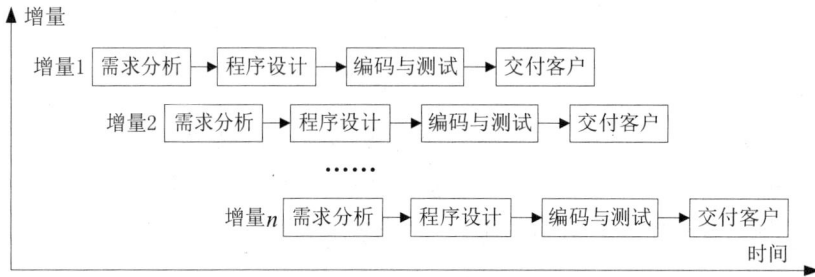

图 1-3　增量模型架构图

　　从增量模型的思想可以看出，增量模型在各个阶段并不交付一个可运行的完整产品，而是交付满足客户需求的一个子集的可运行产品。整个产品被分解成若干个增量构件，开发人员逐个构件地进行开发和交付，这样做的主要好处如下：

　　(1) 软件开发可以更好地适应需求变化。用户可以不断地看到和使用所开发的软件，并对后续版本开发提出自己的意见，这有利于软件产品的验收或推广，在一定程度上降低了开发风险。

　　(2) 软件产品可以尽早投放到市场上，抢占市场，获得利润，缓解企业的资金压力。例如，对于类似题材的两款网络游戏，越早投放到市场，越能抢占玩家资源，所获取的收益就越大。

　　(3) 人员分配灵活。刚开始不必投入大量人力资源，如果前几个版本的软件产品很受欢迎，则可增加人力进行后续增量构件的开发。另外，采用增量模型开发的软件项目投放市场的周期缩短，有利于提高项目组人员的积极性。

　　迭代模型与增量模型相似，它们的共同点是，通过若干次的分段开发完成整个软件，每阶段完成后，都有一个新版本发布。这两种模型的不同之处在于阶段的划分不太一样，增量模型是从功能量上来划分的，每阶段完成一定功能；而迭代模型是从深度或细化程度来划分的，每阶段功能得到完善、增强。这里以游戏软件的迭代增量开发过程为例说明这两种模型的区别，倘若新版本中增加了一些新副本、功能等内容，这属于增量模型的思想；倘若新版本中对已有的副本、功能等内容进行了修改，这就属于迭代模型的思想。

在本书中，之所以将这两种模型写在一起，是因为增量模型和迭代模型经常一起使用。增量模型适用于需求比较明确、架构比较稳定的软件开发，每次增量不影响已有架构，在已有架构下增加新功能。迭代模型适用于需求不甚明确、难度较大的软件开发。在实际应用中，通过将两种模型结合在一起使用，可充分利用资源，降低项目风险。

1.2.3　敏捷开发

自从 20 世纪 70 年代软件工程问世以来，人们提出了很多软件开发方法，这些方法大多强调软件开发过程中必须遵守某些严格的规定。而且随着技术的发展，提出在需求和技术不断变化的情况下实现快速软件开发的要求。在 20 世纪 90 年代后期，一些软件开发人员开始强调灵活性在软件开发过程中发挥的作用，提出一系列新的软件开发方法，这就是敏捷方法或敏捷开发。

1. 敏捷开发

敏捷开发被认为是软件工程的一个重要发展。它强调软件开发应当能够对未来可能出现的变化和不确定性做出全面反应。

敏捷开发的总体目标是通过尽可能早地、持续地交付有价值软件，使客户满意。很多客户都有一些随着时间变化的业务需求，不仅表现在新发现的需求上，也表现在对市场变化做出反应的需求上。通过在软件开发过程中加入灵活性，敏捷开发可使用户能在开发周期的后期增加或改变需求。

敏捷开发主要用于以下情况：需求模糊或快速变化，软件开发团队规模小。敏捷开发能够在保证软件开发成功的前提下，尽量减少开发过程中的活动和产品，做到"刚刚好"，从而在满足所需的软件质量要求的前提下，力求提高开发效率。

敏捷开发强调：①个人及互动胜于过程和工具；②可用的软件胜于详尽的文档；③客户协作胜于合同谈判；④响应变化胜于恪守计划。

敏捷开发是一种以人为核心的、迭代的、循序渐进的开发方法。在敏捷开发中，软件项目的构建被切分成多个子项目，各个子项目的成果都经过测试，具备集成和可运行的特征。换言之，就是把一个大项目分为多个相互联系，但也可独立运行的小项目，并分别完成，在此过程中软件一直处于可使用状态。

敏捷开发是针对传统瀑布开发模式的弊端而产生的一种新开发模式，是一种面临迅速变化的需求快速开发软件的能力，目标是提高开发效率和响应能力。为达到该目标，敏捷开发定义了 12 条原则：

(1) 最优先要做的是通过尽早、持续交付有价值的软件来使客户满意；

(2) 即使在开发后期，也不拒绝需求变更(敏捷过程利用变更为客户创造竞争优势)；

(3) 经常交付可工作的软件(交付的间隔可从几个星期到几个月，交付的时间间隔越短越好)；

(4) 在整个项目开发期间，业务人员、开发人员和测试人员最好天天在一起工作；

(5) 强化激励机制，为受激励的个人构建项目(为他们提供所需的环境和支持，并且信任他们能够完成工作)；

(6) 在团队内部，最富有效率的信息传递方法是面对面交谈；

(7) 可工作软件是进度的首要度量标准；

(8) 敏捷过程提倡可持续的开发速度(责任人、开发者和用户应该保持稳定的开发速度);

(9) 不断关注优秀的技能和好的设计,增强敏捷开发能力;

(10) 尽量简化所要做的工作;

(11) 好的架构、需求和设计出自组织团队自身;

(12) 每隔一定时间,团队要反省如何更有效地工作,并相应地调整自己的行为。

敏捷方法有很多具体方法,常用的敏捷方法包括 XP、SCRUM、Crystal Methods、FDD、ASD、DSDM、轻量型 RUP 七种,其中 XP 与 SCRUM 最为流行。

1) XP

XP(eXtreme Programming,极限编程)的思想源自 Kent Beck 和 Ward Cunningham 在软件项目中的合作经历。XP 注重的核心是沟通、简明、反馈和勇气。因为知道计划永远赶不上变化,XP 不要求开发人员在软件开始初期编写很多文档。XP 提倡测试先行,以将后面出现 bug 的概率降至最低。

2) SCRUM

SCRUM 是一种迭代增量化过程,用于产品开发或工作管理。它是一种可以集成各种开发实践的经验化过程框架。SCRUM 中发布产品的重要性高于一切。

该方法由 Ken Schwaber 和 Jeff Sutherland 提出,旨在充分利用面向对象和构件技术的开发方法,是对迭代式面向对象方法的改进。

3) Crystal Methods

Crystal Methods(水晶方法)是由 Alistair Cockburn 在 20 世纪 90 年代末提出的系列方法。之所以是个系列方法,是因为他相信不同类型的项目需要不同的方法。虽然水晶系列的效率不如 XP,但会有更多的人接受并遵循它。

4) FDD

FDD(Feature-Driven Development,特性驱动开发)由 Peter Coad、Jeff de Luca、Eric Lefebvre 共同开发,是一套针对中小型软件开发项目的开发模式。此外,FDD 是一个模型驱动的快速迭代开发过程,它强调简化、实用、易于被开发团队接受,适用于需求经常变动的项目。

5) ASD

ASD(Adaptive Software Development,自适应软件开发)由 Jim Highsmith 于 1999 年正式提出。ASD 强调开发方法的适应性(Adaptive),这一思想来源于复杂系统的混沌理论。ASD 不像其他方法那样有很多具体的实践做法,它从更高的组织和管理层次来阐述开发方法为什么要具备适应性。

6) DSDM

DSDM(动态系统开发方法)是众多敏捷开发方法中的一种,它倡导以业务为核心,快速而有效地进行系统开发。实践证明 DSDM 是成功的敏捷开发方法之一。在英国,由于其在各种规模的软件组织中取得成功,已成为应用最广泛的快速应用开发方法。

DSDM 不但遵循敏捷方法的原理,而且非常适合那些前期有较好传统开发方法基础的软件组织。

7) 轻量型 RUP

RUP 其实是过程框架，它可以包容许多不同类型的过程，Craig Larman 极力主张以敏捷型方式来使用 RUP。他的观点是：目前大家致力推进的敏捷型方法，只不过是在接受能被视为 RUP 的主流 OO 开发方法而已。

2. 敏捷过程

敏捷可用于任何软件过程，实现要点是将软件过程设计为如下方式：允许项目团队调整并合理地安排任务，理解敏捷开发方法的易变性并制订计划，精简并维持最基本的工作产品，强调增量交付策略，快速向客户提供适应产品类型和运行环境的可运行软件。因此，敏捷过程很容易适应变化并迅速做出自我调整。

下面以 XP(极限编程)为例，介绍敏捷开发过程。

XP 使用面向对象方法作为推荐的开发范型。XP 包含策划、设计、编码和测试四个框架活动的规则和实践。图 1-4 描述了 XP 过程，并指出与各框架活动相关的关键概念和任务。

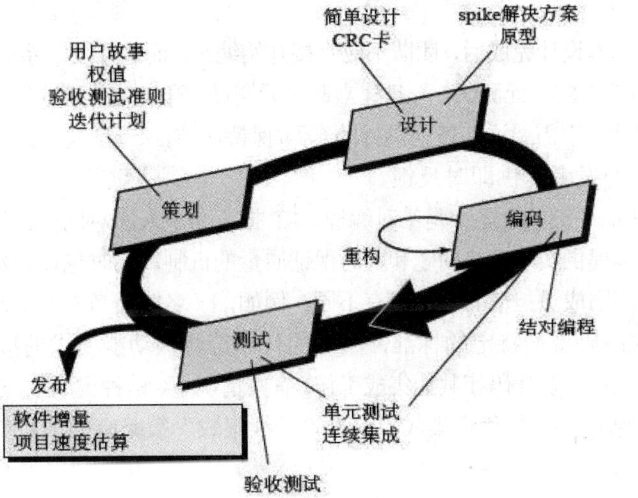

图 1-4 极限编程过程

1) 策划

策划活动首先确定一系列描述待开发软件的必要特征与功能要求。每个功能要求由客户书写并置于一张索引卡上，客户根据对应特征或功能的全局业务价值标明权值(即优先级)。XP 团队成员评估每一个功能并给出以开发周数为度量单位的成本。如果某个功能的开发成本超过三周，将请客户把该功能进一步细分，重新赋予权值并计算成本。新的功能要求可在任何时刻书写。

客户和 XP 团队共同决定如何把功能分组，并置于 XP 团队将要开发的下一个发行版本中。一旦形成关于一个发布版本的基本承诺，XP 团队将按以下三种方式之一排序待开发的功能：①所有选定功能将在几周内尽快实现；②具有最高价值的功能将移到进度表的前面并首先实现；③高风险功能将首先实现。

项目的第一个发行版本发布后，XP 团队计算项目的速度。简言之，项目速度是第一个发行版本中实现的用户功能个数。项目速度将用于帮助确立后续发行版本的发布日期和进度安排，以确定是否存在对整个开发项目中所有功能的过度承诺。一旦过度承诺，则调整软件发行版本的内容或者改变最终交付日期。

在开发过程中，客户可增加功能、改变功能的权值、分解或者删除功能。接下来由 XP 团队重新考虑所有剩余的发行版本，并相应地修改计划。

2) 设计

XP 设计严格遵循保持简洁(Keep It Simple，KIS)原则，使用简单的表述。另外，设计为功能提供不多也不少的实现原则，不鼓励额外功能性设计。

XP 鼓励使用类-责任-协作者(Class-Responsibility-Collaborator，CRC)卡作为有效机制，在面向对象上下文中考虑软件、CRC 卡，组织与当前软件增量相关的对象和类。CRC 卡也是作为 XP 过程一部分的唯一的设计工作产品。

如果在某个功能设计中遇到困难，XP 推荐立即建立这部分设计的可执行原型，实现并评估设计原型，目的是在真正开始实现时降低风险，针对可能存在设计问题的功能确认最初的估计是否合理。

3) 编码

在功能开发和基本设计完成后，团队不应直接开始编码，而是开发一系列用于检测本次(软件增量)发布的包括所有功能的单元测试。一旦建立起单元测试，开发者就可以集中精力处理必须实现的内容以通过单元测试。不需要添加任何额外的东西(保持简洁)。一旦编码完成，就可以立即完成单元测试，可由此向开发者提供即时反馈。

XP 编码活动中的关键概念之一是结对编程。XP 推荐两个人面对同一台计算机共同为一个功能开发代码。这一方案提供实时解决问题和实时保证质量的机制，同时也使开发者能集中精力处理手头的问题。实施中不同成员担任的角色略有不同。例如，一名成员考虑特定设计的详细编码实现，而另一名成员确保编码遵循特定的标准，生成的代码符合该功能要求的接口设计。

结对的两人完成所开发代码和其他集成工作。有些情况下，这种集成工作由集成团队按日实施。另外一些情况下，结对者自行负责集成，这种"持续集成"策略有助于避免兼容性和接口问题。

4) 测试

在编码开始之前建立单元测试是 XP 方法的关键因素。所建立的单元测试应当使用一个可自动实施的框架，这种方式允许在代码修改之后即时使用回归测试策略。

一旦将个人的单元测试组织到一个"通用测试集"，每天都可以进行系统的集成和确认测试。这可以为 XP 团队提供连续的进展指示，也可在可能发生问题时及早提出预警。

XP 验收测试也称为客户测试，由客户确定，将着眼于客户可见的、可评审的系统级特征和功能，验收测试根据本次软件发布中所实现的用户功能而定。

1.3　信息软件主流架构及技术

1.3.1　客户端/服务器架构

客户端/服务器(Client/Server，C/S)技术在结构、开发环境、应用平台和开发方式上已经非常成熟。C/S 结构的基本原则是将计算机应用任务分解成多个子任务，由多台计算机分工完成，克服了终端/主机结构中主机负担过重、用户界面不友好等缺点，因而得到广泛应用。

　　C/S 结构主要有两层 C/S 结构和三层 C/S 结构。两层结构的 C/S 模式在 20 世纪 80 年代和 90 年代得到大量应用。C/S 结构由两部分构成：前端是客户机，通常是 PC；后端是服务器，运行数据库管理系统，提供数据库的查询和管理。但两层的 C/S 结构存在以下几个局限：它是单一服务器且以局域网为中心，所以难以扩展至大型企业广域网或 Internet；受限于供应商；软、硬件的组合及集成能力有限；难以管理大量客户机。因此，三层 C/S 结构应运而生。

1) 三层 C/S 结构

　　三层结构的 C/S 模式是伴随着中间件技术的成熟而兴起的，核心思想是利用中间件将应用分为表示层、业务逻辑层和数据存储层三个不同的处理层次(如图1-5所示)。三个层次的划分是从逻辑上来分的，具体的物理分法可以有多种形式。三层 C/S 结构具有多个优点，如灵活的硬件系统构成、提高程序的可维护性、利于变更和维护应用技术规范、进行严密的安全管理(越关键的应用，用户的识别和访问权限设定越重要)等。

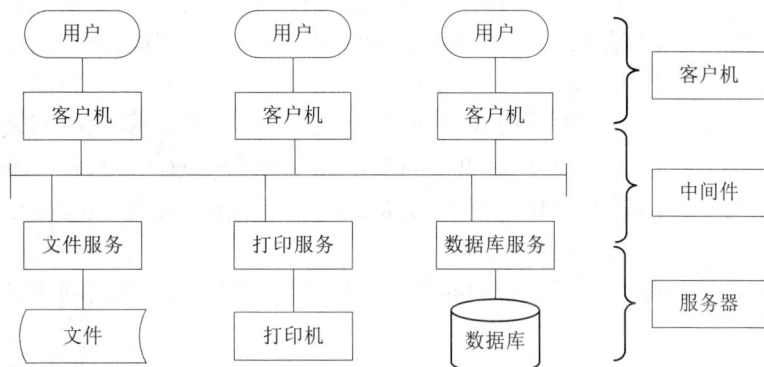

图 1-5　C/S 模式体系结构示意图

　　C/S 系统由三个基本部分组成：客户机、服务器和中间件。

　　客户机运行数据请求程序，并将这些请求传送到服务器。客户机软件由网络接口软件、支持用户需求的应用程序以及提供网络能力的实用程序组成。网络接口软件提供各种数据传输服务。在 C/S 结构应用系统中，客户端的主要功能有：管理用户接口、从用户接收数据、处理应用逻辑、生成数据库请求、向服务器发送数据库请求和从服务器接收结果并进行处理。

　　服务器按硬件性能可分为：大型机服务器、小型机服务器、工作站服务器和 PC 机服务器。在服务器上执行的计算称为后端处理。后端处理设备是一台管理数据资源并执行数据库引擎功能(如存储、操作和保护数据)的计算机。服务器软件既包括遵循 OSI 或其他网络结构的网络软件，又包括由该服务器提供给网络上客户机的应用程序或服务软件。在 C/S 结构应用系统中，服务器端的主要功能有：从客户机接收数据请求、处理数据请求、格式化结果并传送给客户机、执行完整性检查、提供并行访问控制、事务处理失败后执行事务恢复、优化查询和更新处理。

　　中间件保证网络中各部件(软件和硬件)之间透明地连接，即隐藏网络部件的异构性，尤其保证不同网络、不同数据库和某些访问语言的透明性，即网络透明性、服务器透明性以及语言透明性。

　　由于用途不同，存在不同种类的中间件。主要有数据访问中间件、远程过程调用(Remote Procedure Call，RPC)中间件、分布式事务处理中间件、对象调用中间件以及面向消息的中间件等。

2) C/S 环境下应用成分的分布

通常，一个典型的 C/S 应用程序由四个部分组成，如图 1-6 所示。

图 1-6　C/S 环境下组成应用程序的四个组成成分

(1) 用户界面的显示逻辑(这是与用户交互的应用代码)。它完成屏幕格式化、屏幕信息读写、窗口管理、键盘及鼠标管理等任务。最流行的形式是各种图形用户界面(GUI)；

(2) 应用逻辑(这是根据输入数据来完成业务处理和规则的应用代码)。这些代码通常是用第三代语言或第四代语言编写，如 Java、C#、Python 等；

(3) 事务逻辑(这是应用程序中用 DML 语句编写的代码)。在关系数据库中一般采用 SQL 编写。

(4) 数据管理(这是应用程序中由 DBMS 完成实际访问的程序)。理想情况下， DBMS 的数据管理相对于应用的业务处理来说是透明的。虽然 DBMS 不属于应用程序本身，但它是分布式处理的基本组成部分。

在 C/S 环境下，通常把界面显示逻辑和应用逻辑驻留在客户机上，而把事务逻辑和数据管理功能驻留在服务器上。

1.3.2　浏览器/服务器架构

浏览器/服务器(Browser/Server，B/S)架构又称为 B/S 结构，它是随着 Internet 技术的兴起对 C/S 架构应用的扩展。在这种结构中，用户工作界面是通过浏览器来实现的。B/S 架构最大的好处是运行维护比较简便，允许不同的人员，从不同的地点以不同的接入方式(比如 LAN、WAN、Internet/Intranet 等)访问和操作共同的数据；最大的缺点是对企业外网环境依赖性太强，各种原因引起的企业外网中断都会造成系统瘫痪。

B/S 架构是指在 TCP/IP 的支持下，以 HTTP 为传输协议，客户端通过浏览器访问 Web 服务器以及与之相连的后台数据库的技术及体系结构。它由浏览器、Web 服务器、应用服务器和数据库服务器组成。客户端的浏览器通过 URL 访问 Web 服务器，Web 服务器请求数据库服务器，并将获得的结果以 HTML 形式返回客户端浏览器。

B/S 架构中处于第一层的是客户端，处于第二层的是应用服务器，由一台或者多台服务器组成，该层具有良好的可扩充性，可以根据应用需求增加服务器数目。处于第三层的是数据层，由数据库系统和遗留系统组成。

B/S 的优势在于：简化了客户端的安装与配置；简化了系统的开发和维护；用户操作变得更简单。B/S 架构下的开发技术(或 Web 开发技术)大体上也可分为客户端技术和服务端技术两大类。

1) 客户端技术

(1) HTML 语言

HTML 是 Hypertext Markup Language(超文本标记语言)的缩写，它是构成 Web 页面的主要工具。1997 年，Microsoft 发布了 IE4.0，并将动态 HTML 标记、CSS 和动态对象模型发展成为一套完整、实用、高效的客户端开发技术体系，Microsoft 称其为 DHTML。同样是实现 HTML 页面的动态效果，DHTML 技术更好；使用该技术，不必启动 Java 虚拟机或其他脚本环境，即可在浏览器的支持下，获得更好的显示效果和更高的执行效率。

(2) 脚本程序

脚本程序是嵌入在 HTML 文档中的程序。使用脚本程序可以创建动态页面，大大提高了用户访问的交互性。用于编写脚本程序的语言主要有 JavaScript 和 VBScript。JavaScript 由 Netscape 公司开发，具有易于使用、变量类型灵活和不需要编译等特点。VBScript 由 Microsoft 公司开发，与 JavaScript 一样，可用于设计交互的 Web 页面。要说明的是，虽然 JavaScript 和 VBScript 语言最初都是为创建客户端动态页面而设计的，但它们都可用于服务端脚本程序的编写。客户端脚本与服务端脚本程序的区别在于执行位置不同，前者在客户机执行，而后者在 Web 服务端计算机执行。

(3) CSS(Cascading Style Sheet，级联样式表)

1996 年底，W3C 提出了 CSS 的建议标准，同年，IE3.0 引入了对 CSS 的支持。CSS 大大提高了开发者对信息格式的控制能力，1997 年的 Netscape4.0 不但支持 CSS，而且增加了 Netscape 公司自定义的许多动态 HTML 标记，这些标记在 CSS 的基础上，让 HTML 页面中的各种要素"动"起来。

(4) Ajax 技术

Ajax 用来描述一组技术，它使浏览器可为用户提供更自然的浏览体验。在 Ajax 之前，Web 站点强制用户进入"提交/等待/重新显示"范例，用户的动作始终与服务器的"思考时间"同步。Ajax 提供与服务器异步通信的能力，从而使用户从请求/响应循环中解脱出来。借助于 Ajax，可在用户单击按钮时，使用 JavaScript 和 DHTML 立即更新 UI，并向服务器发出异步请求，以执行更新或查询数据库。当请求返回时，可以使用 JavaScript 和 CSS 来相应地更新 UI，而不是刷新整个页面。最重要的是，用户甚至不知道浏览器正在与服务器通信：Web 站点看起来是即时响应的。

2) 服务端技术

与 Web 客户端技术从静态向动态的演进过程类似，Web 服务端的开发技术也由静态向动态，逐渐发展和完善起来。Web 服务器技术主要包括服务器、CGI、PHP、ASP、ASP.NET、Servlet 和 JSP 技术。

(1) CGI(Common Gateway Interface)技术，即公共网关接口技术

最早的 Web 服务器简单地响应浏览器发来的 HTTP 请求，并将存储在服务器上的 HTML 文件返回给浏览器。CGI 是第一种使服务器能根据运行时的具体情况动态生成 HTML 页面的技术。1993 年，NCSA(National Center for Supercomputing Applications)提出 CGI 1.0 的标准草案，之后分别在 1995 年和 1997 年，制定了 CGI 1.1 和 1.2 标准。CGI 技术允许服务端的应用程序根据客户端的请求动态生成 HTML 页面，这使客户端和服务端的动态信息交换成为可能。随着 CGI 技术的普及，聊天室、论坛、电子商务、信息查询、全文检索等各式各样的 Web 应用蓬勃兴起，人们享受到信息检索、信息交换、信息处理等更便捷的信息服务。

(2) PHP

1994 年，Rasmus Lerdorf 发明了专用于 Web 服务端编程的 PHP 语言。与以往的 CGI 程序不同，PHP 语言将 HTML 代码和 PHP 指令合成为完整的服务端动态页面，Web 应用的开发者可以用一种更便捷的方式实现动态 Web 功能。

(3) ASP.NET 技术

面向企业级网络计算的 Web 平台是对传统 ASP 技术的重大升级和更新。ASP.NET 是建立.NET Framework 的公共语言运行库上的编程框架，可用于在服务器上生成功能强大的 Web 应用程序。

(4) Servlet、JSP 技术

以原 Sun 公司为首的 Java 阵营于 1997 年和 1998 年分别推出了 Servlet 和 JSP 技术。JSP 的组合让 Java 开发者同时拥有了类似 CGI 程序的集中处理功能和类似 PHP 的 HTML 嵌入功能，此外，Java 的运行时编译技术也大大提高了 Servlet 和 JSP 的执行效率。Servlet 和 JSP 被后来的 J2EE 平台吸纳为核心技术。

1.3.3　现代互联网技术

随着"互联网+"大幕的拉开，传统 IT 企业的技术架构必然面临转型，去 IOE(IBM、Oracle、EMC)趋势不可逆转。在这样的大背景下，传统企业上至 CTO，下至工程师，都将面临转型挑战，云计算、大数据技术、移动开发技术的使用能力将成为关键因素。

1. 云计算

云计算(cloud computing)通常通过互联网来提供动态、易扩展且经常虚拟化的资源。云是网络、互联网的一种比喻说法。过去在图中往往用云来表示电信网，后来也用来表示互联网和底层基础设施的抽象。云计算将计算工作分布在大量分布式计算机上，因此，它拥有强大的计算能力，可以模拟核爆炸、预测气候变化和市场发展趋势。用户可通过电脑、笔记本、手机等终端接入到云数据中心，按自己的需要进行运算。

对于云计算的定义有多种解释，现阶段广为接受的是美国国家标准与技术研究院(NIST)的定义："云计算是一种按使用量付费的模式，这种模式提供可用的、便捷的网络访问，进入可配置的计算资源共享池(资源包括网络、服务器、存储、应用软件、服务)，这些资源能被快速提供，只需要投入很少量的管理工作，或与服务供应商进行很少的交互。"

目前，云计算的主要服务形式有：SaaS(Software as a Service)、PaaS(Platform as a Service)、IaaS(Infrastructure as a Service)。

(1) 软件即服务(SaaS)

SaaS 服务提供商将应用软件统一部署在自己的服务器上，用户根据需求通过互联网向厂商订购应用软件服务，服务提供商根据客户所订购软件的数量、时间的长短等因素收费，并通过浏览器向客户提供软件服务。这种服务模式的优势是，由服务提供商维护和管理软件、提供软件运行的硬件设施，用户只需要拥有能够接入互联网的终端，即可随时随地使用软件。这种模式下，客户不再像传统模式那样耗费大量资金购买硬件、软件以及支付维护成本，只需要支出一定的租赁服务费用，通过互联网就可以享受到相应的硬件、软件和维护服务，这是网络应用最具效益的运营模式。对于小型企业来说，SaaS 是采用先进技术的最佳途径。

以企业管理软件为例，SaaS 模式的云计算 ERP 可以让客户根据并发用户数量、所用功能多少、数据存储容量、使用时间长短等因素的不同组合按需支付服务费用，不需要采购服务器等硬件设备，不需要购买操作系统、数据库等平台软件，也不用承担软件项目定制、开发、实施和维护费用。实际上，云计算 ERP 继承了开源 ERP 免许可费用只收服务费用的最重要特征，是突出了服务的 ERP 产品。

(2) 平台即服务(PaaS)

PaaS 服务把开发环境作为一种服务来提供。这是一种分布式平台服务，厂商提供开发环境、服务器平台、硬件资源等服务给客户，用户在其平台基础上定制开发自己的应用程序并通过其服务器和互联网传递给其他客户。PaaS 能给企业或个人提供研发的中间件平台，提供应用程序开发、数据库、应用服务器、试验、托管及应用服务。

Google App Engine、Salesforce 的 force.com 平台以及八百客的 800APP 是 PaaS 的代表产品。以 Google App Engine 为例，它是一个由 Python 应用服务器群、BigTable 数据库及 GFS 组成的平台，为开发者提供一体化主机服务器及可自动升级的在线应用服务。用户编写应用程序并在 Google 的基础架构上运行就可以为互联网用户提供服务，Google 提供应用运行及维护所需的平台资源。

(3) 基础设施即服务(IaaS)

IaaS 把厂商的由多台服务器组成的"云端"基础设施作为计量服务提供给客户。它将内存、I/O 设备、存储和计算能力整合成一个虚拟的资源池，为整个业界提供所需要的存储资源和虚拟化服务器等服务。这是一种托管型硬件方式，用户付费使用厂商的硬件设施。例如 Amazon Web 服务(AWS)、IBM 的 BlueCloud 等均将基础设施作为服务出租。

IaaS 的优点是用户只需要低成本硬件，可按需租用相应计算能力和存储能力，从而极大地降低了用户在硬件上的开销。

2. 大数据技术

"大数据"是互联网发展到现今阶段的一种表象，这是因为在以云计算为代表的技术创新的支撑下，这些原来很难收集和使用的数据开始变得易于利用，通过各行各业的不断创新，大数据会逐步创造更多价值。大数据存储技术路线包括以下三种：

(1) 采用 MPP 架构的新型数据库集群，重点面向行业大数据，采用 Shared Nothing 架构，通过列存储、粗粒度索引等多项大数据处理技术，再结合 MPP 架构高效的分布式计算模式，完成对分析类应用的支撑。运行环境多为低成本 PC Server，具有高性能和高扩展性的特点，在企业分析类应用领域获得极其广泛的应用。

这类 MPP 产品可有效支撑 PB 级别的结构化数据分析，这是传统数据库技术无法胜任的。对于企业新一代的数据仓库和结构化数据分析，目前最佳选择是 MPP 数据库。

(2) 基于 Hadoop 的技术扩展和封装，围绕 Hadoop 衍生出相关的大数据技术，以应对传统关系型数据库较难处理的数据和场景(如针对非结构化数据的存储和计算等)，充分利用 Hadoop 开源的优势。伴随相关技术的不断进步，其应用场景也将逐步扩大，目前最典型的应用场景就是通过扩展和封装 Hadoop 来支持互联网大数据存储、分析。这里面有几十种 NoSQL 技术。对于非结构、半结构化数据处理、复杂的 ETL 流程、复杂的数据挖掘和计算模型，Hadoop 平台更擅长。

(3) 大数据一体机是一种专为大数据的分析处理而设计的软、硬件结合的产品，由一组集成的服务器、存储设备、操作系统、数据库管理系统以及为数据查询、处理、分析用途而特别预先安装及优化的软件组成，高性能大数据一体机具有良好的稳定性和纵向扩展性。

3. 移动开发技术

云计算和大数据技术的发展也对移动终端开发技术带来了新的机遇和挑战，各个移动终端厂商都创建了相应的移动互联网终端应用生态环境：操作系统厂商提供操作系统层的开放接口和开发平台，第三方专业应用开发商或个人开发者基于开放接口和开发平台进行应用的开发，而消费者个人在享受丰富的移动互联网应用的同时也贡献出个人的商业价值。为提高应用的用户覆盖率，每一款移动应用都需要支持 Android 和 iOS 操作系统。下面介绍一下 Android 和 iOS。

Android 是一种基于 Linux 的自由及开放源代码的操作系统，主要用于移动设备，如智能手机和平板电脑，由 Google 公司和开放手机联盟领导及开发。Android 操作系统最初由 Andy Rubin 开发，主要支持手机。2005 年 8 月由 Google 收购注资。2007 年 11 月，Google 与 84 家硬件制造商、软件开发商及电信营运商组建开放手机联盟共同研发改良型 Android 系统。随后 Google 以 Apache 开源许可证的授权方式发布了 Android 的源代码。第一部 Android 智能手机发布于 2008 年 10 月，后来 Android 逐渐扩展到平板电脑及其他领域上，如电视、数码相机、游戏机等。全世界采用这款系统的设备数量已经达到 10 亿台以上。Android 的系统架构和其操作系统一样，采用了分层架构，分为四层，从高层到低层分别是：应用程序层、应用程序框架层、系统运行库层和 Linux 内核层。Android 开发四大组件分别是：活动(Activity)，用于表现功能；服务(Service)，后台运行服务，不提供界面呈现；广播接收器(Broadcast Receiver)，用于接收广播；内容提供商(Content Provider)，支持在多个应用中存储和读取数据。

iOS 是由苹果公司开发的移动操作系统。苹果公司最早在 2007 年 1 月 9 日的 Macworld 大会上公布这个系统，最初是设计给 iPhone 使用的，后来陆续套用到 iPod touch、iPad 以及 Apple TV 等产品上。iOS 与苹果的 Mac OS X 操作系统一样，属于类 Unix 的商业操作系统。原本这个系统名为 iPhone OS，因为 iPad、iPhone、iPod touch 都使用 iPhone OS，所以 2010 年改名为 iOS。iOS 的架构分为四层，自下向上分别为：核心操作系统层(Core OS layer)、核心服务层(Core Services layer)、媒体层(Media layer)和可触摸层(Cocoa Touch layer)。

核心操作系统层包含核心部分、文件系统、网络基础、安全特性、电源管理和一些设备驱动程序，还有一些系统级别的 API。核心服务层提供核心服务，如字符串处理函数、集合管理、网络管理、URL 处理工具、联系人维护、偏好设置等。媒体层框架和服务依赖核心服务层，向可触摸层提供画图和多媒体服务，如声音、图片、视频等。可触摸层框架基于 iPhone OS 应用层进行直接调用，如触摸事件、照相机管理等，该层包含 UIKit 框架和 Foundation 框架。

PC 时代的信息化应用虽然经历了单机、局域网、互联网等多个阶段，但因限制了非电脑群体参与信息化，而使得信息化软件在相当长的时间内只能起到手工替代、精确计算、流程执行、部门或岗位协同的作用。不少企业决策者往往抱怨说从没用过企业信息化软件，企业决策者仿佛成了局外人，只执行一些查询分析。但在移动应用时代，信息化渗透到个人领域，从而拓宽了企业信息化涵盖的范围。移动应用不是水平应用也不是行业垂直应用，无论是企业市场销售、经营管理、资源管控还是决策支持，从企业业务员、送货员、服务人员、工人到业务主管、企业高管，移动应用都有其适用的应用场景和应用价值。移动应用在企业信息化的各个领域都是无所不在的。一个企业可以使用成百上千个移动应用。

1.4　本章小结

本章从信息系统切入，首先介绍了信息系统的定义、组成、分类等基础知识；然后介绍信息软件开发的相关知识，包括软件生命周期、软件开发过程模型等；最后介绍了信息软件的主流架构及技术，包括 C/S 架构、B/S 架构和现代互联网技术。了解这些内容有助于认识整个信息软件的现状。测试人员在整个软件工程周期中需要和开发人员频繁地沟通，而本章的知识对于测试人员来说能让这种沟通更有效。下章将揭开信息软件测试的面纱。

练 习 题

1. 信息系统的含义是什么？它由哪些要素组成？
2. 信息系统如何分类？
3. 简述软件开发过程模型。
4. 敏捷开发的核心原则是什么？
5. 信息软件系统的主流架构有哪些，会涉及哪些技术？
6. 简述云计算的定义，并说明云计算的主要服务形式。

第 2 章   软件测试概述

如今，随着社会信息化进程的全面推进，信息化软件系统的应用领域越来越广泛，软件系统的规模也越来越大，软件中存在的缺陷和故障所造成的各类损失也在不断发生，软件错误产生的概率正在大大增加，甚至带来灾难性后果。软件的质量问题已经成为软件开发人员和软件用户关注的焦点；为发现软件中的缺陷和故障，保证软件质量，软件测试应运而生。可以说，软件测试是软件生命周期中保证软件质量的重要环节，也是发现与排除缺陷最有效的手段之一，通过加强软件测试来控制质量，通过修正缺陷来提高软件产品的质量。本章主要介绍信息化软件测试的基本概念、分类、测试内容以及测试策略等内容，为后续章节的学习打下基础。

本章要点如下：
- 软件测试的定义
- 软件测试的对象
- 软件测试的目的
- 软件测试的分类
- Web 应用软件的测试
- 手机应用软件的测试
- 云应用软件的测试
- 信息化软件测试的策略

2.1   软件测试概念

2.1.1   软件测试的定义和对象

1. 软件测试的定义

目前，业界对软件测试的看法不尽相同，对软件测试的定义也不完全一致，其中比较公认的定义包含以下三种：

1) IEEE 给出的定义

1983 年，IEEE 提出的软件工程术语中给出的软件测试定义是："使用人工或自动手段来执行或测定某个系统的过程，目的在于检验它是否满足规定的需求或弄清预期结果与实际结果之间的差别。"该定义明确地指出，软件测试以检验是否满足需求为目标。

2) 广义的软件测试定义

从广义上讲，软件测试是针对软件生命周期内各个阶段进行的复查、评估与检验活动，包括需求评审、设计评审、流程评审、系统测试等，这远远超出了程序测试的范围，通常可称为确认、验证与测试活动(Validation, Verification and Testing)。

3) 狭义的软件测试定义

从狭义上讲，软件测试是根据软件开发各阶段的规格说明书和程序的内部结构而精心设计的一批测试用例，并利用这些测试用例运行程序以发现错误的过程。这种定义比较直白，简单地说，软件测试是为了发现错误而执行程序的过程。

在这里，我们不必追究哪个定义更加准确和科学，而要从中理解哪些活动属于软件测试的范畴以及测试活动的意义，从上述三种定义可得出以下结论：

(1) 软件测试要发现软件的错误；

(2) 软件测试最终要以满足用户需求为目标。

2. 测试对象

在软件测试发展初期，很多人误认为软件测试就是为了发现程序中的错误，即测试的对象是程序。实际上，程序只是软件开发过程中编码阶段的产物。在一个完整的软件生命周期中，编码之前还有需求分析、概要设计和详细设计等阶段，程序是多个阶段共同工作的结果。在实际开发过程中，尽管软件中的错误会在程序中反映出来，但大部分错误是在编码之前造成的。

因此，在测试实践中，测试的对象不仅是程序，需求分析和程序设计工作也应列为测试对象。由于大部分错误都是在编码之前造成的，所以在需求分析和程序设计阶段，与编写程序相比，编写文档更应该引起测试人员的注意。

2.1.2　软件测试的目的

谈到软件测试的目的，很多人认为是为了证明软件的正确性，即意味着把软件中的所有缺陷都找出来。这种观点是错误的，把软件中的所有缺陷都找出来实际上是不可能的，尤其是对于大型的、功能复杂的软件系统，测试人员无法进行穷举测试，也不可能将每个功能的实现代码都弄清楚，所以无法证明软件是没有缺陷的。在测试实践中，软件测试的目的主要有以下四条：

1. 尽可能多地发现软件中的缺陷

软件测试最直接的目的是发现软件中的缺陷，包括需求、设计方面的缺陷，程序中包含的缺陷以及整个软件系统中存在的问题。这里，缺陷包含的内容比较广泛，包括文档内容不全或有误、软件功能性错误、软件性能不达标、软件界面不够人性化或易用性差、软件兼容性差等都属于软件缺陷。

Glen Myers 曾经这样定义软件测试的目标"一个成功的测试是指揭示了迄今为止尚未发现的错误的测试。"在测试实践中，测试人员应具有怀疑精神，首先要假想程序中存在缺陷，再通过执行测试活动来发现并最终确认缺陷。测试人员只有树立这样的目标，才能下意识地设计一些容易暴露错误的测试用例，进而用这些测试用例尽可能多地发现软件中的错误。

另外，测试人员不仅要找出软件中的缺陷，最好能对缺陷进行分析，尽量找出缺陷产生的原因和引入阶段。通过分析缺陷的原因，可以帮助开发人员尽快对缺陷进行改正。同时，这种分析也能帮助我们推理出与所分析的缺陷有关的潜在错误，从而使测试的针对性更强。通过分析缺陷引入阶段，我们可以判断从缺陷的产生到缺陷的发现跨越了哪几个开发阶段。一个缺陷能够跨越某个开发阶段而不被发现，这表明该开发阶段的确认或验证工作(包括评审、同行评审或产品的检查)本身就有问题，即出现了 bug 逃逸现象，那么项目组就可以针对性地制订具体的加强措施与改进办法，这也是软件过程改进的一项重要内容。

2. 检查软件是否满足用户的需求

软件测试的最终目的是检查软件是否满足用户的需要，其中包括用户的隐含需求和潜在需求。只有满足用户需要的软件才能成为好的软件产品，才能得到用户的一致认可。在测试实践中，由于某些原因，测试需求文档可能无法把用户的所有需求都描述出来，这就需要测试人员具备换位思考的精神，从用户的角度挖掘用户的隐含需求和潜在需求，并检查软件是否满足这些需求，如软件易用性、软件的性能等。

3. 确保软件符合行业标准

某些软件产品必须符合行业内软件产品的标准才能交付给用户或者上线使用，例如银行类软件系统需要符合银行行业标准要求。对于此类软件产品，测试人员需要依据行业标准文档逐条评审产品是否符合规范，对于不规范的地方生成问题报告单，并交给相关人员修改。

4. 对软件质量进行评价

在测试活动末期，测试人员需要对软件质量进行度量和评估，并将具体评价写入测试报告中，作为软件是否可以交付给用户或者用户是否可以接受的依据。在测试实践中，经过测试人员和开发人员多轮的"发现缺陷-修改缺陷-确认修改"活动后，测试人员需要确认哪些缺陷的修改不符合预期，哪些缺陷是开发人员拒绝修改的，并依此来评价软件产品的质量。

2.2　软件测试分类

下面从几个角度来介绍软件测试的分类。

2.2.1　按照开发阶段分类

从本书 1.2.1 节我们可以了解到，规范的软件开发过程包含需求分析、概要设计、详细设计、编码、综合测试等阶段。对应于开发的不同阶段，可将软件测试划分为单元测试、集成测试、确认测试、系统测试和验收测试五种类型，开发阶段与测试阶段的对应关系如图 2-1 所示。

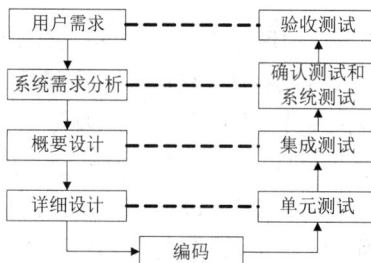

图 2-1　开发阶段与测试阶段的对应关系

从图 2-1 可以看出，单元测试、集成测试、确认测试、系统测试以及验收测试是按顺序依次进行的，而且每种测试都对应于一个开发阶段，这意味着每种测试都需要依据相应开发阶段产生的规范、数据、文档等成果来开展测试。例如，单元测试主要依据详细设计阶段产生的详细设计规格说明书来实施测试。下面具体介绍上述五种测试类型的含义。

1. 单元测试

单元测试(Unit Testing)又称为模块测试，是针对程序中的最小单位(即程序模块)进行的正确性检验，其目的是为了发现程序模块内部可能存在的缺陷或错误，验证各个模块代码是否达到详细设计说明书中的预期要求。通常情况下，被测模块不能独立运行，需要测试人员编写辅助其运行的代码(如驱动模块和桩模块)，因此，单元测试人员需要具备一定的编程基础，单元测试通常是由开发人员和测试人员合作完成。

2. 集成测试

已通过单元测试的单元集成在一起很可能出现问题，程序在局部反映不出来的问题可能在全局上暴露出来，这就需要进行集成测试。

集成测试(Integrated Testing)也称为组装测试，它是在单元测试的基础上，将所有模块按照概要设计说明书的要求组装成子系统或系统，测试各单元连接过程中是否出现问题，并确认集成的子系统是否具有预期的功能和性能。集成测试的目的是发现并排除模块连接过程中可能出现的问题，最终组装成符合概要设计要求的软件系统。

3. 确认测试

确认测试(Validation Testing)又称为有效性测试。确认测试的目的是检查已开发的软件是否满足需求规格说明书中规定的功能、界面、性能等需求，以及软件配置项是否齐全和正确。

4. 系统测试

经过确认测试的软件还需要其他因素才能运行起来，这些因素包括硬件、外设、系统软件、支持平台、网络、数据操作员等。

系统测试(System Testing)将通过确认测试的软件与它运行所需的因素结合起来，构成一个目标系统。需要对这个目标系统的整体功能、性能、界面、安全性、可靠性、兼容性等方面进行测试和评价，以确定系统的整体功能和性能是否满足用户需求。

确认测试与系统测试比较容易混淆，它们都有功能、性能测试的内容，而且依据的都是需求规格说明书。严格来讲，确认测试以功能、界面为主，而系统测试以性能、接口、可靠性、兼容性、安全性等为主。目前，在国内大部分 IT 企业中，确认测试被认为是系统测试的一部分，即将软件放入实际或模拟的运行环境中，先测试功能、界面等特性，然后测试性能、接口等特性。

5. 验收测试

验收测试(Acceptance Testing)是用户级测试，它检验最终软件产品与用户预期的需求是否一致，决定软件是否被用户接受。验收测试应着重考虑软件是否具有合同规定的所有功能、性能及其他特性，通常由用户或用户聘请的第三方测试机构进行测试。

另外，在软件开发过程中，需求分析阶段和设计阶段产生的成果是后续进行编码和测试活动的依据，因此，测试人员还应对需求和设计阶段的成果进行审核和验证，即需求测试和设计测试。

6. 需求测试

需求测试(Requirement Testing)主要针对需求分析阶段产生的各种文档进行测试，包括需求文档的完整性、正确性、可行性、可测性等测试。需求分析阶段完成后，测试人员就参与到需求的测试活动，针对需求分析提出建议，尽早发现需求文档的问题。

7. 设计测试

与需求测试的定义相似，设计测试(Design Testing)主要针对总体设计与详细设计阶段产生的各种文档进行测试，同样也包含文档的完整性、正确性、可行性、可测性等测试内容。在开发实践中，需求和设计出现问题必然导致开发出的代码有缺陷；据统计，半数以上的软件缺陷是由需求分析或程序设计不当引起的。

由于需求分析和程序设计阶段处于软件开发过程的早期，因此，在这两个阶段发现并修改缺陷的代价远小于编码之后修改缺陷的代价，所以项目组应该重视需求测试和设计测试，让测试人员尽早参与到软件开发过程中，利用测试人员的经验来避免一些问题的出现。

2.2.2 按测试策略分类

根据测试策略的不同，软件测试可分为黑盒测试、白盒测试和灰盒测试。

1. 黑盒测试

顾名思义，黑盒测试(Black-box Testing)可理解为将被测程序放在一个不能打开的黑盒里，程序代码对测试人员是不可见的。具体来讲，所谓的黑盒测试就是测试人员在完全不考虑软件内部逻辑结构和处理过程的情况下，依据软件的需求规格说明书等文档对软件进行的测试。

黑盒测试的执行过程如图 2-2 所示，测试人员无法看到软件或程序的内部实现代码，只需要将实际输出数据与预期输出数据进行比较，若两者不同，则说明程序很可能存在缺陷。

图 2-2　黑盒测试执行过程

2. 白盒测试

白盒测试(White-box Testing)可理解为将被测程序放在一个透明盒子里，程序代码对测试人员是可见的。具体来讲，所谓的白盒测试就是测试人员清楚地了解程序内部逻辑和处理过程，检查程序内部结构和路径是否达到预期的设计要求。单元测试主要采用白盒测试策略来进行。

3. 灰盒测试

灰盒测试(Gray-box Testing)是介于黑盒和白盒之间的一种测试策略，它基于程序运行的外部表现同时结合程序内部逻辑结构来设计测试用例。程序的外部表现属于黑盒测试的范畴，它关注软件系统是否具有预期的功能、界面、性能等特性；内部逻辑结构属于白盒测试的范畴，它关注编码的实现以及程序模块间的逻辑关系。一般认为，集成测试是采用灰盒测试策略来进行的。

2.2.3　按照测试手段分类

根据测试手段的不同，软件测试可以分为手工测试和自动化测试。

1. 手工测试

手工测试(Manual Testing)又称手动测试，它指测试由人来执行，即测试人员根据测试执行的步骤来手动执行测试，手工测试与自动化测试是相对的。手工测试是最传统的测试方法，也是目前大多数 IT 公司使用的测试形式，一般来说，手工测试发现的缺陷远多于自动化测试，手工测试的质量主要依赖于测试用例的质量、测试人员的经验等因素。

2. 自动化测试

自动化测试(Automation Testing)又称机器测试，它是一项使用计算机代替人进行软件测试的技术，即利用测试工具开展和实施测试。通过自动化测试技术可自动运行大批量测试用例，也可完成某些手工测试难以完成的测试用例，从而节省了人力、时间和硬件资源等。例如，在敏捷开发过程中，测试人员可能需要重复测试某些功能很多次，此时可以使用功能自动化测试工具来代替手工测试，将测试人员解放出来去关注软件系统的新功能；在并发性测试中，使用性能测试工具来模拟大批量的访问用户，同时控制这些用户访问软件系统的节奏，可使测试更准确、经济地进行。

本书后续章节会详细介绍四种测试工具的使用以及应用案例，它们是测试管理工具 HP ALM(Application Lifecycle Management，应用生命周期管理)、功能自动化测试工具 HP UFT(Unified Functional Testing)、性能测试工具 HP Loadrunner 和安全测试工具 IBM Rational AppScan。

2.2.4　按照测试执行方式分类

根据软件测试的执行方式，可将软件测试分为静态测试和动态测试两种。

1. 静态测试

静态测试(Static Testing)不实际执行被测软件，而利用人工手段或静态测试工具完成对程序的静态测试。需求测试、设计测试、文档测试、代码走查、静态代码分析等都是不需要执行被测软件就可以开展的测试，因此，它们都属于静态测试的范畴。

2. 动态测试

动态测试(Dynamic Testing)则是通过执行被测软件来发现软件错误的一种测试技术。大多数测试都需要执行被测软件，例如黑盒测试等，它们都属于动态测试的范畴。

2.2.5　基于特定目标的测试分类

在实际应用中，还有许多为实现某些特定目标而定义的测试方法，包括功能测试、界面测试、性能测试、安全性测试、可靠性测试、兼容性测试、安装与卸载测试、文档测试、冒烟测试、随机测试、回归测试、产品登记测试、本地化测试等。

1. 功能测试

功能测试(Functional Testing)又称为行为测试，它根据产品特征、操作描述和用户方案，验证软件产品的各项功能是否符合预期的功能需求。功能测试是黑盒测试的主要内容，通常要考虑功能的正确性和容错性。功能的正确性是指在合法输入或合理操作的情况下，某项功能是否正确；功能的容错性是指在非法输入或不合理操作的情况下，某项功能是否具有相应的容错处理能力。

2. 界面测试

界面测试(User Interface Testing)主要是对图形界面的视觉效果、准确性和易用性进行测试。软件产品的界面是用户与软件产品打交道的媒介，因此，如果界面设计不合理，会影响用户体验以及软件产品的推广。测试人员需要从用户的角度去考虑界面是否合理，通常需要考虑如下因素：

(1) 软件颜色、风格是否搭配；

(2) 界面文字信息是否正确；

(3) 界面布局是否合理、人性化；

(4) 窗体、各种控件是否正常显示，易用性是否好；

(5) Tab 键、Enter 键、方向键、组合键、快捷键等能否正常使用；

(6) 需求规定的分辨率下，窗体是否正确显示。

3. 性能测试

性能测试(Performance Testing)是评价软件系统在一定的工作环境中是否符合预期性能需求的测试，包括负载测试、压力测试、疲劳测试、强度测试、容量测试等。性能测试是软件测试活动中的重要内容，后续章节会详细介绍性能测试的基础知识以及相关测试工具的使用。

4. 安全性测试

安全性测试(Security Testing)的目的在于检查软件系统对非法入侵的防范能力。在安全测试期间，测试人员可以假扮非法入侵者通过各种方式入侵系统，以检查系统的安全性。从理论上讲，只要有足够的时间和资源，没有不可进入的系统。因此，系统安全设计的准则是：使非法侵入的代价超过被保护信息的价值，使非法侵入者得不偿失。安全性测试考虑的要素比较多，例如，系统入口是否安全(如登录)、重要数据是否加密、Cookie 数据是否安全、是否具备日志管理和数据备份功能、能否防御 SQL 注入攻击和 XSS 注入攻击等。

5. 可靠性测试

可靠性测试(Reliability Testing)的目的是测算在一定环境下系统能够正常工作的概率。通常采用平均无故障时间(即两次失效之间的平均操作时间)或者规定时间内不出现故障的概率来衡量系统的可靠性。软件可靠性测试的测试周期比较长，一般采用用户边使用边测试的方式，也可借助自动化测试工具测试。

6. 兼容性测试

兼容性测试(Compatibility Testing)有时也被称为配置测试(Configuration Testing)，但两者含义略有不同。一般来说，配置测试是为了保证软件在其相关的硬件上能够正常运行，如 CPU、磁盘等，而兼容性测试主要测试软件能否与其他不同的软件协作运行，如各种操作系统和浏览器。

7. 健壮性测试

健壮性测试(Robustness Testing)用于测试系统在出现故障时，能否自动恢复或者忽略故障继续运行。在测试实践中，可人为输入错误或者制造故障来测试系统的容错性和可恢复性，例如，输入非法信息、输入错误的数据类型、断网、关闭数据库等。为使系统具有良好的健壮性，要求设计人员在设计系统时必须周密细致，尤其要注意妥善地进行系统异常的处理。

8. 安装与卸载测试

安装测试(Install Testing)主要是为了验证正常情况下安装操作的正确性以及异常情况下安装操作的容错性。通常情况下，软件系统首次安装、升级以及采用不同安装方式时(如完整安装方式和自定义安装方式)都应该进行安装测试。

卸载测试(Uninstall Testing)主要是对软件的全部或部分程序卸载处理过程的测试，也包含正确性测试和容错性测试。卸载测试主要关注软件能否卸载，卸载是否干净，对系统有无更改，系统中的残留与后来的生成文件如何处理等。

在测试安装或卸载操作的容错性时，可人为破坏或中止安装或卸载进程，以检验软件产品的容错处理能力。

9. 文档测试

文档测试(Document Testing)主要对与软件相关的配置文档进行测试，包括需求分析文档、程序设计文档、用户操作手册等。其中，需求分析文档和程序设计文档是后续测试活动的依据文档，对这类文档测试是为了后面更好地开展测试；用户操作手册等文档是提交给用户的文档，对这类文档测试的目的是提高文档易用性和可靠性，降低技术支持费用，尽量使用户通过文档自行解决问题。

10. 冒烟测试

冒烟测试(Smoke Testing)的对象是每一个新编译的、需要正式测试的软件版本，其目的是确认软件基本功能正常，可以执行后续的正式测试工作。在企业实践中，对于刚开发出来的新版本软件，测试人员可先确认软件的一些基本功能是否存在严重缺陷，如安装与卸载操作、软件的初始化业务操作、软件的核心业务操作等。如果通过冒烟测试，就可以依据规范的测试流程进行全面测试。

在测试实践中，某些软件产品可能会陆续生成多个新版本，如果每次都对软件的基本功能重复进行测试，可能会影响测试人员的积极性以及测试效率，可以考虑引入功能自动化测试工具来代替手工测试。

11. 随机测试

随机测试(Random Testing)主要依据测试人员的直觉和经验对软件的功能、界面、性能等特性进行抽查。在测试实践中，某些缺陷是测试人员不经意间发现的或者根据经验推断而发现的，而发现这些缺陷的步骤并没有记录在测试用例中，因为测试人员可能在设计测试用例的时候并没有想到这些测试内容。

随机测试是根据测试文档执行用例测试的重要补充手段，是保证测试覆盖完整性的有效方式。

12. 回归测试

回归测试(Regression Testing)是为了验证缺陷修改的正确性以及是否对未被修改部分造成不良影响而进行的测试。在测试实践中，执行完测试之后可能发现一批软件的缺陷，测试人员需要与开发人员确认缺陷，然后由开发人员去修改缺陷。开发人员修改完缺陷之后，缺陷的影响有可能还没有被消除，存在以下三种情况：

(1) 由于某些原因，开发人员遗漏对缺陷的修改；

(2) 开发人员未完全搞清缺陷产生的实质原因，只是修改了缺陷的外在表现，没有修复缺陷本身；

(3) 缺陷的修改可能导致原本正确的相关功能出现问题。

因此，在开发人员修复完缺陷后，测试人员需要重新对软件进行测试，以确认开发人员完全修复缺陷，重新执行的测试活动就属于回归测试的范畴。在实际项目中，通常会进行多轮的回归测试来发现和排除软件缺陷。回归测试比较繁杂和枯燥，测试人员可以借助自动化测试工具进行回归测试。

13. 产品登记测试

软件产品登记测试(Product Registration Testing)是为了帮助各软件企业进行软件产品登记而专门设立的一种测试种类，其主要目的是验证软件产品的基本功能是否实现，能否正常运行等。产品登记测试通过后，由测试机构出具规范的测试报告，用于企业软件产品登记等事务的办理。

14. 本地化测试

本地化就是更改软件的版本语言，即由一种语言改为另一种语言，例如将英文手机操作系统改为中文操作系统。所谓的本地化测试(Localization Testing)就是对软件的本地化版本进行测试，通常包括安装和卸载测试、界面测试、功能测试、性能测试、兼容性测试等测试内容。

2.3　信息软件测试典型应用

2.3.1　基于 Web 应用软件的测试

所谓的 Web 软件系统就是采用 B/S 架构开发的软件系统。在 B/S 架构的系统中，客户机不需要安装专门的客户端软件，而通过客户机上的浏览器访问服务器的资源。因此，Web 软件系统具有易用性和兼容性好，维护及升级成本低等优势，这使得 Web 系统的应用日益广泛，需求量也越来越大。目前，基于 Web 应用的软件系统在信息化软件系统中占有相当大的比重，研究基于 Web 应用软件的测试具有很重要的现实意义。本节主要介绍 Web 软件测试的特点、主要测试内容及方法。

1. Web 软件测试的主要特点

Web 软件具有易用性、交互性、分布性、多用户并发性、平台兼容性等特点，这些特点对软件测试提出了新的要求，Web 软件测试的特点主要体现在如下几个方面：

(1) Web 软件运行在因特网上，用户众多，用户层次差别大，因此，Web 软件要便于各层次用户的使用，测试过程中需要考虑软件是否易用、是否人性化。

(2) Web 软件涉及浏览器、Web 服务器程序和数据库程序三种实体，这三种实体频繁地进行数据交互，需要对实体间的接口以及数据的一致性进行测试。

(3) Web 软件运行在因特网上，用户通常分布在不同地方，通过开放的因特网访问 Web 服务器，数据有可能被窃取、篡改或删除，因而需要安全性测试。

(4) Web 软件拥有大量的用户群，需要对多用户并发、响应时间、吞吐量、Web 服务器资源利用率等性能指标进行测试。

(5) Web 软件所运行的硬件环境和软件环境多种多样，例如不同的硬件、网络协议、操作系统、Web 服务器、浏览器等，因而需要兼容性测试。

依据 Web 应用软件的上述特点，可针对性地设计一套 Web 软件测试体系，总结出测试内容，从而指导 Web 软件的测试。

2. Web 软件测试的内容以及方法

在实际应用中，我们通常是从功能、界面、接口、性能、兼容性以及安全性六个方面对 Web 软件进行测试。下面具体介绍 Web 软件测试的主要内容及测试方法。

1) 功能测试

(1) 链接测试

链接是 Web 应用系统的一个主要特征，它是在页面之间切换和指导用户访问未知地址页面的主要手段，链接测试包括以下三方面的内容：

① 测试所有链接是否确实按指示的那样链接到应该链接的页面；

② 测试所链接的页面是否存在；

③ 保证 Web 应用系统上没有孤立的页面，所谓孤立页面是指没有链接指向该页面，只有知道正确的 URL 地址才能访问。

链接测试可以借助工具去自动完成，比较常用的软件是 Xenu Link Sleuth。

(2) 表单测试

当用户向 Web 服务器提交信息时，就需要使用表单操作，例如用户注册、登录、信息提交等。这种情况下，我们必须测试提交操作的完整性，以校验提交给服务器的信息的正确性以及容错性。例如：合法的用户信息是否可以被成功注册；用户的生日信息与身份证号码中的生日不匹配时，系统的容错性；输入非法信息时，系统的容错性等。

对表单进行测试时,测试人员需要依据需求规格说明书等文档逐一对每个表单的功能进行测试。在测试中，可以使用等价类划分法、边界值法、错误推测法等测试方法来设计测试用例。

(3) Cookie 测试

Cookie 通常用来存储用户信息和用户在某软件上的操作痕迹。当用户使用 Cookie 访问某个软件时，Web 服务器将发送关于该用户的信息，把该信息以 Cookie 形式存储在客户端计算机上，这可用来创建动态和自定义页面或者存储登录信息。

如果Web系统使用了Cookie，就必须检查Cookie能否正常工作。测试的内容包括：Cookie是否起作用，是否按预定的时间保存，刷新对Cookie是否有影响，Cookie中的某些重要数据是否加密。在实际应用中，测试人员可借助软件工具来查看本机的Cookie等，如IECookiesView、Cookie Manager等。

(4) 数据库测试

在 Web 应用技术中，数据库起着重要作用。在 Web 应用中，最常用的数据库类型是关系型数据库，可使用 SQL 语句对信息进行处理。

在使用数据库的 Web 应用系统中，一般情况下可能发生两种错误，即数据一致性错误和输出错误。数据一致性错误主要是由于用户提交的表单信息不正确而造成的，而输出错误主要是由于网络速度或程序设计问题等引起的，针对这两种情况，可分别进行测试。

(5) 设计语言测试

Web 设计语言版本的差异可能引起客户端或服务端的严重问题，例如开发人员使用了不同版本的 HTML 语言等。当在分布式环境中开发时，开发人员都不在一起，这个问题就显得尤为重要。除了 HTML 的版本问题外，不同的脚本语言(例如 Java、JavaScript、ActiveX、VBScript、Perl 等)也要进行验证。

2) 界面测试

界面测试通常需要测试的内容有：Web 软件的整体界面风格是否搭配；Web 软件界面风格与网站主题是否搭配；Web 软件控件的布局是否合理，是否人性化；Web 页面上字体的大小、颜色、样式是否人性化；页面上的提示信息是否正确；页面上文字是否正确显示等。例如：按钮文字与按钮功能不相符；滚动条拉到最后也不能完全显示网页内容；显示的数据不会自动分行等。

可以说，Web 软件中的每种控件都涉及界面测试的内容，由于 Web 软件中的控件种类众多，这里就不一一列出。由于界面是用户与 Web 软件交互的媒介，因此，界面测试要做到心系客户，从客户的角度去浏览网站，找出界面不协调之处，显示有问题的错误。

3) 接口测试

通常情况下，Web 站点不是孤立的。Web 站点可能会与外部各种接口和服务器以数据通信的方式协同工作，例如请求数据、验证数据或提交订单。

(1) 服务器接口测试

服务器接口测试，即测试浏览器与服务器的接口的正确性。测试人员提交事务，然后查看服务器记录，以验证浏览器提交的数据或操作是否在服务器上执行了相应的处理。测试人员还可以查询数据库，确认事务数据是否已正确保存。

(2) 外部接口测试

假如 Web 软件系统有外部接口，需要测试 Web 软件与外部接口的正确性。例如，电子商务网站可能要实时验证信用卡数据以减少欺诈行为的发生，那么可以使用 Web 接口发送一些事务数据，分别对有效信用卡、无效信用卡和被盗信用卡等信息进行验证。

(3) 接口错误处理

当 Web 软件系统的接口出现错误时，测试系统的容错处理能力。例如，订单事务处理过程中，中断用户到服务器的网络连接，检验系统是否有相应的容错处理能力。

4) 性能测试

Web软件系统属于"瘦客户端，胖服务端"模式，即软件系统实现的大部分功能都需要在服务器端完成，客户端只需要完成少量功能，这种模式使服务器的压力比较大。相对于C/S架构的软件系统来说，Web软件系统的缺点就是性能和安全性较差，因此，Web软件测试比较重视性能测试和安全性测试。

　　性能测试是Web软件测试的重要内容，常见的测试指标包括响应时间、并发用户数、每秒点击数、吞吐量、资源使用情况等。性能测试是本书的重点知识，后续章节会详细介绍性能测试的基础知识和常见测试工具的使用，第13章会以一个Web软件为被测对象，具体介绍性能测试的实施过程。

5) 兼容性测试

(1) 平台兼容性测试

　　操作系统的类型很多，最常见的有 Windows、Unix、Mac、Linux 等。Web 软件系统的最终用户究竟使用哪一种操作系统，取决于用户系统的配置。这样，目标系统就可能发生兼容性问题，例如，同一个软件在某些操作系统下能正常运行，但在其他操作系统下可能会运行失败。因此，在 Web 系统发布之前，需要在不同操作系统对 Web 系统进行兼容性测试。

(2) 浏览器兼容性测试

　　浏览器是Web客户端最核心的构件，来自不同厂商的浏览器对Java、JavaScript、ActiveX或不同的HTML版本有不同的支持。例如，ActiveX是Microsoft的产品，是为Internet Explorer而设计的，JavaScript是Netscape的产品，Java是Sun的产品等。另外，页面框架和层次结构风格在不同浏览器中也有不同的显示，甚至由于兼容问题导致根本不显示。另外，不同的浏览器对安全性和Java的设置也不一样。

6) 安全性测试

　　安全性也是Web软件测试的一项重要内容，安全性测试考虑的因素较多，通常情况下，测试人员可关注以下几点：

(1) 用户登录安全性测试

用户登录安全性测试需要关注的内容如下：

① 非法的用户信息能否登录；

② 用暴力破解软件能否破解密码；

③ 多次错误登录是否有安全处理措施；

④ 是否有验证码；

⑤ 超时是否会自动退出登录；

⑥ 不通过用户登录，通过网页文件路径能否直接访问某内部页面；

⑦ ……

(2) 重要数据的安全性测试

　　在客户端与Web服务端通信的过程中，可能涉及一些重要的、需要加密的数据。对于这些数据，测试人员需要验证是否加密，通过何种方式加密，以及是否难以破解等。

　　在重要数据的安全性测试过程中，可通过网络数据分析软件，查看网络上的某些重要数据是否加密，例如WireShark、Sniffer等。

(3) 日志功能测试和数据备份功能测试

　　日志是系统入侵检测以及故障排除工作的重要参考文件，因此，测试人员首先要确保Web软件系统具有日志生成和管理功能，还要检测日志功能是否正确以及日志信息是否准确。

　　数据备份功能是容灾的基础，是指为防止系统出现操作失误或系统故障导致数据丢失，而将全部或部分数据备份起来的一种功能。一般的商用 Web 软件产品都应该具有数据备份和恢复功能，测试人员应该对数据备份和恢复功能的正确性进行测试。

(4) 防止 SQL 注入攻击和 XSS 注入攻击测试

对于 Web 软件系统来说,SQL 注入攻击和 XSS 注入攻击是黑客对数据库进行攻击的常用手段。为更好地测试系统防御这两类攻击的能力,测试人员可以向被测 Web 软件发起 SQL 注入攻击和 XSS 注入攻击,以检测系统是否存在安全漏洞。

(5) SSL 测试

很多站点使用 SSL(Security Socket Layer,安全套接字层)协议进行数据传送,SSL 是一种加密通信协议,可防止传送的信息被黑客获取。当用户进入一个 SSL 站点后,可以看到浏览器出现警告信息,然后地地址栏的 http 变成 https。在进行 SSL 测试时,测试人员需要确认这些特点,以及是否有连接时间限制以及超出限制时间会出现什么情况。

(6) 目录设置测试

Web 软件系统的目录安全是不容忽视的一个因素。如果 Web 程序或 Web 服务器的处理不当,通过简单的 URL 替换和推测,会将整个 Web 软件系统目录完全暴露给用户,这样会造成很大的风险和安全隐患。

另外,在进行安全性测试时,测试人员可能还需要考虑安全体系是否健全,例如是否有防火墙,防火墙是否可以抵御外界攻击;再如授权问题,不同级别的用户权限是否不同,是否存在越权等。

2.3.2　基于手机应用软件的测试

随着移动通信技术和智能手机的飞速发展,人们越来越热衷于使用手机应用软件(Mobile Application Software,简称手机 App)来进行上网、购物、聊天等活动,可以说,手机 App 已经渗透到每个人的工作、学习和生活当中,并使得各种信息变得无处不在。与此同时,各种领域的手机应用软件如雨后春笋般涌现,为用户提供了各种各样的应用服务,也为开发公司带来用户流量和经济效益。

近几年,手机 App 的数量迅速增长,相同领域间的竞争异常激烈,如何开发出高质量的手机 App 软件并有效地测试就显得尤为重要。在现实中,手机 App 的某些功能、性能、兼容性等问题经常被用户投诉,这大大影响了手机 App 的推广和使用,因此,研究如何实施手机 App 测试具有十分重要的现实意义。

1. 手机 App 测试面临的难题

移动平台上的软件开发和测试的一个重要难题是:应用在开发和测试过程中,必须通过手机等终端真实环境进行系统测试,才可能进入商用。由于手机等移动终端操作系统的不同,以及操作系统版本之间的差异,使得真机系统测试过程尤其复杂,涉及终端、人员、工具、时间、管理等方面的问题。

1) 移动终端配置的多样性使得软件测试更困难

首先,测试方必须购买足够多的手机,包括不同操作系统、不同版本、不同分辨率的手机,甚至不同厂商生产的手机。目前市场上常见的手机操作系统有 iOS、Android、Symbian、Windows Mobile、Blackberry OS 等(集中度较高的是 iOS 和 Android 系统),平台之间存在较大差异,语言和标准完全不同。以 Android 为例,需要测试人员面对多个版本的 Android,约十几种不同的分辨率,涉及 HTC、摩托、三星、LG、索爱、联想、中兴、华为等数十个厂商的产品。一个商业化运作的开发团队,一般至少需要几十部手机，才能完成必要的配置测试工作。如果缺失这个真机系统测试环节，极可能给应用的推广和使用埋下隐患，一旦出问题将直接招致用户的投诉或抛弃。

其次，在拿到不同手机进行测试时，还将面临不同手机厂商的系统版本差异问题，即便是标准统一的 Android 系统，手机厂商的版本也并非完全相同，MIUI、LePhone、MEIZU 等手机的 Android 系统已经加入了很多个性化的东西，导致 Android 应用必须进行单独适配。而且，在过程中出现的很多问题，往往没有资料可查。

2) 安全问题严重

目前，手机软件的安全问题日益严峻。一方面，项目组急于发布和推广 App 软件，致使开发周期大大缩短，开发者没时间去周全考虑和解决软件安全性问题；另一方面，手机端的安全体系还不成熟，尚处于完善阶段，无法捕捉到手机 App 的漏洞，导致 App 泄露手机的信息。为此，我们必须在移动应用领域启动安全保障，加强安全性测试，捕捉并修复漏洞，以使黑客入侵更加困难。

3) 难以构建专业测试队伍

由于移动应用开发人员的成本较高，使得很多企业管理人员将预算优先投入产品的设计、开发和运营，而压缩测试方面的投入比例。很多成规模的互联网企业通常也只有几个人的小测试团队来实施测试。

4) 缺少先进的测试工具

目前，很多公司已有的测试工具并不太适合测试移动应用，App 的真机系统测试在全球范围内还停留在刀耕火种的纯人工状态，没有有效的工具可供利用；测试人员发现的 bug 很难复现，开发人员因此也很难定位和快速修改 bug。

迄今为止，运行在 PC 上用于客户端软件的测试工具大多还不能用于评估移动应用的漏洞。其中一个原因是，移动平台常使用特定的程序设计语言与外界交流；另一个原因是，测试工具必须能理解移动架构，包括用于支持 App 软件的应用程序接口(API)。

5) 测试外包服务满足不了 App 软件的测试需求

考虑到节省测试成本以及测试工作的及时性和有效性等因素，很多移动 App 开发企业会选择外包测试。目前，市场上的多数外包测试服务由人工测试完成，效率低，效果差，根本无法满足 App 现在高频次的迭代需求，开发企业也无法做到有效监管。

6) 管理难度加大

终端、人员、流程等管理问题也非常突出，终端、bug、人员要在测试、开发、产品、客服、运营等不同部门之间交错。如何进行卓有成效的 App 系统测试，以及协调好与之相关的计划、管理、人员、资源、终端等各个环节，一直是困扰各个 App 开发企业的问题。

2. 手机 App 测试分类

目前主流的手机操作系统平台(如 iOS、Android 等)都提供了相应的单元测试和集成测试工具，测试人员可以使用这些工具在模拟器、沙箱环境下进行测试以及调试。但对于手机 App 软件系统的外部功能、性能等特性，平台没有提供有效的测试工具和方法，大量移动 App 测试还停留在纯人工状态，效率十分低下。终端、版本的碎片化，更加剧了这一问题的严重性。目前，已有不少 IT 企业在尝试开发适合本企业的测试平台和工具来辅助系统测试，这是提升测试效率和质量的有效方法。

移动互联网是超高速发展的新兴产业，没有成功经验可循，只有市场和用户才是检验产品优势的终极标准。借助传统软件的测试方法和规律，可以有效地提升 App 的程序质量和用户体验。下面介绍手机 App 软件系统测试的几种测试类型。

1) 接口测试

在 App 客户端开发过程中，通常会提供一些服务端的接口供开发人员调用，这些接口的质量决定了 App 的开发进度，应该对该接口进行测试。在 App 接口测试中，首先应检测接口的完整性，根据 App 需求，检查客户端所需要的某些数据是否都有相应的接口返回。其次，对接口的正确性验证，验证接口返回的数据是否正确，提示代码是否符合要求。

2) 安装与卸载测试

手机 App 的安装与卸载测试是测试初期进行的一种测试，目的是验证 App 能否正确安装、运行、卸载，并确定操作过程和操作前后对系统资源的使用情况。在测试过程中。需要针对终端硬件及 ROM 版本的不同，测试 App 安装、卸载的适配情况，生成隐患原因分析报告，最终确认是否可以正确安装和卸载。

3) 界面测试

与 PC 端软件的用户界面测试相似，界面测试主要测试用户界面布局、风格是否满足客户要求、文字是否正确、页面是否美观、文字、图片组合是否完美、操作是否友好等。界面测试的目标是确保用户能通过界面来使用 App 说明文档中为用户提供的功能，确保用户界面正确、人性化、易操作以及符合公司或行业的标准。

4) 功能测试

功能测试是 App 软件系统测试的一项主要内容，它根据用户需求来验证 App 的各个功能实现是否符合预期，通常采用如下方法实现并评估功能测试过程：

(1) 采用时间、地点、对象、行为和背景元素或业务分析等方法分析和提炼 App 软件用户的使用场景，同时，依据用户的功能需求，构建测试点，并明确测试标准。若用户需求中无明确标准遵循，则需要参考行业或相关国际标准或准则。

(2) 针对已经构建的功能测试点，设计具体的测试用例。在设计测试用例时，应该综合考虑合法与非法输入、正常与异常、边界、等价类、功能点关联、测试优先级等情况。

(3) 在测试进行的各个阶段，可对测试用例进行维护，及时发现并修正测试用例中出现的问题，保证测试执行和回归测试顺利进行。

如果 App 的开发模型采用敏捷开发模型，测试过程一般应该包含三部分，即冒烟测试、正式功能测试、回归测试。

5) 性能测试

手机 App 对平台的性能要求较严格，若存在性能问题，可能出现响应速度慢、App 异常关闭、死机等问题，这些都会严重影响用户体验。因此，很有必要对 App 进行性能测试。进行性能测试时，主要测试内容如下：

(1) 响应时间测试。包括安装与卸载过程、App 各项功能操作等。

(2) App 软件的稳定性测试。可借助压力测试工具 Monkey 来测试其稳定性。Monkey 是 Android 中的一个命令行工具，可运行在模拟器或实际设备中。它向系统发送伪随机的用户事件流(如按键输入、触摸屏输入、手势输入等)，对正在开发的应用程序进行压力测试。另外，常用的手机 App 性能测试工具还有 HP Loadrunner、腾讯 GT、Emmagee 等，这些工具各有优势，读者可根据项目需要自行选择。

(3) 手机内存泄漏测试。手机内存的使用情况影响整个手机运行的速度。如果 App 软件在运行过程中申请了内存，但没有及时释放它，则可能发生内存泄漏。内存泄漏的检测可以借助于一些测试工具，如 LeakCanary。

(4) 手机 CPU 使用情况检测。在运行 App 软件期间，测试人员可通过手机内置软件查看该 App 软件的 CPU 使用情况。

(5) 服务器性能测试。可在 PC 端借助仿真机系统和性能测试工具对手机 App 的服务器进行性能测试，可用的性能测试工具包括 HP Loadrunner 等。

6) 交叉事件测试

交叉事件测试是针对智能终端应用的服务等级划分方式及实时特性所提出的测试方法。交叉测试又称冲突测试，是指一个功能正在执行过程中，另一个事件或操作对该过程进行干扰的测试。如 App 在前/后台运行状态时与来电、文件下载、音乐收听等关键应用的交互情况测试等。交叉事件测试非常重要，能发现很多应用中潜在的性能问题，该测试通常需要考虑的因素如下：

(1) 多个 App 同时运行是否影响正常功能；

(2) App 运行时前/后台切换是否影响正常功能；

(3) App 运行时拨打/接听电话；

(4) App 运行时发送/接收信息；

(5) App 运行时发送/收取邮件；

(6) App 运行时切换网络(2G、3G、WiFi)；

(7) App 运行时浏览网络；

(8) App 运行时使用蓝牙传送/接收数据；

(9) App 运行时使用相机、计算器等手机自带设备。

7) 兼容性测试

手机 App 兼容性测试就是验证测试对象在不同的软、硬件配置下，系统的功能和性能是否符合预期要求。例如，Android 系统不同版本的测试、不同型号和品牌手机的测试等。

8) 安全性测试

智能手机的安全性是一个需要考虑的重大问题，特别是在越来越多的业务功能和流程采用移动办公方式的情况下。手机 App 安全性测试的目的是发现危害手机中数据的安全和完整性的错误和缺陷。根据手机 App 软件的特点及运行机制，我们可从安装与卸载的安全性、手机应用程序权限管理、数据安全性和人机接口安全性等方面进行测试与验证。

9) 本地化测试

若目标 App 软件支持多个国家或地区的不同语言，则需要针对不同语言进行本地化测试，即测试 App 软件在各种语言的运行环境下，功能、界面、性能、兼容性、安全性等特性是否正确。

10) 升级和更新测试

升级和更新测试是指在 App 软件新版本发布后，配合不同网络环境的下载、安装、更新、启动、运行操作的验证测试，该测试通常需要考虑的因素如下：

(1) 测试升级后的功能是否与需求一致；

(2) 测试与升级模块相关的模块的功能是否与需求一致；

(3) 升级安装意外情况的测试(如死机、断电、重启)；

(4) 升级界面的 UI 测试；

(5) 不同操作系统间的升级测试。

另外，随着云应用的推广和普及，出现了一批面向手机 App 软件的云测试平台，如 Testin、Testbird、WeTest 等。其中，Testin 是全球最大的移动游戏、应用真机和用户云测试平台，其在云端部署了千余款测试终端，并开放这些智能终端给全球移动开发者进行测试。开发者只需要在 Testin 平台提交自己的 App 应用，选择需要测试的网络、机型，便可进行在线的自动化测试，无须人工干预，自动输出包含错误、报警、UI 截图、内存/CPU/启动时间等在内的标准测试报告。

2.3.3 基于云应用软件的测试

"云应用"是云计算技术在应用层的体现，它利用云计算提供的服务为客户定制和开发出一套解决实际问题的软件产品。"云应用"的工作原理是把传统软件"本地安装，本地运算"的使用方式变为"即取即用"的服务，通过互联网或局域网连接并操控远程服务器集群，完成业务逻辑或运算任务的一种新型应用。云应用不但可以帮助用户降低软、硬件成本，更能大大提高工作效率，因此传统软件向云应用转型的发展革新浪潮已经势不可挡。目前，"云应用"已经广泛应用于云物联、云安全、云测试、云存储、云游戏、云教育、云会议、私有云等领域，因此，研究如何开展云应用软件的测试有重要的现实意义。

1. 云应用测试面临的挑战

云计算虽然具有诸多优势，但是由于云应用具有复杂性、开放性等特点，这给云应用软件的测试工作带来了很多难题和挑战，主要体现在以下几个方面：

1) 数据安全

用户数据都是基于云环境的，会涉及用户敏感数据的隐私问题，同时随着应用信息的交互，这些数据会在不同系统之间流动。可以说，所有这一切都需要通过测试工作来保障数据的安全性。

2) 集成问题

云计算软件系统必然由多个异构系统构成，满足用户不同的云计算服务需求，同时也增加了系统的复杂性。这些异构系统彼此间很难获得对方的代码，加大了集成测试的难度。

3) 多用户租赁

云平台上的云应用是多用户租赁环境下的应用系统。多个用户共享一个实例化的应用实体，这就要求用户能够正确完成自身的操作功能，而彼此间的并发操作不会产生相互影响，对测试而言是极大的挑战。

4) 服务保障

尽管云服务推崇的是资源和性能的可扩展性、可用性，但实际中，比较著名的云厂商(如 Amazon、Google 等)也出现过由于故障(如响应时间延长、网络带宽等)导致服务不可用的情况，这极大地降低了人们使用云服务的热情。如何构建这样的一个可用性测试环境显得比以往更复杂。

5) 并发问题

云服务可以迅捷提供测试其他软件所需的资源和环境，但并不是所有测试过程和场景都适合云测试框架，需要考虑系统间、测试用例间相互的依赖关系。

6) 兼容和交互性

云计算中的软件运行在多个不同环境中，因此测试比以往都要复杂，测试的环境显得更不可控制，需要考虑“云”中软件和不同环境的兼容以及其他兼容问题。

7) 虚拟化问题

虚拟化技术提高了资源的利用效率，然而并不是所有测试方案都支持虚拟化技术；同时，一台机器上的多个虚拟设备存在资源的竞争机制，这样测试的结果可能与实际存在一定偏差。

2. 云应用测试方法

测试部署在云环境中的各种云应用软件时，涉及云计算内部结构、功能扩展和资源配置等多方面测试问题。在云应用测试中，各层的云服务对一般服务用户是透明的，它由大量动态、异构、复杂的系统构建，并且随着业务需求的变化，系统还在不断地更新和演化，这必然导致很多隐藏的错误不容易被发现，因此一般需要考虑功能、界面、性能、可恢复性、安全性、兼容性测试等。由于上述几个测试类型的内容与 Web 应用及手机 App 应用软件的相似，下面仅简要介绍这几个类型。

1) 功能测试

云应用的功能测试与 Web 应用软件的类似，主要是验证云应用的各项功能是否正确，确保开发的云服务能够满足用户需求。

2) 性能测试

云应用推广的一大优势就是其优越的性能，该测试类型主要为了测试云服务的响应时间、吞吐量、并发用户数等性能指标是否满足用户的要求。

3) 可恢复测试

该测试类型主要测试当系统发生灾难事件后，“云”中的数据能够在较短暂的时间内快速恢复，使得云服务可以健康而稳定地运行。

4) 安全性测试

“云”的安全性是云服务能否推广使用的关键，该测试旨在确保云服务中存储的流动数据的保密性、完整性。

5) 兼容性测试

该测试类型就是为了确保开发的云服务能够运行在不同的配置环境下，如不同的操作系统、浏览器、服务器等。

2.4　信息软件测试策略

2.4.1　测试过程的实施策略

1. 采取规范的软件测试流程去实施测试，并对测试流程进行管理

规范的测试流程是保证测试质量的基础。软件测试流程是指一个测试过程包括哪些环节以及按照何种顺序去完成这些环节。作为测试负责人，首先要制订软件测试流程规范，即测试工作有哪些环节，环节的具体执行顺序，每个环节的任务以及需要达到的标准。信息软件系统的一般测试流程如图 2-3 所示。

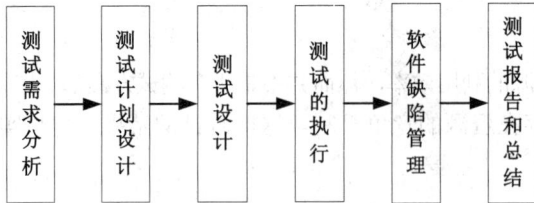

图 2-3　信息软件的一般测试流程

下面简要介绍信息软件测试流程的步骤：

(1) **测试需求分析**。测试人员通过对用户需求的分析，熟悉和理解系统的功能特性和非功能特性，并编写测试需求大纲。

(2) **测试计划设计**。测试人员依据测试需求，设计与编写测试计划文档。测试计划文档描述了测试的背景和原因、测试的内容及范围、测试的环境、测试的资源、测试的进度、测试的策略以及可能出现的测试风险等内容。测试计划文档是指导后续测试工作的规范性文件。

(3) **测试设计**。测试人员依据测试需求和测试计划，设计与编写测试用例文档，并依据测试用例去开发脚本和设计测试场景方案。测试用例通常包括：名称、标识、测试说明、前提条件、测试步骤、预期结果、实际结果、用例状态、设计人员、执行人员等元素。测试设计是测试工作的核心内容，测试设计的优劣决定了缺陷发现的数量。

(4) **测试的执行**。测试人员首先要搭建测试环境，然后依据测试用例文档对被测软件执行手工测试和自动化测试。对于未通过的测试用例，测试人员给出《软件缺陷报告单》。

(5) **软件缺陷管理**。测试人员与开发人员一起确认《软件缺陷报告单》中的缺陷是否成立，描述是否清楚。如果缺陷成立，则要求开发人员对其进行修正。测试人员应对软件缺陷进行跟踪并催促开发人员去修改缺陷。测试缺陷修改完毕后，通常需要对系统进行回归测试。

(6) **测试报告与总结**。测试人员依据测试的执行情况、缺陷的处理情况以及最终的测试结果，生成测试报告文档。在测试报告中，对每轮测试出现的问题和缺陷都进行分析，对最终遗留的缺陷以及缺陷可能造成的影响也做了说明，为纠正软件存在的质量问题提供依据，同时为软件验收和交付打下基础。整个测试项目完成后，测试组可以总结测试项目中的收获以及出现的问题，为以后的

测试工作积累经验。

在测试活动中，测试人员可使用测试管理工具对软件测试的流程进行管理。组织和管理软件测试的所有阶段，引导使用者按照规范的测试流程实施测试。以测试管理工具 ALM 为例，它包括分布与周期管理、需求管理、测试计划管理、测试执行管理、缺陷管理等核心模块，只要项目组使用了该管理工具，那么测试人员就必须按照 ALM 的步骤和要求编写发布版本、测试周期、测试需求、测试计划、测试执行、缺陷等内容，如果缺少某项步骤，其他内容就会受影响或者无法进行。

在测试实践中，借助测试管理工具，项目组中的所有人员就可以遵照统一的测试流程各司其职，协同工作了。例如，需求分析人员定义应用需求和测试目标；测试组长制订测试计划，并开发测试用例；测试自动化工程师创建自动化脚本，并将脚本上传到 ALM 服务器；测试人员运行手动测试和自动化测试，汇报执行结果，并输入缺陷；开发人员登录到数据库检查并修复缺陷；项目经理创建应用状态报告，并管理资源的分配情况；产品经理对应用发布的就绪状态做出决策。通过测试管理工具可使测试过程节省大量时间，可避免项目组中处于不同位置的各类人员的重复劳动，避免测试数据的损失和沟通不畅等问题。

2. 引入测试评审，尽早发现问题

测试评审也称同行评审，是指邀请同行(开发、测试、QA 等人员)对测试的某些中间或最终成果进行检查，找出成果中的问题，并填写相关的评审表单。在测试活动中，问题和缺陷发现得越早，修复的代价就越小，因此，最好每个阶段的测试成果都要评审。在测试实践中，可以对测试需求大纲、测试计划、测试用例、测试报告等文档的内容和质量进行评审。

3. 尽早、全面、全程地开展测试活动

1) 尽早测试
测试不应是在编码之后才开展的工作，测试与开发是两个相互依存的、并行的过程，在开发过程中的早期——需求分析阶段就应该开展测试工作。

"尽早测试"主要有两方面的含义，第一，测试人员早期就参与到软件项目中，及时开展测试的准备工作，包括分析测试需求、编写测试计划以及准备测试用例。第二，尽早开展测试工作，一旦代码模块完成，就应该及时开展单元测试；一旦代码模块被集成为相对独立的子系统，便可以开展集成测试；一旦有产品提交，便可以开展系统测试工作。

尽早开展测试准备工作，使测试人员能够在早期了解测试的难度，预测测试的风险。这有利于制订完善的测试计划和方案，提高软件测试的效率，规避测试中存在的风险。尽早开展测试工作，有利于测试人员及早发现软件中的缺陷，降低修复错误的成本。另外，测试人员还可以根据自己的测试经验，对需求分析和程序设计提出建议，尽早发现文档中的问题。

2) 全面测试
软件是程序、数据和文档的集合，因而软件测试不仅是对程序的测试，还应该对程序的配置项进行测试和审核。需求分析文档、设计文档作为软件的阶段性产品，直接影响软件的质量。大量实践表明，软件中的大部分错误是在编码之前的需求分析和设计阶段(而非编码阶段)造成的。

"全面测试"主要包含以下两方面的含义：
(1) 对软件的所有阶段性产品进行全面测试，包括需求分析文档、设计文档、用户操作手册等。

(2) 软件开发人员和测试人员均应参与到测试工作中。例如，对需求的验证和确认活动就需要开发人员、测试人员及用户的共同参与，这样才能保证软件最大限度地满足用户的需求。

3) 全过程测试

测试人员要充分关注开发过程，对开发过程的各种变更及时做出响应。例如，根据需求的变更，及时修改测试需求、测试计划和测试用例，根据开发进度的变更及时调整测试进度和测试策略。

2.4.2　测试用例的设计策略

测试用例是为完成某个特定测试目标而设计的任务描述，通常包含测试操作的过程序列、前提条件、期望结果及相关数据等内容。测试用例是执行测试并发现测试缺陷的重要参考依据，因此，在测试活动中，测试用例的设计是测试工作的核心内容。

1. 设计测试用例时需要考虑的因素

(1) 测试用例的优先级

在设计测试用例时，需要明确测试用例的优先级，优先级越高的测试用例越应该优先得到测试，并尽早、更充分地被执行。测试用例的优先级由下列三个方面决定。

① 从客户的角度定义的产品特性优先级，那些客户最常用的特性或者对客户使用或体验影响最大的产品特性都是最重要的特性，其对应的测试用例优先级也最高，根据 80/20 原则，大约 20% 的产品特性是用户经常接触的，其优先级高。

② 从测试效率角度看，边界区域的测试用例相对正常区域的测试用例优先级高，因为在边界区域更容易发现软件的缺陷。

③ 从开发修正缺陷的角度看，逻辑方面的测试用例比界面方面的测试用例优先级高，因为开发人员修正一个逻辑方面的缺陷更难、时间更长或改动范围更大。这种修改，不仅涉及程序代码的修改，还可能涉及软件设计上的变更。

(2) 测试用例的覆盖率

测试用例是依据测试需求大纲设计的，必须覆盖测试大纲中的所有测试项。判断测试是否完全的一个主要评测依据是测试需求的覆盖，而这又是以确定、实施和执行的测试用例数量为依据的。

(3) 设计测试用例的基本准则

① 测试用例的代表性。设计测试用例时，应尽量覆盖各种合理的、不合理的、合法的、非法的、边界的、越界的、极限的输入数据(以及操作和环境设置)，设计的测试用例应是最可能发现程序或软件中的错误的。

② 测试用例的非重复性。测试用例不应与原有测试用例具有重复效果，应追求测试用例数目的精简。

③ 测试结果的可判定性。测试执行结果的正确性是可判定的，每个测试用例都应有相应的预期结果。

④ 测试结果的可再现性。对同样的测试用例，被测程序的执行结果应该是相同的。

通常来说，一个好的测试用例是指很可能找到迄今为止尚未发现的错误的用例。

2. 测试方法的综合使用策略

常见的黑盒测试方法有多种，包括等价类划分法、边界值法、错误推测法、因果图法、正交试验法、场景法等。使用黑盒测试方法时，只有结合被测软件的特点，有选择地使用若干种方法，才能达到良好的测试效果。

黑盒测试方法的综合使用策略一般如下：

(1) 首先进行等价类划分，包括输入条件和输出条件的等价类划分，将无限测试变成有限测试，这是减少工作量和提高测试效率最有效的方法。

(2) 任何情况下，都必须使用边界值分析法。经验表明，用这种方法设计出的测试用例发现错误的能力最强。

(3) 可使用错误推测法追加一些测试用例，这需要依靠测试工程师的智慧和经验。

(4) 如果程序的功能说明中含有输入条件的组合情况，则一开始就可以选用因果图法和判定表法。

(5) 对于参数配置类软件，应该用正交试验法选择较少的组合方式以达到最佳效果，并减少测试用例的数目。

(6) 对于业务流程清晰的系统，可以使用场景法，即可先综合使用各种方法生成用例，再通过场景法由用例生成用例。

(7) 当程序的功能较复杂，存在大量组合情况时，可考虑使用功能图法。

2.4.3　回归测试策略

回归测试是指代码修改后，重新进行测试以确认修改没有引入新的错误或导致其他代码产生错误。回归测试在整个软件测试过程中占有很大的工作量比重，在集成测试、系统测试阶段都会进行多次回归测试。在渐进和快速迭代开发中，新版本的连续发布使得回归测试更加频繁，而在极端编程方法中，更是要求每天都进行若干次回归测试。因此，通过选择正确的回归测试策略来提高回归测试的效率和有效性是非常有意义的。

测试组在实施测试的过程中会将所开发的测试用例保存到测试用例库中，并对其进行维护和管理。当得到一个软件的基线版本时，用于基线版本的所有测试用例就形成了基线测试用例库。在进行回归测试的时候，可根据回归测试策略从基线测试用例库中提取合适的测试用例进行回归测试，保存在基线测试用例库中的测试用例可能是自动化测试脚本，也可能是测试用例的手工实现过程。

(1) 测试用例的维护

随着软件的改变，测试用例库中的一些测试用例可能会失去针对性和有效性，还有一些测试用例将完全不能运行，必须将它们从测试用例库中删除。

同时，被修改的或新增的软件功能，仅靠重新运行以前的测试用例并不足以揭示其中的问题，有必要追加新的测试用例来测试这些新的功能或特征。因此，测试用例库的维护工作还应包括开发新测试用例。

此外，随着项目的进展，测试用例库中的用例会不断增加，其中会出现一些对输入或运行状态十分敏感的测试用例。这些测试不容易重复且结果难以控制，会影响回归测试的效率，需要进行改进使其达到可重复和可控制的要求。

（2）测试用例的选择方法

在计划回归测试时，常用的选择测试用例的方法如下。

① 再测试全部用例

选择基线测试用例库中的全部测试用例组成回归测试包，这是一种比较安全的方法。"再测试全部用例"具有最低的遗漏回归错误的风险，但测试成本最高。全部再测试几乎可应用到所有情况，基本上不需要进行分析和重新开发。但随着开发工作的进展，测试用例不断增多，重复原先所有的测试将带来非常大的工作量和高昂的成本。

② 基于风险选择测试

可基于一定的风险标准从基线测试用例库中选择回归测试包。例如，首先运行最重要、关键的测试用例，而跳过那些非关键的、低级别的或者高稳定的测试用例。

③ 基于操作剖面选择测试

若基线测试用例库的测试用例是基于软件操作剖面开发的，测试用例的分布情况反映了系统的实际使用情况，则在回归测试中可优先选择那些针对最重要或最频繁使用功能的测试用例，释放和缓解最高级别的风险，这有助于尽早发现那些对可靠性有最大影响的故障，此方法可在给定的预算下最有效地提高系统的可靠性。

2.5　本章小结

本章作为信息软件测试的基础章节，阐述了软件测试的基本概念和测试分类，介绍了信息软件的测试内容和测试策略，这些是学习后续章节的基础。首先介绍软件测试的定义、对象和测试目的；其次，从不同角度介绍了软件测试的分类，并对测试方法的概念进行了阐述；然后讨论了几种常见信息化软件的测试方法和内容，包括 Web 应用软件、手机应用软件、云应用软件和 SOA 应用软件；最后介绍信息软件测试的相关策略，包括测试过程的实施策略、测试用例的设计策略和回归测试的策略。

练习题

1. 简述软件测试的定义及测试对象。
2. 软件测试的目的有哪些？
3. 按开发阶段分类，软件测试可以分为哪几类？
4. 白盒测试、黑盒测试和灰盒测试三者有何区别？
5. 简述 Web 软件测试的主要特点。
6. 简述手机 App 测试的常用测试类型。
7. 简述信息化软件测试的一般流程。
8. 在项目开发过程中，尽早开展测试活动有什么好处？
9. 设计测试用例时需要考虑的因素有哪些？
10. 何时应进行回归测试？回归测试的作用是什么？

第 II 部分

软件测试管理技术

　　很多测试人员，尤其是新员工，在测试过程中发现了很多 bug，于是十分兴奋，以为自己是"抓虫专家"。可当询问他测试需求覆盖率、测试计划、用例执行情况时，他却一无所知。这是软件测试管理失败的典型表现之一。该员工没有按照软件测试流程来分阶段地开展测试工作，而仅凭自己的应用背景和兴趣来查找缺陷，这很难保证测试取得良好效果。

　　尽管有些 IT 企业组建了测试团队并制订了测试流程，但他们对测试各阶段的任务、实施策略、成果评审、风险控制等内容缺少明确的说明，对测试实施过程也缺乏有效管理，使得测试流程流于形式。这样造成的后果就是测试工作内容无法量化和监管，测试效果无法保障。

　　在软件测试管理方面，中国软件企业与国际知名企业还是存在不小的差距。首先，在管理上随意、简单，没有建立有效、规范的软件测试管理体系；其次是缺少自动化工具的支持，大多数国内企业还没有采用软件测试管理系统来管理软件测试过程。因此，对国内软件企业来说，要逐渐地建立起完善的软件测试管理体系，并提高测试管理的自动化水平。本篇是软件测试管理技术篇，主要介绍软件测试管理的基本概念及内容、测试管理工具 HP ALM的工作流程及常见操作等。

第 3 章　软件测试管理概述

软件工程的发展日新月异，测试工作变得更加复杂，涉及技术、计划、质量、工具、人员等多个方面。大量的软件工程经验表明，只有系统化、规范化的软件测试才能有效地发现软件缺陷，才能对发现的软件缺陷实施有效追踪和管理。

本章要点如下：
- 测试管理的主要内容
- 典型测试管理工具

3.1　软件测试管理的主要内容

软件测试管理着眼于对软件测试过程进行策划和组织，对测试全程实施管理与控制，可提高测试活动的可视性和可控性。通常情况下，测试管理的内容包括：测试过程管理、测试计划管理、测试组织和人员管理、测试用例管理、测试缺陷管理、测试件管理等内容。下面简要介绍测试管理的内容。

1. 测试过程管理

测试过程管理的主要内容是：定义和定制所需的测试过程，满足测试过程所需的资源和条件，实施确定的测试过程，测量和分析测试过程的有效性和效率，进行基于度量的测试过程的持续改进。

规范的测试流程是保证测试质量的基础。一般来说，规范的软件测试流程包括以下六个环节：分析测试需求、设计测试计划、设计测试用例、执行测试用例、测试缺陷管理、编写测试报告。软件测试流程各个环节的含义已在 2.4.1 节中具体说明，这里不再赘述。

2. 测试计划管理

软件测试计划阶段的主要工作就是规划测试活动并编制测试计划文档。《ANSI/IEEE软件测试文档标准 829-2008》将测试计划定义为："一个叙述了预定的测试活动的范围、途径、资源及进度安排的文档。它确认了测试项、被测特征、测试任务、人员安排以及任何偶发事件的风险。"从测试计划的定义我们可以看出，软件测试计划是指导测试过程的纲领性文件，包含测试范围、测试内容、测试手段、测试方法、测试环境、测试人员、测试进度、测试风险等内容。借助软件测试计划，项目经理可了解测试活动的工作内容，协调测试所需的资源，评估测试实施的周期；参与测试的项目成员可以明确测试任务和测试方法，保持测试实施过程的顺畅沟通，跟踪和控制测试进度，应对测试过程中的各种变更。

测试计划管理的主要内容包括：确定测试计划的内容并制订完备的测试计划；测试计划文档版本控制的内容；应对测试中的风险，如用户需求频繁变更等。

3. 测试人员及组织的管理

该方面的主要工作是选择合适的测试人员，使测试人员能够按测试计划完成测试任务，与有关人员进行沟通、协同工作，建立有效的软件测试团队。

4. 测试用例管理

测试用例是整个测试活动的核心，是执行测试的依据文档。可以说，测试用例的优劣决定着缺陷发现的数量。测试用例管理主要包括：测试用例的设计、测试用例的维护和测试用例的执行等内容。

1) 测试用例的设计管理

无论什么类型的测试，在设计测试用例时都要遵循设计测试用例的基本准则，即代表性、非重复性、可判定性、可重用性，此外，还要考虑测试用例覆盖测试需求的充分性、优先级、粒度、描述语言准确性等内容。测试用例的设计策略已在 2.4.2 节有具体说明，这里不再赘述。

测试用例模板有很多种，一般来说，测试用例通常包括名称、标识、测试说明、前提条件、测试步骤、预期结果、实际结果、用例状态、设计人员、执行人员等元素。另外，可以选择 Word 或 Excel 来编写测试用例。

2) 测试用例的维护管理

测试用例编写完成后，在后续测试执行和回归测试中要多次使用测试用例。虽然测试用例是执行测试的依据文档，但这并不意味着测试用例不能修改。在测试实践中，测试人员可根据测试需求增加、修改和删除测试用例。测试用例的维护策略已在 2.4.3 节有具体说明，这里不再多讲。

3) 测试用例的执行管理

测试用例的执行管理就是对测试执行过程进行管理和控制。管理内容包括：

(1) 按照测试用例的优先级执行测试用例。例如，系统支撑模块、核心模块应该优先进行测试。

(2) 管理测试用例的状态：未执行、执行未通过、无法执行、没有执行、执行并通过。

(3) 管理测试执行的日期。

(4) 记录缺陷信息及必要的抓图。

5. 测试缺陷管理

在测试用例执行过程中，测试人员会发现软件的缺陷。那么，当测试执行完毕时，测试人员需要对发现的缺陷进行管理，通常需要做到以下几点：

(1) 测试执行过程中，对于发现的缺陷，应立即记录。

(2) 对每个缺陷都应该编写相应的软件缺陷报告单。

(3) 每个缺陷应该有明确的所属模块、缺陷等级等信息。

(4) 测试人员需要全程跟踪缺陷，直至它被解决。

(5) 开发人员修改完缺陷后，测试人员需要进行回归测试。

6.测试件管理

这方面的工作包括：检查和评审测试工作产品，测试和分析软件产品，收集质量分析和产品放行决策所需的数据，测试配置管理。

测试过程中会生成很多中间产品和文档，这些统称为测试件。"测试件"泛指一切手工测试和自动测试活动中必须受控或值得纳入测试团队知识库的所有输入和输出数据(包含团队自主开发的测试自动化工具)。详细来讲，测试件包括以下内容：

1) 测试输入件，主要包括以下具体内容：测试大纲、测试计划、测试用例、测试脚本、方案策略、规范文档、测试工具。

2) 测试输出件则包括测试记录和测试总结两个方面：

(1) 测试记录包括测试结果、缺陷报告、测试工作日志。

(2) 测试总结包括测试分析数据、测试评估数据、项目经验与教训。

由于测试过程管理和测试用例管理的相关内容已在 2.4 节中详细说明，因此，下面仅详细介绍测试计划管理、测试组织和人员管理、测试缺陷管理和测试文档管理等内容。

3.1.1　测试计划管理

软件测试计划作为软件项目计划的子计划，在项目启动初期是必须规划的，一般在软件需求整理阶段完成，与开发计划一起制订。测试计划描述了如何进行测试，所以有效的测试计划会驱动测试工作的完成，使测试执行、测试分析以及测试报告的工作更顺利地开展。

1.测试计划的作用

1) 避免测试的"事件驱动"。在这里"事件驱动"并非指软件技术或者编程技术中的概念，而指因为客户或者使用者对软件某项功能的要求所产生的突发事件。测试要有系统和规划，依靠有保证的质量体系来驱动软件测试活动，而不能靠这些突发事件驱动测试活动。

2) 使测试工作和整个开发工作融合起来。测试计划中列出了测试在实施过程中所需的各种资源，使其他部门可以更好地配合测试工作。在测试实施过程中，测试人员要有良好沟通技能，开发人员也要理解测试人员的工作。

3) 资源和变更事先作为一个可控制的风险。测试计划中给出测试环境、测试人员、测试时间、测试工具等资源要求，如果公司无法及时提供这些资源，那么在测试初期要评估是否适合马上开展测试工作。另外，风险分析也是测试计划中的一项重要内容，也是测试计划编写者需要充分考虑的一个环节。

2. 制订测试计划的目标

1) 明确测试需求的范围，并对每个范围制订测试的策略和方法；

2) 制订开始测试和停止测试的标准，如通过冒烟测试之后才开展正式测试，已发现的测试缺陷都被确认修改正确才停止测试；

3) 准备测试所需的环境，这里包括硬件、网络、软件、数据等方面的要求；

4) 确定测试风险，测试风险是不可避免的，对测试风险的管理非常重要，应尽量降低测试风险，最大限度地保证软件质量；

5) 确定测试所需的资源和其他相关信息，制订测试进度和任务安排。

3. 测试计划的内容

测试计划文档的模板多种多样，但包含的内容大同小异，可根据项目需要进行调整。一般来说，测试计划中包含"5w1h"的内容，即 Why、What、When、Where、Who、How，它们的含义如下：

1) Why：为什么测试？明确测试的目的；
2) What：测试什么？明确测试的范围和内容；
3) When：何时测试？明确测试各个阶段的开始和结束日期；
4) Where：在什么环境测试？明确测试环境及测试地点；
5) Who：谁来测试？明确测试人员的任务分配；
6) How：怎么测试？明确指出测试的方法和测试工具。

除了上述的"5w1h"，通常情况下，测试计划还包含测试的参考资料、测试交付的文档、风险分析、测试术语、测试计划制订者、日期、修改记录、评审人员等信息。

4. 测试计划的变更

测试计划不一定要尽善尽美，但一定要切合实际，要根据项目特点、实际情况来编制，不能脱离实际情况；测试计划制订后也并非一成不变，世界上的万事万物时刻都在变化，软件需求、软件开发、人员流动等也如此，所以测试计划也要根据实际情况的变化而不断进行调整，以满足实际测试要求；测试计划要能从宏观上反映项目的测试任务、测试阶段、资源需求等，不一定要太过详细。

测试计划制订完毕后，就要按照计划的要求严格执行测试任务，但在测试过程中，经常会出现测试工作不能按照计划的要求来进行的情况。也就是说计划变更存在一定的客观性，所以在测试计划制订初期就应考虑变更。一般从四个方面入手应对测试计划可能的变更。

(1) 理解测试需求和测试需求变更。测试需求变更会给项目带来巨大风险，会导致项目的成本费用增加、开发周期延长、产品质量下降及团队工作效率下降等不良后果，因而测试需求变更在软件开发项目中应该尽量避免。

(2) 减少需求变更。帮助客户理解减少需求变更的重要性后，需求分析人员应该采取合适的方法与客户交流，帮助他们明确需求。需求分析人员和客户的关系应该更多的是合作伙伴关系。虽然客观上需求分析人员和客户之间存在服务商和顾客的关系，但他们有共同的目标：开发出符合客户需求的软件，因此需求分析人员除了记录客户提出的需求以外，还应和用户讨论，提出一些建议，使用合适的工具帮助客户提出需求。

(3) 规范文档。需求文档作为客户和开发人员的接口在整个项目开发过程中起着举足轻重的作用。需求文档应该遵循一定的格式和规范书写，而且应该具备完整性、一致性、基线控制、历史记录等特性。

(4) 设计良好的体系结构。采用有弹性和可扩展的软件测试体系结构设计可有效降低需求变更引起的风险和维护代价，能够在项目范围未发生变化的前提下很好地适应需求的变化。灵活的体系结构和可扩展性设计使得测试者可在这种体系结构上进行各个功能层的组合和分离，也可将各个功能层分布在不同的服务器上协同提供服务，因而能够快速地对需求变更予以响应，并尽量减少对已经开发好的系统的影响。

当然采用正确的方法应对变更风险并不能完全避免需求变更。据经验判断，变更一般源于如下

四个方面:

(1) 项目计划的变更。如项目进度的变更、费用预算的变更、人力资源的变更。

(2) 需求的变更。软件需求是整个软件项目最关键的一个输入,与传统生产企业相比,软件的需求具有模糊性、不确定性、变化性和主观性等特点。软件需求是软件项目最难把握的问题,同时又是关系项目成败的关键因素,因此对于需求变更的处理十分重要。

(3) 测试产品版本的变更。测试版本的变更本质上讲也是需求的变更。

(4) 测试资源的变更。

在工程中一旦产生变更,需要通过如下方法及时调整测试计划。

(1) 按照确定的报告周期,定期收集实际的进度和成本数据,提交状态报告、周期报告;

(2) 将发生的变更(范围、进度、预算)列入测试计划;

(3) 与计划进行比较,分析存在的偏差和原因;

(4) 确定需要采取的纠正措施,纳入测试计划;

(5) 更新测试计划(范围、进度、预算)。

3.1.2 测试组织和人员管理

尽管组建一支高效的测试团队是一项复杂而艰巨的任务,需要软件企业予以足够的关注并配备一批高素质的技术、管理人才,但这项工作带来的长期效益却是巨大的。要做好测试工作,首先需要建立并维护一个高效的测试团队。

下面分别从组织学和管理学的角度讲述测试管理中"人"的问题。

1. 测试组织模型

在实际项目中,由于项目的规模、资金投入、项目周期等差异,测试组织形式也有所差别。一般情况下,测试团队可分为以下几种组织结构:

(1) 烟囱测试组,测试人员由临时人员组成,通常有 2~5 人组成,直接向项目经理负责。大型组可划分为几个小组。项目经理负责制订测试计划文档。缺点是企业没有正规的方法将测试程序、方法、相关的知识经验传递下去,测试质量难以保证。该组织方式的优点是成本低,不需要对测试人员提供培训、生活保障等服务。

(2) 集中测试组,企业成立专职、独立的测试部门,通常由 10~30 人组成。集中测试组为每个项目配备几个全职测试人员。在部分企业项目中,测试组还可能负责执行软件质量管理和性能规范制订工作。该组织方式的优点是可将相关的知识、经验传递下去。

(3) 独立验证与确认(IV&V)测试组,通常由软件开发组织之外的人员或其中的独立人员组成,如转包商。可将该测试组成员看成苛刻的用户,他们参与检查,验证是否遵循标准,进行软件文档的质量保证检测,并重点完成系统测试。

(4) 系统方法与测试(SMT)组,通常作为企业内部顾问组的方式存在。测试组主要负责方法及标准的知识交流,负责编制开发和测试指南、开发测试方法,并负责测试工具评估与培训等,他们与不同的项目组进行协作并对其进行指导。该测试组由软件专家组成,通常不负责执行具体测试工作。

上面几种组织结构在不同的项目和产品中按照具体情况进行选择,同时要考虑到组织结构在不同阶段有不同的表现形式,所以很多时候需要有一定的灵活性。

2. 测试团队组建

经验证明，测试团队的管理应该重点考虑三个维度，即人员技能、角色与分工、制度建设。下面分别讲述这三个维度。

1) 测试人员的技能要求

计算机专业技能是测试工程师必备的一项素质，是做好测试工作的前提条件。要成为一名优秀的测试工程师，首先应该具有扎实的专业基础。这意味着测试工程师应该努力学习测试专业知识，告别简单的"点击"之类的测试工作，让测试工作以自己的专业知识为依托。其次，行业经验对于测试人员的工作来说非常重要，行业知识(即业务知识)是测试人员做好测试工作的又一个前提条件。只有深入了解产品的业务流程，才可以判断出开发人员实现的产品功能是否正确。很多情况下，软件运行起来没有异常，但功能不一定正确。只有掌握了解相关的行业知识，才可以判断出用户的业务需求是否得以实现。

2) 角色与分工

通常情况下，一个成熟的测试团队包含几种不同角色的测试人员，他们各司其职，一起完成测试工作。测试团队主要包含测试经理、测试组长和测试工程师等角色。

(1) 测试经理

通常情况下，测试经理管理多个测试项目或测试部门，具备较强的组织能力、管理能力和沟通能力。测试经理主要负责多个测试项目的资源调度、人员招聘、技术培训、能力评估和绩效考核，协调测试部门与其他部门之间的工作，控制测试的质量和进度，对测试进行评审等。

(2) 测试组长

测试组长是单个软件测试项目的负责人。测试组长除了具备较强的测试项目规划能力和测试评审能力，还应具备测试的组织和管理能力、工作协调和沟通能力。测试组长主要负责测试、开发以及与其他部门之间的沟通，还负责测试任务的分配、测试资源的调度和安排、测试分工等工作。

(3) 测试工程师

在技术岗位设置上讲，测试经理和测试组长也属于测试工程师。这里的测试工程师主要指测试组的组员，他们的主要工作职责包括：理解软件测试需求，执行测试计划，编写测试用例，开发测试脚本，执行测试并生成软件缺陷报告，编写测试报告，参与测试评审等。

3) 测试团队制度建设

(1) **汇报制度**。团队成员汇报本周工作情况及下周工作计划、遇到的问题以及需要提供的帮助，培养团队成员的汇报及计划的习惯。

(2) **工作总结制度**。成员在每个阶段汇报上一阶段的工作经验和教训，并在部门例会上交流、分享经验及教训，避免同样的问题重复出现。

(3) **奖惩制度**。对于贡献突出的成员予以奖励，对于业绩欠佳的提出批评，有效地保持测试团队的工作热情。

(4) **测试件审核制度**。对测试件进行审核，去粗存精，鼓励测试人员提出改进意见，保证提交到测试团队知识库的测试件的质量。

(5) **会议制度**。定期召开例会，讨论、解决工作中的问题，并提供部门内学习平台。

3.1.3　测试文档管理

软件测试文档(Software Test Document)是整个测试活动中重要的文件，它描述和记录测试活动的全过程，为测试项目的组织、规划和管理提供了一个架构。为统一测试文档的书写标准，IEEE/ANSI制定了 829-1983 标准，我国也制定了《计算机软件测试文档编制规范》GB/T 9386-1988，后来升级为 9386-2008。GB/T 9386-2008 标准中规定了各个测试文档的格式和内容，主要涉及测试计划、测试说明和测试报告等文档。另外，在测试过程中，除了上述文档，可能还包括测试需求大纲(也称测试需求跟踪矩阵)、软件缺陷报告等文档。由于测试计划的定义已在 3.1 节起始处给出，下面仅介绍其他几种文档的含义及作用。

1. 测试需求大纲

测试需求大纲(也称测试需求跟踪矩阵)是在测试需求分析阶段生成的文档。在测试需求分析阶段，测试工程师要熟悉被测软件的用户需求，将用户需求细化和分解成测试要点，合并重复的测试要点，并将测试要点整理写入测试需求大纲，测试需求大纲的设计越详细，所要执行的任务内容就越清晰，测试工程师就更容易把握测试的质量和进度。测试需求设计的好坏与整个测试过程紧密相关，一个良好的测试需求通常需要具备以下五个特征：

(1) **完整性、充分性**：测试需求必须充分覆盖软件需求所有的功能性要求和非功能性要求，不能有遗漏。

(2) **准确性**：测试需求中的每项内容都必须描述清楚，且正确反映测试任务和用户的要求。

(3) **可追溯性**：从测试需求可向上回溯到系统需求，向下追踪到测试用例。

(4) **一致性**：测试需求中各部分内容的描述是一致的，不存在相互矛盾的地方。

(5) **可行性**：每项测试需求在已有的条件下都是可以测试、可以实施的。

2. 测试说明

测试说明文档是测试用例设计阶段生成的文档，测试用例是整个测试活动的核心。测试说明文档主要依据测试需求大纲和测试计划文档而编写，它主要包含三类文档，即测试设计说明、测试用例说明、测试规程说明。

(1)测试设计说明，该文档对测试做一个整体性、全面性、概述性说明，不会涉及测试用例，一般来讲测试设计说明书根据测试需求编写。其目的是使测试工程师熟悉测试的整个流程和框架。

(2)测试用例说明，该文档是对所有测试用例的一个全面说明，属于对所有用例的说明性文档，其目的是帮助测试工程师理解如何使用测试用例。

(3)测试规程说明，该文档属于操作层面的文档，用于指明每个测试用例该如何操作。

3. 软件缺陷报告

软件缺陷报告文档记录着测试执行过程中发现的缺陷。软件缺陷报告主要供两类人阅读，即软件开发人员和项目管理者。其中软件开发人员关注的是缺陷的详细描述，以便重现缺陷并修改缺陷；而项目管理者主要关注缺陷的概述和严重程度，关注整个系统中各种严重级别缺陷的分布比例。编写缺陷报告的注意事项将在 3.1.4 节中给出，读者可自行查阅。

4. 测试报告

测试报告是在测试最后阶段生成的文档。通常情况下，测试报告将几轮测试的执行情况、通过情况、缺陷描述、缺陷修改情况、遗留缺陷情况等信息汇总成测试文档。测试报告为纠正软件存在的质量问题提供依据，同时也为软件验收和交付打下基础。测试报告主要包含四类文档，即测试项传递报告、测试日志、测试事件报告、测试总结报告。

(1) **测试项传递报告**。报告被测的软件组件何时从一个测试阶段传递到下一个测试阶段。

(2) **测试记录日志**。记录运行了哪个测试用例，谁运行的，按什么顺序，以及每个测试项是通过了还是失败了等日志信息。

(3) **测试事件报告**。详细描述任何失败的测试项，以及与之对应的期望结果和其他旨在揭示测试为何失败的信息。这份文档之所以被命名为附加报告而不是错误报告，其原因是期望值和实际结果之间由于一些原因可能存在差异，而不能因为这些差异认定系统存在错误。这包括期望值有误、测试被错误地执行，或者对需求的理解存在差异。这个报告由以下多个附加细节组成，如实际结果和期望值、何时失败，以及其他有助于解决问题的证据。这个报告还可能包括此附加项对测试所造成的影响的评估。

(4) **测试总结报告**。一份管理报告，提供所有直到测试完成都没有被提及的重要信息，包括测试效果的评估、被测试软件系统的质量、来自测试附加报告的统计信息。这个报告还包括执行了哪些测试项、花费多少时间，用于改进以后的测试计划。这份最终报告用于指出被测软件系统是否与项目管理者所提出的可接受标准相符。

3.1.4　测试缺陷管理

软件缺陷(Software Defect)又称为 bug，它指软件系统(包含程序、文档及数据)中存在的不符合用户需求的、破坏系统正常运行的问题和错误。IEEE729-1983 对缺陷有一个标准定义：从产品内部看，缺陷是软件产品开发或维护过程中存在的错误、缺陷等各种问题；从产品外部看，缺陷是系统所需要实现的某种功能的失效或违背。在软件测试过程中，与缺陷类似的概念还有：错误(Error/Mistake)、失效(Failure)、异常(Anomaly)等。缺陷对评估和改进产品质量、提高测试效率、改进开发过程和测试过程等都有重要意义。其主要目的和作用表现在以下几方面：

(1) 为开发人员及其他人员提供问题反馈，在需要的时候可以鉴别、隔离和纠正这些缺陷。

(2) 为项目管理人员提供被测软件系统的质量信息，在需要时作为调整测试进度的依据。

(3) 为测试和开发过程的改进提供有用的数据和信息。

软件测试管理的一个核心内容就是对软件缺陷生命周期进行管理。软件缺陷生命周期控制方法是在软件缺陷生命周期内设置几种状态，测试员、程序员、管理者从每个缺陷产生开始，通过对这几种状态进行控制和转换，管理缺陷的整个生命历程，直至它走入终结状态。

1. 缺陷的分类

缺陷的分类方法有很多种，通常情况下，我们可以从如下几个方面对缺陷进行分类。

1) 按缺陷状态分类

在软件缺陷生存周期中，缺陷可以有多种状态，每种状态意味着缺陷当前所处的处理阶段。不同的 IT 企业所定义的缺陷状态不尽相同，测试人员可根据企业的实际需要来增加、修改或减少缺陷的状态。一般来说，常见的缺陷状态包括：新建(New)、拒绝(Rejected)、打开(Open)、已修改(Fixed)、重新打开(Reopen)、已关闭(Closed)。

(1) **新建**：缺陷首次提交到缺陷库中，此时缺陷的状态为"新建"。

(2) **拒绝**：如果开发人员拒绝修改某个缺陷，可将该缺陷的状态设置为"拒绝"，一般来说，拒绝状态可由项目经理或开发人员来设置。拒绝修改的理由可能是开发人员认为不是缺陷，或是缺陷描述不清楚或者不能复现，或是所提缺陷虽然是错误但还没到非改不可的地步故可忽略不计等原因。

(3) **打开**：开发人员确认并同意修改该缺陷后，可将该缺陷的状态设置为"打开"状态，该状态可由项目经理或开发人员来设置。

(4) **已修改**：开发人员修改缺陷后，可将该缺陷状态设置为"已修改"状态。

(5) **重新打开**：测试人员在验证缺陷修改结果时，认为修改不正确或者不彻底，可将该缺陷的状态设置为"重新打开"状态。

(6) **已关闭**：测试人员在验证缺陷修改结果时，认为缺陷已正确修改，可将该缺陷的状态设置为"已关闭"状态。

2) 按照缺陷的严重程度分类

(1) **致命缺陷**：产品在正常运行环境下无法给用户提供服务，并且没有其他工作方式可以补救；或者软件失效会造成人身伤害或危及人身安全。

(2) **严重缺陷**：极大影响系统提供给用户的服务，或者严重影响系统基本功能的实现。

(3) **一般缺陷**：系统功能需要增强或存在缺陷，但有相应的补救方法解决这个缺陷。

(4) **轻微缺陷**：微小的问题，如果不进行修改，不影响主要功能，产品及属性仍可使用，如存在错别字问题。

(5) **建议性意见**：从使用者角度提出的建议性意见，如某些控件布局不够人性化。

3) 按照优先级分类

(1) **立即处理**：优先级最高。若不处理，用户的业务或工作过程受阻，或运行中的测试无法继续。该问题需要立即修复，或需要采取临时措施(如打补丁的方式)。

(2) **下次发布处理**：在下次常规的产品发布或下次测试对象版本交付时实施修正。

(3) **必要时处理**：优先级最低。在受影响的系统部件应当进行修订时进行修正。

4) 按测试种类分类

按照测试种类的不同，可将缺陷分为功能类缺陷、性能类缺陷、界面类缺陷、安全类缺陷等。一般来说，每种测试方法都有对应的缺陷种类。

2. 缺陷处理流程

前文提到，在软件缺陷的生命周期中，缺陷可以有多种状态，而状态的变化是由不同角色人员的操作触发的。在实际项目中，通常需要依据缺陷的状态以及项目组成员角色来制订适合本公司项目的软件缺陷处理流程。软件缺陷处理的一般流程如下：

1) 测试人员针对程序中的缺陷(bug)生成软件缺陷问题报告单。

2) 测试方与开发方、产品方一起确认软件的缺陷描述是否清楚，缺陷是否成立。如果缺陷成立，则根据缺陷的优先级将缺陷加入缺陷库合适的位置。否则，关闭该缺陷。

3) 开发方按照缺陷的优先级依次处理缺陷库中的缺陷。在此期间，测试方需要跟踪缺陷，与开发方交流，催促开发方尽早修改缺陷。

4) 测试方确认缺陷修改是否正确，如果缺陷修改正确，则关闭缺陷。否则让开发方重新修改或者注明不能修改的理由。

上述内容只是描述了软件缺陷处理的一般流程，并未涉及缺陷的状态及其变化。下面列举一个具体案例，介绍包含缺陷状态及其变化的软件缺陷处理流程。

假设项目组包含四种角色，分别是测试经理、测试人员、开发经理和开发人员，软件缺陷处理流程可以规定如下：

1) 测试人员针对程序中的缺陷(bug)编写软件缺陷问题报告单，将其指派给开发经理，并将缺陷的状态设置为"新建"。

2) 开发经理收到通知后，查看新建的缺陷。如果确认是一个缺陷，开发经理就将这个缺陷指定给某位开发人员处理，并将缺陷的状态改为"打开"。如果发现这是产品说明书中定义的正常行为或者经过与开发人员的讨论之后认为这并不能算成缺陷，开发经理将这个缺陷返回给测试经理，并将缺陷的状态设置为"拒绝"。

3) 开发人员收到通知后，查看并处理该缺陷。当开发人员进行处理并认为已经解决之后，就可以将这个缺陷的状态设置为"已修正"，并将其返还给测试人员。

4) 测试人员收到通知后，查看并验证缺陷修改情况。如果经过再次测试发现缺陷仍然存在，测试人员将缺陷再次传递给开发人员，并将缺陷的状态设置为"重新打开"。如果测试人员经过再次测试确认缺陷已经解决，就将缺陷的状态设置为"已关闭"。

5) 如果测试经理收到某缺陷被拒绝的通知，则验证该缺陷，如果确实不能算成缺陷，关闭缺陷，将缺陷状态设置为"已关闭"。如果确认是一个缺陷，则修改缺陷描述，将其重新指派给开发经理，并将缺陷的状态设置为"新建"。

根据上述流程，缺陷状态变化情况如图 3-1 所示，其他测试人员使用 T 表示，测试经理使用 TM 表示，开发人员使用 D 表示，开发经理使用 DM 表示。

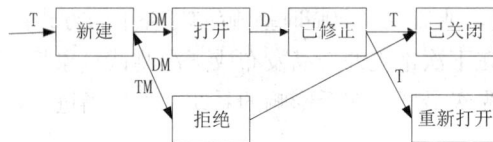

图 3-1　缺陷状态变化图

3. 软件缺陷报告

编写软件缺陷报告有很多需要注意的事项，良好的缺陷报告能让开发人员理解缺陷产生的原因并迅速定位其位置。良好的缺陷报告需要考虑如下因素：

1) 缺陷报告的读者对象，在编写软件缺陷报告之前，需要明白缺陷报告的直接读者是软件开发人员和质量管理人员，此外，来自市场和技术支持等部门的人员也可能需要查看缺陷情况。

2) 缺陷报告的写作准则，为编写更优良的缺陷报告，需要遵守"5C"准则：

(1) Correct(准确)：每个组成部分的描述准确，不会引起误解；

(2) Clear(清晰)：每个组成部分的描述清晰，易于理解；

(3) Concise(简洁)：只包含必不可少的信息，不包括任何多余的内容；

(4) Complete(完整)：包含复现该缺陷的完整步骤和其他本质信息；

(5) Consistent(一致)：按照一致的格式书写全部缺陷报告。

3) 缺陷报告的模板众多，不同公司所编写的缺陷报告的内容不尽相同，一般来说，缺陷报告可以包含以下内容：

(1) 缺陷的 ID 及名称；

(2) 测试的软件和硬件环境；

(3) 测试的软件版本；

(4) 缺陷的类型；

(5) 缺陷的严重程度；

(6) 缺陷的处理优先级；

(7) 缺陷的概要信息；

(8) 缺陷的详细信息，即复现缺陷的操作步骤说明；

(9) 注释文字和截取的缺陷图像。

4. 处理缺陷的注意事项

测试人员在发现和处理软件缺陷时，要养成良好习惯，掌握一定的测试技巧，有以下几点建议：

(1) 在执行测试时，应及时记录缺陷；如发现缺陷，应当马上记录，以免遗漏 bug。在实际测试中，测试用例的数量可能成千上万，若测试人员不及时做好缺陷的记录工作，有可能会遗忘掉。

(2) 缺陷的出现通常有集群现象，当某个功能点发现了缺陷，应该在该功能及相关功能点上增加测试执行的力度，这样可能发现更多缺陷。例如，子模块 A 的删除功能有问题，子模块 B 的删除功能也可能有问题，因为不同模块的删除功能的实现很可能使用类似的代码。

(3) 测试人员应该根据缺陷的特征，推测缺陷产生的原因，最好能够定位缺陷的位置。如果推测不出来，最好将缺陷的抓图或者视频保留下来。通常在测试机上安装抓图软件和录屏软件，用于将软件出现的问题捕捉下来，这些抓图和录屏信息可帮助开发人员理解缺陷的表象。

(4) 有条件的话，建议测试人员可尽早与开发人员交流已发现的缺陷，确认缺陷产生的原因，这对后续测试执行具有一定的指导意义。

(5) 测试时，除了完成用例库中用例的执行，还可以依据软件的特点和测试人员的经验去进行随机测试，有可能发现意想不到的缺陷。通常情况下，依据同样的测试用例，有经验的测试人员可能发现更多软件缺陷。

根据某些软件测试过程的定义，软件测试过程是围绕缺陷进行的，所以缺陷的跟踪管理对于软件测试来说是核心工作。在缺陷管理阶段确保每个被发现的缺陷都能够被解决，当然这里“解决”的意思不一定是被修正，也可能是其他处理方式(例如，在下一个版本中修正或不修正)。原则上对每个被发现的 bug 的处理方式必须在开发组织中达到一致。收集缺陷数据并根据缺陷趋势曲线来识别测试所处的阶段，通过缺陷趋势曲线可确定测试过程是否结束。

3.2　软件测试管理工具

目前市面上比较流行的测试管理工具有 HP ALM、Mantis、BugZilla、TestLink、Trac、Redmine、

BugFree 等。这些软件有开源软件，也有商业软件，另外这些软件各自的侧重点不同，比如 Mantis、BugZilla 偏重缺陷管理，TestLink 偏重测试用例管理，HP ALM 则更全面，Trac 和 Redmine 项目管理的概念又更强一些。一般来讲，优秀的测试管理软件应该具有以下功能：测试需求管理、测试用例管理、测试套件管理、测试版本管理、测试计划管理、测试执行管理、缺陷管理、发布管理和分析报表。限于篇幅，下面仅重点介绍商业软件 ALM 和开源软件 TestLink。

3.2.1　HP ALM 概述

HP Application Lifecycle Management (HP ALM) 是一款基于 Web 的测试管理工具，可以组织和管理应用程序测试流程的所有阶段，包括发布测试项目和周期、制订测试需求、计划测试、执行测试和跟踪缺陷。此外，通过 ALM 还可以创建报告和图来监控测试流程。ALM 是一个强大的测试管理工具，合理使用 ALM 可提高测试的工作效率，节省时间，起到事半功倍的效果。

通过使用 ALM，可以系统地控制整个测试流程，以简化和组织测试管理。它有助于创建测试工作流的框架和基础。ALM 有助于维护测试的项目数据库，这个数据库涵盖了应用程序功能的各个方面。设计项目中的每个测试，以满足应用程序的某个特定测试需求。要达到项目的各个目标，可将项目中的测试组织成各种特定的组。ALM 提供了一种直观、高效的方法，用于计划和执行测试集、收集测试结果以及分析相关数据。

ALM 还具有一套完善的系统，用于跟踪应用程序缺陷，通过它，可以在从初期检测到最后解决的整个过程中严密监视缺陷。将 ALM 链接到电子邮件系统，所有应用程序开发、质量保证、客户支持和信息系统人员可以共享缺陷跟踪信息。

ALM 可集成多种测试工具，如 Unified Functional Testing (UFT)、Loadrunner、Visual API-XP 等。ALM 可与上述测试工具无缝通信，提供一种完整的解决方案，使应用程序测试完全自动化。ALM 可指导完成测试流程的需求指定、测试计划、测试执行和缺陷跟踪阶段。把应用程序测试中所涉及的全部任务集成起来，有助于确保客户得到最高质量的应用程序。ALM 对项目管理起到如下作用：

1) 制订可靠的部署决策；
2) 管理整个质量流程并使其标准化；
3) 降低应用程序部署风险；
4) 提高应用程序质量和可用性；
5) 通过手动和自动化功能测试管理应用程序变更影响；
6) 确保战略采购方案中的质量；
7) 存储重要应用程序质量项目数据；
8) 针对功能和性能测试面向服务的基础架构服务；
9) 确保支持所有环境，包括 J2EE、.NET、Oracle 和 SAP。

ALM 工具的主要功能及工作原理将在第 4 章详细介绍。

3.2.2　TestLink

TestLink 是 sourceforge 的开放源代码项目。TestLink 也是一款基于 Web 的测试管理系统，用于测试过程的管理，主要包括：测试需求管理、测试计划的制订、测试用例管理、测试用例对测试需求的覆盖管理、测试用例的执行、大量测试数据的度量和统计等功能。通过使用 TestLink 提供的功能，可从测试需求、测试设计到测试执行完整地管理测试过程。同时，TestLink 还提供了多种测试结果的统计和分析功能，使用户能够简单地启动测试工作和分析测试结果。而且，TestLink 可以关联多种 bug 跟踪系统，如 Bugzilla、mantis 和 Jira。TestLink 测试管理流程如图 3-2 所示。

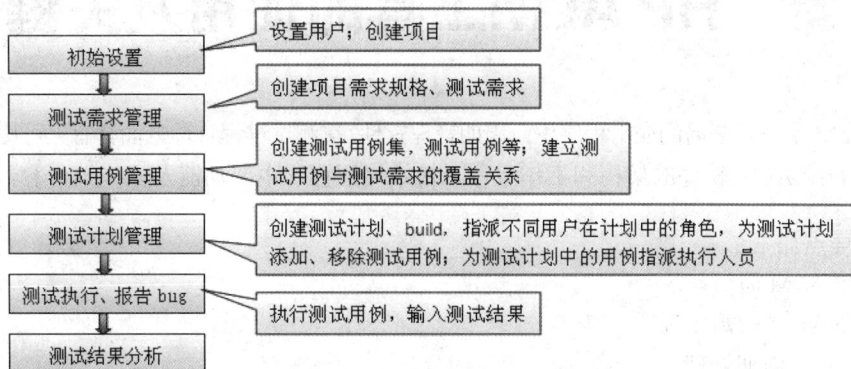

图 3-2　TestLink 测试管理流程

3.3　本章小结

本章是测试管理技术基础章节，主要介绍了软件测试管理的主要内容以及几款典型的测试管理工具。其中，软件测试管理的主要内容包括测试流程管理、测试计划管理、测试组织和人员管理、测试用例管理、测试文档管理。

练 习 题

1. 软件测试管理包含哪几方面的内容？
2. 测试用例管理主要考虑哪些内容？
3. 测试计划具有哪些作用？测试计划文档通常包含哪些内容？
4. 测试组织的模型有哪几类？
5. 测试团队的制度建设需要考虑哪些内容？
6. 测试说明包含哪几类文档？
7. 按照缺陷状态可将测试缺陷分为哪几类？
8. 论述测试缺陷的处理流程。
9. 列举几种常用的测试管理工具。

第4章 HP ALM工具的使用及关键技术

HP ALM 是一款著名的应用程序生命周期管理软件,在测试过程管理方面具有无可比拟的优势。本章详细介绍 ALM 软件的架构和工作流程、初始化配置、主要功能及操作等内容。

本章要点如下:
- HP ALM 简介
- HP ALM 初始化设置
- 发布和周期管理
- 测试需求管理
- 测试计划管理
- 测试执行管理
- 软件缺陷管理
- 报表生成与分析

4.1 HP ALM 简介

ALM 是 HP Mercury 公司研发的一款过程管理软件。ALM 最早的前身是大名鼎鼎的 Mercury TestDirector(简称 TD), TD 主要用于测试过程管理。随着 TD 版本的升级,在 9.0 版本之后更名为 QualityCenter(简称 QC),从名字可以看出,QC 已经上升为质量管理领域的工具。在 QC11.0 版本之后更名为 ALM,从命名可以看出,ALM 已经扩展为整个应用生命周期的全过程管理工具。

可以说,ALM 是一款复杂而强大的过程管理系统,通过它,项目管理人员能管理从需求分析到软件上线部署的整个软件生命周期,项目团队能以可预知、可重复和可适应的方式交付软件产品。无论什么样的组织架构,有效的生命周期管理可使应用程序具有更好的可预测性、更高的重复性、更强的应变性和更好的质量,有助于项目经理理解项目的里程碑,了解交付产品、资源、预算等需求,并持续追踪项目的进度,进而达到控制风险保证交付的目标。

HP ALM 具有以下三个特点:

(1)为所有测试个体提供基于 Web 的知识库,并为整个测试流程提供清晰的基础;

(2)在应用程序生命周期的每个阶段之间建立无缝通信和顺畅的信息流;

(3)支持对测试数据和覆盖范围的统计分析,提供应用程序生命周期每个时间点的精度和质量图。

由于本书主要介绍信息系统测试方面的知识,因此,本章主要介绍 HP ALM 测试管理部分的内容。本书所使用的测试管理工具为 HP ALM 11.5 简体中文企业版,该工具的安装和配置过程可参照 HP ALM 安装手册,受篇幅所限,这里不再多讲。

4.1.1　HP ALM 组织架构

ALM 是由 J2EE 技术开发，支持跨平台的安装与使用。ALM 的组织框架包括 ALM 客户端、负载均衡器、应用服务器和数据库，如图 4-1 所示。

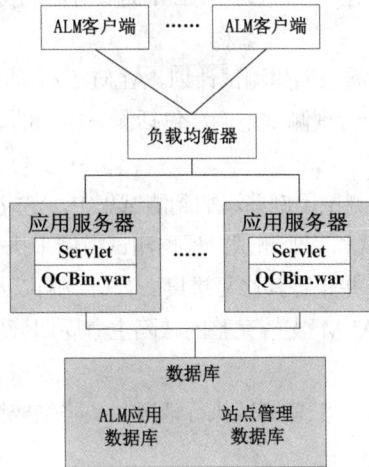

图 4-1　HP ALM 组织架构

下面简要说明 ALM 组织架构的组成部分。

(1) **ALM 客户端**。当用户在客户机上打开 Application Lifecycle Management 或"站点管理"链接时，将把 ALM 客户端组件下载到用户客户机中。ALM 使用 COM 接口作为组件之间的进程间通信器。

(2) **负载均衡器**。使用负载均衡器时，ALM 客户端的请求传输到负载均衡器，并按照集群中服务器的可用性进行分发。

(3) **ALM 服务器/应用服务器**。客户端请求由 Servlet 分发到应用服务器上部署的 ALM Platform 应用程序。ALM Platform 支持 JBoss、WebLogic 和 WebSphere。部署的应用程序包含打包到 Web 应用程序存档(WAR)文件中的 ALM、站点管理和关联文件。来自 ALM 的客户端请求分发到 qcbin.war 文件。JDBC 接口用于应用服务器和数据库之间的通信。

(4) **数据库服务器**。ALM 应用数据库存储项目相关信息，如测试需求、用例、缺陷等数据。"站点管理"数据库存储与 ALM 系统相关的信息，如域、用户和站点参数。可使用 Oracle 或 Microsoft SQL Server 软件来搭建与 ALM 相关的数据库。

4.1.2　HP ALM 流程

使用 ALM 系统可规范和管理软件测试流程，ALM 的测试管理流程分为指定版本、指定需求、计划测试、执行测试、跟踪缺陷五个界面，如图 4-2 所示。

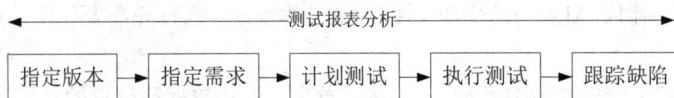

图 4-2　应用程序生命周期管理过程

(1) **指定版本**：通过制订一个发布周期管理计划来有效管理被测软件版本发布和测试周期，并根据计划跟踪应用程序发布的进度，以确定发布是否正常进行。

(2) **指定需求**：熟悉被测软件的需求并确定测试需求。该阶段可以管理测试需求并在需求、测试和缺陷之间跨多个发布和周期执行多维跟踪。ALM 提供对需求覆盖率和关联缺陷的实时可见性，以评估质量和业务风险。

(3) **计划测试**：是指根据测试需求创建测试计划。ALM 为手动和自动测试都提供了知识库。在 ALM 中，测试计划模块主要用于管理测试用例，包括测试用例的创建，以及与测试需求、测试周期和发布关联等。

(4) **执行测试**：选择要执行的测试用例并添加到测试集中，完成测试的执行工作。ALM 支持健壮性测试、功能性测试、回归测试和其他测试。根据测试用例来执行测试，从而识别和解决问题。

(5) **跟踪缺陷**：提交测试缺陷并跟踪其修复进度。分析缺陷以及缺陷的趋势，可帮助项目组制订有效的"执行/不执行"决策。ALM 支持完整的缺陷生命周期管理——从初始问题检测到缺陷修复以及确认缺陷修复。

(6) **分析测试报表**：HP ALM 可汇总测试执行情况、缺陷生成情况等报表，以供测试人员评估软件的质量。

4.2 HP ALM 初始化设置

在测试过程管理中，ALM 中可设置多种角色，主要包括站点管理用户、项目管理用户和普通用户，下面介绍这三种用户的相关权限。

(1) 站点管理用户可登录到站点管理后台系统，在站点管理中可完成域、项目、用户等重要管理。该权限的操作一般由项目经理或测试经理来完成。

(2) 项目管理用户可登录到 ALM 项目管理系统中，该角色可完成用户权限分配、自定义组、实体、工作流等重要管理。一般由测试组长或者有经验的测试工程师来完成这些操作。

(3) 普通测试用户也可登录到 ALM 项目管理系统中，该角色主要完成版本管理、需求管理、编写测试用例、执行测试用例、提交缺陷等工作。一般由当前测试项目的测试工程师来完成这些操作。

在使用 ALM 管理测试过程之初，首先需要设置域、项目、用户、用户权限、缺陷以及用例的属性和规则等。我们将这些设置称为 ALM 初始化设置。这些操作由站点管理用户和项目管理用户完成。本节主要介绍与 ALM 初始化设置相关的操作。

4.2.1 启动站点管理

站点管理是维护整个 HP ALM 系统的入口。通过站点管理，可创建和维护 HP ALM 项目、用户和服务器。如果想使用 HP ALM 来管理项目的测试过程数据，则首先需要使用站点管理来进行相应的设置。

要使用站点管理来管理整个 HP ALM 系统，首先以站点管理员用户的身份(站点管理员用户的用户名和密码是安装 ALM 之后在 ALM 配置向导中设置的)登录到站点管理界面。启动和访问 ALM 站点管理的具体操作如下：

(1) 打开 Web 浏览器，输入 HP ALM 服务器的 URL(http://< *HP ALM Platform 服务器名或 IP 地址:端口*>/qcbin/)进入 ALM 主页面，如图 4-3 所示。需要注意，HP ALM 11.5 只能运行在 IE7~IE10 上，不能在 Chrome 和 Firefox 等非 IE 内核的浏览器上运行。

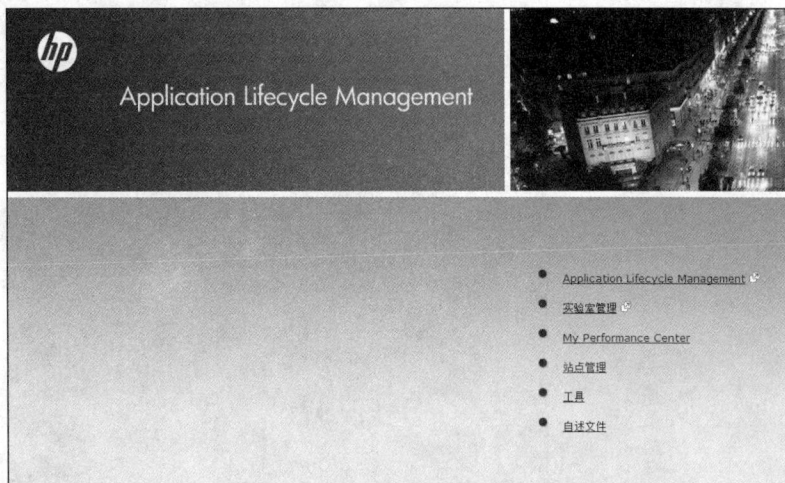

图 4-3　ALM 主页面

(2) 在 ALM 主页面上单击"站点管理"，如果客户机首次访问站点管理或者客户机网络信息(如 IP)发生了变化，则要求浏览器安装 ALM 相关组件，等待安装完成后，进入登录界面，输入安装时所设置的站点管理员用户名和密码，如图 4-4 所示。本书站点管理员的用户名和密码都设置为 admin，单击"登录"按钮后进入站点管理的工作界面。

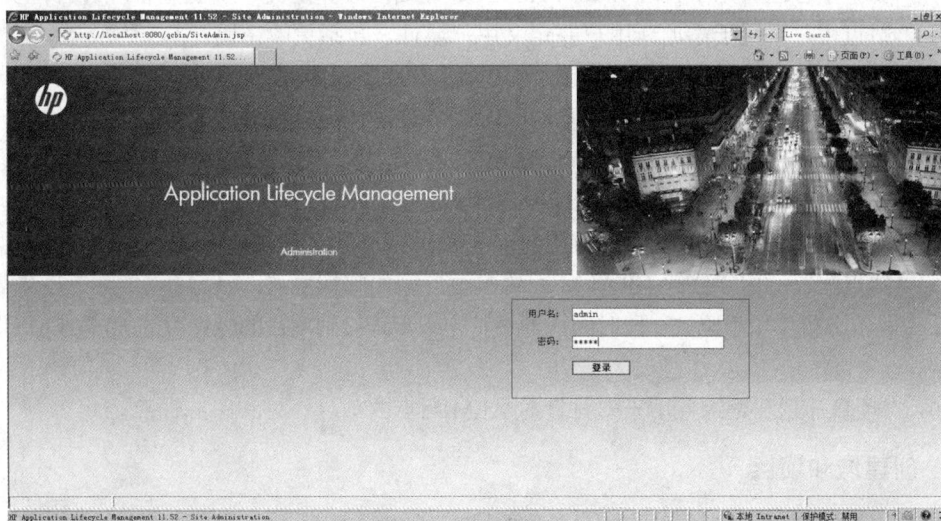

图 4-4　登录站点

首次使用 IE 浏览器访问 HP ALM 的站点管理时，客户机会从服务器自动下载文件，HP ALM 随后会对安装在本机的文件执行版本检查，如果服务器上有更新的版本，则将该新版本文件下载到本地。

(3) 站点管理的主工作界面包括站点项目、实验室管理、站点用户、站点连接、许可证、服务器、数据库服务器、站点配置、站点分析、项目计划和跟踪等子项，如图 4-5 所示。

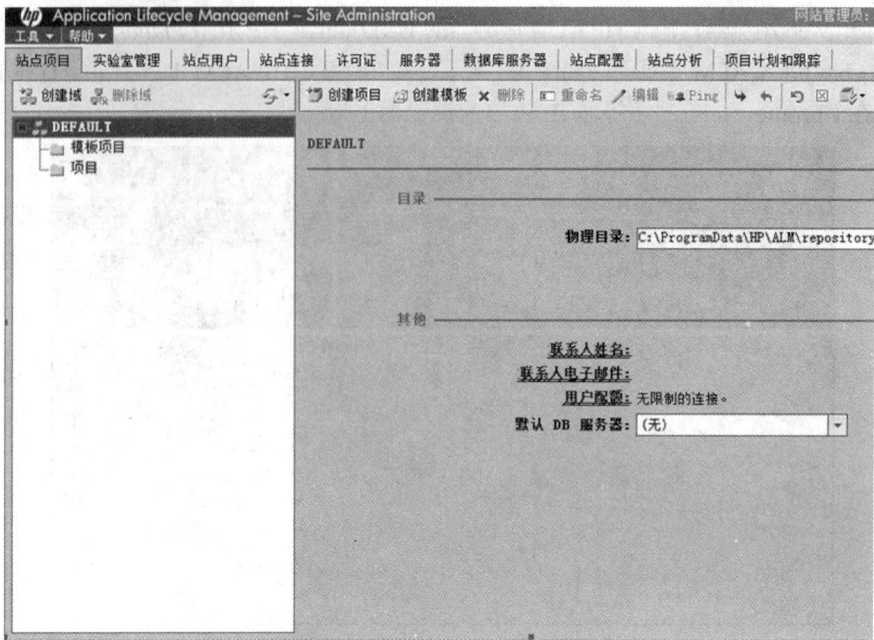

图 4-5 ALM 站点管理主工作界面

ALM 站点管理工作界面的各个子项的含义如下：

(1) "站点项目"用于管理 HP ALM 项目。包括添加新域和项目、查询项目中的数据、还原项目、升级项目、重命名项目以及激活或停用项目等功能。

(2) "实验室管理"用于管理 LAB_PROJECT 详细信息并定义"实验室管理"管理员。

(3) "站点用户"用于添加新用户并定义用户属性，包括更改密码。

(4) "站点连接"可以监视当前连接到 HP ALM Platform 服务器的用户。

(5) "许可证"用于监控正在使用中的 HP ALM 许可证的总数，并修改许可证密钥号码。

(6) "服务器"用于修改 HP ALM Platform 服务器信息，例如日志文件和邮件协议。

(7) "数据库服务器"用于管理数据库服务器。这包括添加新的数据库服务器、编辑数据库的连接字符串、更改数据库的默认管理员用户名和密码以及更改用户密码。

(8) "站点配置"用于修改 HP ALM 配置参数，例如邮件协议。

(9) "站点分析"用于监控一段时间内通过特定节点连接到项目的经许可的 HP ALM 用户的数量。

(10) "项目计划和跟踪"用于安排针对 ALM 站点的项目计划和跟踪计算。

4.2.2 创建域和项目

在 ALM 中，域的概念为项目的集合，系统会默认创建一个 Default 域。HP ALM 项目可以理解为存取测试过程中各种数据信息的数据库，收集和存储与测试流程相关的数据。一般在企业中，HP ALM 中会有很多不同项目。HP ALM 项目按"域"分组，域包含一组相关的 HP ALM 项目，可以帮助组织和管理大量项目。

ALM 采用域来管理项目，在 ALM "站点管理"中可以添加新域，然后在域下创建项目。可以创建空的 ALM 项目，也可以将现有项目的内容复制到新项目中。还可以还原对现有项目的访问。

创建项目后，可通过定义和运行 SQL 语句来查询项目内容，以及停用/激活对项目的访问。

由于域的创建操作比较简单，这里不再多讲。在本实验中，域使用默认的域 DEFAULT，即项目在域 DEFAULT 下创建。下面介绍创建项目的具体操作。

(1) 在 ALM 主工作界面左侧窗口中选中域 DEFAULT 下的项目，单击右侧工具栏中的"创建项目"按钮，将打开"创建项目"对话框。如图 4-6 所示。

(2) 如图 4-6 所示，ALM 可创建一个空 ALM 项目，可通过复制现有模板项目来创建新项目，也可以通过从现有项目中复制数据来创建一个项目，还可以通过从已导出的项目文件导入数据来创建一个项目。本书以创建一个新的 ALM 项目为例选择"创建一个空项目"，单击"下一步"，将打开如图 4-7 所示的对话框。

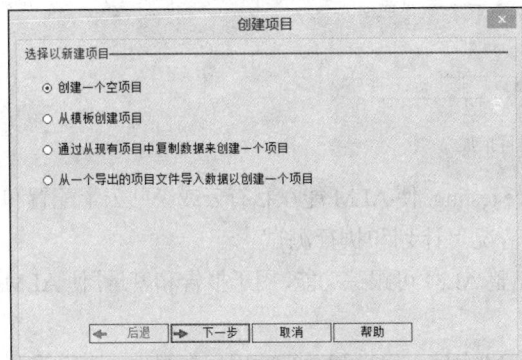

图 4-6　创建项目方式　　　　　图 4-7　创建项目信息

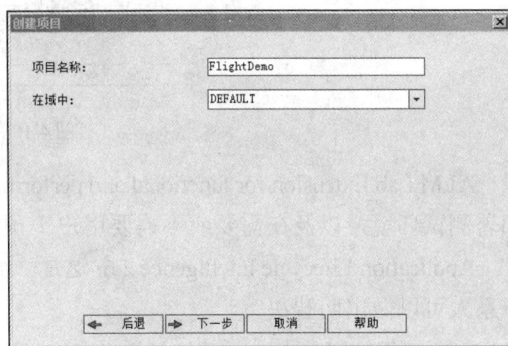

3) 在图 4-7 所示的对话框中输入项目名称，域名为默认即可。需要注意：项目名称不能超过 30 个字符，且不能包括任何以下字符：=~'!@#$%^&*()+|{}[]:';"<>?,./\-。在本实验中，为"项目名称"输入 FlightDemo，然后单击"下一步"按钮，打开如图 4-8 所示的对话框。

(4) 在图 4-8 中，在"数据库类型"选项中，可选择 Oracle 或 MS-SQL。由于实验环境本地只有 MS-SQL 数据库，默认选择 MS-SQL。默认情况下，显示为域定义的服务器名、DB 管理员用户和 DB 管理员密码的默认值。选择数据库服务器，如果定义了其他数据库服务器，则可从服务器名列表选择另一个名称。输入数据库管理员和密码。单击"下一步"按钮，进入如图 4-9 所示的界面。

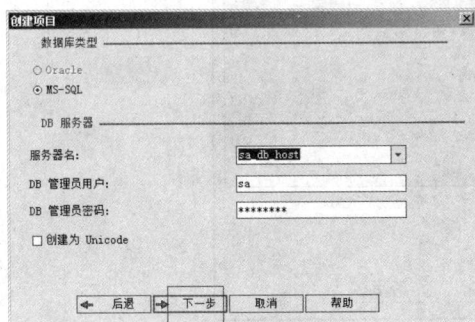

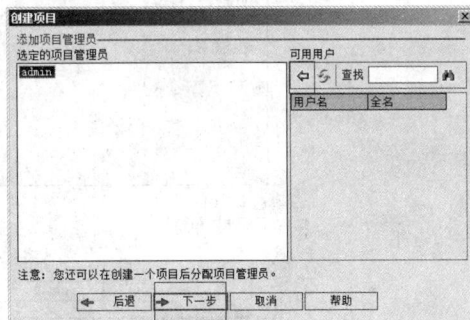

图 4-8　选择数据库　　　　　图 4-9　添加项目管理员

(5) 添加项目管理员，也可在创建项目之后再分配项目管理员。选定的项目管理员列出分配为项目管理员的用户。"可用用户"列出项目中的可用用户。分配项目管理员时，它们将从"可用用户"列表移动到"选定的项目管理员"列表。项目管理员用户可在项目中添加和管理其他用户。创建项目后，还可以分配项目管理员。单击"下一步"按钮后，如果在 ALM 平台上安装一个或多个扩展，则将打开如图 4-10 所示的对话框。

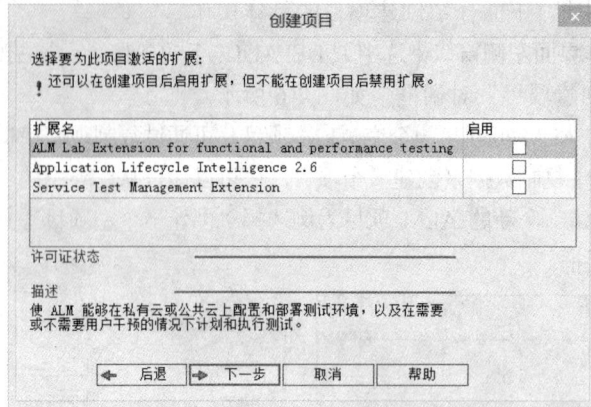

图 4-10 项目扩展

ALM Lab Extension for functional and performance testing: 使 ALM 能在私有云或公共云上配置和部署测试环境，以及在需要或不需要用户干预的情况下计划和执行测试。

Application Lifecycle Intelligence 2.6: 这是一组完整 ALM 可跟踪功能，用于报告和度量，使 ALM 干系人可以做出明智决策。

Service Test Management Extension: 通过 HP ALM 存储、管理和运行应用程序组件，有助于测试这些组件。请注意需要具有合适的许可证才能使用 STM 扩展。

(6) 在"扩展名"列表中，选中要启用扩展的复选框。创建项目后，还可启用项目扩展。这里先不启用扩展。单击"下一步"，进入图 4-11 所示的界面。此时，对话框将显示项目摘要信息。

(7) 选择"激活项目"复选框以激活新项目。当用户登录到项目时，ALM"登录"窗口仅激活项目供用户使用。选择"启用版本控制"。还可以在创建项目后启用版本控制。确定项目信息无误后单击"创建"按钮，创建项目的过程将持续几分钟时间。

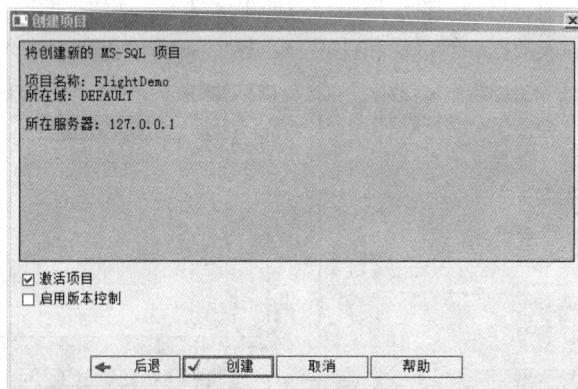

图 4-11 项目摘要信息

项目创建完成后，在站点项目管理模块的左侧导航面板能够看到 default|"项目"下已经有了项目 FlightDemo。双击项目名称，在右侧的属性栏中能看到项目的详细信息。至此，我们已经创建了一个项目，并在项目下添加了名为 admin 的用户，下面介绍如何在项目中添加用户和组。

4.2.3　用户和组的管理

项目创建完成后，站点管理员还需要为该项目分配项目组成员，即项目用户。项目用户可加入具有不同功能权限的用户组内。因此，设置完项目用户后，还需要设置项目的用户组。下面分别介绍用户和组管理的相关操作。

1. 用户管理

(1) 在 ALM 站点管理主工作界面中，单击界面上方的"站点用户"选项卡，打开用户管理界面，然后单击工具栏按钮 弹出用户创建界面，在该界面可添加项目用户信息，如图 4-12 所示。用户创建完成后，可在用户列表中右击该用户名来设置密码。需要说明的是，用户名是用户登录 ALM 项目的账号，需要记录好。在本实验中创建用户 user01~user07。

图 4-12　新建用户

(2) 在站点管理主工作界面中，单击上方的"站点项目"选项卡，选中左侧的项目 FlightDemo，单击右侧的"项目用户"，选择从用户列表进行添加，此时显示项目用户管理页面，如图 4-13 所示。

(3) 在 FlightDemo 项目用户管理页面中，右侧用户列表中显示的用户都是不属于当前项目的用户。这里要把这些用户添加到项目中，从右侧用户列表中选中用户 user01~user07，然后单击"添加到项目"按钮" "。用户从右侧列表转移到左侧列表，如图 4-14 的项目用户列表页面所示。

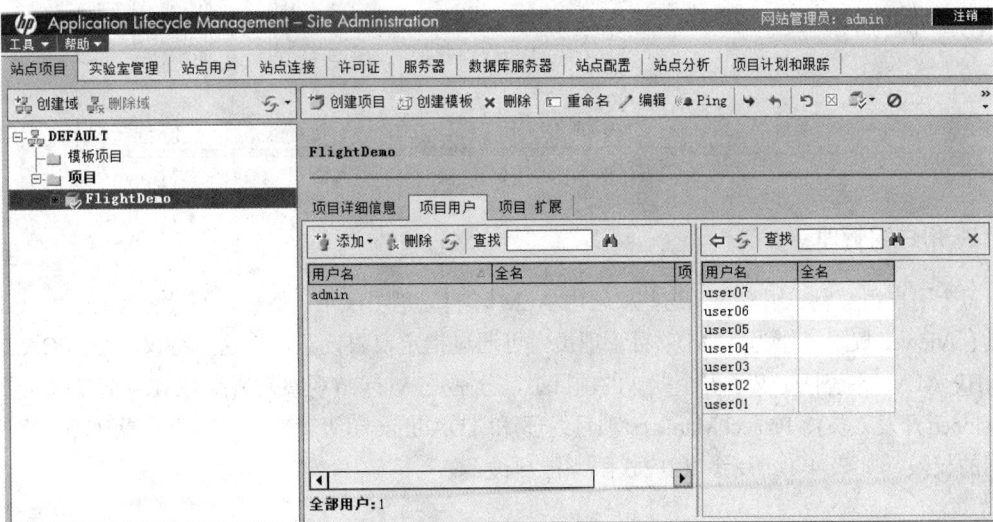

图 4-13　项目用户管理

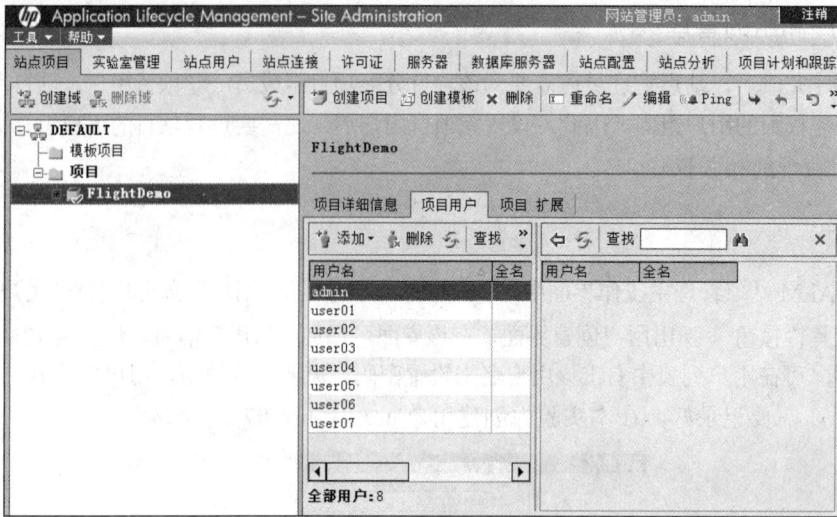

图 4-14　项目用户列表

(4) 如图 4-14 所示，FlightDemo 项目成功添加了用户。选中用户 user01 右侧的"项目管理员"复选框，如图 4-15 所示。将用户 user01 设置为该项目管理员，其他用户默认为项目的普通用户。

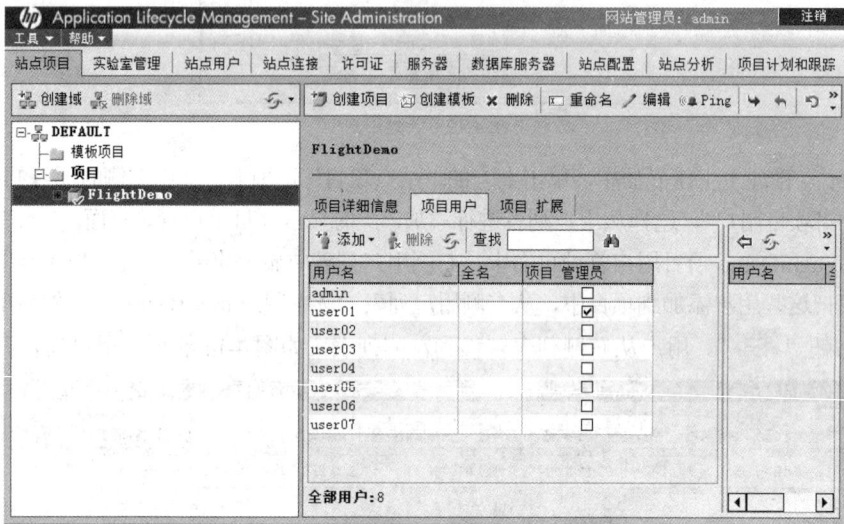

图 4-15　设置项目管理员

2. 用户组管理

每个用户组都有一组权限，这些权限由 ALM 项目管理员赋予。例如，假设名为 OA 的一组用户具有 Viewer 权限。作为 ALM 项目管理员，可通过指定权限设置，将这些特权分配到 OA 组。

HP ALM 系统预定义了五个默认的项目组，分别是 Viewer(观察人员)、QATester(测试人员)、Developer(开发人员)、Project Manager(项目经理)和 TDAdmin(超级管理员)。这五个默认项目组执行不同的权限，如表 4-1 所示，相应权限不能更改。

表 4-1　HP ALM 默认组权限

项目组	权限
TDAdmin	组成员在 HP ALM 项目中具有完全权限
Project Manager	组成员在需求、测试计划、测试实验室等 HP ALM 模块中具有完全权限。还具有一些管理权限
QATester	组成员在需求、测试计划和测试实验室中具有完全权限。在缺陷模块中，只能添加和修改缺陷，不能删除。还具有一些管理权限
Developer	组成员仅限于修改需求、测试计划和测试实验室模块中的附件。在缺陷模块中，只能添加和修改缺陷，不能删除。还具有一些管理权限
Viewer	组成员在整个 HP ALM 项目中只有查看权限

一般在实际工作中，HP ALM 的五个默认权限组和实际工作中需要的权限不一样，这就需要重新设置适合自己的权限组，所以需要重新创建组。根据实际情况新建以下几个组：开发组(FlightDeveloper)、开发经理(FlightDevManager)、测试组(FlightTester)、测试经理(FlightTestManager)。

创建用户组的步骤如下：

(1) 在 HP ALM 主页中，单击 Application Lifecycle Management 链接，进入 HP ALM 项目登录页面，如图 4-16 所示。

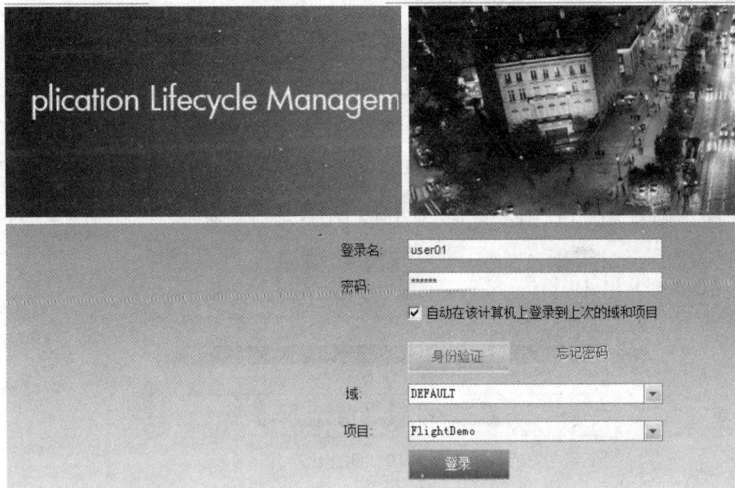

图 4-16　ALM 项目登录

(2) 在图 4-16 所示的 ALM 项目登录页面中，在登录名和密码框中分别输入由站点管理员分配的用户名和密码，单击"身份验证"按钮，ALM 将验证用户名和密码，并确定该用户可以访问的域和项目。在域列表中，选择一个域。在项目列表中，选择一个项目。单击"登录"，链接到项目。如图 4-17 所示。

(3) 在图 4-17 所示的项目页面中，单击工具栏上的"工具"下拉列表，选择"自定义"，进入"项目自定义"页面。在"项目自定义"页面中，单击左侧的"组和权限"链接。将打开"组和权限"页面，如图 4-18 所示。

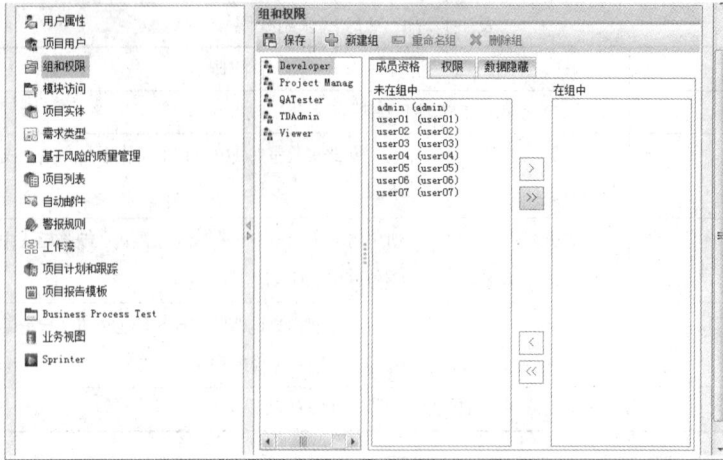

图 4-17　连接到项目

图 4-18　项目组和权限

(4) 新建一个名为 FlightDeveloper 的用户组。在图 4-18 所示的"组和权限"页面中，单击"新建组"按钮将打开"新建组"对话框。如图 4-19 所示。

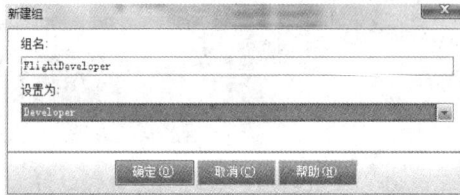

图 4-19　新建组

在"组名"框中输入新组的名称 FlightDeveloper，在"设置为"下拉列表中选择一个和要创建的组权限接近的组 Developer，将现有用户组的特权分配到新组。HP ALM 这样设置的目的是简化组创建过程，将已有权限赋予新组。单击"确定"。

(5) 新建一个名为 FlightTester 的用户组。重复第(4)步，在"新建组"对话框中用户名输入 FlightTester，在"设置为"中选择 QATester。

(6) 新建一个名为 FlightDevManager 的用户组。重复第(4)步，在"新建组"对话框中用户名输入 FlightDevManager。在"设置为"中选择 Developer。

(7) 新建一个名为 FlightTestManager 的用户组。重复第(4)步，在"新建组"对话框中用户名输入 FlightTestManager。在"设置为"中选择 QATester。

完成开发组(FlightDeveloper)、开发经理(FlightDevManager)、测试组(FlightTester)、测试经理(FlightTestManager)的创建之后，要为这些用户组设置组权限和成员，而常用权限主要集中在对缺陷的处理上。在实验中，用户组成员及其权限信息如表 4-2 所示。

表 4-2 成员信息表

组	成员	能否创建缺陷	缺陷状态管理规则
FlightDeveloper	user06，user07	否	开放|已修正；重新开放|已修正
FlightDevManager	user 05	否	开放|已修正；重新开放|已修正；新建|打开；新建|拒绝
FlightTester	user 02~user 04	是	已修正|已关闭；已修正|重新打开
FlightTestManager	user 01	是	已修正|已关闭；已修正|重新打开；拒绝|已关闭；拒绝|新建

接下来，依据表 4-2 所列的信息来配置用户组成员和权限信息。这里以配置 FlightDeveloper 组权限与成员为例，详细介绍配置过程的主要步骤。

(1) 在图 4-20 所示的页面中，在左侧项目组列表中选中组 FlightDeveloper。单击右侧工具栏的"权限"选项卡，单击"缺陷"选项卡，取消选择"缺陷"下的"创建"复选框，即不能添加缺陷，只能修改和更新缺陷。

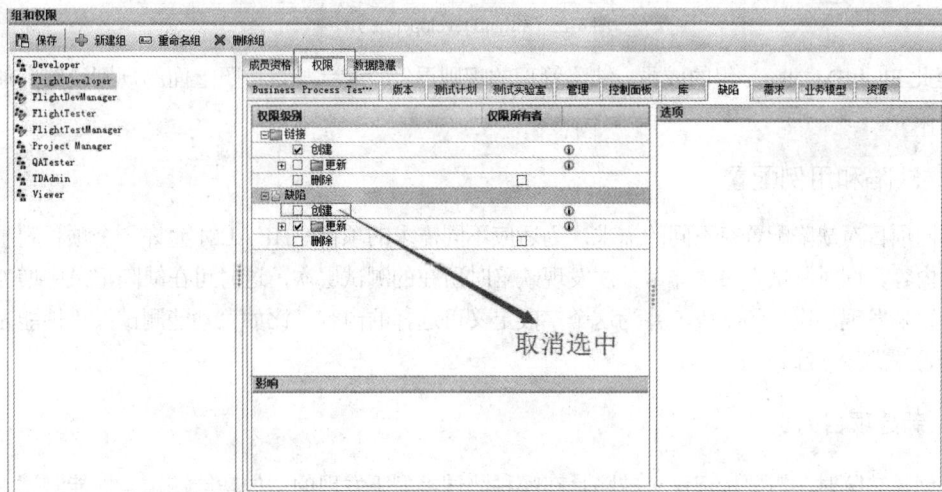

图 4-20 修改 FlightDeveloper 缺陷权限

(2) 在修改 FlightDeveloper 缺陷权限页面中，单击"缺陷"下的"更新"前的"+"，选择"状态"字段，设置缺陷字段的转换规则。缺陷状态字段限制为：开放\|已修正、重新开放\|已修正。如图 4-21 所示。

(3) 将 user06、user07 加入 FlightDeveloper 组中。在图 4-21 所示的"FlightDeveloper 缺陷转换规则"页面中，选中工具栏的"成员资格"选项卡，在成员资格"未在组中"用户列表下，同时选中 user06、user07，单击加入标签 ▷，单击"保存"按钮。添加用户组用户之后的界面如图 4-22 所示。

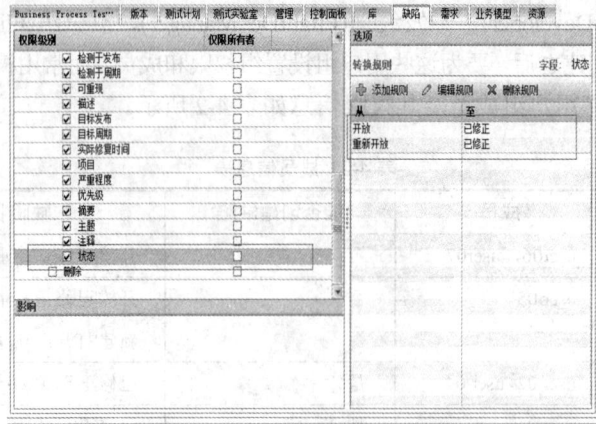

图 4-21　FlightDeveloper 缺陷转换规则

图 4-22　FlightDeveloper 成员

至此 FlightDeveloper 组的成员、缺陷管理的规则已经设置完毕，按照上面的规则设置其他三个组的权限。

4.2.4　缺陷和用例配置

不同项目对缺陷配置有不同的需求，为适应不同需求的项目，HP ALM 允许一个项目定制自己实现的内容。同时测试人员也非常关注发现缺陷时所在的测试层次，这时可在缺陷记录中增加一个名为"缺陷发现层次"的字段，并为这个字段定义可选择的内容，比如"功能测试"、"性能测试"、"安全测试"、"接口测试"等。

1. 新建项目列表

在创建缺陷时，需要标记这个缺陷是在哪种测试类型下发现的，如功能测试、性能测试、安全测试等，所以需要新建"缺陷发现层次"项目列表。如果被测软件是基于 B/S 模式的产品，还需要标记这个缺陷是在哪个浏览器版本上发现的，即需要新建"浏览器版本"项目列表。

1) 新建"缺陷发现层次"项目列表

(1) 在"项目自定义"页面中，单击"项目列表"链接，打开"项目列表"页面，如图 4-23 所示。

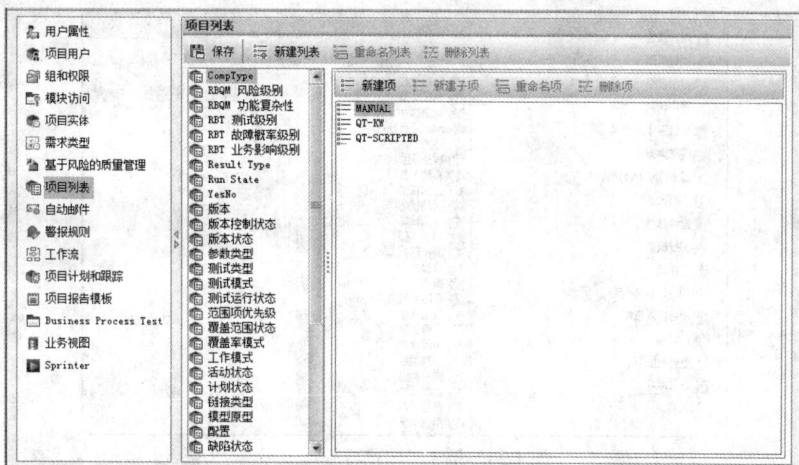

图 4-23　项目列表

(2) 在"项目列表"页面中，单击工具栏上的"新建列表"按钮，弹出"新建列表"窗口，输入需要新建的列表名"缺陷发现层次"，单击"确定"。将打开新的"项目列表"页面，"缺陷发现层次"列表会显示在项目列表中，如图 4-24 所示。

(3) 在"缺陷发现层次"页面中，单击右侧工具栏上的"新建项"按钮，弹出"新建项"窗口，输入名称"功能测试"。

(4) 重复第(3)步，分别新建项"性能测试"、"安全测试"、"接口测试"。"功能测试"、"性能测试"、"安全测试"、"接口测试"会显示在右侧"项"列表中，单击"保存"。如图 4-25 所示。

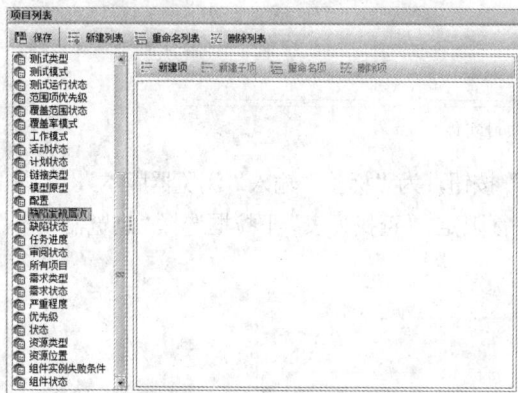

图 4-24　缺陷发现层次

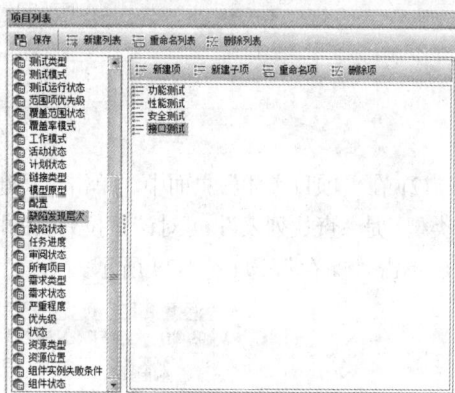

图 4-25　新建的项显示出来

2) 新建"浏览器版本"项目列表

新建"浏览器版本"项目列表的步骤与新建"缺陷发现层次"项目列表的步骤相似，这里不再赘述。"浏览器版本"项目的列表名为"浏览器版本"，可选项为 Chrome33~34、IE7~IE10、FireFox27~29，如图 4-26 所示。

2. 修改缺陷用户字段

(1) 在"项目自定义"页面中，单击左侧"项目实体"链接，打开"项目实体"页面，选中"缺陷"下的"用户字段"，如图 4-27 所示。

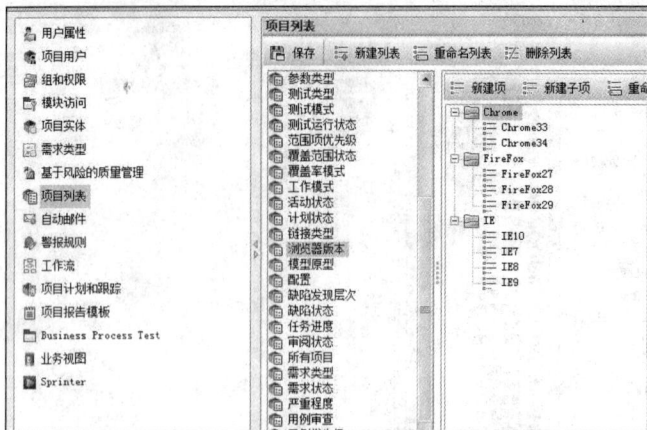

图 4-26　新建"浏览器版本"项

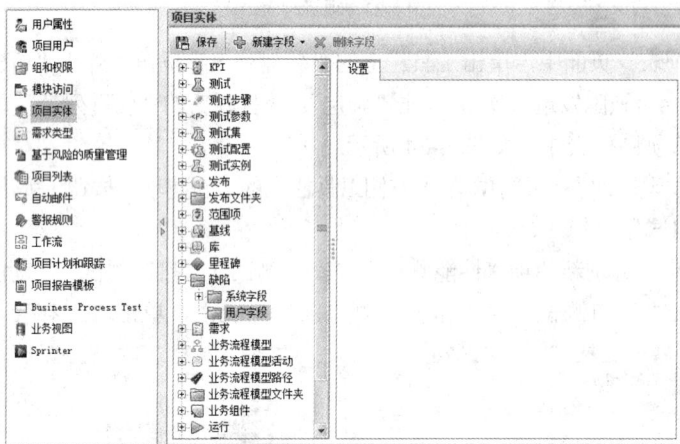

图 4-27　项目实体

(2) 在"项目实体"页面中，单击"新建字段"按钮，为"标签"输入"浏览器版本"，字段的"类型"是"查找列表"，可对该下拉列表的取值进行限定。"查找列表"下拉框选择"浏览器版本"，然后单击"保存"，如图 4-28 所示。

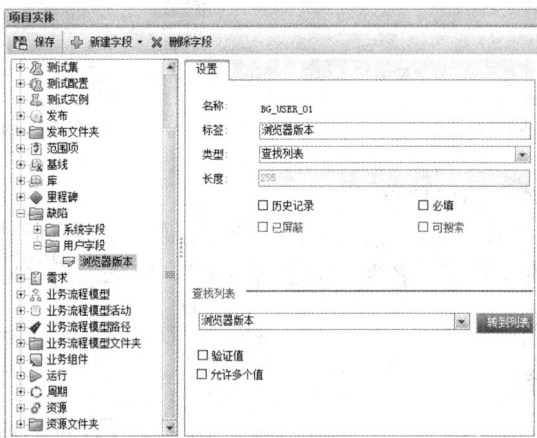

图 4-28　创建浏览器版本用户字段

(3) 在"创建浏览器版本用户字段"页面中，单击"新建字段"按钮，为"标签"输入"缺陷发现层次"，字段的"类型"是"查找列表"，可对该下拉列表的取值进行限定。"查找列表"下拉框选择"缺陷发现层次"，然后单击"保存"，如图 4-29 所示。

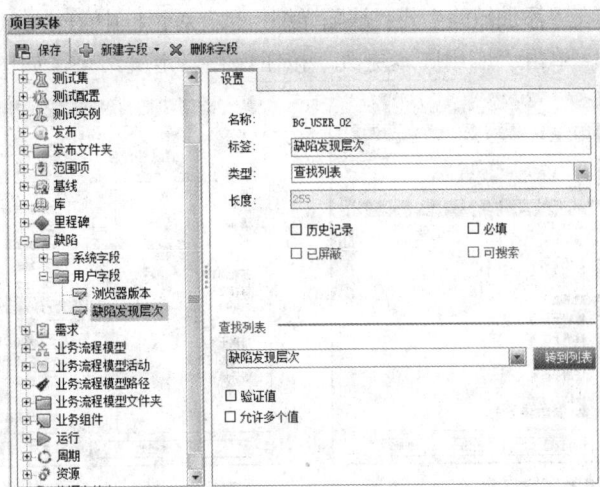

图 4-29　创建"缺陷发现层次"用户字段

3. 添加缺陷字段自定义

通过自定义缺陷模块对话框，可为每个用户组设置不同的缺陷信息可见字段，还可为每个用户组设置可见字段的排列顺序。例如，可只为测试经理用户显示"分配优先级"字段，还可将该字段设置在其他字段之前。在本实验中，使用项目管理员用户 user01 登录项目，进入项目自定义页面，然后进行缺陷字段自定义设置操作。

(1) 在"项目自定义"界面中，单击左侧的"工作流"链接，打开"工作流"页面。如图 4-30 所示。

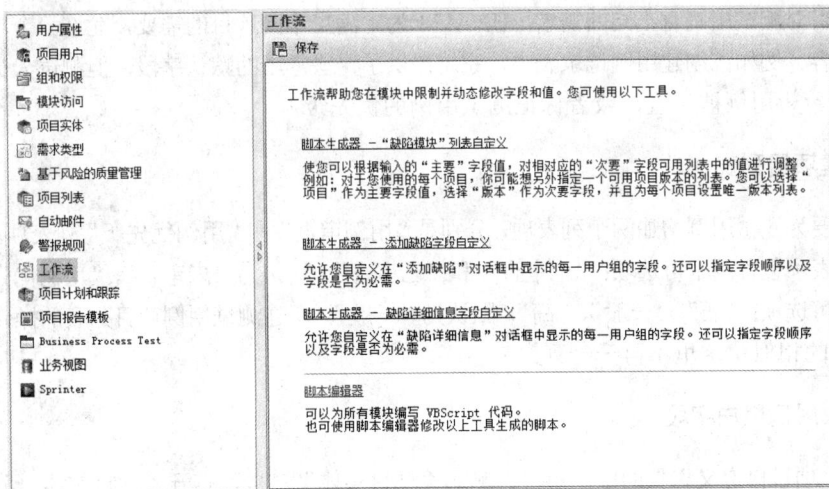

图 4-30　工作流页面

(2) 要修改"新建缺陷"对话框的外观，请单击"脚本生成器-添加缺陷字段自定义"链接。将打开"脚本生成器-添加缺陷 字段自定义"对话框。如图 4-31 所示。

(3) 这里设置用户组 FlightTester 的缺陷信息。将不需要在界面显示的字段都移至左侧的空白处"可用字段"中。"可见字段"包含所选用户组当前可见的字段名及其排序优先级。

要在可见字段中将字段设置为必填字段,选中它旁边的复选框。对于必填字段,必须输入一个值。其标题以红色显示在"添加缺陷"或"缺陷详细信息"对话框中(在 ALM 缺陷管理模块中,可以打开这两个对话框)。单击"应用脚本更改"按钮保存自定义结果,如图 4-32 所示。

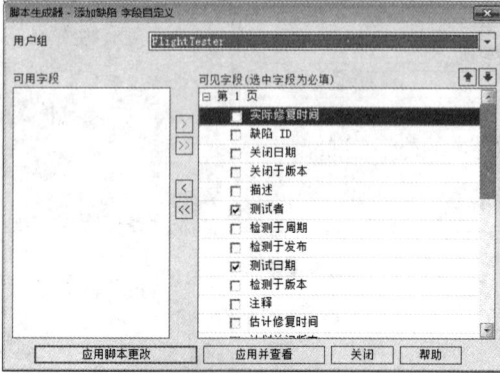

图 4-31 添加缺陷字段自定义

图 4-32 添加缺陷字段自定义

注意:

选择字段名并单击箭头按钮(> 和 <),可在可用字段和可见字段之间移动名称。单击双箭头按钮(>> 和 <<)可将所有名称从一个列表移动到另一个。还可在列表之间拖动字段名。可使用向上和向下箭头来设置所选用户组的显示顺序,还可以上下拖动字段名。

使用上述步骤分别为用户组 FilghtDeveloper、FilghtDevManager、FilghtTestManager 设置缺陷自定义字段。

4.2.5 用例配置

不同项目对测试用例有不同的需求,HP ALM 为了满足不同项目的需要,允许一个项目定制自己的实现内容。例如在创建用例记录表中,系统提供了一些常用的默认字段,但测试人员在编写测试用例时,希望用例被审查,或者标记测试用例的优先级。

1. 新建项目列表

这里需要为测试用例增加两个列表项,分别是"用例审查"和"用例优先级"列表项。其中"用例审查"列表项包含两个可选项:"未审查"和"已审查",默认为"未审查"。"用例优先级"列表项包含三个可选项:"低"、"一般"、"高",默认为"一般"。新建测试用例项目列表的操作与新建缺陷项目列表的相似,这里不再一一列出。

2. 修改用例用户字段

(1) 在"项目自定义"页面中,单击左侧的"项目实体"链接,打开"项目实体"页面,选中"测试"下的"用户字段",如图 4-33 所示。

图 4-33　项目实体

(2) 在"项目实体"页面中，单击"新建字段"按钮，"标签"输入"用例审查"，字段的"类型"是"查找列表"，可对该下拉列表的取值进行限定。"查找列表"下拉框选择"用例审查"，然后单击"保存"，如图 4-34 所示。

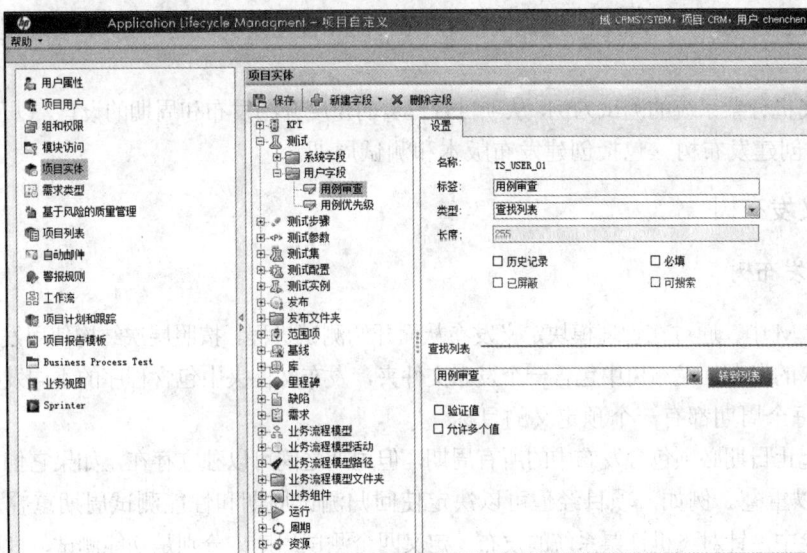

图 4-34　创建"用例审查"用户字段

(3) 在如图所示的"项目实体"页面中，单击"新建字段"按钮，"标签"输入"用例优先级"，字段的"类型"是"查找列表"，可对该下拉列表的取值进行限定。"查找列表"下拉框选择"用例优先级"，然后单击"保存"，如图 4-35 所示。

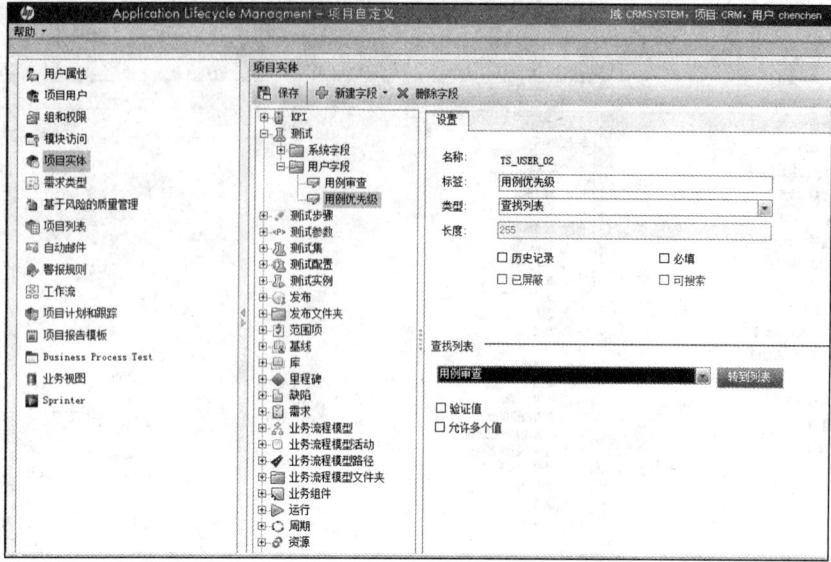

图 4-35　创建"用例优先级"用户字段

4.3　创建发布树

HP ALM 通过定义发布(Releases)和周期(Cycle)来组织和跟踪即将进行的发布。4.1.2 节介绍了 ALM 的工作流程，从中可以看出，测试流程始于在 ALM 管理模块中定义发布，管理模块的基础是发布树。

本节以飞机订票系统的测试为例，从项目管理员的角度介绍发布和周期的设置，以及如何在 HP ALM 系统中创建发布树，包括创建发布版本和测试周期。

4.3.1　定义发布树

1. 定义发布树

在 HP ALM 中，通过在管理模块定义发布从而开始测试进程。按照层次结构使用发布树，规范程序中要加入的发布。发布树中包含一个发布文件夹，发布文件夹中包含程序的不同发布。发布由周期组成，每个周期都有一个预定义的目标。

发布的起止日期必须包含发布中的所有周期，但周期之间可以独立存在，如果它们之间没有干扰的话也可以重叠。例如，项目经理可以决定使回归测试周期和性能测试周期重叠。

在本实验中，针对飞机订票系统的发布，定义四个测试周期，分别是功能测试、性能测试、安全测试、回归测试。具体测试周期名称以及含义如下：

(1) CYCLE 1-功能测试：测试此次发布的程序中实现的功能。功能测试之后，开发团队修正测试中记录的缺陷。

(2) CYCLE 2-性能测试：根据一些标准来测试应用程序的性能，例如程序支持的并发用户数量和程序响应时间。

(3) CYCLE 3-安全测试：这一周期确保新产品的安全质量，验证系统的安全服务和识别潜在的安全性缺陷。

(4) CYCLE 4-回归测试：重新进行测试，以确认修改没有引入新的错误或导致其他代码产生错误。

2. 发布树分层架构

HP ALM 通过创建发布树来定义发布的分层架构。根据组织架构的测试流程，可以为每个程序创建一个发布文件夹，或多个程序创建一个文件夹。飞机订票系统测试发布树的分层结构如表 4-3 所示。

表 4-3　发布树的分层架构

标记	层次名	功能说明
	发布文件夹	发布树下的发布文件夹
	发布	发布文件夹下的发布
	周期	发布下的周期

默认情况下，管理模块的左面板显示"发布"文件夹，它是预定义文件夹，不能删除。如果需要使用不同的发布名称，可根据需要重命名"发布"文件夹并向其中添加发布。创建新文件夹时，将在"发布"文件夹中创建了一个新级别。

4.3.2　创建发布

以项目管理员用户 user01 的身份登录到 HP ALM 的项目 FlightDemo 管理页面中。导航选择"管理"，单击"发布"按钮，进入发布模块，如图 4-36 所示。

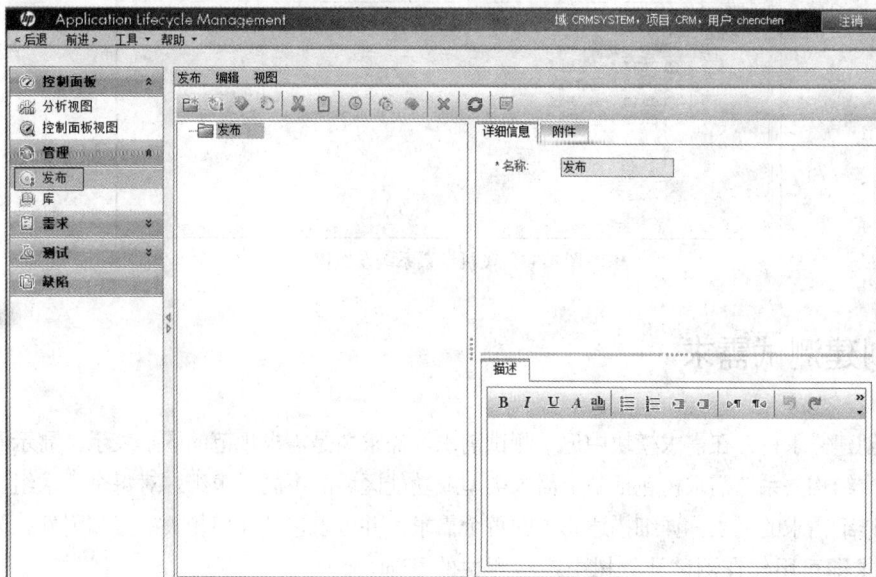

图 4-36　HP ALM 发布模块

在 HP ALM 中，新建发布文件夹的具体步骤如下：

(1) 在"HP ALM 发布模块"页面中，单击工具栏上的"新建发布文件夹"图标，弹出"新建发布文件夹"输入框页面。

（2）在"新建发布文件夹"输入框中输入发布文件夹的名称，在本实验中发布文件夹的名称使用"飞机订票系统"。单击"确定"按钮后，发布文件夹创建成功。

发布文件夹创建完毕后，可在该文件夹下创建发布，具体步骤如下：

（1）在"HP ALM 发布模块"页面中，选中已创建的发布文件夹"飞机订票系统"，单击工具栏中的"新建发布"按钮 🛒，弹出"新建发布"页面。

（2）在"新建发布"页面中，输入发布名称，如 Release1.0；然后设置发布的开始日期和结束日期，如 2016/10/1-2016/10/31。单击"确定"按钮后，发布创建成功。

4.3.3　创建周期

发布创建完成后，用户可在发布下创建多个测试周期，具体操作如下：

（1）在"HP ALM 发布模块"页面中，选中已创建的发布 Release1.0，单击工具栏中的"新建周期"按钮 🔄，弹出"新建周期"页面。

（2）在"新建周期"页面中，输入周期名称"CYCLE 1-功能测试"，然后设置周期的开始日期和结束日期，比如 2016/10/1-2016/10/7。单击"确定"按钮，周期创建成功。

（3）重复创建周期的步骤，添加其他三个测试周期名称，分别是"CYCLE 2-性能测试"、"CYCLE 3-安全测试"和"CYCLE 4-回归测试"。然后设置各周期的开始日期和结束日期，单击"确定"按钮后，周期创建成功。

如图 4-37 所示为飞机订票系统程序的发布树，显示飞机订票系统文件夹的树包含版本 1.0 及其周期。

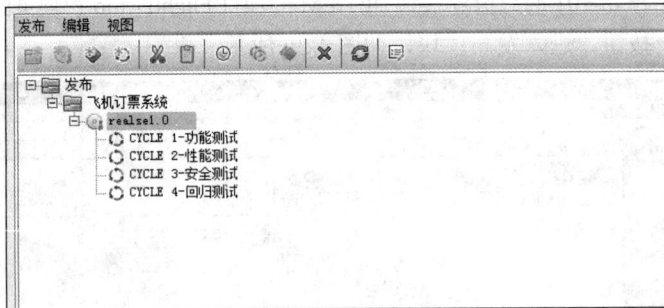

图 4-37　飞机订票系统发布树

4.4　创建测试需求

通过创建需求树，在需求模块中记录测试需求。需求树是需求规范的图形表示，显示不同需求之间的层次结构关系。需求树包括基于需求类型或功能区域的不同需求组。对每个需求组，在需求树中创建详细需求的列表。详细描述树中的每个需求，并可以包括任何相关链接和附件。创建需求树后，需求即可用作在测试计划树中定义测试的基础。

这里以飞机订票系统的功能测试需求管理为例，介绍 ALM 需求管理模块中的相关功能操作。飞机订票系统的功能测试需求如表 4-4 所示。

表 4-4　飞机订票系统的功能测试需求

功能性需求

模块	功能	需求标识	测试需求	来源
飞机订票系统	系统登录	GN_XTDL	(1) 单击飞机订票系统，系统正常启动 (2) 输入合法用户名和密码，登录成功 (3) 用户名为不少于三位的数字或字母 (4) 单击取消键，退出系统 (5) 单击帮助键，显示密码信息	飞机订票系统需求规格说明书 2.1
	机票预订	GN_JPYD	(1) 通过菜单或快捷键，完成新增订单功能 (2) 输入订单信息，完成订单录入 (3) 能够修改已录入订单信息 (4) 通过删除按钮或快捷键能够删除已有订单	飞机订票系统需求规格说明书 2.2
	订单查询	GN_DDCX	(1) 通过菜单或快捷键，进入订单查询 (2) 通过起飞日期查询订单 (3) 通过订单号查询订单	飞机订票系统需求规格说明书 2.3
	订单传真	GN_DDCZ	(1) 通过菜单进入传真订单界面 (2) 输入传真信息后将订单信息传真到指定号码 (3) 支持传真预览 (4) 支持传真取消	飞机订票系统需求规格说明书 2.4
	订单编辑	GN_DDBJ	(1) 支持选中订单内容复制 (2) 支持选中订单内容剪切 (3) 支持选中订单内容粘贴	飞机订票系统需求规格说明书 2.5
	订单统计	GN_DDTJ	(1) 通过菜单或快捷键，能够完成订单统计 (2) 能够用文本方式或图表方式显示统计结果	飞机订票系统需求规格说明书 2.6
	帮助	GN_BZ	帮助功能显示飞机订票系统信息	飞机订票系统需求规格说明书 2.7

4.4.1　制订测试需求树规范

在 ALM 的需求模块中创建测试需求树时，测试需求名称一般是由测试的项目名称或需求点(包括功能点)名称等组成。针对飞机订票系统的测试，制订编写测试需求树规范如下：

1) 需求树分级应该遵循的顺序：测试的项目→需求点→功能点(或其他需求点，如性能、安全性等)。

2) 当需要对功能点继续进行分级时，也遵循"功能点→低一级功能点"规范。

3) 以本书需要测试的飞机订票系统为例，制订需求树的编写格式为：

(1) 一级菜单就是飞机订票系统，二级菜单分为不同的测试方法，如功能测试、性能测试等。所以按"测试的项目→需求点"编写。

(2) 功能测试分为系统登录、机票预订、订单查询、订单传真、订单编辑、订单统计、帮助等功能点；需要指出，在实际应用系统中，功能远比这些复杂，一般会有功能模块，功能模块下才是最终的功能点。

4.4.2　创建功能测试需求树

以项目管理员用户 user01 的身份登录到 HP ALM 项目 FlightDemo 中，在左侧的导航栏选择"需求"，进入"需求"模块，如图 4-38 所示。

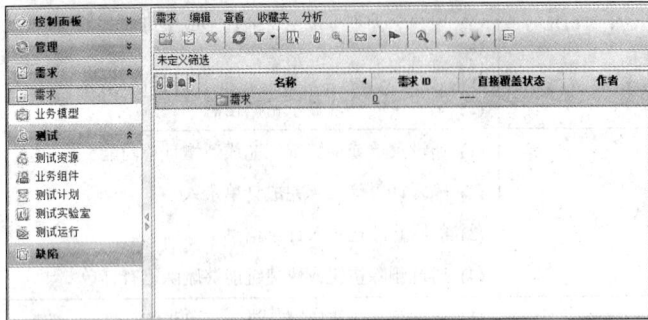

图 4-38　HP ALM 需求模块

1. 新建需求文件夹结构

(1) 在"HP ALM 需求模块"页面中，单击工具栏上方的按钮 ，打开"新建需求文件夹"对话框。在该对话框中输入文件夹名称"飞机订票系统"，单击"确定"按钮后，即可在需求框架下增加需求文件夹"飞机订票系统"。

(2) 在需求文件夹"飞机订票系统"下分别创建子文件夹"功能测试"、"性能测试"、"安全测试"、"回归测试"，创建后的文件夹结构如图 4-39 所示。

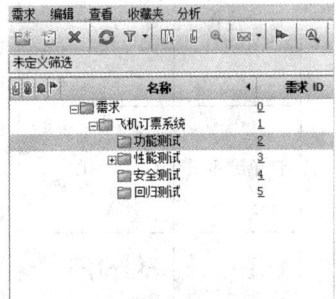

图 4-39　飞机订票系统测试需求文件夹结构

2. 新建需求组

在如图 4-39 所示的页面中，单击工具栏中的新建需求按钮 ，弹出"新建需求"页面。如图 4-40 所示。

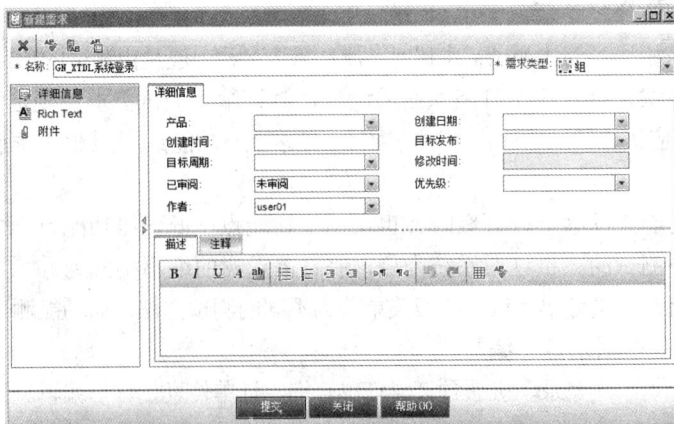

图 4-40　新建需求组

在"新建需求"页面中，将"需求类型"设置为"组"，然后填写需求组名称。可结合功能项的需求标识来命名需求组，如"GN_XTDL 系统登录"。测试需求的其他子项信息可根据项目情况填写，如描述文本框中可输入如下的测试需求：

(1) 单击飞机订票系统，系统正常启动；

(2) 输入正确用户名和密码，登录成功；

(3) 用户名为不少于 3 位的字母或数字；

(4) 单击取消键，退出系统；

(5) 单击帮助键，显示密码信息。

在"新建需求"页面中，填写完整的需求信息后，单击"提交"按钮，需求组即可创建成功，最终的功能测试需求组如图 4-41 所示。

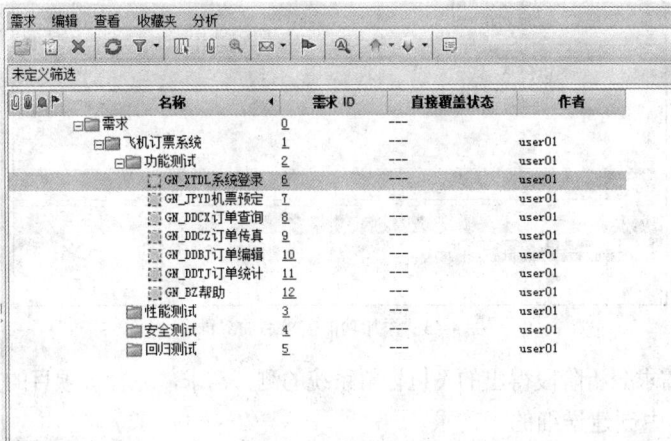

图 4-41　飞机订票系统功能测试需求组

3. 在需求组下创建子功能需求

(1) 在"测试需求组"页面中，选择新创建的"GN_XTDL 系统登录-01"，单击工具栏中的"新建需求"按钮，弹出"新建需求"页面。如图 4-42 所示。

图 4-42　新建系统登录功能子需求

(2) 在"新建需求"页面中，将"需求类型"设置为"功能"；填写需求名称，如"GN_XTDL 系统登录-01"；测试需求的其他子项信息可根据项目情况填写，如描述里填写：输入正确的用户名密码，单击"确定"，能够登录。

在"新建需求"页面中，填写完整的需求信息后，单击"提交"按钮，子需求创建成功，如图 4-43 所示。

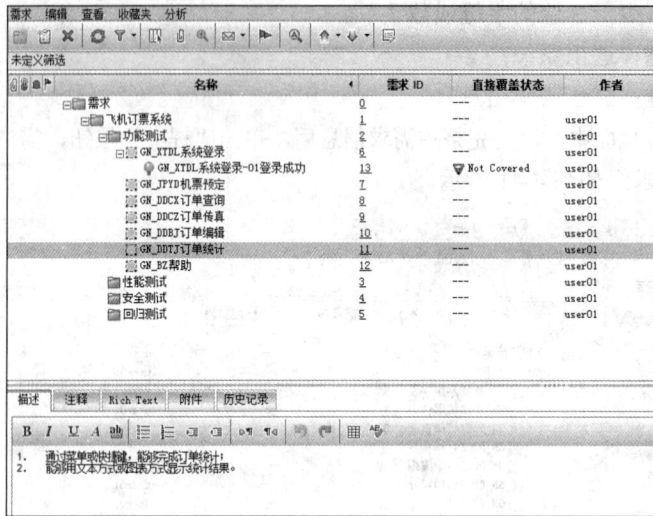

图 4-43　添加功能需求后的界面

(3) 根据测试需求分析阶段得出的飞机订票系统的测试需求，完善该项目的需求树，对于每个需求组，在需求树中创建详细的子需求。

4. 功能测试需求评审

当测试需求树添加完毕后，需要组织人员对测试需求进行评审。评审通过后，可将已审阅状态从"未审阅"修改为"已审阅"。该设置操作比较简单，具体步骤是：单击需求管理工具栏上的菜单"查看"|"需求详细信息"，需求详细信息会呈现在右侧，选择左侧的需求，右侧会展开需求详细信息；评审合格后，将右侧的已审阅项状态改为"已审阅"，如图 4-44 所示。

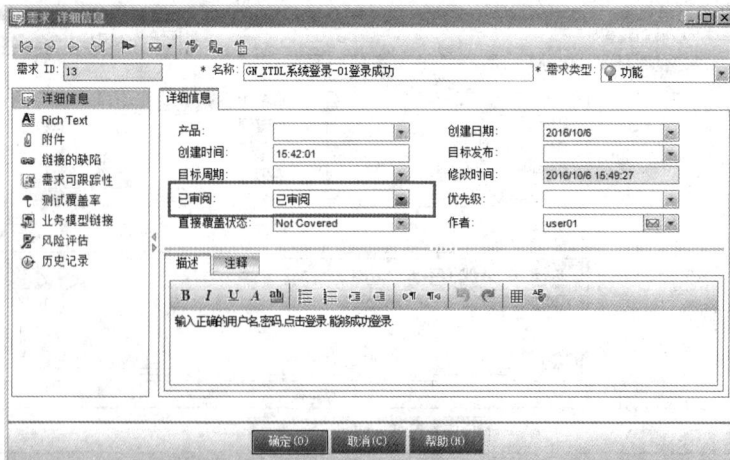

图 4-44　功能测试需求评审

4.4.3　将需求分配到发布和周期

在发布管理模块中创建版本和周期后，又在需求模块中定义并审查了需求，然后将需求分配到版本或周期。在需求模块中，确定每个周期中需要覆盖哪些需求，并由此将这些需求分配到相关周期。在项目中，将功能测试需求分配到发布 Release1.0 下的"CYCLE 1-功能测试"周期中。在 ALM 中，发布、周期和需求的关系说明如下：

(1) 把需求分配给周期后，需求自动分配给发布；

(2) 如果把需求分配给周期，需求不会分配给发布中的其他周期；

(3) 把需求分配给发布不会自动将其分配给发布中的周期；

(4) 分配需求到发布和周期后，可通过 ALM 生成图表和报表来显示周期中覆盖发布和需求的质量和进程。

下面介绍将需求分配到发布和周期的具体操作。在本实验中，将测试树中所有"功能测试"文件夹下的需求都分配至发布 Release1.0 和周期"CYCLE 1-功能测试"，具体步骤如下：

(1) 进入 ALM 需求管理模块，选中需求树中的"功能测试"文件夹，单击右键，选中"分配至周期"。如图 4-45 所示。

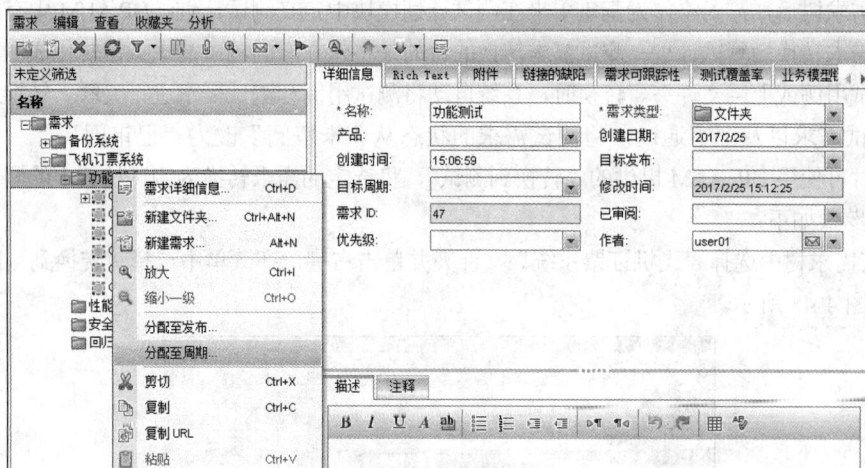

图 4-45　分配至周期

(2) 单击"分配至周期"后，弹出"选择周期"页面，选中发布 Release1.0 下的周期"CYCLE 1-功能测试"，如图 4-46 所示。

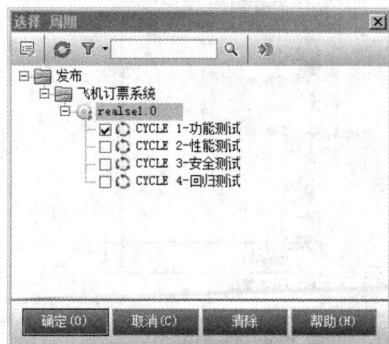

图 4-46　选择周期

(3) 在页面上单击"确定"按钮，然后在弹出的"是否将其应用于所有子需求？"框中单击"确定"按钮，即可将功能测试文件夹下的所有需求都成功分配至发布 Release1.0 和周期"CYCLE 1-功能测试"，如图 4-47 所示。

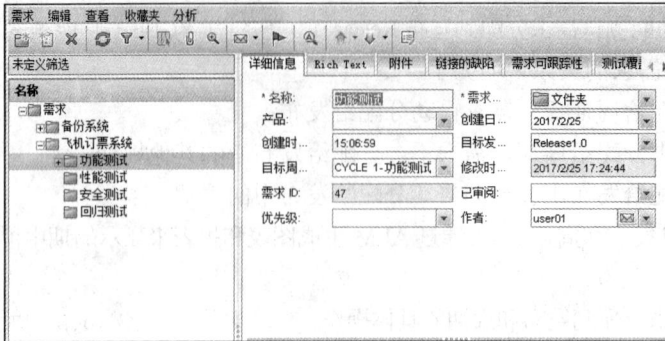

图 4-47　将需求分配至发布和周期

4.4.4　测试需求转换为测试计划

创建需求树后，需求将作为基础用来在测试计划模块中定义测试计划。HP ALM 中有固定的工具将项目需求转换为测试计划。测试需求转换的目的是将建立好的测试需求直接转化成测试计划模块中的测试用例或上层文件夹。转换时，系统自动将测试用例和测试需求进行关联。转换之前要保证各个测试需求以及评审通过，将测试需求的状态从"未审阅"改为"已审阅"。

转换时可使用 HP ALM 提供的"转换到测试"，将选定的需求转换为测试计划中的测试用例，具体操作步骤如下：

(1) 在需求树中选择"飞机订票系统"文件夹并单击右键，在菜单中选择"转换到测试"菜单命令，如图 4-48 所示。

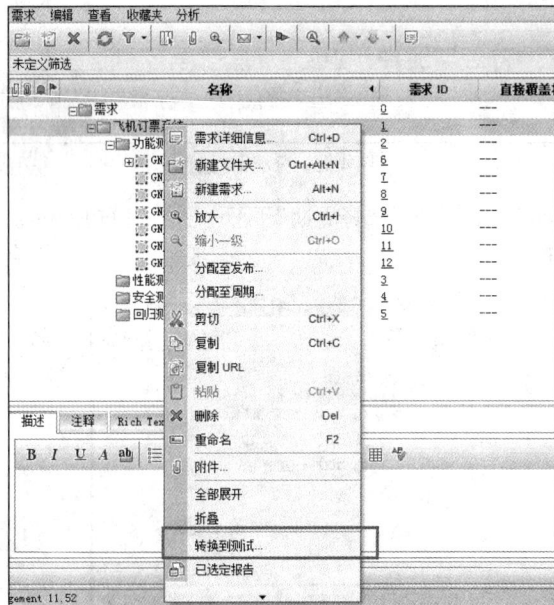

图 4-48　将需求转换到测试

　　(2) 单击"转换到测试"后，进入转换过程的第一步，如图 4-49 所示。此时，系统提供了 3 种转换方式，测试人员可根据需要进行选择，这里选择第 3 种，即将所有需求转换为主题。第 1 种方式是将测试需求目录中最低层次子需求转换为测试用例的设计步骤；第 2 种方式是将测试需求目录中最低层次子需求转换为测试用例。

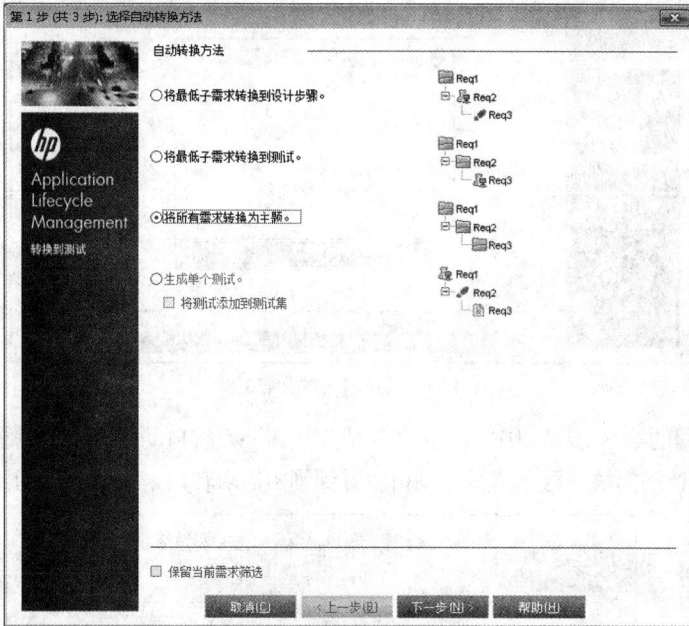

图 4-49　转换测试需求第 1 步

　　(3) 单击"下一步"按钮，系统开始转换。在如图 4-50 所示的转换过程的第 2 步窗口中，可对转换后的测试用例目录结构进行修改。

图 4-50　转换测试需求第 2 步

(4) 单击 "下一步" 按钮，进入转换步骤的第 3 步窗口。在转换过程的第 3 步窗口中，需要选择目标主题的路径。方法是单击右侧的 "浏览" 按钮，弹出所有可供选择的主题窗口。如图 4-51 所示。

图 4-51 转换测试需求第 3 步

(5) 在转换过程的第 3 步窗口中，单击 "完成" 按钮，系统自动完成测试需求到测试计划的转换。立即单击测试计划模块，可在测试计划树中看到刚由需求转换来的目录结构。如图 4-52 所示。

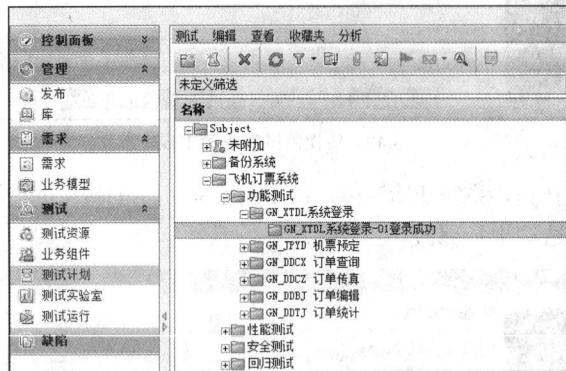

图 4-52 已转换的测试计划目录

注意：

该方法是快速建立测试计划目录或测试用例的一种手段。该手段可根据实际情况选用，如果测试需求设计的粒度比较小，用例可由测试需求直接转换生成。如果测试需求的设计不够具体，可以先把需求转换为目录形式，然后在测试计划下手动创建测试用例。

4.5 管理测试计划

在设计完功能测试用例，并通过评审小组评审后，就可以准备将测试用例导入 ALM 测试计划中。

测试计划管理模块是 ALM 的重要模块，在该模块中可以创建和管理测试计划树、各类测试用例等内容，所创建的测试用例是 ALM 后续测试执行的依据。

通常情况下，测试人员在测试软件时，会根据不同的测试策略来创建测试计划树，测试计划树中的各个测试主题目录和主题下的测试用例可从测试需求模块直接转换过来，转换方法详见 4.4.4 节。在本实验中，飞机订票系统的测试计划树主题目录就是直接从测试需求中转换而来的，这样可以简化测试计划树的创建工作。

在 ALM 系统中，测试计划树和测试用例可通过以下几种方式导入或者录入到测试计划模块中：

(1) 在测试计划模块中，在相应的主题目录下，手工创建测试用例，这是创建测试用例最直接的方法。

(2) 将测试用例数据写入外部 Excel 文件或 Word 文件中，然后将这些测试用例数据批量导入 ALM 测试计划模块中。在测试实践中，大多使用 Excel 文件来存放测试用例数据。需要注意两点，一是 ALM 客户机必须安装 HP ALM Microsoft Excel 插件或 HP ALM Microsoft Word 插件，这些插件可从 HP Application Lifecycle Management 插件页安装。二是 Excel 文件或 Word 文件要遵循规定的格式，其中 Excel 文件中的测试用例元素可与 ALM 测试用例中的字段一一对应。这里以飞机订票系统的登录测试用例为例，给出了一种符合 ALM 批量导入要求的 Excel 模板文件，如图 4-53 所示。

	主题目录	测试名称	测试说明	前提与约束	步骤名	测试步骤	预期结果	用例审查	用例优先级	类型
	A	B	C	D	E	F	G	H	I	J	K
标号										
1	飞机订票系统\功能测试\GN_XTDL系统登录\GN_XTDL系统登录-01登录成功	系统登录1	用户名为数字时，测试登录功能的正确性	进入飞机订票系统登录界面	步骤1	输入用户名12345，密码输入mercury，单击"确定"按钮	登录进系统	已审查	高	MANUAL

图 4-53　测试用例批量导入 Excel 文件模板

(3) 将外部的自动化测试脚本上传到 ALM 中，自动化测试脚本可以被认为是一种自动化测试用例。由于 ALM 可与 UFT、Loadrunner 等测试工具无缝集成，因此可将 UFT 脚本和 Loadrunner 脚本上传到 ALM 中，以便统一管理和批量执行。在测试实践中，将 UFT 脚本上传到 ALM 中并批量运行这些脚本更有意义，关于具体的操作在 6.13.2 节详细介绍，这里不再赘述。

本节主要介绍手工创建测试用例的相关操作。这里以飞机订票系统的系统登录功能正确性测试为案例来介绍创建和管理测试用例的操作。针对系统登录功能的正确性测试需求，这里构建了两个测试用例，如图 4-54 所示。下面就依这两个测试用例的内容来创建测试用例，并将测试用例与相应测试需求关联。

Case_ID	功能描述	操作步骤	预期结果	实际结果	设计人
系统登录功能正确性					
Flight_GN_XTDL_01	在系统登录页面，当用户名为数字时，测试登录功能的正确性	用户名输入12345，密码输入mercury，单击确定按钮	登录成功		user01
Flight_GN_XTDL_02	在系统登录页面，当用户名为字母时，测试登录功能的正确性	用户名输入wei，密码输入mercury，单击确定按钮	登录成功		user01

图 4-54　系统登录正确性测试用例

4.5.1　创建测试用例

针对图 4-54 所列出的测试用例，在 ALM 中构建测试用例的详细步骤如下：

在 ALM 主页面上，单击页面右侧"测试"栏下的测试计划，即可显示出当前的测试计划树。在测试计划树上，选择测试主题文件夹"GN_XTDL 系统登录-01 登录成功"，如图 4-55 所示。

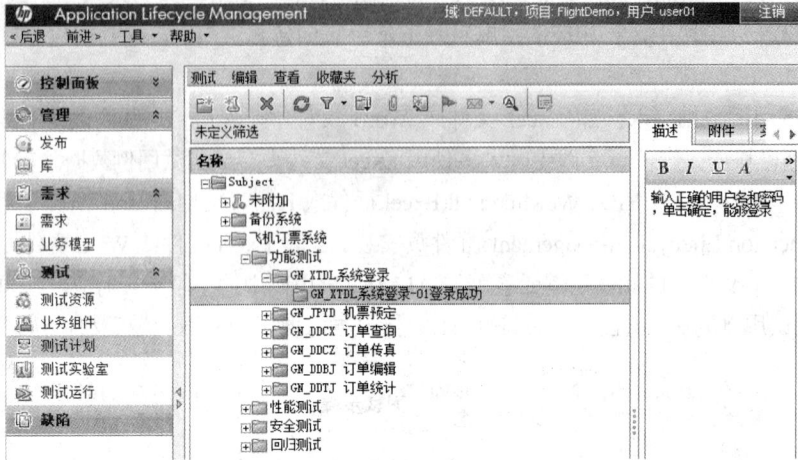

图 4-55　测试计划树

单击测试计划模块工具栏上的新建测试按钮，或选择"测试"|"新建测试"菜单命令，弹出"新建测试"对话框，如图 4-56 所示。

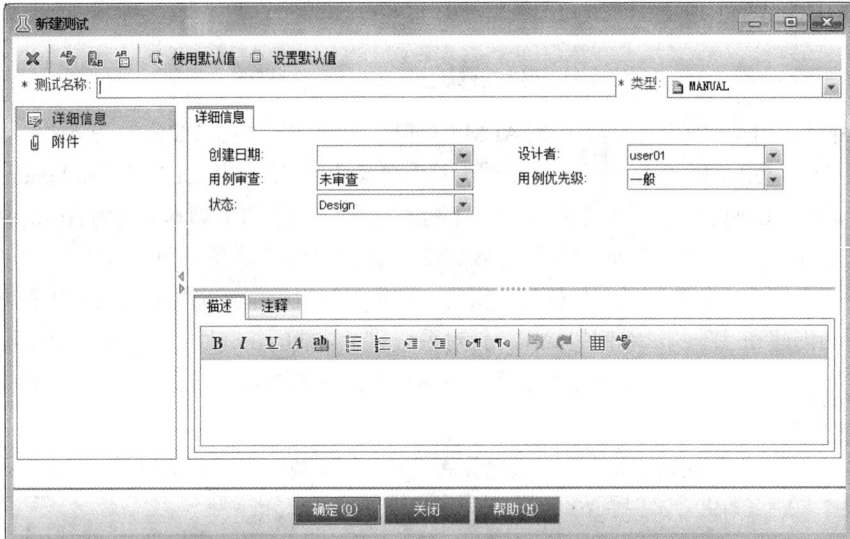

图 4-56　创建测试用例

在图 4-56 所示的对话框中，需要填写测试用例的一些基本信息，例如测试名称和类型等。其中，测试类型有很多种，可选择的测试类型如表 4-5 所示。不是所有的 HP ALM 版本都可以使用所有的测试类型，有一些测试类型只有在 ALM 安装了合适的插件后才能在测试类型下拉列表中显示出来。

表 4-5　测试用例类型

测试类型	描述
ALT-SCENARIO	场景，将通过 HP 公司的负载测试工具 Astra LoadTest 测试
BUSINESS-PROCESS	业务流程测试。使非技术主题内容专家能在无脚本环境中构建和使用业务组件并创建应用程序质量业务流程测试
FLOW	由一组顺序固定的业务组件组成，用于执行特定任务的测试
LR-SCENARIO	场景，由 HP 公司的负载测试工具 Loadrunner 执行
MANUAL	手动执行测试用例
QAINSPECT-TEST	由 HP 安全测试工具 QAInspect 执行的测试
SYSTEM-TEST	系统测试用例，指示 ALM 提供系统信息、捕获桌面图像或重新启动计算机
VAPI-XP-TEST	自动化测试用例，由 Visual API-XP (ALM Open Test Architecture API 测试工具)创建
SERVICE-TEST	由 Service Test 执行的测试，Service Test 是一款为无 GUI 应用程序(如 Web Service 和 REST 服务)创建测试的 HP 工具
QUICKTEST_TEST	由 HP 企业级功能测试工具 UFT 执行的测试。只有从 HP Application Lifecycle Management 插件页安装了相应插件后，此类测试才可用

如果是手工测试，需要从"类型"下拉列表中选择 Manual，如果要进行自动化测试，需要从"类型"下拉列表中选择相应的自动化类型，不同的测试工具对应于不同的类型，如 UFT 功能自动化测试选择 QUICKTEST_TEST。这里针对飞机订票系统的系统登录功能执行手工测试，故在"类型"下拉列表中选择 MANUAL 测试类型。在"测试名称"框中，为测试用例输入名称 Flight_GN_XTDL_01。注意，测试用例名称不能包括两个连续分号(;;)或以下任何字符：\/："" ?'<>| * %。

除了测试名称和类型外，将其他用例详细信息补充完整，如图 4-57 所示。单击"确定"按钮后，即可完成该测试用例基本信息的构建。需要说明的是，由于在 4.2.5 节添加过测试用例的"用例审查"和"用例优先级"属性及可选值，该界面上相应地出现了这两个字段。

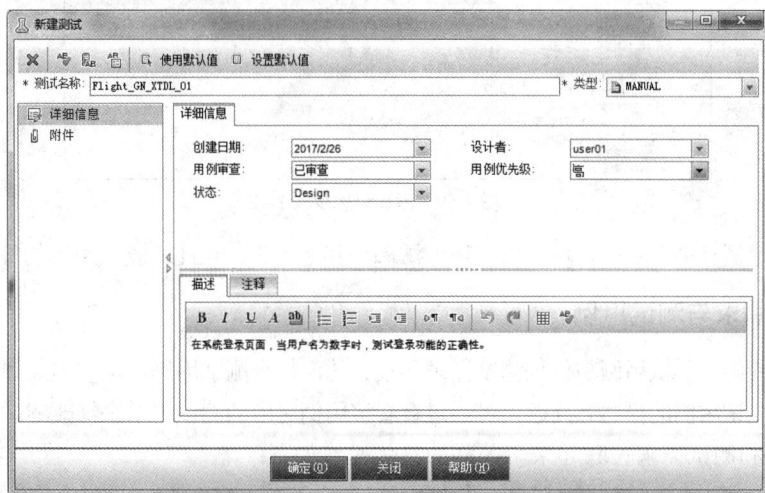

图 4-57　添加的测试用例

选中刚添加的测试用例 Flight_GN_XTDL_01，选择右侧的"设计步骤"选项卡，在设计步骤页面中可以构建测试用例的步骤，具体操作如下：

(1) 在测试用例设计步骤页面中，单击工具栏上的新建步骤按钮 或鼠标右击设计步骤表格，从弹出的快捷菜单中选择"新建步骤"菜单命令。弹出"设计步骤详细信息"对话框，如图 4-58 所示。其中"步骤名"文本框用于输入步骤名称，默认名称为测试步骤的序列号"步骤 1"，你可以修改该名称。

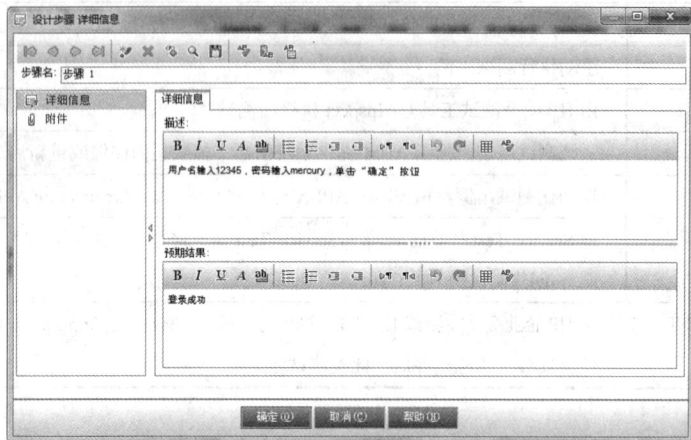

图 4-58　设计步骤编辑器

(2) 在"描述"输入框中输入该测试用例的全部步骤。在"预期结果"输入框中输入该测试用例的期望结果："登录成功"。

(3) 选择"确定"按钮保存返回，表格中添加了这些测试步骤，如图 4-59 所示。

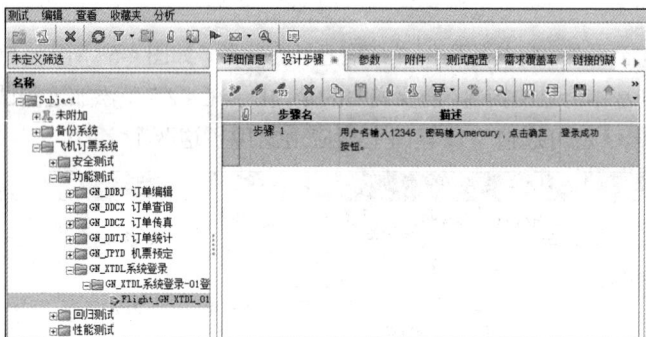

图 4-59　添加用例步骤 1

如果测试用例有多个步骤，可使用上述方法添加其他步骤。至此，测试用例的信息构建完成。

4.5.2　关联需求与测试用例

在测试过程中，测试用例是依据测试需求而设计的，每个测试用例都可以追溯到相应的测试需求。倘若某个测试用例的描述有问题，可通过查看该用例对应的测试需求来修改测试用例，这就需要将测试用例和测试需求关联起来。关联的具体操作如下：

(1) 在测试计划树上，选择刚创建的测试用例 Flight_GN_XTDL_01，并单击右侧的"需求覆盖率"选项卡，如图 4-60 所示。

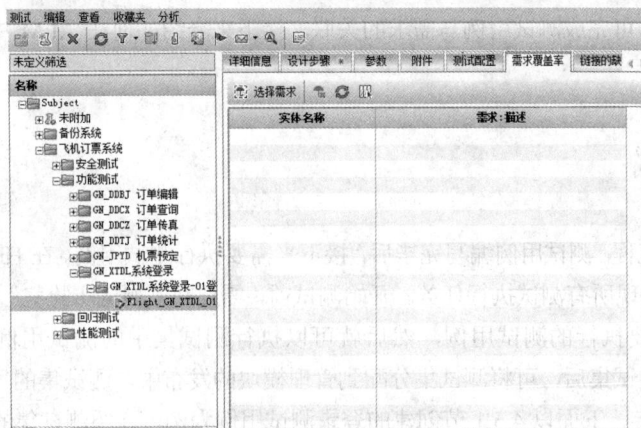

图 4-60　"需求覆盖率"选项卡

(2) 在需求覆盖率页面中，单击"选择需求"按钮，将在右侧显示测试需求模块中添加的需求树，如图 4-61 所示。

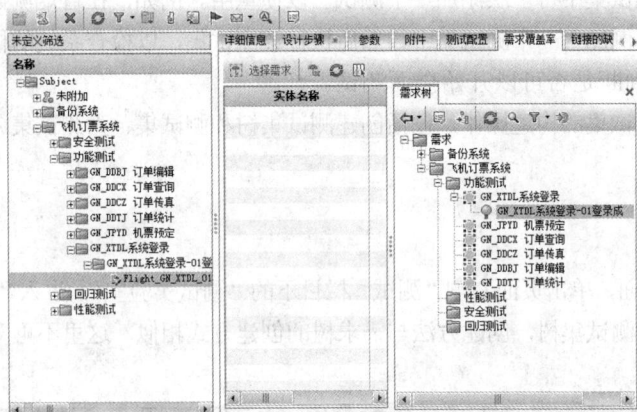

图 4-61　选择需求

(3) 在图 4-61 中，选择测试需求"GN_XTDL 系统登录-01 登录成功"，单击添加到覆盖率按钮 ，该测试需求被添加到覆盖网格中，如图 4-62 所示。

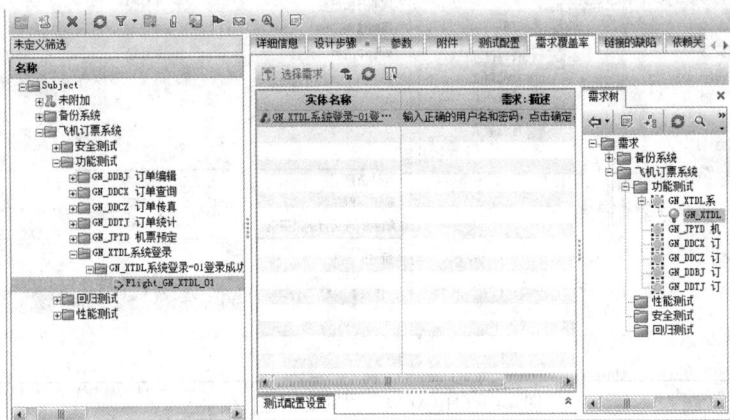

图 4-62　添加需求

通过以上操作即可完成测试用例与需求的关联。接下来介绍如何在 ALM 中执行已添加的测试用例。

4.6　执行测试

依据软件测试流程，测试用例编写完毕后，接下来需要执行测试用例。在 HP ALM 中，可在"测试实验室"模块中实现所有测试执行任务。开始测试前，需要在"测试实验室"模块中创建测试集，并向测试集中添加要执行的测试用例，然后就可以执行测试集中的测试用例了。

另外，创建完测试集后，可将测试集分配到管理模块的发布中，测试集的目标一定要与发布中分配的测试目标同步。下面以 4.5.1 节创建的登录测试用例为例，介绍测试集的执行和运行操作。

4.6.1　创建测试集

测试集是用来实现特定测试目标的测试组。测试集中包含具有一定关系的手动和自动测试。在同一测试集或不同测试集中可多次添加一个测试，以便重用。例如，在冒烟测试中，可将被测软件的核心业务的测试用例加入一个测试集中，然后执行该测试集，以检查系统的核心业务和重要业务是否有缺陷，进而判断是否可以开始全面测试。

本节主要介绍测试集的构建操作，包括创建测试集树和测试集、为测试集分配测试用例、为测试集分配测试周期。

1．创建测试集

进入 ALM 主页面，单击页面右侧"测试"栏目下的"测试实验室"，进入"测试实验室"模块。在该模块中，创建好测试集树，创建方法与需求树的创建方式相似，这里不再多说，创建好的测试集树如图 4-63 所示。

图 4-63　HP ALM "测试实验室"模块

在"HP ALM 测试实验室模块"页面中，选中刚创建的"功能测试"测试集文件夹，单击工具栏上的新建测试集图标。在打开的对话框中填入测试集名称"手工登录测试"，红色字段必填，其他字段根据项目需要选填，填完后，单击"确定"按钮完成测试集的创建。如图 4-64 所示。

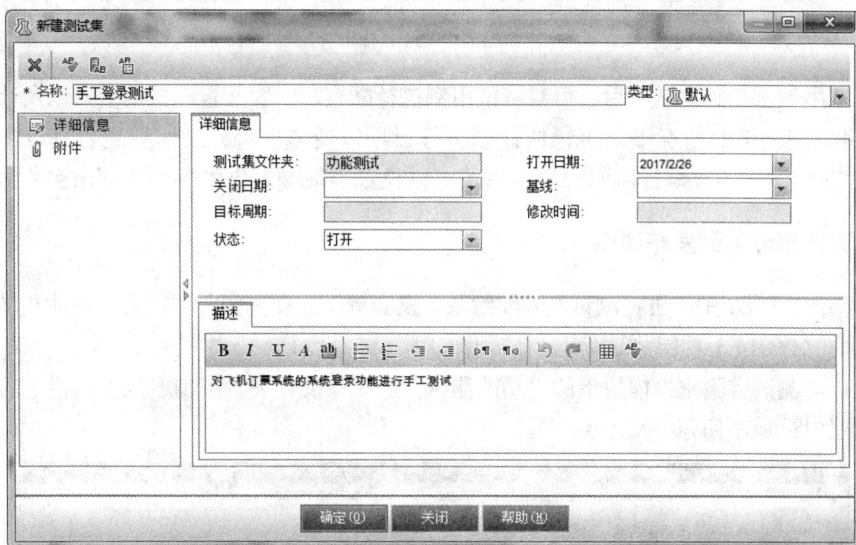

图 4-64　新建测试集

注意：

测试集名称中不能包含下列任何字符：\、^或*。根据上述步骤，建立好需要的文件夹和测试集合。

2. 向测试集合添加测试用例和测试配置

(1) 选择刚创建的"手工登录测试"测试集，单击工具栏上的"选择测试"按钮。右侧出现测试计划树或者需求树。这里选择测试计划树，如图 4-65 所示。

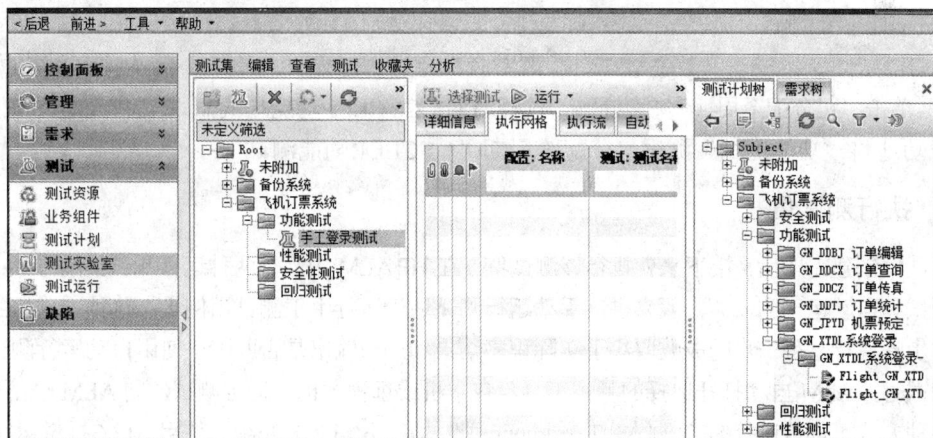

图 4-65　选择测试

(2) 在图 4-65 中，选择右侧测试计划树中的需求文件夹"GN_XTDL 系统登录-01 登录成功"，单击"向测试集添加测试"按钮。文件夹下的测试用例添加到相应的测试集中，如图 4-66 所示。

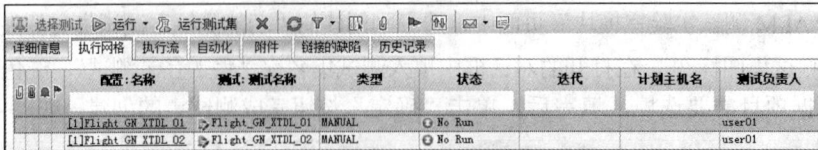

图 4-66 执行网格

(3) 测试用例添加到测试集后，可对测试用例进行配置，一般配置测试负责人以及计划执行日期。在项目时间紧迫的情况下，可预估计划执行日期以便考核每日工作量是否完成。

另外，在测试集的"执行流"选项卡里还可以设置当前测试集中各个测试用例的执行顺序。

3. 将测试集分配到发布周期

在测试实验室模块中，可将测试集分配给某一发布周期。在本实验中，将"功能测试"测试集分配给周期"CYCLE1.功能测试"，具体操作如下：

(1) 选择"测试实验室"模块下的"功能测试"测试集文件夹，单击右侧工具栏上的"详细信息"选项，如图 4-67 所示。

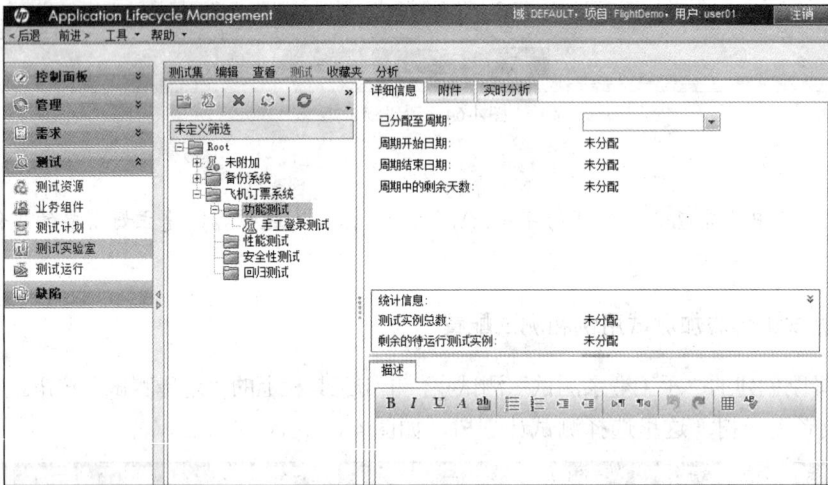

图 4-67 分配至周期

(2) 单击"已分配至周期"右侧的 ，选择周期"CYCLE1.功能测试"，单击"确定"按钮。这样就成功地将"功能测试"测试集分配给周期"CYCLE1.功能测试"。

4.6.2 执行测试集

测试集创建完毕后，接下来就执行该测试集。在 HP ALM 中，有两种运行测试集的方式：手动运行测试和自动运行测试。一般来讲，手动运行测试适于运行手工测试用例集，这种方式按照测试程序的步骤执行，每一步的成败取决于实际程序结果和期望输出是否匹配。使用自动运行测试方式执行测试时，ALM 自动打开选择的测试工具，在本机或远程主机上运行测试，向 ALM 输出结果。通过该种方式可批量运行 UFT 脚本、Loadrunner 脚本等。6.13.2 节介绍了使用 ALM 批量运行 UFT 脚本的步骤，因此，本节只介绍手动运行测试的具体操作。

在本实验中，使用手动运行测试方式执行测试集"手工登录测试"的测试用例。使用手动运行测试方式时，可借助 HP Sprinter 工具来运行测试用例，也可直接使用 ALM 自带的功能运行。如果使用 HP Sprinter 工具，需要在客户机安装 Sprinter 插件之后才可以使用，该工具提供了许多便利功能来辅助测试，如抓图、视频录制等，但这个插件消耗的客户机硬件资源较多。对 Sprinter 工具感兴趣的读者可参考 HP Sprinter 用户手册自行学习软件的使用，这里主要介绍使用 ALM 自带的运行测试集功能执行测试的过程。

(1) 在 HP ALM 主页中，单击页面右侧"测试"栏下的"测试实验室"，进入"测试实验室"模块。单击刚创建的测试集"手工登录测试"，选择页面左侧工具栏上的"运行"命令，开始执行"执行网格"中的第 1 个测试用例，如图 4-68 所示。

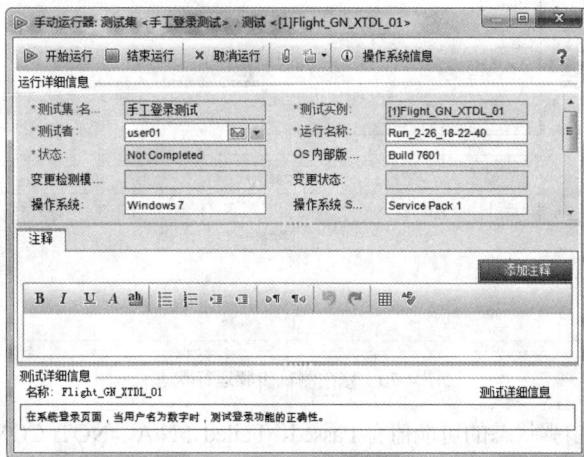

图 4-68　测试用例执行对话框

(2) 在测试用例执行对话框中，用户可以查看测试用例的基本信息。单击"开始运行"按钮后，开始从测试用例的步骤 1 执行，如图 4-69 所示。

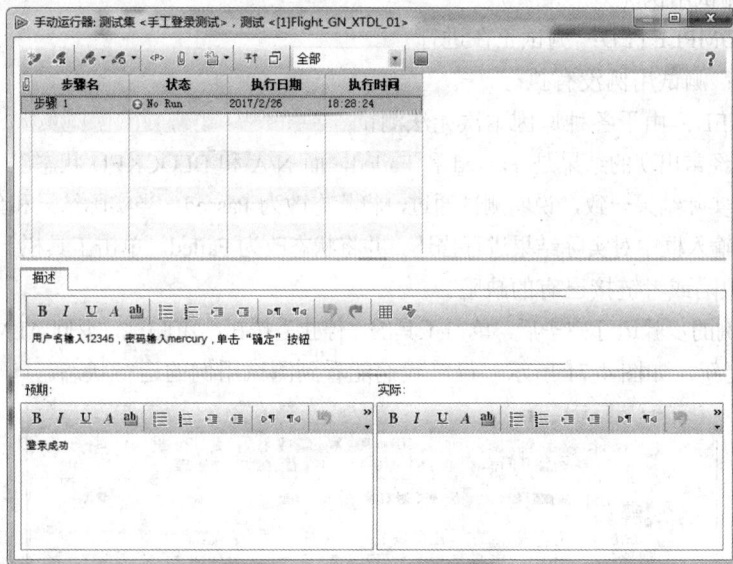

图 4-69　执行测试用例步骤 1

(3) 按照描述里的步骤来操作被测系统，按照预期结果来检查被测系统的反应，并将该步骤运行的实际结果写入"实际"输入框内。如果实际结果和预期结果一样，此步骤通过，如果不一样则为失败。这里,"手工登录测试"测试集的第 1 个测试用例(只有 1 个步骤)是通过的,因此,修改当前步骤的运行状态为 Passed,如图 4-70 所示。

图 4-70　修改测试步骤运行状态

在 ALM 中,测试步骤状态的可能值有 Passed、Failed、N/A、NOT COMPLETED、No Run、BLOCKED,具体解释如下:

- Passed:测试结果正确
- Failed:测试结果错误
- N/A:测试用例无效
- NOT COMPLETED:测试正在进行
- No Run:测试用例没有执行
- BLOCKED:由于各种原因本次无法测试

一个测试中经常出现的结果是 Passed 和 Failed,而 N/A 和 BLOCKED 状态出现得越少越好。如果预期结果和实际结果一致,说明测试通过,将状态改为 Passed。当实际结果和预期结果不一致时,在"实际"输入框中对实际结果进行描述。并将状态改为 Failed。单击工具栏上的"新建缺陷"按钮,新建缺陷或者链接已有的缺陷。

(4) 测试用例的步骤运行完毕后,单击工具的"停止"按钮结束测试,返回 ALM 主页面后,运行结果会自动更新,如图 4-71 所示,最终我们能看到测试用例的运行状态。

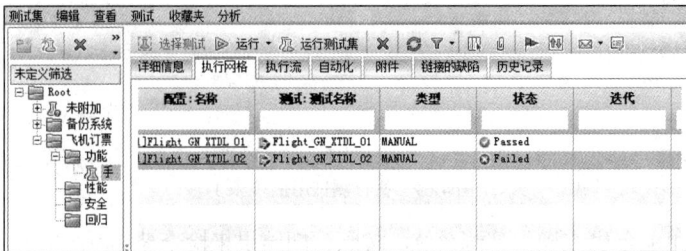

图 4-71　测试运行结果更新

4.7　缺陷管理

在执行测试用例的过程中，当发现用例的实际结果不符合预期结果时，需要分析软件可能存在的缺陷并编写软件缺陷报告，HP ALM 中的缺陷管理模块主要用于缺陷的管理和跟踪，该模块主要包含：创建缺陷，导入缺陷，关联缺陷到其他实体，搜索缺陷，分配、修复和更新缺陷，对缺陷进行分析，搜索重复缺陷等。

在本实验中，系统登录功能的 Flight_GN_XTDL_02 测试用例没有通过，下面以该用例为例介绍缺陷管理的相关操作。

4.7.1　创建并提交缺陷

在 ALM 中，主要通过两种途径创建缺陷，一是在执行测试用例的过程中直接创建缺陷；二是在 ALM 的缺陷管理模块中创建缺陷。在实践中，尽量使用第一种方式，因为采用这种方式可将缺陷和当前测试用例关联，而采用第二种方式除了创建缺陷外，还需要手动关联缺陷和测试用例。由于第二种方式的操作步骤基本囊括了第一种方式的缺陷配置步骤，更复杂一些，因此本节主要介绍第一种方式的操作过程。

(1) 在 ALM 主页面，单击页面左侧"测试"栏下的"缺陷"，进入"缺陷管理"模块。在页面上单击工具栏上的"新建缺陷"按钮，打开"新建缺陷"的文本框，如图 4-72 所示。

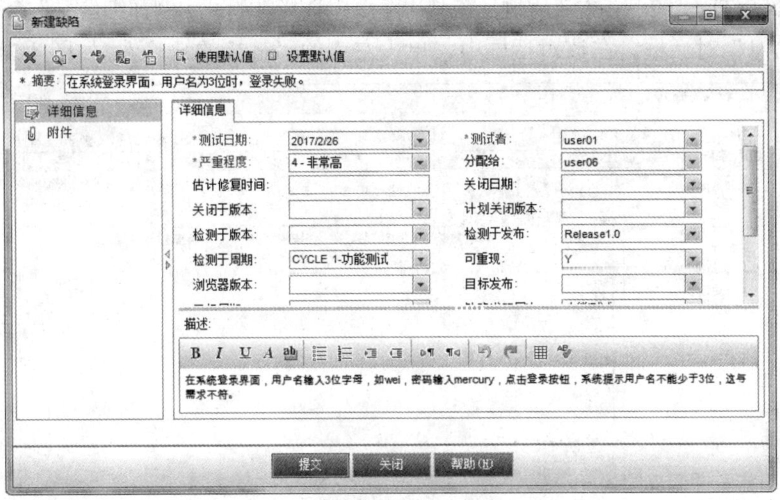

图 4-72　新建缺陷窗口

(2) 在"新建缺陷"的文本框中，输入缺陷的基本信息，如缺陷摘要、严重程度、优先级发布和周期以及附件等。其中，图中红色字段是必填的。在生成缺陷报告时，常将系统的缺陷抓图附在报告中，在 ALM 里可将缺陷抓图添加到附件中。当然，缺陷的其他说明文件也可以文件形式附加在附件中。

需要说明的是，由于在 4.2.5 节添加过缺陷的"缺陷发现层次"和"浏览器版本"属性及可选值，该界面上相应地显示了这两个字段。

(3) 提交上述缺陷信息后，在缺陷列表中就可以查看到刚添加的缺陷，如图 4-73 所示，该缺陷状态为"新建"并有唯一的缺陷 ID(在本实验中 ID=106)。

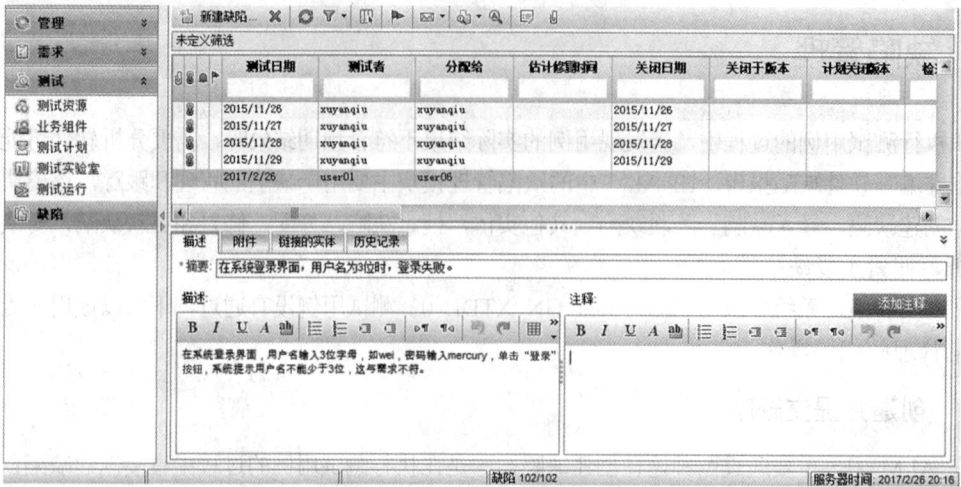

图 4-73　已创建缺陷列表

4.7.2　关联缺陷和测试用例

缺陷创建完成后，需要把缺陷和测试用例关联起来。这样修复缺陷时，可及时运行失败的测试用例。关联缺陷和测试用例的详细步骤如下：

(1) 在测试实验室模块中，选择测试失败的测试用例，即测试状态为 Failed 的测试用例。这里选择 Flight_GN_XTDL_02，右击该用例，在弹出菜单中选择"测试实例详细信息"命令，弹出"测试实例详细信息"对话框。在该对话框中，单击左侧的"链接的缺陷"，如图 4-74 所示。

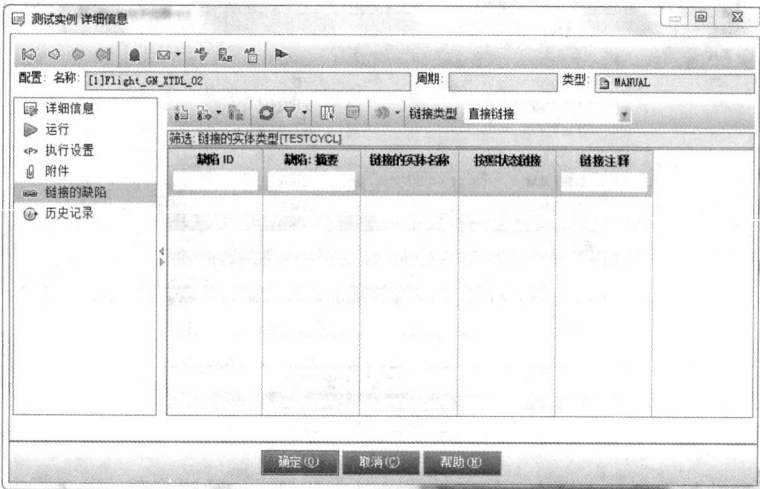

图 4-74　"测试实例详细信息"对话框

(2) 在"测试实例详细信息"对话框中，单击工具栏的"链接现有缺陷"按钮 ，弹出"链接现有缺陷"对话框，如图 4-75 所示。

图 4-75　"链接现有缺陷"对话框

在"链接现有缺陷"对话框中,输入刚创建的缺陷 ID(106),实现当前测试用例与 ID 为 106 的缺陷的关联。单击"链接"按钮后,即实现了测试用例和缺陷的关联,缺陷的信息会显示在"链接的缺陷"选项卡的表格中,如图 4-76 所示。

图 4-76　"链接的缺陷"选项卡

(3) 单击"刷新"按钮 ⟳,就会看到失败的测试用例已经关联了缺陷,缺陷的标志是 🕮,如图 4-77 所示。根据项目要求,失败的测试用例一定要关联缺陷。一个实体可关联多个缺陷。

图 4-77　测试用例关联缺陷成功

(4) 在缺陷模块中刷新后,可看到缺陷和用例关联后的标志 🕮,如图 4-78 所示。

图 4-78　缺陷和用例关联标记

4.8　报表生成与分析

在 ALM 中,可对每个模块生成报表和图表来跟踪和评估项目进程。ALM 的需求、测试计划、测试实验室和缺陷模块提供了预定义报表和图表模板。在 ALM 中,可根据需求来组织这些报表和图表。

　　在所有报表中，测试执行报表和缺陷报表是最常被测试人员关注的，因此，本节主要介绍这两种报表的生成与分析操作。

4.8.1　分析测试执行报表

　　在测试实验室页面中，选择某个测试集，单击菜单栏的"分析"按钮，在这里可以选择项目报告或者图，然后根据菜单选择需要的报告和图，如图 4-79 所示。

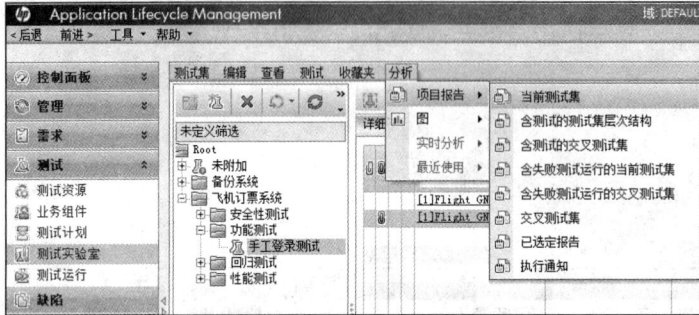

图 4-79　预定义的报告和图表

　　下面以"图"下的"进度-当前测试集"为例，分析"手工登录测试"测试集。

　　(1) 在"测试实验室"模块中，单击"手工登录测试"测试集，选择右侧菜单栏的"分析"|"图"|"进度-当前测试集"命令，在弹出的"进度-当前测试集"窗口中可以查看当前测试集执行情况的线性图，如图 4-80 所示。通过单击"数据网格"按钮▦可查看当前测试集的具体数据信息。

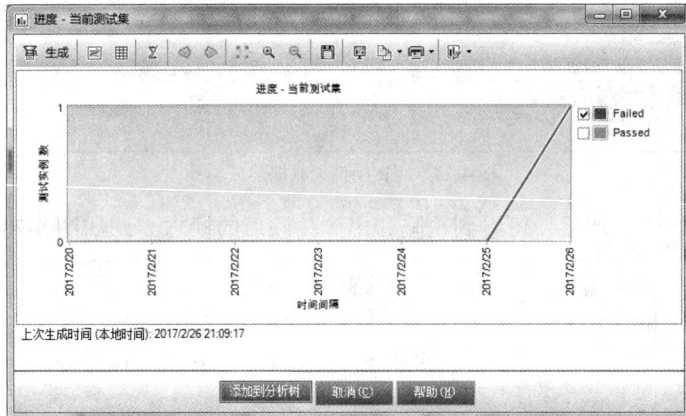

图 4-80　"进度-当前测试集"线性图

　　(2) 通过图 4-80 中的"添加到分析树"按钮可将当前测试集进度图表添加到"控制面板"的"分析视图"下，如图 4-81 所示。

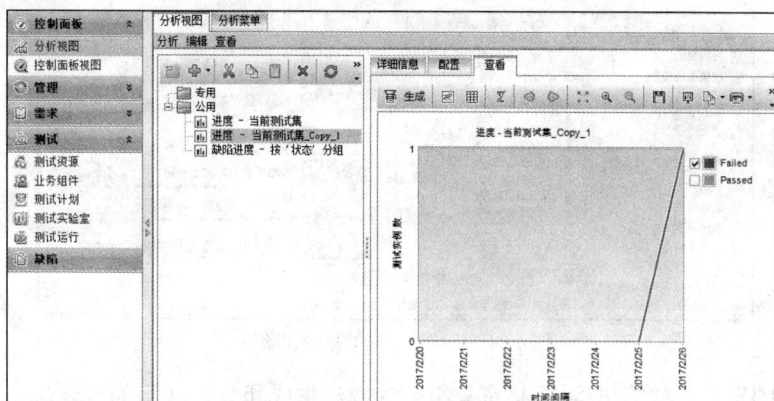

图 4-81　分析视图

(3) 对每个测试工程师而言，如果要查看当日的执行情况以便汇报给测试经理或者组长，可对测试集进行配置。选择配置页面，选择筛选区域进行筛选。如图 4-82 所示。

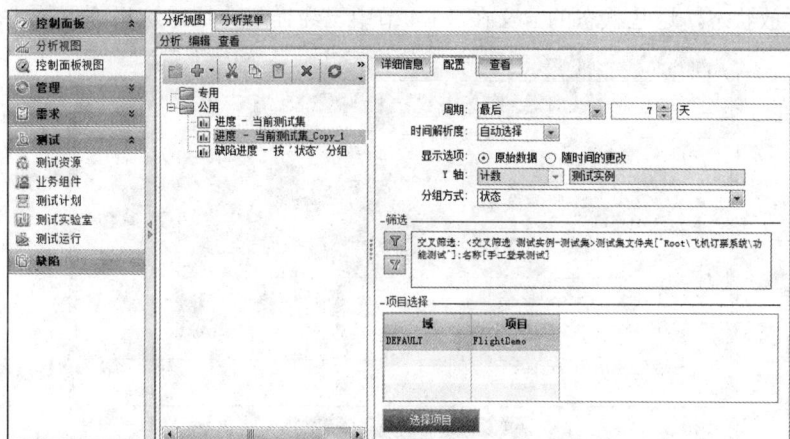

图 4-82　筛选区域

(4) 单击 按钮后，在弹出的筛选条件中，选择测试负责人，这里选择测试经理 user01，如图 4-83 所示。

(5) 回到"分析视图"界面，单击"查看"选项卡下的"生成"按钮 ，就会出现 user01 用户每日的工作进展情况。

4.8.2　分析缺陷报表

先以项目管理员用户user01的身份登录到 HP ALM 项目飞机订票系统管理页面中，在左侧导航选择"缺陷"，单击"缺陷"，进入缺陷模块。在缺陷模块中，选择菜单栏的"分析"按钮，在这里可以选择项目报告或者图，如图 4-84 所示。

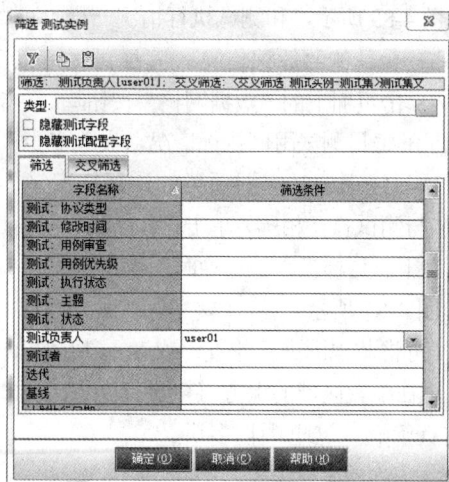

图 4-83　设置筛选条件

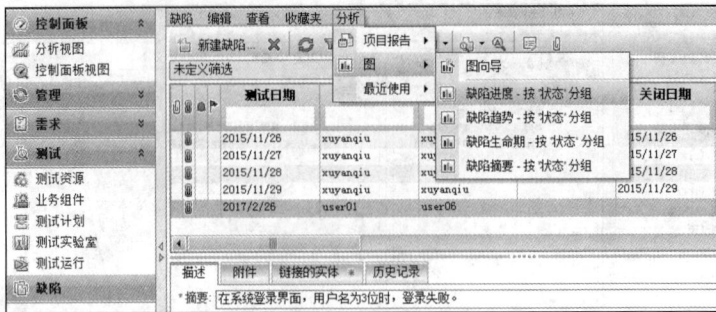

图 4-84　缺陷预定义的报告和图表

这里以"图"下"缺陷进度-按状态分组"为例，生成和分析缺陷的报表。

(1) 打开缺陷模块，在 HP ALM 缺陷模块中，选择菜单栏的"分析"按钮，在下拉选项中选择"图"，然后选择"缺陷进度-按状态分组"，打开"缺陷进度-按状态分组"线性图，如图 4-85 所示。本实验中的缺陷状态只有"新建"，所以只显示这一种状态。除此之外，还有拒绝、已修改、已开放、关闭、重新开放状态，这些状态的含义在 3.1.4 节中已经详细介绍，这里不再赘述。

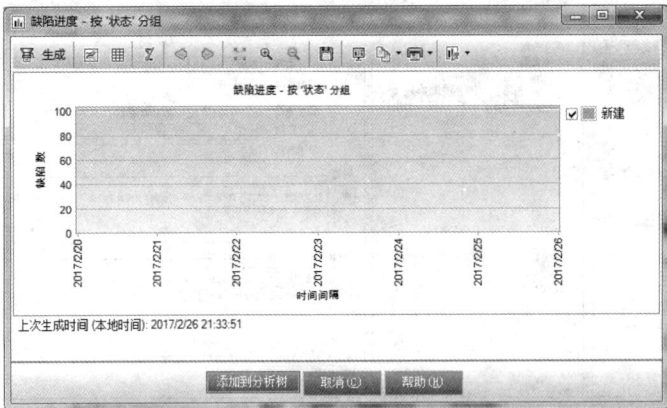

图 4-85　"缺陷进度-按状态分组"线性图

如图 4-85 所示，和测试执行情况一样，可查看当前缺陷情况的线性图，也可单击"数据网格"按钮 ▦ 查看具体的数据信息。同样，也可以添加到控制面板中。

(2) 单击页面上的"数据网格"按钮 ▦，打开数据图，如图 4-86 所示。通过该图表，用户可更清晰地了解每日测试用例执行情况，失败多少，通过了多少，还有多少没有运行。这有利于测试组长或者项目经理即时掌握项目的进展情况。

(3) 与测试执行相同，单击"添加到分析树"按钮后，可将当前图表添加到"控制面板"的"分析视图"下。这样当查看进度时，就可从"控制面板"进行查看，不需要从缺陷模块处重新生成图表，如图 4-87 所示。

(4) 可将此视图进行配置，或者重新生成一个想要的视图。选择配置页面，选择筛选区域进行筛选。可在配置区域的上方直接进行配置(根据时间、坐标等)。与测试执行报表相同，也可对缺陷报表进行筛选，这里不再多讲。

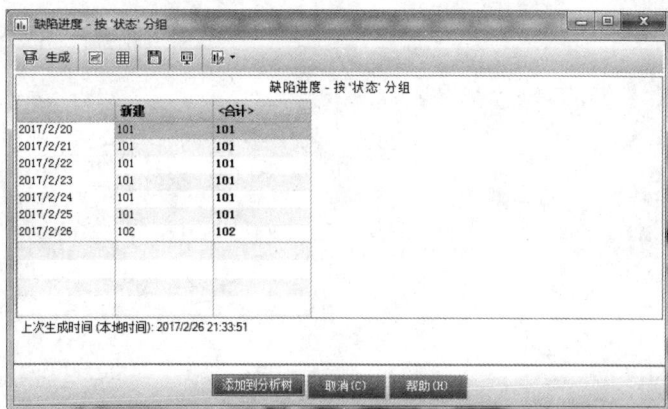

图 4-86　"缺陷进度-按状态分组"数据图

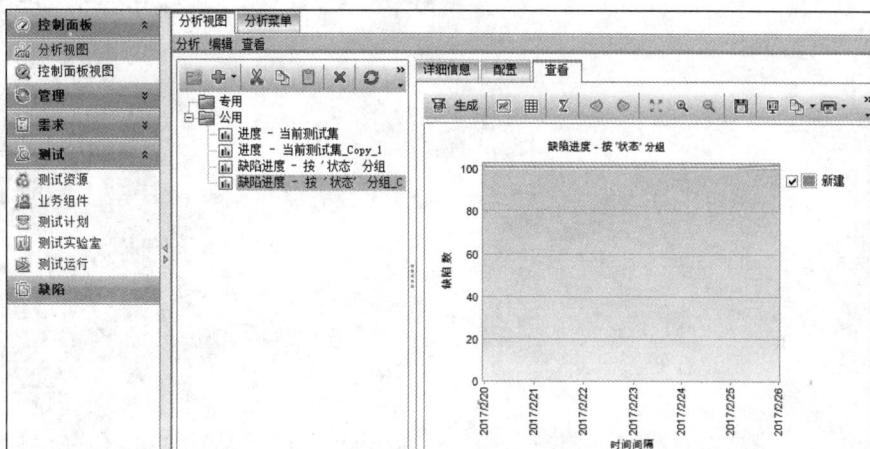

图 4-87　缺陷报表分析视图

4.9　本章小结

本章系统讲述了测试管理工具 HP ALM 的工作原理以及常见操作。首先介绍 ALM 的组织架构和工作流程；接着介绍与 ALM 的初始化设置相关的配置项及操作；最后按照 ALM 的流程具体介绍它的主要功能模块，包括发布和周期管理、测试需求管理、测试计划管理、测试实验室管理、缺陷管理以及报表生成与分析。

练习题

1. 简述 ALM 的测试管理流程。

2. HP ALM 初始化设置的主要配置项以及操作。

3. 参考飞机订票系统的系统登录功能测试实例，重新选择一个功能项进行测试，并使用 ALM 管理该测试过程。

第III部分

信息软件系统功能测试

在项目现场经常出现有很多这样的情景——用户不断询问项目人员某个功能能否实现，同时一再强调实现这个功能的必要性，项目人员则向用户解释实现该功能需要的一些条件。软件的功能是用户对系统的第一印象，但这种印象是建立在感性基础上的。那么，如何把用户的感性行为变成理性行为，以便让软件工程朝着正确的方向前进，并保证进度？为此需要合理地、系统地、全面地安排功能测试，使用户真正通过功能来理解软件系统。本部分是信息软件系统的功能测试篇，主要介绍功能测试以及自动化测试的基本概念和原理、测试工具 HP UFT 的操作和关键技术以及使用 HP UFT 实施功能自动化测试的过程。

第 5 章 信息软件系统功能测试概述

在信息软件系统的测试实践中,功能测试是一项最常见的测试内容,也是各软件研发企业比较重视的一种测试类型。信息软件系统大多含有丰富的功能应用,这就需要软件研发企业花费大量人力、物力和时间对系统的各项功能进行详细测试,以便发现软件中存在的功能缺陷并进行改正,从而使软件系统正确、有效地运行。

目前,在国内的 IT 企业中,功能测试是初、中级软件测试工程师的主要工作内容,对于测试行业新人来讲,理解和掌握功能测试的原理、技术和常见测试工具的用法具有非常重要的现实意义。

本章要点如下:
- 功能测试的定义及常见错误类型
- 测试用例的设计准则
- 功能自动化测试的含义及主要技术
- 典型自动化测试工具

5.1 功能测试基础知识

从狭义上讲,功能测试就是对软件系统的功能特性进行测试,具体来讲,它是根据产品特征、操作描述和用户方案,验证软件产品的各项功能是否符合预期的功能需求。功能测试属于黑盒测试的范畴,即测试人员不需要考虑程序内部结构及代码实现,只需要依据需求文档、用户合同等内容来进行测试。一般情况下,功能测试是黑盒测试的主要内容。

在测试实践活动中,功能测试可与界面测试、兼容性测试、性能测试等测试类型一起进行,即在进行功能测试的同时,测试人员还要考虑被测对象是否存在界面、兼容性、性能问题。例如,在测试活动中,打开一个功能页面,测试人员不是立刻去执行功能测试用例,而是先要看看该页面的颜色、风格、布局、标题、文字等界面测试点是否合理、人性化,是否满足用户需求;在执行功能测试用例时,测试人员同时要考虑响应时间、兼容性等非功能特性是否存在缺陷。在实践中,将功能测试与界面测试等几种测试一起执行,可缩短测试的周期,提升测试效率。

5.1.1 功能测试常见的错误类型

通常情况下,通过功能测试可尝试发现以下类型的错误:

(1) **功能错误、遗漏或冗余**。功能错误是指被测对象的功能项无法正常使用或与用户的预期要求不符等情况;功能遗漏是指被测系统缺少用户需求中规定的功能项或者某些隐含的功能等情况;功能冗余是指被测系统中开发出不应有的功能,这些功能可能会对系统的其他模块以及系统的安全性等带来潜在影响。如今,信息化软件系统的规模越来越大,如 ERP 等大型系统中可能存在成千上万的功能项,开发过程中很容易出现系统设计失误、功能实现有误、遗忘某些功能等情况,因此,需要测试人员在测试过程中警惕此类错误的出现。

(2) **界面错误**。软件界面是用户与软件系统交互的媒介，通常情况下，用户通过功能界面来使用系统的各种功能。如果界面上存在缺陷，势必影响系统的用户体验效果，进而影响软件系统的使用和推广。界面测试需要考虑的因素比较多，测试人员需要结合用户的专业背景和使用感受来挖掘界面错误，常见的界面错误包括：界面整体颜色不协调、不美观；颜色、风格与软件主题不搭配；界面文字信息有误；界面布局不合理、不人性化；各种控件、窗体不能正常显示或使用，易用性差；常用的快捷键不能正常使用等。界面错误不仅影响界面的美观和实用性，很有可能导致某些功能失去原有的作用，因此，测试人员在进行功能测试时应该时刻关注界面上的错误。

(3) **性能错误**。在功能测试过程中，可以确认系统是否存在一些基本性能方面的错误，例如，控件的响应时间是否过长，数据的处理速度是否满足性能需求等。

(4) **数据结构或外部信息(如数据文件)访问错误**。在软件系统中，子系统之间可能需要频繁地交互数据，那么测试人员需要验证各个子系统接口收发的数据是否正确，数据类型是否一致等。

(5) **初始化和终止错误**。如果系统的初始化操作不能正常使用或者易受到其他因素的干扰，有可能导致系统无法正常启动和使用。系统的终止缺陷是一种常见错误，可能是由环境冲突、内存泄漏等因素造成的，这种错误可能导致系统突然异常关闭，造成关键数据的丢失。

5.1.2　功能测试用例的设计准则

在功能测试中，测试用例是整个测试活动的核心，它决定着软件测试的质量。在测试活动中，测试用例的设计是测试工作的重中之重，是开发脚本、执行测试并发现测试缺陷的重要依据，测试用例的质量对于测试的覆盖率、测试执行的效率、发现缺陷的数量具有指导作用。

功能测试用例本质上是为某个功能目标而编制的一组测试输入、执行条件以及预期结果的集合，以便测试某个程序功能是否满足某个功能需求。将软件测试的行为活动细化为一组测试用例，并且科学地组织归纳这些测试用例，目的是将软件测试变得更容易管理，风险更加可控。所以从这个意义上讲，测试用例也是将测试行为具体量化的方法。而不同类别的软件，测试用例也是不同的，信息化软件不同于系统、工具、控制、游戏软件，它最大的特点是用户需求更容易发生变化。要使最终用户对软件感到满意，最有效的办法就是对最终用户的期望加以明确阐述，以便在软件测试中对这些期望进行核实并确认其有效性，所以测试用例要反映真实需求。

在设计功能测试用例时，测试工程师通常需要考虑以下内容：

(1) 遵循设计测试用例的基本准则，即测试用例应具有代表性、非重复性、可再现性、可判定性。

(2) 测试用例应该能够充分覆盖测试需求中的所有功能测试项，即不能遗漏某些功能项的测试。

(3) 测试用例的设计应该考虑功能的正确性和容错性测试。功能的正确性是指用户输入或操作合理、合法的情况下，被测功能项的正确性；功能的容错性是指用户输入或操作不合理、非法的情况下，被测功能项的容错处理能力。

(4) 根据测试项的优先级和重要程度的不同，调整测试用例的顺序和粒度。在设计测试用例时，测试工程师要思考哪些功能项是支撑功能、关键功能，需要先进行测试。假设系统中包含数据初始化模块，该模块为其他功能模块的运行提供初始数据，那么该模块就应该优先测试。另外，对于被测系统中的重要功能项，可以多设计一些测试用例，将测试用例设计得细致一些，以尽可能多地挖掘其中的软件缺陷。

(5) 测试用例描述语言要专业、清晰，无二义性。在测试活动中，测试用例的设计人员和执行人员可能会不同，这就要求设计人员在编写测试用例时注意描述语言的专业性和准确性，以免影响测试的效率。

(6) 结合常用的黑盒测试方法来设计测试用例，如等价类划分法、边界值法、错误推测法、场景法等。

5.2 功能测试自动化

软件测试是一项繁重的任务，需要测试人员付出大量时间和精力来完成。很多时候仅靠手工测试难以保质保量地完成测试工作，尤其是那些重复性测试工作会使测试人员的工作热情和工作质量大大降低，例如，软件需求变更频繁，版本更新较快，每次更新都需要测试人员对整个软件进行测试；某些采用迭代开发模式(如敏捷开发)开发的软件需要测试人员多次进行重复测试等。另外，有些测试工作仅靠手工测试基本不可能完成，例如并发性测试、可靠性测试等。因此，在测试活动中，有必要引入测试自动化技术来弥补手工测试带来的不利因素。

自动化测试的实践是把人为驱动的测试行为转化为机器执行的一个过程。一般情况下，在设计了测试用例并通过评审后，由测试人员根据测试用例中描述的规程一步步对软件产品执行测试，得到实际结果与期望结果的比较信息。在这个过程中，为节省人力、物力等资源，提高测试效率，引入了自动化测试的概念。

5.2.1 功能测试自动化优缺点

相对于手工测试，引入功能自动化测试带来了很多便利，极大地提高了效率，当然自动化测试也存在一些不可避免的局限性。下面将具体介绍测试自动化的优缺点。

引入测试自动化带来的主要优点如下：

(1) 提高软件测试效率，利用自动化测试工具执行用例的速度比手工测试快得多。

(2) 在进行回归测试方面，它可以执行更多、更繁杂的测试。

(3) 提高测试人员的积极性，测试人员把时间和精力放在软件中的新项目和容易出错的测试项上。

(4) 可提高测试的准确性，从而使软件测试的可信度提高。

(5) 测试具有一致性和可重复性。这是因为只要测试脚本不变，每次运行脚本所执行的操作是一致的；并且脚本可在多个项目上通用，重用性很高。

(6) 可执行一些手工测试难以进行的测试。例如并发性测试、安全性测试等。

虽然自动化测试有不少优点，但是自动化测试的实施也有局限性，项目管理人员切勿盲目引入自动化测试，应该从多个角度进行考虑，否则可能造成项目成本加大、测试周期加长、错误寻找不全等后果。一般来说，自动化测试主要有如下缺点：

(1) 需要测试人员花费一定时间去设计、编写、调试和维护脚本。

(2) 需要测试人员具有较高的专业技术水平，比如编码能力、逻辑能力等。

(3) 不能实现某些需要人脑去判断结果的测试用例(例如，界面是否美观的测试)。

(4) 工具的处理能力完全依赖测试设计，因此，自动化测试对测试设计依赖太大。

(5) 手工测试发现的错误比自动化测试要多，自动化测试没有独立的判断能力。

在实际测试活动中，测试人员可将手工测试和自动化测试结合起来去实施软件测试，提升测试的效率和质量。软件管理人员应结合公司的实力、项目的特点、测试人员能力等多种因素综合考虑下面几个问题：

(1) 是否有必要引入自动化测试？如何引入自动化测试？

(2) 应该选择何种自动化测试工具？成本如何？测试工具是否符合需要？是否配备足够多的具有相关知识的测试人员？

(3) 引入自动化测试后，具体实施策略是什么，如何开展？

所以实施自动化测试之前需要对软件开发过程进行分析，以观察其是否适合使用自动化测试。通常需要同时满足以下条件。

1. 需求稳定且变动不频繁

测试脚本的稳定性决定了自动化测试的维护成本。如果软件需求变动过于频繁，那么测试人员需要根据新需求来更新测试用例以及相关的测试脚本，而脚本维护本身就是一个代码开发过程，需要进行反复修改、调试，甚至必要时还要修改自动化测试的框架，如果所花费的成本不低于利用其节省的测试成本，那么自动化测试注定是失败的。项目中的某些模块相对稳定，而某些模块需求变动性很大。可对相对稳定的模块进行自动化测试，而变动较大的仍采用手工测试。

2. 项目周期足够长

自动化测试需求的确定、自动化测试框架的设计、测试脚本的编写与调试均需要相当长的时间来完成，如果项目周期较短，没有足够时间去支持这样一个过程，那么自动化测试便是无稽之谈。

3. 自动化测试脚本可重复使用

如果费尽心思开发了一套近乎完美的自动化测试脚本，但脚本的重复使用率很低，致使其间所耗费的成本大于所创造的经济价值，这样的脚本和花费掉的成本都是毫无意义的。另外，在手工测试无法完成，需要投入大量时间与人力时也需要考虑引入自动化测试；如性能测试、配置测试、大数据量输入测试等。而这些测试尽可能多地考虑脚本的重用性，从而提高解决测试问题的效率。

通常情况下，以下几种场合适合引入功能自动化测试。

(1) 频繁的回归测试。通常情况下，回归测试需要把软件的全部功能项重新测试一遍。频繁的手工回归测试不仅会伤害测试人员的积极性，也会降低测试的准确率。

(2) 多版本软件产品的测试。有些软件产品的版本众多，每个版本在发布之前都需要进行测试。通常情况下，新版本中的大部分功能项与老版本中的一致，也就意味着测试人员需要多次重复测试这些功能项，此时可以使用自动化测试技术去测试需要多次重复测试的、需求变化不大的功能项，而测试人员将自己的主要精力放在新增的或新修改的功能项的测试中，提高测试效率。

(3) 冒烟测试。在软件开发过程中，将新开发的模块集成到软件系统后，首先需要对软件系统进行冒烟测试，即对系统的基本业务操作进行测试，验证软件的基本业务能否正常完成。在一个软件开发周期中，很可能需要进行十几次，甚至几十次的冒烟测试，此时可以使用自动化测试来实现冒烟测试。

(4) 手工测试难以进行的测试。有些测试内容使用手工测试难以执行或者很难保证准确度，这些测试可以考虑引入自动化测试。

随着测试流程的不断规范以及软件测试技术的进一步细化，软件测试自动化已经日益成为软件开发中一股不容忽视的力量。能否借助于这支外在力量以及如何借助这支力量来规范企业测试流程、提高特定测试活动的效率，已经成为众多企业考虑的重点。

5.2.2　功能自动化测试的主要技术

从本质上讲，实现自动化测试的核心问题就是如何让被测软件自动运行以达到测试目的，而软件的自动运行有一定技术难度，特别是基于图形界面(GUI)的程序。要驱动 Windows GUI 程序自动运行，可能会用到一系列复杂技术，如 Windows 底层的 Hook、消息队列、WinAPI 等，这无疑增加了自动化测试的成本。因此，为支撑自动化测试引入了一系列概念，同时在技术上对上述底层技术进行了封装以降低自动化测试的技术门槛。功能自动测试常用的技术包括：录制回放技术、脚本技术、自动比较技术，下面详细介绍这几个技术的含义。

1. 录制回放技术

所谓的录制是将用户的每一步操作都记录下来，包括被测软件的窗口和控件的位置以及相应的操作、状态变化或属性变化等。所有记录转换为一种脚本语言所描述的过程，以模拟用户的操作。

所谓的回放是将脚本语言所描述的过程转换为屏幕上的操作，然后将被测系统的输出记录下来与预先给定的标准结果比较，最后得出测试结果，有些自动化测试软件可以根据测试结果对被测软件进行评估。这可以大大减轻黑盒测试的工作量，尤其是在回归测试中。

总之，"录制-回放"技术就是先由测试人员手工录制一遍被测业务操作，在自动化测试软件中生成相应的测试脚本；然后根据测试需要修改测试脚本，最终生成的测试脚本实质上就是自动化测试用例；最后回放测试脚本，也就是使用自动化测试软件将被测业务操作回放在屏幕上。录制回放技术在很多软件中都有相似的应用，如按键精灵、Office 的宏编程等。

2. 脚本技术

测试脚本是与特定测试对应的一系列指令(及数据)，这些指令可被测试工具自动执行。测试脚本实质上是一种特定的描述语言，对于不同的测试工具，使用的脚本语言有所不同，例如，Loadrunner 脚本主要使用 C 语言，UFT 脚本使用 VB script 语言。测试脚本可先通过录制测试的操作生成，然后依据测试需要做修改，这样可以减少脚本编程的工作量。当然，也可直接按照脚本语言的规则在测试工具中编写脚本。脚本技术可分为线性脚本、结构化脚本、共享脚本、数据驱动脚本和关键字驱动脚本，下面具体介绍这几类脚本。

1) 线性脚本

线性脚本是录制手工执行的测试用例得到的脚本，这种脚本包含所有用户的鼠标和键盘输入，所有录制的测试用例都可以完整回放。线性脚本中可加入一些简单指令辅助脚本的运行，例如操作间的等待、实际数据与预期数据的比较、中间数据的输出等。

线性测试脚本通过录制和简单修改就可以快速开发出来，因此，它适用于简单测试、一次性测试、测试工具演示或培训等场合。过程繁杂是线性脚本的一个明显缺点，一切用例都依赖于每次捕获的内容，测试输入和比较捆绑在脚本中，增加了测试脚本的耦合性，进而使脚本的可维护性和重用性降低。

2) 结构化脚本

结构化脚本采用结构化程序设计的思想来开发脚本，它侧重于描述脚本中控制流程的结构化特性。控制流程可以是控制结构，也可以是调用结构。控制结构中包含顺序、分支和循环，这与结构化程序设计中的概念相同。调用结构主要包含函数/子过程调用、脚本调用等,例如,为简化脚本的主控流程,可将某些脚本代码抽取出来并封装在函数/子过程中,在脚本运行时,通过函数调用来执行各个函数或子过程。

由于采用结构化程序设计思想,结构化脚本的优点是健壮性好、易于维护,且可以通过函数调用和循环减少工作量。其主要缺点是测试数据仍然捆绑在脚本中,无法实现脚本共享。

3) 共享脚本

共享脚本是指某个脚本被设置成共享脚本之后,它可以被其他测试用例使用,即一个脚本可被其他脚本所调用。使用共享脚本可节省脚本的开发时间和减少重复工作量,当重复任务发生变化时,只需要修改一个脚本或几个共享脚本即可。例如,将登录业务脚本设置为共享脚本后,其他业务脚本用到登录操作时,直接调用该共享脚本即可,这样既可节省脚本开发的时间,又有利于登录业务脚本的统一维护。

4) 数据驱动脚本

数据驱动脚本技术将测试输入存储在独立的数据文件或数据库中,而不是绑定在脚本中,这样实现了脚本与测试数据的分离。执行脚本时从外部数据源读入数据。这类脚本最大的好处是可将同一个脚本用于不同的测试,仅对数据进行修改,不必修改执行的脚本。使用数据驱动脚本,可以较小开销实现较多的测试用例,通过为一个测试脚本指定不同的测试数据文件以达到简化测试用例和减少出错率的目的。将数据文件单独列出,选择合适的数据格式和形式,可将测试的注意力集中到数据的维护和测试执行上。

数据驱动脚本的优点有:可快速增加类似的测试;测试者增加新测试不必掌握工具脚本语言;对第二个及以后类似的测试无额外的维护开销。而数据驱动脚本也存在缺点,例如初始建立的开销较大、需要专业(编程)支持、必须易于管理等。

5) 关键字驱动脚本

关键字驱动技术是为了支持比较复杂的数据驱动技术的逻辑扩展,它将测试数据文件变成测试用例的描述,用一系列关键字指定要执行的任务。在关键字驱动技术中,假设测试者具有某些被测系统的知识,所以不必告诉测试者如何执行详细动作,只是说明测试用例做什么,而不是如何做。

关键字驱动脚本中使用说明性方法和描述性方法。使用描述性方法时,被测软件的知识在测试自动化环境中建立,这种知识包含在支持脚本中。例如,为在浏览网页时输入网址,一般的脚本需要说明在某窗口的某控件中输入某些字符。而在关键字驱动脚本中,可直接在地址栏中输入网址,甚至更简单,仅说明输入网址。

关键字驱动脚本的数量不随测试用例的数量变化,而仅随软件规模而增加。这种脚本还可以实现跨平台的用例共享,只需要更改支持脚本即可。

需要说明的是,以上各种脚本技术之间并非完全互斥,针对具体的测试行为会有不同的组合选择,从而达到最佳测试效果。

3. 自动比较技术

测试验证是检验软件是否产生了正确输出的过程,是通过在测试的实际输出与预期输出之间完成一次或多次比较实现的。比较器可检测两组数据是否相同,功能较齐全的比较器还可以标识存在差异的内容。但比较器并不能告诉用户测试是通过还是失败，需要用户自己去判断。

自动比较的内容可以是多方面的，包括基于磁盘输出的比较(例如对数据文件的比较)，基于界面输出的比较(例如对显示位图的比较)，基于多媒体输出的比较(例如对声音的比较)；此外还包括其他输出内容的比较。

自动比较可分为静态比较和动态比较。动态比较是在测试过程中进行比较，静态比较不在测试过程中进行比较，而将测试结果存入数据文件，通过工具进行比较。

自动比较还可分为简单比较和智能比较。简单比较查看实际输出与预期输出是否完全相同。智能比较则允许用已知的差异比较实际输出和预期输出。例如，要求比较包含日期信息的输出报表的内容时，使用简单比较显然不行，因为每次生成报表的日期信息肯定是不同的。这时就需要智能比较，忽略日期的差别，比较其他内容(如日期格式)。智能比较需要使用较复杂的比较手段，包括正则表达式的搜索技术、屏蔽的搜索技术等。

5.3　典型功能测试工具介绍

5.3.1　HP UFT

Unified Functional Testing(简称UFT)是由惠普公司开发的功能自动化测试工具，它将惠普 QuickTest Professional(QTP)和惠普 Service Test(ST)两个工具集成在一起，对GUI测试和API测试都有良好的支持，UFT支持以下类型的测试：

(1) **GUI 测试**。即在应用程序的图形界面进行功能测试。后续章节会详细介绍 UFT GUI 测试的原理和相关操作。

(2) **API 测试**。主要用于为非 GUI 应用程序构造和执行功能测试的工具。

(3) **业务流程测试**。系统各个模块连贯运行，以模拟真实用户实际的业务流程。

(4) **与 HP ALM 的集成测试**。可将 UFT 功能测试脚本导入 ALM 的测试计划模块中，并使用 ALM 实现 UFT 脚本的批量执行。

UFT 提供了符合所有主要应用软件环境的功能测试和回归测试的自动化方法，它采用关键字驱动的理念以简化测试用例的创建和维护。同时能让用户直接录制屏幕上的操作流程，自动生成功能测试用例。专业测试者也可通过提供的内置脚本和调试环境来取得对测试和对象属性的完全控制。UFT 具有以下特点：

(1) 多插件支持，包括 Web、ActiveX、VB、.Net、Java 等，可以说 UFT 支持多类插件的功能测试。

(2) 采用 VBScript 语言，降低了技术学习成本，同时能和 Windows 平台进行深度结合。这是明显的优势，因为 Windows 系统在 PC 终端市场的占有率很高。

(3) 支持录制和回放功能，降低了编写测试脚本的工作量。

(4) 支持关键字驱动测试，关键字驱动测试是一项将大量编程工作与实际测试步骤分离的技术。这使用户能较早创建测试步骤，即使应用程序中有大量变更或测试需要大量变更，也只需要较少的更新即可维护这些步骤。

(5) UFT 编辑器支持两种视图：关键字视图和专家视图。在 UFT 脚本开发过程中，在关键字视图中可以使用关键字驱动功能创建步骤，如果喜欢直接编写步骤程序，可以使用专家视图，专家视图也称为代码视图。

(6) 在 UFT 中主要通过对象库组件来存放和识别界面的对象，实现了对象和代码的分离，有利于脚本的维护。另外，UFT 具有较强的对象识别功能，允许识别对象侦测器(Object Spy)等工具并获取属性值。

(7) 采用强大的数据驱动方式。UFT 对数据驱动的支持能让测试用例和测试流程在技术细节上实现松耦合。UFT 支持多种数据源，如环境变量、内部数据表、外部 Excel 文件、数据库表等。

(8) 引入"动作"(Action)的概念，通过 Action 能够控制自动化测试用例的粒度，能对测试用例进行更规范的管理。支持外部函数，又不会失去测试用例管理上的灵活性。

(9) 强大的测试结果记录和分析工具，UFT 默认为每个测试提供一个测试结果，包括 Passed、Failed、Done、Warning 和 Information 几种状态类型，可对结果进行筛选。

5.3.2 Selenium

Selenium 是 ThoughtWorks 公司开发的一个强大的开源 Web 功能测试工具，它采用 Javascript 来管理整个测试过程，包括读入测试套件、执行测试和记录测试结果。采用 Javascript 单元测试工具 JSUnit 作为核心，模拟真实用户操作，包括浏览页面、单击链接、输入文字、提交表单、触发鼠标事件等，并能对页面结果进行种种验证。Selenium 系列主要包括下列四种组件：

(1) **Selenium Core** 它是 Selenium 的核心，是由 Javascript 和 Html 文件组成的，它是 Selenium IDE 和 Selenium RC 的核心引擎，完全由 JavaScript 编写，因此可运行于任何支持 JavaScript 的浏览器上。Selenium Core 由一种指定格式的 HTML 文件驱动，在一定程度上增强了测试模块的可读性。同时支持不同操作系统下的各种主流浏览器。

(2) **Selenium IDE** Selenium IDE 提供了一个浏览器插件模式，在该模式下，可以录制和运行脚本。目前只支持 Firefox 浏览器插件。

(3) **Selenium Remote Control** Selenium RC 支持用程序语言编写测试用例，比如 Ruby、Java、C#等。这样做的优点是，Selenium 和其他测试框架能够轻松集成，比如.NET 环境下，可以把 Selenium 和 NUnit 集成，用 Selenium 编写测试用例，用 NUnit 实现测试用例的自动运行。

(4) **Selenium Grid** 允许 Selenium-RC 针对规模庞大的测试用例集或者需要在不同环境中运行的测试用例集进行扩展。

5.3.3 两种自动化测试工具对比

在很多测试项目中，需要对比测试工具，以便选择合适的工具进行测试。这里列出以下几点要素进行对比。

(1) 在用户仿真方面，Selenium 在浏览器后台执行，它通过修改 HTML 的 DOM(文档对象模型)来执行操作，实际上是通过 Javascript 来控制的。执行时窗口可以最小化，可以在同一机器执行多个测试。UFT 完全模拟终端用户，独占屏幕，只能开启一个独占的实例。

(2) 在 UI 组件支持方面，Selenium 支持主要组件，但不能充分支持某些事件、方法和对象属性。UFT 支持多种插件，但很多插件需要收费。

(3) 在 UI 对象的管理和存储方面，UFT 内置了对象库，实现了代码和对象的分离。Selenium 可通过用户扩展 UI-Element 来管理，不过需要硬编码，不像 UFT 一样可以自动录制添加。

(4) 在文件上传方面，Selenium 由于 JavaScript 的限制不支持文件上传。而 UFT 提供了良好的支持。

(5) 在支持的操作系统/平台方面，Selenium 支持 Python、Java，所以可跨平台。而 UFT 只支持 Windows。

(6) 在技术支持和文档方面，由于 UFT 在国内使用很广泛，所以文档和资料也相当丰富，而 Selenium 的资料就相对少一些。

(7) 在脚本语言支持方面，Selenium 支持用多种语言编写测试用例，支持 Html、Java、C#、Ruby、Python、Perl 等。而 UFT 仅支持 VBScript。

(8) 在费用方面，Selenium 是开源的免费工具。而 UFT 则是商用软件，需要付费才能使用。

5.4　本章小结

本章主要介绍功能测试的基础知识，目的是让读者对功能测试有初步认识，为学习功能测试部分后续章节提供理论支撑。首先介绍功能测试的定义以及常见的错误类型，了解功能测试需要关注的内容；然后介绍功能测试用例的定义及设计准则；最后讨论功能自动化测试的优缺点，介绍两种典型的功能测试工具。

练习题

1. 简述功能测试的定义。
2. 功能测试的常见错误类型有哪些？
3. 功能测试用例的设计准则有哪些？
4. 功能自动化测试的优点有哪些？
5. "录制-回放"技术的原理是什么？
6. 在自动化测试中，主要有哪几类测试脚本？

第 6 章　HP UFT 工具的使用及关键技术

HP Unified Functional Testing(简称 HP UFT)是一款知名的功能自动化测试工具,本章及第 7 章详细介绍 HP UFT 软件的工作原理、基本操作、常用技术以及测试案例等内容。本章属于 UFT 部分的起始章节,主要介绍 UFT 的工作原理及常用技术。

本章要点如下:
- HP UFT 的工作流程
- 测试对象管理
- 录制模式
- Action 调用
- 检查点技术
- 参数化技术
- 描述性编程
- 正则表达式
- 测试场景恢复技术
- 函数库管理
- HP UFT 脚本的调试与运行
- 测试结果分析

6.1　HP UFT 工具简介

HP UFT是HP公司研发的一款知名的企业级功能自动化测试工具,它的前身是大名鼎鼎的QTP,QTP 11.5 版本发布之后改名为UFT。UFT不仅保存和升级了原有的QTP功能,还集成了服务测试工具Service Test(简称ST)。

目前,HP UFT 只能安装在 Windows 操作系统上,本书使用的是 HP UFT 11.5 汉化版本。HP UFT 的安装与配置过程可参照 UFT 安装手册,受篇幅所限,这里不再多讲。

6.1.1　HP UFT 基本配置

HP UFT 安装完成后,除了 HP UFT 主程序外,还有许多工具用来处理与自动化测试相关的事务,包括许可验证工具、密码编辑器、注册新的浏览控制器工具、远程代理、后台测试运行工具、批量测试运行工具和测试结果删除工具。

另外,作为初学者,用户可浏览 HP UFT 的自述文件,了解 HP UFT 的各项产品特性,或者直接启动 HP UFT 开始测试脚本的录制和编写。可通过下面这些资源来了解和学习 UFT 的各项功能。

1. HP UFT 的帮助文档

很多初学者往往忽略了对 HP UFT 自带的帮助文档的学习，而这些文档正是学习 HP UFT 用法并进行自动化测试脚本开发的最佳资料。在 HP UFT 中按 F1 键即可打开联机帮助。

2. HP UFT 的视频教程

在 HP UFT 中，HP UFT 安装文件附带了几个视频教程。这几个视频可在 HP UFT 的安装目录找到，默认目录为 C:\Program Files\HP\Unified Functional Testing\help\DemoMovies。

3. HP UFT 自带的样例程序

HP UFT 自带了三个样例程序供用户学习和使用，包括 Web 版的飞机订票系统(Mercury Tours Web Site，URL 为 http://newtours.demoaut.com)、用于 GUI 测试的飞机订票系统(Flight Reservation)和用于 API 测试的飞机订票系统。样例程序可为初学者提供一个基本测试对象，另外，HP UFT 的很多帮助文档都以这些样例程序为测试对象讲述相关的测试方法、测试对象和函数。因此，熟悉这些样例程序对于学习 HP UFT 大有益处。第 7 章就以 GUI 测试版的飞机订票系统(Flight Reservation)作为被测软件，介绍如何使用 UFT 来开展功能自动化测试。

6.1.2　HP UFT 的视图

HP UFT 支持两种视图，一种是关键字视图，另一种是专家视图。这两种视图都有各自的特点，用户可以根据个人喜好选用不同类型的视图。通过 HP UFT 主界面工具栏上的按钮可以实现关键字视图和专家视图的切换。

1. 关键字视图

关键字视图是一种图形化视图，它用于以关键字驱动的模块化表格方式创建和查看测试步骤。关键字视图由类似表格的视图组成，如图 6-1 所示，录制会话期间在被测程序上执行的每个操作都被录制为关键字视图中的一行。其中，每个步骤是表格的一行，每列表示步骤的不同部分。

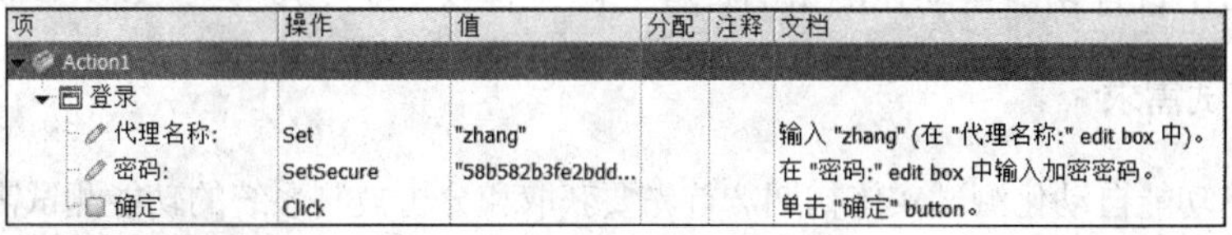

项	操作	值	分配	注释	文档
Action1					
登录					
代理名称:	Set	"zhang"			输入 "zhang" (在 "代理名称:" edit box 中)。
密码:	SetSecure	"58b582b3fe2bdd...			在 "密码:" edit box 中输入加密密码。
确定	Click				单击 "确定" button。

图 6-1　关键字视图

从关键字视图可比较直观地查看测试中所有操作的调用流程或测试中特定操作的内容。图 6-1 中所录制的业务流程为：在“登录”对话框的“代理名称”文本框中输入用户名 zhang；在“密码”文本框中输入密码 mercury(HP UFT 将密码加密)；单击“确定”按钮。通过关键字视图可很清晰地查看到刚录制的业务流程。

关键字视图上有多列属性，包括项、操作、值、分配、注释和文档，下面简要介绍每个属性。

(1) **项**：指在其上执行测试步骤的项，可以是测试对象、实用程序对象、函数调用或语句。该列的显示基于对象的层次树，不同层次的对象代表了它们之间的父子关系。

(2) **操作**：要在项上执行的操作。该列包含所有可用操作(方法或函数)的列表，可在“项”列中选定的项上执行这些操作，例如 Click、Set 等。

(3) **值**：操作的参数值或语句的内容。

(4) **分配**：将值分配给变量或从变量分配值。在 HP UFT 脚本中，可定义一些变量来存储测试生成的数据。

(5) **注释**：该行脚本的注释信息。

(6) **文档**：用易于理解的句子编写的、描述步骤所执行操作的、自动生成的只读解释性文档。

2. 专家视图

对于 HP UFT 关键字视图中的每个步骤，在专家视图中都有一个对应的脚本行，如图 6-2 所示。专家视图也叫脚本视图，用户可在该视图中直接修改测试脚本(VB 脚本)，以满足测试的需求，这要求用户具备一定的 VB 编程基础。

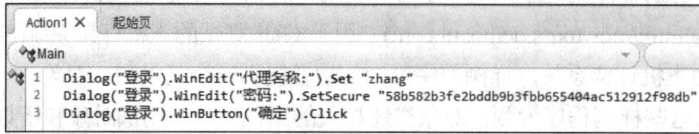

```
Action1 ×    起始页
Main
  1   Dialog("登录").WinEdit("代理名称:").Set "zhang"
  2   Dialog("登录").WinEdit("密码:").SetSecure "58b582b3fe2bddb9b3fbb655404ac512912f98db"
  3   Dialog("登录").WinButton("确定").Click
```

图 6-2　专家视图

在测试实践中，关键字视图和专家视图是针对测试脚本的两种不同表现形式，可根据脚本开发需要而相互切换。如果想要编辑和调整测试脚本，可在关键字视图中进行，也可以在专家视图中进行。关键字视图更侧重测试业务逻辑的展现，而专家视图更适合在代码调试阶段使用。关键字视图对于初学者有很大帮助，降低了 HP UFT 的学习成本。

6.2　HP UFT 的工作流程

本节主要介绍 HP UFT 的测试步骤，并通过一个简单的测试实例来说明 UFT 的工作流程。

6.2.1　UFT 测试步骤

使用 HP UFT 进行功能自动化测试的过程一般包含以下 7 个步骤。

1. 分析测试需求

在 HP UFT 功能自动化测试实施初期，首先要获取和分析被测系统的功能测试需求，确定需要使用 HP UFT 测试的功能项，并确定被测业务流程。能成功进行功能测试的一个前提是对业务需求的理解，因此这个环节至关重要，直接影响着后面测试的效果。

2. 准备测试脚本开发

配置 HP UFT 测试环境，这个环节中涉及对象库、函数和函数库资源，需要将这些资源与当前环境关联，关联的方法会在后面具体章节中介绍。

(1) 对象库是 HP UFT 的关键组件。各种对象(如按钮、对话框等控件)存储在对象库之后，就可以被 HP UFT 识别。如果在脚本开发过程中，需要使用外部已经建立好的对象库，就要将该对象库关联到当前测试脚本中。

(2) HP UFT 可以调用外部函数，函数是用 VB 脚本编写的，函数可以放在函数库中。如果脚本开发过程中，需要调用已有函数库中的函数或子过程，就要将该函数库关联到当前测试脚本中。

3．录制测试脚本

使用 HP UFT 可将业务操作录制为 VB 脚本的形式，主要是利用 HP UFT 的对象识别、鼠标和键盘监控机制来录制测试脚本。测试员通过模拟用户的操作，像执行手工测试的步骤一样操作被测系统的界面。

4．编辑和调试脚本

(1) 依据业务需求，在录制生成脚本的基础上修改脚本。可在脚本中执行以下操作：调整测试步骤，插入检查点，使用参数化技术，添加分支和循环语句，附加注释等。

(2) 在 HP UFT 中，调试脚本可使用断点、单步跟踪、输出语句等方法。

5．运行测试

可使用 HP UFT 自带的批量测试运行工具 Test Batch Runner 运行测试脚本，也可在测试管理工具 HP ALM 中的测试实验室中批量运行测试脚本。

6．分析测试结果

使用 HP UFT 查看工具查看测试结果，检查测试过程是否出现异常情况。

7．提交测试缺陷

针对测试过程中的异常情况，分析并总结出缺陷报告，然后通过缺陷管理工具提交测试缺陷，如 HP ALM、Bugzilla 等。

6.2.2　一个简单的测试项目

本节以一个简单的测试项目为例，介绍 HP UFT 的工作过程，让读者初步了解 HP UFT 完整的工作流程。接下来以 IIP UFT 自带的样例程序 Flight Reservation 的登录功能测试脚本开发为例，演示脚本的录制生成和回放过程。

1) 在 HP UFT 主页，选择菜单"文件"|"新建"|"测试"命令，打开"新建测试"对话框，如图 6-3 所示。

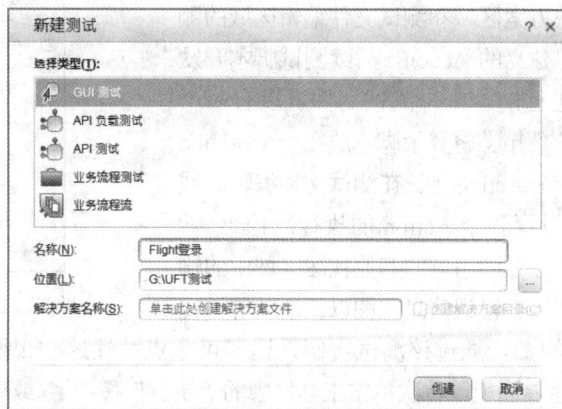

图 6-3　"新建测试"对话框

2) 在"新建测试"对话框中，可以选择要创建测试的各种属性。在这里，创建的测试可以认为是一个或多个自动化测试用例集合。测试的属性包括以下几个可设置字段：

(1) **测试类型**。这里选择 GUI 测试，即基于图形界面的功能测试。

(2) **测试名称**。这里将测试名称设置为"Flight 登录"。

(3) **位置**。用来设置测试的存放路径，一般会根据项目需要指定存放位置。

(4) **解决方案名称**。解决方案是测试的集合，可以在创建项目时创建解决方案，也可添加到其他解决方案中，当然也可不添加到任何解决方案中。这里选择不添加到任何解决方案中。

单击"创建"后，即可完成测试的创建，并进入 HP UFT 测试主界面，如图 6-4 所示。

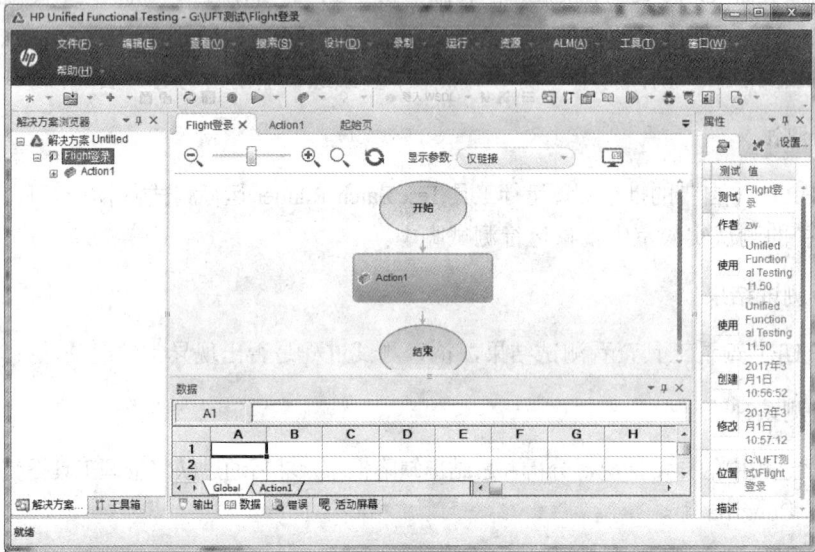

图 6-4　HP UFT 测试主界面

如图 6-4 所示，默认情况下，HP UFT 测试主界面包含菜单栏区域、工具栏区域、解决方案区域、测试文件编辑区域、测试属性设置区域以及其他视图区域。这几个区域视图的含义不难理解，如果想增加其他视图，可通过选择菜单"查看"中的相应视图向主界面添加，如图 6-5 所示。

需要说明的是，解决方案区域和测试文件编辑区域的测试流程界面中显示当前已建立的 Action，后续测试脚本开发就是在这些 Action 中进行的。一个测试文件可以有多个Action，例如发邮件业务的测试，将登录脚本放在一个 Action中，发邮件脚本放在另一个 Action 中。在测试文件编辑区域的测试流程界面中可以设置各个 Action 的执行流程。

另外，HP UFT 测试主界面下方的其他视图区域中的输出日志视图、测试数据视图、错误信息视图以及活动屏幕视图都是用户经常关注的视图。通过该测试实例，读者可重点关注这些视图中的内容。

图 6-5　UFT"查看"菜单

1) 在 HP UFT 测试主界面上，首次单击工具栏中的"录制"按钮 ⊙ 或者使用功能键 F6，打开"录制和运行设置"对话框，如图 6-6 所示。首次启动录制操作时，需要对录制和运行方式进行设置，以后再启动就直接进入录制模式。

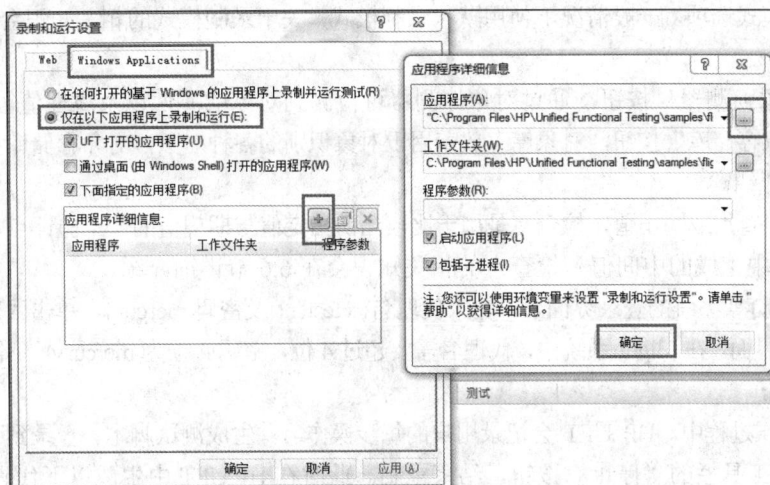

图 6-6　"录制和运行设置"对话框

在"录制和运行设置"对话框中，可以设置脚本录制和运行时的相关策略。该对话框中上方有 Web、Windows Applications 等选项卡，选项卡数量与启动时加载的插件类型有关。每个选项卡的设置内容大体相似，由于本测试程序是桌面应用程序，因此以 Windows Applications 选项卡的设置为例，说明该界面相关属性的含义。

(1) "在任何打开的基于 Windows 的应用程序上录制并运行测试"选项，从字面上不难理解该选项的含义，其意味着对任何 Windows 应用程序的操作都会录制成测试脚本，包括被测软件和其他 Windows 程序。

(2) "仅在以下应用程序上录制和运行"选项，其意味着仅录制和运行下面选择的应用程序。可选择 HP UFT 打开的应用程序，通过桌面(由 Windows Shell)打开的应用程序和指定的应用程序。在指定应用程序时，单击下方的"+"按钮，选择要启动的应用程序，如图 6-6 所示。默认情况下，HP UFT 将飞机订票系统的样例程序的相关信息自动添加为可指定的应用程序。

这里，被测系统是飞机订票系统单机版应用程序，因此选择 Windows Applications 选项卡，然后依次选择"仅在以下应用程序上录制和运行"，单击"+"按钮，选择要启动的应用程序，其余都是默认值，最后单击"确定"按钮。通过指定被测应用程序的路径 C:\Program Files\HP\Unified Functional Testing\samples\flight\app\flight4a.exe 来启动被测程序。这样在录制的时候能够直接打开该被测应用程序。

图 6-7　启动录制工具栏和 flight4a.exe

2) 在"录制和运行设置"对话框中，单击"确定"按钮后，启动录制工具栏和被测程序 flight4a.exe，如图 6-7 所示。

如图 6-7 所示，录制工具栏中从左到右每个按钮的含义如下：

(1) "停止"按钮，即结束测试操作的录制。

(2) Action 列表，即当前录制所生成的脚本在哪个 Action 中生成。

(3) 在当前 Action 中调用新 Action 或者调用已有 Action，关于 Action 调用的相关知识在 6.5 节中详细介绍。

(4) 录制模式选项,一般情况下使用默认录制模式,关于录制模式的相关知识会在6.4节中详细介绍。

(5) "对象侦测器"按钮,通过对象探测器可检测到对象的属性以及属性值等。

(6) "对象存储库"按钮,对象库存放着用于对象识别的各种对象,对象存储库相关知识会在6.3节中详细介绍。

(7) 插入检查点或输出值,检查点是用于比较当前指定值与期望值的一个验证点,输出值对象可以存放脚本中生成的中间值。检查点的相关知识会在6.6节详细介绍。

3) 在飞机订票系统的登录界面上,输入代理名称tester1及密码mercury,单击"确定"按钮,进入登录后的界面。在Flight系统中,代理名需要超过4位,密码必须为mercury,不需要注册即可登录进入系统。

在用户操作过程中,HP UFT会记录用户的每步操作,并生成测试脚本。登录到飞机订票系统后,单击录制工具栏的"停止"按钮,结束录制。此时在HP UFT中生成以下代码:

```
Dialog("登录").WinEdit("代理名称:").Set "tester"
Dialog("登录").WinEdit("密码:").SetSecure "57ea85987f6a5a7eb60de31c006ea9561e831a21"
Dialog("登录").WinButton("确定").Click
```

4) 关闭已打开的飞机订票系统(若不关闭已打开的系统,可能会影响脚本的回放),单击"运行"按钮▶,或者使用F5键,回放测试脚本,即在桌面上重新运行一遍登录操作。运行结束后,可单击HP UFT工具栏的▣按钮打开运行结果报告。

另外,在HP UFT测试主界面上,通过单击工具栏的▣按钮,可打开对象存储库界面。在录制过程中,HP UFT会将录制过程中所操作的对象添加到对象库中。这样,在后续的脚本开发和回放过程中,就可以利用对象库中的对象去匹配软件界面上的对象,完成对象识别任务。对象库组件是HP UFT的核心组件,它决定着对象能否被成功识别,因此,初学者应该重视对象库的管理。

至此,我们已经完成了一个针对桌面程序的、小而全的测试脚本录制和回放过程。

6.2.3　HP UFT的相关原理

1. 录制回放原理

HP UFT的录制原理是:根据用户在应用程序界面上的操作,采用对象识别工具对被操作的对象进行识别,采用反编译原理确定这个对象究竟属于哪个插件类,从而进一步识别其属于什么控件类。然后HP UFT将对应的控件类实例化为一个对象,把获取的应用程序的一部分属性值赋给新建的对象,并记录到对象库里(即"测试对象"),而把用户对象的操作添加到脚本里。每个"测试对象"具有一个逻辑名称并包含若干属性特征。

例如,在本次录制过程中,HP UFT通过ActiveX插件分别识别出Flight系统中的"代理名称"文本框、"密码"文本框、"确定"按钮。所以这三个对象被分别记录到对象库中。而运行过程所触发的对象事件(如设置文本框内容、设置密码内容以及按钮被单击)则被记录到脚本中。

HP UFT的回放原理是根据脚本中记录下来的对象操作顺序进行回放。HP UFT从脚本中读取到该对象,并根据对象的层次和名称在对象库中寻找同名的测试对象,在对象库找到相应的对象,获得对象的属性。根据对象库中对象的属性,在运行的应用程序中进行匹配,寻找运行时对象,然后根据脚本中的记录驱动"运行对象"运行进而达到自动测试的目的。

上节实例中的回放过程也是如此，HP UFT 读取对象库记录的测试对象，根据测试对象的属性值，识别出运行对象，即"代理名称"文本框、"密码"文本框、"确定"按钮。然后根据脚本内容运行，Flight 系统自动运行。

总之，一个完整的脚本测试应该包括对象库和测试脚本。一个通俗的比喻是对象库负责记录"谁"在做，而脚本代码负责"做了什么"。

2. 数据驱动和关键字驱动

自动化测试领域经常提到的两个重要概念是"数据驱动"和"关键字驱动"。数据驱动测试将测试脚本与测试数据放在同一个测试框架中，该测试框架提供可重用的测试逻辑，目的是减少测试维护工作量和改善测试覆盖率。测试输入数据和测试结果数据会存储在一个或者多个数据源或数据库中，数据存储格式和数据组织方式取决于具体实现。测试数据与测试逻辑分离，当测试数据发生改变时，不会影响测试逻辑。同一个测试逻辑可针对不同数据进行测试，提高了测试逻辑的使用效率和可维护性。

在 HP UFT 中，可将测试数据存放在 HP UFT 的数据表、外部数据库或者外部 Excel 等处，实现测试脚本和数据的分离。在 HP UFT 中，数据驱动的重要表现形式就是参数化操作，6.7 节有参数化技术的具体介绍。

关键字驱动测试是数据驱动测试的一种改进类型，它将测试逻辑按照关键字进行分解形成数据文件，关键字对应于封装的业务逻辑。关键字驱动的主要思想是测试脚本与数据分离、界面元素名与测试内部对象名分离、测试描述与具体实现细节分离。使用关键字驱动测试更有利于测试的创建和维护，保持结构清晰，增强测试脚本的可读性。

6.3　测试对象管理

从 6.2.3 节介绍的 HP UFT 录制回放原理可以看出，不管是测试脚本的录制还是回放，都与测试对象的识别密不可分。这里的测试对象通常是指界面上的各种控件，例如按钮、文本框、复选框等，软件用户通常都通过这些控件与程序交互。

HP UFT 针对用不同语言开发的控件，采取不同的对象识别技术，根据加载的插件来选择相应的控件对象识别策略。这些控件作为对象用对象库进行管理。本节主要介绍对象识别配置、对象库以及对象库的管理等内容。

6.3.1　对象识别

在基于 GUI 的自动化测试中，对象识别是测试脚本开发的关键内容。使用 HP UFT 识别对象，通常先在对象库中添加测试对象，包括对象的属性及属性值。然后在运行脚本时，HP UFT 会将页面上的实际对象与对象库中的对象进行匹配，如果匹配，就识别成功，如果找不到匹配对象，则识别失败。具体来说，HP UFT 功能自动化测试识别对象可分为以下三个步骤。

(1) 封装真实对象并转换到对象库。

(2) 对比对象库中的对象鉴别属性和运行时真实被测对象的鉴别属性。

(3) 如果对比一致，则说明对象成功匹配并可以继续对该真实被测对象进行后续操作；如果两者不一致，则报错，提示对象无法识别。

在 HP UFT 中，可对对象匹配策略进行设置，即确定应该按照什么策略比较真实控件与对象库中的对象是否匹配。通过菜单中"工具"|"对象标识"选项打开"对象标识"配置界面，如图 6-8 所示。

在"对象标识"配置界面中，有三种类型的属性可被 UFT 识别，分别是强制属性(Mandatory Properties)、辅助属性(Assistive Properties)和顺序标识符(Ordinal Identifier)。

● **强制属性**：强制属性总是被捕捉并保存，即使没有其中的一些属性，对象也能识别。
● **辅助属性**：当强制属性无法唯一识别某对象时，才会依次使用辅助属性来识别对象，直到识别出唯一对象或者无法匹配对象为止。
● **顺序标识符**：如果使用强制属性和辅助属性仍然无法唯一识别某对象，可使用顺序识别。

例如，假设要识别 Web 页面上的 Image 对象，该对象的对象标识配置如图 6-8 所示，可以按照如下流程来识别：

(1) 在 Web 页面上查找 alt、html tag 和 image type 属性值符合 image 强制属性要求的控件对象。

(2) 如果找到两个或两个以上满足强制属性要求的对象，则使用辅助属性来进一步识别。使用辅助属性识别时，依次使用 innertext 和 visible 属性来筛选识别强制属性查找到的对象。如果通过 innertext 属性筛选出 1 个或 0 个满足要求的对象，则不再使用 visible 属性来筛选。

(3) 如果强制属性和辅助属性仍然无法唯一识别某对象，则使用顺序标识符 Index 来识别对象，Index 基于对象在源代码中的出现顺序。

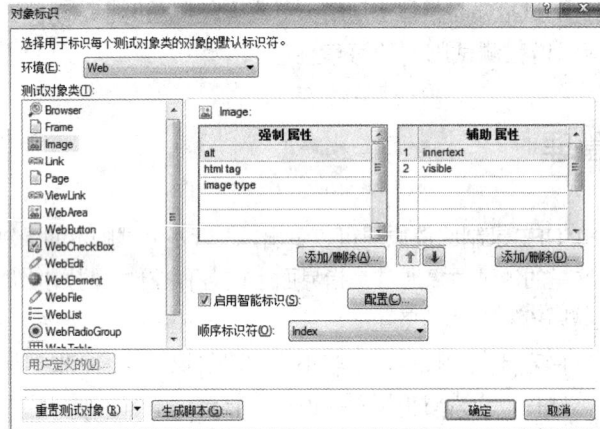

图 6-8　"对象标识"配置界面

当使用上述三种属性还是无法唯一识别出对象时，可使用智能识别(Smart Identification)功能来识别对象。在对象识别配置界面上选中"启用智能标识"复选框可以开启该对象的智能识别，单击"启用智能标识"复选框后的"配置"按钮，进入"智能标识属性"配置界面，如图 6-9 所示。

接下来使用一个简短例子来说明 HP UFT 智能识别的过程。假设录制了 Web 版飞机订票系统的登录脚本，其中单击登录按钮的脚本如下：

```
Browser("Mercury Tours").Page("Mercury Tours").Image("Login").Click 22,17
```

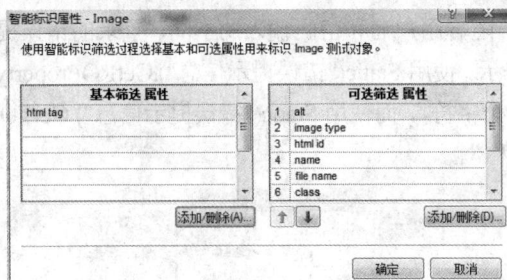

图 6-9 "智能标识属性"配置界面

对于 Login 对象，HP UFT 默认采用 alt、html tag 和 image type 属性来识别对象。创建好上述脚本后，假设开发人员又在同一页面添加了第二个 Login 对象，即一个页面中包含两个 Login 对象，同时修改原来的 Login 对象的 alt 属性，改成 basic login。

这样当针对新版本的页面重新回放上述脚本时，就无法基于 alt + html tag + image type 的属性组合来识别 Login 对象了，因为 alt 属性值已经发生了变化。这种情况下，使用智能识别可成功地识别出 Login 对象来。使用 HP UFT 的智能识别功能来识别 Login 对象的步骤如下：

1) 根据 WEB Image 对象默认设置的智能识别定义，HP UFT 首先从页面中找出所有 html tag 属性=INPUT 的对象，即应用在基本筛选属性中定义的属性类型进行第一轮筛选。

2) 把筛选出的对象作为候选对象，再依次应用可选筛选属性中定义的属性类型进行筛选。

(1) HP UFT 首先检查候选对象的 alt 属性，但发现没有等于 Login 的，因为已经被开发人员改成 basic login 了。因此 HP UFT 会忽略这个属性类型，继续应用下一个属性类型；

(2) HP UFT 检查每个候选对象的 image type 属性，把 image type 不等于 Image Button 的对象筛选掉；

(3) HP UFT 检查候选对象的 html id 属性，发现所有对象的这个属性的值都是空的；

(4) HP UFT 检查候选对象的 name 属性，发现有两个对象(basic login 和 VIP login)的 name 属性都等于 login，因此 HP UFT 把其他对象筛选掉，剩下这两个对象；

(5) HP UFT 再检查剩下两个对象的 file name 属性，发现只有一个等于 login.gif，因此 HP UFT 就此结束智能识别过程，推断出这个对象是要找的 Login 对象并且单击它。

需要注意，智能识别相对而言较耗费计算机资源，因此，要酌情考虑是否需要开启智能识别。

6.3.2 对象属性及侦测

在脚本开发过程中，经常需要获取某个对象的某个属性值，以便可以进行数据的比较或者输出操作。例如，在登录测试中，要获取非法用户登录时的错误提示信息，就需要开发人员去查找相应的对象并获取其属性值。

1. TO 属性和 RO 属性

在 HP UFT 脚本中，有两个获取对象属性值的方法，分别是 GetTOProperty 和 GetROProperty，这两个方法的语法几乎相同，唯一的区别是 GetTOProperty 取出的是对象库中对象的属性值，而 GetROProperty 取出的是回放时对象的属性值。测试人员可根据程序的需要使用它们。

下面举例说明 TO 属性和 RO 属性的区别。在飞机订票系统中，登录的错误提示信息是保存在 Static 对象的 Text 属性值。把该 Static 对象加入到对象库时，Text 属性值为"请输入代理名称"，如

图 6-10 所示。而在回放时，随着用户名和密码输入的不同，登录的错误提示信息可能变为"代理名称长度至少为 4 个字符"提示。使用 Static("错误提示信息").GetROProperty("text")获取的 text 属性值为"代理名称长度至少为 4 个字符"，而使用 Static("错误提示信息").GetTOProperty("text")获取的 text 属性值为"请输入代理名称"。

图 6-10 Flight 登录错误提示对话框

另外，除了 GetTOProperty 和 GetROProperty 函数，还有 SetTOProperty 和 GetTOProperties 函数，其中，SetTOProperty 函数用于设置对象库中某对象属性的值；GetTOProperties 函数用于获取对象库中某对象属性的值。

2. 对象侦测器

在 HP UFT 中，可通过工具"对象侦测器"查看对象的属性、属性值以及对象所支持的方法。单击工具栏的"对象侦测器"按钮 ![icon] 来启动对象探测功能，如图 6-11 所示。

在对象侦测器中，单击左上角的"手形"指针按钮，鼠标指针变成"手形"，就可以选择并侦测某对象的属性了。需要指出，按住 Ctrl 键可以执行鼠标的正常操作。当选择某对象后，对象侦测器上就会显示该对象的属性、所能进行的操作等内容。这里使用对象侦测器选择"登录错误提示信息" Static 对象。如图 6-12 所示，可以查看其 text 属性的值。

图 6-11 对象侦测器

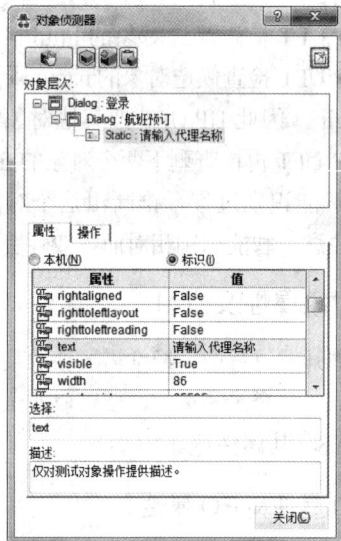

图 6-12 获取 Static 对象信息

6.3.3 HP UFT 对象库

对象存储库(简称对象库)是测试中使用的测试对象和其他对象(如检查点对象、输出值对象等)的存储库。HP UFT 通过对象库来存放和管理各种对象，对象库中记录了测试对象的必要属性及其

属性值。在 HP UFT 中，打开对象库的方式有三种，一是单击工具栏的对象库按钮 🗂；二是选择菜单 "资源" | "对象存储库" 命令；三是在解决方案视图中选择 Action 下的本地对象库。对象库界面如图 6-13 所示。

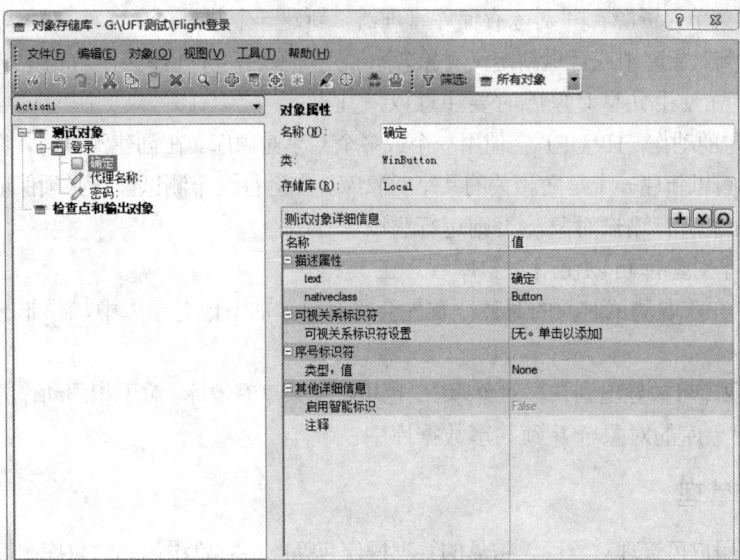

图 6-13　Flight 登录脚本的对象库

对象库界面主要包括菜单栏区域、工具栏区域、测试对象列表区域和对象属性区域。下面简要介绍这几个工作区域的功能。

(1) 菜单栏和工具栏，这两个区域内定义了对象库操作的相关功能，包括：导出对象库，定义新对象，从外部添加新对象，删除对象，定位对象，筛选对象等功能。

(2) 测试对象列表区域，在对象库界面的左侧，以树结构显示测试对象以及检查点对象和输出对象。在该区域可执行对象的添加、复制、粘贴、删除、移动和修改等操作。

(3) 对象属性区域，该区域显示被选定对象的属性信息，包括对象的名称及其他详细信息。在测试对象详细信息子区域中，可以重新设定对象的描述属性，HP UFT 就是通过这些描述属性识别对象的。

对象库分为本地对象库和共享对象库，它们的区别是：本地对象库只能被当前 Action 使用，而共享对象库可被多个 Action 访问和引用。下面简要介绍这两种对象存储库使用时的注意事项。

1. 本地对象库

使用本地对象库时需要注意以下几点：

(1) HP UFT 会对每个 Action 创建一个新的对象库。

(2) HP UFT 获得这些新对象时，会将这些对象的信息自动保存到指定的本地对象库中，当共享对象库和这些新对象存在一定关系时，HP UFT 会把新对象添加到本地对象库中。

(3) 当一个子对象被添加到本地对象库中，而父对象在共享对象库中时，HP UFT 会自动将共享库中的父对象移动到本地对象库中。

(4) HP UFT 录制测试时，在不同测试步骤中，若遇到两个相同的测试对象，HP UFT 会将两个不同的测试对象保存到每个对应的本地对象库中。

(5) 保存测试时，本地对象库会随着测试脚本一起保存到这个测试中。

2. 共享对象库

用户可通过菜单"资源"|"对象存储库管理器"新建一个共享对象库，"对象库管理器"打开后，将对象添加到对象库中或者重新定义对象。添加完对象后，可选择保存为 tsr 格式，该对象库即为共享对象库。在使用共享对象库时要注意以下几点：

(1) 对于指定的动作，HP UFT 会使用一个或多个共享对象库。在创建测试时，你可以指定一个共享对象库，也可以新建一个与之相关的共享对象库。在运行这个测试前，必须保证测试中使用的共享对象库包含了所有测试对象，否则运行失败。

(2) 编辑共享对象库可以使用对象库管理工具。

(3) HP UFT 在获取测试对象的时候，首先会将对象添加本地对象库中，除非这个对象已经存在于共享数据中。

(4) 本地对象库可被导出到共享对象库中，也可替换共享对象库。对于相同动作的对象，HP UFT 可直接将本地对象库的对象合并到共享数据库中。

6.3.4 对象库管理

在测试中，用户可管理对象库，常见的管理操作包括：将对象添加到对象库、编辑对象、导出对象库、合并对象库和关联对象库。下面简要介绍这几种操作。

1. 将对象添加到对象库

在 HP UFT 中，可通过以下三种方式将对象添加到对象库：

(1) 录制用户操作的方式。在录制过程中，HP UFT 会将用户所操作的控件对象自动加入本地对象库中。

(2) 通过对象库中的"将对象添加到本地" 按钮在对象仓库中添加对象。在对象库界面，单击"将对象添加到本地"按钮，选择要添加的控件对象，即可将所选对象或所选对象下的所有子对象添加到对象库。

(3) 通过 HP UFT "活动屏幕"将对象添加到对象仓库。在 HP UFT 的"活动屏幕"视图中找到要添加对象的界面，然后右击要添加的对象，在弹出菜单中选择"查看/添加对象"命令，弹出"对象选择-对象属性视图"对话框。单击"确定"按钮后，系统弹出"对象属性"对话框，单击"添加到存储库"按钮，即可将对象添加到对象仓库。

2. 编辑对象

在 HP UFT 对象库中，可新建、修改、复制、剪切、删除或移动对象。这里需要注意以下两点：

(1) 测试对象重新命名不会影响使用，这是因为测试对象的名称只是一个逻辑名称，在脚本回放的时候会按照属性及属性值(特征)去匹配对象。

(2) 一般情况下，具有相同特征的对象可合并为一个对象也可以不合并，具有相同特征的测试对象按理存在一份就可以了，但通常情况下为表达业务含义会保留多份，分别指定不同的名称。

3. 导出对象库

在对象库界面中，选择菜单"文件"|"导出本地对象"命令，如图 6-14 所示，在弹出的对话框中，输入保存文件的名称，单击"保存"按钮，当前对象库中的所有对象就另存为.tsr 文件。

在对象库中，有两种方式可导出对象库：

(1) "导出本地对象"仅导出对象库，本地对象库仍存在，相当于"复制"对象库。

图 6-14　导出对象库菜单

(2) "导出并替换本地对象"可将本地对象导出到共享对象存储库，将该共享对象库与 Action 关联，并删除本地对象库中的对象。

4. 合并对象库

在 HP UFT 菜单中，选择"资源"|"对象库管理"命令，打开"对象库管理器"窗口。在"对象库管理器"窗口中，选择"工具"|"对象库管理器"，打开"合并对象库"窗口，"新建合并"对话框同时被打开，如图 6-15 所示。在"新建合并"对话框中，选择待合并的对象库文件，然后单击"确定"按钮，"合并对象库"窗口中会显示对象合并的统计信息。

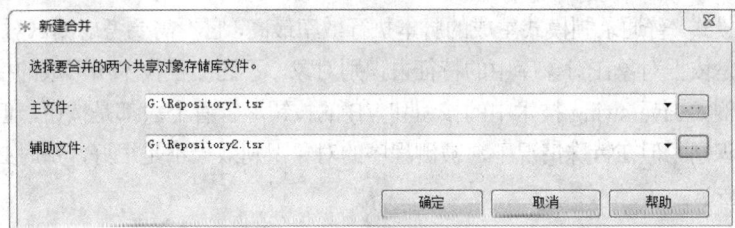

图 6-15　合并对象库

在合并对象仓库文件时，一次只能合并两个，如果想将一系列文件合并成一个，需要不断地两两合并，保存成新的.tsr 文件，直到将所有文件合并成一个。

合并时，会比较对象库文件，相同的对象合并成一个，不同的对象全部被完整添加进去，然后形成一个大的对象仓库。关闭统计信息的提示对话框后，在"对象存储库"窗口中选择"文件"|"保存"命令，将合并后的对象库保存为一个新的共享对象库文件。

5. 关联对象仓库

对象库合并完成后，当开发新脚本时，可将该对象库与当前测试文件关联，也就是将对象库文件添加到测试项目中。下面介绍关联对象库的相关操作。

在 HP UFT 界面，选择"资源"|"关联存储库"命令，打开"关联存储库"对话框，单击"添加对象库文件"按钮，选择对象库文件，将对象库文件添加进来，添加结果如图 6-16 所示。可在"关联存储库"对话框上继续添加对象库或者删除已有对象库。"可用操作"列表框列出的是当前.tsr 文件存在的 Action，"关联"列表框中列出的是当前.tsr 文件已经关联的 Action。

单击"关联存储库"对话框中的"确定"按钮，即可完成对象库的关联。在录制过程中，如果对象已经存在，就不会再被记录，只有这个对象库中没有的对象才会被记录进去。

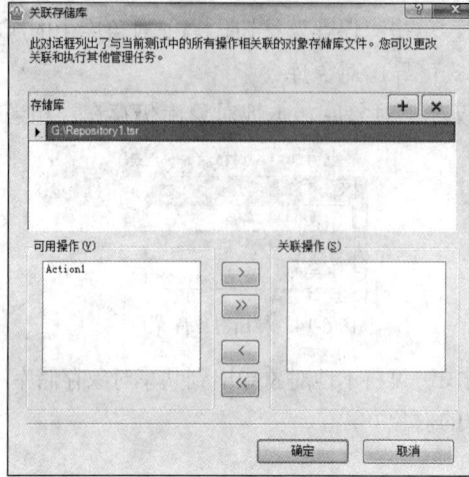

图 6-16 关联对象仓库界面

6.4 录制模式

HP UFT 11.5 支持四种录制模式，它们分别是普通录制、模拟录制、低级录制、洞察录制。默认使用普通录制模式。普通录制模式生成的脚本执行效率最高，它不需要考虑测试对象的坐标位置、外观等因素，而是依据对象在对象库中的特征去识别对象。不同编程技术所形成的控件的种类和事件是不一样的，例如 Java swing 技术中的按钮和 VB 的按钮尽管看上去都是按钮，但 HP UFT 必须靠不同的插件去识别。但在特殊情况下，被测程序的对象识别效果不是很好，那时必须依靠普通录制之外的录制模式。

6.4.1 模拟录制模式

模拟录制模式可录制并记录鼠标的所有操作及轨迹。对于普通录制模式不能录制的动作，可使用模拟录制来弥补，例如，对于一个鼠标签名的动作，普通录制模式无法录制这个业务的操作，这时就可以考虑切换到模拟录制模式记录鼠标指针的轨迹。但是其录制下来的脚本文件比较大，而且依靠这种方式生成的脚本是不可以由 HP UFT 进行编辑的。因此，在录制过程中，需要记录鼠标轨迹的操作(切换到模拟录制模式)，该操作完毕后，切换回普通录制模式。

开启模拟录制模式的步骤是：在录制过程中，在 HP UFT 录制工具栏的录制模式选择区域选择"正在进行模拟录制"选项，系统就会切换到模拟录制模式，如图 6-17 所示。当录制完毕后，在区域选择"默认"即可切换回普通录制模式。

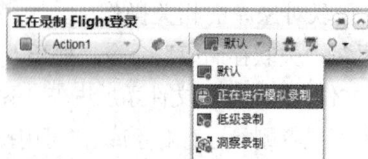

图 6-17 普通录制模式

模拟录制模式的特点及应用范围如下：

(1) 模拟录制模式需要记录鼠标的真实运动轨迹，如使用鼠标进行签名或绘画。

(2) 可在指定的窗口或界面使用模拟录制模式。

(3) 录制步骤记录在分离的数据文件中。

(4) 该模式会录制一些无用操作，占用更多磁盘空间，降低回放效率。例如鼠标无用的移动等。

(5) 尽量少用，用完就切换到普通录制模式，几种录制模式在录制时可相互切换。

6.4.2　低级录制模式

低级录制模式可用来录制 HP UFT 不能识别的环境或对象。低级录制模式是一种基于坐标的录制模式，它不仅录制鼠标和键盘的操作，还记录操作发生的坐标位置(用屏幕上的 x 坐标和 y 坐标表示)。该模式录制的脚本在回放时，对对象的位置要求非常严格，对象的坐标有任何一点改变就会失败。这类方式适用于 HP UFT 不能识别对象时的应用，由于回放成功率低，因此尽量不要使用此种模式。

开启低级录制模式的步骤是：在录制过程中，在 HP UFT 录制工具栏的录制模式选择区域选择"低级录制"选项，系统就会切换到低级录制模式，如图 6-18 所示。录制完毕后，在区域选择"默认"即可切换回普通录制模式。

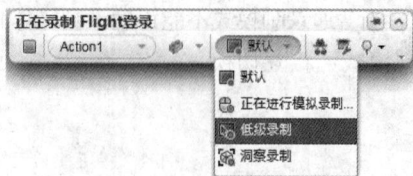

图 6-18　低级录制模式

低级录制模式的特点及应用范围如下：

(1) 低级录制模式一般应用在 HP UFT 不支持的对象和操作上或者对对象在屏幕上的位置有严格要求的情况。

(2) 回放的成功率低，移植性差。当屏幕位置改变或者分辨率改变时，回放就会失败。

(3) 该模式下，所有父对象作为 Window 对象，其他对象视为 WinObject 对象，在活动屏幕中作为标准 Windows 对象显示。低级录制支持对每个测试对象使用以下方法：

- WinObject 测试对象：Click、DblClick、Drag、Drop、Type。
- Window测试对象：Click、DblClick、Drag、Drop、Type、Activate、Minimize、Restore、Maximize。

(4) 该模式下的每一步都可以在关键字视图和专家视图中展示出来。

(5) 测试脚本占空间多、尽量少用。

6.4.3　洞察录制模式

洞察录制模式是 HP UFT 11.5 版本新增的一种录制方式，它基于控件的外观(而非其特征属性)识别控件。具体而言，它根据保存的对象截图来识别对象，其中的对象识别是基于图像的识别技术。

开启洞察录制模式的步骤是：录制过程中，在 HP UFT 录制工具栏的录制模式选择区域选择"洞察录制"选项，系统就会切换到洞察录制模式，如图 6-19 所示。录制完毕后，在区域选择"默认"

即可切换回普通录制模式。

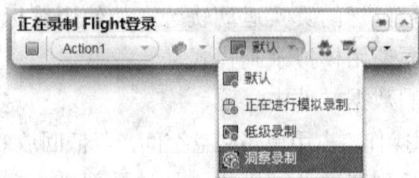

图 6-19 洞察录制模式

洞察录制模式的特点及应用范围如下：

(1) 使用洞察录制模式，完成 HP UFT 使用普通录制模式无法识别的应用程序、环境或控件的录制。

(2) 在洞察录制模式中录制时，HP UFT 会为执行操作的每个控件创建一个 InsightObject 测试对象。

(3) 对于每个 InsightObject 对象，对象库会选择性地存储该控件对象的多个快照截图。

在测试实践中，四种录制模式可在同一段脚本中组合使用，需要注意以下几点：

(1) 模拟、低级和洞察录制模式比普通录制模式更占硬盘空间，回放的效率较差，尽量不用或少用。

(2) 优先使用普通录制模式，当普通录制模式不能正确录制操作时，再选择其他三种录制模式。

(3) 录制过程中，四种录制模式可相互切换。

6.5 操作调用

在 HP UFT 中，可将测试划分为若干个操作(Action)，这样可使测试脚本结构清晰，也便于 Action 之间的互相重用。下面举例说明划分操作的好处。对于发邮件业务，假如将登录脚本放在 LoginAction 中，邮件编写和发送脚本放在 EmailAction 中，退出脚本放在 LogoutAction 中，这样不仅方便用户快速定位到某个操作的代码，还有利于定制业务流程，如可轻松实现"登录一次，发送三封邮件，然后退出"的业务流程。

在 HP UFT 中，每个测试文件中都有测试流程页面，其中显示当前测试的业务流程，如图 6-20所示。

在图 6-20 所示的业务流程中，先进行"登录系统和订票"操作，再进行"退出系统"操作，其中，登录操作是调用外部的 Login 脚本来实现的。在 HP UFT 中，可以通过调用已开发的 Action脚本来简化脚本开发的过程。在上例中，"登录系统并订票"操作就是重用了已开发的 Login 测试脚本而实现的。脚本重用可以节省大量的编码和维护时间，使测试人员将主要精力放在新脚本的开发上。

图 6-20 HP UFT 业务流程页面

在 HP UFT 中，操作调用的方式有三种，即调用新操作、调用操作副本、调用现有操作，下面简单介绍这三种方式的含义及相关操作。

1. 调用新操作

这种调用方式实际上是在当前测试项目中新建一个 Action，具体操作步骤如下：选择菜单"设计"|"调用新操作"或者在脚本编辑区域中直接右键选择菜单"操作"|"调用新操作"，打开"插入对新操作的调用"对话框，如图 6-21 所示。在该对话框中，可设置新操作的名称、描述、是否重用、插入位置等。

2. 调用操作副本

这种调用方式实际上是复制已有的操作脚本，并插入到当前操作脚本中。该种调用方式允许修改被调用的脚本，而且修改只在当前操作脚本中生效。该方式的具体操作步骤如下：选择菜单"设计"|"调用操作副本"或者在脚本编辑区域中直接右键选择菜单"操作"|"调用操作副本"，打开"选择操作"对话框，如图 6-22 所示。在该对话框中，可以选择要调用的测试项目文件以及该文件下的操作(Action)，还可以设置操作的描述、插入位置等内容。

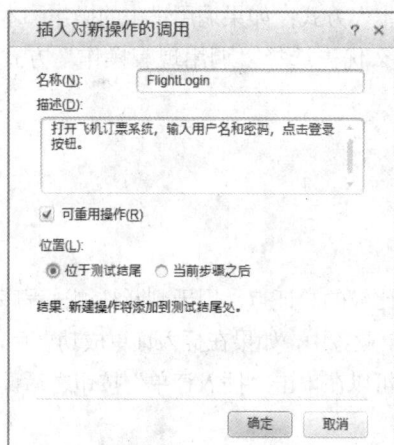

图 6-21　调用新操作设置界面

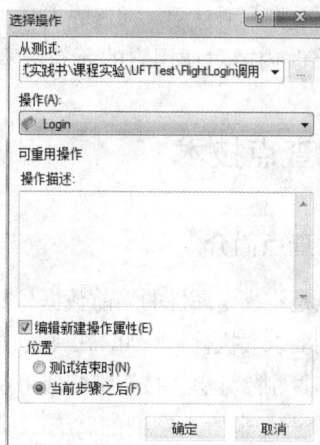

图 6-22　调用操作副本设置界面

按照图 6-22 所示的设置，单击"确定"按钮后，在脚本中插入如下语句：

```
RunAction "Copy of Login", oneIteration
```

3. 调用现有操作

这种调用方式实际上是调用一个已存在的操作，并关联到当前测试脚本中。使用该种调用方式不能修改被调用的操作，只能打开被调用的操作进行修改。该方式的具体操作步骤如下：选择菜单"设计"|"调用现有操作"或者在脚本编辑区域中直接右键选择菜单"操作"|"调用现有操作"，打开"选择操作"对话框，如图 6-23 所示。该方式与"调用操作副本"方式的主要区别就是不能修改被调用的 Action。

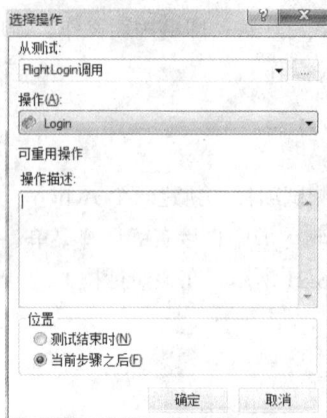

图 6-23　调用现有操作设置界面

按照图 6-23 所示的设置，单击"确定"按钮后，在脚本中插入如下语句：

```
RunAction "Login [FlightLogin调用]", oneIteration
```

在实际测试中，根据测试需要选择操作调用方式，如果调用进来的操作脚本需要进行一定的修改才能为各个脚本所使用，那优先选择"调用操作副本"方式；如果调用进来的操作脚本不需要修改，或者修改内容对调用它的所有脚本都有效，那么优先选择"调用现有操作"方式。

6.6　检查点技术

6.6.1　检查点简介

检查点是将指定属性的当前数据与期望数据进行比较的验证点，用于判断被测试程序的功能是否按照预期要求去执行。例如，在飞机订票系统的订票业务中，如果在插入订单成功之后，"更新订单"按钮和"删除订单"按钮都变成可用状态，那么可以在单击"插入订单"按钮之后，为这两个按钮插入检查点来检查它们的状态。

1. 插入检查点

在 HP UFT 中，可通过以下几种方式向测试脚本中插入检查点。
(1) 在录制过程中，单击 HP UFT 工具栏上的 按钮来插入检查点。
(2) 在录制结束后，单击工具栏上的 按钮插入标准检查点。
(3) 在菜单栏中，在"设计"|"检查点"菜单选择要插入的检查点。
(4) 在活动屏幕中右击某个对象，然后针对该对象插入检查点。
以上几种方式都可以实现检查点的插入操作，用户可以根据操作习惯去选择。

2. 检查点类型

HP UFT 定义了多种检查点，详见表 6-1。

表 6-1　检查点类型

检查点的类型	描述
标准检查点 (Standard Checkpoint)	检查应用程序中对象的属性值。例如，可检查选定某单选按钮之后该按钮是否处于激活状态，也可以检查编辑框的值
文本检查点 (Text Checkpoint)	检查文本字符串是否显示在应用程序的适当位置。例如，假设网页显示句子 Welcome，tester1，可以创建一个文本检查点，检查单词"tester1"是否显示在"Welcome,"之后
图像检查点 (Image Checkpoint)	检查应用程序中图像的值。通过在图像对象上插入标准检查点来创建图像检查点。例如，可检查所选图像的源文件是否正确
表检查点 (Table Checkpoint)	检查表中的信息。通过在表对象上插入标准检查点来创建表检查点。例如，假设应用程序包含一个表，该表列出了从纽约到旧金山的所有可用航班。可以添加一个表检查点，检查表中第一个航班的时间是否正确
页面检查点 (Page Checkpoint)	检查网页的特征。通过在页面对象上插入标准检查点来创建页面检查点。例如，可以检查网页加载需要的时间或网页是否包含断开的链接
文本区域检查点 (Text Area Checkpoint)	按照指定条件，检查文本字符串是否显示在基于 Windows 的应用程序的定义区域中。例如，假设 VB 应用程序有一个按钮，该按钮显示 View Doc<数字>，其中 <数字>会替换为在应用程序其他位置的表单中输入的四位代码。可创建文本区域检查点，确认按钮上显示的数字是否与表单中输入的数字相同
位图检查点 (Bitmap Checkpoint)	检查应用程序中作为位图的区域。例如，假设有可以显示用户指定城市的地图的网站，地图具有缩放控件键。使用位图检查点，可以检查地图放大是否正确。 还可以检查应用程序中是否存在特定位图。例如，可以检查公司的徽标是否显示在网页的任意位置
数据库检查点 (DataBase Checkpoint)	检查通过应用程序访问的数据库的内容。例如，可使用数据库检查点检查网站中包含航班信息的数据库内容是否符合预期
可访问性检查点 (Accessibility Checkpoint)	可识别可能不符合 W3C Web 内容可访问性规则的网站区域。例如，W3C Web 内容可访问性规则的规则 1.1 要求为每个非文本元素提供对等文本。可添加 Alt 属性，以检查根据此规则需要 Alt 属性的对象是否确实拥有此标记
XML 检查点 (XML Checkpoint)	检查.xml 文件中的.xml 文档或网页和框架中的.xml 文档的数据内容

受篇幅所限，本书无法对每种检查点展开介绍，在这里具体介绍使用较多的标准检查点和文本检查的相关操作，至于其他检查点，读者可参照 HP UFT 用户手册的相关说明去掌握它们的具体操作。

6.6.2　标准检查点

标准检查点检查应用程序或网页中对象的属性值，即比较对象的预期属性值与对象在运行会话期间的当前值是否一致。在 HP UFT 环境中，只要加载合适的插件，所有支持的测试环境均可创建标准检查点。标准检查点可检查各种对象的状态，包括文本框、按钮、下拉框、列表项等。

这里以判断飞机订票系统订票后"更新订单"按钮状态为例，介绍标准检查点的相关操作。被测业务为：登录飞机订票系统→输入航班信息→插入订单，订票后的界面如图 6-24 所示。

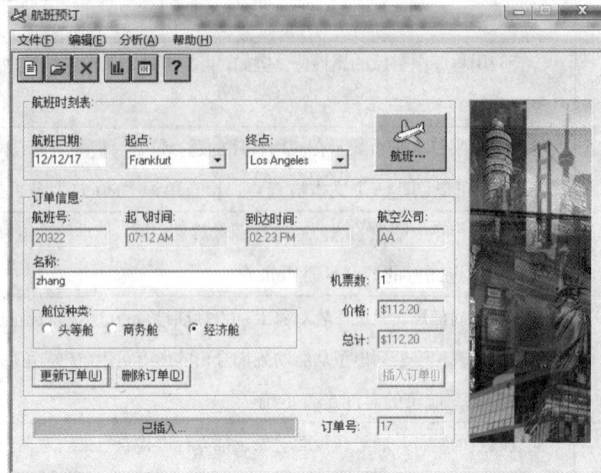

图 6-24　订票后的界面

(1) 录制订票业务脚本。在单击"插入订单"按钮之后，选择录制工具栏上的标准检查点，此时鼠标由指针形变为手形。单击"更新订单"按钮，弹出"标准检查点"对象选择界面，如图 6-25 所示。

(2) 单击"确定"按钮后，弹出"检查点属性"设置界面，如图 6-26 所示。在该界面中，用户可以设置要检查的属性以及预期属性值。在这里，要检查的属性是 enabled，预期属性值为 True(即可用状态)。另外，还可以设置检查点的名称、属性值是否使用参数变量、允许超时时间等内容。需要说明的是，如果不设置超时时间，可能出现这样的情况："更新订单"按钮的 enabled 属性值尚未更新完毕，就已经完成检查了。

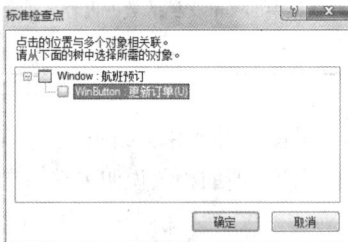

图 6-25　"标准检查点"对象选择界面

图 6-26　"检查点属性"设置界面

(3) 单击"确定"按钮后，该检查点函数就会出现在测试脚本文件中，具体代码如下：

```
Window("航班预订").WinButton("更新订单(U)").Check CheckPoint("判断订单是否可用")
```

(4) 回放脚本。打开工具栏上的 ▦ 按钮，弹出测试结果报告文件，如图 6-27 所示。在结果报告上，显示了该检查点的详细执行信息。

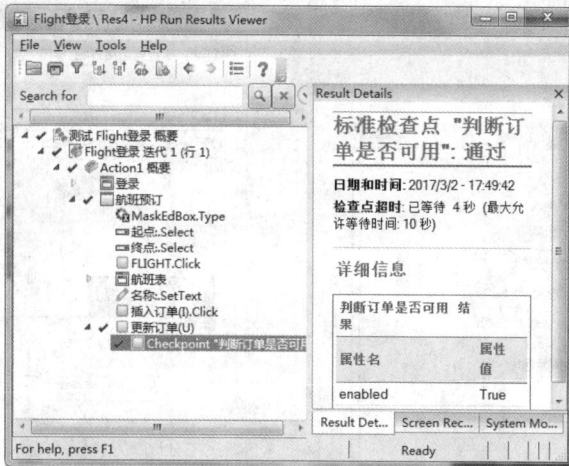

图 6-27　标准检查点测试结果报告文件

另外，生成检查点后，如果要修改检查点的设置，可在对象存储库中修改该检查点的设置，也可以选中 CheckPoint 函数，右击"检查点属性"项，即可弹出检查点设置界面。

6.6.3　文本检查点

文本检查点主要用于检查文本字符串是否显示在应用程序或网页的适当位置。例如，某系统登录之后显示"Welcome, tester1"等信息，可创建一个文本检查点，检查单词"tester1"是否显示在"Welcome,"之后。

这里利用文本检查点来检查飞机订票系统(HP Loadrunner 自带的样例程序)登录后页面上的信息是否正确，检查字符串"tester1"是否位于"Welcome,"和", to the Web Tours reservation pages"之间。登录后的页面如图 6-28 所示。

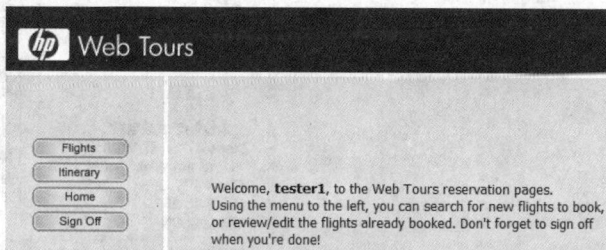

图 6-28　登录 Web 版飞机订票系统

(1) 打开"录制和运行设置"对话框，添加飞机订票系统的 URL 地址，如图 6-29 所示。

(2) 录制登录脚本。打开系统首页，输入合法用户名和密码，登录到系统。单击录制工具栏上的文本检查点按钮，在登录后的页面上选择字符串"tester1"，弹出"文本检查点属性"设置界面，如图 6-30 所示。

(3) 在"文本检查点属性"设置界面上，可以设置检查文本、前导文本和后续文本。这里检查文本为"tester1"，前导文本为"Welcome,"，后续文本为", to the Web Tours reservation pages"。其他属性可根据测试需要进行设置。单击"确定"按钮后，该检查点函数就会出现在测试脚本文件中，具体代码如下：

```
Browser("Web Tours").Page("Web Tours").Frame("info").Check CheckPoint("检查登录用户名")
```

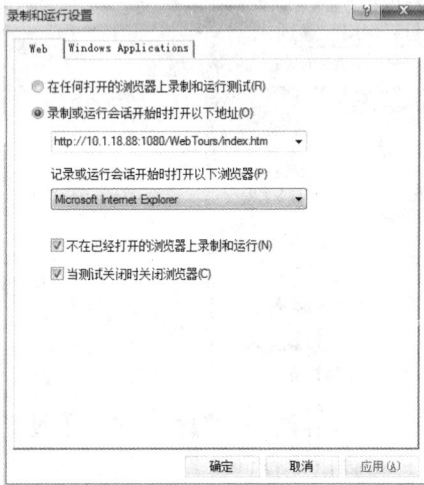

图 6-29　Flight 系统"录制和运行设置"对话框

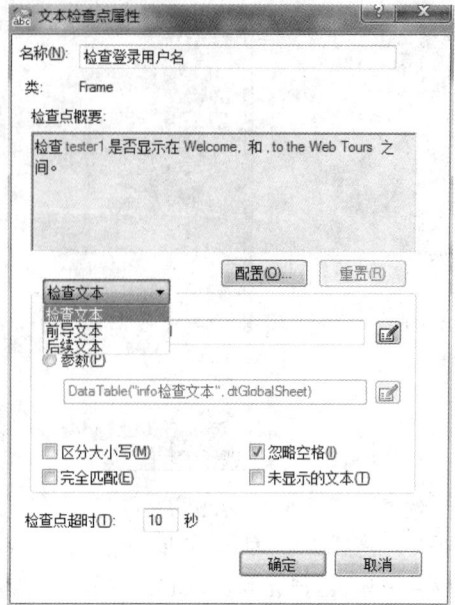

图 6-30　"文本检查点属性"设置界面

(4) 回放脚本。打开工具栏上的 按钮，弹出测试结果报告文件，如图 6-31 所示。结果报告中显示了该检查点的详细执行信息。

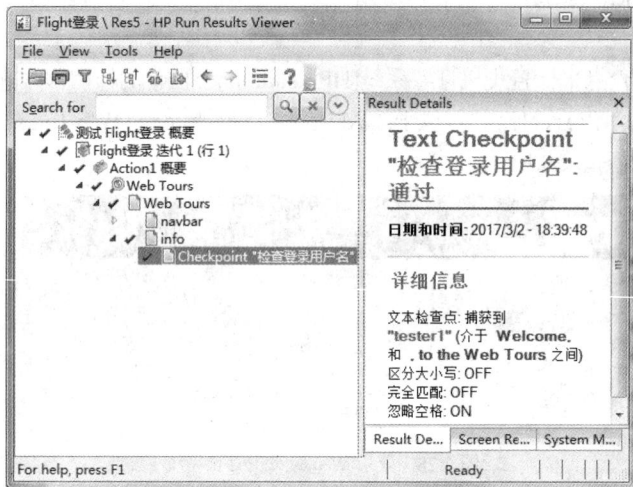

图 6-31　文本检查点测试结果报告文件

6.7　参数化技术

在自动化测试设计过程中，依据测试用例的要求，可能需要对某个操作过程进行重复测试，而且每次使用不同的数据来完成这个操作过程。为解决此类问题，减少脚本开发的工作量，HP UFT 中提供了参数化技术。所谓参数化技术，就是用参数变量代替测试脚本中的常量。使用参数化技术后，不再需要测试人员将某些相同的操作过程重复多次，而只需要将变化的数据进行参数化，通过脚本设置，使脚本在运行时依次取参数中的不同数据，让程序在不同数据驱动下自动执行多次即可达到目标。参数的数据可来源于数据表、环境变量或者随机数，下面介绍这三类参数。

1. 数据表参数

数据表参数意味着参数的取值来源于数据表中的测试数据，数据表中的测试数据一般是由用户根据测试需要自定义的数据。在每次重复(或循环)中，HP UFT 均使用数据表中不同的值。例如，如果登录功能中用户多次使用不同的用户名和密码登录，那么可以参数化用户名数据和密码数据，以便在每次登录中循环使用不同的用户信息登录。

2. 环境变量参数

环境变量参数意味着参数的取值来源于 HP UFT 的环境变量，环境变量可以是 UFT 系统内置的变量，也可以是用户自定义的环境变量。例如，可让 HP UFT 从某个外部文件读取用于填写 Web 表单的所有值，或者可以使用 HP UFT 的内置环境变量之一来插入有关运行测试或组件的计算机的当前信息。可在"测试设置"窗口的"环境"选项卡中查看和管理环境变量。

3. 随机数字参数

随机数字参数意味着参数的取值来源于某个区间的一个随机数字。例如，要检查应用程序处理大小机票订单的方式，可以让 HP UFT 生成一个随机数字，然后将其插入"票数"文本框中。

6.7.1　参数化测试步骤

这里以飞机订票系统的登录业务为例，介绍参数化的具体步骤。在登录业务中，需要对登录的用户名和密码进行参数化，定义两组用户名和密码数据，即 tester1，mercury 和 tester2，mercury。

(1) 录制完登录业务脚本后，为便于后续对密码的参数化操作，将脚本中的密码密文改为明文，将测试脚本中的 SetSecure "58b8192451e63bc12ba6456780eedc535a1c1635" 改为 Set "mercury"。

(2) 单击工具栏的 ▤ 按钮，将当前的脚本视图切换到关键字视图。在关键字视图，单击用户名的"值"列中的 ⃞ 按钮，进入"值配置选项"对话框。在该对话框中，为"参数"选择"DataTable"，参数名称输入 UserName，选中"全局表"，如图 6-32 所示。同样，将登录密码也参数化，参数名为 PassWord，密码参数设置界面如图 6-33 所示。

图 6-32　用户名参数化设置界面　　　　图 6-33　密码参数设置界面

在这里，有两种数据表可供选择，即全局表和当前操作表。在一个测试项目文件中，只能有一个全局表，表名为 Global；而每个 Action 下都会有一个当前操作表，表名与 Action 名称相同。

通过该设置，在登录业务脚本的全局表中分别建立列 UserName、PassWord，用于存放执行脚本的用户名和密码，创建好的全局表如图 6-34 所示，可在表中手动增加测试数据。

(3) 设置脚本执行次数。由于本案例不止一组测试数据，因此需要设置脚本的迭代执行次数，使每组数据都能被执行到。设置方法如下：打开菜单"文件"|"设置"命令，在弹出的"测试设置"对话框中，单击"运行"选项卡，将数据表执行的迭代方式选为"在所有行上运行"，如图 6-35 所示。通过该设置，HP UFT 可依次执行所有行的参数。

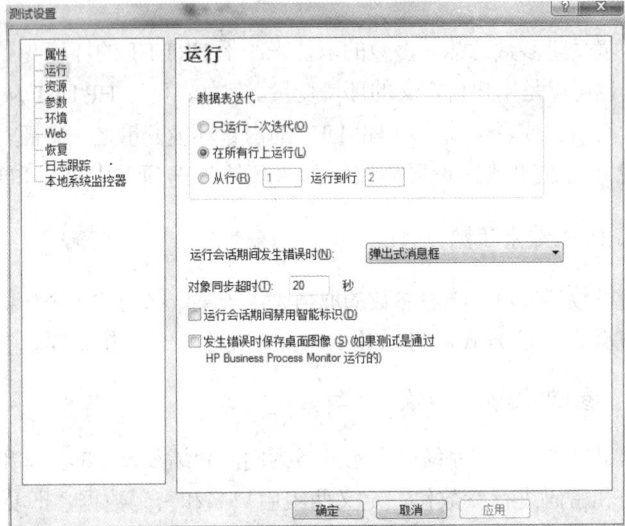

图 6-34　登录业务的全局表　　　　图 6-35　设置脚本运行的迭代方式

提示：

如果要设置本地操作表的迭代运行方式，则在测试项目的测试流程页面上，右击相应的操作 (Action)，在弹出菜单中选择"操作调用属性"，打开"操作调用属性"对话框，在其上可以设置该操作表的迭代运行方式。

设置完脚本迭代执行次数后，回放脚本会发现，HP UFT 执行完第一行参数后，就报错，指出找不到对象。这是因为第二行参数执行时，飞机订票系统登录页面并未打开，所以无法完成脚本的执行。因此，为使多行参数能自动执行下去，需要在脚本中增加打开登录页面的代码，具体代码如下：

```
systemutil.Run "C:\Program Files (x86)\Hp\Unified Functional
Testing\samples\flight\app\flight4a.exe","",
"C:\Program Files (x86)\Hp\Unified Functional Testing\samples\flight\app\","open"
Dialog("登录").WinEdit("代理名称:").Set DataTable("UserName", dtGlobalSheet)
Dialog("登录").WinEdit("密码:").Set DataTable("PassWord", dtGlobalSheet)
Dialog("登录").WinButton("确定").Click
Window("航班预订").Close
```

在上述代码中，第 1 行使用 systemutil 对象的 run 方法打开飞机订票系统登录页面。在脚本最后一行，使用 Close 方法关闭已经打开的航班预订窗口，以免影响后续参数的执行。systemutil 对象是

HP UFT 内置的一个对象，它有很多方法，其中，Run 方法的含义是运行一个文件或应用程序。下面详细介绍 Run 方法的语法。

Run 方法语法规则：systemutil.Run file, [params], [dir], [op], [mode]。

- file: 必选项，运行文件或应用程序的名称，如本案例中的飞机订票系统应用程序 C:\Program Files (x86)\Hp\Unified Functional Testing\samples\flight\app\flight4a.exe。
- Params: 可选项，如果运行的是应用程序，可给应用程序传递任意参数。如网站系统中，传递给浏览器应用程序的参数是要打开页面的 URL 地址。
- dir: 可选项，文件或应用程序的默认路径。
- op: 可选项，操作的动作，有 open、edit、explore、find、print 等几项操作，各项操作的含义如表 6-2 所示。
- mode: 可选项，操作的模式有 0~10，共 11 个选项，默认值为 1，详见表 6-3。

表 6-2　systemutil 对象 Run 方法的 op 参数含义

op(动作)	含义
open	打开指定的文件。文件可以是可执行文件或文本文件，还可以是文件夹。非可执行程序在关联程序中打开
edit	打开和编辑文档。如果不是可编辑的文件，则该语句失败
explore	浏览指定的文件夹
find	在指定文件路径下查找
print	打印指定文档。如果该文档不可打印，则该语句失败

表 6-3　systemutil 对象 Run 方法的 mode 参数含义

mode	描述
0	隐藏当前窗口，激活另一个窗口
1	激活和显示当前窗口。如果当前窗口最小化或最大化，系统恢复窗口到正常大小。当第一次显示窗口时，设置该标志
2	激活当前窗口，最小化窗口显示
3	激活当前窗口，最大化窗口显示
4	显示当前窗口到最后一次显示的大小和位置。激活的窗口保持激活状态
5	激活窗口，在当前大小和位置的窗口处显示
6	最小化指定窗口，激活最上层的窗口
7	显示并最小化当前窗口，激活窗口保持激活状态
8	显示当前窗口，保持当前状态。激活窗口保持激活状态
9	激活和显示当前窗口。如果当前窗口最小化或最大化，系统恢复到原始的大小和位置。当恢复一个最小化窗口时，指定该值
10	得到启动应用程序的状态

另外，由于在脚本中使用 Run 方法打开登录界面，因此，在脚本回放时，就不需要 HP UFT 自动打开登录界面，具体设置方法如下：打开"录制和运行设置"对话框，选中"在任何打开的基于

Windows 的应用程序上录制并运行测试"，如图 6-36 所示，然后单击"确定"按钮。该设置生效后，回放脚本时，不会自动打开飞机订票系统的登录界面。

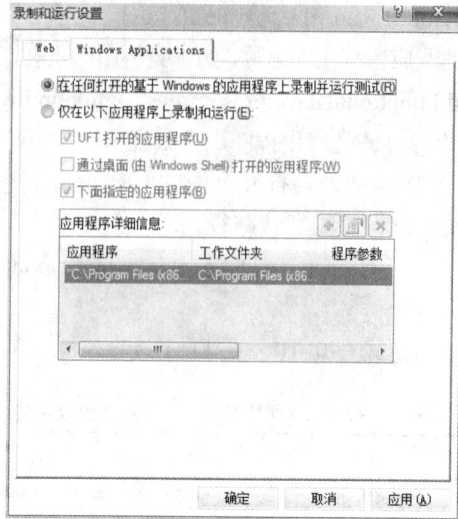

图 6-36 设置 UFT 的录制和运行方式

(4) 回放测试脚本打开工具栏上的█按钮，弹出测试结果报告文件，如图 6-37 所示。结果报告中显示了该检查点的详细执行信息。

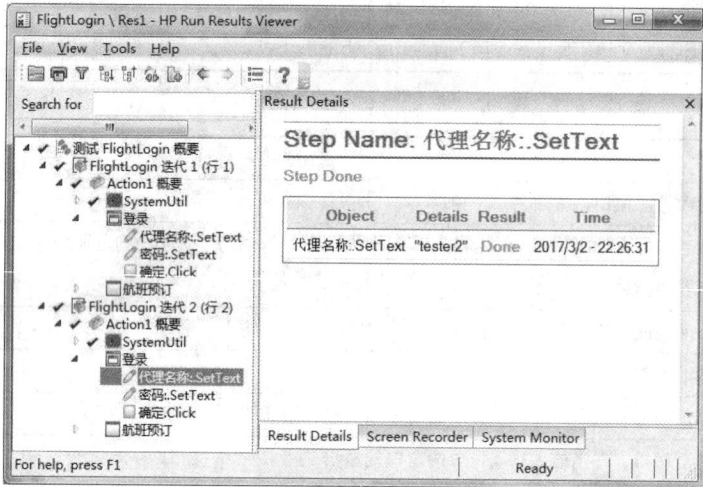

图 6-37 参数化运行结果

HP UFT 脚本的开发环境的智能化效果不错，脚本开发人员通过输入点号、空格、左括号等符号可以快速查看或选择对象的方法、属性和参数，提升脚本开发效率。以 systemutil 对象为例，当用户在脚本视图中输入"systemutil."后，HP UFT 会提示 systemutil 对象的自有方法或属性。

6.7.2 使用外部数据源实现参数化

利用外部数据驱动 HP UFT 脚本的运行，这是经常用到的参数化技术实现方法，这样可以很方便地组织测试数据，可将测试数据放在如下几种文件中。

(1) 数据文件以 Excel 格式组织，这种方式最常用。此种驱动可采用两种方式，将测试数据利用

datatable 对象的方法导入数据表中或利用 COM 来操纵 Excel 文件。

(2) 数据文件以 txt 格式组织。

(3) 数据文件以数据库组织。

(4) 数据文件以 xml 格式组织。

在登录业务脚本中，我们将测试数据直接输入全局表中，这种方式适用于测试数据量小，且不经常变动的情况。一般情况下，建议将测试数据保存在外部 Excel 文件中，当脚本运行时，先从 Excel 文件中把数据读取到数据表中，然后用数据表中的数据取代参数化变量。这实际上就是数据驱动的思想，即利用不同的测试数据，引导业务运行，得出不同的数据。将测试数据保存在外部文件中主要有以下两个好处：

(1) 所有测试数据可统一管理。可将一个项目中各个用例用到的不同数据都保存在一个 Excel 工作簿中，进行集中管理。

(2) 方便测试数据的修改。外部数据文件(例如 Excel)自带比较强大的编辑功能，可以批量添加、删除和修改大量测试数据。

创建外部数据源文件的具体步骤如下：

(1) 建立 Excel 文件，命名为 Flight.xls，打开该文件，建立工作表 Users。

(2) 打开工作表 Users，第一行对应着 HP UFT 数据表中的列名，因此，前两列的首行分别输入 UserName 和 PassWord。

(3) 将用户名和密码数据输入工作表 Users 中，保存文件，外部数据建立完毕，如图 6-38 所示。

外部数据文件建立好之后，接下来编写脚本语言将外部用户信息读取到 HP UFT 本地表中。本地表名称与表所在的 Action 名称一致。当前 Action 重命名为 LoginAction，本地表名也随之修改，如图 6-39 所示。

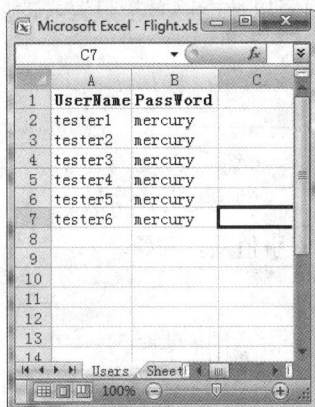

图 6-38　Flight 用户数据

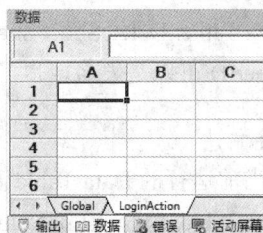

图 6-39　操作本地数据表

HP UFT 读取外部 Excel 文件主要用到 Data Table 对象的方法，具体代码如下：

```
DataTable.ImportSheet "G:\UFT测试\Flight.xls","Users","LoginAction"
Dim i,RowCount    ' 定义计数变量
i=0   '赋初值
RowCount = DataTable.GetSheet("LoginAction").GetRowCount   '获取 LoginAction 中的行数
Do While(i < RowCount)
i= i+1
DataTable.SetCurrentRow(i)    ' 设置第 i 行为当前活动行
```

```
systemutil.Run "C:\Program Files (x86)\Hp\Unified Functional
Testing\samples\flight\app\flight4a.exe","",
"C:\Program Files (x86)\Hp\Unified Functional Testing\samples\flight\app\","open"
Dialog("登录").WinEdit("代理名称:").Set DataTable("UserName", dtLocalSheet)
 Dialog("登录").WinEdit("密码:").Set DataTable("PassWord", dtLocalSheet)
Dialog("登录").WinButton("确定").Click
Window("航班预订").Close
Loop
```

在上述脚本中，首先利用 Data Table 对象的 ImportSheet 方法将外部测试数据导入当前 Action 本地表中，然后利用 While 循环语句依次读取本地表中的测试数据。下面介绍 Data Table 对象的语法。

Data Table 对象定义了 HP UFT 数据表相关操作的方法和属性，本案例的脚本使用了该对象的 ImportSheet、GetSheet、GetRowCount 和 SetCurrentRow 方法。

DataTable.ImportSheet "G:\UFT 测试 \Flight.xls","Users","LoginAction" 是 指 将 " G:\UFT 测 试 \Flight.xls" 文件的 Users 中的数据导入 HP UFT 的 LoginAction 表中。

RowCount = DataTable.GetSheet("LoginAction").GetRowCount 是指获取 LoginAction 表的行数，并赋给变量 RowCount。

DataTable.SetCurrentRow(i) 是指将 LoginAction 表的第 i 行设置为活动行，方便后续脚本对该行的测试数据执行相关操作。

DataTable 对象是 HP UFT 脚本开发中使用频率较高的一个对象，它有多个方法和属性。下面简要介绍该对象各方法和属性的含义。

(1) AddSheet 方法
含义：在运行的 Data Table 中添加指定的表，返回表以便能够直接设置表的属性。

语法：Data Table.AddSheet(SheetName)

(2) DeleteSheet 方法
含义：在运行的 Data Table 中删除指定的表。

语法：Data Table. DeleteSheet SheetID

其中，SheetID 可以是表名，也可以是表的索引，索引值从 1 开始。

(3) Export 方法
含义：将当前运行的 Data Table 表在指定位置保存一份副本。

语法：Data Table. Export(FileName)

其中，FileName 是导出 Data Table 表的全路径。

(4) ExportSheet
说明：指定运行的 Data Table 表可称为源，导出的目的地可称为目标。

含义：将指定运行的 Data Table 表导出到指定文件中(将源文件导出到目标中)。

注意：如果指定文件不存在，新建文件并导出指定表的数据；如果指定文件存在，但这个文件不包括指定表，那么指定表的数据被插入这个指定文件中；如果指定文件存在，并且文件包含指定的表，导出的表覆盖存在的表。

语法：Data Table. ExportSheet(FileName, DTSheet)

其中，FileName 是指定导出表的外部文件路径，DTSheet 是想导出的、运行的 Data Table 表的名称或者索引，索引值从 1 开始。

(5) GetCurrentRow 方法

含义：返回运行的 Data Table 中第一个表的当前活动行，也即 Global 表的当前活动行。

语法：Date Table.GetCurrentRow

(6) GetRowCount 方法

含义：返回运行的 Data Table 中第一个表的所有行数，也即 Global 表的所有行数。

语法：Date Table.GetRowCount

(7) GetSheet 方法

含义：返回运行的 Data Table 的指定表。

语法：Data Table.GetSheet(SheetID)

其中，SheetID 可以是表名，也可以是索引，索引值从 1 开始。

(8) GetSheetCount 方法

含义：返回运行的 Data Table 的指定表。

语法：Data Table.GetSheetCount

(9) GlobalSheet 属性

含义：返回运行的 Data Table 的第一个表，即 Global 表。

语法：Data Table.GlobalSheet

(10) Import 方法

含义：将外部指定的 Excel 文件导入运行的 Data Table 表中。

语法：Data Table.Import(FileName)

其中 FileName 是导入 Excel 表的全路径。

(11) ImportSheet 方法

含义：将指定 Excel 文件的指定表导入到运行的 Data Table 中。Excel 文件表的数据替换运行的 Data Table 表的数据。

语法：DataTable.ImportSheet(FileName, SheetSouce, SheetDest)

其中，FileName 是导入 Excel 文件的全路径，SheetSouce 是导入 Excel 文件的表名或者索引，索引值从 1 开始，SheetDest 是 Data Table 的表名或者索引，索引值从 1 开始。

(12) LocalSheet 属性

含义：返回运行的 Data Table 的当前活动本地表。

语法：Data Table.LocalSheet

(13) RawValue 属性

含义：获取当前行指定列所对应的单元格的原始数据。

语法：Data Table.RaqValue ParameterID[,SheetID]

其中，ParameterID 指定获取或设置的参数列，SheetID 是可选项，指定返回的表(可以是表名、索引、dtLocalSheet、dtGlobalSheet)。如果未指定工作表，那么使用运行的 Data Table 的第一个工作表，即 Global 表，索引值从 1 开始。

(14) SetCurrentRow 方法
含义：在当前运行的 Data Table 中，设置指定的行。

注意：仅能设置至少包含一个值的行。

语法：Data Table.SetCurrentRow(RowNumber)

其中，RowNumber 指定当前活动的行，第一行标识为 1。

(15) SetNextRow 方法
含义：在运行的 Data Table 表中，将当前活动行的下一行设置为新活动行。

语法：Data Table.SetNextRow

(16) SetPrevRow 方法
含义：在运行的 Data Table 表中，将当前活动行的上一行设置为新活动行。

语法：Data Table.SetPrevRow

(17) Value 属性
含义：Data Table 默认的属性，获取或者设置运行的 Data Table 表中当前行指定参数的单元值。

获取值：Data Table.Value(ParameterID[,SheetID]

　　　　Data Table(ParameterID[,SheetID]

设置值：Data Table.Value(ParameterID[,SheetID])=NewValue

　　　　Data Table(ParameterID[,SheetID]=NewValue

其中，ParameterID 指定要获取或设置的参数、列的值。索引值从 1 开始。SheetID 是可选值，返回指定表，SheetID 可以是表名、索引、dtLocalSheet 或者 dtGlobalSheet。NewValue 设置指定表单元格的值。

回放脚本时需要注意，回放脚本时要将外部 Excel 文件关闭，否则会显示错误提示信息。

6.8　描述性编程技术

前面提到，HP UFT 脚本的运行离不开对象库的支持，当对象库中的对象或属性不存在时，该脚本回放就会失败。但某些时候，对象库中的对象无意被删除时，会导致脚本运行失败，这就需要依赖描述性编程技术来解决这个问题。例如，对于删除操作脚本，在录制时将某个数据记录删除掉，回放时很可能在界面上找不到该数据记录对象，导致回放失败。

6.8.1　描述性编程概述

所谓的描述性编程就是把需要识别的对象或属性从对象库中转移到脚本里，在脚本中用特殊语法告诉 HP UFT 识别对象的方法。描述性编程更灵活，因为不需要经过录制这个步骤，只要在测试脚本代码中为 HP UFT 提供识别某对象的足够信息，就可以直接通过编程方式来获取和操作该对象。

在测试实践中，使用对象库技术可以实现对象和代码分离，便于对象的维护和管理。因此，笔者认为可以优先使用对象库来查找和识别对象，如果该方式无法满足需要，再使用描述性编程查找并识别对象。

在 HP UFT 中，描述性编程有两种方式：一种是 Description 描述性编程，另一种是直接描述性编程。

1. Description 描述性编程

Description 描述性编程是通过声明描述对象并给对象属性赋值的方法，将对象属性与执行语句分开。与直接描述性编程相比，这种方式更便于管理对象。测试对象的属性和描述都包装在 Description 中，用 Description 的实例来代表一个测试对象的属性描述。

Description 描述性编程的步骤可以分为三步，分别是：创建描述性对象，设置描述性对象的属性和值，指定动态对象。下面分步介绍该方式的语法。

(1) 创建描述性对象：

```
Dim objDescription '声明描述性对象
Set objDescription=description.Create() '创建空的描述性对象
```

(2) 为描述性对象设置属性和值，所谓描述性对象本质上就是测试对象：

```
<description_object>.(<property1>).value=<value1>
<description_object>.(<propertyN>).value=<valueN>
```

(3) 根据描述性对象指定动态对象，即运行时对象：

```
<object_hierarchy>.<object_class>(< description_object >)
```

2. 直接描述性编程

直接描述性编程是在测试语句中列出所描述对象的属性和值的集合，其格式为：对象名(属性名:=属性值，属性名:=属性值)，按照对象的结构顺序一层一层地向下描述，直到定位到最终想要操作的对象，具体代码如下：

```
Browser("micClass: =Browser").Page("micClass: =page").WebEdit("name: =wd").Set "航天云测"
Browser("micClass: =Browser").Page("micClass: =page").WebButton("name:=百度一下").Click
```

6.8.2　描述性编程的测试实例

这里以飞机订票系统网站的订单删除功能测试为例，来介绍描述性编程技术的具体实现步骤，如图 6-40 所示。

在本实例中，使用描述性编程语言来识别订单前的"复选框"对象，并完成对该对象的相关操作。具体思想是：将订单页面中的所有"复选框"对象识别出来，然后随机选中 1 个复选框来实现删除操作。

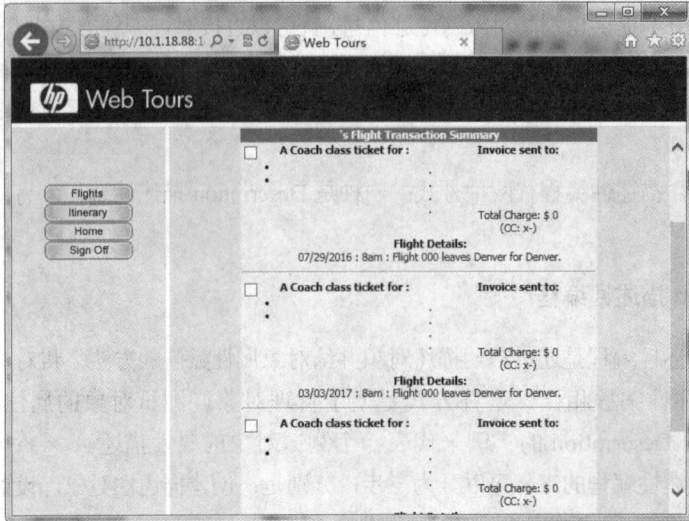

图 6-40　飞机订票系统的订单显示界面

根据 Description 描述性编程的第 2 步，需要找出所有"复选框"对象，为此需要分析该对象共有的属性和值，通过共有的属性和值，就可以把页面上的复选框筛选出来。查看对象的属性和值需要用到"对象侦测器"工具，所有复选框对象有两个共同的属性和值，它们是 html tag 属性和 type 属性，如图 6-41、图 6-42 所示。

图 6-41　"复选框"对象的 html tag 属性

图 6-42　"复选框"对象的 type 属性

确定了复选框的共有属性后，接下来实现识别"复选框"对象及随机删除 1 条订单记录的相关操作，具体代码如下：

```
    Browser("Web Tours").Page("Web
Tours").Frame("navbar").WebEdit("username").Set "tester1"
    Browser("Web Tours").Page("Web
Tours").Frame("navbar").WebEdit("password").Set "111111"
    Browser("Web Tours").Page("Web Tours").Frame("navbar").Image("Login").Click 31,6
    Browser("Web Tours").Page("Web Tours").Frame("navbar").Image("Itinerary Button").Click
    Dim objDescription'描述性对象
```

```
    Dim objCheckBoxes '复选框对象集
    Dim objCheckBoxesCounts '复选框对象数量
    Set objDescription=description.Create()  '创建空的描述性对象
    '为描述性对象设置属性和值
    objDescription("type").value="checkbox"
    objDescription("html tag").value="INPUT"
    '将订单页面所有满足要求的对象筛选出来赋给复选框对象集
    Set objCheckBoxes=Browser("Web Tours").Page("Web
Tours").Frame("info").ChildObjects (objDescription)
    objCheckBoxesCounts=objCheckBoxes.Count() '获取复选框对象数量
    '如果复选框对象数量不为零，则执行删除操作
    If objCheckBoxesCounts<>0 Then
        intRandomIndex=RandomNumber(0,objCheckBoxesCounts-1) '随机生成对象的 index
        objCheckBoxes(intRandomIndex).Set "ON" '设置对象的按钮为勾选
    Browser("Web Tours").Page("Web
Tours").Frame("info").Image("removeFlights").Click 51,10
    OrderNO=intRandomIndex+1 '获取删除第几条订单
    Reporter.ReportEvent micPass,"删除订单信息","随机删除第"&OrderNO&"条订单"
     Else
        Reporter.ReportEvent micFail,"删除订单信息","订单不存在"
    End If
```

脚本说明：

(1) Set objDescription=description.Create()

该语句的含义是：使用 Create 方法新建一个空的 Description 描述性对象，使用 Set 语句设置变量值，并将变量值赋给一个对象。

(2) objDescription("type").value="checkbox"

设置 objDescription 对象的 type 属性值为 checkbox。此处要寻找的复选框的对象集都有一个值为 checkbox 的 type 属性，因此，设置描述性对象 objDescription 的 type 数值型值为 checkbox。

(3) objDescription("html tag").value="INPUT"

设置 objDescription 对象的 html tag 属性值为 INPUT。此处要寻找的复选框的对象集都有一个值为 INPUT 的 html tag 属性。因此，设置描述性对象 objDescription 的 html tag 数值型值为 INPUT。

这样满足如上属性的 objDescription 对象就设置完毕，objDescription 实际上就是 CheckBox 对象。下面开始编写脚本，找出 objDescription 对象集。

(4) Set objCheckBoxes=Browser("Web Tours").Page("Web Tours").Frame("info")
.ChildObjects (objDescription)

大多数 HP UFT 对象都支持 ChildObjects 方法，该方法接收描述性对象 objDescription 作为输入，返回一个满足 objDescription 对象属性的对象集合。该对象集合不仅包含静态对象还包含动态对象。

本语句的含义就是找出 Browser("Web Tours").Page("Web Tours").Frame("info")框架下的所有 CheckBox 对象，赋给 objCheckBoxes 形成一个 CheckBox 集。

(5) objCheckBoxesCounts=objCheckBoxes.Count()

获取所有 CheckBox 对象集后，使用 Count 方法获取对象集的子对象个数。

(6) intRandomIndex=RandomNumber(0,objCheckBoxesCounts-1)

该语句的含义是生成一个随机数，该随机数代表的含义是 CheckBox 对象集中子对象的索引。在 Web 对象中，对象的索引从 0 开始，因此索引号的范围为 0~objCheckBoxesCounts-1。

(7) objCheckBoxes(i)是指通过索引号 i 可以在 objCheckBoxes 中找到某个 CheckBox 对象。

(8) objCheckBoxes(intRandomIndex).Set "ON"

该语句的含义是选中随机选择的复选项，选中该订单可继续执行后续的删除操作。

另外，该脚本使用 Reporter.ReportEvent 方法向测试结果报告中输出删除的订单号。Reporter 对象的含义是向测试结果发送信息。该对象有一个方法 ReportEvent，3 个属性 Filter、ReportPath 和 RunStatus。在登录脚本中用到的就是方法 ReportEvent。

Reporter.ReportEvent 的语法是：Reporter.ReportEvent Eventstatus, ReportStepName, Details [,ImageFilePath]。

- Eventstatus：报告状态，包括四种状态，micPass、micFail、micDone、micWarning 分别表示向测试结果中发送成功状态、失败状态、完成状态、警告状态。另外这四种状态还可以分别用数字 0、1、2、3 来表示。
- ReportStepName：报告中报告步骤的名称。
- Details：报告时间的描述。
- ImageFilePath：在报告中显示 BMP、PNG、JPEG、GIF 格式图片。

Reporter 对象的其余属性可参见 HP UFT 的帮助文档，帮助文档包含该对象的方法和属性的详细介绍以及实例，比较简单，这里不再多说。

回放脚本。打开工具栏上的 按钮，弹出测试结果报告文件，如图 6-43 所示。结果报告中显示了该检查点的详细执行信息。

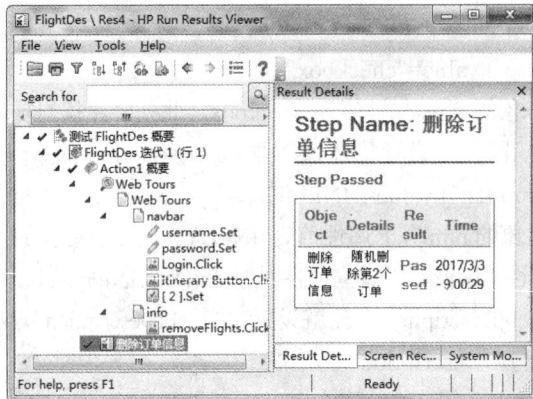

图 6-43 描述性编程测试结果报告文件

6.9 正则表达式

6.9.1 正则表达式介绍

正则表达式(Regular Expression，简称 regex、regexp 或 RE)又称规则表达式，它通常用来检索、替换那些符合某个规则的文本。也可在程序编写过程中用来引用那些可以被规则化的字符串。正则表达式是用于字符串操作的一种逻辑公式，用事先定义好的一些特定字符以及这些特定字符的组合，组成一个"规则字符串"，这个"规则字符串"用来表达对字符串的一种筛选逻辑。

在 HP UFT 开发环境中，允许使用正则表达式来识别不定值的对象和文本字符串。要正确使用正则表达式，首先需要理解正则表达式的规则，常用正则表达式的规则如表 6-4 所示。

表 6-4　常用的正则表达式规则

元字符	描述
\	转义符。将下一个字符标记为特殊字符或字面值。例如"n"与字符"n"匹配。"\n"与换行符匹配。序列"\\"与"\"匹配，"\("与"("匹配
^	在一行开始的位置进行匹配。^abc 与"abc xyz"匹配，而不与"xyz abc"匹配
$	在一行结束的位置进行匹配。abc$ 与"xyz abc"匹配，而不与"abc xyz"匹配
*	匹配前一个字符零次或几次。例如，"zo*"可匹配"z"、"zoo"
+	匹配前一个字符一次或多次。例如，"zo+"可匹配"zoo"，但不匹配"z"
?	匹配前一个字符零次或一次。例如，"ab? c?"可以匹配"a"，"abc"等
.	匹配除换行符外的任意单个字符
x|y	匹配 x 或 y。例如"z|wood" 可匹配 "z" 或 "wood"。"(z|w)oo" 匹配 "zoo" 或 "woo"
{n}	n 为非负整数。匹配恰好 n 次。例如，"a{2}" 不能与"a" 匹配，但可与"aa"匹配
{n, }	n 为非负整数。匹配至少 n 次。例如，"o{2,}"不匹配"Bob"中的"o"，但匹配"foooood"中所有的 o。"o{1, }"等价于"o+"。"o{0, }"等价于"o*"
{n, m}	m 和 n 为非负整数。匹配至少 n 次，至多 m 次。例如，"o{1,3}" 匹配 "fooooood"中前三个 o。"o{0, 1}" 等价于"o?"
[xyz]	一个字符集。与括号中字符的其中之一匹配。例如，"[abc]" 匹配"plain"中的"a"
[^xyz]	一个否定的字符集。匹配不在此括号中的任何字符。例如，"[^abc]" 可以匹配"plain"中的"p"
[a-z]	表示某个范围内的字符。与指定区间内的任何字符匹配。例如，"[a-z]"匹配"a"与"z"之间的任何一个小写字母字符
[^m-z]	否定的字符区间。与不在指定区间内的字符匹配。例如，"[^m-z]"与不在"m"到"z"之间的任何字符匹配
\b	\b 匹配单词的结尾。例如：ve\b 匹配单词"love"等，但不匹配"very"、"even"等
\B	\B 匹配单词的开头。例如：ve\B 匹配单词"very"等，但不匹配"love"等
\d	与一个数字字符匹配。等价于[0-9]
\D	与非数字的字符匹配。等价于[^0-9]
\f	与分页符匹配
\n	与换行符字符匹配
\r	与回车字符匹配
\s	与任何白字符匹配，包括空格、制表符、分页符等。等价于"[\f\n\r\t\v]"
\S	与任何非空白的字符匹配。等价于"[^ \f\n\r\t\v]"
\t	与制表符匹配
\v	与垂直制表符匹配
\w	与任何单词字符匹配，包括下划线。等价于"[A-Za-z0-9_]"
\num	匹配 num 个，其中 num 为一个正整数。例如，"(.)\1"匹配两个连续的相同字符
\oNUM	匹配 num(其中 num 为一个小于 256 的八进制换码值)。例如：\o011 匹配制表符
\xnum	匹配 NUM(其中 NUM 为一个小于 256 的十六进制换码值)。例如：\x41 匹配字符"A"

6.9.2　正则表达式应用

正则表达式在自动化测试中经常应用在以下几个方面。

1. 定义对象动态属性值

使用正则表达式可为对象库中的对象定义动态属性值。在对象库中，若某个测试对象的某个属性值是动态变化的，这会使实际对象与对象库中的对象不匹配，导致脚本运行失败。这里，可使用合适的正则表达式替代动态变化的属性值来解决这个问题。例如，某个文本框的 name 属性因登录用户的角色而异，其属性值可以是 TestID_011、TestID_002、TestID_003 等，可使用"TestID.*"来替代所有动态生成的属性值，这样就可很好地避免对象属性变更导致对象无法识别的情况。

该应用的具体操作如下：

(1) 在对象库界面上，选择要进行正则表达式操作的对象，并在右侧选择其要修改的属性值。

(2) 单击该对象属性值后面的"<#>"按钮，弹出"值配置选项"对话框。在该对话框中，选中正则表达式的复选框，并将正则表达式写入"常量"文本框中，如图 6-44 所示。

(3) 单击"确定"按钮后，就完成了对象属性值的设置，如图 6-45 所示。

图 6-44　对象属性的值配置选项　　　　　图 6-45　正则表达式化的对象属性值

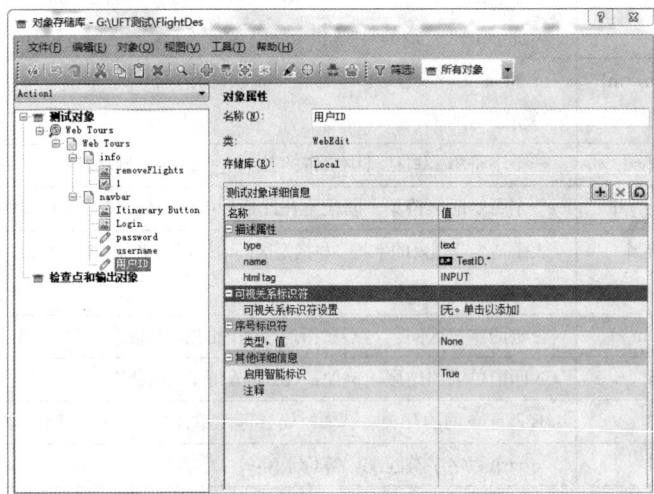

2. 相似对象识别

当一个测试界面出现了许多相似对象时，例如，6.8.2 节提到的飞机订票系统订单界面上有许多复选框，这些复选框的 name 属性为 1, 2, 3...等。遇到此类情况，就可以使用正则表达式来描述测试对象的动态属性值。该应用的相关操作步骤与"定义对象动态属性值"应用的相似，这里不再展开介绍。某些情况下，使用正则表达式可取代描述性编程技术去获取和识别测试对象。

3. 使用不固定值创建检查点

6.6 节介绍了检查点技术，检查点是比较对象实际运行值与预期值得一个验证点，当遇到要验证的目标值动态变化的情况，可能会束手无策。这是因为无法知道下一个属性值的随机值是多少，使用正则表达式来匹配相应的动态属性值可以解决这个问题。

这里以 6.6.3 节生成的文本检查点为例，进行正则表达式化操作，具体操作如下。

(1) 打开"文本检查点属性"配置对话框，单击"常量"文本框后的编辑按钮，弹出"常量值选项"对话框，如图 6-46 所示。

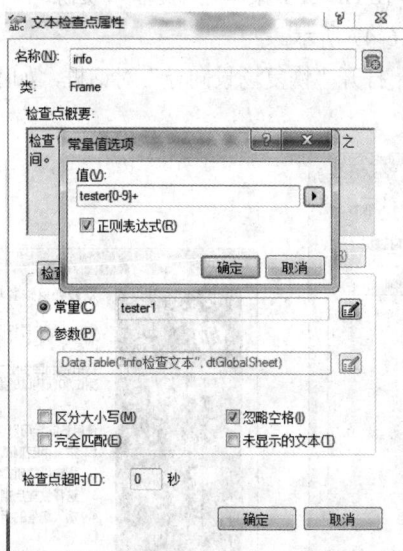

图 6-46　利用正则表达式设置文本检查点

(2) 在"常量值选项"对话框中，选中"正则表达式"，并输入正则表达式"tester[0-9]+"，该表达式匹配以 tester 开头、以数字结尾的字符串。单击"确定"按钮后，就完成了检查点的设置。

4. 处理复杂长字符串

在处理一些非常复杂或者较长的字符串时，也可以使用正则表达式来进行简化输入，从而降低输入错误风险。

6.10　测试场景恢复技术

在进行 HP UFT 脚本回放的过程中，有时会弹出一些提示对话框或者警告对话框，使脚本无法进行下去，导致脚本运行出错。例如：

(1) 某款软件在使用过程中，不时地弹出对话框，提示有新版本，是否更新。如果我们录制这款软件的操作脚本，然后回放，则很难识别该对话框，从而导致脚本无法进行下去。

(2) 我们登录邮箱时，偶尔会弹出警告提示框(但不是每次都弹出)，这就给我们的录制和回放带来了难题。

(3) 某些软件在回放过程中，由于某种原因，弹出终止程序的对话框，使脚本无法继续进行下去。

可使用 HP UFT 的场景恢复技术来解决上述问题。场景恢复(Recovery Scenario)技术用于处理测试脚本在运行过程中出现的异常，预估可能出现的异常状况，添加对应的场景恢复；这样可以使脚本的运行更加通畅。使用场景恢复技术，通常需要两个步骤：创建场景恢复文件和添加恢复场景。

6.10.1 创建场景恢复文件

创建场景恢复文件的具体步骤如下：

1) 打开场景恢复管理器，即在 HP UFT 菜单栏中选择"资源"|"恢复场景管理器"命令打开"恢复场景管理器"对话框，如图 6-47 所示。

2) 单击"新建场景"按钮，打开"恢复场景向导"对话框，如图 6-48 所示，该对话框描述了创建场景文件的四个步骤。

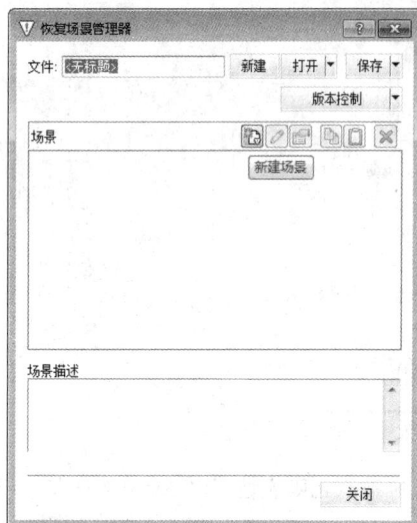

图 6-47 "恢复场景管理器"对话框

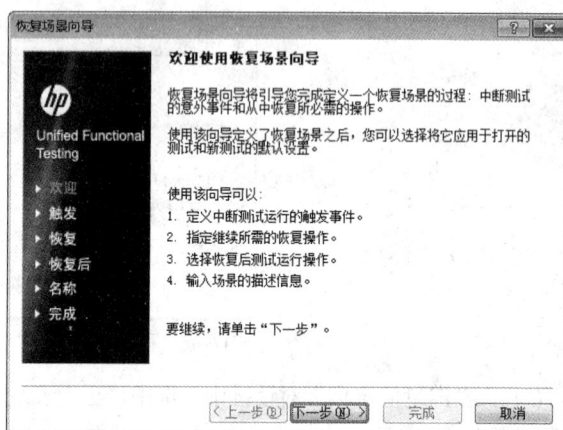

图 6-48 "恢复场景向导"对话框

3) 在"恢复场景向导"对话框中，单击"下一步"按钮，选择中断测试的触发事件类型，如图 6-49 所示。触发事件共分四类，分别是弹出窗口、对象状态、测试运行错误和应用程序崩溃，具体介绍如下：

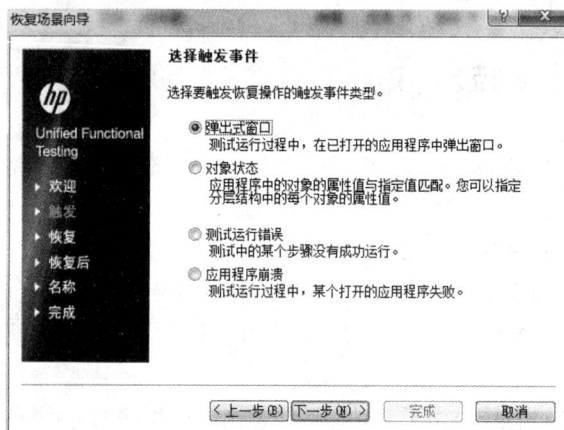

图 6-49 "选择触发事件"页面

(1) **弹出窗口**：测试运行过程中，以窗口形式弹出的应用程序。

(2) **对象状态**：匹配应用程序中指定的属性值，也可以匹配应用程序中每个对象的属性值。

(3) **测试运行错误**：测试的某一步骤在运行时发生错误。

(4) **应用程序崩溃**：在测试运行过程中，打开应用程序失败。

这里，使用笔者测试过的一款 CRM 系统为例进行介绍。在该软件的创建客户过程中，当客户名为空时，会不时弹出提示框，如图 6-50 所示。因此，这里选择的触发事件为"弹出窗口"。

图 6-50　提示框

4) 在"选择触发事件"页面中，单击"下一步"按钮，进入窗口选择页面，通过单击 按钮，开始选择要匹配的窗口。将鼠标定位到"客户名为空"提示框，单击后，该提示框的相关信息就会显示在窗口选择页面，如图 6-51 所示。

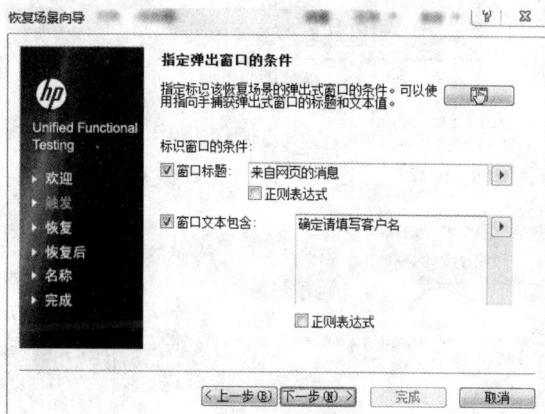

图 6-51　窗口选择页面

5) 在窗口选择页面中，单击"下一步"按钮，开始设置恢复操作，可选择的恢复操作包括："键盘或鼠标操作"、"关闭应用程序进程"、"函数调用"和"重新启动 Microsoft Windows"，如图 6-52 所示。

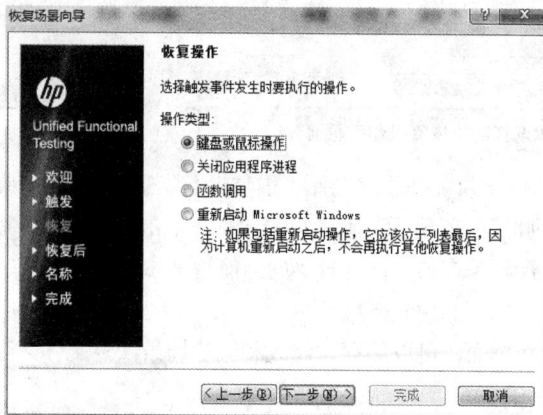

图 6-52　可选恢复操作类型

6）这里选择"键盘或鼠标操作"类型，单击"下一步"按钮，进入详细操作设置界面。在该界面，通过单击"手形"按钮，可以选择恢复时要执行的鼠标或键盘操作。在这里，当弹出提示窗口时，可单击"确定"按钮来关闭提示窗口，如图6-53所示。

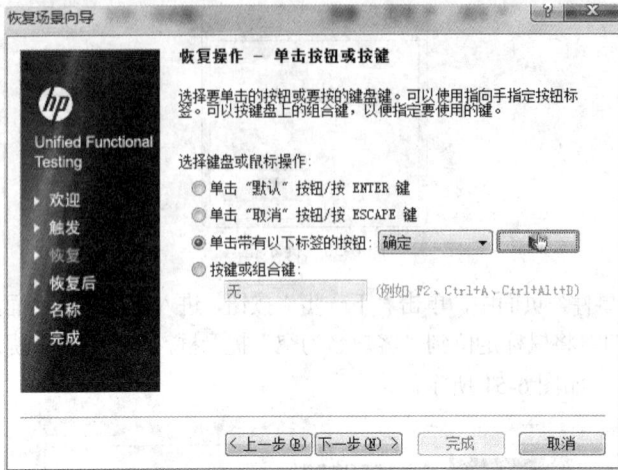

图6-53　详细操作设置界面

7）单击"下一步"按钮后，显示选择的"恢复操作"页面，如图6-54所示，取消选中"添加另一个恢复操作"复选框，单击"下一步"按钮，打开"恢复后测试运行选项"页面，如图6-55所示。

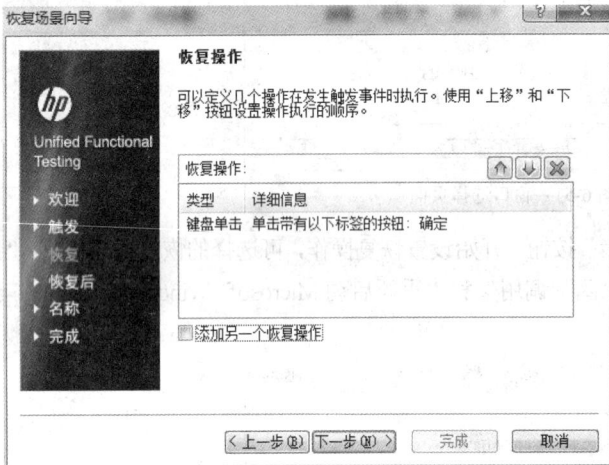

图6-54　显示选择的"恢复操作"页面　　　　图6-55　"恢复后测试运行选项"页面

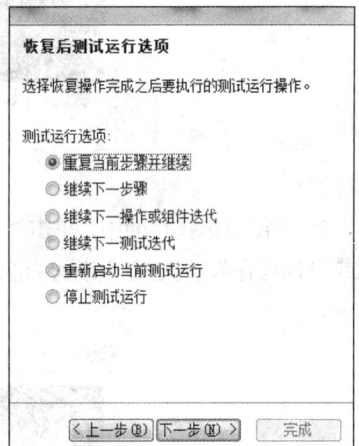

8）在"恢复后测试运行选项"页面，选择"重复当前步骤并继续"，单击"下一步"按钮，打开"名称和描述"页面，如图6-56所示，输入场景名称，单击"下一步"按钮，进入"恢复场景向导完成"页面，如图6-57所示，在该页面选择"向当前测试添加场景"，单击"完成"后，返回"恢复场景管理器"页面。

在"恢复场景管理器"页面，可以保存、修改和删除场景恢复文件。至此，通过以上步骤，就完成了创建场景恢复文件的操作。

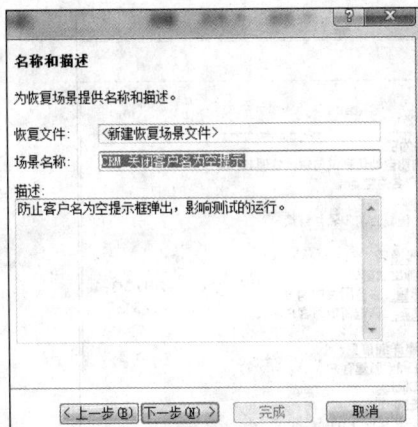

图 6-56　"名称和描述"页面

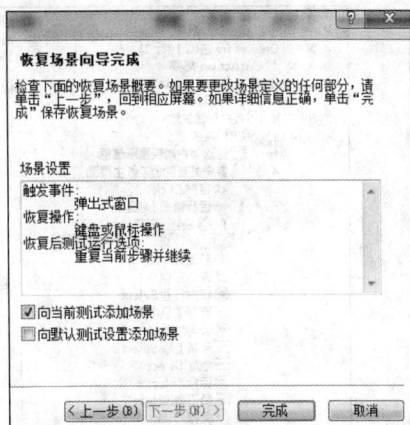

图 6-57　"恢复场景向导完成"页面

6.10.2　添加场景恢复文件

创建完场景恢复文件后，就可以在测试中添加场景恢复文件了，由于在创建场景恢复文件时，选中了"向当前测试添加场景"，因此，当前测试中已经导入了场景恢复文件。可在 HP UFT 中查看并管理当前的场景恢复文件，具体方法是：打开菜单"文件"|"设置"命令，打开"恢复"选项卡，如图 6-58 所示。

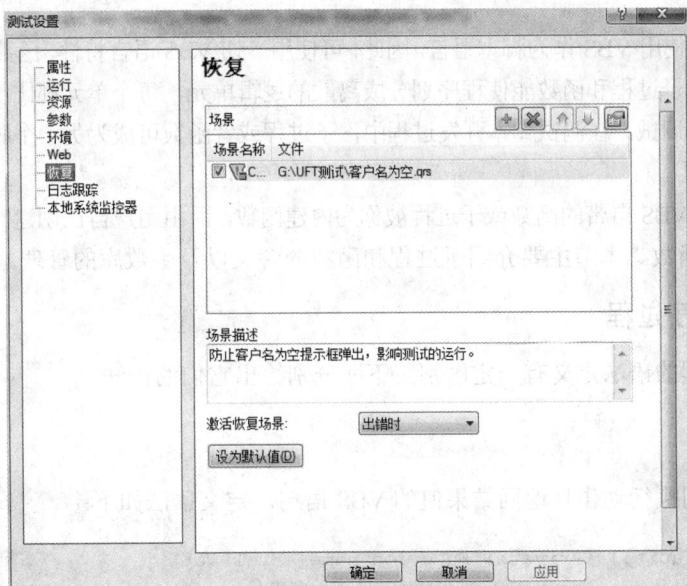

图 6-58　测试设置中的场景恢复文件

如图 6-58 所示，在"恢复"选项卡中，可对场景恢复文件进行管理，还可以设置激活恢复场景的条件。在本案例中，设置为"出错时"，也就意味着，只有脚本运行过程出错，才执行场景恢复文件。

添加完场景恢复文件后，回放脚本，检测脚本的场景恢复设置是否生效。当前脚本运行结果如图 6-59 所示。

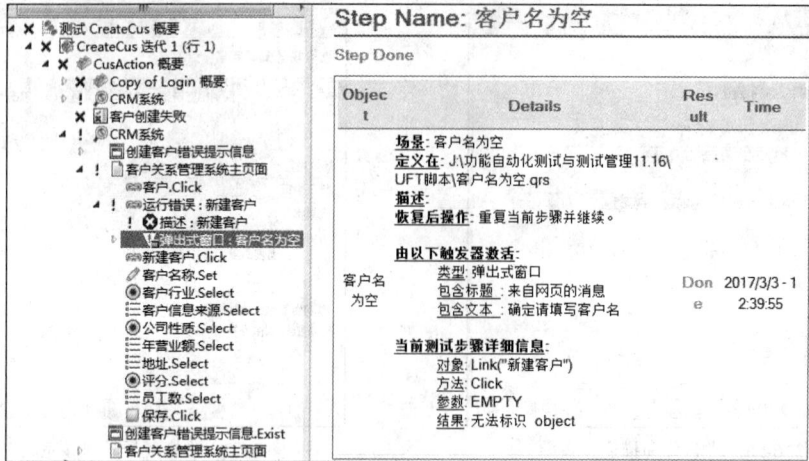

图 6-59 场景恢复脚本回放测试结果

从场景恢复的原理可以看出，场景恢复类似于开发技术中的异常处理机制，某些编程环境中使用 try...catch 机制来处理异常，这个处理过程就是脚本运行异常触发自定义函数的过程。

6.11 函数库管理

由于 HP UFT 使用 VBS 作为脚本语言，因此，可使用一切 VBS 语言特性，函数和子过程是 VBS 的一个重要特征。子过程和函数能使程序划分成离散的逻辑单元，每个单元都比没有使用子过程或函数的程序更容易调试。在测试脚本开发过程中，子过程或者函数可成为另一个脚本的构件，这提高了代码的重用性。

HP UFT 或者 VBS 自带的函数或子过程被称为内建函数，而由用户自己创建的子过程或函数被称为用户自定义函数。本节主要介绍子过程和函数的含义以及函数库的管理。

6.11.1 函数与子过程

函数和子过程的语法定义有一定区别，下面分别给出它们的语法。

1. 函数

函数是一系列执行动作且返回结果值的 VBS 语句。定义语法如下：

```
[Public [Default]] |Private] Function name[(arglist)]
  [statements]
  [name=expression]
  [Exit Function]
  [statements]
  [name=expression]
End Function
```

函数语法说明如表 6-5 所示。

表 6-5　函数语法说明

语法	说明
Public	表示 Function 可被所有脚本中的所有其他过程访问
Default	只与类块中的 Public 关键字连用,用来表示过程是类的默认方法。如果在类中指定了多个 Default 过程,就会出错
Private	表示 Function 只可被声明它的脚本中的其他过程访问
name	Function 的名称,遵循标准的变量命名约定
arglist	代表调用时要传递给 Function 过程的参数的变量列表,用逗号隔开多个变量,语法是[ByVal ByRef]varname[()]。其中,ByVal 表示该参数是按值方式传递的,ByRef 表示该参数按引用方式传递,varname 代表参数变量的名称,遵循标准的变量命名约定
statements	在 Function 过程的主体中执行的任意语句组
expression	Function 的返回值

2. 子过程

子过程是一系列执行动作但不返回结果的 VBS 语句。定义语法如下:

```
[Public [Default] | Private] Sub name [ (arglist) ]
[statements]
[Exit Sub]
[statements]
End Sub
```

子过程的语法说明与函数的相似,这里不再一一列出。

从上述定义可以看出,函数和子过程的最大区别在于能否返回一个结果值。可以说,函数是一种特殊的子过程,函数要返回值,而一般子过程则不需要返回值。

6.11.2　创建函数库

在测试脚本中,除了调用对象库的测试对象、HP UFT 内建的函数外,自动化测试工程师可以自己定义函数库,把一些可重用的 VB 脚本封装到函数库中,然后在测试脚本中调用。创建函数库及函数的步骤如下:

(1) 在 HP UFT 测试项目主界面,选择"文件"|"新建"|"函数库"命令,弹出"新建函数库"界面,如图 6-60 所示。在该界面上设置函数库的文件名和文件类型,HP UFT 函数库可以支持的文件类型有 qfl、txt 和 vbs。单击"创建"按钮即可进入函数库编辑界面。

(2) 选择菜单"设计"|"函数定义生成器",打开"函数定义生成器"对话框。在该对话框中,填写要创建函数或子过程的相关信息。这里创建的是一个子过程,"名称"为 SendMail_Sub,为"范围"选择 Public;添加了 SendTo(收件人邮箱)、Subject(邮件主题)、Body(邮件内容)和 Attachment(附件)四个参数;参数的"传递模式"选择"按值"传递,如图 6-61 所示。另外,"注册到测试对象"复选框如果选中,则为测试对象添加这个自定义方法。

图 6-60　"新建函数库"对话框

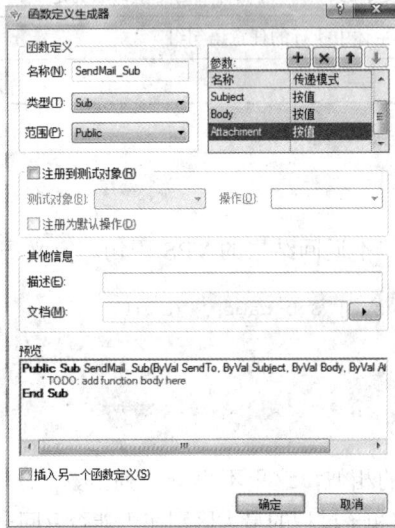

图 6-61　"函数定义生成器"对话框

(3) 单击"确定"按钮后，进入 HP UFT 的函数编辑界面。在该界面上，可为函数或子过程添加函数体。添加完函数体后，该函数就算创建完成了，然后可通过 Call 语句来调用该函数或子过程，如 call SendMail_Sub("zhangwciir@163.com","测试","邮件内容","D:\源文件.doc")。

通过上述步骤，可在函数库文件中创建若干个函数或子过程。

6.11.3　关联函数库并调用函数

在 HP UFT 中，如果其他测试项目想要调用某些函数或子过程，则需要先关联该函数库，然后通过 Call 语句调用它们。

1. 关联函数库

关联函数库文件的操作步骤如下：

(1) 在 UFT 主界面中选择"文件"|"设置"命令，打开"测试设置"对话框，选中"资源"选项卡，如图 6-62 所示。

(2) 在"关联的函数库"栏中，单击关联库文件的增加按钮，关联库文件。

(3) 选择刚创建的库文件 SendMail.qfl，关联库文件，关联结果如图 6-63 所示。

注意，在关联库文件的过程中，如果选择的库文件本身就有语法错误，则 HP UFT 会弹出一个提示，指出添加库文件存在语法错误。

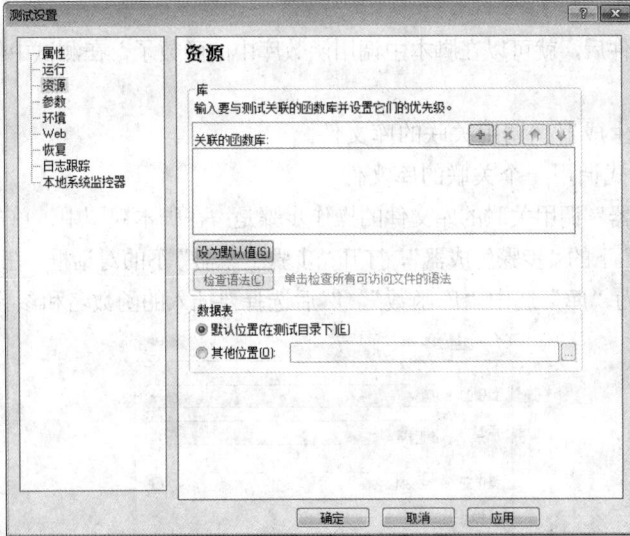

图 6-62　"资源"选项卡

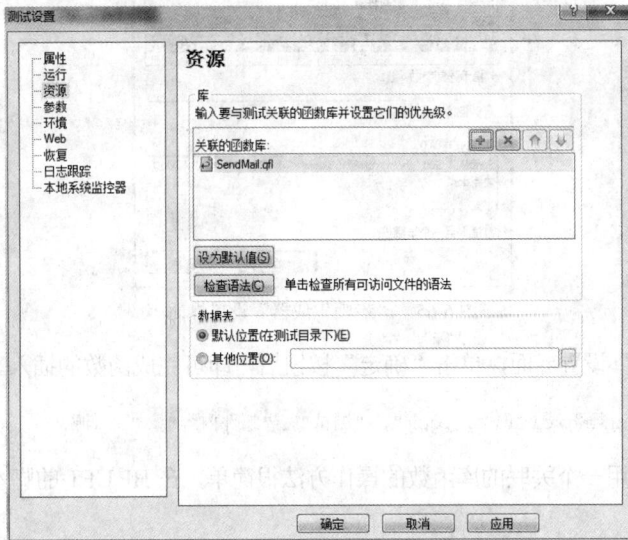

图 6-63　关联库文件的结果

(4) 单击"检查语法"按钮，验证库文件的语法是否正确，如果正确，则会弹出图 6-64 所示的提示。

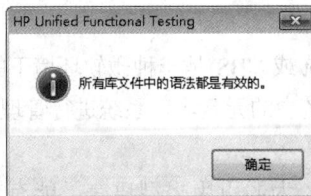

图 6-64　无语法错误的检查提示

(5) 单击"设为默认值"按钮，测试或应用区域自动关联当前选择的库文件。

2. 调用函数

关联了函数库文件后，就可以在脚本中调用函数库中的函数了，在测试中使用关联的库文件有以下两种方式。

(1) 使用"步骤生成器"调用关联的库文件。

(2) 采用 Call 方式调用一个关联的库文件。

使用"步骤生成器"调用关联的库文件的操作步骤是：在脚本视图中，单击右键，在弹出的菜单中选择"插入步骤"下的"步骤生成器"，打开"步骤生成器"下的对话框，在该对话框中，为"类别"选择"函数"，为"库"选中"库函数"，然后选择要插入的函数名和参数，如图 6-65 所示。

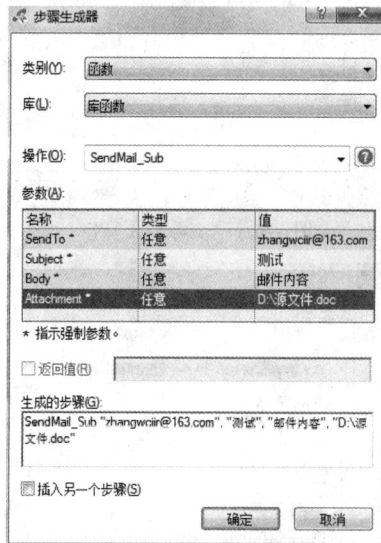

图 6-65　"步骤生成器"设置界面

在"步骤生成器"设置界面，单击"确定"按钮后，即可完成函数的插入。新增的代码如下：

```
SendMail_Sub "zhangwciir@163.com", "测试", "邮件内容", "D:\源文件.doc"
```

采用 Call 方式调用一个关联的库函数的操作方法很简单，在 HP UFT 的脚本视图中，直接编写如下脚本：

```
call SendMail_Sub ( "zhangwciir@163.com", "测试", "邮件内容", "D:\源文件.doc")
```

6.12　VBScript 脚本语言

Visual Basic Script(简称 VBScript 或 VBS)是一种微软环境下的轻量级解释型语言，它使用 COM 组件、WMI、WSH、ADSI 访问系统中的元素，对系统进行管理。HP UFT 采用 VBScript 作为其脚本有以下两个好处：

(1) VBscript 本身的语法简单，为弱引用类型语言，能有效降低 HP UFT 的学习成本。

(2) 大部分 GUI 界面基于微软的 Windows。选择 VBS 则意味着测试脚本中能调用 Windows 的大量功能，这是其他语言所不具备的特点。

使用 VBS 执行的常见操作包括：选择和循环操作、比较操作、算术操作和逻辑操作，下面简要介绍这些操作以及常用函数。

6.12.1　选择和循环操作

VBS 中的选择操作通过使用 If 语句来实现的，有编程基础的读者对 If 语句应该不陌生。If 语句语法如下：

```
If condition Then
[statments]
else
[elsestatments]
End If
```

● condition：判断条件，其为真时，执行 then 真分支；其为假时，执行 else 假分支。

VB 脚本有 3 种循环：For 循环、While 循环和 Loop 循环。

1. For 循环：For…Next

For 循环用计时器控制循环次数，具体语法如下：

```
For counter=start To end[Step step]
  [statements]
Next
```

● counter：循环次数的计时器。
● start：循环的起始位置。
● end：循环的结束位置。
● Step：循环步长，默认为 1。

2. While 循环：While…Wend

While 循环用条件控制循环次数，具体语法如下：

```
While condition
  [statements]
Wend
```

● Condition：循环判断条件，只有当其为真时，循环才可执行。

3. Loop 循环，Do…Loop

Loop 循环分为两种，即先执行循环体后判断条件是否为真，以及先判断条件是否为真再执行循环体。

(1) 先执行循环体后判断条件是否为真，具体语法如下：

```
Do
  [statements]
Loop[{While|Until} condition]
```

(2) 先判断条件是否为真再执行循环体，具体语法如下：

```
Do [{While|Until} condition]
  [statements]
Loop
```

6.12.2　比较操作

比较操作的语法是：

```
result = exp1 comparisonoperator exp2 或 result = obj1 Is obj2
```

- result：比较结果，可以是任何数字变量。
- exp1、exp2：待比较的表达式。
- comparisonoperator：比较操作，包括等于(=)、不等于(<>)、小于(<)、小于等于(<=)、大于(>)、大于等于(>=)、Is(对象等同)操作。
- Object：如 ojb1 和 obj2 就是待比较的对象名称。表 6-6 是比较操作的规则，表 6-7 是不同数据类型比较操作的运算规则。

表 6-6　比较规则

操作	描述	返回 True	返回 False	返回 NULL
=	等于	exp1 = exp2	exp1 <> exp2	exp1 或 exp2 为 NULL
<>	不等于	exp1 <> exp2	exp1 = exp2	exp1 或 exp2 为 NULL
<	小于	exp1 < exp2	exp1 >= exp2	exp1 或 exp2 为 NULL
<=	小于等于	exp1 <= exp2	exp1 > exp2	exp1 或 exp2 为 NULL
>	大于	exp1 > exp2	exp1 <= exp2	exp1 或 exp2 为 NULL
>=	大于等于	exp1 >= exp2	exp1 < exp2	exp1 或 exp2 为 NULL

表 6-7　不同数据类型的比较运算规则

比较	结果
obj1 和 obj2 都是 numeric(数字)	执行 numeric 比较
obj1 和 obj2 都是 string(字符串)	执行 string 比较
obj1 和 obj2 一个是 numeric，一个是 string	优先执行 string 比较
obj1 和 obj2 一个是空，一个是 numeric	执行 numeric 比较，0 代表空
obj1 和 obj2 一个是空，一个是 string	执行 string 比较，零长度的字符串代表空
obj1 和 obj2 都是空	结果相同

6.12.3　算术操作

算术操作的语法是：result = exp1 op exp2
- result：操作结果。
- op：算术操作，包括加(+)、减(-)、乘(*)、除(/)、整除(\)、取余(Mod)、取反(~)、指数(^)和字符串连接(&)。

算术操作符说明参见表 6-8。

表 6-8　算术操作符说明

操作	描述	结果
+ 加法	exp1 和 exp2 都是 numeric	执行 Add(加法)操作
	exp1 和 exp2 都是 string	执行连接操作
	exp1 和 exp2 中一个是 string，一个是 numeric	执行 Add(加法)操作
- 减法	exp1 和 exp2 有一个是 NULL	结果是 NULL
	exp1 和 exp2 有一个是 Empty	Empty 当作 0 执行
* 乘法	exp1 和 exp2 有一个是 NULL	结果是 NULL
	exp1 和 exp2 有一个是 Empty	Empty 当作 0 执行
/ 除法	exp1 和 exp2 有一个是 NULL	结果是 NULL
	exp1 和 exp2 有一个是 Empty	Empty 当作 0 执行
\ 整数除法	exp1 和 exp2 有一个是 NULL	结果是 NULL
	exp1 和 exp2 有一个是 Empty	Empty 当作 0 执行
Mod 取余	exp1 和 exp2 有一个是 NULL	结果是 NULL
	exp1 和 exp2 有一个是 Empty	Empty 当作 0 执行
- 负号	语法是-exp	取反
^ 指数	exp1 和 exp2 有一个是 NULL	结果为 NULL
	exp1 和 exp2 有一个是 Empty	Empty 当作 0 执行
&字符串连接	exp1 和 exp2 都是 NULL	结果为 NULL
	exp1 和 exp2 有一个是 NULL	NULL 当作零长度字符串""
	exp1 和 exp2 有一个是 Empty	Empty 当作零长度字符串""

6.12.4　逻辑操作

逻辑操作包括与(And)、非(Not)、或(Or)、异或(Xor)操作，下面分别介绍这几种操作。

1.　"与"(And)逻辑操作

And 操作的语法是：result = exp1 and exp2
两参数必须同时为真结果才为真(True)，否则结果为假(False)，若有一个参数为 NULL，则结果也为 NULL。

2.　"非"(Not)逻辑操作

语法是：result = not exp
若参数为真，则结果为假，反之亦然。若参数为 NULL，则结果也为 NULL。

3.　"或"(Or)逻辑操作

语法是：result = exp1 or exp2

　　两参数只需要有一个为真结果就为真(True)，同时为假结果为假(False)，若有一个参数不为NULL，则结果也不为NULL。

4. "异或"(Xor)逻辑操作

　　语法是：result = exp1 xor exp2

　　Xor 逻辑操作的说明如表 6-9 所示。

表 6-9　异或操作规则

参数 exp1	参数 exp2	结果	参数 exp1	参数 exp2	结果
True	True	False	0	0	0
True	False	True	0	1	1
False	True	True	1	0	1
False	False	False	1	1	0

6.12.5　常用函数

　　VBS 中的常用函数如表 6-10 所示，这些函数分为五大类，即转换函数、数学函数、字符串函数、日期与时间函数、检验函数。

表 6-10　常用的 VBS 函数

函数	含义
Abs (num)	取绝对值
Exp (num)	返回以 e 为底、以 num 为指数的值，如 Exp(2)返回 e^2 值
Log (num)	返回参数 num 的自然对数值，为 Double 类型，即以 e 为底的对数
Hex (num)`	将参数 num 转换为 16 进制
Oct (num)	将参数 num 转换为 8 进制
Sin (num)	正弦函数
Cos (num)	余弦函数
Rand (num,[int])	将参数 num 四舍五入，若要指定舍入到哪一位，可加上第二个参数 int。如 Round (12.456)返回值为 12；Round (12.4567, 3) 返回值为 12.457
Pow (x,y)	求 x 的 y 次方
Val (str)	将字符串内的数字转换成 Integer 或 Double 类型返回
Str (num)	将数值类型参数转换成字符串返回
Fix (num)	参数大于 0 时，去掉小数部分；参数小于 0 时，返回值大于或等于该参数值
Int (num)	参数大于 0 时，去掉小数部分；参数小于 0 时，返回值小于或等于该参数值
Lcase (str)	将字符串 str 转换成小写字母
Ucase (str)	将字符串 str 转换成大写字母
Asc (St)	取得字符串 str 第一个字符的 ASCII 码
Chr (int)	以 ASCII 码取得字符内容。如 chr (65)会返回字符 A

(续表)

函数	含义
StrReverse (str)	取得字符串 str 内容反转后的结果。如 StrReverse ("Love")的返回值为"evoL"
StrConv ()	根据参数 ConverSion 指定的格式，将参数 str 转换完毕的结果返回
StrComp (str1, str2)	字符串比较，返回表示 str1 和 str2 两个字符串参数比较结果，若 str1 小于 str2，则返回-1；若 str1 等于 str2，返回 0；若 str1 大于 str2，若返回 1。选择性参数 Compare 的值有 Binary(区分大小写)和 Text(不区分大小写)两种，前者为默认值
Filter ()	字符串筛选，从一维字符串数组 Source()中筛选包含 match 字符串的子数组。例如，如果 Source ()={"abc","abdfe","ghdf","pqs"}，那么 filter (Source ,"ab",True,CompareMethod.Binary)会返回 {"abc","abdfe"}
RePlace ()	字符串替换，如 str="shopping list"，那么 RePlace (str,"o","i")会返回"Shipping list"
Now ()	返回系统目前的日期和时间。如 2007-3-29 早上 10:38:22
Today ()	返回或设置系统目前的日期
TimeOfDay ()	返回或设置系统目前的时间
DataString ()	以"yyy-mm-dd"格式返回或设置系统目前时间
Timer ()	以 Double 类型返回自午夜到今所经历的秒数和毫秒数，秒数是返回值的整数部分，毫秒数则是小数部分
DateAdd ()	日期时间增减函数，DateAdd ("q", 2, #2001/1/31#)会返回#2001/7/31#，也就是#2001/1/31#加上两季
DateDiff ()	日期时间差函数，DateDiff ("m",#12/15/1990#, ##1/10/1990#)会返回-11，即两个日期相间隔 11 个月，第一个参数指定间隔单位为月；DateDiff("d", #12/5/90# , #12/15/90#)会返回 10，即两个日期间隔 10 天(第一个参数指定间隔单位为天)
DatePart ()	返回特定日期指定部分。例如 DatePart ("y", #9/11/92#)会返回天数 255，因为 9 月 11 日为 1992 年的第 255 天；DatePart ("w", #8/22/2000)会返回 3，表示为星期二
IsNothing (Obj)	检查参数是否已经初始化，若对象变量没有指向任何真实对象，则返回 True，否则返回 False
IsArray (Obj)	检查参数是否为数组，若是返回 True，否则返回 False
IsDbNull (Obj)	检查参数是否包含任何有效数据，若是返回 True，否则返回 False
TypeName ()	TypeName (VarName As Object) As String，可能用来获取参数 VarName 的数据类型，返回值为字符串
FormatDateTime()	日期时间格式化函数，依照参数 namedformat 指定的格式将参数 exp 的日期格式化，选择性参数 namedformat 属于 DateFormat 枚举
FormatCurrency ()	货币值格式化函数，将参数 exp 设置成指定的货币格式，此货币值使用控制面板中区域选项所定义的货币符
FormatNumber ()	数值格式化函数，参数 exp 设置成指定的数值格式。选择参数同上(同货币值函数参数)
FormatPerCent ()	百分比格式化函数，将参数 exp 设置成指定的百分比格式(乘以 100)。选择性参数同上

6.13 脚本的调试与运行

在运行 HP UFT 测试脚本之前，通常需要对测试脚本进行调试，这是一项重要的工作内容。好的调试技巧可让测试工程师更好地写出适应测试需求的自动化脚本。

脚本调试通过后，测试员就可以执行测试脚本。功能测试脚本的执行通常要借助特殊脚本或外部批量运行工具来进行，主要有三种方式：使用 ALM 来运行 HP UFT 脚本，使用 HP UFT 自带的 Test Batch Runner 来运行测试脚本，使用 QuickTest.Application 对象运行测试脚本。

本节主要介绍测试脚本的调试技术和脚本批量执行的相关操作。

6.13.1 脚本调试技术

在 HP UFT 中，可使用语法检查、断点、单步调试、监控变量等方式来完成脚本调试工作。下面简要介绍这几种调试技术。

1. 语法检查

语法检查能对整个脚本文件进行语法检查，结果会在 HP UFT 主界面底部的错误视图中显示出来。可通过菜单"设计"|"检查语法"(快捷键是 Ctrl+F7)来触发语法检查功能。

2. 断点技术

断点技术是调试程序的一种常用手段，HP UFT 对该技术也有较好的支持。具体操作是：在脚本编辑区域，定位要断点调试的代码行，然后在该行左侧选定栏上单击或者按 F9，即可在该行处插入断点，如图 6-66 所示。设置断点后，再次回放脚本则进入调试模式，在该模式下遇到断点会中断运行，等待接收运行下一步骤的指令。

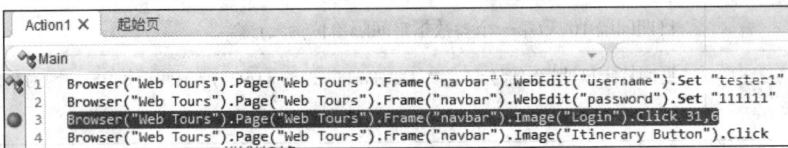

图 6-66 设置断点

3. 单步调试

在 HP UFT 中，可使用步入、步出和步过命令运行测试、组件、函数库或用户代码文件中的单个步骤或分步步骤。下面简单介绍这几种命令的含义。

(1) **步入**。是指只运行活动文档中的当前步骤。需要注意，调试 GUI 测试时，如果当前步骤调用另一个操作或函数，则会在文档窗格中显示被调用操作或函数，测试或函数库暂停在被调用操作或函数的第一行。可通过菜单"运行"|"步入"触发步入命令。

(2) **步出**。在使用步入进入用户代码文件中的某个步骤或函数库中的某个函数后，可使用步出命令。步出将继续运行到函数或用户代码文件结尾，返回到调用测试、组件或函数库，然后将运行会话暂停在下一行(如果该行存在)。可通过菜单"运行"|"步出"触发步出命令。

(3) **步过**。只运行活动文档中的当前步骤。如果当前步骤调用用户定义函数，则被调用函数全

部执行，但不在文档窗格中显示被调用函数脚本。然后，运行会话返回到调用文档，并暂停在下一步骤(如果该步骤存在)。可通过菜单"运行"|"步过"触发步过命令。

另外，通过菜单"运行"|"从该步调试"命令，可指示 HP UFT 从特定步骤开始调试会话，而不是在测试、操作或组件的开端开始运行。从特定步骤开始调试之前，确保应用程序打开到要开始调试的位置。编辑测试、操作或组件时，可在测试、操作或组件中的特定步骤开始调试。

4. 监控变量

在 HP UFT 调试模式下，选择要监控的变量，右击选择"添加到监视点"，在监控视图中能看到变量的类型以及变量值。在一些特殊情况下，无法通过监控变量获得变量值，那么只能通过直接输出的方式获取变量的值。HP UFT 支持通过三种方法输出变量：

(1) Msgbox　在脚本运行过程中弹出对话框，输出变量值。

(2) Print　在输出视图中输出变量值。

(3) Reporter.ReportEvent　把变量值输出到最终的测试报告中。

调试技能是反映技术人员综合能力的一项主要指标，在自动化测试中，脚本的调试也不例外。通过反复练习脚本调试，相信大家的调试能力会得到提高。

6.13.2　使用 ALM 运行测试脚本

HP ALM 与 HP UFT 都是 HP 公司研制的产品，它们之间可以无缝通信。在 HP UFT 脚本开发和维护期间，可将测试脚本、对象库、函数库、场景恢复、测试数据等文件上传到 HP ALM 的测试资源模块中进行统一管理。另外，使用 HP ALM 可以批量运行 HP UFT 脚本并查看测试结果，主要包含两大部分的操作：一是将 HP UFT 脚本上传到 HP ALM 中；二是在 HP ALM 创建测试集并批量运行 HP UFT 脚本。下面具体介绍这两部分的相关操作。

1. 将 HP UFT 脚本上传到 HP ALM 中

要实现 HP UFT 测试脚本上传 HP ALM 的操作，首先需要在 HP UFT 所在主机上安装 HP ALM 插件，该插件可从 HP 官网下载。上传 HP UFT 测试脚本通常需要执行以下几项操作：

(1) 打开 HP UFT，连接到 HP ALM 系统上。

(2) 将 HP UFT 测试脚本上传到 HP ALM 系统中。

(3) 在 HP ALM 中验证上传是否成功。

(4) 在 HP UFT 中打开 HP ALM 中的脚本并编辑它。

下面以飞机订票系统的登录、订票和传真订单测试脚本为例，详细介绍上述操作的具体步骤。

1) 打开 HP UFT，连接到 HP ALM 系统上

(1) 打开 HP UFT，单击菜单"HP ALM"|"HP ALM 连接"，在弹出的 HP ALM 连接设置页面上，输入 HP ALM 服务器的 URL 地址、用户名和密码，然后单击"连接"按钮，连接到 HP ALM 上。连接到 HP ALM 后，"登录到项目"中会显示出可以连接到的域和项目，如图 6-67 所示。

(2) 选择要登录的域和项目，单击"登录"按钮，即可登录到项目。登录成功后，如图 6-68 所示，单击"关闭"按钮，可将当前活动窗口关闭，但 HP UFT 与 HP ALM 的连接并未断开。

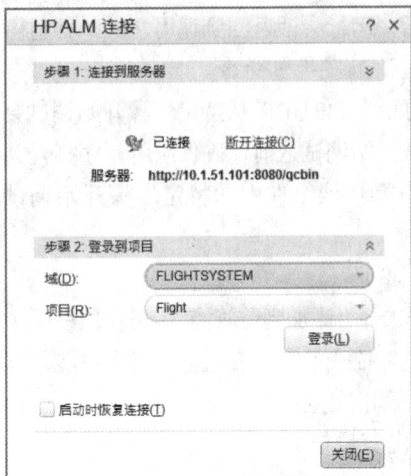

图 6-67　连接上 HP ALM 后的界面

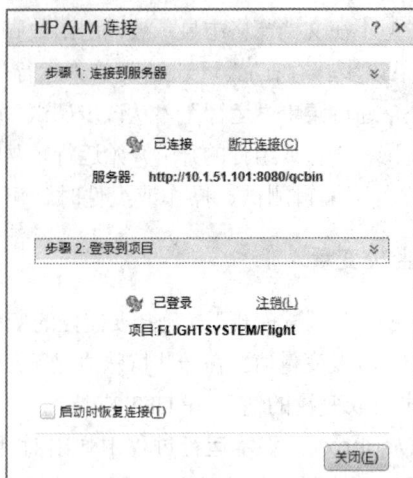

图 6-68　项目登录后的界面

登录成功后，在 HP UFT 界面的右下角，会显示已连接 HP ALM 的图标 ⟲，如果需要重新设置与 HP ALM 的连接信息，单击该图标即可打开连接设置界面。

2) 将 HP UFT 测试脚本上传到 HP ALM 系统中

(1) 在 HP UFT 中，打开要上传的脚本，选择菜单"文件"|"将<脚本名称>另存为"命令，在弹出的脚本存储路径选择界面中，单击"HP ALM 测试计划"，选择脚本的上传路径，例如：本例中脚本的上传路径是"Subject\Flight 系统\功能测试\功能自动化测试"，然后设置脚本的文件名，"文件类型"选择"GUI 测试"，如图 6-69 所示。

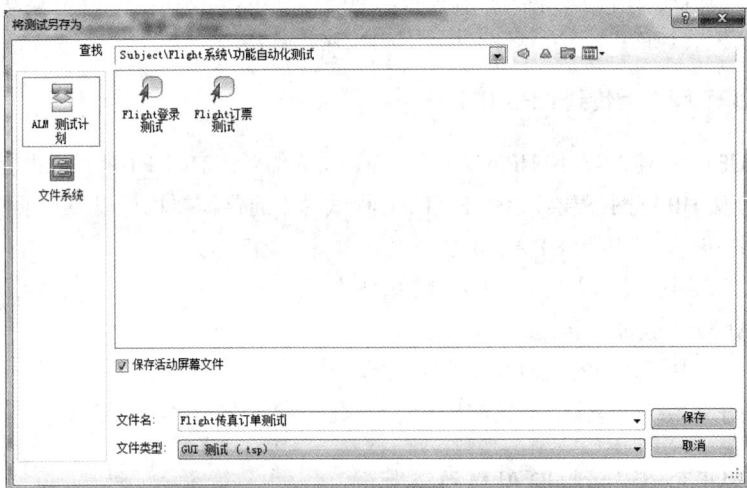

图 6-69　将脚本存储到 HP ALM 的指定目录下

(2) 单击"保存"按钮后，即可将脚本保存到 HP ALM 的测试计划模块中。

3) 在 HP ALM 中验证上传是否成功

(1) 登录 HP ALM 系统，在左侧导航栏中单击"测试"|"测试计划"，在 HP ALM 右侧会显示当前 HP ALM 中存放测试用例的文件夹。

(2) 刷新并展开文件夹"Subject\Flight系统\功能测试\功能自动化测试",可以看到刚上传的脚本,如图 6-70 所示。如果在该文件夹下看不到已上传的脚本,说明脚本上传失败,则需要重新上传脚本。

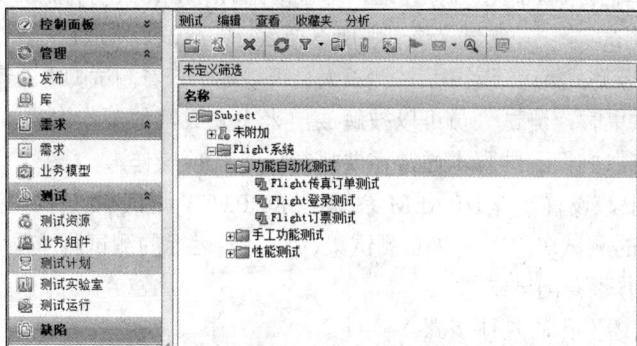

图 6-70　验证脚本上传是否成功

4) 在 HP UFT 中打开 HP ALM 中的脚本并编辑它

(1) 在 HP UFT 中,选择菜单"文件"|"打开"|"测试"命令,打开测试文件选择界面,如图 6-71 所示。

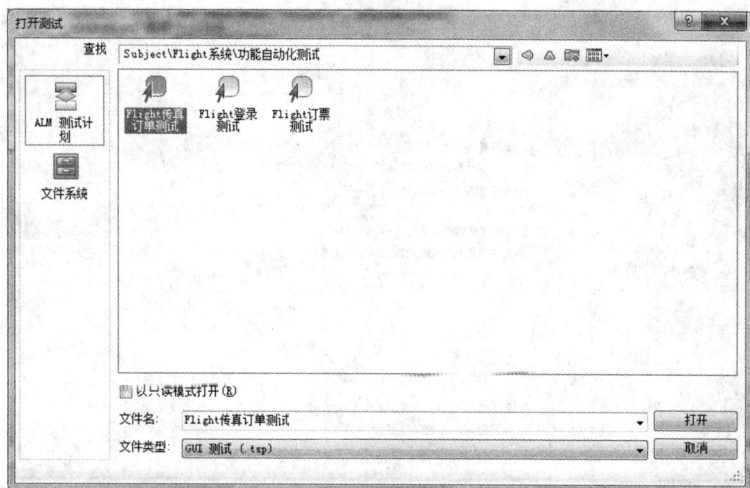

图 6-71　测试文件选择界面

(2) 在测试文件选择界面,单击"HP ALM 测试计划",打开已上传的测试脚本。如果脚本可以被打开,测试人员可在 HP UFT 的属性视图中看到脚本的存储位置为 HP ALM,如图 6-72 所示。在 HP UFT 中,打开 HP ALM 的测试脚本后,还可对脚本重新编辑并保存到 HP ALM 系统中。

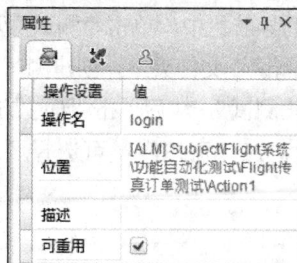

图 6-72　脚本的存储位置

2. 创建测试集并批量运行 HP UFT 脚本

HP UFT 测试脚本上传到 HP ALM 系统后，可直接在 HP ALM 系统的测试实验室中运行并查看测试的运行结果。在测试实践中，测试人员可将所有要运行的测试脚本放在一个 HP ALM 测试集中，然后执行该测试集。当测试集运行完毕后，测试人员可以逐个查看测试脚本的运行结果。从这里可以看出，当执行测试集时，测试人员可以被解放出来去完成其他工作内容，提高了工作效率。

在 HP ALM 系统中执行测试脚本通常需要执行以下几项操作。

(1) 在 HP UFT 中，设置允许 HP ALM 系统运行 HP UFT 测试和组件。

(2) 在 HP ALM 的测试实验室中建立测试集，并将要运行的测试脚本导入测试集。

(3) 执行测试集并查看测试结果。

下面详细介绍上述操作的具体步骤。

1) 设置允许 HP ALM 系统运行 HP UFT 测试和组件。

打开 HP UFT，选择"工具"|"选项"命令，在弹出的"选项"设置界面中，选择"GUI 测试"下的"测试运行"选项卡，将"允许其他 HP 产品运行测试和组件"前的复选框选中，如图 6-73 所示，然后单击"确定"按钮。

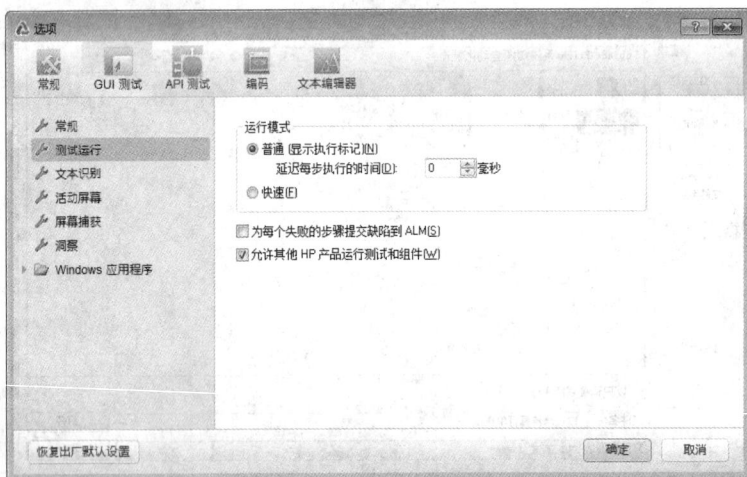

图 6-73 勾选"允许其他 HP 产品运行测试和组件"

只有选中"允许其他 HP 产品运行测试和组件"选项，才允许在 HP ALM 系统中执行 HP UFT 测试脚本。有一点需要注意，执行测试集的主机一定要安装 HP UFT 程序，否则测试集无法执行。

2) 在 HP ALM 的测试实验室中建立测试集，并将要运行的测试脚本导入测试集。

(1) 登录进入 HP ALM，在左侧的导航栏中，单击"测试"下的"测试实验室"，显示已创建的测试集信息。在本实例中，在"功能测试"文件夹下，创建测试集"自动化测试"，如图 6-74 所示。

(2) 选中刚创建的测试集"自动化测试"，然后单击界面上方的"选择测试"按钮，打开用于选择测试用例的窗口，如图 6-75 所示，在该窗口内，可选择要运行的测试脚本。

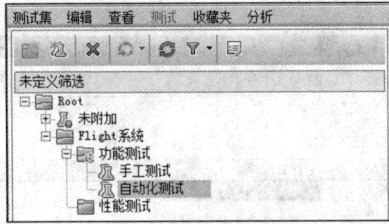

图 6-74　创建"自动化测试"测试集

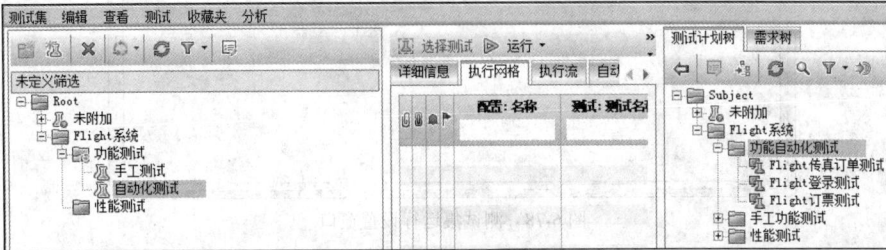

图 6-75　选择测试用例窗口

(3) 分别选中要运行的自动化测试脚本，单击 ⬅ 按钮，脚本就会被添加到当前测试集中，如图 6-76 所示。

图 6-76　将测试脚本添加到测试集中

(4) 打开执行流视图，设置自动化测试脚本的执行顺序，如图 6-77 所示。

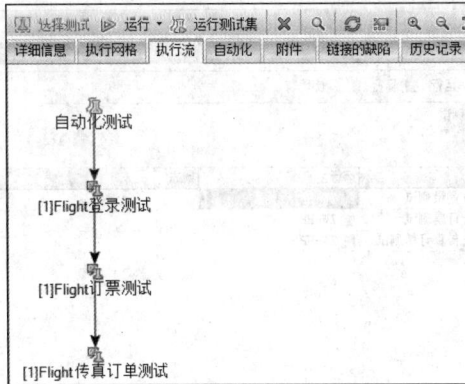

图 6-77　设置脚本执行顺序

3) 执行测试集并查看测试结果。

(1) 打开"自动化测试"测试集，单击"运行测试集"按钮，打开测试集运行设置窗口，如图 6-78 所示。如果要运行的是单个测试脚本，可选中要运行的测试脚本，然后单击"运行"按钮。

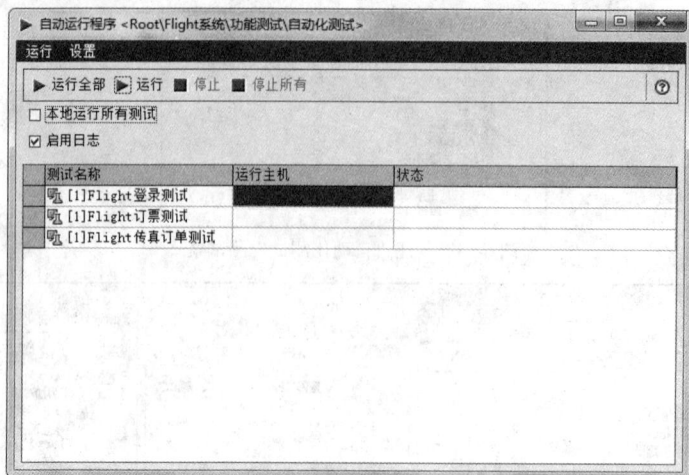

图 6-78　测试集运行设置窗口

(2) 单击每个脚本"运行主机"一栏的···按钮，打开"选择主机"窗口，如图 6-79 所示。

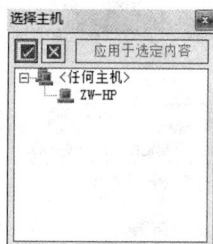

图 6-79　"选择主机"窗口

(3) 选择可运行 HP UFT 测试脚本的主机名，单击☑按钮，被选主机就出现在"运行主机"一栏，如图 6-80 所示。在这里，也可将"本地运行所有测试"前的复选框选中，那么本地主机名就会出现在"运行主机"一栏。

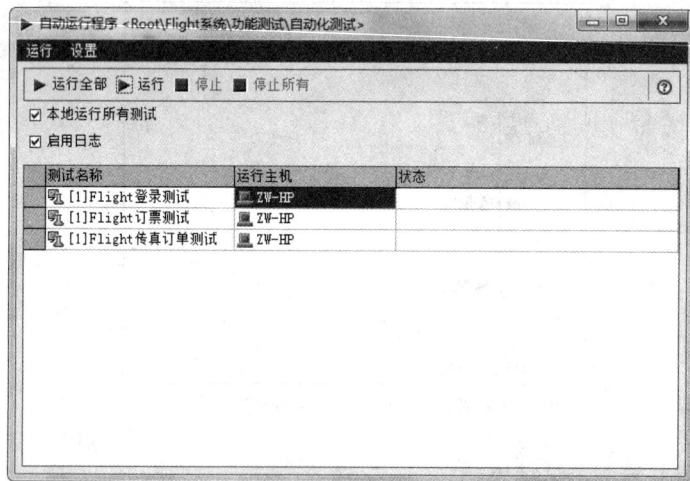

图 6-80　设置运行主机后的界面

(4) 单击"运行全部"按钮，HP ALM 会按顺序自动运行所有测试脚本。运行 HP UFT 脚本的主机的远程代理程序被打开，屏幕右下角的托盘中出现图标。

(5) 测试集执行完毕后，测试集"执行网格"选项卡下的 Launch Report 按钮变为可执行状态。选中某个已执行的测试脚本，然后单击 Launch Report 按钮查看相应脚本运行的测试结果。

6.13.3　使用 Test Batch Runner 运行测试脚本

Test Batch Runner 是 HP UFT 自带的小工具，本节简单介绍使用 Test Batch Runner 批量执行 HP UFT 测试脚本的步骤。需要说明的是，使用该工具运行测试脚本也需要在 HP UFT 中勾选"允许其他 HP 产品运行测试和组件"，具体勾选方法在 6.13.2 中已有介绍，请读者自行查阅。

(1) 在"开始"菜单里，选择 HP UFT 程序下 tools 里的 Test Batch Runner，如图 6-81 所示，该工具是 HP UFT 自带的测试脚本批量运行工具。

(2) 通过选择菜单"测试"|"添加"，将要批量运行的测试脚本所在的文件夹添加到 Test Batch Runner 中，如图 6-82 所示。

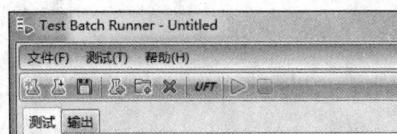

图 6-81　Test Batch Runner 主界面

图 6-82　将测试脚本添加到 Test Batch Runner

(3) 选择要批量运行的脚本，单击 ▷ 按钮，依次执行选中的测试脚本，执行完毕后，可在"运行结果"一栏查看每个脚本的测试结果报告文件，如图 6-83 所示。

图 6-83　批量运行结果

另外，可将当前批量运行文件(可以看成一个测试集)导出，另存为.mtb 格式的文件。

6.13.4　使用 QuickTest.Application 对象运行测试脚本

在 HP UFT 中，可使用 QuickTest.Application 对象来运行测试脚本，具体代码如下：

```
Call ExecuteFlightScript ("G:\UFT 测试\ Flight 登录", " G:\UFT 测试\测试运行结果\Flight 登录")
Public Function ExecuteFlightScript(ScriptPath,ResultPath)
Dim qtApp
Dim qtTest
Dim qtResultsOpt
```

```
Set qtApp = CreateObject("QuickTest.Application") ' 创建 Application 对象
qtApp.Launch ' 启动 QuickTest
qtApp.Visible = True ' 使 QuickTest 应用程序可见

' 设置 QuickTest 运行选项
qtApp.Options.Run.ImageCaptureForTestResults = "OnError"
qtApp.Options.Run.RunMode = "Fast"
qtApp.Options.Run.ViewResults = False

qtApp.Open ScriptPath ' 以只读模式打开测试


' 为测试设置运行参数
Set qtTest = qtApp.Test
qtTest.Settings.Run.IterationMode = "rngAll" '运行全局表中的所有行
qtTest.Settings.Run.OnError = "Dialog"  ' 指示 QuickTest 在发生错误时, 弹出错误提示框

Set qtResultsOpt = CreateObject("QuickTest.RunResultsOptions") ' 创建 Run Results
Options 对象
qtResultsOpt.ResultsLocation = ResultPath ' 设置结果位置

qtTest.Run qtResultsOpt ' 运行测试

'MsgBox ResultPath ' 检查测试运行的结果
qtTest.Close ' 关闭测试
'
Set qtResultsOpt = Nothing ' 释放 Run Results Options 对象
Set qtTest = Nothing ' 释放 Test 对象
qtApp.Quit ' Exit QuickTest
Set qtApp = Nothing ' 释放 Application 对象
ExecuteCRMScript=true
End Function
```

在上述脚本中，将测试脚本的设置和运行放在 ExecuteFlightScript 函数里，可使用 Call 语句调用要运行的测试脚本，并将测试运行结果统一放在某个文件夹下。

使用上述脚本运行测试之前，需要将脚本保存在.vbs 格式的文件中，然后双击该文件即可运行测试脚本。运行结束后，可利用 run Results Viewer 工具查看每个脚本运行的测试结果文件。

6.14　查看测试结果

HP UFT 测试脚本执行完毕后，测试人员可打开测试结果文件来查看和分析测试结果。测试员可以根据测试结果来判断测试是否通过，检查测试脚本是否正确完成了测试。本节主要介绍测试结果报告的存储和查看方式。

6.14.1　设置结果的存储位置

默认情况下，测试结果报告存放在当前测试项目文件夹下。当用户单击"运行"按钮之后，系统会弹出"运行"对话框，在该对话框中可设置测试结果报告的存储位置等信息，如图 6-84 所示。

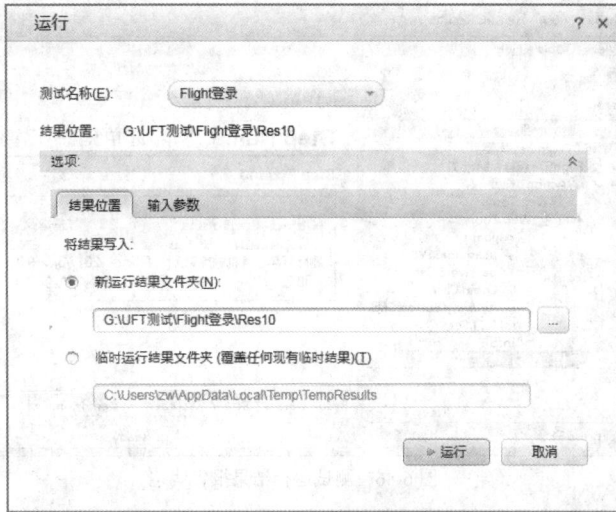

图 6-84　"运行"对话框

- "新运行结果文件夹"：用于保存本次运行的测试结果。
- "临时运行结果文件夹(覆盖任何现有临时结果)"：运行测试结果存放到默认目录中，并且覆盖上一次该目录中的测试结果。

6.14.2　查看测试运行结果

当测试脚本运行完毕后，可通过单击 HP UFT 主界面上的 按钮来查看刚运行的测试结果报告。另外，可在 HP UFT 中设置运行结束后自动弹出测试结果报告，具体设置步骤是：选择"工具"|"选项"命令，在弹出的对话框中将"常规"|"运行会话"选项卡中的"当运行会话结束时查看结果"选中，如图 6-85 所示。

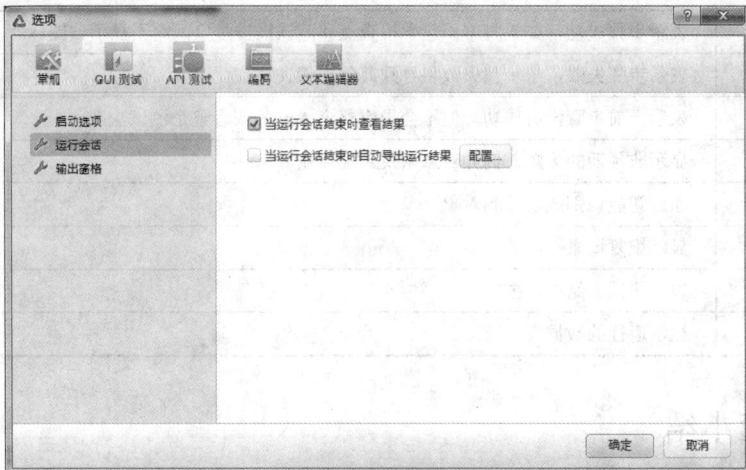

图 6-85　设置选项

打开测试结果报告，在结果报告查看器中，左侧显示的是测试步骤的概要信息，右侧显示的是测试步骤的详细信息、屏幕记录、系统监控等信息，如图 6-86 所示。

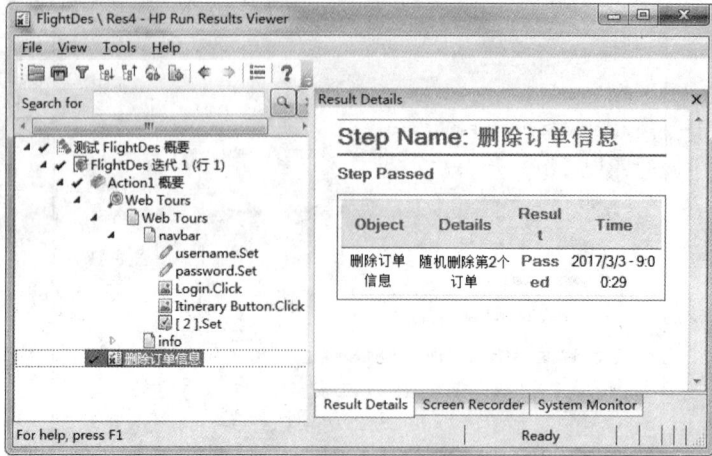

图 6-86 测试运行结果报告

下面介绍测试结果报告中几个选项卡的含义。

(1) 结果详情(Result Details)：在该选项卡中能够看到执行的详细信息。

(2) 屏幕记录(Screen Recorder)：在该选项卡中能够看到测试回放的视频画面。

(3) 系统监控(System Monitor)：该选项卡用来记录测试回放时系统资源的一些信息。

(4) 捕捉的数据(Captured Data)：在该选项卡中查看测试运行时的静态图片。

(5) 数据(Data)：能够显示回放时数据表中的数据，包括全局表和本地表。

(6) 日志跟踪(Log Tracking)：在该选项卡中显示测试回放的日志信息。

测试结果报告中有以下几种状态，见表 6-11。

表 6-11 测试结果状态图示表

状态	含义	图标
成功	表示步骤成功，如果脚本不包含检查点和测试报告对象，则不显示该图标	✔
失败	表示步骤失败，子步骤失败将导致其父步骤失败	✖
警告	表示当前步骤没有成功，但不会导致整个 Action 或者整个测试失败	!
非预期失败	显示非预期的失败，例如对象未找到检查点	⊗
自动识别机制	通过智能识别成功找到对象	☁
激活恢复场景	显示恢复场景被激活	▽
中止运行	表示测试未结束，被中止	✋
数据表	显示运行的数据表	▦

6.15 本章小结

本章对自动化测试软件 HP UFT 的使用及关键技术进行了详细介绍。首先介绍了 HP UFT 的基本配置、工作流程等内容；然后介绍对象库管理、录制模式、操作调用、检查点技术、参数化技术、描述性编程技术、正则表达式技术、场景恢复技术、函数库管理等关键组件和 HP UFT 关键技术；最后对测试脚本的调试技术、运行方式和测试结果报告等内容进行了阐述。

练 习 题

1. 简述 HP UFT 的测试步骤。

2. 简述关键字驱动测试的含义。

3. 在 HP UFT 中，使用对象库识别对象的一般过程是什么？

4. HP UFT 有哪几种录制模式？它们都应用在哪些范围？

5. 操作调用包括哪几种方式？它们之间的区别是什么？

6. 什么是检查点？标准检查点和文本检查点的主要用途是什么？

7. 什么是参数化技术？参数化技术的好处有哪些？

8. Description(描述性)编程的步骤是什么？

9. 在 HP UFT 中，正则表达式经常用在哪些应用中？

10. 设置测试场景恢复的目的是什么？谈谈你身边可能需要使用该技术的案例。

11. 函数与子过程的区别是什么？如何调用已创建的函数？

12. HP UFT 中包含哪几种脚本调试技术？

13. HP UFT 测试脚本的常用运行方式有哪些？思考为什么需要批量运行测试脚本。

第 7 章　HP UFT 功能自动化实践

本章以 HP UFT 自带的飞机订票系统为测试对象，讲述如何使用 HP UFT 对其登录业务、订票业务、传真订单业务和退出业务进行功能自动化测试。当 HP UFT 安装完成后，通过单击"开始"菜单的 HP Unified Functional Testing /Sample Application 目录下的 Flight GUI 即可打开飞机订票系统，然后就可以使用 HP UFT 在该系统上实施功能自动化测试了。

本章要点如下：
- 自动化测试框架
- 设计测试用例
- 开发 HP UFT 测试脚本
- 管理 HP UFT 测试资源
- 运行测试脚本

7.1　测试需求分析

飞机订票系统(Flight Reservation，简称 Flight)是 HP UFT 自带的一款 Windows 桌面应用程序，系统提供了机票预订、客户登录、订单查询、订单传真、订单编辑、订单统计以及帮助等功能。该系统的功能结构如图 7-1 所示：

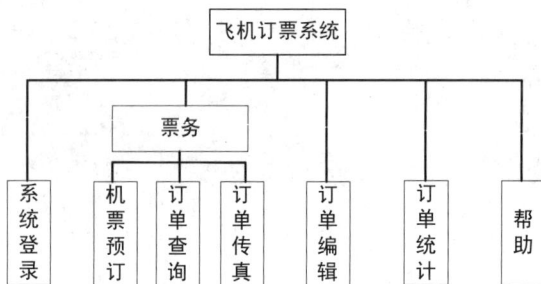

图 7-1　飞机订票系统结构图

在测试实践中，优先选择典型的、有代表性的、需求变化不频繁的业务来实施功能自动化测试。本章就选择系统登录业务、机票订票业务、订单传真业务和退出业务来开展自动化测试，这三个业务的测试需求已在 4.4 节中列出，读者可自行查阅。

7.2　自动化测试框架

7.2.1　自动化测试框架简介

在自动化测试过程中，为保证测试脚本的规范性、可读性和可维护性，首先要设计适合项目的自动化测试框架。所谓的自动化测试框架实质上就是一种规范的集合体，在自动化测试开发过程中，经常会遇到很多问题，例如：

(1) 测试脚本不统一，出现很多重复的脚本；

(2) 对象库中含有很多重复的对象，导致对象混乱；

(3) 测试脚本不规范，难以修改和重用，导致维护成本很高。

以上这些只是一些较常见的问题，其实在自动化测试过程中遇到的问题远不止这些，要解决这些问题，就必须为其定义适合项目的规范。例如，如果脚本不统一，可为每个脚本的写法定义严格的规范，定制共享函数库；如果对象库重复混乱，可规范对象库的命名和结构并尽量使用统一的共享对象库；如果测试脚本不规范，难以修改和重用，可将脚本中的部分内容分离出来。这些都是可采取的措施，当然还包括异常处理、测试结果处理、测试报表管理等，当这些措施规范都集合在一起时，我们就把其称为自动化测试框架。

自动化测试框架有很多种，没有任何一种测试框架是万能的。在测试实践中，自动化测试工程师应该设计适合本公司项目的测试框架，一旦制订测试框架，测试人员就能根据该框架的规范来编写测试脚本了。

自动化测试工程师在进行自动化测试时，首先要考虑测试过程与测试脚本的统一管理。不管是手工测试还是自动化测试都需要依据规范的测试流程来开展测试工作，规范的测试流程是保证测试质量的首要因素，在本案例中，使用测试管理工具 HP ALM 对自动化测试的过程进行控制和管理。测试脚本是一种代码，在测试进行过程中，需要对这些代码进行统一管理。在本案例中，自动化测试用例的测试脚本开发完成后，将测试脚本上传到 HP ALM 中，由 HP ALM 统一管理。如果测试脚本有多个版本，那还要考虑脚本的版本控制，可使用一些版本控制软件对此进行控制和管理，如 SVN 等。

总之，在 Flight 系统功能自动化测试过程中，使用测试管理工具 HP ALM 对测试过程和脚本进行统一管理。而且，功能自动化测试工具 HP UFT 与 HP ALM 可无缝对接，HP ALM 不仅可对 HP UFT 测试脚本进行管理，还可对函数库、对象库等资源文件进行管理，使脚本更容易得到控制，在一定程度上可以减少后期维护成本。

7.2.2　自动化测试框架考虑的要素

一个完备的测试框架还应该考虑对象的管理、函数库的管理、数据驱动、关键字驱动、错误处理、测试报告管理等内容。下面结合本案例介绍以上这几项内容。

1. 对象的管理

在功能自动化测试中，最难的问题之一就是对象的识别和管理，因为脚本中真正的流程变动较少，变动最大的就是对象层。在 HP UFT 中，对象识别主要包括以下两种方法。

(1) 从对象库中查找并识别对象

对象库是 HP UFT 的一个重要组件，对象库中存放着与被测业务有关的各种对象，那么在脚本开发和回放过程中，就可以从对象库中查看并识别所需的对象。该种方法实现了编码与对象的分离，方便了对象的维护和管理，但该对象库文件只适合 HP UFT，不适合移植到其他功能自动化测试工具中。

(2) 利用描述性编程查找并识别对象

不使用对象库组件，仅利用描述性编程语言来查找并识别当前页面的对象，该方法比较灵活，可移植性好，可根据需要识别并查找某类测试对象。

在本案例中，为方便对象的维护和管理，优先使用对象库方式来查找和识别对象，如果该方式无法满足需要，再使用描述性编程查找并识别对象。

如果使用对象库，就需要构建和管理对象库。为防止对象库混乱、名称不统一，在构建对象库时，需要测试人员规范对象库中对象的命名，设置好对象的层次结构、将对象库中重复的对象删除掉等。对象库构建完成后，可将对象库文件上传到 HP ALM 系统的测试资源中，当开发测试用例脚本时，测试人员可将对象库文件关联到当前用例项目中，这样就实现了对象库文件的共享。

2. 函数库的管理

在测试脚本的开发过程中，可采用结构化编程的思想，将某些重用度比较高的脚本单独放在过程或者函数中，简化脚本开发的工作量。例如：每个用例脚本中都包含发送邮件的代码，那么可将发送邮件的代码单独写在一个函数中，当脚本用到发送邮件的代码时，就可以调用该函数。另外，如果脚本需要频繁调用外部函数库中的函数，就需要提前将函数库文件关联到当前用例项目中。

在自动化测试活动中，可将项目的相关函数放在外部函数库文件中，实现脚本与函数的分离，函数库文件可以是 qfl 格式、vbs 格式或 txt 格式。函数库构建完成后，可将函数库文件上传到 HP ALM 系统的测试资源中，开发测试用例脚本时，测试人员可将函数库文件关联到当前用例项目中，这样就实现了对象库文件的共享。

此外，有些函数封装在动态链接库文件 DLL 中，可利用 Extern.Declare 方法调用动态链接库文件中的函数。

3. 数据驱动

HP UFT 支持数据驱动框架，这种框架的最大优点是实现了脚本与数据的分离，便于数据的修改和脚本的维护。测试脚本里的数据不再是 hard-code，相反，数据被存储在 HP UFT 表或者外部文件里。一般情况下，我们使用外部 Excel 表格来存储数据，测试脚本需要首先连接到外部数据源文件，然后从数据源解析这些数据。其他常用的外部数据源包括文本文件、XML 文件、数据库文件等。

4. 关键字驱动

HP UFT 的一大特点就是支持关键字驱动，在关键字视图中我们看到三类主要的关键字：被操作对象(Item)、操作(Operation)和值(value)，用面向对象形式可将其表示为 Item.Operation(Value)。有了这些关键字，测试用例的步骤就可以用它们来表示。例如：登录用例步骤"在登录界面中的代理名称文本框输入 tester1"的具体实现脚本是 Dialog("登录").WinEdit("代理名称:").Set "tester1"，其中，Dialog("登录").WinEdit("代理名称:")指被操作的对象，set 是操作方法， tester1 指方法的参数值。

关键字驱动测试实施的具体步骤如下：

(1) 建立对象库，将测试用例用到的对象(控件)属性及方法进行封装。

(2) 编制脚本，使用封装好的对象及其对应的方法，给所执行的操作赋值。

在 HP UFT 脚本开发过程中，通过录制方式生成脚本，也可以通过手工编写脚本。在实践中，可将两种方式结合起来，先用录制方式快速生成基本业务脚本，然后依据用例的要求通过手工方式去修改和强化脚本。

5. 异常监控和处理

错误处理在自动化测试过程中一直是一件非常繁杂的事情。例如，我们经常会遇到这样的情况：因为某个脚本的小错误而导致其他测试脚本无法按照预期要求去运行，在复杂框架中无法对测试脚本执行结果出现的错误进行定位。

通常处理错误的原则为：对于可预见确切发生时间的错误，使用 if 判断语句执行错误处理操作，如非法用户登录时的错误处理操作；对于无法预见确切发生时间的错误，通常先使用 UFT 的场景恢复技术对错误进行处理，然后使测试继续完成后续操作。

6. 测试报告管理

测试执行过程中，HP UFT 应该记录下每个 Action 的执行情况，可利用 Reporter 等对象将执行过程中的某些关键信息输出到测试报告中，以便测试人员可判断测试用例脚本执行通过还是失败。

另外，在脚本开发过程中，为增强脚本的可读性，还应该对脚本增加必要的注释信息。

7.3　设计测试用例

7.3.1　登录业务测试用例

登录功能比较简单，用户进入 Flight 系统的登录界面，如图 7-2 所示，输入用户名和密码，单击"确定"提交登录信息，测试系统的响应是否正确。

图 7-2　飞机订票系统的登录页面

在测试登录功能时需要考虑两个问题：一是登录信息合法的情况下，测试登录提交操作是否正确；二是登录信息非法的情况下，系统是否有容错性。登录业务的相关测试用例如表 7-1 所示。

表 7-1　登录业务的自动化测试用例

测试目的	对登录业务功能的正确性和容错性进行自动化测试				
前提与约束	至少存在一组可登录系统的用户名和密码				
测试步骤	用户打开 Flight 系统登录界面； 输入用户名和密码，单击"确定"按钮				
测试说明	用户名	密码	期望结果		实际结果
合法用户信息登录	tester1	mercury	登录成功，进入系统主界面		
用户名少于 4 位	wei	mercury	提示用户名不能少于 4 位		
用户名和密码皆为空			提示用户名或密码不能为空		

（续表）

测试说明	用户名	密码	期望结果	实际结果
用户名为空，密码不为空		mercury	提示用户名不能为空	
用户名不为空，密码为空	tester1		提示密码不能为空	
密码错误	tester1	111111	提示密码错误	
测试执行人			测试日期	

表 7-1 共列出登录业务的 6 条测试用例，其中第一条是正确性测试的测试用例，后面 5 条是容错性测试用例。这里，利用错误推测法推测用户名或密码为空时，系统是否有相应的容错处理能力。

7.3.2　订票业务测试用例

订票业务是系统的核心功能，该功能的操作步骤如下：

(1) 在 Flight 系统的主界面上，单击"新建订单"按钮，进入"航班预定"界面，如图 7-3 所示。

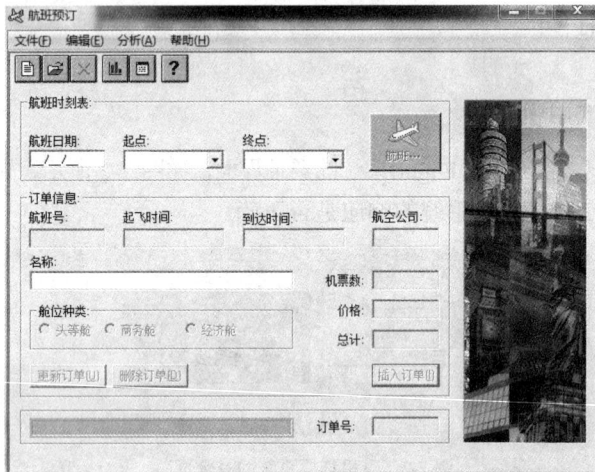

图 7-3　"航班预定"界面

(2) 在"航班预定"界面中，输入合法的航班日期，选择出发地和目的地，单击"航班查询"按钮，弹出"航班表"界面，如图 7-4 所示。

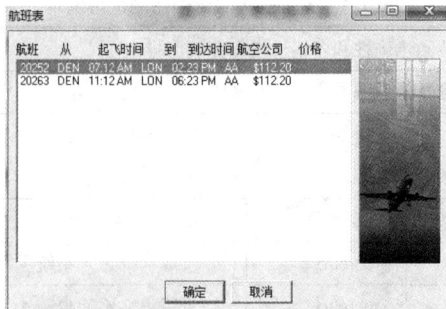

图 7-4　"航班表"界面

(3) 选择要预订的航班后，单击"确定"按钮，航班信息会自动记录到预订界面的数据项中。接下来，输入名称和机票数量，选择舱位类型，单击"插入订单"按钮，系统自动提示"正在插入订单"。插入完成后，"订单号"文本框中显示订单号，如图 7-5 所示。

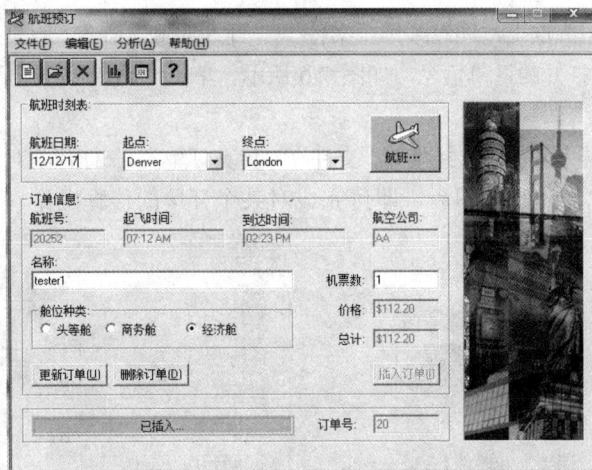

图 7-5　插入机票订单

依据功能测试需求，在航班信息中，航班日期、起点和终点这三个属性不允许为空，日期必须满足特定格式且必须大于当前系统日期，否则提交查询航班时提示错误信息。由于起点和终点为空时，航班选择按钮不可用，因此，在自动化测试中不必考虑这两个输入项的限制。

总之，在设计订单业务测试用例时，需要考虑两点：一是输入合法订票日期的情况下，测试航次查询是否正确；二是输入非法订票日期的情况下，测试系统是否有相应的容错处理能力。订票业务的相关测试用例如表 7-2 所示。

表 7-2　订票业务的自动化测试用例

测试目的	对订票业务功能的正确性和容错性进行自动化测试				
前提与约束	有合法的、可供登录的用户信息				
测试步骤	(1) 用户打开 Flight 系统登录界面； (2) 输入合法的用户名和密码，单击"确定"按钮，进入 Flight 系统主界面； (3) 单击菜单中的"文件" | "新建订单"按钮来创建一个新订单； (4) 输入航班日期、起点、终点、航次、名称、机票数量和舱位种类等订单信息，单击"插入订单"按钮				
测试说明	日期	起点	终点	期望结果	实际结果
合法订票信息	01/01/18	Paris	Denver	订单插入成功	
日期早于当前日期	01/01/16	Paris	Denver	提示日期出错	
日期为空		Paris	Denver	提示日期不允许为空	
测试执行人				测试日期	

在表 7-2 中，共列出订票业务的 3 条测试用例，其中第一条是正确性测试的测试用例，后面两条是容错性测试用例。

7.3.3 传真订单业务测试用例

传真订单功能也是 Flight 系统的一个重要业务。依据功能测试需求，传真订单业务的具体操作步骤如下：

(1) 在 Flight 系统主界面上，通过菜单"文件"|"打开订单"命令，打开"打开订单"对话框。在该对话框上，输入要打开的订单信息，如图 7-6 所示。单击"确定"按钮后，即可将该订单的信息显示在主界面上。

(2) 回到 Flight 系统主界面，选择菜单"文件"|"传真订单"。在打开的对话框中输入传真信息，如图 7-7 所示。单击"发送"按钮后，即可完成对某个订单的传真操作。

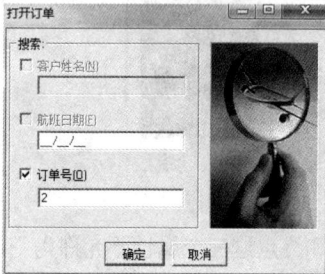

图 7-6 "打开订单"对话框　　　　　　图 7-7 传真界面

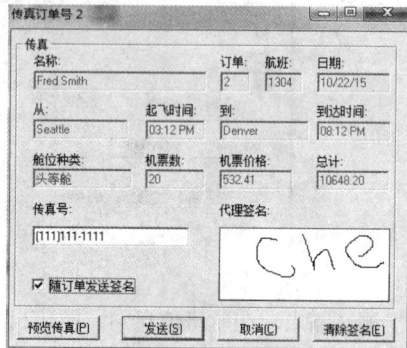

在传真订单时，传真号码不能为空，必须是 10 位数字。因此，在设计传真订单业务测试用例时，需要考虑两点：一是输入合法传真号的情况下，测试传真功能是否正确；二是输入非法传真号的情况下，测试系统是否有相应的容错处理能力。传真业务的相关测试用例如表 7-3 所示。

表 7-3 传真订单业务的自动化测试用例

测试目的	对传真订单业务功能的正确性和容错性进行自动化测试		
前提与约束	(1) 有合法的、可供登录的用户信息； (2) 存在足够多的订单可供传真。		
测试步骤	(1) 用户打开 Flight 系统登录界面； (2) 输入合法的用户名和密码，单击"确定"按钮，进入 Flight 系统主界面； (3) 单击菜单中的"文件"|"打开订单"，进入"打开订单"对话框，输入订单查询条件进行查询； (4) 选中要传真的订单，订单信息显示在系统主界面中； (5) 单击菜单中的"文件"|"传真订单"，进入传真订单对话框，输入传真号，单击"发送"按钮； (6) 主界面底部提示栏显示传真发送成功。		
测试说明	传真号	期望结果	实际结果
传真号合法	111-111-1111	成功发送传真	
传真号为空		有相应错误提示	
传真号不足 10 位	111-111-111	有相应错误提示	
测试执行人		测试日期	

表 7-3 共列出订单传真业务的 3 条测试用例，其中第一条是正确性测试的测试用例，后面两条是容错性测试用例。在设计测试用例时，应该选择边界、有代表性的测试数据进行测试，例如，这里选择 9 位传真号来设计容错性测试用例。

7.3.4　退出业务测试用例

在 Flight 系统主页面上，单击菜单"文件"|"退出"按钮，即可完成退出操作，如图 7-8 所示。

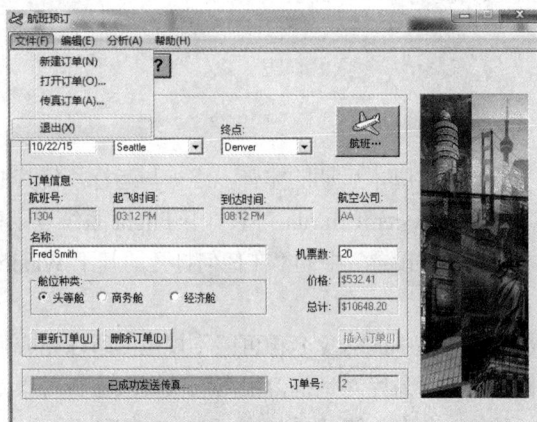

图 7-8　系统主页面中的"退出"按钮

退出功能的自动化测试脚本不仅可测试退出功能的正确性，还可被其他测试脚本调用，退出业务仅需要设计 1 条测试用例，如表 7-4 所示。

表 7-4　退出业务的自动化测试用例

测试目的	对退出功能的正确性进行自动化测试		
前提与约束	有合法的、可供登录的用户信息		
测试步骤	在 Flight 系统登录界面，输入合法的用户名和密码，单击"确定"按钮 在系统主界面，单击菜单"文件"|"退出"按钮，退出系统		
测试说明	期望结果		实际结果
退出飞机订票系统	成功退出		
测试执行人		测试日期	

7.4　开发登录业务脚本

本节主要依据登录业务的自动化测试用例，开发登录业务的脚本，以测试 Flight 系统登录功能的正确性和容错性。本节将具体介绍登录业务脚本的开发过程。

在进行测试脚本录制之前，首先要做好测试准备工作，具体工作如下：

(1) 正确加载 HP UFT 插件，本例中需要加载 ActiveX 插件。

(2) 新建测试的类型为 GUI 测试，名称要符合业务规范，并且确保路径正确，本测试的名称为 FlightLogin。

(3) 打开"录制和运行设置"，将 Windows Applications 选项卡下的"仅在以下应用程序上录制和运行"选中,并设置应用程序详细信息,确认飞机订票系统程序的路径。

7.4.1 登录脚本录制

按照 7.3.1 节中的业务流程录制登录操作,这里使用第一组测试用例的数据进行录制,即用户名和密码分别为 tester1 和 mercury。脚本录制完成后,确认脚本可回放执行。代码如下所示。

```
Dialog("登录").WinEdit("代理名称:").Set "tester1"
Dialog("登录").WinEdit("代理名称:").Type  micTab
Dialog("登录").WinEdit("密码:").SetSecure  "57f995b45ec7fedeb4d4431ed204e064655b0055"
Dialog("登录").WinButton("确定").Click
Window("航班预订").Close
```

在实际项目中,为便于 HP UFT 脚本后期的完善、维护与运行,使其适应性更强,通常使用脚本函数来启动被测系统。这里使用 SystemUtil.run 对象打开 Flight 系统登录窗口。需要注意,使用脚本启动被测系统需要将"录制并运行设置"中的"在任何打开的基于 Windows 的应用程序上录制并运行测试"选项选中。

另外,由录制自动添加到对象库中的对象名称可能不规范,所以完成脚本录制后的第一个动作是规范对象库的命名和结构。打开对象库对话框,根据测试要求检查对象库中对象名称的规范性。在本案例中,对对象名做了适当修改,使其更加贴切,如图 7-9 所示。

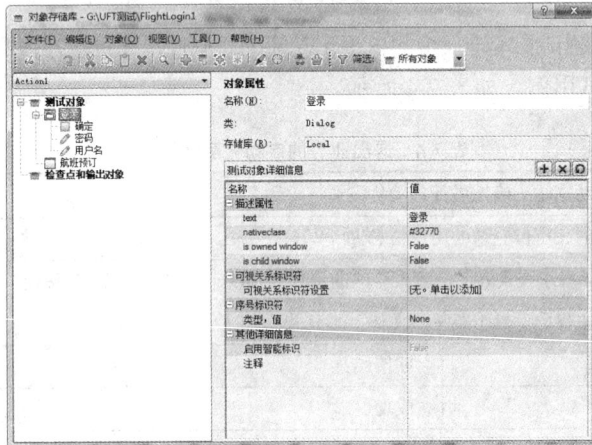

图 7-9　规范登录脚本对象库命名

7.4.2 设置 Action 属性

默认情况下,以 Action1、Action2 等来命名脚本中存在的多个 Action,从名字上看,其他测试人员很难明白这些 Action 的作用,因此建议重新命名 Action。重命名的方法比较简单,在解决方案视图中右击要重命名的 Action,选中重命名功能即可为该 Action 设置新名称。这里将当前 Action 重命名为 Login。

登录业务脚本可在其他脚本中重用,降低这些脚本开发的工作量。设置脚本可重用的方法是:右击解决方案中的 Action,在弹出菜单中单击"属性",UFT 主界面右侧就会出现"属性"视图,如图 7-10 所示,将"可重用"前的复选框选中即可完成可重用设置。

图 7-10　设置脚本为可重用

这里，为方便后续的订票脚本、传真订单等脚本重用登录脚本，将当前的登录脚本另存为脚本 "FlightLogin 调用"，该脚本后续专门用于其他脚本的重用。后续的脚本强化操作还在原来的 FlightLogin 脚本上进行。

7.4.3　参数化用户信息

登录业务共有 6 个测试用例，实际上是 6 组不同的用户数据重复执行相同的操作，也就是说 6 组不同的测试数据重复执行相同的测试脚本，这就需要用到参数化技术。在本案例中，对用户名和密码进行参数化，将参数写到全局数据表对应的 UserName、Password 列中。具体设置过程如下：

(1) 首先，将登录脚本中的密码由密文改为明文，以免影响后续参数化操作。然后，参数化登录的用户名和密码，用户名参数变量为 UserName，密码参数变量为 PassWord，参数数值存放在全局表中。该操作的详细步骤已在本书 6.7.1 节中有具体说明，这里不再赘述。

(2) 将 7.3.1 中登录测试用例的 6 组用户数据写入全局表中，这 6 组数据覆盖了合法用户信息和非法用户信息。其中，合法用户登录系统后，进入登录后的 Flight 系统主界面，非法用户信息登录系统后，系统应该有相应的错误提示，预期的错误提示信息如表 7-5 所示。

表 7-5　用户名和密码非法时系统的提示

测试数据		非法用户登录时，系统弹出的错误提示
UserName	Password	
wei	mercury	⚠ 代理名称长度必须至少为 4 个字符
	mercury	⚠ 请输入代理名称
tester1		✖ 请输入密码
tester	111111	✖ 密码错误。请重试

当非法用户信息登录系统时，需要 HP UFT 自动捕捉错误提示信息，并在测试结果中输出。如何自动捕捉错误提示信息呢？首先需要识别出错误提示控件对象，将识别的对象添加到对象库中，然后，需要编写捕捉错误提示的脚本代码，将错误信息输出到测试结果中。操作如下。

首先将待识别的对象添加到对象操作库中，操作如下：

(1) 打开 Flight 系统登录界面，不输入用户名和密码，单击 "确定" 按钮，弹出登录错误提示对话框，如图 7-11 所示。

(2) 在 HP UFT 项目主界面中，单击"对象存储库"按钮 ，或者按下 CTRL+R 组合键，打开"对象库"界面。

(3) 在"对象库"窗口中，单击"添加对象"按钮 ，选择图 7-11 所示的错误提示对话框，弹出"对象选择"对话框，如图 7-12 所示。

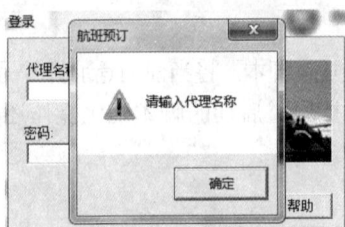

图 7-11　登录错误提示对话框

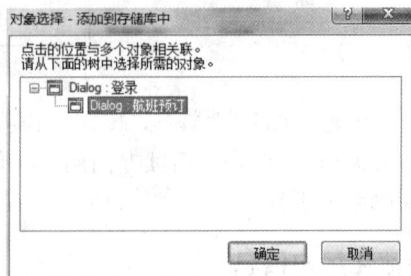

图 7-12　"对象选择"对话框

(4) 在"对象选择"对话框中，单击"确定"按钮，弹出"定义对象筛选"对话框，如图 7-13 所示。将"所有对象类型"前的单选按钮选中，然后单击"确定"按钮。这样，错误提示对话框的对象就成功添加到对象库中了。

在"定义对象筛选"对话框中，可供选择的选项含义如下：

- **仅选定的对象(不包括子对象)**：将当前选择对象(不包含子对象)的属性和值添加到对象仓库中。
- **默认对象类型**：根据默认筛选指定的对象类型，将当前选定对象的属性和值，与其子对象的属性和值一起添加到对象库中。选择选定的对象类型，单击"选择"按钮，然后单击"默认"按钮，可查看默认筛选的对象，如图 7-14 所示。

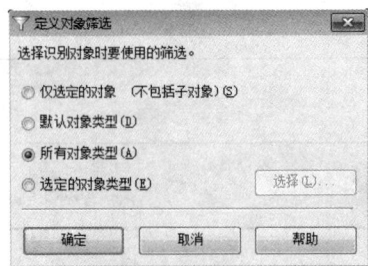

图 7-13　"定义对象筛选"对话框

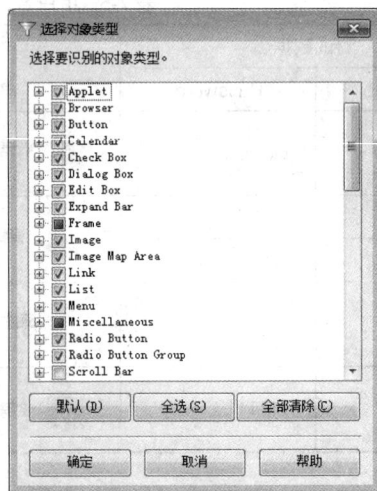

图 7-14　"选择对象类型"对话框

- **所有对象类型**：将当前选择对象及其子对象的所有属性和值添加到对象仓库中。
- **选定的对象类型**：将当前选择对象的属性和值添加到对象仓库中，并将筛选器指定的对象类型属性和值添加到对象库中，可通过单击"选择"按钮，在弹出的"选择对象类型"对话框中设置可添加的对象。

这样，对象就添加到对象仓库了，为便于管理，将错误提示静态文本对象更名为"登录错误提示"。当前对象库如图 7-15 所示。

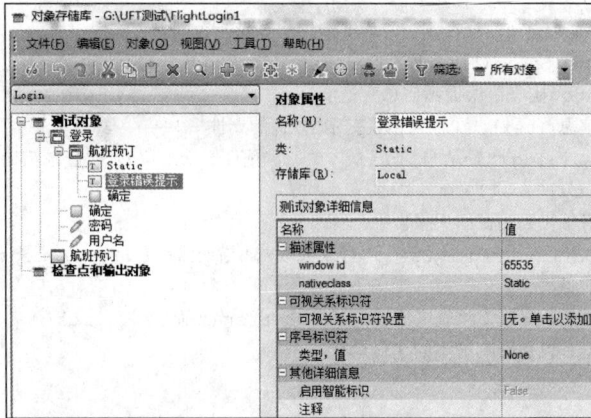

图 7-15　登录业务测试脚本的对象库

然后，编写捕捉错误提示的脚本代码，将错误信息输出到测试结果中。具体做法是：定义变量 err_message，将错误提示信息捕捉下来赋给变量 err_message，然后利用 Reporter.ReportEvent 方法将变量 err_message 的值输出到测试结果中。相关代码如下：

```
Dim err_message'定义错误提示信息变量
    '获取错误提示信息，text 是"登录错误提示"控件的属性
    err_message=Dialog("登录").Dialog("航班预订").Static("登录错误提示")
    .GetROProperty("text")
    '将错误提示信息输出到测试结果报告中
    reporter.ReportEvent micFail,"登录失败","错误信息为："&err_message
```

在上述代码中，使用 GetROProperty("text")函数获取回放时"登录错误提示"对象的 text 属性值。可利用 HP UFT 的"对象侦测器"查看"登录错误提示"对象的属性及属性值，以确定该对象的 text 属性中存放的错误提示信息，如图 7-16 所示。

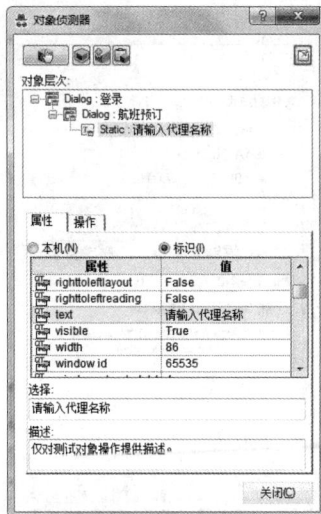

图 7-16　查看"登录错误提示"对象的属性

在登录脚本中，由于合法用户与非法用户登录的处理代码是不同的，因此，需要添加 If 判断语句来分别处理这两类用户的登录操作，添加判断语句后的代码如下：

```
'判断错误提示对话框是否存在，存在则当前为非法用户登录，否则为合法用户登录
If Dialog("登录").Dialog("航班预订").Exist(5) Then
    Dim err_message'定义错误提示信息变量
    '获取错误提示信息，text 是"登录错误提示"控件的属性
    err_message=Dialog("登录").Dialog("航班预订").Static("登录错误提示")
    .GetROProperty("text")
    '将错误提示信息输出到测试结果报告中
    reporter.ReportEvent micFail,"登录失败","错误信息为:"&err_message
    '关闭错误提示对话框
    dialog("登录").Dialog("航班预订").WinButton("确定").Click
    '关闭登录对话框，以免影响脚本的迭代运行
    dialog("登录").Close
else
    reporter.ReportEvent micPass,"登录验证","登录成功"
    Window("航班预订").Close
End If
```

该判断脚本的含义是：首先判断"登录错误提示"对象是否存在，如果存在，说明用户登录失败，利用 Reporter 对象的 ReportEvent 方法向测试结果报告中发送登录失败的提示信息，如果在 5 秒钟内仍然找不到"登录错误提示"对象，说明登录成功，利用 Reporter 对象的 ReportEvent 方法向测试结果中发送登录成功的信息。

上述脚本中使用了 Exist(n)函数，下面简要介绍该函数的含义。

Exist(n)函数的含义是检测某个测试对象是否存在，它的参数 n 代表最多可等待 n 秒，即意味着若被检测的对象在 n 秒内未出现，就可判定该对象不存在。在上述脚本中，最大等待时间设置为 5 秒。默认情况下，判断对象是否存在的最长等待时间为 20 秒，在 HP UFT 中可以设置该等待时间，具体操作是：打开菜单"文件"|"设置"命令，在弹出的"测试设置"对话框中，修改"运行"选项卡的对象同步超时时间，如图 7-17 所示。

图 7-17　设置对象同步超时时间

7.4.4 登录脚本回放

1. 脚本注释

脚本修改完成后，通常需要为脚本添加必要的注释，增强脚本的可维护性、可读性和可重用性。测试人员可根据情况，自行添加注释。添加注释的方法有以下三种：

(1) 在注释语言前直接添加注释符号——英文的单引号"'"。

(2) 选择要注释的代码行，单击右键，选择"注释"命令。

(3) 选择菜单"编辑"|"格式"|"注释"命令。

注释后的登录业务脚本如下：

```
'脚本功能：Flight 系统的登录操作
'脚本说明：
'       (1)对登录名和密码进行了参数化
'       (2)对合法用户登录的正确性和非法用户登录的容错性分别进行测试
'作者：tester1
'日期：2017.xx.xx

'打开 Flight 系统登录界面
systemutil.Run "C:\Program Files (x86)\Hp\Unified Functional
Testing\samples\flight\app\flight4a.exe","","C:\Program Files (x86)\Hp\Unified Functional
Testing\samples\flight\app\","open"
Dialog("登录").WinEdit("用户名").Set DataTable("UserName", dtGlobalSheet)
Dialog("登录").WinEdit("密码").Set DataTable("PassWord", dtGlobalSheet)
Dialog("登录").WinButton("确定").Click
'判断错误提示对话框是否存在，存在则当前为非法用户登录，否则为合法用户登录
If Dialog("登录").Dialog("航班预订").Exist(5) Then
    Dim err_message'定义错误提示信息变量
    '获取错误提示信息，text 是"登录错误提示"控件的属性
    err_message=Dialog("登录").Dialog("航班预订").Static("登录错误提示").
    GetROProperty("text")
    '将错误提示信息输出到测试结果报告中
    reporter.ReportEvent micFail,"登录失败","错误信息为:"&err_message
    '关闭错误提示对话框
    dialog("登录").Dialog("航班预订").WinButton("确定").Click
    '关闭登录对话框，以免影响脚本的迭代运行
    dialog("登录").Close
else
    reporter.ReportEvent micPass,"登录验证","登录成功"
    Window("航班预订").Close
End If
```

2. 回放脚本

脚本完善完成后，需要将登录业务脚本回放一遍，检测脚本的运行是否符合预期。在脚本回放运行之前，先要设置测试脚本的迭代运行方式，将其设置为"在所有行上运行"，即依次执行数据表中每行的用户数据，详细操作请参阅 6.7.1 节。

当脚本回放成功后，默认情况下会弹出测试报告。要让这个测试报告在回放成功后自动弹出，

可以进行如下设置：在 HP UFT 主界面中选择"工具"|"选项"命令，在打开的选项对话框中，选择"常规"下的"运行会话"选项卡，将"当运行会话结束时查看结果"前的复选框选中。当前脚本运行结果如图 7-18 所示。

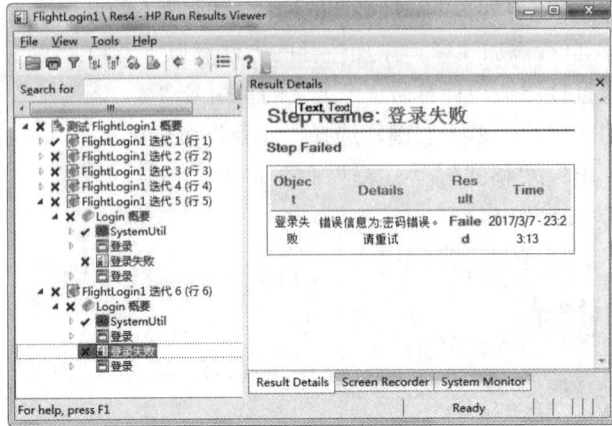

图 7-18　登录业务脚本的执行结果

从结果看，6 组测试数据共迭代运行了 6 次。其中第 1 组数据是合法用户信息，登录成功；后 5 组是非法用户信息，登录失败，在测试报告中可以看到错误提示信息。总之，测试运行结果符合脚本设计的预期。

7.5　开发订票脚本

本节主要依据订票业务的自动化测试用例，开发订票业务的脚本，以测试 Flight 系统订票功能的正确性和容错性。本节将具体介绍订票业务脚本的开发过程。

录制脚本前的准备工作与登录业务脚本的相似，这里不再多讲。这里创建了名为 FlightOrder 的测试文件。

7.5.1　录制订票脚本

在订票业务脚本开发过程中，将重用 7.4 节中的登录脚本"FlightLogin 调用"，以简化脚本开发。下面简要介绍录制过程中的相关操作。

(1) 由于是重用之前开发的登录脚本，因此，从登录之后的"航班预订"窗口开始录制订票业务操作，在这里使用第一组测试用例的数据进行录制，即航班日期、起点和终点分别为 01/01/18、Paris 和 Denver。

(2) 在录制后期，插入订单操作完成后，针对"更新订单"、"删除订单"和"插入订单"按钮对象插入标准检查点，将 enabled 属性的预期值分别设置为 true、true 和 false。插入标准检查点的相关操作请参阅 6.6.2 节。录制结束后，将当前 Action 更名为 Order，并设置为"可重用"，Action 属性修改操作请参阅 7.4.2 节。

通过以上操作，生成的代码如下：

```
Window("航班预订").WinMenu("Menu").Select "文件(F);新建订单(N)"
Window("航班预订").ActiveX("MaskEdBox").Type "010118"
```

```
Window("航班预订").WinComboBox("起点:").Select "Paris"
Window("航班预订").WinComboBox("终点:").Select "Denver"
Window("航班预订").WinButton("FLIGHT").Click
Window("航班预订").Dialog("航班表").WinList("从").Select "17173    PAR   10:24
AM  DEN  12:54 PM  AF    $177.47"
Window("航班预订").Dialog("航班表").WinButton("确定").Click
Window("航班预订").WinEdit("名称:").Set "tester1"
Window("航班预订").WinButton("插入订单(I)").Click
Window("航班预订").WinButton("更新订单(U)").Check CheckPoint("更新订单(U)")
Window("航班预订").WinButton("删除订单(D)").Check CheckPoint("删除订单(D)")
Window("航班预订").WinButton("插入订单(I)").Check CheckPoint("插入订单(I)")
```

与登录业务脚本一样，在修改脚本前，先规范对象库中对象的名称和结构。规范后的订票业务脚本的对象库如图 7-19 所示。

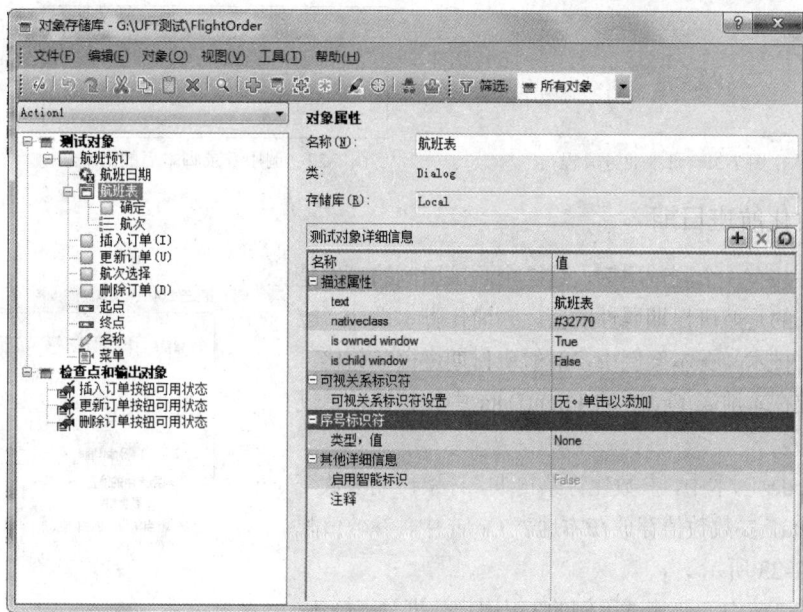

图 7-19　订票业务脚本对象库

7.5.2　登录操作调用

在 HP UFT 中，使用操作(Action)调用技术，可节省编码和维护时间，使测试人员将主要精力放在新脚本的开发上。另外，为便于后续重用订票操作脚本，将登录操作单独放在一个 Action 中。具体操作如下：

在"解决方案浏览器"区域，右击测试文件 FlightOrder，在弹出的菜单中选择"添加"|"调用新操作"命令，创建名为 Login 的 Action，如图 7-20 所示。

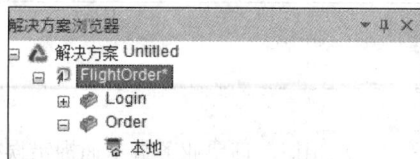

图 7-20　创建 Login 操作

打开测试文件 FlightOrder 的测试流程页面，将 Login 操作放在 Order 操作之前，修改后的流程图如 7-21 所示。

打开 Login 脚本，在其中使用"调用操作副本"方式调用登录业务脚本"FlightLogin 调用"，即调用该脚本的副本，可对副本中的内容进行编辑，具体操作请参阅 6.5 节。调用登录脚本后的订票业务脚本结构如图 7-22 所示。

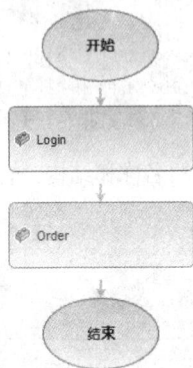

图 7-21　订票业务流程

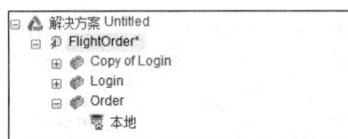

图 7-22　调用登录脚本后的脚本结构

7.5.3　参数化航班日期

订票业务共有 3 个测试用例，这 3 个测试用例的操作是相同的，不同的是航班日期属性的值。为简化脚本设计，应该使用参数化技术。在本案例中，对航班日期进行参数化，具体参数值放在本地表 Order 的 FlightData 中。具体设置过程如下：

(1) 在 Order 脚本中，参数化订票日期，订票日期参数变量为 FlightData，参数数值存放在本地表 Order 中，参数值配置界面如图 7-23 所示。

(2) 将 7.3.2 节中订票测试用例的 3 组用户数据写入 Order 表中，这 3 组数据覆盖了合法的航班日期和非法的航班日期。其中，使用非法的航班日期时，系统应该有相应的错误提示，预期的错误提示信息如表 7-6 所示。

图 7-23　配置订票日期参数

表 7-6　航班日期非法时系统的提示

航班日期	使用非法航班日期时，系统弹出的错误提示
01/01/16	❌ 此日期后的航班日期有效 03/08/17
	⚠ 请输入航班日期

与登录脚本处理非法用户登录信息相似，订票业务脚本捕捉错误提示信息也需要两步，一是，需要识别出错误提示控件对象，将识别的对象添加到对象库中，这里将"航班日期错误提示"对话

框对象及其子对象添加到 Order 本地对象库中，并将航班日期错误提示信息对象更名为"航班日期错误提示"；二是需要编写捕捉错误提示的脚本代码，将错误信息输出到测试结果中。这两步操作的具体步骤与登录业务脚本的相似，限于篇幅，这里不再多讲。

7.5.4　订票脚本回放

注释后的订票业务脚本如下：

```
'新建航班订单
Window("航班预订").WinMenu("菜单").Select "文件(F);新建订单(N)"
'输入航班日期，对航班日期参数化
Window("航班预订").ActiveX("航班日期").Type DataTable("FlightData", dtLocalSheet)
'输入航班起点
Window("航班预订").WinComboBox("起点").Select "Paris"
'判断航班日期错误提示对话框是否存在，存在则当前航班日期非法，否则为合法
If window("航班预订").Dialog("航班预订").Exist(5) Then
 Dim err_message'定义错误提示信息变量
    '获取错误提示信息，text是"航班日期错误提示"控件的属性
    err_message=window("航班预订").Dialog("航班预订").Static("航班日期错误提示").
    GetROProperty("text")
    '将错误提示信息输出到测试结果报告中
    reporter.ReportEvent micFail,"航班日期输入有误","错误信息为:"&err_message
    '关闭错误提示对话框
    window("航班预订").Dialog("航班预订").WinButton("确定").Click
else
'输入航班终点
Window("航班预订").WinComboBox("终点").Select "Denver"
'选择航班航次
Window("航班预订").WinButton("航次选择").Click
Window("航班预订").Dialog("航班表").WinList("航次").Select "17173    PAR    10:24
AM    DEN    12:54 PM    AF    $177.47"
Window("航班预订").Dialog("航班表").WinButton("确定").Click
'输入订单名称
Window("航班预订").WinEdit("名称").Set "tester1"
Window("航班预订").WinButton("插入订单(I)").Click
'更新订单、删除订单和插入订单按钮可用状态检查
Window("航班预订").WinButton("更新订单(U)").Check CheckPoint("更新订单按钮可用状态")
Window("航班预订").WinButton("删除订单(D)").Check CheckPoint("删除订单按钮可用状态")
Window("航班预订").WinButton("插入订单(I)").Check CheckPoint("插入订单按钮可用状态")
End If
```

完善脚本后，需要将订票业务脚本回放一遍，检测脚本的运行是否符合预期。在运行脚本回放之前，先要设置测试脚本的迭代运行方式。这里需要设置 Order 操作的迭代运行方式，具体操作是：在测试流程中右击 Order 操作，在弹出的"操作调用属性"对话框中选择"在所有行上运行"，如图 7-24 所示。

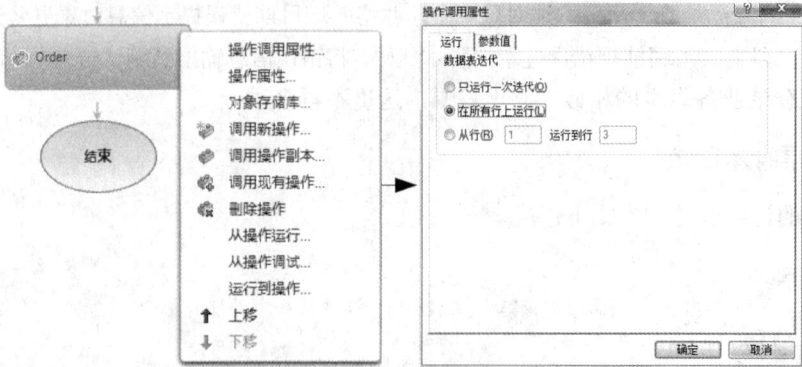

图 7-24　设置 Order 的迭代运行方式

FlightOrder 测试脚本的运行结果如图 7-25 所示。

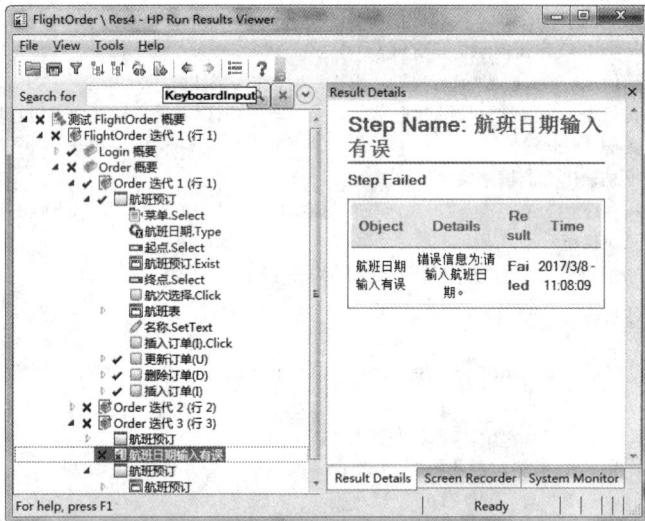

图 7-25　显示订票业务测试结果

从结果上看，有 3 组测试数据，Order 脚本共迭代运行了 3 次。其中第 1 组数据是合法航班日期，插入订单成功，后两组是非法航班日期，在测试报告中可以看到错误提示信息。总之，测试运行结果符合脚本设计的预期。

7.6　开发传真订单脚本

本节主要依据传真订单业务的自动化测试用例，开发传真订单业务的脚本，以测试该业务功能的正确性和容错性。本节将具体介绍传真订单业务脚本的开发过程。

录制脚本前的准备工作与登录业务脚本的相似，这里不再多说。这里创建了名为 FlightFax 的测试文件。

7.6.1　录制传真订单脚本

在传真订单脚本开发过程中，同样也重用 7.4 节中的登录脚本"FlightLogin 调用"。另外，传真订单业务中包含鼠标签名的操作，这意味着需要录制鼠标的操作轨迹，因此需要使用模拟录制模式。下面简要介绍录制过程中相关的操作。

由于是重用之前开发的登录脚本，因此，从登录之后的"航班预订"窗口开始录制，按照 7.3.3 节中的业务流程录制传真订单操作。在录制订单传真业务脚本的过程中，需要的设置和注意事项如下：

(1) 在录制过程中，先后创建新操作 OpenOrder 和 FaxOrder，如图 7-26、图 7-27 所示，并将打开订单的相关操作录制在 OpenOrder 中；将传真订单的相关操作录制在 FaxOrder 中。

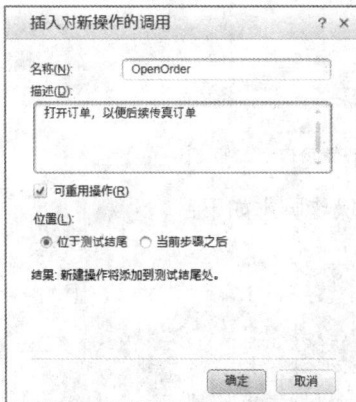

图 7-26　创建新操作 OpenOrder

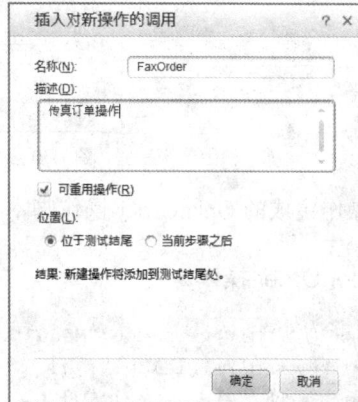

图 7-27　创建新操作 FaxOrder

(2) 在录制鼠标签名操作前，将录制模式切换为模拟录制模式，并设置仅在传真订单窗口进行模拟录制操作，如图 7-28 所示。

(3) 在鼠标签名操作结束后，将录制模式切换为普通录制模式。鼠标签名后的传真订单窗口如图 7-29 所示。

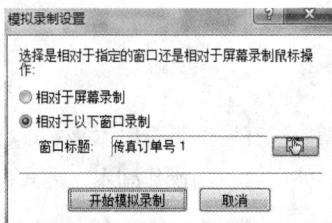

图 7-28　"模拟录制设置"窗口

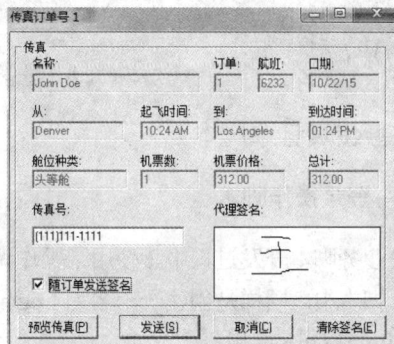

图 7-29　传真订单窗口

(4) 传真发送成功后，针对"已成功发送传真"对象添加标准检查点，设定该对象的 text 属性的预期属性值为"成功发送传真…"，"检查点属性"设置窗口如图 7-30 所示。

与其他脚本一样，录制结束后，先要规范对象库中对象的名称和结构，然后进行脚本的完善工作。

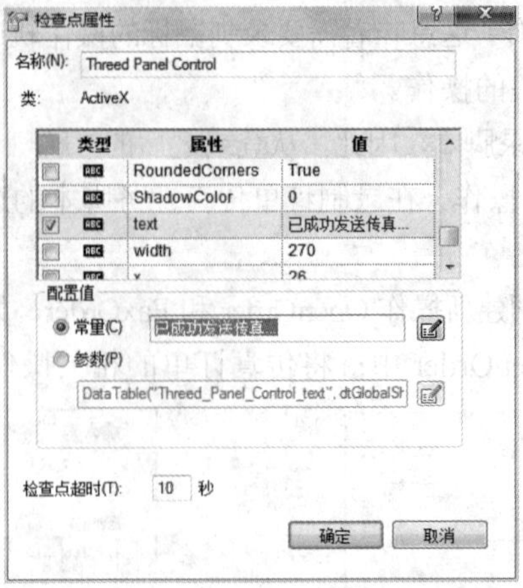

图 7-30　"检查点属性"设置窗口

以上操作生成的 OpenOrder 操作脚本和 FaxOrder 操作脚本如下：

(1) OpenOrder 操作

```
Window("航班预订").WinMenu("Menu").Select "文件(F);打开订单(O)..."
Window("航班预订").Dialog("打开订单").WinCheckBox("订单号(O)").Set "ON"
Window("航班预订").Dialog("打开订单").WinEdit("Edit").Set "1"
Window("航班预订").Dialog("打开订单").WinButton("确定").Click
```

(2) FaxOrder 操作

```
Window("航班预订").WinMenu("Menu").Select "文件(F);传真订单(A)..."
Window("航班预订").Dialog("传真订单").ActiveX("传真号").Type "11111111111111111111"
Window("航班预订").Window("传真订单").RunAnalog "Track2"
Window("航班预订").Dialog("传真订单").WinCheckBox("随订单发送签名").Set "ON"
Window("航班预订").Dialog("传真订单").WinButton("发送(S)").Click
Window("航班预订").ActiveX("传真成功提示").Check CheckPoint("检查传真成功提示信息")
```

7.6.2　完善传真订单脚本

1. 调用登录操作脚本

在订票业务脚本开发过程中，使用了操作调用技术，调用已开发的登录脚本来实现登录操作。在传真订单脚本中，同样是创建一个名为 Login 的操作，并使用"调用操作副本"方式调用登录业务脚本"FlightLogin 调用"。

打开测试文件 FlightFax 的测试流程页面，将 Login 操作放在 OpenOrder 操作之前，修改后的流程图如图 7-31 所示。

2. 参数化传真号

传真订单业务共有两个测试用例，这两个测试用例的操作是相同的，不同的是传真号数值。为简化脚本设计，应该使用参数化技术。在本案例中，对传真号进行参数化，具体的参数值放在本地表 FaxOrder 的 FaxNO 中。具体设置过程如下：

1) 在 FaxOrder 中，参数化传真号，传真号参数变量为 FaxNO，参数数值存放在本地表 FaxOrder

中，"值配置选项"界面如图 7-32 所示。

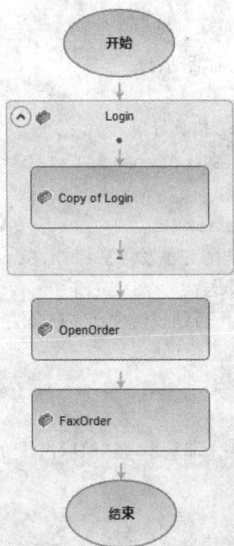

图 7-31　传真订单业务流程　　　　　　图 7-32　配置传真号参数

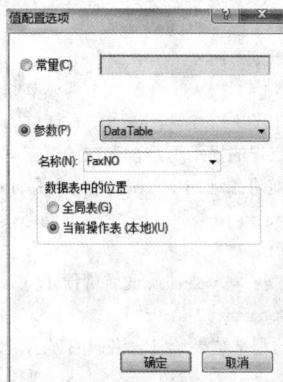

2) 将 7.3.3 节中传真订单测试用例的两组用户数据写入 FaxOrder 表中，这两组数据覆盖了合法的传真号和非法的传真号。其中，使用非法的传真号时，系统应该有相应的错误提示，预期的错误提示信息如表 7-7 所示。

表 7-6　传真号非法时系统的提示

航班日期	使用非法航班日期时，系统弹出的错误提示
111-111-111	✖ 请完成传真号码

与登录和订票脚本的处理相似，传真订单业务脚本捕捉错误提示信息也需要两步，一是需要识别出错误提示控件对象，将识别的对象添加到对象库中。这里将"传真号错误提示"对话框对象及其子对象添加到 FaxOrder 本地对象库中，并将错误提示信息对象更名为"传真号错误提示"。二是需要编写捕捉错误提示的脚本代码，将错误信息输出到测试结果中。这两步操作的具体步骤与登录业务脚本的相似，这里不再多讲。

3) 在登录和订票业务脚本中，我们将参数化数据直接输入数据表中，这种方式适用于测试数据量小，且数据不经常变动的情况。一般情况下，建议将测试数据保存在外部 Excel 文件中。当脚本运行时，先从 Excel 文件中把数据读取到数据表中，然后用数据表中的数据取代参数化变量。从外部 Excel 文件读取参数数据的具体操作请参见 6.7.2 节，这里简要介绍读取和处理参数数据的关键步骤：

(1) 将传真订单测试用例中的测试数据输入 Excel 文件 Flight.xls 下的 FaxOrders 工作表中。

(2) 利用 Data Table 对象来读取和处理 FaxOrders 工作表中的数据，相关代码如下：

```
DataTable.ImportSheet "G:\UFT 测试\Flight.xls","FaxOrders","FaxOrder"
Dim i,RowCount    ' 定义计数变量
i=0  '赋初值
RowCount = DataTable.GetSheet("FaxOrder").GetRowCount   '获取 ClueAction 中的行数
```

```
'循环读取 FaxOrder 中的测试数据
Do While(i < RowCount)
    i= i+1
    DataTable.SetCurrentRow(i)      '设置第 i 行为当前活动行
 '输入传真信息,并提交
Window("航班预订").WinMenu("Menu").Select "文件(F);传真订单(A)..."
Window("航班预订").Dialog("传真订单").ActiveX("传真号").Type DataTable("FaxNO",
dtLocalSheet)
Window("航班预订").Window("传真订单").RunAnalog "Track2"
Window("航班预订").Dialog("传真订单").WinCheckBox("随订单发送签名").Set "ON"
Window("航班预订").Dialog("传真订单").WinButton("发送(S)").Click
 '判断传真信息错误的提示框是否存在,存在则说明传真信息非法,否则说明传真信息合法
If window("航班预订").Dialog("传真订单").Dialog("航班预订").Exist(5) Then
  Dim err_message        '定义动态提示信息
 '捕捉动态提示信息
    err_message = window("航班预订").Dialog("传真订单").Dialog("航班预订").Static("传真号错
误提示").GetROProperty("text")
     '报告失败的测试结果,包含错误的提示信息
    Reporter.ReportEvent micFail,"传真发送失败","错误信息是: "&err_message
     '关闭错误提示框
    window("航班预订").Dialog("传真订单").Dialog("航班预订").WinButton("确定").Click
     '关闭传真订单窗口
    window("航班预订").Dialog("传真订单").Close
Else
Window("航班预订").ActiveX("传真成功提示").Check CheckPoint("检查传真成功提示信息")
End If
Loop
```

7.6.3 回放传真订单脚本

完善脚本后,需要将传真订单业务脚本回放一遍,检测脚本的运行是否预期,脚本运行结果如图 7-33 所示。

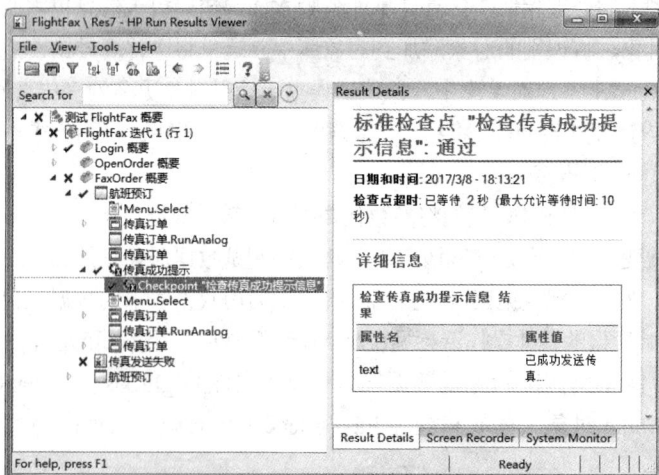

图 7-33 显示传真订单业务测试结果

从结果看,2 组测试数据都运行完毕。其中第 1 组数据是合法传真信息,传真发送成功。第二

组是非法传真号，发送失败。在测试报告中可以看到错误提示信息。总之，测试运行结果符合脚本设计的预期。

7.7　退出脚本开发

Flight 系统的退出业务操作比较简单，进入 Flight 系统后，只需要单击菜单"文件"|"退出"命令，即可实现退出。与订票、传真订单业务相同，退出业务脚本也可以重用登录业务脚本"FlightLogin 调用"。退出业务脚本的开发过程如下：

(1) 新建测试脚本文件 FlightLogout，然后从登录后的"航班预订"窗口开始录制退出业务，生成如下脚本：

```
Window("航班预订").WinMenu("菜单").Select "文件(F);退出(X)"
```

(2) 将当前 Action 更名为 Logout，并设置为可重用。

(3) 创建新的 Action，命名为 Login，在该 Action 中调用登录业务脚本"FlightLogin 调用"来实现登录操作。

通过以上操作即可完成退出业务脚本的开发工作，该测试脚本的 Logout 操作可被其他脚本调用。

7.4 节到 7.6 节详细介绍了登录业务脚本、订票业务脚本和传真订单业务脚本的开发工作，读者可参考这几个业务的脚本开发过程，利用 HP UFT 开发其他功能的测试脚本。由于篇幅所限，本书不再介绍其他业务的脚本开发过程。

当所有自动化脚本开发完毕后，测试人员应该合理维护这些测试脚本并有效地利用它们。在项目中，被测试程序的变动是正常的，关键是如何有效地控制这些变动。同理，在被测试程序不断变化的情况下，测试脚本必然也会做相应修改。为了脚本自身的安全和脚本自身修改量的统计，需要对脚本使用一个版本控制策略。为便于管理，可以和开发使用相同的版本控制工具，如 SVN、HP ALM 等。

7.8　测试资源管理

7.8.1　管理对象库

当被测系统所有的测试脚本开发完毕后，可将所有脚本的对象库文件合并成一个总的对象库文件，然后对该对象库文件进行统一管理。这样，在后续脚本开发过程中，直接关联总的对象库文件，可减少对象的添加和修改工作，保证测试脚本回放的成功率。在本案例中，将脚本 FlightLogin、FlightOrder、FlightFax 和 FlightLogout 中的本地对象库导出，然后通过对象库管理器将这些对象库合并为一个对象库。对象库的导出、合并和关联操作已在 6.3.4 节中详细介绍过，请读者自行查阅。

在本案例中，合并后的共享对象库如图 7-34 所示。在对象存储库管理器中，默认情况下，打开的对象库是不允许修改的，通过单击"启用编辑"按钮 才能进入修改模式。

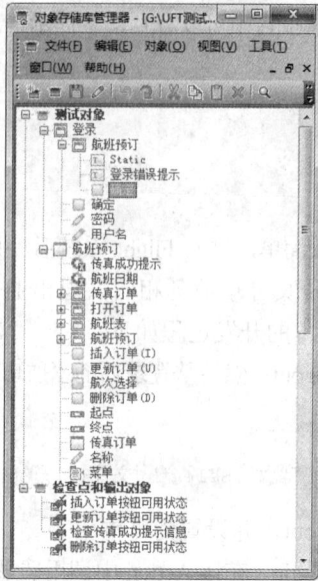

图 7-34 Flight 系统合并后的对象库

7.8.2 使用 HP ALM 管理测试资源

在 HP UFT 脚本开发过程中，伴随着测试脚本可能会生成一些重要的数据文件，如对象库文件、函数库文件、场景恢复文件、外部数据文件等。这些数据文件在后续的脚本开发和使用过程中可能会被反复使用，这就需要测试人员利用有效手段去维护和管理它们，以免出现数据丢失、版本管理混乱等问题。

HP ALM 可用来管理 HP UFT 产生的各种数据文件。通常情况下，将除测试脚本以外的数据文件存储在 HP ALM 系统里"测试"模块下的"测试资源"子模块中。默认情况下，"测试资源"模块中有 Application Areas(UFT 应用程序区域资源)、Libraries(函数库)、Object Repositories(对象库)和 Recovery Scenarios(场景恢复)四个文件夹，如图 7-35 所示。在"测试资源"模块中，可通过单击"新建资源文件夹"按钮 和"创建资源"按钮 来创建测试资源树。

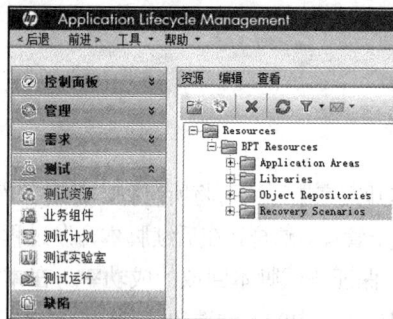

图 7-35 "测试资源"界面

在本案例中，将 Flight 系统合并后的对象库文件录入 HP ALM 的"测试资源"模块中，有两种录入方式：一是直接在 HP ALM 系统中录入对象库文件；二是通过 HP UFT 上传对象库文件。下面介绍这两种方式的具体操作。

1. 在 HP ALM 系统中录入对象库

(1) 在 Object Repositories 文件夹下单击"创建资源"按钮 ，弹出"新建资源"对话框。在该对话框中，选择资源类型 Shared object repositories(共享对象库)，资源名称输入"Flight 系统对象库"，为其他属性输入合理信息，如图 7-36 所示。

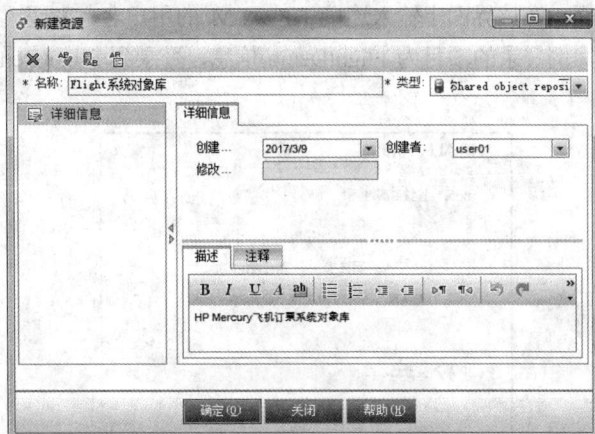

图 7-36 "新建资源"对话框

(2) 单击"新建资源"对话框中的"确定"按钮后，资源树中出现刚创建的"Flight 系统对象库"文件，如图 7-37 所示。

图 7-37 创建对象库资源后的界面

(3) 选中刚创建的"Flight 系统对象库"文件，打开右侧的"资源查看器"选项卡。在该选项卡中单击"上载文件"按钮，将 7.8.1 节合并的对象库上传到其中。上传成功后，该对象库的对象信息就会显示在"资源查看器"选项卡中，如图 7-38 所示。

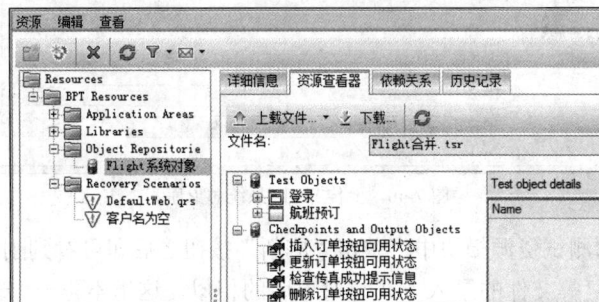

图 7-38 "资源查看器"选项卡

2. 通过 HP UFT 上传对象库

该种录入方式与 6.13.2 节中介绍的将测试脚本上传到 HP ALM 中的操作相似，下面介绍具体操作步骤：

(1) 在 HP UFT 的"对象存储库管理器"界面中，选择菜单"文件"|"ALM/QC 连接"命令，弹出 HP ALM 连接界面，在该界面上输入连接 HP ALM 的用户名、密码、域(本案例登录的域为 DEAFAULT)和项目(本案例登录的项目为 FlightDemo)信息，登录到 FlightDemo 项目中，如图 7-39 所示。

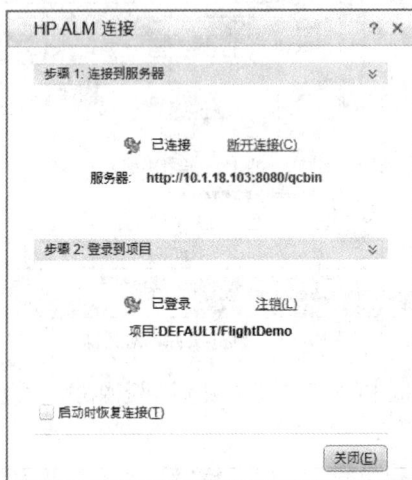

图 7-39　HP ALM 连接界面

(2) 打开"保存共享对象存储库"界面，将准备上传的对象库另存在"ALM 资源"的 Object Repositories 目录下，如图 7-40 所示。

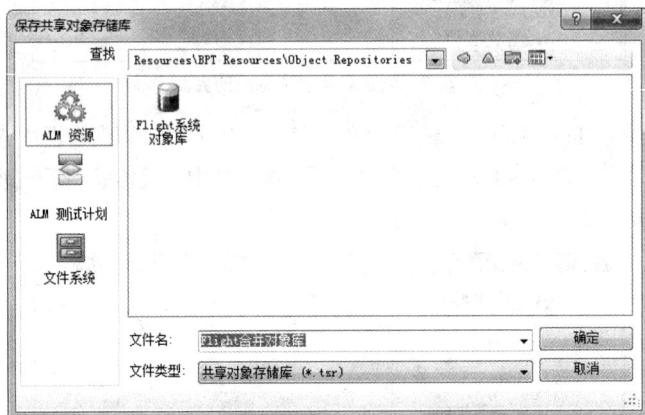

图 7-40　上传 Flight 系统对象库

(3) 在 HP ALM 的测试资源模块中，单击"刷新"按钮之后即可看到刚上传的对象库文件。函数库、场景恢复等文件的录入方式与对象库的相似，这里不再一一介绍。

7.9　脚本的运行

6.13 节介绍了 HP UFT 脚本批量执行的三种方式，即使用 HP ALM 运行脚本、使用 Test Batch Runner 运行脚本和使用 QuickTest.Application 对象运行脚本。在测试实践中，通常情况下，选择前两种方式来运行 HP UFT 脚本。批量运行测试脚本的具体操作在 6.13 节中有详细说明，请读者自行查阅。本节主要介绍测试脚本运行的注意事项。

需要注意，单个 HP UFT 脚本可成功运行，但在测试集中批量运行可能发生错误。因此，在运行脚本前，测试人员需要考虑干扰脚本运行的因素，并采取措施降低这些干扰的影响。在本案例中，批量运行的干扰因素及解决办法如下：

(1) 由于脚本是按顺序运行的，可能前一个脚本的业务操作未完全结束就开始执行后一个脚本，这样可能会干扰后一个脚本的运行。在本案例中，在每个脚本前增加 5 秒钟的等待时间，以保证前一个脚本有较充足的时间完成其业务操作。在 HP UFT 中，等待 5 秒钟的脚本为"wait(5)"。

(2) 在本案例中，订票脚本和传真订单脚本运行结束时都没有关闭"机票预订"窗口，这会使后续脚本运行失败。因此，在这两个脚本中分别创建名 Logout 的 Action，并在该 Action 中调用 7.7 节开发的 Logout 操作以完成"机票预订"窗口的关闭功能。修改后的订票脚本测试流程和传真订单脚本测试流程分别如图 7-41、图 7-42 所示。

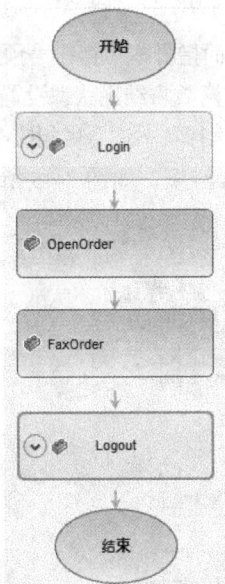

图 7-41　传真订单测试流程　　　　图 7-42　订票测试流程

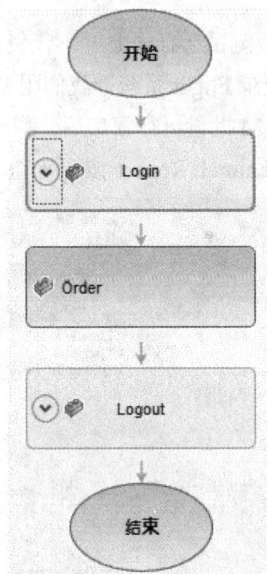

下面分别介绍使用 HP ALM 和 Test Batch Runner 运行本案例开发的脚本的注意事项和测试结果分析。

1. 使用 HP ALM 运行脚本

使用 HP ALM 运行脚本时，系统右下角的托盘中会出现"远程代理运行"图标，可以通过右击该图标选择"设置"来打开"远程代理设置"界面，如图 7-43 所示。

该界面的常用配置项已在本书 6.1.3 节中详细介绍，这里需要提醒读者的是"以隐藏模式运行 UFT"选项，该选项被选中后，HP UFT 软件会以隐藏模式来运行测试脚本。

在本案例中，使用 HP ALM 运行脚本的执行结果如图 7-44 所示。

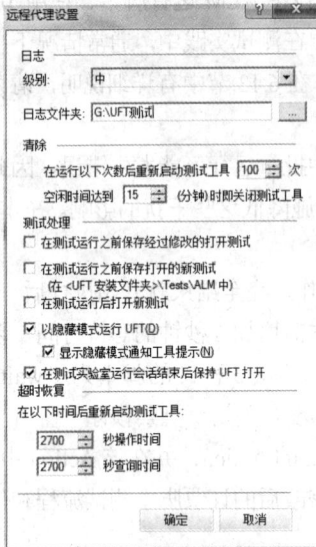

图 7-43　远程代理设置界面

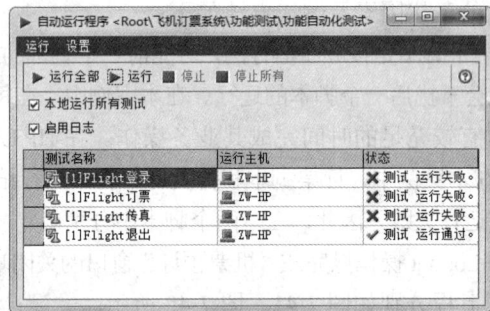

图 7-44　HP ALM 批量运行窗口

在图 7-44 中，测试运行失败并不代表该脚本运行出错，而指脚本中存在"预期的失败"状态，例如，非法用户登录 Flight 系统，我们用 Reporter.reportevent 函数将结果状态设置为"预期的失败"状态。关闭 HP ALM 批量运行窗口后，测试集中各个脚本的执行状态都会做相应改变，测试人员可通过单击下方的 Launch Report 按钮来查看各个脚本的运行结果，如图 7-45 所示。

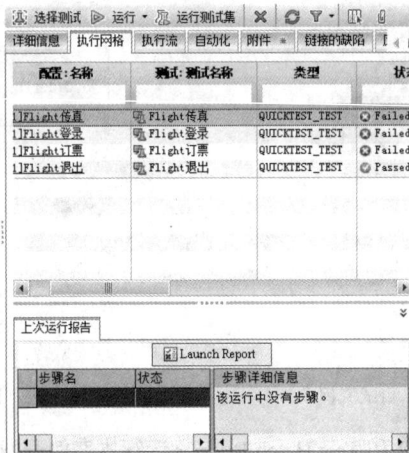

图 7-45　HP ALM 中的运行结果

2. 使用 Test Batch Runner 运行脚本

在本案例中，使用 Test Batch Runner 运行脚本的结果如图 7-46 所示。如果想要查看某个脚本的运行结果报告，可单击该脚本后的运行结果链接来查看。

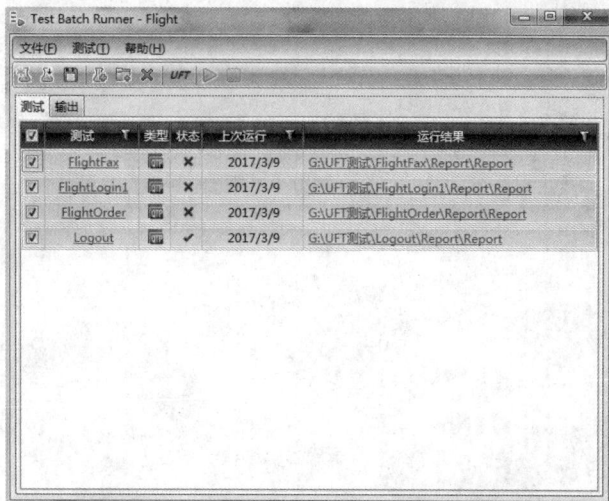

图 7-46　Test Batch Runner 中的运行结果

7.10　本章小结

本章以 HP UFT 自带的飞机订票系统为测试对象来介绍使用 HP UFT 进行功能自动化测试的过程。通过本案例的学习，读者可以更好地熟悉和掌握功能自动化测试的实施流程，加深对 HP UFT 的关键技术和操作的理解。

> **练习题**
> 1. 按照本章的测试流程，动手完成登录业务、订票业务、传真订单业务和退出业务的脚本开发，并分别使用 HP ALM 和 Test Batch Runner 工具来批量执行它们。
> 2. 简述将场景恢复文件上传到 HP ALM 的"测试资源"模块的步骤。
> 3. 谈谈你对 HP UFT 自动化测试框架的理解。

信息软件系统性能测试

　　人们的日常生活、工作、娱乐已经离不开各种信息系统软件，软件系统的功能和性能相辅相成。软件系统的功能即使十分强大，但是如果软件性能出现问题，一方面会严重影响工作效率，浪费大量宝贵时间，另一方面可能造成系统无法使用，进而带来更严重的后果。由于软件性能问题造成严重影响的案例很多，例如 12306 网站的性能问题。

　　中国铁路总公司推出的 12306 网站为用户提供了一种全新的购票体验，极大降低了旅客购票的难度，是中国铁路票务管理的一次深刻变革。然而，在系统上线之初，逢年过节大家订票回家时，由于购票用户数量过大，系统出现了严重的性能问题。在购票高峰期，用户访问 12306 网站经常出现网页无法访问、无法登录、无法查询余票、无法下订单以及响应时间过慢等现象，导致不少用户订票失败，一时间社会对该网站的负面评价很多。

　　从 12306 网站事件不难看出现在的软件质量体系中软件性能的重要性，而软件性能必须依赖性能测试验证，通过性能测试一方面可以了解软件系统的各项性能指标，以便推测出当前配置下系统的最大服务能力；另一方面还可以查找系统可能存在的性能瓶颈并进行优化，使系统的各项资源可以被充分利用。本部分是信息软件系统的性能测试篇，主要介绍性能测试的基本概念和原理、测试工具 Loadrunner 的操作以及使用 Loadrunner 实施性能测试的过程。

第8章　信息软件系统性能测试概述

在软件测试行业中，性能测试是软件测试工程师职业进阶需要跨越的一道门槛。本章属于"信息软件系统性能测试"部分的第 1 章，主要介绍性能测试的基础知识和常用的性能测试工具，这些内容是学习性能测试后续章节的基础。

本章要点如下：
- 性能测试的定义
- 性能测试的目的
- 性能测试指标
- 性能测试方法
- 性能测试策略
- 性能测试工具

8.1　性能测试基础知识

性能测试属于系统测试的范畴，它在功能测试的基础上，测试软件在集成系统中的运行性能。性能测试是发现软件性能问题的有效手段，在软件上线前，必须对系统进行严格的性能测试，以确认系统是否满足性能需求。不同于功能特性，软件性能关注的不是软件能否完成特定功能，而是在完成该功能时展示出来的及时性。性能的及时性可使用业务的响应时间或系统的吞吐量来衡量。由于感受软件性能的主体是人，不同层次的人关注软件性能的视角不同，下面从四个不同的层面对软件性能进行一个简要介绍。

1. 用户视角

从用户的角度看，软件性能就是软件对用户操作的响应时间，即用户提交一个操作后，需要花费多少时间才可以看到软件返回的结果信息。用户并不关心响应时间是由哪些因素造成的，只关心响应时间是否在自己的承受范围内。用户感受到的响应时间既有客观成分，也有主观成分，甚至掺杂着心理因素。

2. 系统管理员视角

从系统管理员的角度看，首先关注普通用户感受到的软件性能。其次，管理员用户还需要关注与系统状态相关的信息，如系统资源的使用情况，包括 CPU、内存、网络的使用情况，磁盘 I/O，数据的交互情况等。通过监控系统相关的运行信息，系统管理员可以发现和分析系统可能存在的问题，然后使用一定的手段进行性能调优。

3. 软件开发工程师视角

从软件开发工程师的角度看，除了要关注用户和系统管理员关注的软件性能，还需要关注软件系统架构设计的合理性、数据库设计是否存在问题、代码执行效率、内存泄漏、中间件以及应用服务器等问题。

4. 软件测试工程师视角

测试人员是软件性能质量的把关者，在软件性能生命周期中占据至关重要的位置，软件性能测试工程师要对性能问题进行监控、分析。还要与各个角色做好沟通工作，对测试出的各种性能问题，要提供充分有力的数据，为后续的分析和定位性能问题、性能优化工作做好充分准备。

8.1.1　性能测试的概念

性能测试技术是软件测试工程师职业进阶必备的一门技能。对于性能测试，业界尚未有一个公认的、统一的定义。一般认为，性能测试就是通过使用测试工具模拟多种正常、峰值以及异常负载条件对系统的各种性能指标进行测试，以判断系统能否达到预期的性能需求，同时分析及定位软件系统中可能存在的瓶颈，提出软件优化建议，最后优化软件性能，使软件能安全、可靠、稳定地运行。从上述定义可以看出，性能测试的目的不仅是验证系统是否满足预期的性能需求，还包括分析及定位性能瓶颈、系统优化配置、评估系统性能等内容。下面具体描述性能测试的目的。

1. 验证性能指标，评估系统能力

通常情况下，在测试需求中会给出具体的性能指标以及指标要求，例如响应时间不超过 3 秒，事务失败率不超过 2%，CPU 利用率不超过 75%等。因此，测试人员首先要通过性能测试来判断系统能否达到预期的性能要求，评估软件在正式交付使用之后的工作能力。

2. 分析及定位性能瓶颈

在性能测试实践中，当发现某些性能指标出现异常或者不符合预期性能要求时，测试人员需要分析出现这些情况可能的原因，并进一步定位到具体的代码或部件，例如 CPU 处理能力不足、内存泄漏、磁盘 I/O 速度慢等。

3. 系统调优

在性能测试过程中，如果已经检测出系统存在的一些性能瓶颈以及性能不稳定性，可以在系统参数和环境进行调整之后，多次执行同一业务的性能测试，不断验证系统的调优结果，直到达到系统的性能要求。

4. 验证软件的稳定性和可靠性

在性能测试执行过程中，通过大数据量和长时间的强度测试，可以检测软件的稳定性和可靠性。例如可通过对软件的长时间测试，检查软件是否存在内存泄漏等造成系统崩溃的性能缺陷。

5. 检测软件中隐含的功能性错误

软件性能测试一般是在功能测试完成后进行的一种测试，但通过性能测试，还可以发现在软件功能测试过程中无法发现的一些功能性错误。例如，在一个订单系统中需要生成订单编号，如果软件使用时间戳来确定订单编号的唯一性，在功能测试过程中人工生成订单编号是不会出现错误的，但在性能测试阶段，通过加大订单生成数量，同一时间段可能生成多张订单，从而出现订单编号的重复，违反了订单编号的唯一性原则。从上例可以看出：通过性能测试可以检查和发现一些功能性缺陷。

8.1.2　性能测试指标

在性能测试实施的初期，一项重要工作就是性能指标的分析与提取，因此，测试人员首先需要了解相关性能指标的含义，才能进行性能测试。常见的性能指标如下。

1. 响应时间

响应时间是用户感受软件系统为其服务所耗费的时间。对于网站系统来说，响应时间指的是应用系统从发出请求开始到客户端接收到所有响应数据为止所消耗的时间。从上述定义可以看出，响应时间可细分为：客户端响应时间、服务端响应时间和网络响应时间三部分，具体如下：

1) 客户端响应时间是指客户端构建请求和显示结果数据所耗费的时间。对于瘦客户端的网络应用来说，这个时间很短，通常可以忽略不计；但是对于胖客户端的网络应用来说，耗费的时间可能很长，从而成为系统的瓶颈。

2) 服务器端响应时间指的是服务器对客户请求的分析、处理、回送数据等所花费的时间。如果该部分时间较长，则说明服务器的处理能力有问题。

3) 网络响应时间是指网络数据传输所花费的时间。

2. 注册用户数

注册用户数指软件中已经注册的用户，这些用户是系统潜在用户，随时可能上线。这个指标的意义在于让性能测试工程师了解系统数据库中的数据总量和系统最多可能有多少用户同时在线。

3. 在线用户数

在线用户数指某一时刻已登录系统的用户数量。在线用户数只是统计了登录系统的用户数量，这些用户不一定都对系统进行操作。例如，某在线游戏某一时刻的在线用户数量是 20 万人，其中部分用户只是登录游戏而没有玩游戏，他们没有向服务器提交请求，不会产生压力，只有那些正在游戏的用户在向服务器发送请求，产生压力。在线用户数是场景模型分析时常用的数字，依据这个数字，通过应用软件的操作频度分析可辅助推测出并发用户数和每秒事务数等多个常用性能指标。

4. 并发用户数

不同于在线用户数，并发用户数是指某一时刻向服务器发送请求的在线用户数，它是衡量服务器并发容量和同步协调能力的重要指标，对此我们可能会有如下两种理解：

① 同一时刻向服务器发送相同或不同请求的用户数，也就是说，既可以包括对某一业务的相同

请求，也可以包括对多个业务的不同请求。例如，电子商务软件测试中，有发送登录请求的，有发送查询请求的，有发送订单请求的，只要是向服务器发送请求的用户都算在并发用户数内。

② 同一时刻向服务器发送相同请求的用户数仅限于对某一业务的相同请求，例如，登录业务的并发用户数就是指某一时刻用户向服务器发送登录请求的数量。

在测试实践中，可结合这两种方式对系统进行并发性测试。首先，我们需要去关注操作频度较高、对系统压力较大的核心业务操作，有针对性地对这些业务进行并发性测试，可以更快、更有效地衡量系统的性能。例如，如果系统的登录业务操作频度较大，就可以专门测试登录业务的并发用户数；系统的搜索业务对系统的压力较大，就可以专门测试搜索业务的并发用户数。其次，我们需要分析系统在真实环境中，各种业务的使用比例，模拟出接近真实使用情况的业务集去访问被测系统，测试系统的并发用户数，这种方式通常需要并发用户持续较长一段时间访问被测系统，偏向测试系统的稳定性。

5. 每秒点击数

每秒点击数是指每秒钟用户向 Web 服务器提交的 HTTP 请求数，它是衡量服务器处理能力的一个常用指标。需要注意，这里的点击并非指鼠标的一次单击操作，因为在一次点击操作中，客户端可能向服务器发出多个 HTTP 请求，切勿混淆。例如，如果用户单击搜狐网站上的首页按钮，虽然鼠标仅被点击一次，但实质上客户机向搜狐 Web 服务器发送了多条 HTTP 请求，依靠着这些请求，服务器才会将首页上的文字、图片、视频等所有信息发到用户计算机上。

6. 吞吐量

在性能测试中，吞吐量通常是指单位时间内从服务器返回的字节数，也可以指单位时间内客户提交的请求数。吞吐量是大型 Web 系统衡量自身负载能力的一个重要指标，一般来说，吞吐量越大，系统单位时间内处理的数据越多，系统的负载能力也越强。吞吐量和很多因素有关，如服务器的硬件配置、网络带宽、网络拓扑结构、软件的技术架构等。

7. 业务成功率

业务成功率是指多用户对某一业务发起操作的成功率。例如，测试网络订票系统的并发处理性能，在早上 8:00～8:30 半个小时的高峰期里，要求能支持 10 万笔订票业务，其中成功率不低于 98%。也就是说，系统允许 2000 笔订票业务超时。这样的计算是比较简单的，却是性能测试最直观的性能衡量指标。

8. TPS

TPS(Transaction Per Second)表示服务器每秒处理的事务数，它是衡量系统处理能力的一个非常重要的指标。在性能测试中，通过监测不同并发用户数的 TPS，可以估算系统处理能力的拐点。因此，测试执行时，要多关注这个指标的数值变化。

9. 资源使用率

资源使用率(resource utilization)就是指系统资源的使用情况，如 CPU 使用率、内存使用率、网络带宽使用情况、磁盘 I/O 等系统硬件方面的监控指标。一个完整系统由软件与硬件组成，缺了任何一方都不可能构成一个正常运作的系统，所以，系统资源使用率也是测试人员的一个监控点，并且在当前软件发展趋势下，硬件资源的成本也需要考虑在内。很多系统服务器不采用普通 PC，而是专业的服务器，动辄上百万元的设备，如何发挥出这些设备的最大效能，是需要我们给出确切数据来衡量的，根据这些数据进行系统性能的调优。

8.1.3　性能测试方法

性能测试划分为很多种，测试方法也有很多种，更确切地说，测试方法的不同决定了测试划分情况，但在测试过程中，性能测试的划分没有绝对界限。常见的性能测试方法包括基准测试、负载测试、压力测试、并发性测试、疲劳测试、配置测试等。

1. 基准测试

基准测试(Benchmark Test，BMT)指通过设计科学的测试方法、测试工具和测试系统，实现对一类测试对象的某项性能指标进行定量的和可对比的测试。例如，在性能测试中，首先通过基准测试来获取每个业务在低负载压力下的指标值，然后，测试人员可以依据该指标值，计算和评估系统的并发用户数、业务并发所需的数据量等数值；再如对计算机的 CPU 浮点运算以及对数据访问的带宽和延迟等指标进行的基准测试，可使用户清楚地了解每款 CPU 的运算性能及作业吞吐能力是否满足应用程序的要求。

可测量、可重复、可对比是基准测试的三大原则，其中"可测量"指测试的输入和输出之间是可达的，也就是测试过程是可以实现的，并且测试的结果可以量化表现；"可重复"指按照测试过程实现的结果是相同的或处于接受的置信区间之内，不受测试的时间、地点和执行者的影响；"可对比"指一类测试对象的测试结果具有线性关系，测试结果的取值大小直接决定性能的高低。

2. 负载测试

负载测试(Load Testing)是指在给定的测试环境下，通过逐步增加系统负载，直到性能指标超过预定指标或者某种资源的使用已经达到饱和状态，从而确定系统在各种工作负载下的性能以及系统所能承受的最大负载量。例如，为测试登录邮箱系统，先用 10 个并发用户登录，再用 15 个，接着用 20 个，不断增加并发用户数，检查和记录服务器的资源消耗情况，直至某些指标或资源使用达到临界值(例如 CPU 占有率 75%，内存占用率 70%)，才停止测试并记录系统的最大并发用户数，这个测试活动属于负载测试的范畴。负载测试主要用于发现系统性能的拐点，寻求系统能支持的最大用户数、业务等处理能力的约束，为系统的进一步调优提供数据支持。该方法的特点如下。

负载测试在特定测试环境下进行。负载测试评价系统的最大负载能力，此时系统已经安装在特定的执行环境下，系统评估该环境下的最大负载能力。

进行负载测试前，需要明确系统性能指标的最大界限。在负载测试过程中，设置逐步增加的并发用户数，分析每次性能测试的结果，直到性能指标达到临界值。此时得到的并发用户数量就是系统的最大并发负载能力，即系统最多能支持多少用户并发访问。

负载测试可用来了解系统性能，也可以配合制订性能调优方案。如果系统需求已经定义了最大负载的指标值，在进行负载测试时，如果识别到的系统最大负载能力低于需求定义的指标值，则说明系统未满足性能要求，需要进行相应系统优化工作；如果识别到的系统最大负载优于需求定义的指标值，则说明系统目前可以满足性能要求，用户可以根据最大负载情况和系统业务增长趋势，制订系统未来的优化方案。

3. 压力测试

压力测试(Stress Testing)通过对软件系统不断施加压力，识别系统性能拐点，进而了解系统提供的最大服务级别。压力测试对应用程序施加越来越大的负载，直到发现应用程序性能下降的拐点，其目的是发现在什么条件下系统的性能变得不可接受。

压力测试并不是简单地为了一种破坏快感而去破坏系统，实际上它可以让测试工程师观察出现故障时系统的反应。例如，系统是不是保存了它出故障时的状态？是不是突然间崩溃掉了？它是否只是挂在那儿什么也不做了？它失效的时候是不是有一些其他特殊反应？在重启之后，它是否有能力恢复到前一个正常状态？它是否会给用户显示一些有用的错误信息？系统的安全性是否因为一些不可预料的故障而会有所降低？

在压力测试过程中，为了加大系统的运行负载，增加系统运行出错的机会，通常需要采取一些特殊手段对系统施加压力。给系统施加压力的方式有很多，例如模拟大量用户并发访问、模拟大数量情况下访问、模拟随机使用系统功能的破坏性测试、模拟让系统长时间运行的疲劳测试、让系统在异常资源配置下运行等。例如以下几种情况：

(1) 系统要求最大并发用户数为500，在测试时，使用500个并发用户长时间访问系统，观察系统运行的稳定性情况和性能变化情况。

(2) 使系统运行在最低配置环境下，随机访问系统，观察系统稳定运行情况和性能变化情况。

(3) 运行需要最大存储空间(或其他资源)的测试用例。

(4) 把输入的数据量提高到一个相应的高级别，来测试输入功能会如何响应。

(5) 运行可能导致操作系统崩溃或大量数据对磁盘进行存取操作的测试用例。

负载测试与压力测试这两个概念常常令人混淆，难以区分，从而造成不正确的理解和误用。这两种测试的手段和方法在一定程度上比较相似，通常会使用相同的测试环境和测试工具，而且都会监控系统所占用资源的情况以及其他相应的性能指标，这也是造成人们容易产生概念混淆的主要原因。负载测试与压力测试的主要区别是测试目的不同。负载测试确定在各种工作负载下系统的性能，目的是获得系统正常工作时所能承受的最大负载。压力测试是强负载(大数据量、大量并发用户等)下的测试，其目的一方面是获得系统能提供的最大服务级别；另一方面还可以检测在极限情况下系统崩溃的原因、系统是否具有自我恢复能力以及系统的稳定性等问题。

4. 疲劳测试

疲劳测试，是指让软件系统在一定访问量的情况下长时间运行，以检验系统性能在多长时间后会出现明显下降。这种测试旨在发现系统性能是否会随着运行时间的延长而下降，从而确定系统是否存在性能隐患。通过疲劳测试可以更有效地发现内存泄漏问题和资源争用问题，这些问题在短的运行时间内表现得不明显，很难被测试人员检测到，只有较长时间的持续运行过程中才能够暴露出来。

在疲劳测试执行过程中不断监控各项性能指标，如果系统性能指标达到性能拐点，则可以终止测试，这种情况说明系统在长时间运行情况下会出现性能下降，需要进行瓶颈分析和系统优化。

5. 并发测试

并发测试(Concurrency Testing)通过模拟用户并发访问，测试多用户同时访问同一应用、模块或数据，观察系统是否存在死锁、系统处理速度是否明显下降等一些性能问题。测试目的并非为了获得性能指标，而是为了发现并发引起的问题。在性能测试实践中，通常借助自动化测试工具来实施并发性测试。目前，成熟的并发性测试工具有很多，选择的依据主要是测试需求和性价比。著名的并发性测试工具有 Loadrunner、Jmeter、QALoad、Webstress 等。这些测试工具都是自动化负载测试工具，通过可重复的、真实的测试，能够彻底地度量应用的可扩展性和性能，可以在整个开发生命周期跨越多种平台自动执行测试任务，可以模拟成百上千的用户并发执行关键业务而完成对应用程序的测试。在并发性测试的同时，会兼顾负载、压力、疲劳等类型的测试。

6. 大数据量测试

大数据量测试(Large Data Testing)可分为三种类型：针对某些系统存储、传输、统计、查询等业务进行大数据量的独立数据量测试；与负载测试、压力测试、疲劳测试相结合的综合数据量测试方案；单独的数据库或者文件系统的性能测试。

大数据量测试主要针对数据库有特殊要求的系统，主要分为如下三种：

(1) **实时大数据量**：模拟用户工作时的实时大数据量，主要目的是测试用户较多或者某些业务产生较大数据量时，系统能否稳定地运行。

(2) **极限状态下的测试**：主要是测试系统已经累积了较大数据量时，能否正常运行业务。

(3) **前面两种的结合**：测试系统已经累积较大数据量，一些实时生成较大数据量的模块能否稳定地工作。

8.1.4　性能测试策略

在上一节，我们学习到了性能测试的几种不同测试方法，虽然这些测试方法的侧重点不同，但所做的工作却有很大关联。事实上，性能测试的很多内容可以经过一定的组织统一进行，也就是可以按照"全面性能测试模型"策略来开展性能测试。统一开展性能测试的最大好处是，可按由浅入深的层次对系统进行测试，进而减少不必要的工作量，以达到节约测试成本的目的。

"全面性能测试模型"提出的主要依据是一种类型的性能测试可以在某些条件下转化成为另一种类型的性能测试，而这些测试的实施方式是类似的。例如，对一个网站进行测试，并发用户是 10 个时是基准测试；模拟 10 个到 100 个用户是负载测试；用户超过 100 个时是压力测试；如果同时对系统进行大量数据查询操作，就包含了大数据量测试；若负载测试持续较长时间，则包含了疲劳测试。

在"全面性能测试模型"中，把常见的性能测试划分为预期指标的性能测试、独立业务性能测试、组合业务性能测试、疲劳测试、大数据量测试、网络性能测试、服务器性能测试和特殊测试等8 个类别。下面介绍 8 个性能测试类别的主要内容。

1. 预期指标的性能测试

系统在需求分析和设计阶段都会提出一些性能指标，完成和这些指标相关的测试是性能测试的首要工作之一。本模型把针对预先确定的一些性能指标而进行的测试称为预期指标的性能测试。例如，系统可支持"并发用户1000、系统响应时间不得高于3秒"等在需求规格说明书中明确提出的要求。对这种预先承诺的性能要求，测试小组应该首先进行测试验证。

2. 独立业务性能测试

独立业务实际是指一些核心业务模块对应的业务，这些模块通常具有功能比较复杂、使用比较频繁、属于核心业务等特点。这类特殊的、功能比较独立的业务模块始终都是性能测试的重点。因此不但要测试这类模块和性能相关的一些算法，还要测试这类模块对并发用户的响应情况。

核心业务模块在需求阶段就可以确定，在系统测试阶段开始单独测试其性能。如果是系统类软件或者特殊应用领域的软件，通常从单元测试阶段就开始进行测试，并在后继的集成测试、系统测试、验收测试中进一步进行测试，以保证核心业务模块的性能稳定。

并发性测试是核心业务模块的重点测试内容，即模拟一定数量的用户同时使用某一核心模块的"相同"或者"不同"的功能，并且持续一段时间。对"相同"的功能进行并发测试分为两种类型，一类是在同一时刻执行完全一样的操作，例如打开同一条数据记录进行查看；另一类是在同一时刻使用完全一样的功能，例如同时提交数据进行保存。可以看出后者是包含前前者的，前者是后者的特例。

3. 组合业务性能测试

通常情况下，并非所有用户只使用一个或者几个核心业务模块，一个应用系统的每个功能模块都可能被用到。所以性能测试既要模拟多用户的"相同"操作(即很多用户使用同一功能)，又要模拟多用户的"不同"操作(即很多用户同时对一个或者多个模块的不同功能进行操作)，对多个业务进行组合性能测试。组合业务测试是最接近用户实际使用情况的测试，也是性能测试的核心内容。通常按照用户的实际使用人数比例来模拟各个模板的组合并发情况。

由于组合业务测试是最能准确反映用户使用情况的测试，因而组合测试往往和服务器(操作系统、Web服务器、数据库服务器)性能测试结合起来，在通过工具模拟用户操作的同时，还通过测试工具的监控功能采集服务器的计数器信息，进而全面分析系统的瓶颈，为改进系统提供有力依据。

并发性测试是组合业务测试的核心内容。"组合"并发的突出特点是根据用户使用系统的情况分成不同的用户组进行并发，每组的用户比例要根据实际情况进行匹配。

4. 疲劳测试

前文已经介绍过，疲劳测试指在系统稳定运行的情况下，以一定的负载压力来长时间运行系统，其主要目的是确定系统长时间处理较大业务量时的稳定性。疲劳测试属于并发性测试的范畴，因而也可以分为独立业务的疲劳测试和组合业务的疲劳测试。

5. 大数据量测试

大数据量测试通常是针对某些系统存储、传输、统计查询等业务进行大数据量的测试。主要测试数据量较大或历史数据量较大时的性能情况，这类测试一般都针对某些特殊的核心业务或一些日常比较常用的组合业务。

6. 网络性能测试

应用系统网络性能测试的重点是利用成熟的自动化技术进行网络应用性能监控、网络应用性能分析和网络应用情况预测。

1) 网络应用性能监控

系统试运行后，需要及时准确地了解网络上正在发生的事情；有哪些应用正在运行，如何运行；由多少 PC 正在访问 LAN 或 WAN；哪些应用程序会导致系统瓶颈或资源竞争，这时网络应用性能监控及网络资源管理对系统的正常稳定运行是非常关键的。利用网络应用性能监控工具，可达到事半功倍的效果。这方面的工具有 Network Vantage 等。通俗地讲，它主要用来分析关键应用程序的性能，定位问题的根源是在客户端、服务器、应用程序还是网络。大多数情况下，用户较关心的问题还有哪些应用程序占用大量带宽，哪些用户产生了最大的网络流量，这个工具同样能满足要求。

2) 网络应用性能分析

网络应用性能分析的目的是准确展示网络带宽、延迟、负载和 TCP 端口的变化是如何影响用户的响应时间的。利用网络应用性能分析工具，例如 Application Expert，能够发现应用的瓶颈，可了解在网络上运行时在每个阶段发生的应用行为，在应用线程级分析应用的问题；可以解决多种问题，例如客户端是否对数据库服务器运行了不必要的请求，当服务器从客户端接受了一个查询，应用服务器是否花费了不可接受的时间连接数据库；在投产前预测应用的响应时间；利用 Application Expert 调整应用在广域网上的性能；Application Expert 能使用户快速地，方便地模拟应用性能，用户可以根据自己的条件决定应用投产的网络环境。

3) 网络预测

考虑到系统未来发展的扩展性，预测网络流量的变化、网络结构的变化对用户系统的影响非常重要。从网络管理软件获取网络拓扑结构，从现有的流量监控软件获取流量信息(若没有这类软件可人工生成流量数据)，可以得到现有网络的基本结构。在基本结构的基础上，可根据网络结构及网络流量的变化生成报告和图表，说明这些变化是如何影响网络性能的，对网络性能进行预测。

利用网络预测分析容量规划工具 Predictor 可以进行网络性能预测。Predictor 可根据预测结构帮助用户及时升级网络，避免因关键设备超过使用阈值导致系统性能下降，还可以根据预测的结果避免不必要的网络升级。

7. 服务器性能测试

服务器是软件系统存储和运行的硬件平台，许多重要数据都保存在服务器上，很多网络服务都在服务器上运行，因此服务器性能的优劣决定了整个软件系统的性能。服务器性能测试主要是对数据库服务器、应用服务器、操作系统的测试，目的是通过性能测试找出各种服务器瓶颈，为系统扩展、优化提供相关的依据。对服务器的性能测试可以采用工具监控，也可以使用系统本身的监控命令，例如，对 Windows 操作系统的监控，可以使用 Loadrunner 中的 Windows 资源计数器监控，也可以直接使用 Windows 自带的计数器监控。

8. 特殊测试

主要是指配置测试、内存泄漏测试等一些特殊的 Web 性能测试。这类性能测试或者和前述的测试结合起来使用，或者在一些特殊的情况下独立进行(这时往往需要特殊的工具和较大的投入)。

"全面性能测试模型"是针对性能测试提出的一种方法，主要目的是使性能测试更容易组织和开展。要在性能测试中用好、用活全面性能测试模型，首先要针对具体应用系统制订合理的性能测试策略，同时还应注意遵循如下基本原则。

1) 最低成本原则

全面性能测试本身是一种高投入的测试，而很多公司在测试上的投入都比较低，性能测试同时又是全部测试工作的一部分，很多项目只能进行一些重要的性能测试。这就决定了测试负责人制订性能测试策略时在资源投入方面一定要遵从最低成本化原则。最低成本的衡量标准主要指"投入的测试成本能否使系统满足预先确定的性能目标"。只要经过反复的"测试-系统调优-测试"，系统符合性能需求并有一定的扩展空间，就可以认为性能测试工作是成功的。反之，如果系统经过测试后不能满足性能需求或满足性能需求后仍然需要继续投入资源进行测试，则可以认为是不合理的。

2) 用例裁剪原则

全面性能测试模型主要是针对电信、金融等特殊类应用软件而提出的。这类软件的业务重要性级别高，对系统性能要求高，因而包含的测试内容比较全面，测试用例数目较大。对于一般的应用系统，可根据系统自身的特点和用户对性能的要求，对根据全面性能测试模型设计的测试用例进行适当裁减，以缩短性能测试周期，节省测试成本。

3) 模型具体化原则

全面性能测试模型的使用绝不能生搬硬套，要使全面性能测试模型在性能测试工作中发挥作用，需要根据实际项目的特点、软件和硬件运行环境、用户对系统性能的要求等因素制订合理的性能测试策略，编写适当的性能测试用例，并在测试实施中灵活地执行测试方案。

8.2　典型性能测试工具介绍

在测试实践中，通常需要借助性能测试工具来实施性能测试。目前，市面上的性能测试工具众多，这些工具主要是 HP Mercury、IBM Rational、Compuware 等公司的产品，以及相当数量的开源测试工具。常用的商业化性能测试工具包括 HP Mercury Loadrunner、 IBM Rational Robot、QALoad 等，其中，Loadrunner 的市场占有量最高。常用的开源性能测试工具包括 Jmeter、Apache Bench、OpenSTA，其中 Jmeter 使用比较广泛。下面简要介绍几种常见的性能测试工具。

1. HP Mercury Loadrunner

企业的网络应用环境都必须支持大量用户，网络体系架构中包含各类应用环境以及由不同供应商提供的软件和硬件产品。难以预知的用户负载和越来越复杂的应用环境使公司时刻担心会发生用户响应速度过慢、系统崩溃等问题，这些都不可避免地导致公司收益的损失。Loadrunner 是一种预测系统行为和性能的负载测试工具，它通过模拟成千上万用户实施并发负载并实时监测系统性能来确认和查找问题。Loadrunner 能够对整个企业架构进行测试，通过使用 Loadrunner，企业能最大限度地缩短测试时间、优化性能和缩短应用系统的发布周期，并确保终端用户在应用系统的各个环节中对其测试应用的质量、可靠性和可扩展性都有良好的评价。此外，Loadrunner 支持多种通信协议，为用户提供全面的性能测试解决方案。

2. IBM Rational Robot

Robot 是 IBM Rational 公司研发的一款功能测试和性能测试工具，它主要通过记录和回放遍历应用程序的脚本，以及测试查证点处的对象状态来实现对 VB、VC、HTML、Java 等语言开发的应用程序的完整测试。它可以集成在测试管理工具 IBM Rational Test Manager 上，是一种多功能的、支持回归和配置的测试工具。在该环境中，可使用多种 IDE 和编程语言开发应用程序，还可以支持测试人员完成计划、组织、执行、管理和报告等所有测试活动。

3. QALoad

Compuware 公司的 QALoad 是客户/服务器系统、企业资源设置(ERP)和电子商务应用的自动化负载测试工具。QALoad 是 QACenter 性能版的一部分，它通过可重复的、真实的测试能全面度量应用的可扩展性和性能。QALoad 可以模拟成百上千的用户并发执行关键业务而完成对应用程序的测试，并针对所发现的问题对系统性能进行优化，确保应用的成功部署。QALoad 能够预测系统性能，通过重复测试寻找瓶颈问题，验证应用的可扩展性，快速创建仿真的负载测试。

4. JMeter

JMeter 是 Apache 组织开发的一款流行的、用于性能测试的开源工具。它可以用于测试静态和动态资源，包括文件、Servlet、Perl 脚本、Java 对象、数据库和查询、FTP 服务器或其他资源。JMeter 可用于对服务器、网络或其他测试对象上增加高负载以测试它们的受压能力，或者测试这些对象在不同负载条件下的性能情况。另外，JMeter 能够对应用程序进行功能/回归测试，通过创建带有断言的脚本来验证程序返回了期望的结果。为最大限度地提高灵活性，JMeter 允许使用正则表达式创建断言。

Jmeter 具有以下特点：

(1) 能够对数据库、HTTP 服务器和 FTP 服务器进行性能测试。

(2) 使用 Java 作为脚本语言，可移植性好。

(3) 完全 Swing 框架和轻量级组件支持预编译的 JAR 使用 javax.swing.*包。

(4) 完全多线程框架允许通过多线程并发取样和单线程组对不同的功能同时取样。

(5) 精心的 GUI 设计允许快速操作和更精确的计时。

(6) 缓存和离线分析/回放测试结果。

另外，Jmeter 具有较高的可扩展性，主要体现在如下几个方面：

(1) 可链接的取样器允许无限制的测试能力。

(2) 各种负载统计表和可链接的计时器可供选择。

(3) 数据分析和可视化插件提供了很好的可扩展性以及个性化。

(4) 具有提供动态输入到测试的功能(包括 Javascript)。

(5) 支持脚本编程的取样器(1.9.2 及以上版本支持 BeanShell)。

8.3 本章小结

本章主要介绍性能测试的基础知识，目的是让读者对性能测试有初步的认识，为学习性能测试部分后续章节提供理论支撑。首先阐述性能测试的定义和目的，了解性能测试需要关注的内容；接着介绍性能测试的常见指标和测试方法；然后讨论性能测试的策略，主要讨论如何按照"全面性能测试模型"策略来开展性能测试；最后简单介绍几种典型的性能测试工具。

练 习 题

1. 简述性能测试的含义。
2. 性能测试的目的有哪些？
3. 简述性能测试指标"每秒点击率"和"吞吐量"的含义。
4. 在性能测试过程中，如何测试最大并发用户数、在线用户数？
5. 负载测试、压力测试和疲劳测试三者有何区别？
6. 全面性能测试模型的含义是什么？如何在具体项目的性能测试中合理地使用它？
7. 列举几种常用的性能测试工具。

第 9 章 HP Loadrunner 基础

HP Loadrunner 是一款应用比较广泛的性能测试工具，本书的第 9 章~第 13 章详细介绍 Loadrunner 软件的工作原理、基本操作、常用技术以及测试案例等内容。本章属于 HP Loadrunner 部分的起始章节，主要介绍 Loadrunner 的特点、工作原理及测试步骤等内容。

本章要点如下：
- Loadrunner 简介
- Loadrunner 组成
- Loadrunner 工作过程
- Loadrunner 测试步骤

9.1 Loadrunner 简介

Loadrunner 是 Mercury Interactive 公司出品的一款工业级系统性能测试工具，该公司于 2006 年 11 月被惠普公司收购，成为惠普公司的一款性能测试产品，是目前应用最广泛的性能测试工具之一。 Loadrunner 是一种适用于许多体系架构的自动负载测试工具，从用户关注的响应时间、吞吐量、并 发用户和性能计数器等方面来衡量系统的性能表现，辅助用户进行系统性能的优化。Loadrunner 通 过模拟上千万用户实施并发负载并实时监测性能来确认和查找问题，对整个企业架构进行测试，帮 助企业最大限度地缩短测试时间、优化性能和加速应用系统的发布。Loadrunner 支持广泛的协议， 拥有良好的操作界面和帮助文档，是企业进行系统性能测试的有力工具。

在 Loadrunner12 版中还新增了许多测试功能，例如支持云负载生成器，在移动应用测试中新加 入 SAP Mobile Platform 的支持等。在协议中，新加入 HTML5 WebSocket 的支持，TruClient 脚本可 以转换成 Web HTTP/HTML 脚本，支持 SPDY。新版本支持 Windows Server 2012 操作系统，并支持 Chrome、火狐等浏览器中脚本的记录和回放。从 Loadrunner12 版本开始，不再支持 Windows XP 系 统，需要 Windows 7 或更高版本的操作系统。本书所用的 Loadrunner 的版本为社区版 12.02，支持 50 个免费的虚拟用户。

Loadrunner 具有以下特点。

1. 支持多种平台开发语言

Loadrunner 可支持多种脚本语言，包括 C、Java、JavaScript、VB、VBScript、.Net 等。默认的 脚本生成语言为 C 语言，各种脚本语言可以根据需要自动选择：

(1) 对于 FTP、COM/DCOM 和邮件协议(IMAP、POP3 和 SMTP)，Loadrunner 可以使用 JavaScript、VB 和 VBScript 来生成脚本。

(2)C 语言主要用于那些使用复杂 COM 构造和 C++对象的应用程序，Web/http 协议的脚本也默 认使用 C 语言，并且不可更改。

(3) VB 用于基于 VB 的应用程序。

(4) VBScript 主要用于基于 VBscript 的应用程序，例如 ASP 语言开发的网站系统。

(5) JavaScript 主要用于基于 JavaScript 的应用程序，例如 js 文件和动态 HTML 应用程序。

2. 轻松创建虚拟用户

使用 Loadrunner 的 Virtual User Generator，以虚拟用户的方式模拟真实用户的业务操作行为，简便地模拟系统负载。该引擎能先记录被测业务流程(如下订单或机票预订)，然后将其转化为测试脚本。利用虚拟用户，还可在 Windows、UNIX 或 Linux 操作系统上同时生成数千个用户访问。因此，利用 Loadrunner 虚拟用户机制可节省大量的硬件和人力资源。

3. 创建真实负载

Virtual Users 建立后，需要确定虚拟用户数量、负载运行的方案和业务流程组合。使用 Loadrunner 的 Controller 工具可很快组织起多用户的测试方案。通过 Controller，测试人员可依据性能测试需求配置出最接近真实用户使用情况的场景方案，场景方案的配置通常需要考虑：虚拟用户的调度计划、负载生成器配置、负载均衡问题、IP 欺骗技术、集合点策略等。

Loadrunner 通过它的 Autoload 技术，为用户提供了更多测试灵活性。使用 Autoload，可事先设定测试目标，这样可优化测试流程。例如确定应用系统承受的每秒单击数或每秒交易量。

4. 强大的实时监控

场景方案配置完成后，就可以执行场景方案。在执行过程中，需要对虚拟用户的执行情况、事务成功率、各种资源的性能指标、是否存在异常错误情况等进行监控，以帮助测试人员发现场景方案以及被测系统中可能存在的问题。Loadrunner 的 Controller 工具里集成了强大的监测器，在性能测试过程中，用户可通过这些监测器观察到被测系统的一些性能指标，例如响应时间、每秒点击率、吞吐量、事务成功率、虚拟用户的运行情况等。另外，Controller 工具中还集成了各种资源计数器，方便测试人员对各种硬、软件资源的关键指标进行监控，例如 Windows 操作系统、Apache 服务器、IIS 服务器、SQL Server 数据库服务器等。

5. 分析结果以精确定位问题所在

Loadrunner 会在性能测试过程中收集汇总所有的测试数据，并提供高级的分析和报告功能，以便迅速查找到性能问题并追溯原因。

使用 Loadrunner 的 Web 交易细节监测器，可了解将所有图像、框架和文本下载到每一网页所需的时间。例如，这个交易细节分析机制能分析是否因为一个大尺寸图形文件还是第三方数据组件造成应用系统运行速度减慢。另外，Web 交易细节监测器分解用户客户端、网络和服务器上端到端的反应时间，便于确认问题，定位查找真正出错的组件。例如，用户可将网络延时进行分解，以判断 DNS 解析时间，连接服务器或 SSL 认证所花费的时间。通过使用 Loadrunner 的分析工具，还能快速找到出错的位置和原因并做相应的调整。

6. 重复测试保证系统发布的高性能

负载测试是一个重复过程。每次处理完一个出错情况，用户都需要对应用程序再进行一次负载测试，以此检验所做的修正是否改善了运行的性能。

7. 支持无线应用协议

随着无线装置数量和种类的增多，用户的测试计划也需要满足传统的基于浏览器的用户和无线互联网设备，如手机和个人数字助手。Loadrunner 支持两项最广泛使用的协议：无线应用(WAP)和商务模式(I-mode)。此外，通过负载测试整体架构，从入口到网络服务器，Loadrunner 可以让用户只通过记录一次脚本，就可以完全检测这些互联网系统。

9.2　Loadrunner 的功能结构及工作原理

9.2.1　Loadrunner 功能结构

Loadrunner 是一个庞大而复杂的性能测试工具，它主要由四大组件构成，分别是 VuGen(虚拟用户生成器)，Controller(控制器)、Load Generator(负载生成器)和 Analysis(分析器)。下面详细介绍这四个组件的功能。

1. 虚拟用户生成器

Virtual User Generator 简称 VuGen，用来捕获用户业务操作及所有通信数据，并将其转化为测试脚本。VuGen 可支持大量应用通信协议，支持自动化脚本录制和二次开发，为系统性能测试提供测试脚本支持。可以说，VuGen 是录制测试脚本、编辑与调试测试脚本的平台，默认的脚本支持语言为 C 语言。VuGen 的工作界面如图 9-1 所示。

图 9-1　VuGen 的主界面

2. 控制器

Controller 即控制器，是 Loadrunner 的控制中心，在性能测试中起到指挥官的作用。该组件主要有两大作用：一是设计场景，将开发好的测试脚本加载到 Controller 组件后，就需要依据测试需求设计脚本运行的场景方案，场景设计主要包括手动场景设计和目标场景设计两种方式；二是运行和监控场景，场景设计完成后，就可以运行场景，在场景运行过程中，通过 Controller 可以实时监控脚本的运行情况，以及操作系统、应用服务器和数据库资源的使用情况等。Controller 启动后的工作界面如图 9-2 所示。

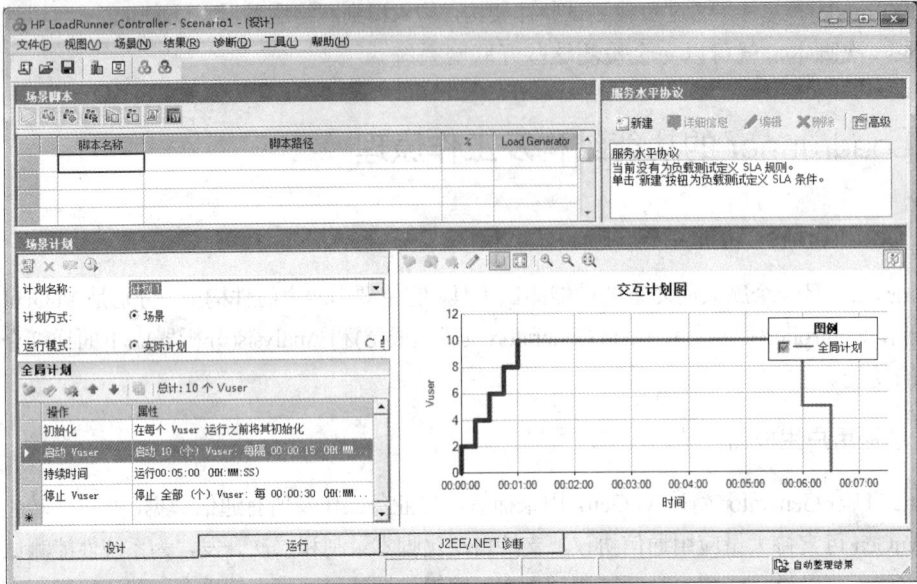

图 9-2　Controller 主界面

3. 负载生成器

Load Generator(负载生成器)又称负载机，是生成负载压力的组件。该组件依据 Controller 中场景方案的要求，启动大量虚拟用户执行测试脚本，以达到模拟多用户并发访问被测系统的效果。

负载生成器是 Controller 执行过程中调用的一个后台功能组件。正常情况下，在性能测试过程中会将 Controller 和负载生成器分开，即它们分别使用独立的机器。这样做主要的目的是防止 Controller 组件消耗过多机器资源。如果并发用户数量过大，超出了一台计算机所能支持的上限，则可以使用多台计算机作为负载生成器。选择多台负载生成器时，一定要保证负载均衡。负载均衡是指在进行性能测试的过程中，保证每台负载生成器均匀地对服务器进行施压。如果负载不均衡，那么在测试过程中，有的负载机很忙，而有的负载机很闲，这样测试出来的值是不可靠的。

在场景执行过程中，Controller 通过代理(agent)程序指挥和协调负载生成器的启动、数据交互和停止等活动。因此，作为负载生成器的计算机必须开启 agent 程序，以免其与 Controller 通信。

4. 分析器

Analysis(即分析器)，是对测试结果数据进行分析的组件。在场景执行过程中，Controller 组件会将测试数据收集起来并保存到结果文件(扩展名为.lrr)中。场景执行完毕后，可进入 Analysis 组件对收集到的数据进行整理和分析。Analysis 执行后的工作界面如图 9-3 所示。

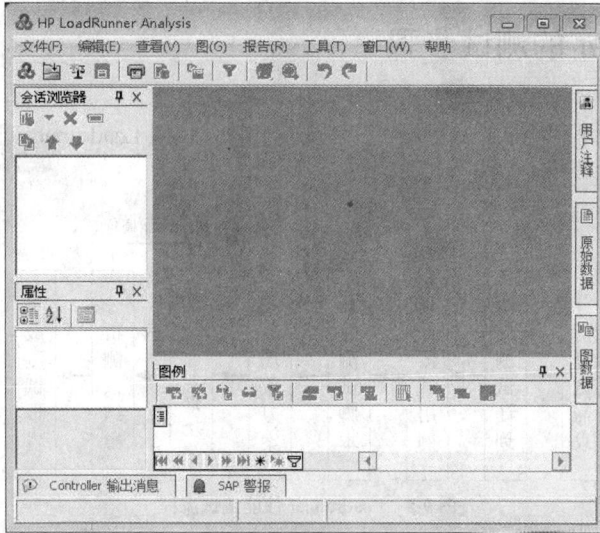

图 9-3　Analysis 主界面

9.2.2　Loadrunner 工作过程

使用 Loadrunner 进行系统性能测试的过程如图 9-4 所示。

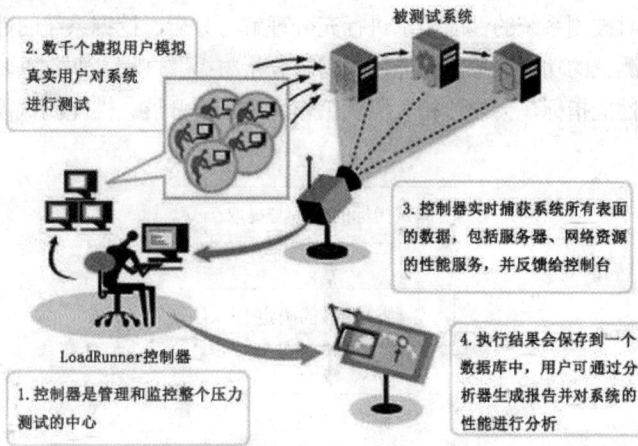

图 9-4　Loadrunner 的工作过程

(1) Controller 是管理和监控整个性能测试的中心组件。通过该组件可制订脚本运行的策略，配置数据收集的方式，执行性能测试，同时在脚本运行过程中监控性能测试的相关指标。

(2) 在测试运行过程中，Controller 首先通过 agent 程序启动负载生成器，并向其发送一个二进制文件，该文件中记录了脚本运行的策略信息。然后负载生成器依据脚本运行的策略生成负载压力，模拟多个虚拟用户去运行脚本。

(3) 在场景执行过程中，Controller 将从负载生成器那里收集测试过程中相关的数据，并将这些数据保存在 Access 数据库中。

(4) 测试完成后，对测试过程中收集到的各种结果数据进行处理和分析，生成各种图标和报告，为系统性能测试结果分析提供支持。

9.3　Loadrunner 的测试步骤

在性能测试领域，不同测试工具的测试流程不尽相同，使用 Loadrunner 进行性能测试的一般流程如图 9-5 所示。

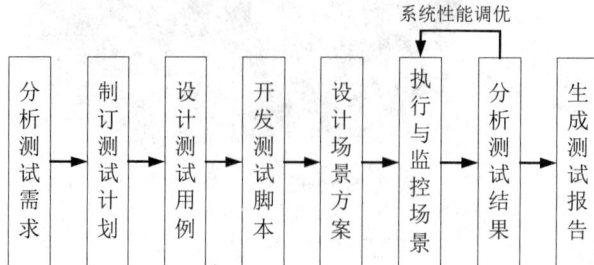

图 9-5　Loadrunner 性能测试流程

下面简要介绍 Loadrunner 性能测试流程的 8 个阶段。

1. 性能测试需求分析与提取

对于任何一种测试类型，初期的重要工作就是测试需求分析。所谓的性能测试需求分析就是测试人员依据客户需求对被测系统的性能需求进行充分理解与分析，挖掘系统的性能测试指标及预期要求，并确定要进行测试的功能业务。性能测试需求分析与提取过程是非常重要的，如果在这个过程中无法得到确切的性能指标，会导致相关测试工作无法正常开展。性能测试需求提取一般流程如图 9-6 所示。

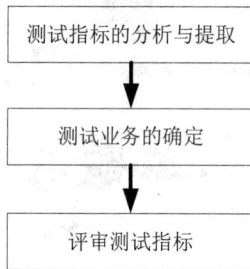

图 9-6　性能测试需求提取流程

2. 制订性能测试计划

软件测试计划是安排和指导测试过程的纲领性文件，通常是由经验丰富的测试工程师负责制订和编写文档。这个阶段包括以下活动：组织测试人员、安排测试时间、搭建测试环境、设计场景模型、收集测试数据、分析测试风险等。除了设计场景模型活动外，其他几种活动应该不难理解。场景模型用来约束和规范业务活动时的场景环境，它是指导场景设计的依据。场景设计的主要目的是模拟出更接近用户真实使用情况的运行环境，场景模型的创建不仅要考虑具体的业务操作过程，还要思考多个用户同时使用系统的情况。

3. 设计测试用例

测试用例是性能测试的核心内容，它是指导后续脚本开发、场景方案设计与执行以及测试结果分析的主要依据。在测试实践中，由于性能测试用例数量不多，而且需要参考测试计划文档中的某些内容(如场景模型)，通常将性能测试用例统一写入测试计划文档。

性能测试用例的设计通常需要考虑测试目的、性能指标以及预期能力、前提与约束、业务模型等内容。其中，业务模型的创建是测试用例设计工作的核心内容。业务模型从性能测试角度来定义和描述系统的业务过程，使用它可以约束和规范业务活动，以便指导录制脚本时的业务流程及业务背景。创建业务模型应该注意以下几点：

(1) 对于某个业务流程，用户在使用过程中是如何操作的？

(2) 一个业务包含多个子业务时，如何处理子业务的先后顺序和子业务的关系？

(3) 业务流程有哪些约束条件？业务流程需要哪些支持？

4. 开发测试脚本

性能测试计划和测试用例设计完成后，测试工程师就可以依据测试场景模型和测试用例来开发性能测试脚本。在 Loadrunner 中，通过 VuGen 组件来设计脚本，包括录制脚本和编辑脚本。在录制脚本前，测试人员需要熟悉业务流程，并结合 Loadrunner 开发技术规划业务脚本的实现方式，使测试脚本更接近用户的实际使用。脚本录制完成后，需要对脚本进行编辑和调试，最后生成一个符合测试需要的、没有错误的、可运行的脚本。VuGen 中常用的脚本开发技术包括集合点、事务、检查点、参数化、关联等。

5. 设计场景方案

脚本开发完成后，将脚本加载到 Controller 中，然后在 Controller 组件中进行测试场景的设计。测试场景用来描述测试活动中发生的各种事件，一个场景包括运行 Vuser 活动的负载机列表、测试脚本列表、大量的 Vuser 和 Vuscr 组等信息。场景设计的主要依据就是前面设计的场景模型，也就是说，依据场景模型对 Controller 中的相关配置项进行设置。场景设计通常需要考虑并发用户数、虚拟用户调度计划、集合点应用、IP 欺骗技术、负载生成器、负载均衡、资源监控器等。

6. 执行与监控场景

场景方案设计完成后，通过 Controller 控制负载生成器来执行性能测试。在执行过程中，负载生成器会依据场景方案虚拟多个并发用户并按照方案要求执行测试脚本。另外，Loadrunner 内含集成的实时监测器，在性能测试过程中可以观察系统的运行情况并对操作系统、数据库、中间插件等进行实时监控。这样就可以更好地分析系统运行时的性能指标，更快地发现问题。

7. 分析测试结果

场景执行完毕后，Controller 会收集测试过程中各种结果数据，测试人员可通过 Analysis 组件对这些数据进行分析和处理。Analysis 常用的结果分析技术有：合并图表、关联图表、页面细分和钻取技术等。

在结果分析过程中，如果发现某些性能指标不符合预期要求，则需要测试人员进一步挖掘系统可能存在的瓶颈并向开发工程师提出性能调优的建议。这一过程通常需要多次重复执行场景，以便可以更好地分析数据，找出指标不符合要求的原因。

8. 生成测试报告

性能测试所有工作结束后，根据测试得到的数据就可以编写性能测试报告了。一般情况下，公司都有比较规范的性能测试报告模板，测试人员只需要根据这些模板编写性能测试报告即可。在这个过程中需要注意，验证测试时不仅要列出本次测试是否达到预期目标，还要列出系统中可能存在性能问题的地方。

一般情况下，性能测试报告包括测试的背景、测试的人员、测试的进度、测试的工具、测试的环境、测试的场景、测试的结果、测试的缺陷及说明、测试的结论、优化建议等内容。

9.4　本章小结

本章是对 Loadrunner 工具基本情况的概要介绍，目的是让读者对 Loadrunner 有一个总体了解，帮助读者能够更好地学习 Loadrunner 的后续章节。首先介绍了 Loadrunner 的功能特点；然后说明了 Loadrunner 的功能结构和工作原理；最后介绍了使用 Loadrunner 开展性能测试的步骤。接下来三章将针对 Loadrunner 的各种功能进行详细描述。

练习题

1. Loadrunner 都有哪些特点？
2. Loadrunner 工具主要由哪些组件组成？
3. Loadrunner 的工作原理是什么？
4. 使用 Loadrunner 开展性能测试的一般流程是什么？
5. 测试场景的作用是什么？场景中通常包含哪些信息？

第 10 章　HP Loadrunner脚本录制与开发

使用Loadrunner进行并发性测试时，需要在系统中使用Vuser(代替人工)来模拟用户的真实行为。Vuser 执行的操作通常记录在 Vuser 脚本中，而用于创建和开发 Vuser 脚本的主要工具就是虚拟用户生成器。本章主要介绍虚拟用户生成器的常用配置操作及脚本开发和完善技术。

本章要点如下：

- 虚拟用户生成器简介
- 脚本录制
- 运行时设置
- Loadrunner 函数
- 事务技术
- 集合点技术
- 检查点技术
- 块技术
- 参数化技术
- 关联技术

10.1　虚拟用户生成器简介

虚拟用户生成器(Virtual User Generator，简称 VuGen，也称 Vuser 生成器)主要通过捕获客户端向服务端发送的请求，将这些请求录制成 Vuser 脚本，在回放时将捕获的请求再次发送，以达到模拟用户行为的目的。因此，Vuser 生成器主要用来捕获用户业务流程并生成测试脚本，可以说它是录制测试脚本、编辑和调试测试脚本的一个开发平台。在 Vuser 生成器中，脚本开发的过程如图 10-1 所示。

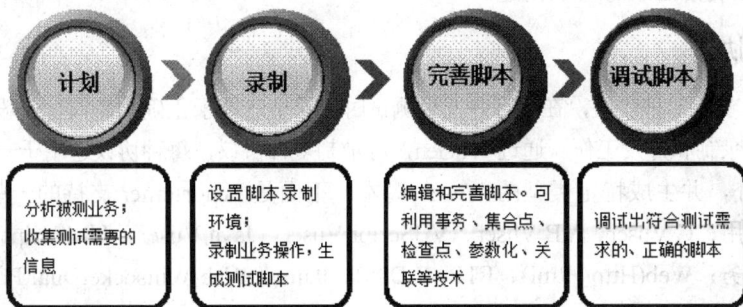

计划	录制	完善脚本	调试脚本
分析被测业务；收集测试需要的信息	设置脚本录制环境；录制业务操作，生成测试脚本	编辑和完善脚本。可利用事务、集合点、检查点、参数化、关联等技术	调试出符合测试需求的、正确的脚本

图 10-1　脚本开发过程图

在脚本录制前，需要做好如下准备工作：

1) 熟悉测试业务流程，分析被测业务的前提条件和约束条件，并做好测试数据的准备工作。通常情况下，这部分内容在测试计划和测试用例中有相应的说明。

2) 选择录制协议。Loadrunner 基于协议数据包的收发，在脚本录制之前确认系统所使用的协议。例如，假设某系统架构基于 B/S，使用 HTTP 协议，在脚本录制时应选择 Web(HTTP/HTML)协议。

3) 选择浏览器。Loadrunner 支持 IE、FireFox 等多种浏览器，默认使用 IE 浏览器，如无特殊要求，建议使用纯净版的 IE 浏览器(即浏览器的第三方插件都被关闭或卸载)，这样可避免无关插件影响测试的真实效率。另外，还需要将所选的浏览器设置为默认浏览器，在 Win7 中，可在"控制面板"|"程序"|"默认程序"|"设置程序访问和此计算机的默认值"中设置默认浏览器，如图 10-2 所示。

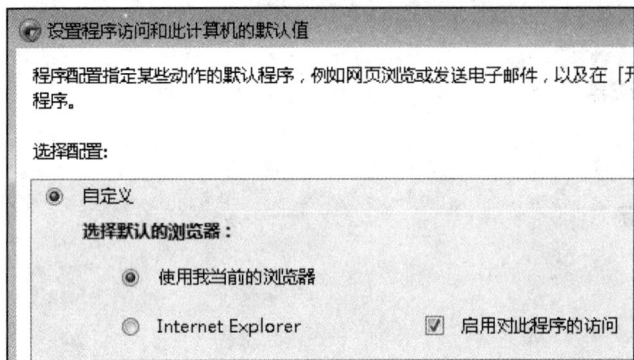

图 10-2　默认浏览器设置界面

另外，在脚本录制前，应将与性能测试无关的应用程序和服务关闭，如防火墙、杀毒软件、聊天软件等，以免这些程序干扰测试的进行，影响测试效率。其中较常见的一种情况是由于防火墙软件未关闭，导致 Loadrunner 录制时无法自动弹出浏览器。因此，在录制前，测试人员务必检查本机的运行环境是否干净。

10.2　脚本录制

启动 VuGen，单击菜单"文件"|"新建脚本和解决方案"，打开"创建新脚本"窗口，如图 10-3 所示。在该窗口中选择录制时所需的协议，选择的协议将直接影响录制后的脚本是否理想，如何选择录制协议是录制前必须考虑的问题。

10.2.1　选择协议

Loadrunner 支持多种协议，在进行并发性测试时，只要选择了正确的协议，一般都能正确地进行 Vuser 脚本的录制和开发工作。通过 VuGen，可录制多种协议，每种协议适用于一种特定的负载测试环境或拓扑，并生成特定类型的 Vuser 脚本。下面是 Loadrunner 支持的一些通信协议：

- **一般应用**：C Vuser、VB Vuser、VBScript Vuser、Java Vuser、JavaScript Vuser
- **电子商务**：Web(Http/Html)、FTP、LDAP、Palm、Web/WinsocketDual Protocol

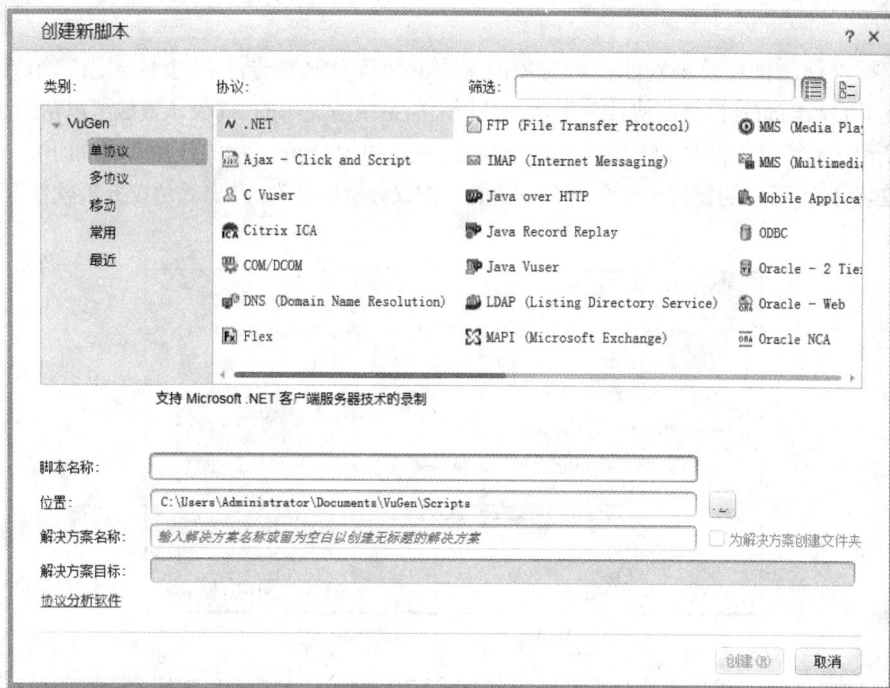

图 10-3　"创建新脚本"窗口

- **客户端/服务器**：MS SQL Server、ODBC、Oracle、DB2、Sybase CTlib、Sybase DBlib、Domain Name Resolution(DNS)、Windows Socket
- **分布式组件**：COM/DCOM、Corba-Java、Rmi_Java EJB: EJB、Rmi_Java
- **ERP/CRP**：Oracle NCA、SAP-Web、SAPGUI、SAPGUI/SAP-Web Dual Protocol、PropleSoft_Tuxedo、Siebel Web、Siebel-DB2 CLI、Siebel-MSSQL、Siebel Oracle
- **遗留系统**：Terminal Emulation(RTE)
- **Mail 服务**：Internet Messaging(IMAP)、MS Exchange(MAPI)、POP3、SMTP
- **中间件**：Jacada、Tuxedo 6、Tuxedo 7
- **无线系统**：i-mode、voiceXML、WAP
- **应用部署软件**：Citrix_ICA
- **流**：Media Players(MMS)、Real

由于 VuGen 的录制和回放操作基于协议数据报文的传送和接收，而不同通信协议对应的数据报文结构是不同的，因此，倘若选择的协议不合适或有遗漏，会出现客户端和服务端之间的某些通信数据无法解析的情况，从而导致脚本录制或回放失败。例如，在测试一个 Web 应用时，若不选择 Web(Http/Html)协议，那么录制的结果文件是一个空白脚本文件。

在进行脚本录制之前，首先需要确定通信协议，选择协议的常用方法有以下几种：

1) 向开发工程师确认数据通信所采用的协议，这是最简单有效的一种手段，因为开发工程师最清楚应用程序采用的是何种通信协议。

2) 通过概要或详细设计文档获知所使用的协议。

3) 使用协议分析工具捕获通信时的数据包并进行分析，然后确定被测对象所使用的协议。例如 wireshark、siniffer 等工具。在使用协议分析工具的过程中，一定要排除底层协议，不要被底层协议所迷惑。

4) 根据以往测试经验来判断被测对象所采用的协议，这种方法有时不一定准确。

5) 使用 Loadrunner 自带的协议分析功能分析当前系统所使用的协议，该方法可以帮助测试人员推测被测系统可能采用的协议，具有一定的可信性。协议分析工具的使用步骤如下：

(1) 在图 10-3 所示的窗口中，单击左下角的"协议分析软件"，弹出"协议分析软件"对话框，如图 10-4 所示。

图 10-4 "协议分析软件"窗口

(2) 在 URL 地址栏里输入待分析系统的路径或 URL 地址，单击 OK 按钮，开始分析应用程序。

(3) 将用户业务流程录制一遍，然后停止分析应用程序，并生成分析后的结果。

对于一些常见的系统类型，通常协议选择的规则如下：

(1) 对于 B/S 架构的 Web 系统，选择 Web(Http/Html)协议，如果有中间件，则选择中间件服务器的协议。

(2) 对于使用数据库系统的 C/S 系统，根据系统所用的数据库来选择不同协议。例如，系统若采用 SQL Server 数据库，则使用 MS SQL Server 的协议；若采用 Oracle 数据库，则使用 Oracle2-tier 协议。

(3) 对于没有数据库的 C/S 系统，可选择相应的应用层协议，或直接使用 Windows Sockets 协议。

(4) 对于其他 ERP、EJB，选择相应的协议即可。

(5) 对于邮件来说，首先要看收邮件的途径。如果通过 Web 页面收发邮件，则选择协议时就需要选择 HTTP 协议；如果通过邮件客户端(像 Outlook、Foxmail)，则需要根据操作选择不同的协议了，例如发邮件可能要选择 SMTP、收邮件可能需要选择 IMAP 或 POP3。

(6) 一般可使用 Java Vuser 协议编写 Java 语言的脚本，其他协议都没有用时，只能使用 Windows Sockets 协议。

如图 10-3 所示，Loadrunner 提供 5 种选择协议的方式：单协议、多协议、移动协议、常用协议和最近使用过的协议。这几种方式不难理解，这里简单解释前三种方式。当被测系统业务的数据交互基于某个协议时，可采用单协议方式；当被测系统业务的数据交互基于两个或两个以上的协议时，选择多协议方式；当被测系统业务的数据交互基于移动协议时，可在移动协议里选择所需的协议。这里要注意，多协议方式可选择的协议数量比单协议方式要少，也就意味着某些协议不能用于多协议方式。

10.2.2　开始录制脚本

协议选择完毕后可以开始录制脚本了，这里以 Web(Http/Html)协议为例进行录制。

VuGen 录制浏览器主要通过代理方式来实现，可理解为 VuGen 伪装成浏览器来访问目标服务器。这样，VuGen 就可以捕获客户端与服务端之间的通信数据报文，如图 10-5 所示。

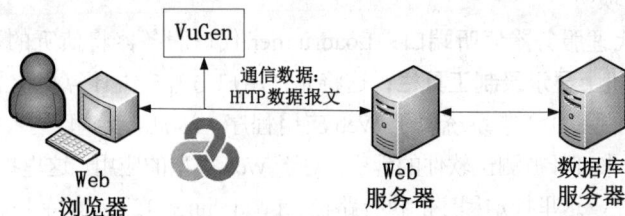

图 10-5　VuGen 捕获通信数据

在使用 VuGen 执行录制操作时，VuGen 会对捕获的通信数据进行分析，并自动生成对应协议的 API 函数。同时，VuGen 会将这些函数生成的脚本插入 VuGen 编辑器中，以创建原始的 Vuser 脚本。下面详细介绍 Loadrunner 录制脚本的具体操作。

1. 配置录制系统信息

在"创建脚本"界面配置好协议信息、脚本名称、脚本存放位置后，单击"创建"按钮即可进入当前解决方案的主界面。然后单击"录制"|"录制"或者工具栏的 ● 按钮，弹出"开始录制"窗口，如图 10-6 所示，在该窗口可以配置被测系统的相关信息。

图 10-6　"开始录制"界面

"开始录制"界面中的各项参数含义如下：

(1) **录制到操作**：该选项有 Action、vuser_init 和 vuser_end 三个可选项。vuser_init 存放 Loadrunner 中用户的初始化操作；vuser_end 存放 Loadrunner 中用户的结束操作；Action 是非常自由的，可以当成普通函数。在单个业务脚本中，只能有一个 vuser_init 文件和一个 vuser_end 文件，而 Action 则可以划分成多个文件。当脚本多次迭代运行时，Action 中的脚本可根据迭代次数重复运行多次，而 vuser_init 和 vuser_end 中的脚本不受迭代次数的影响，只能运行一次。

(2) **录制**：该选项指定被测系统的应用程序类型，该选项有"Web 浏览器"、"Windows 应用程序"和"通过 Loadrunner 代理服务器的远程应用程序"三个可选项。"Web 浏览器"指录制 Web 应用程序；"Windows 应用程序"指被测系统是 Windows 应用程序；最后一个选项指当 VuGen 无法在客户端计算机上运行时录制流量。例如 Linux 计算机、Mac OS 计算机和移动设备。如果选中此模式，则可指定以下选项：

a. Loadrunner 代理服务器侦听端口：Loadrunner 代理服务器将侦听的端口。

b. 在客户端计算机上显示录制工具栏：这将允许用户与客户端计算机上的录制工具栏交互。在本实例中测试的飞机订票系统属于 Web 应用程序，因此，这里选择"Web 浏览器"。

(3) **应用程序**：用来打开被测试软件的程序，对于 Web 类型的应用，这里指定一个浏览器应用，如果是一个客户端程序，这里指定程序的执行路径。Loadrunner 12.02 支持 IE、FireFox 和 Chrome 浏览器，如果测试需求没有特殊说明，建议使用 IE 浏览器。

(4) **URL 地址**：录制开始所需要访问的 URL 地址，即开始录制时第一个请求需要访问的页面；在本实例中 URL 指向 Loadrunner 自带的飞机订票系统的首页面。

(5) **开始录制**：用来设定开始录制的机制，包括"立即"和"在延迟模式中"两个选项，默认情况下选择"立即"开始模式。如果选择后一项，应用程序启动后，VuGen 暂时不会进行录制，当用户操作到需要录制的地方时，单击"录制"按钮，VuGen 才开始录制。

(6) **工作目录**：适用于要求你指定工作目录的应用程序。

2. 录制脚本

单击图10-6中的"开始录制"按钮，VuGen就开始脚本的录制工作。当录制开始后，VuGen会自动打开指定的浏览器，并访问被测试系统的URL地址。同时，VuGen会弹出"正在录制"工具栏，如图10-7所示。

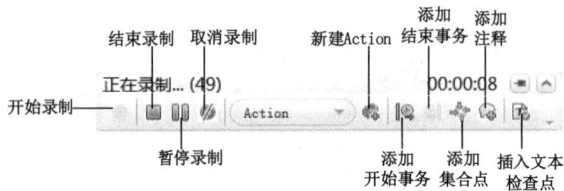

图 10-7　"正在录制"工具栏

如图10-8所示，该工具栏从左到右依次是"开始录制"、"结束录制"、"暂停录制"、"取消录制"、"新建Action"、"添加开始事务"、"添加结束事务"、"添加集合点"、"添加注释"、"插入文本检查点"。

在录制过程中，测试人员依据测试用例的要求执行测试业务操作，VuGen 将捕获业务操作并转化为测试脚本。在 VuGen 中能看到捕获的脚本信息。

3. 结束录制

在这里，被测业务为飞机订票系统的登录业务，登录用户名为 tester1，密码为 111111。当被测业务操作完毕后，单击"正在录制"工具栏上的"结束录制"按钮，结束脚本的录制，这时 VuGen 会利用所选协议的规则对通信数据进行解析，最终生成测试脚本，如图 10-8 所示。从图上可以看出

VuGen 生成的脚本是由函数组成的。

图 10-8　录制结束后的脚本

4. 脚本回放

完成录制后，单击"回放"|"运行"或使用工具栏上的▷按钮，就可以回放脚本，以验证脚本是否正确地模拟了用户的操作。在脚本回放过程中，测试人员可跟踪"运行时数据"视图的数据，以确认脚本运行过程中的参量是否正确。脚本停止运行后，VuGen 会弹出"回放摘要"视图，显示本次运行的测试结果和回放日志等信息。

5. 查看日志

在录制和回放时，VuGen 会把发生的事件记录在日志文件中，这些日志有利于测试人员跟踪 VuGen 和服务器的交互过程，从而检验脚本是否按照预期要求运行。可在 VuGen 的"输出"窗口查看日志，也可以直接到脚本目录中查看。Loadrunner12.02 中主要包含四种日志：回放日志、编译日志、代码生成日志和录制日志，如图 10-9 所示。下面简单介绍一下几种日志的用途。

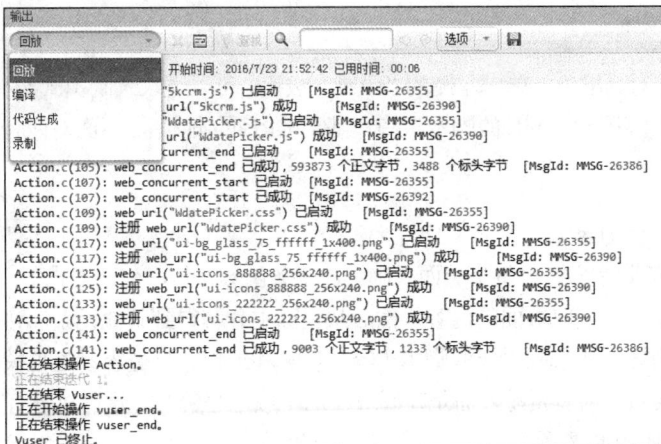

图 10-9　VuGen 日志输出窗口

(1) **回放日志**：用于记录脚本回放过程中生成的日志信息。如果双击回放日志中的某条信息，

VuGen 会将光标定位到脚本视图中相应的函数。回放日志是验证脚本正确性、调试脚本的重要依据，所以它是测试人员经常需要关注的内容。

(2) **编译日志**：当脚本编译不通过时，"编译日志"视图中会显示相应的错误信息。

(3) **录制日志**：是指录制脚本时生成的事件日志。在录制日志中，我们可以查看客户端与服务端之间的所有对话，包含通信内容、日期、时间、浏览器的请求、服务器的响应内容等信息。

(4) **代码生成日志**：用于记录录制期间生成的详细代码，包括客户端的 Request 请求和服务端 Response 的详细代码等信息，后续要学习的手工关联技术就需要借助该日志来实现。代码生成日志信息量很大，它是在脚本录制完成后，通过 VuGen 调用相关协议函数将录制的内容转化为代码生成信息。

10.2.3　设置录制选项

在录制脚本时，可通过"录制选项"功能对录制的相关参数进行设置，只有配置好这些参数，才能录制并生成需要的脚本。可通过单击"创建新脚本"窗口的"录制选项"按钮或菜单"录制"|"录制选项"弹出"录制选项"对话框，如图 10-10 所示。录制选项中常用的配置项有："常规"|"录制"选项卡、"关联"选项卡、"HTTP"|"高级"选项卡。下面详细介绍这几个选项卡包含的功能。

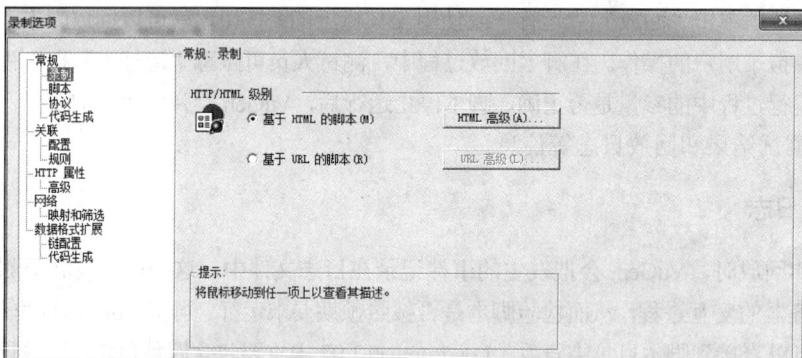

图 10-10　"录制选项"窗口

1. "录制"选项卡

在"录制选项"对话框中，单击左侧的"录制"按钮，可以进入录制模式选择界面。Loadrunner 包含两种录制模式："基于 HTML 的脚本"和"基于 URL 的脚本"，下面对两种脚本录制模式进行介绍。

1) 基于 HTML 的脚本

"基于 HTML 的脚本"针对每个页面录制形成一条函数语句，在该模式下，访问一个页面，首先会与服务器建立连接并获取页面的内容，然后从页面中分解得到其他元素，建立几个连接分别获取相应的元素。使用该模式录制生成的脚本更容易理解和维护，也更容易处理关联。在录制会话期间，使用该模式不会录制所有资源，而是在回放期间下载这些资源。建议对带有小程序和 VB 脚本的浏览器应用程序使用此选项。

单击"HTML 高级"按钮可进入该录制模式的高级设置对话框，如图 10-11 所示。在高级设置中，主要对脚本类型和非 HTML 元素的处理方式进行设置。

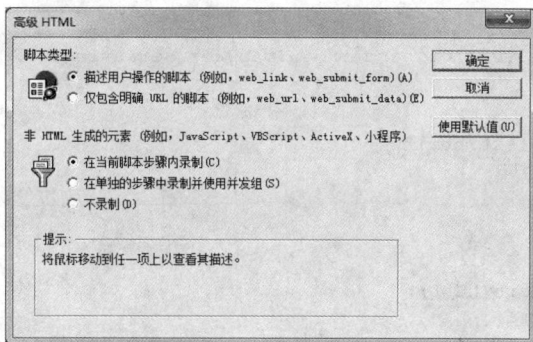

图 10-11　HTML 录制模式高级设置界面

(1) 脚本类型

- **描述用户操作的脚本(例如，web_link、web_submit_form)**：生成与用户所采取操作直接对应的函数，创建的主要函数包括：创建 URL (web_url)、链接(web_link)、图像(web_image) 和表单提交(web_submit_form)函数。该方式包含对对象的检查过程，例如，若用户单击某个链接对象，采用该模式会首先识别对象，识别为链接对象之后才创建 web_link 请求函数。

- **仅包含明确 URL 的脚本(例如：web_url、web_submit_data)**：将所有的 URL、链接和图像都用 web_url 函数来统一处理，在表单提交时则用 web_submit_data 来处理。该模式录制的脚本没有前一种方式那么直观，但如果网页中许多链接的链接文本都相同，此模式很有用。如果用第一个选项录制站点，它将录制链接的序号；如果使用第二个选项录制，则每个链接都根据其 URL 列出，这样就更容易对该步骤进行参数化和关联。在实际项目中，为便于对脚本进行关联和参数化操作，优先选择该选项。

(2) 非 HTML 生成的元素处理方式

许多网页都包含非 HTML 元素，如 VBScript、 XML、 ActiveX 元素或 JavaScript 等。这些元素往往含有自己的资源，例如，Web 页面调用一个 JavaScript 文件可能要涉及下载图片、文件等资源。对于非 HTML 生成的元素的处理，VuGen 提供了以下三个选项：

- **在当前脚本步骤内录制**：将非 HTML 生成的元素记录在当前函数中，即将所有元素作为相关函数的参数列出，如 web_url、web_link 和 web_submit_data 等函数。非 HTML 生成的元素通过 EXTRARES 标志分隔，如图 10-12 所示。该选项为默认选项。

```
web_url("index.php",
    "URL=http://127.0.0.1/ciircrm/index.php?&m=user&a=login",
    "TargetFrame=",
    "Resource=0",
    "RecContentType=text/html",
    "Referer=",
    "Snapshot=t38.inf",
    "Mode=HTML",
    EXTRARES,
    "Url=Public/js/skin/WdatePicker.css", "Referer=http://127.0.0.1/ciircrm/index.php?&m=user&a=login", ENDITEM,
    "Url=Public/css/images/ui-bg_glass_75_ffffff_1x400.png", "Referer=http://127.0.0.1/ciircrm/index.php?&m=user&a=login", ENDITEM,
    "Url=Public/css/images/ui-icons_888888_256x240.png", "Referer=http://127.0.0.1/ciircrm/index.php?&m=user&a=login", ENDITEM,
    "Url=Public/css/images/ui-icons_222222_256x240.png", "Referer=http://127.0.0.1/ciircrm/index.php?&m=user&a=login", ENDITEM,
    LAST);
```

图 10-12　"在当前脚本步骤内录制"选项录制生成的脚本

- **在单独的步骤中录制并使用并发组**：为每个非 HTML 生成的元素单独创建新函数。需要注意，为某个请求资源生成的所有非 HTML 生成元素所在的函数都要放在一个并发组中，并发组使用函数 web_concurrent_start 和 web_concurrent_end 标识。这里仍然采用图 10-12 所录的业务流程，采用该选项录制的脚本如下：

```
web_url("index.php",
    "URL=http://127.0.0.1/ciircrm/index.php?&m=user&a=login",
    "TargetFrame=",
    "Resource=0",
    "RecContentType=text/html",
    "Referer=",
    "Snapshot=t40.inf",
    "Mode=HTML",
    LAST);
web_concurrent_start(NULL);
web_url("WdatePicker.css",
    "URL=http://127.0.0.1/ciircrm/Public/js/skin/WdatePicker.css",
    "TargetFrame=",
    "Resource=1",
    "RecContentType=text/css",
    "Referer=http://127.0.0.1/ciircrm/index.php?&m=user&a=login",
    "Snapshot=t41.inf",
    LAST);
web_url("ui-bg_glass_75_ffffff_1x400.png",
    "URL=http://127.0.0.1/ciircrm/Public/css/images/ui-bg_glass_75_ffffff_1x400.png",
    "TargetFrame=",
    "Resource=1",
    "RecContentType=image/png",
    "Referer=http://127.0.0.1/ciircrm/index.php?&m=user&a=login",
    "Snapshot=t42.inf",
    LAST);
web_url("ui-icons_222222_256x240.png",
    "URL=http://127.0.0.1/ciircrm/Public/css/images/ui-icons_222222_256x240.png",
    "TargetFrame=",
    "Resource=1",
    "RecContentType=image/png",
    "Referer=http://127.0.0.1/ciircrm/index.php?&m=user&a=login",
    "Snapshot=t43.inf",
    LAST);
web_url("ui-icons_888888_256x240.png",
    "URL=http://127.0.0.1/ciircrm/Public/css/images/ui-icons_888888_256x240.png",
    "TargetFrame=",
    "Resource=1",
    "RecContentType=image/png",
    "Referer=http://127.0.0.1/ciircrm/index.php?&m=user&a=login",
    "Snapshot=t44.inf",
    LAST);
web_concurrent_end(NULL);
```

- **不录制**：不录制任何非 HTML 生成的元素。

2) **基于 URL 的脚本**

基于 URL 的脚本录制模式是将来自服务器的所有请求和要下载的资源录制下来，并生成一条函数语句(通过 web_url 函数进行处理)，表单提交操作使用 web_submit_data 函数进行处理。在该模式里，也使用并发组函数 web_concurrent_start 和 web_concurrent_end 来模拟该模式的工作方式，采用图 10-12 所录的业务流程，用该模式录制的脚本如下：

```
web_url("index.php",
    "URL=http://127.0.0.1/ciircrm/index.php?&m=user&a=login",
    "Resource=0",
    "RecContentType=text/html",
    "Referer=",
    "Snapshot=t61.inf",
    "Mode=HTTP",
    LAST);
web_concurrent_start(NULL);
web_url("bootstrap.min.css",
    "URL=http://127.0.0.1/ciircrm/Public/css/bootstrap.min.css",
    "Resource=1",
    "RecContentType=text/css",
    "Referer=http://127.0.0.1/ciircrm/index.php?&m=user&a=login",
    "Snapshot=t62.inf",
    LAST);
web_url("font-awesome.min.css",
    "URL=http://127.0.0.1/ciircrm/Public/css/font-awesome.min.css",
    "Resource=1",
    "RecContentType=text/css",
    "Referer=http://127.0.0.1/ciircrm/index.php?&m=user&a=login",
    "Snapshot=t63.inf",
    LAST);
web_url("bootstrap-responsive.min.css",
    "URL=http://127.0.0.1/ciircrm/Public/css/bootstrap-responsive.min.css",
    "Resource=1",
    "RecContentType=text/css",
    "Referer=http://127.0.0.1/ciircrm/index.php?&m=user&a=login",
    "Snapshot=t64.inf",
    LAST);
web_url("index_notice.png",
    "URL=http://127.0.0.1/ciircrm/Public/img/index_notice.png",
    "Resource=1",
    "RecContentType=image/png",
    "Referer=http://127.0.0.1/ciircrm/index.php?&m=user&a=login",
    "Snapshot=t65.inf",
    LAST);
web_url("jquery-ui-1.10.0.custom.css",
    "URL=http://127.0.0.1/ciircrm/Public/css/jquery-ui-1.10.0.custom.css",
    "Resource=1",
    "RecContentType=text/css",
    "Referer=http://127.0.0.1/ciircrm/index.php?&m=user&a=login",
    "Snapshot=t66.inf",
    LAST);
web_url("jquery-ui-1.10.0.custom.min.js",
    "URL=http://127.0.0.1/ciircrm/Public/js/jquery-ui-1.10.0.custom.min.js",
    "Resource=1",
    "RecContentType=application/javascript",
    "Referer=http://127.0.0.1/ciircrm/index.php?&m=user&a=login",
    "Snapshot=t67.inf",
    LAST);
web_url("docs.css",
    "URL=http://127.0.0.1/ciircrm/Public/css/docs.css",
    "Resource=1",
    "RecContentType=text/css",
```

```
    "Referer=http://127.0.0.1/ciircrm/index.php?&m=user&a=login",
    "Snapshot=t68.inf",
    LAST);

  web_url("bootstrap.min.js",
    "URL=http://127.0.0.1/ciircrm/Public/js/bootstrap.min.js",
    "Resource=1",
    "RecContentType=application/javascript",
    "Referer=http://127.0.0.1/ciircrm/index.php?&m=user&a=login",
    "Snapshot=t69.inf",
    LAST);
  web_url("jquery-1.9.0.min.js",
    "URL=http://127.0.0.1/ciircrm/Public/js/jquery-1.9.0.min.js",
    "Resource=1",
    "RecContentType=application/javascript",
    "Referer=http://127.0.0.1/ciircrm/index.php?&m=user&a=login",
    "Snapshot=t70.inf",
    LAST);
  web_url("5kcrm.js",
    "URL=http://127.0.0.1/ciircrm/Public/js/5kcrm.js",
    "Resource=1",
    "RecContentType=application/javascript",
    "Referer=http://127.0.0.1/ciircrm/index.php?&m=user&a=login",
    "Snapshot=t71.inf",
    LAST);
  web_url("WdatePicker.js",
    "URL=http://127.0.0.1/ciircrm/Public/js/WdatePicker.js",
    "Resource=1",
    "RecContentType=application/javascript",
    "Referer=http://127.0.0.1/ciircrm/index.php?&m=user&a=login",
    "Snapshot=t72.inf",
    LAST);
  web_concurrent_end(NULL);

  web_concurrent_start(NULL);
  web_url("WdatePicker.css",
    "URL=http://127.0.0.1/ciircrm/Public/js/skin/WdatePicker.css",
    "Resource=1",
    "RecContentType=text/css",
    "Referer=http://127.0.0.1/ciircrm/index.php?&m=user&a=login",
    "Snapshot=t73.inf",
    LAST);
  web_url("ui-bg_glass_75_ffffff_1x400.png",
    "URL=http://127.0.0.1/ciircrm/Public/css/images/ui-bg_glass_75_ffffff_1x400.png",
    "Resource=1",
    "RecContentType=image/png",
    "Referer=http://127.0.0.1/ciircrm/index.php?&m=user&a=login",
    "Snapshot=t74.inf",
    LAST);
  web_url("ui-icons_888888_256x240.png",
    "URL=http://127.0.0.1/ciircrm/Public/css/images/ui-icons_888888_256x240.png",
    "Resource=1",
    "RecContentType=image/png",
    "Referer=http://127.0.0.1/ciircrm/index.php?&m=user&a=login",
    "Snapshot=t75.inf",
```

```
    LAST);
  web_url("ui-icons_222222_256x240.png",
    "URL=http://127.0.0.1/ciircrm/Public/css/images/ui-icons_222222_256x240.png",
    "Resource=1",
    "RecContentType=image/png",
    "Referer=http://127.0.0.1/ciircrm/index.php?&m=user&a=login",
    "Snapshot=t76.inf",
    LAST);
web_concurrent_end(NULL);
```

与基于 HTML 的脚本录制模式相比，基于 URL 的脚本录制模式生成的函数语句数量要多得多，所以该模式录制的脚本不太直观，可读性差。

单击"URL 高级"按钮可进入录制模式的"高级 URL"对话框，如图 10-13 所示。

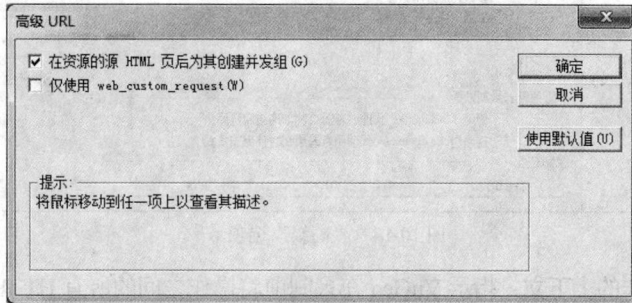

图 10-13　"高级 URL"设置界面

在"高级 URL"对话框中可对两种设置进行选择：

* **在资源的源HTML页后为其创建并发组**：这是默认选中的选项。将HTML资源录制到页面URL请求后的并发组中，在资源请求的前后分别加上 web_concurrent_start和web_concurrent_end语句。资源包含图像、javascript脚本、css等文件。如果此选项禁用，则不标记为并发组。
* **仅使用 web_custom_request**：将所有 HTTP 请求作为自定义请求进行录制。如果录制非浏览器应用程序，可启用该选项。该选项被启用时，不管录制什么内容，VuGen 都将为所有请求生成 web_custom_request 函数。

3) 两种脚本录制模式的选择

上述两种录制模式各有特点，在测试实践中应该根据实际需要进行选择，下面是一些常见的参考原则：

(1) 基于浏览器的应用程序推荐采用基于 HTML 的脚本方式。

(2) 非基于浏览器的应用程序推荐采用基于 URL 的脚本方式。

(3) 如果基于浏览器的应用程序包含 JavaScript 脚本，并且该脚本向服务器发送了请求，推荐使用基于 URL 的脚本方式。

(4) 基于浏览器的应用程序使用 HTTPS 安全协议，建议使用基于 URL 的脚本方式。

(5) 如果使用基于 HTML 的脚本方式录制的脚本无法回放，可考虑使用基于 URL 的脚本方式。

2. "高级"选项卡

通过"高级"选项卡可自定义代码生成的设置，包括重置上下文、保存快照、支持字符集等，如图 10-14 所示。

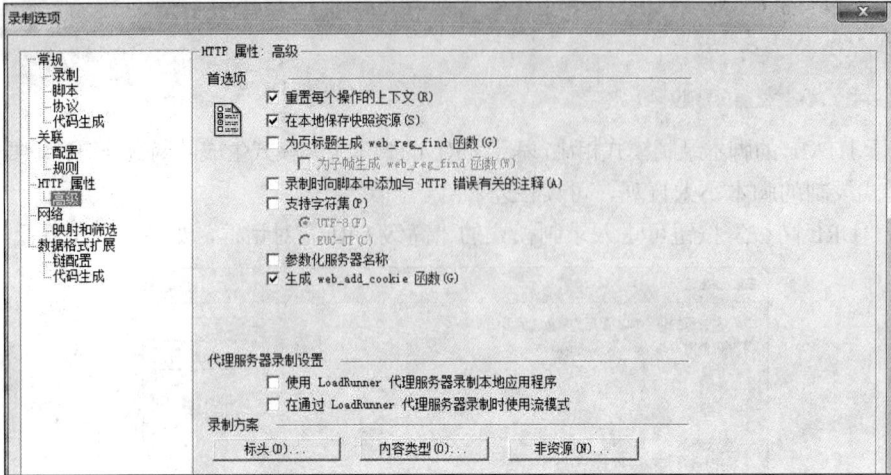

图 10-14　"高级"选项卡

- **重置每个操作的上下文**：指示 VuGen 在录制前将操作之间的所有 HTTP 上下文都重置为其初始状态，使 Vuser 可以更准确地模拟启动浏览器会话的新用户。默认情况下，此选项是启用的。
- **在本地保存快照资源**：在录制期间保存所有快照资源的本地副本，从而更准确地创建快照和更快地显示它们。
- **支持字符集**：VuGen 支持 UTF-8 和 EUC-JP(仅适用于日文操作系统)两种字符集。其中，UTF-8 适于对非英文的字符进行解码。例如，若录制 Web 脚本时生成的脚本中存在中文乱码问题，可启用 UTF-8 选项加以解决。

3. "关联"选项卡

"关联"选项卡用来对脚本中的关联属性进行设置，包括扫描规则、关联函数以及关联规则等设置。VuGen 包括两种规则：内建规则和自定义规则，VuGen 会默认自带一些内建规则。如果启用某些关联规则，那么 VuGen 会在录制期间自动匹配需要关联的规则，并生成关联函数。如果 VuGen 自带的内建规则无法满足录制需求，测试人员可自行创建并定义一个关联规则。关联技术的相关知识会在 10.10 节中详细介绍。

10.3　运行时设置

"运行时设置"主要用于设置脚本运行时需要的相关选项。通过单击菜单"回放"|"运行时设置"或按 F4 键打开"运行时设置"界面，如图 10-15 所示。

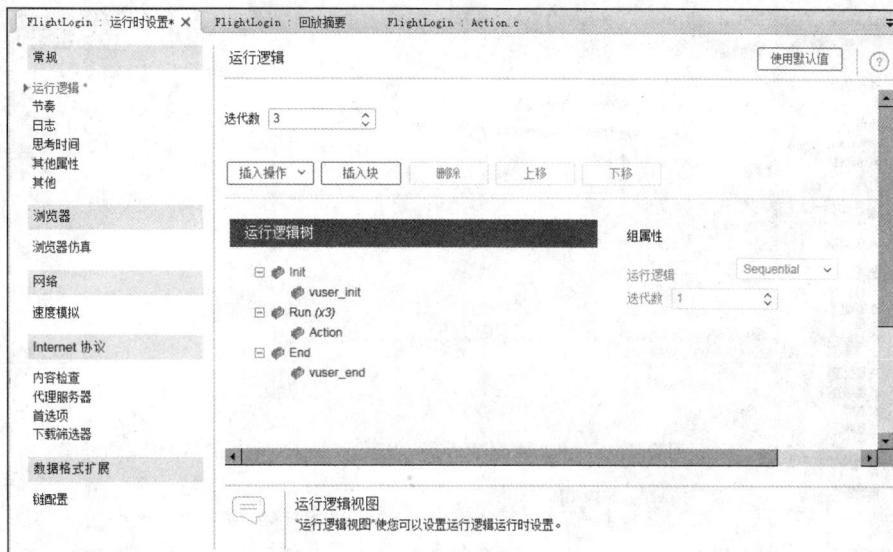

图 10-15　"运行时设置"界面

1. "运行逻辑"选项卡

"运行逻辑"选项卡主要用来设置脚本的运行逻辑，包括脚本迭代运行的次数、各个 Action 的执行顺序、脚本块设置等内容。

- **迭代数**：设置脚本执行次数。该设置只对 Run 部分的脚本迭代次数有效，而对 Init 和 End 部分的脚本迭代次数没有影响(它们只运行一次)。在调试脚本时，经常会设置不同的值来查看参数的迭代过程，以检验参数的取值是否正确。
- **设置 Action 的执行顺序**：可改变某个 Action 的顺序，即可以上移、下移或者删除 Action。
- **设置脚本块**：可以插入、删除、移动脚本块，也可以设置某个块的运行次数。脚本块类似于模块化的开发思想，可将不同操作的脚本放在不同脚本块中，例如，在邮件处理业务中，块 0 执行邮箱登录脚本，块 1 执行写邮件脚本，块 2 执行退出邮箱脚本。
- **组属性**：有两种运行模式：Sequential 和 Random。Sequential 模式表示 Run 下的所有脚本将按从上到下的先后顺序运行；Random 模式表示 Run 下的所有脚本根据各自设置的比例随机运行。

2. "节奏"选项卡

"节奏"选项卡主要用于设置脚本运行过程中两个迭代之间的时间间隔，如第 N 次脚本迭代完成后，等待多少时间后进行第 N+1 次脚本迭代，如图 10-16 所示。

- **上一个迭代结束时立即开始新迭代**：默认设置，两次迭代之间无时间间隔。
- **上一次迭代结束后开始新迭代**：可设置为 Fixed 或 Random 方式。Fixed 方式表示上一次迭代执行结束后，等待一个固定时间后再执行下一次迭代；Random 方式表示上一次迭代执行结束，等待一个随机时间后再执行下一次迭代。对于随机间隔，需要指定时间范围，以供从中选择随机值。

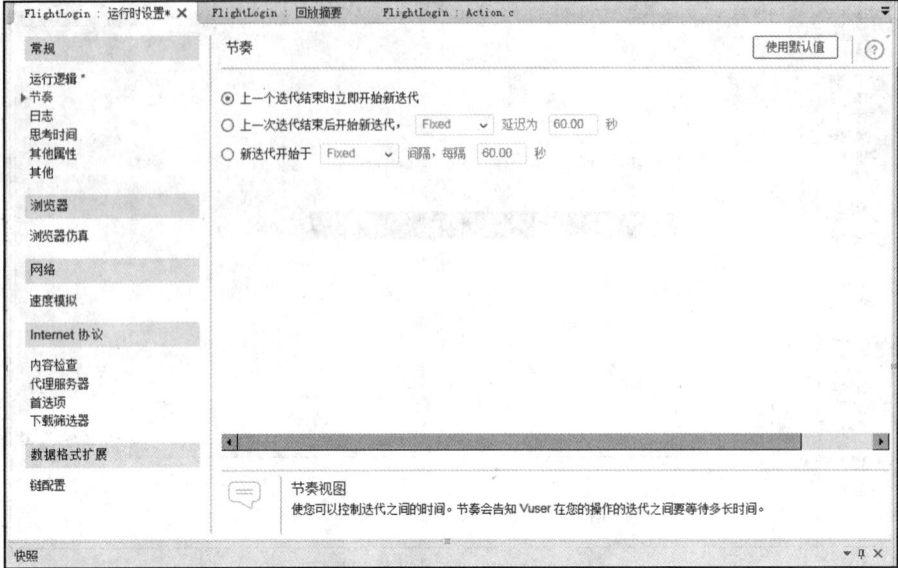

图 10-16　"节奏"选项卡窗口

- **设置上一次迭代开始到下一次迭代开始之间的时间间隔**：设置迭代开始之间的时间间隔，包括 Fixed 和 Random 两种方式。Fixed 表示一个固定的时间长度；Random 表示一个随机的时间长度。注意，在上一个迭代完成前，新迭代将不会开始，即使上一个迭代已经超出了间隔时间也是如此。

3."日志"选项卡

"日志"选项卡主要用于配置脚本回放日志中记录的信息的数量和类型，如图 10-17 所示。回放日志对于验证脚本、调试脚本具有重要的指导意义。

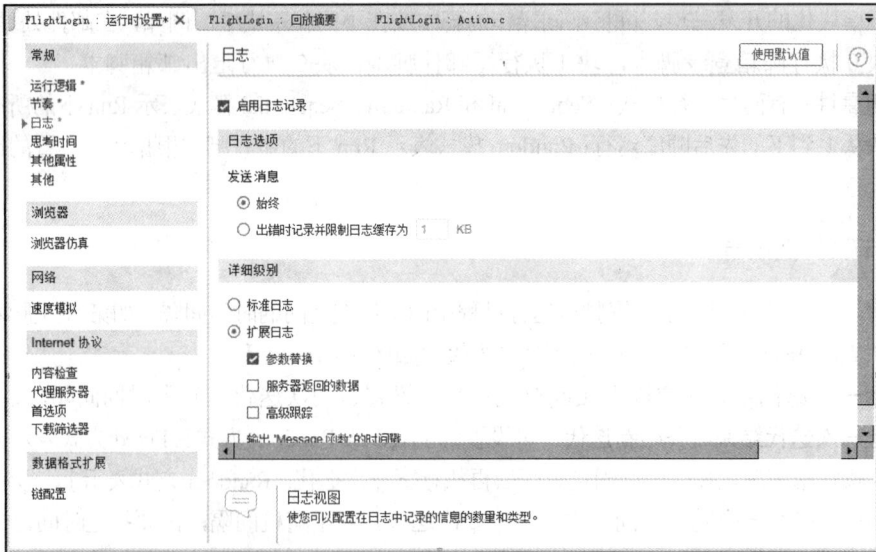

图 10-17　"日志"选项卡界面

- **日志选项**：设置何种情况下将日志消息发送到回放日志中。有两个选项："始终"和"出错时记录并限制日志缓存为"。"始终"发送就是将所有消息发送到日志；"出错时记录并限制日志缓存为"是指仅在出错时向日志发送消息，在这里可以配置日志高速缓存大小，如果高速缓存的内容超出指定大小，VuGen 会删除最早的项。
- **标准日志**：脚本执行期间发送的函数和消息的标准日志。
- **参数替换**：启用该选项意味着客户端提交给服务端的所有参数和取值都会记录在日志文件中。在 Loadrunner 脚本开发技术中，多种技术都涉及参数和取值问题，例如检查点、参数化和关联等，为便于测试人员检验这些参数的取值是否正常，建议在脚本回放时启用该选项。
- **服务器返回的数据**：启用该选项意味着从服务器返回到客户端的所有信息都写入日志。
- **高级追踪**：启用该选项意味着从客户端发送的所有函数和消息都会写入日志。

通常情况下，客户端发送的信息量和服务器返回的信息量巨大，不利于测试人员定位某些执行信息，因此根据需要决定是否启用后两个选项。

4. "思考时间"选项卡

在 VuGen 中，利用思考时间(Think Time)来模拟实际用户在不同操作之间的等待时间，以便更真实地反映用户访问系统的行为规律。"思考时间"选项卡如图 10-18 所示。假如没有思考时间，脚本中的操作会一个接一个执行，而真正的用户操作并不会如此迅速，所以应该在脚本中的适当位置添加思考时间。实现思考时间的函数是 lr_think_time，参数为等待时间，单位秒，如 lr_think_time(5)。

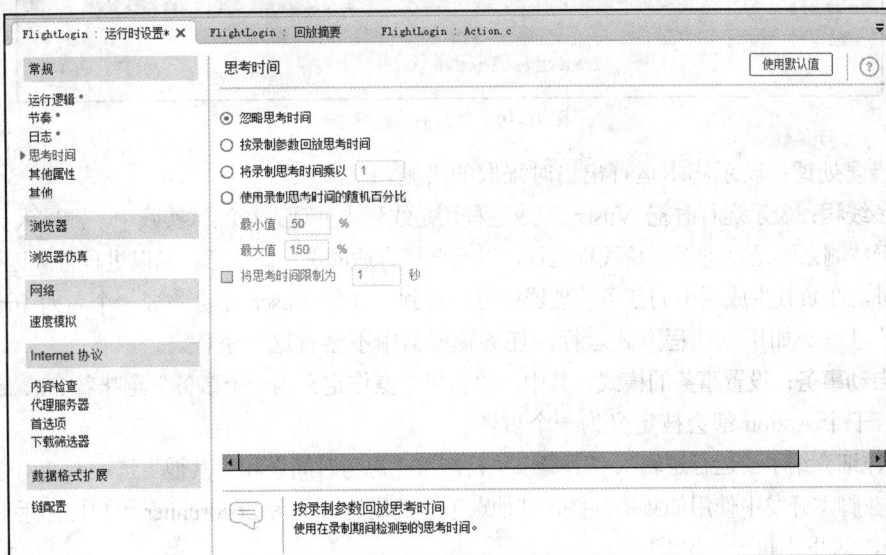

图 10-18　"思考时间"选项卡

- **忽略思考时间**：即运行脚本时忽略思考时间，即上一个 HTTP 请求结束后，直接运行下一个 HTTP 请求，不等待。
- **按录制参数回放思考时间**：即按脚本中实际设置的思考时间等待一段时间。
- **将录制思考时间乘以**：即将实际思考时间乘以指定的倍数作为脚本运行的思考时间。

- **使用录制思考时间的随机百分比**：分别设置一个最大值和一个最小值，并从中选出一个随机值。
- **将思考时间限制为**：设置思考时间的最大值，如果实际思考时间超过该值，则将该最大值作为回放的思考时间。

5. "其他"选项卡

其他选项是一个复合选项，涉及的功能比较复杂，如图 10-19 所示。主要包含三个设置项："错误处理"、"多线程"和"自动事务"。

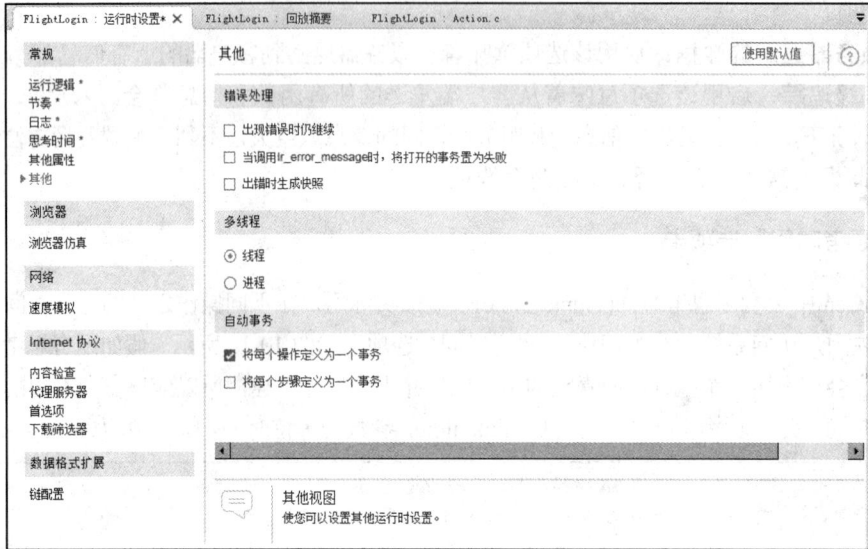

图 10-19 "其他"选项卡

- **错误处理**：表示脚本运行出错时采取的措施。
- **多线程**：表示运行时把 Vuser 当成进程还是线程来处理。在测试实践中，测试人员应该分析被测系统是以进程还是线程运行，以便选择合适的选项。注意，当以进程方式运行 Vuser 时，在负载生成器中的任务管理器中可以看到，每个 Vuser 都会生成一个名为 mmdrv.exe 的进程。如果以线程方式运行，任务管理器中不会有这个进程。
- **自动事务**：设置事务的模式，其中，"将每个操作定义为一个事务"意味着 init、end 以及若干个 Action 都会被定义为一个事务。

上面详细介绍了"运行逻辑"、"节奏"、"日志"、"思考时间"和"其他"选项卡的用途，这 5 个选项卡在脚本开发中使用的频率高些，其他选项卡的用途可参考 Loadrunner 用户操作手册，限于篇幅原因，这里不再一一介绍。

10.4　脚本开发

在项目实践中，仅通过录制生成的测试脚本一般不能满足测试的需求，还需要对测试脚本进行编辑和完善。VuGen 中常见的脚本完善技术包括事务、集合点、检查点、参数化和关联等，使用这些技术的一个重要目的就是使脚本更接近真实用户的使用情况,这些技术在下面几节中会详细介绍。另外,在脚本实现过程中,还需要使用一些 Loadrunner 特定函数来收集有关 Vuser 的信息。本节主要介绍 VuGen 支持的脚本函数、调试方法和注释规范。

9.1 节中提到,Loadrunner 支持多种语言的脚本,默认情况下使用 C 语言,也就意味着 C 语言的语法、库函数以及编程思想都可以用在 Loadrunner 脚本开发中。在 Loadrunner 的脚本中,通常包含如下三种函数:

(1) VuGen 通用函数。可用于实现 VuGen 脚本完善技术、收集系统信息等方面。一般以 lr 开头,如输出消息函数 lr_output_message。

(2) **协议相关函数**。不同类型的 Vuser 函数一般以本协议类型开头。如录制脚本是 Web(HTTP/HTML)类型的,web_url就是协议函数,web前缀说明它属于Web HTTP协议。HTTP协议函数还包括web_list、web_link等。

(3) **语言相关函数**。假设当前脚本语言选择为 C 语言,那么 C 语言的标准库函数可在 VuGen 中被加载和使用。

10.4.1　通用 VuGen 函数

由于篇幅有限,这里先给出以下VuGen 函数,并简要地给出功能说明。具体的用法请参照HP Loadrunner的帮助文档。在后续章节中,在用到这些函数的地方会具体介绍。

1. 事务和事务控制函数

软件系统的性能就是依靠事务来度量的。Loadrunner中事务的定义就是依靠事务函数来进行的。在执行性能测试时,Loadrunner会采集完成其定义的每个事务所花费的时间,并在性能测试后在 Analysis中进行统计分析。

lr_end_sub_transaction:标记事务的结束以便进行性能分析。

lr_end_transaction:标记 Loadrunner 事务的结束。

lr_end_transaction_instance:标记事务实例的结束以便进行性能分析。

lr_fail_trans_with_error:将打开事务的状态设置为 LR_FALL,并发送错误消息。

lr_get_trans_instance_duration:获取事务实例的持续时间(由它的句柄指定)。

lr_get_trans_instance_wasted_time:获取事务实例浪费的时间(由它的句柄指定)。

lr_get_transaction_duration:获取事务的持续时间(按事务名称)。

lr_get_transaction_think_time:获取事务的思考时间(按事务名称)。

lr_get_transaction_wasted_time:获取事务浪费的时间(按事务名称)。

lr_resume_transaction:继续收集事务数据以便进行性能分析。

lr_resume_transaction_instance:继续收集事务实例数据以便进行性能分析。

lr_set_resume_transaction_status:设置事务实例状态。

lr_set_transaction_status:设置打开事务的状态。

lr_set_transaction_status_by_name:设置事务的状态。

lr_start_sub_transaction:标记子事务的开始。

lr_start_transaction:标记事务的开始。

lr_start_transaction_instance:启动嵌套事务(由其父事务的句柄指定)。

lr_stop_transaction：停止事务数据的收集。

lr_stop_transaction_instance：停止事务(由其句柄指定)数据的收集。

lr_wasted_time：消除所有打开事务浪费的时间。

2. 命令行分析函数

当 Loadrunner 用命令行方式启动和运行时，以下函数用来分析命令行以得到命令行中的参数信息。

lr_get_attrib_double：检索脚本命令行中使用的 double 类型变量。

lr_get_attrib_long：检索命令行中使用的 long 类型变量。

lr_get_attrib_string：检索命令行中使用的字符串。

3. 系统信息函数

用来得到 VuGen 的系统信息。

lr_user_data_point：记录用户定义的数据采集点。

lr_whoami：将有关 vuser 的信息返回给 Vuser 脚本。

lr_get_host_name：返回执行 Vuser 脚本的主机名。

lr_get_master_host_name：返回运行 Controller 的计算机名。

4. 字符串函数

在 Loadrunner 中提供了对字符串处理的相关功能函数，如下：

lr_save_datetime：把当前日期和时间保存到一个参数中。

lr_save_int：把一个整数保存为参数。

lr_save_searched_string：保存一个字符数组的一部分。

lr_save_string：把一个字符串保存到参数中。

lr_save_var：把字符串的一部分内容保存为参数。

lr_eval_string：返回参数实际内容或返回一个包含参数的字符串的实际内容。

5. 消息函数

lr_debug_message：将调试信息发送到输出窗口。

lr_error_message：将错误信息发送到输出窗口。

lr_get_debug_message：检索当前的消息类。

lr_log_message：将输出的消息直接发送到 output.txt 文件，此文件位于 Vuser 脚本目录中。该函数有助于防止输出信息干扰 TCP/IP 通信。

lr_output_message：将消息发送到输出窗口。

lr_set_debug_message：为输出消息设置消息类。

lr_vuser_status_message：生成格式化输出并将其打印到 ControllerVuser 状态区域。

lr_message：将消息发送到 Vuser 日志和输出窗口。

注意，runtime 设置中包含日志级别的设置，设置不同的级别，会决定这些函数在运行时能否生效。

6. 运行时(runtime)函数

运行时(runtime)函数是通过 VuGen 的 runtime 来设置的。以下函数可放在脚本中实现，使 Loadrunner 的控制更精确，对外更加灵敏。

lr_load_dll：加载外部的 DLL。

lr_think_time：暂停脚本的执行，模拟思考时间，思考时间用完后，继续执行。

lr_continue_on_error：制定脚本处理错误场景的策略(是继续还是退出)。

lr_rendezvous：在 Vuser 脚本中设置集合点。

10.4.2　脚本调试

脚本编写完毕后，需要在 VuGen 中对脚本进行调试，这也是一项重要工作。一般来说，可使用断点、单步跟踪、消息函数输出等方式来实现脚本调试工作。本节介绍这几种调试方法。

1. 断点设置

断点是调试中最常用的手段之一，VuGen 的 IDE 中提供了直接的断点支持。通过在弹出的菜单中选择"切换断点"或直接在行号前单击左键，可在脚本上增加断点，如图 10-20 所示。设置断点后，脚本执行到断点处就会停止运行，通过这种方式可控制脚本的运行。

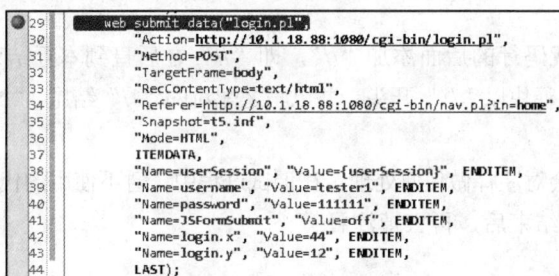

```
29    web_submit_data("login.pl",
30        "Action=http://10.1.18.88:1080/cgi-bin/login.pl",
31        "Method=POST",
32        "TargetFrame=body",
33        "RecContentType=text/html",
34        "Referer=http://10.1.18.88:1080/cgi-bin/nav.pl?in=home",
35        "Snapshot=t5.inf",
36        "Mode=HTML",
37        ITEMDATA,
38        "Name=userSession", "Value={userSession}", ENDITEM,
39        "Name=username", "Value=tester1", ENDITEM,
40        "Name=password", "Value=111111", ENDITEM,
41        "Name=JSFormSubmit", "Value=off", ENDITEM,
42        "Name=login.x", "Value=44", ENDITEM,
43        "Name=login.y", "Value=12", ENDITEM,
44        LAST);
```

图 10-20　在脚本中添加断点

2. 单步跟踪

通过单步跟踪，可控制脚本以单步方式运行，这对于观察特定语句的输出非常有效。通过单击菜单"回放"|"分步运行"，可控制脚本分步执行。在单步执行时，可让脚本和对应客户端 UI 上的操作同时运行，这样可以更加方便地看到单步执行的输出结果，具体设置步骤如下：

单击菜单"工具"|"选项"，弹出 VuGen 选项界面，然后打开"脚本"|"回放"选项卡，启用"回放期间"下的"回放期间显示运行时查看器"，如图 10-21 所示。

3. 消息函数输出

在代码调试过程中，通过输出函数将程序运行过程中的某些中间变量或数据输出，以帮助开发人员验证某段代码是否正确。VuGen 也集成了几种消息输出函数，可通过这些函数将脚本执行的中间结果输出到日志中，具体函数可参照 10.4.1 节中的消息函数。

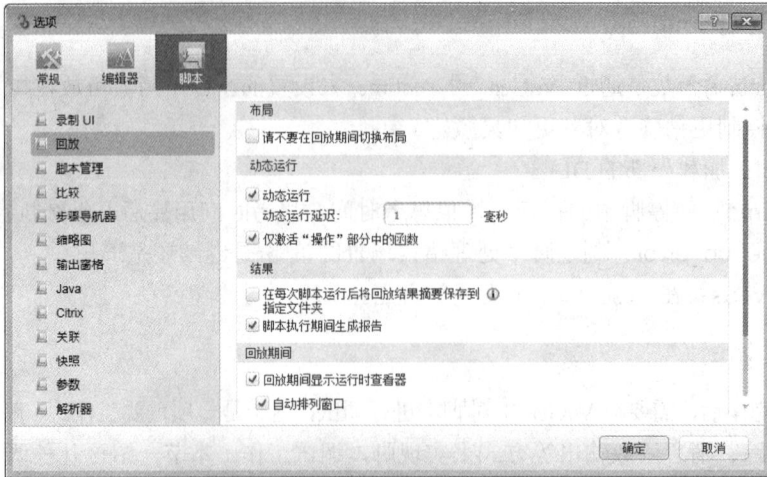

图 10-21　设置在脚本回放时显示客户端的操作

10.4.3　脚本注释

在软件开发过程中，为提高脚本的可读性，降低维护难度，通常需要开发人员对代码给出详细的注释，VuGen 脚本开发也有同样的需要。VuGen 脚本的注释方法与 C 语言中的注释方法相同，提供两种注释方法：

(1) 单行注释。在代码行的后面添加"//"，即"//"之后直到本行结束的内容为注释内容。

(2) 块注释。一个注释块以"/*"开头，并以与之配对的"*/"结尾。"/*"和"*/"之间的内容即为注释。

在编译程序时，不会对注释做任何处理。在调试过程中，暂不使用的代码也可以注释掉。编译时跳过不处理，待调试结束后，再去掉注释符。

10.5　事务技术

1. 事务定义

在 Loadrunner 中，定义事务的目的是衡量服务器对某个动作的响应时间。例如，对于登录动作，为了衡量多用户并发登录服务器的响应时间，可将此操作定义为一个事务。这里，事务可以理解为用户要实现的业务。

在 VuGen 中，事务的响应时间是通过计算业务操作开始时间与结束时间的差值来获取的。具体实现过程是：VuGen 脚本运行到事务开始点时开始计时，运行至该事务结束点结束计时。因此，在脚本中，事务技术应该包括两部分：开始事务函数和结束事务函数。事务运行的响应时间会在日志和结果文件中反映出来。

2. 插入事务操作

可通过两种方法向脚本中插入事务，一种是在录制过程中插入事务的开始和结束函数；另一种是录制后直接在脚本中插入事务的开始和结束函数。建议尽量使用第一种插入方式，第二种方式可作为补充手段。第一种方式具有如下两个优点。

第一，使测试人员比较直观地理解各个业务功能点，避免遗漏需要插入的事务；

第二，避免在脚本录制完成后找不到确切的事务插入位置。尤其对于代码量较大的脚本，倘若测试人员并非经验丰富的工程师，那么出错的概率就更大了。

1) **在录制时插入开始和结束事务的步骤：**

(1) 在录制过程中，当系统运行到要插入事务的功能点时，在录制工具栏中单击"插入开始事务"按钮，在弹出的"开始录制"视图中输入事务名，如图 10-22 所示。事务名要具有一定的意义，并且遵守脚本编辑命名规范。

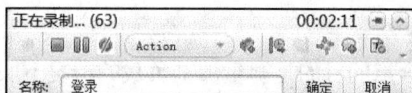

图 10-22　"开始录制"视图

(2) 要插入事务的功能点运行完成后，单击录制工具栏的"插入结束事务"按钮，在弹出的"正在录制"视图中选择事务名，如图 10-23 所示。这里要注意，事务是成对出现的，并且两个函数中事务名必须一致，否则在编辑脚本时会出错。

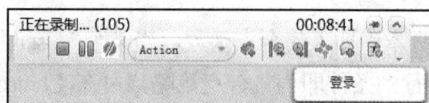

图 10-23　"正在录制"视图

(3) 结束录制后，脚本会生成两个事务函数，分别是事务开始函数 lr_start_transaction 和事务结束函数 lr_end_transaction，如图 10-24 所示。

```
lr_start_transaction("登录");
web_submit_data("login.pl",
    "Action=http://10.1.18.88:1080/cgi-bin/login.pl",
    "Method=POST",
    "TargetFrame=body",
    "RecContentType=text/html",
    "Referer=http://10.1.18.88:1080/cgi-bin/nav.pl?in=home",
    "Snapshot=t93.inf",
    "Mode=HTML",
    ITEMDATA,
    "Name=userSession", "Value=119032.600567031zVccHDQpDQVzzzzHDzHDzptDzDf", ENDITEM,
    "Name=username", "Value=tester1", ENDITEM,
    "Name=password", "Value=111111", ENDITEM,
    "Name=JSFormSubmit", "Value=off", ENDITEM,
    "Name=login.x", "Value=74", ENDITEM,
    "Name=login.y", "Value=8", ENDITEM,
    LAST);
lr_end_transaction("登录",LR_AUTO);
```

图 10-24　插入事务后的脚本

事务结束函数 lr_end_transaction 有两个参数，第一个是事务名；第二个是事务状态，有 4 种可选项，分别是 LR_AUTO、LR_PASS、LR_FAIL、LR_STOP。

LR_AUTO：事务的状态被自动设置，如果事务执行成功，状态设置为 PASS；如果执行失败，状态设置为 FAIL；如果事务异常中断，状态设置为 STOP。

LR_PASS：事务执行成功，代码返回的状态是 PASS。

LR_FAIL：事务执行失败，代码返回的状态是 FAIL。

LR_STOP：事务异常中断，代码返回的状态是 STOP。

2) **录制后插入开始和结束事务的步骤：**

a) 在录制生成的脚本中找到要插入开始事务函数的地方，在脚本编辑视图中右键单击"插入"

| "开始事务"或左键单击菜单"设计"|"在脚本中插入"|"开始事务",脚本相应位置会出现脚本开始函数,然后在该函数的参数中输入事务名。

b) 在脚本中找到要插入结束事务函数的地方,使用与上步同样的方法插入结束事务,并修改结束事务的名称。

10.6 集合点技术

1. 集合点定义

在 Loadrunner 中,定义集合点的目的是衡量加重负载的情况下服务器的性能情况。在某业务的并发性测试中,多个 Vuser 执行业务的测试脚本,虽然一起开始执行,但每个 Vuser 不一定是严格地同步进行,即受机器、场景策略等因素的影响,有些 Vuser 会快些,有些会慢些。为解决这个问题,做到真正并发,可在脚本中某个操作前插入集合点,让 Vuser 先执行,等待集合完毕后同时执行该操作。使用集合点技术会出现某个时刻对服务端的访问量突然加大的情况,也就是说会加重服务器的负载量。

集合点技术就是指在测试脚本中插入集合点函数,当某个 Vuser 执行到该函数时,停止运行并等待允许运行的条件(其允许运行的条件即为集合点策略,可在 Controller 组件中设置,详见 11.4.6 节)满足后才释放当前等待的 Vuser,使其可以执行后续脚本。

在笔者所参与的测试项目中,很少使用集合点技术,主要原因有两个:一是用户更关注系统某些业务整体的并发性能,而不需要考虑业务中的某个操作;二是更真实,比如,一个业务可能有登录、查询、删除等操作。在实际中,用户执行这些业务时是不可能同步进行的。当然某些对性能要求较高的操作需要使用集合技术,如视频服务器的播放视频功能,以及订票网站的订票功能和付费功能等。不过,如果测试人员将这些功能单独写在一个测试脚本中去执行,就不必使用集合点技术了。

2. 插入集合点操作

与插入事务的方法相似,也可通过两种方法向脚本中插入集合点,一种是在录制过程中插入集合点函数;另一种是录制后直接在脚本中插入集合点。同样,我们建议使用第一种插入方式,这样做主要是为避免在脚本录制完成后找不到确切的集合点插入位置。下面详细介绍两种插入方式的操作步骤。

1) 在录制时插入集合点的步骤:

a) 在录制过程中,当系统运行到要插入集合点的功能点时,在录制工具栏中单击"插入集合点"按钮,在弹出的视图中输入集合点的名称,如图 10-25 所示。集合点的名称要具有一定的意义,并且遵守脚本编辑命名规范。

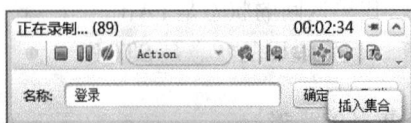

图 10-25 插入集合点的名称

b) 结束录制后，脚本中会生成集合点函数 lr_rendezvous("登录");。

2) 录制后插入集合点的步骤：

在录制生成的脚本中找到要插入集合点的地方，在脚本编辑视图中右击"插入"|"集合"或单击菜单"设计"|"在脚本中插入"|"集合"，脚本相应位置会出现集合点函数，然后在该函数的参数中输入集合点的名称。

3. 集合点与事务

集合点函数不能放在一对事务函数之间，如果事务内部存在集合点，那么 Vuser 在集合点的等待时间也会算在事务的响应时间里，这样测试出来的响应时间就不是真实的事务响应时间。

10.7　检查点技术

1. 检查点定义

在进行负载压力测试时，客户端与服务端传递数据的次数会逐渐增多，就可能发生数据丢失、发生错误、传输中断等情况。为验证传递的某些数据是否正确，Loadrunner 中定义了检查点技术。定义检查点的目的是检查服务器返回的内容是否正确，进而推断某些功能操作是否按照预期要求运行。例如，飞机订票系统登录业务测试中，登录成功后，会在登录后的页面中显示当前用户名，使用检查点技术检查登录后的页面中是否存在这个用户名字符串。如果存在，说明登录操作很可能是按照预期要求运行的；否则，很可能登录操作失败。

使用检查点还有一个原因，很多时候，脚本没有按照预期要求运行或者运行出错，但脚本回放仍然成功，没有错误提示。例如，在飞机订票系统登录业务脚本中，设置错误的用户名和密码，回放脚本，脚本运行成功。使用检查点技术可尽量避免这些情况的发生，当脚本没有按照预期要求运行时，就无法从服务器返回正确的数据，检查点技术检查不到想要的内容，就会提示出错。

检查点技术的原理是在测试脚本中插入检查点函数，当 Vuser 执行到该函数时，会从服务器返回的数据中查找检查点函数中设置的字符或图片信息，如果查找成功，可返回查找到的信息；如果失败，可返回错误提示信息。

在 Loadrunner 中，可检查的对象包括文本字符串和图像。在检查点技术中，分别称它们为文本检查点和图像检查点。在实践应用中，绝大多数检查点为文本检查点，因此，下面主要以文本检查点为例，介绍检查点的插入操作及相关函数。

2. 插入文本检查点

通常情况下，可通过两种方法向脚本中插入检查点，分别是录制过程中插入检查点函数和录制后直接在脚本中插入检查点函数。下面详细介绍两种插入方法的步骤。

1) 在录制时插入文本检查点的步骤：

a) 在录制过程中，当系统运行到要插入文本检查点的页面时，选择要检查的文本字符串，然后单击录制工具栏中的"插入文本检查点"按钮。

b) 结束录制后，脚本中会生成检查点函数 web_reg_find("Text=**tester1**",**LAST**)。

c) 在左侧的"步骤导航器"视图中，右击检查点函数所在的列，然后选择"显示参数"，进入检查点函数参数配置界面，如图 10-26 所示。

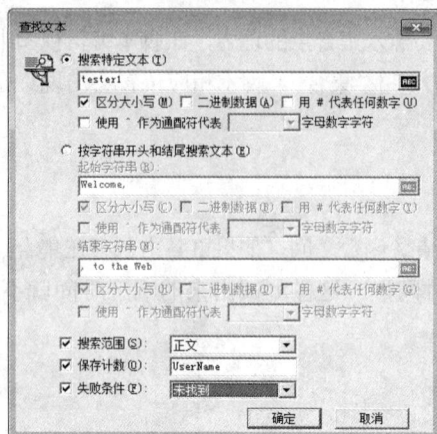

图 10-26　检查点函数参数配置界面

图 10-26 中各配置项的含义如下：

- **搜索特定文本**：是指待检查的文本字符串，也可通过单击▣按钮对检查点的内容进行参数化，还可对检查的内容设置是否区分大小写、是否为二进制数、是否使用"#"代替任意阿拉伯数字和是否使用"^"作为通配符。关于参数化相关知识会在 10.9 节中介绍。
- **按字符串开头和结尾搜索文本**：是指查找满足指定起始字符串和结束字符串要求的文本字符串，例如，起始字符串为"Welcome,"，结束字符串为", to the Web"，就可以匹配上"Welcome, tester1, to the Web"字符串。
- **搜索范围**：即文本字符串的查找范围，有 3 个选项："全部"、"正文"和"表头"，默认值是"正文"。这里要注意，是从服务器返回给客户端的数据中查找字符串，也就是在 response 中的"正文"和"表头"中查找，而不是 request。request 指客户端向服务器发送的请求数据。这一点不难理解，呈现在客户端的页面数据必然是服务器发给客户端的。
- **保存计数**：定义查找次数的变量名称。在实际页面中，一个文本字符串可能在页面中出现多次，VuGen 可将查找的次数记录下来并赋给该检查点计数变量。
- **失败条件**：即设置函数运行失败的条件，有两个选项："找到"和"未找到"。如果不启用该选项，不论文本字符串是否找到，都不会在日志中提示运行失败。

d) 根据测试需要设置好检查点函数的各个参数配置项，单击"确定"按钮后，脚本视图中的检查点函数就会按照配置项参数重新生成。

2) 录制后插入检查点的步骤：

录制后插入检查点操作有两种，一种是借助"步骤工具箱"插入检查点，另一种是借助"快照"|"HTTP 数据"|"响应正文"插入检查点。通常使用第一种方式，主要原因有两个：一是响应正文中信息量比较大，难以定位要查找的文本字符串；二是响应正文中要查找的文本字符串可能没有直接出现在响应正文中。下面详细介绍借助"步骤工具箱"插入检查点的步骤：

a) 在 VuGen 脚本中找到要查找页面的请求函数，例如要搜索的是登录后页面中的某个文本字符串，那么我们要找的是登录请求函数。在请求函数之前右击"插入"|"新建步骤"，在右侧出现

"步骤工具箱"视图。

b) 在视图中筛选出 web_reg_find 函数，双击该函数就可以进入该函数的配置界面，然后就可以对函数的参数进行配置，并最终生成检查点函数。

3. 文本检查点函数

文本检查点函数有 web_reg_find 和 web_find。由于 web_find 函数使用限制多，执行效率差，在 Loadrunner12 之后版本中已经从"步骤工具箱"中删除掉。但为了兼容之前的版本，新版本仍然支持 web_find 函数的使用。在实践中，建议大家使用效率和适应性更高的 web_reg_find 函数。

在 web/http 协议的脚本中，以 web_reg 开头的函数属于注册函数，典型的就是检查点函数 web_reg_find 和关联函数 web_reg_save_param_ex。这里要注意，注册函数必须添加在页面请求函数之前，比如检查点函数就是插入在请求函数的前面。注册函数并不是在客户端浏览器页面获得数据之后进行数据查找，而是直接从缓存中查找相应的内容，查找速度和效率要快得多。

web_reg_find 函数常用参数的含义如下：

```
web_reg_find("Fail=NotFound",  //没找到则设置失败状态
        "Search=Body",  //文本字符串搜索的范围
        "SaveCount=UserNameNum",//定义查找计数变量名
        "TextPfx=Welcome,",  //要检查文本前缀
        "TextSfx=, to the Web Tours",//要检查文本后缀
        LAST);
```

该函数一般会写在下列几个函数之前：web_custom_request()、web_image()、web_link()、web_submit_data()、web_submit_form()、web_url()。SaveCount 参数用来记录在缓存中文本字符串被查找到的次数，因此，在实际应用中经常用该参数来统计查找成功的次数，进而判断被检查的内容是否存在于相应页面上。下面是 SaveCount 参数的一个应用实例。

```
web_reg_find("Search=Body",
        "SaveCount=UserNameNum",
        "TextPfx=Welcome,",
        "TextSfx=, to the Web Tours",
        LAST);
web_submit_data("login.pl",
        "Action=http://10.1.18.88:1080/cgi-bin/login.pl",
        "Method=POST",
        "TargetFrame=body",
        "RecContentType=text/html",
        "Referer=http://10.1.18.88:1080/cgi-bin/nav.pl?in=home",
        "Snapshot=t5.inf",
        "Mode=HTML",
        ITEMDATA,
        "Name=userSession", "Value={userSession}", ENDITEM,
        "Name=username", "Value=tester1", ENDITEM,
        "Name=password", "Value=111111", ENDITEM,
        "Name=JSFormSubmit", "Value=off", ENDITEM,
        "Name=login.x", "Value=44", ENDITEM,
        "Name=login.y", "Value=12", ENDITEM,
        LAST);
if(atoi(lr_eval_string("{UserNameNum}"))>0){
        lr_output_message("用户登录成功");//如果查找次数大于 0，在日志中输出"用户登录成功"
```

```
    }
    else
    {
        lr_error_message("用户登录失败");//反之，在日志中输出"用户登录失败"
        return 0;
    }
```

4. 图片检查点

图片检查点函数只能在录制后借助"步骤工具箱"来添加。具体步骤如下：

在"步骤工具箱"中筛选出 web_image_check 函数，双击该函数进入其参数配置界面，如图 10-27 所示。在"常规"选项卡中可设置步骤名称，在"规格"选项卡中可设置备用图像名称(alt 属性)和图像服务器文件名(src 属性)，单击"确定"按钮后，生成如下代码：

```
web_image_check("飞机订票图片检查",//步骤名称
    "Alt=机票展示图片1",//alt 属性
    LAST);
```

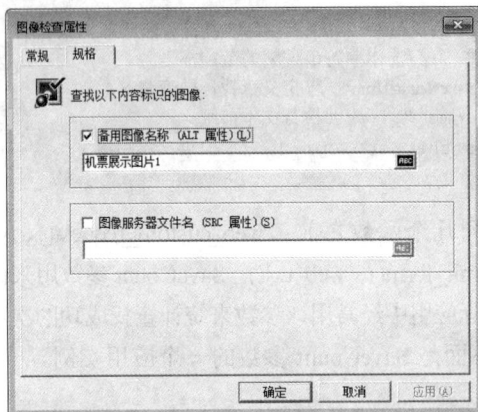

图 10-27　"图像检查属性"界面

这里需要注意，只有将"运行时设置" | "首选项"中的"启用图像和文本检查"选中后，图片检查点函数才会生效。

10.8　块技术

使用 Loadrunner 进行脚本开发经常遇见这样一个问题：在一个被测业务中，不同操作执行的次数不同，即不同操作的脚本循环次数不一样。例如，在订票业务脚本中，登录操作脚本执行 1 次，订票操作脚本执行 10 次。针对这一问题，利用编程思想可以有两种解决方案：一是将订票操作的脚本复制多遍；二是使用循环语句，将订票操作脚本写入循环体内，循环执行多次。这两种解决方法理论上可以解决这个问题，但实现起来比较麻烦，尤其是所订票的参数不同时，需要考虑很多因素。

Loadrunner 提供了对业务流程的处理方法，即块(Block)技术，它的基本思想是将执行次数不同的脚本插入不同的块中，然后可以轻松设置块的执行次数以及执行顺序。下面以订票业务脚本为例，详细介绍块技术的实现步骤。

第一步，录制测试脚本，至少要将执行次数不同的脚本录制在不同的 Action 中。这里，将打开

订票系统首页和登录脚本都录制到 login 中，订票脚本录制到 order 中，如图 10-28 所示。

图 10-28　录制后的解决方案

第二步，使用块技术对两个 Action 的执行次数进行设置。具体步骤如下：

(1) 打开"运行时设置"|"运行逻辑"选项卡，通过单击"插入块"按钮创建一个新块。

(2) 选中刚创建的块，单击"插入操作"，选择 login，即将 login 加入该块。

(3) 用同样的方法创建另一个块，并将 order 加入该块。

(4) 按照要求调整好脚本执行顺序，将块外部原有的 login 和 order 删除掉，如图 10-29 所示。

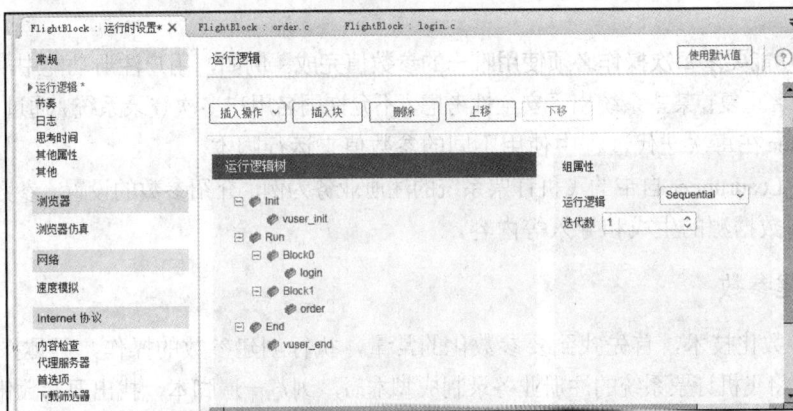

图 10-29　插入块与 Action

(5) 将 order 所在块的"组属性"的迭代数设置为 10，运行逻辑设置为 Sequential，如图 10-30 所示。回放脚本，即可实现"一次登录，10 次订票"的业务流程。

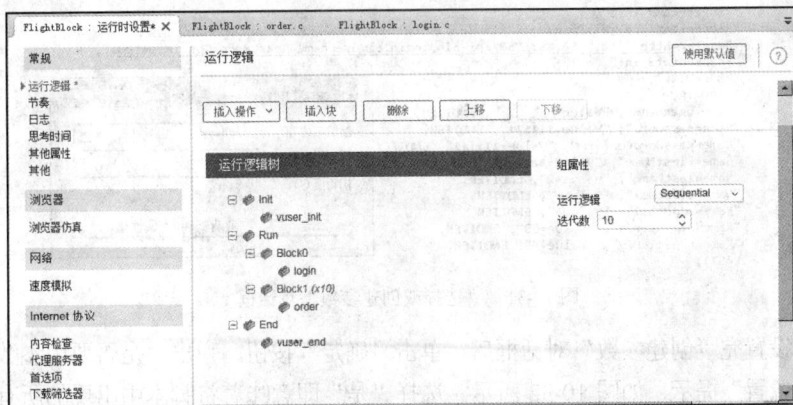

图 10-30　设置块的执行次数

10.9　参数化技术

所谓的脚本参数化，就是用参数变量来取代脚本中的某些常量。参数取值的数据源可来自一个文本文件，也可来自某个数据库，这也意味着测试脚本与测试数据是可以分离的，体现了数据驱动的思想。当不同 Vuser 在执行相同的测试脚本时，可使用不同的参数值来代替这些常量，从而达到模拟多用户真实使用的目的。

在 VuGen 脚本开放过程中，参数化技术是一项使用频率较高的技术，下面介绍参数化技术的应用背景及意义。

(1) **简化脚本**。借助参数化技术可减少脚本数量，如果不使用该技术可能需要复制并修改多段代码段。例如，搜索不同名称的产品，可将产品名称参数化，这样仅需要编写一个带参数的提交函数。在回放过程中，传递不同的参数值就可以了。

(2) **可以更加真实、有效地模拟客户业务**。在客户的实际使用过程中，每个客户的操作不可能是一模一样的。使用参数化技术使每个 Vuser 使用不同参数值来模拟，这样可以更好地接近客户的实际情况。

(3) **某些功能要求每次操作必须使用唯一的参数值完成**。例如，用户注册功能中，用户名不允许与已有注册名重复；某些系统出于安全性考虑，不允许同名用户多次登录系统。通过参数化技术，可使每个 Vuser 在每次迭代过程中使用不同的参数值来运行脚本。

接下来以 Loadrunner 自带的飞机订票系统的注册业务为例，介绍参数的设置、参数属性的修改以及参数所需数据源的生成和导入等内容。

10.9.1　创建参数

要实现参数化技术，首先找到要参数化的常量，执行创建参数的操作，具体操作如下：

第一步：将飞机订票系统的注册业务录制成脚本后，浏览一遍脚本，找出要参数化的常量，在这里，就是用户名、密码和确认密码。选择要参数化的常量，右击"使用参数替换"|"新建参数"，打开"选择或创建参数"对话框，设置参数名称，选择参数类型，如图 10-31 所示。

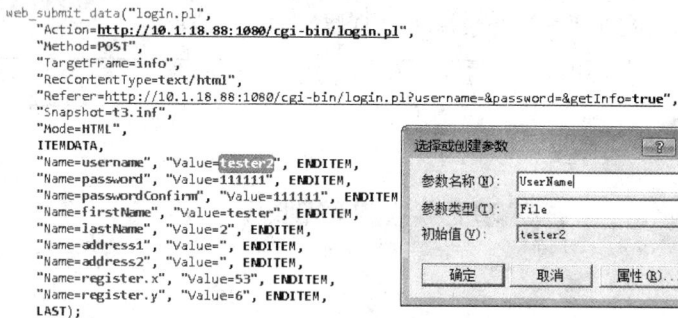

图 10-31　"选择或创建参数"对话框

第二步：设置完"创建参数"对话框后，单击"确定"按钮，弹出"是否要用参数替换该字符串的所有出现位置"提示，如图 10-32 所示。选择"是"即意味着将脚本中出现的所有与被选常量相同的字符串都使用 UserName 变量参数化，在本实例中，是指 tester2 字符串。通常选择"否"，即参数化操作只对被选择的字符串常量有效。

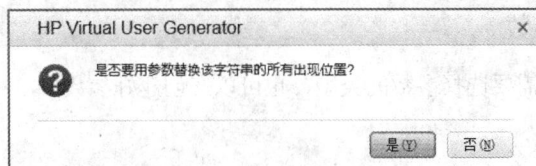

图 10-32　参数化替换所有字符串提示框

在这里，单击上述提示框的"否"按钮，此时脚本所在的文件夹下会自动生成一个参数化的文件 UserName.dat，可用记事本打开该文件。

第三步：使用上述办法参数化密码(Password)值，参数变量名为 PW，即自动生成参数化文件 PW.dat。对于确认密码(PasswordConfirm)常量，选中它之后，右击选择"使用参数替换"| PW[111111]，如图 10-33 所示，即意味着使用已存在的参数变量 PW 对其进行参数化。

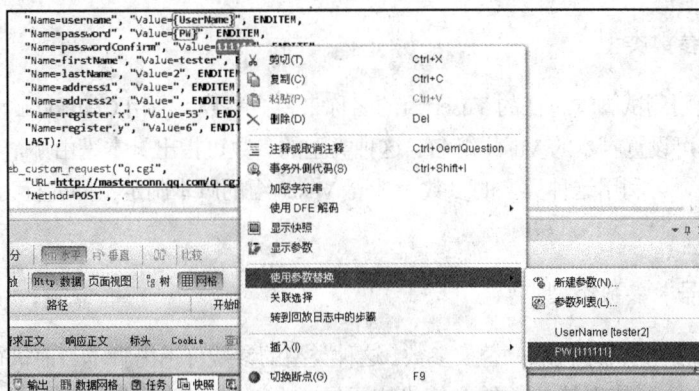

图 10-33　使用已存在的参数变量执行参数化操作

第四步：可选择将若干个参数化文件合并在一个文件中。在实践中，如果参数化文件很多，既占用很大空间，又不方便管理这些文件。因此，可考虑将多个有关系的参数化文件合并在一个文件中。本实例生成了两个参数化文件：UserName.dat 和 PW.dat，这里将这两个文件合并在一个 UserInfo.dat 中，具体步骤如下：

(1) 在当前脚本所在的根目录下创建名为 UserInfo.dat 的文件，并打开该文件。

(2) 对 UserInfo.dat 文件进行编辑。文件的第一列为变量名称列。这里输入"UserName, PW"，其中 UserName 和 PW 是变量名，","是变量分隔符，可在参数属性中设置，详情可参考 10.9.3 节。从文件的第二列开始就是参数变量对应的参数值，每个行的两个参数值也使用","隔开，如图 10-34 所示。

(3) 合并参数化文件后，可将原有的 UserName 和 PW 两个参数化文件删除掉。

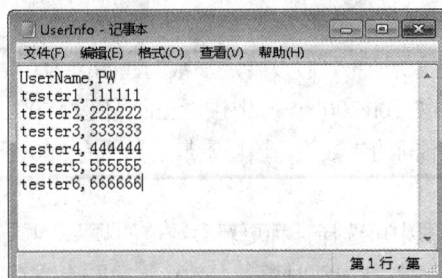

图 10-34　合并后的参数化文件

10.9.2　不同类型的参数

在参数创建过程中，需要选择参数的类型，也可以在创建好参数后，对它们进行设置，主要有以下几种参数类型：

1. "日期/时间"参数类型

在运行时，该类型的参数用脚本执行时的日期和时间来代替。在设置此的参数时，可在设置界面中给定参数的格式。这种类型的参数适用于以下两种情况：

(1) 由于可以给出脚本执行时的时间信息，因此当脚本中需要"当前时间"信息时，使用该类型参数可满足这一需要。

(2) 由于时间参数的唯一性，可将其作为需要唯一输入数据的一部分。

2. "组名"参数类型

在运行时，使用测试脚本所在的 Vuser 组的名称来替换参数。利用 Controller 设计场景方案时，导入测试脚本后，可设置脚本的 Vuser 组名。这种类型的参数可指出脚本是由哪个 Vuser 组执行的，在场景执行过程中，可利用这种类型的参数为不同 Vuser 组的脚本制定不同的行为，例如输入不同的数据。

3. "迭代编号"参数类型

在运行时，使用当前的迭代顺序替换参数。这种类型的参数可指出脚本当前执行时的迭代次数，在场景执行过程中，可依据该参数的取值设定不同迭代顺序下的行为。

4. "负载生成器名"参数类型

在运行时，使用运行 Vuser 脚本的负载生成器名来替换参数。

5. "随机编号"参数类型

在运行时，使用一个随机生成的整数来替换参数，可通过指定最小值和最大值来设置随机编号的范围。

6. "唯一编号"参数类型

在运行时，用一个唯一编号替换参数。在设定该类型的参数时，需要指定参数的起始值和范围(通过位数给出限定条件)，同时还需要给出块值(块值是指一个 Vuser 运行过程中最多可以选择多少个参数值)。

下面举例来说明该类型参数的应用。假设给定参数的起始值为 0，参数的格式为 05d%，则参数的所有可能取值为 0~99 999，共 100 000 个。设定参数的块值为 500，那么为使场景执行过程中所有 Vuser 的每一次迭代都选择不同的参数值，该场景最多只能有 500 个 Vuser，每个 Vuser 的迭代次数最多为 200 次。

在"更新值的时间"下拉框中可选择一种更新参数值的频率，指示 Vuser 何时更新参数值，包括三个选项：each occurrence(每次参数出现时更新参数)、each iteration(每次迭代时更新参数)、once(一且选择就一直使用)。

该类型在执行时由于设置编号块过小，可能会出现超出范围的情况。为解决这个问题，在"唯一编号"的设置界面中对此进行相应处理，即使用"当超出值时"选项。所执行的操作有以下三种：

- Abort Vuser(中断 Vuser)：停止循环，重新设置编号块大小，再次重新执行。
- Continue in a cyclic manner(以循环方式继续)：执行不停止，按照事先设置的编号的循环方式再次执行一次。
- Continue with last value(使用最后的值继续)：选取最后一个值继续执行下去，即后面的编号相同并使用的都是同一个值。

7. Vuser ID 参数类型

在运行时，用 Controller 分配给每个 Vuser 的 ID 来替换参数。在测试场景中，每个 Vuser 都有一个唯一的数字 ID。如果在每个 Vuser 运行过程中需要一个与其他 Vuser 进行区别的标识，可使用该参数。

8. "用户自定义函数"参数类型

该参数类型是 Loadrunner 保留的一个扩展接口。在脚本中给出一个该类型的参数，需要指明参数所在的动态库与作为参数来源的函数名。

9. File 参数类型

可在参数属性中编辑参数化文件，也可直接选择已编辑好的参数化文件，还可从现成的数据库中提取。File 参数类型是最常用的一种类型，将在本书 10.9.3 节详细介绍该类型的相关设置。

10. "表"参数类型

该类型与 File 类型相似，区别是在于 File 类型为出现的每个参数设置单个数值，而"表"类型可为每个参数设置多个数值，类似于数组。

11. XML 参数类型

XML 参数类型提供了对 XML 格式的支持。在 XML 参数设置界面中，单击"编辑数据"按钮，可对 XML 的元素和节点属性进行维护。每个节点后都可以填写自己的值，通过"添加列"为一个节点添加属性，通过"复制列"可新增一个节点下的元素。但是 XML 参数类型并不实用，当我们需要的参数值为 XML 时，还是推荐直接将 XML 源代码作为字符串保存。

10.9.3　File 类型参数属性设置

File 类型参数创建好之后，还需要对参数化文件(也叫数据源文件)、参数运行策略等内容进行配置。打开"解决方案资源管理器"视图，双击其中的 parameter(参数)项，即可进入"参数列表"界面，如图 10-35 所示。

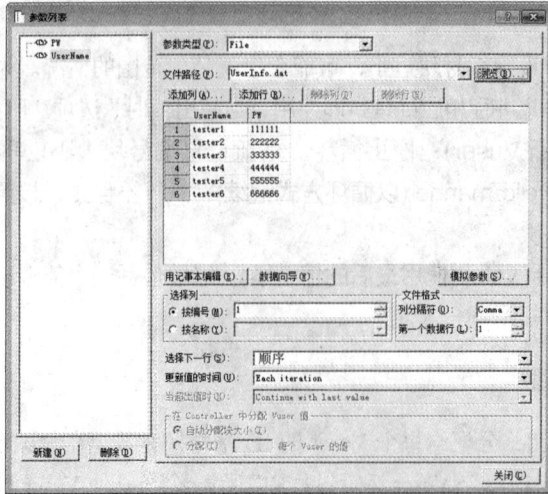

图 10-35　"参数列表"界面

1．"文件路径"属性

该设置用来选择参数化文件的路径，通常使用的是相对路径。假设将脚本复制到别的机器上运行，或者脚本的路径发生了变化，使用绝对路径会找不到参数化文件，导致运行出错。因此，这里建议使用相对路径，增强脚本的可移植性。

2．管理参数化文件

如图 10-35 所示，可使用以下三种方式管理参数化文件：

(1) 使用系统本身的"添加列"、"添加行"、"删除列"、"删除行"按钮管理参数化文件。使用这种方式添加少量数据还可以，如果有成千上万条数据，那操作的时间代价就太高了。

(2) 通过单击"用记事本编辑"按钮，使用记事本程序打开参数化文件，如图 10-36 所示，可在记事本中编辑参数数据。这是一种常用的方式，如果参数可选的数据值在外部文件中已经建立好，那么测试人员只需要把这些数据复制到参数化文件中，调整好格式即可使用。

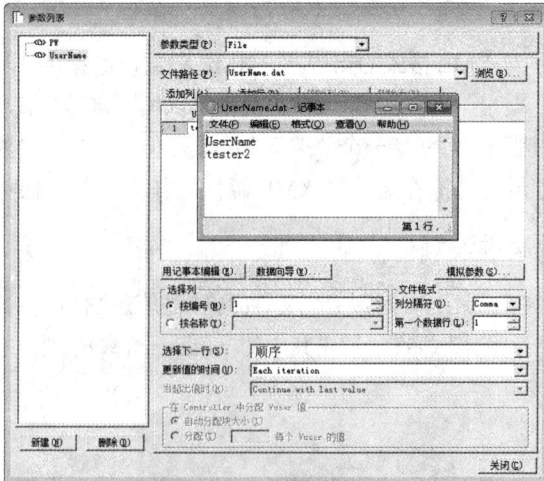

图 10-36　用记事本编辑参数数据

(3) 通过单击"数据向导"按钮，弹出"数据库查询向导"界面，如图 10-37 所示，这意味着 VuGen 允许从已经存在的数据库向参数化文件中导入数据。如果参数数据较多，而且格式不统一，则可要求开发人员将测试数据先写入数据库，然后通过该方式导入 VuGen 中。

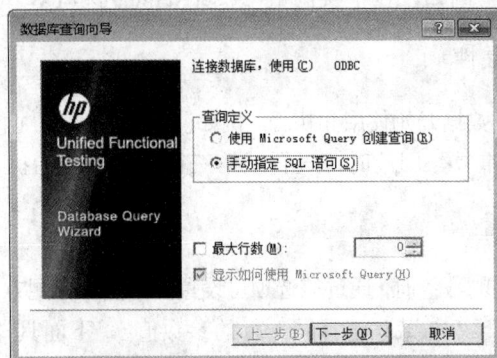

图 10-37　"数据库查询向导"界面

VuGen 提供以下两种方式获取数据：

(1) 使用 Microsoft Query(要求在系统上先安装该软件)。

(2) 指定数据库连接字符串和 SQL 语句。

由于第一种方式需要预先安装 Microsoft Query 软件，所以通常使用第二种方式导入数据。下面简单介绍第二种方式的步骤：

a) 选择"手动指定 SQL 语句"，单击"下一步"按钮，进入"连接字符串"和"SQL 语句"设置界面，如图 10-38 所示。

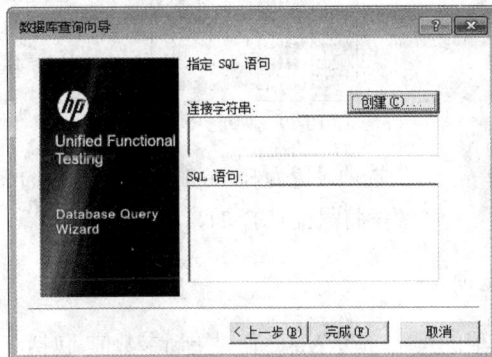

图 10-38　连接字符串和 SQL 语句设置界面

b) 选择需要的数据源文件后，即可自动创建连接字符串。

c) 在"SQL 语句"文本框中输入 SQL 查询语句后，单击"完成"按钮，即可将数据导入参数化文件中。只要导入成功一次，数据就写入脚本所在根目录下的.dat 格式的记事本文件中，后面只需要在该文件中编辑参数数据即可。

3. "选择列"设置

指明参数变量选择参数化文件中的那一列。可通过两种方式选择参数列：按照列编号来选择和按照列名来选择。通常，为避免出错，可选择按列名来选择参数数据的列。

4. "列分隔符"属性

设置参数化文件中列与列之间的分隔符，包括三个选项：逗号分隔符、制表分隔符和空格分隔符，默认使用逗号分隔符。例如，在本实例中，UserName 列和 PW 列使用逗号作为分隔符。

5. "第一个数据行"属性

设置脚本从第几行参数数据开始使用和执行。例如，在本实例中，由于 tester1 和 tester2 两个用户名已经注册过，为避免重复，回放时可设置从第三行参数值开始执行。

6. "选择下一行"设置

当脚本调用参数化文件的数值时，通过该选项可设置参数值的分配方式，该选项包含四个选项："顺序"、"随机"、"唯一"、"与某列选择同一行的参数值"，下面具体介绍这四个选项：

- 顺序(Sequential)：每个 Vuser 按照行顺序读取参数化文件中的数据，如果参数化文件中的数据都执行了一遍，则返回第一行继续执行。
- 随机(Random)：每个 Vuser 随机读取参数化文件中的数据。
- 唯一(Unique)：为每个 Vuser 分配一个唯一的顺序值作为参数。
- 与某列选择同一行的参数(Same Line as XX)：即与某个已定义好的参数变量取同一行数值。注意，该方法要求至少其中一个参数是顺序、随机或唯一的。例如，在本实例中，已经定义好 UserName 和 PW 两列参数值，如图 10-39 所示。

	UserName	PW
1	tester1	111111
2	tester2	222222
3	tester3	333333
4	tester4	444444
5	tester5	555555
6	tester6	666666

图 10-39　两列参数值

可将参数 PW 的"选择下一行"选项设置为 Same Line as UserName，那么当脚本运行时，若 UserName 变量选择 tester1，PW 变量将只能选择 111111。

7. "更新值的时间"选项

该选项可选择更新参数值的策略,指示 Vuser 何时更新参数值,包括三个选项：each occurrence(每次参数出现时更新参数)、each iteration(每次迭代时更新参数)、once(一旦选择就一直使用)。例如，在注册脚本中，PW 参数出现了两次，如果选择 each occurrence，在一次迭代运行过程中，PW 参数出现两次，即从参数化文件中选取两个参数值；如果选择 each iteration，在某次迭代运行过程中，从参数化文件中选取 1 个参数值，两个 PW 参数都将使用该参数值，下次迭代运行才会重新从参数化文件中取值；如果选择 once，那么当前 Vuser 一旦选择了某个参数值，该 Vuser 的所有迭代运行都使用该参数值。

"选择下一行"和"更新值的时间"选项是参数化策略的重要选项，也是初学者理解的难点，下面将这两个选项结合起来，通过实例来介绍它们组合后的参数取值策略，如表 10-1 所示。

假设测试脚本中定义了参数变量 UserName，该参数在脚本中出现两次，该参数可取的参数值按顺序依次是 tester1、tester2、tester3 和 tester4。

表 10-1　不同设置时的参数取值示例

"选择下一行"设置	"更新值的时间"设置	参数取值示例
顺序	Each iteration	Vuser 将为每一次迭代从参数化文件中顺序选取下一个值。实例：第一次迭代，UserName 两次都选取 tester1；第二次迭代，UserName 两次都选取 tester2
	Each occurrence	Vuser 将为每一次参数的出现从参数化文件中选取下一个值。实例：第一次迭代，UserName 两次分别选取 tester1 和 tester2；第二次迭代，UserName 两次分别选取 tester3 和 tester4
	Once	Vuser 第一次迭代中分配的参数值会在接下来的所有迭代中使用。实例：第一次迭代，UserName 选取 tester1，那么后续迭代都会选取 tester1
随机	Each iteration	Vuser 将为每一次迭代从参数化文件中选取一个新的随机值。实例：第一次迭代，UserName 两次都选取同一个随机值；第二次迭代与第一次迭代取值策略一样
	Each occurrence	Vuser 将为参数的每一次出现从参数化文件中选取一个新的随机值。实例：第一次迭代，UserName 两次分别选取一个新的随机值；第二次迭代取值策略与第一次相同
	Once	Vuser 第一次迭代中分配的参数值会在接下来的所有迭代中使用。实例：第一次迭代，UserName 选取一个随机值后，那么后续迭代都会选取该值
唯一	Each iteration	为每个Vuser的每一次迭代从参数化文件中顺序选取一个唯一值。该组合策略可满足每个 Vuser 在每次迭代中使用不同参数值的要求。实例：假设脚本迭代运行两次，两个 Vuser 并发，则 Vuser1 迭代两次分别选取 tester1 和 tester2；Vuser2 迭代两次分别选取 tester3 和 tester4
	Each occurrence	为每个Vuser的每一次出现的参数从参数化文件中顺序选取一个唯一值。实例：假设脚本迭代运行 1 次，两个 Vuser 并发，则 Vuser1 在一次迭代中分别选取 tester1 和 tester2；Vuser2 在一次迭代中分别选取 tester3 和 tester4
	Once	第一次迭代中分配的唯一值会在每个 Vuser 所有接下来的迭代中使用。实例：假设脚本迭代运行两次，两个 Vuser 并发，则 Vuser1 迭代两次都选取 tester1；Vuser2 迭代两次都选取 tester2

从上表可以看出：飞机订票系统的注册脚本实例中，UserName 参数应该选择"唯一"和 Each iteration 策略，即每个 Vuser 在每次迭代中都使用不同的用户名来注册。在测试实践中，必须确保参数化文件中的数据量是充足的。例如，如果拥有 20 个 Vuser，并且要运行 5 次迭代，则参数化文件中必须至少包含 100 个唯一值。

当选择"唯一"和 Each iteration 组合策略时，"当超出值时"和"在 Controller 中分配 Vuser 值"设置项就变成可用状态。当参数化文件中的参数值不够用时，可通过"当超出值时"选项设置处理办法，有以下三种处理方法：

- Abort Vuser：中断 Vuser 的运行。
- Continue in a cyclic manner：以循环方式继续。将参数继续循环一次，Vuser 按顺序选择参数值，这种情况与选择顺序的策略一致。
- Continue with last value：一直选择最后一个参数值。

"在 Controller 中分配 Vuser 值"设置是指在 Controller 执行场景时如何为 Vuser 分配参数，有以下两种方式：

(1) **自动分配块大小**：由 Controller 根据参数值的数量和 Vuser 对参数的使用情况自动为每个 Vuser 分配一定大小的参数数据块。

(2) **手工设置每个 Vuser 可分配的块大小**：测试人员通过对参数的使用情况进行分析，手工设置为每个 Vuser 分配的块大小。例如，假设设置为 20 个，那么，Vuser1 可使用参数化文件中第 1 到 20 个参数值，Vuser2 使用第 21 到 40 个参数值，依此类推。由于每个 Vuser 只有 20 个值，所以当 Vuser 迭代运行超过 20 次时，参数值不够用，Controller 会有相应的错误提示。

参数属性设置完成后，就可以回放和调试脚本了。回放脚本前，可启用"运行时设置"|"日志"|"扩展日志"中的"参数替换"，这样做的目的是在回放日志中查看每次迭代参数的使用情况，以验证参数化技术设置是否正确。当然，也可通过 VuGen 的"运行时数据"视图查看参数的使用情况。

10.10　关联技术

在执行 Loadrunner 脚本时，可将 Loadrunner 设想成一个演员，它伪装成浏览器，然后根据脚本，把当初浏览器说过的话，再对网站服务器重说一遍，Loadrunner 企图骗过服务器，让服务器以为它就是当初的浏览器，然后把网站数据传送给 Loadrunner。这样的做法在遇到某些安全级别较高的服务器时，可能会失效。这时就需要通过关联技术让 Loadrunner 再次成功地骗过服务器。

所谓的关联技术就是把测试脚本中某些常量数据转变成来自服务器的、动态的、每次可能都不一样的数据。关联技术也是一项常用的脚本完善技术，下面介绍关联技术的应用背景及意义。

1. 使脚本能够骗过聪明的服务器

通常情况下，比较聪明的服务器为防范 DDos 攻击，要求客户端提交重要的请求信息时使用一个辨别码，这个辨别码是在提交操作之前客户端与服务端通信时，服务端告诉客户端的。这样做可以保证服务器的安全，但给实施性能测试造成了麻烦，会使脚本运行失败。这是因为，每次脚本回放时仍使用旧的辨别码向服务器请求数据，服务器发现这个辨别码是失效的或者根本不认识这个辨别码，当然就不会给 Loadrunner 传送正确的数据。例如录制时，服务器返回给客户端的辨别码为 123，客户端在后续访问中会夹带该辨别码；而回放时，服务器返回给客户的辨别码变为 456，如果仍然用 123 作为辨别码，则服务器会拒绝提供数据。在录制飞机订票系统的登录业务脚本时，会出现与辨别码性质相似的 userSession 属性，相关代码如下：

```
"Name=userSession", "Value=119081.1799919zVcfcDipVQfiDDDDDzHfVptcQVHf", ENDITEM,
```

在回放脚本时，服务器会给客户端返回新的、与录制时不一样的 userSession。如果脚本中仍使用旧的 userSession，服务器会拒绝对该登录请求进行正确响应，导致用户登录失败。这里使用检查点技术对登录后的用户名字符串进行验证很容易看出，使用旧的 userSession 会导致用户登录失败。

2. 保证脚本真实、有效地运行

在客户端与服务器通信过程中，服务器会将某些较长的、格式不统一的或复杂属性值使用简单的 ID 值来标识，那么，后续客户端向服务器通信时用到该属性值时，不直接使用真实属性值而是将该 ID 值作为参数值提交。在脚本执行过程中，如果该 ID 值不断变化，那么脚本回放就会出错。第一个例子：带附件发送邮件、上传附件时，服务器会给客户端返回一个临时的附件 ID，后续发送邮件时，将附件 ID 作为属性值提交给服务器。第二个例子：用户创建账单时，首先登录系统，然后在创建账单时，为创建者属性值使用当前登录用户 ID，即将用户 ID 作为创建人信息提交给服务器。上述这两个实例如果不使用关联技术，第一个例子会出现附件无法正确提交的情况，导致业务流程执行失败；第二个例子会出现不论哪个用户登录，账单创建人都是录制时的那个登录用户的情形，即脚本无法反映真实的业务流程。

从原则上讲，脚本中的某些属性值在每次脚本执行时都是动态变化的，而且可从之前的服务器返回的数据中找到该数值的地方都需要关联。判断脚本中哪些地方需要关联是一项有难度的工作，按正常逻辑，脚本中某些地方需要关联而没有关联时，脚本回放是会显示错误提示信息。不过很遗憾，Loadrunner 并没有任何特定的错误消息和关联有关。以飞机订票系统的登录业务脚本为例，假设不对 userSession 进行关联，也没有使用检查点技术，脚本回放会成功，没有任何错误提示。判断脚本哪些地方要关联需要测试工程师具备一定的经验和灵感，有时还要多试验几次才能确定哪些地方需要关联。当然，如果实在找不出关联，可求助于软件开发人员。

这里说明一下关联技术的工作原理。首先利用关联函数通过已设置好的左右边界或者正则表达式在服务器返回给客户端的数据中查找关联数据，并将关联数据赋值给关联变量；然后使用关联变量取代后续脚本中要关联的常量数据。下面以 Loadrunner 飞机订票系统中的登录业务脚本为例，介绍关联的创建过程。

10.10.1　如何创建关联

在 VuGen 中，可通过以下三种方式来查找并创建关联。

(1) **录制后自动关联**：脚本录制结束后，利用 VuGen 自带的关联扫描功能查找脚本中可能需要关联的地方，然后由测试人员确认并手动创建关联。

(2) **录制中自动关联**：在录制脚本前，测试人员将关联规则(通过左右边界或者正则表达式来定义规则)在 VuGen 中定义好，然后录制脚本。在脚本录制过程中，VuGen 会依据关联规则从服务器返回的数据中查找关联并创建关联函数。使用该方式的前提条件是测试人员事先知道关联规则。

(3) **手动关联**：测试人员依据直觉和经验或者借助某些工具来查找需要关联的地方，然后手动创建关联，包括创建关联函数、用关联变量代替常量数据等操作。

在测试实践中，综合利用以上三种关联方式可更好地查找关联。通常，先利用前两种方式来查找并创建关联，若关联后的脚本仍存在问题，说明可能还存在需要关联之处，此时可通过手动关联方式来查找并创建关联。下面具体介绍这三种关联方式的实现步骤。

1. 录制后自动关联

1) 扫描关联

在 Loadrunner12.02 中，脚本录制结束后，会自动执行关联扫描功能，将脚本中可能需要关联的地方扫描出来，显示在"设计工作室"窗体中，如图 10-40 所示。

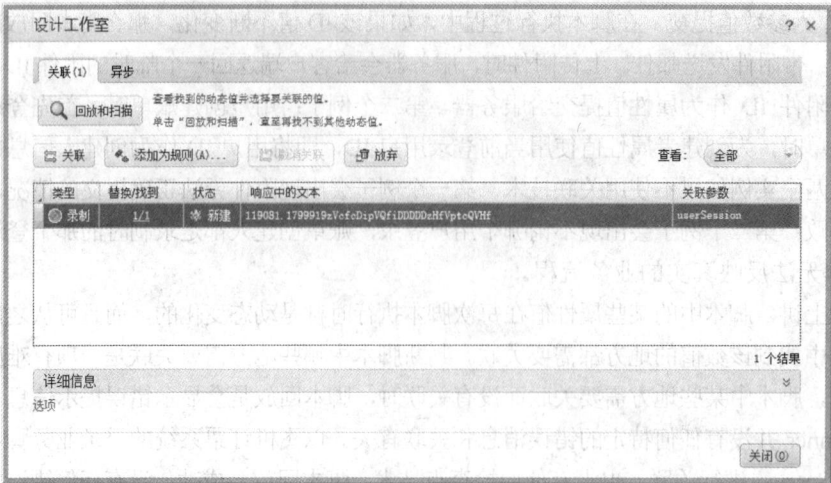

图 10-40 "设计工作室"窗口

如上图所示，本实例中扫描出一处需要关联的地方。我们通过分析得知，要关联的数值是服务器返回给客户端的 userSession，因此，该处需要使用关联技术。这里要注意，通常扫描出来的关联不一定都需要创建关联，需要测试人员进一步分析和确认，如果不该关联的地方使用了关联技术可能导致脚本运行出错。

另外，如果没有扫描出想要关联的数值，可单击"回放和扫描"按钮，重新回放一遍脚本(目的是重新获取一遍服务器返回的数据)，然后自动执行关联扫描功能。

关联扫描功能的配置参数可在"录制选项"设置中的"关联"|"配置"选项卡中设置，如图 10-41 所示。

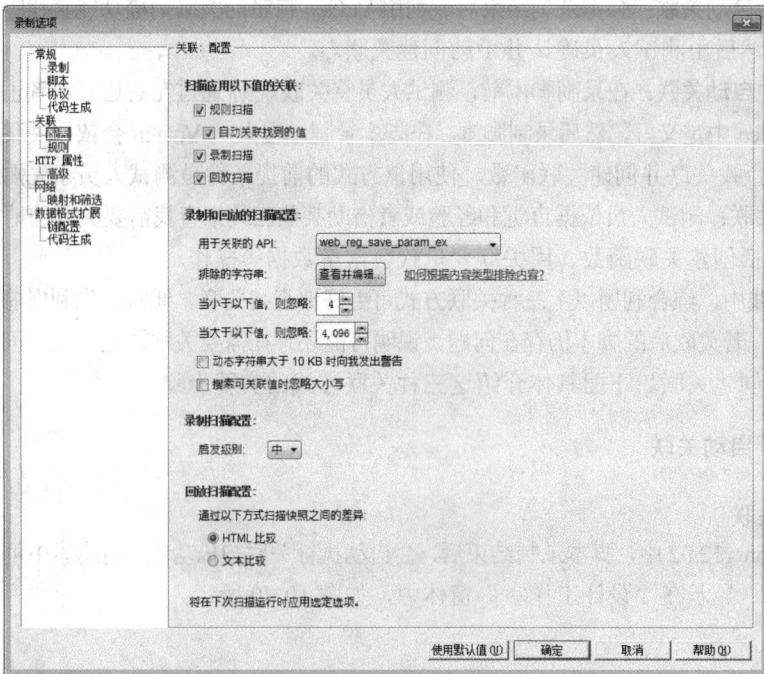

图 10-41 关联配置窗口

下面简单介绍常用的关联扫描参数：

- **规则扫描**：执行关联扫描时应用"关联"|"规则"选项卡中的规则，该规则会在"录制中自动关联"一节中详细介绍。
- **自动关联找到的值**："设计工作室"将自动关联用规则扫描找到的数值。
- **录制扫描**：基于录制的引擎扫描关联。
- **回放扫描**：基于回放的引擎扫描关联。
- **用于关联的 API**：即选择何种关联函数，VuGen 提供两种关联函数，即基于左右边界扫描的 web_reg_save_param_ex 函数和基于正则表达式匹配的 web_reg_save_param_regexp 函数。这两个函数除了扫描规则不同，其他效果差别不大。这里要注意，如果想更换脚本中的关联函数，除了修改该参数，还要重新回放和扫描脚本才能生效。
- **排除的字符串**：录制和回放扫描可忽略的字符串。
- **有效字符串长度**：定义字符串长度的有效区间，不在该区间的字符串则忽略。

2) 创建关联

在"设计工作室"中，选中要关联的项，单击"关联"按钮，即可创建关联，此时该项的"状态"栏会由"新建"变为"已应用"，如图 10-42 所示。如果不想关联此项，可单击"撤消关联"按钮来取消已创建的关联。

类型	替换/找到	状态	响应中的文本	关联参数
规则	1/1	已应用	119081.1799919zVcfcDipVQfiDDDDDzHFVptcQVHf	

图 10-42   创建关联后的视图

在本实例中，关联参数变量的名字由 VuGen 自动设置为 userSession，即脚本中出现关联数据的地方都用该变量名替代。关联成功后，生成的关联函数及相关应用代码如下：

```
web_reg_save_param_regexp(
    "ParamName=userSession",
    "RegExp=name=\"userSession\"\\ value=\"(.*?)\"/>\\\n<table\\ border",
    "Ordinal=1",
    SEARCH_FILTERS,
    "Scope=Body",
    "RequestUrl=*/nav.pl*",
    LAST);
web_submit_data("login.pl",
    "Action=http://10.1.18.88:1080/cgi-bin/login.pl",
    "Method=POST",
    "TargetFrame=body",
    "RecContentType=text/html",
    "Referer=http://10.1.18.88:1080/cgi-bin/nav.pl?in=home",
    "Snapshot=t2.inf",
    "Mode=HTML",
    ITEMDATA,
    "Name=userSession", "Value={userSession}", ENDITEM,
    "Name=username", "Value=tester1", ENDITEM,
    "Name=password", "Value=111111", ENDITEM,
    "Name=JSFormSubmit", "Value=off", ENDITEM,
    "Name=login.x", "Value=56", ENDITEM,
```

```
            "Name=login.y", "Value=9", ENDITEM,
        LAST);
```

另外，在"设计工作室"界面上，可通过单击"添加为规则"按钮来创建关联规则，弹出的"添加为规则"对话框如图 10-43 所示。在该对话框中，选择应用程序和输入要创建的规则名后，就可以在"录制选项"|"关联"|"规则"选项卡中看到新建的规则。

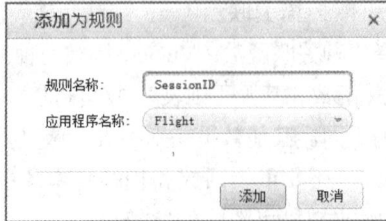

图 10-43　"添加为规则"对话框

2. 录制中自动关联

1) 定义关联规则

打开"录制选项"|"关联"|"规则"选项卡，如图 10-44 所示。在"规则"选项卡中，可查看和管理关联规则。

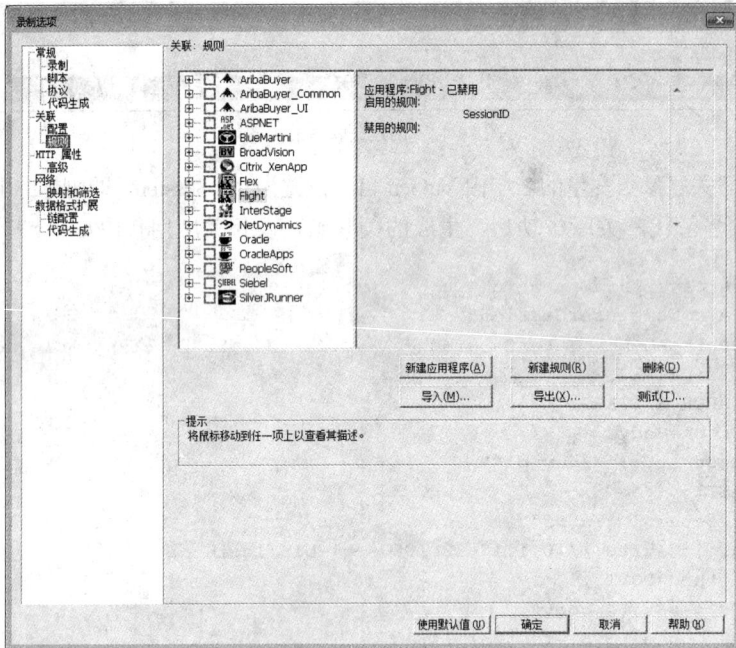

图 10-44　查看和管理关联规则

关联规则有两种：内建关联规则和用户自定义关联规则。

(1) **内建关联规则**：通俗地说，内建关联规则是 Loadrunner 内部自带的一些规则。VuGen 针对常用的一些应用系统(如 Oracle、PeopleSoft、Siebel 等)内建了一些关联规则，这些应用系统可能会有多种关联规则。

(2) **用户自定义关联规则**：除了内建的关联规则外，用户还可以自定义关联规则。

　　关联规则可通过两种方式创建：一种是在"设计工作室"中添加规则，另一种是在该选项卡中手动创建规则。第一种方式的操作前面已经介绍过，因此，这里只具体第二种方式的操作步骤，如下：

　　(1) 通过单击"新建应用程序"按钮，创建新的应用程序并重新命名；

　　(2) 选中刚创建的应用程序，单击"新建规则"按钮后，该应用程序下会出现新规则。你可修改规则名和配置规则参数，如图 10-45 所示。

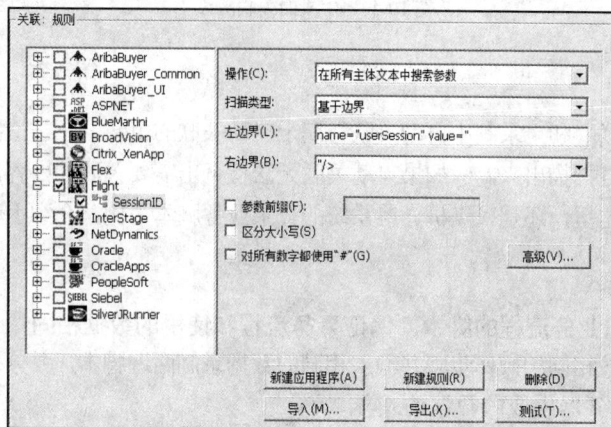

图 10-45　配置规则参数

下面介绍规则的常用参数：

- **扫描类型**：包括三个可选项：基于正则表达式匹配、基于边界、基于 Xpath 查询。如果选择基于正则表达式匹配，界面上会显示"正则表达式字符串"文本框，即要通过输入的正则表达式字符串来扫描关联值；如果选择基于边界，则界面上会显示"左边界"和"右边界"文本框，即通过输入的左右边界来扫描关联值；如果选择基于 Xpath 查询，则界面上会显示"Xpath 字符串"文本框，该类型主要用于扫描 XML 格式的数据。
- **参数前缀**：在所有基于此规则自动生成的参数中使用前缀。前缀可确保不会覆盖现有用户参数。此外，前缀还有助于识别脚本中的参数。
- **区分大小写**：扫描时是否区分大小写。
- **对所有数字都使用"#"**：该项仅适用于基于边界的扫描类型。使用通配符"#"来替代左右边界中的数字。例如，若启用此选项并指定 tester##作为左边界，则 tester02 和 tester45 都是有效的匹配结果。
- **导入**：将外部规则文件导入 VuGen 中。
- **导出**：将当前规则导出到本地磁盘。
- **测试**：对已定义好的规则进行测试，测试规则的匹配是否正确。

2) 使用关联规则

关联规则定义好之后，启用该规则，开始录制脚本。在脚本录制过程中，当 VuGen 检查到符合已经创建的关联规则的数据时，会依据规则建立关联。在本实例中，录制完成后生成的关联函数如图 10-46 所示。

```
/*Correlation comment: Automatic rules - Do not change!
 Original value='119094.461806399zVcfQcVpDHQVzzzHDzHffpfcicHf'
 Name ='userSession_1'
 Type ='Rule'
 AppName ='Flight'
 RuleName ='SessionID'*/
     web_reg_save_param_ex(
         "ParamName=userSession_1",
         "LB/IC=name=\"userSession\" value=\"",
         "RB/IC=\"/>",
         SEARCH_FILTERS,
         "Scope=Body",
         "RequestUrl=*/nav.pl*",
         LAST);
```

图 10-46　生成的关联函数

3. 手动关联

"录制后自动关联"和"录制中自动关联"属于自动关联的范畴。正常情况下，自动关联能将大部分需要关联的地方扫描出来，但如果自动关联无法检查出需要关联的内容，那么只能使用手动方式来进行关联了。这里，还是以飞机订票系统的登录业务脚本为例，介绍手动关联的详细步骤，具体如下。

1) 录制两份相同业务流程的脚本，保证事务流程和使用的数据相同

通俗地讲，就是按相同的操作步骤并输入相同的数据录制两遍脚本，并分别保存下来。后面需要对比两份脚本中服务器生成的数据的差异。

2) 使用 WinDiff 工具比较两份脚本，找出需要关联的数据

WinDiff 是 Loadrunner 自带的文件比较工具，用于比较两个文件内容，找出两者之间的不同之处，对两份脚本中不同的地方进行判断，进而找到需要关联的数据。比较的详细操作如下：

(1) 在 VuGen 中打开其中一份脚本文件的 Action 文件，依次选择菜单"工具"|"比较"|"与外部文件比较"选项，在弹出对话框中选择另一份脚本文件的 Action 文件。这里使用的脚本语言是 C 语言，因此选择.c(C 源文件)为后缀的 Action 文件。

(2) 选择第二份脚本文件后，VuGen 就调用 WinDiff 工具，显示两份脚本，并显示存在差异之处。WinDiff 会以一整行黄色表示有差异的脚本代码行，如图 10-47 所示。然后，检查两份脚本中存在差异的地方，每处差异都可能是需要做关联的地方。这里要注意，名字中的 Snapshot 关键字是脚本录制过程中本地存储的快照资源，对比差异时可以略过。还要注意，lr_think_time 的差异部分不需要分析，因为 lr_think_time 是用来模拟每个步骤之间使用者思考延迟的时间，而我们在录制脚本时每次操作的思考时间都可能不同。

3) 在"代码生成"日志的 response 部分里，找出关联数据的左右边界或者确定其正则表达式

在 WinDiff 中找到要关联的数据后，在"代码生成"日志中查找该数据。找到该数据后，要确认该数据是否在服务器返回的内容中，即 response 部分中。然后记录该数据的左右边界或者正则表达式。在本实例中，记录的是左边界是 name="userSession" value="，右边界是"/>，如图 10-48 所示，左右边界所取字符串长度不是固定的，但不宜过短，以免通过边界匹配的字符串过多。

4) 找到关联函数的插入位置并手动创建关联函数

通过分析"代码生成"日志中关联数据的上下文内容，可以比较容易地找到要关联的数据在哪个请求所返回的数据中。找到这个请求后，就可以针对该请求的响应数据创建关联函数了。下面以登录业务脚本为例来说明手动创建关联函数的过程。

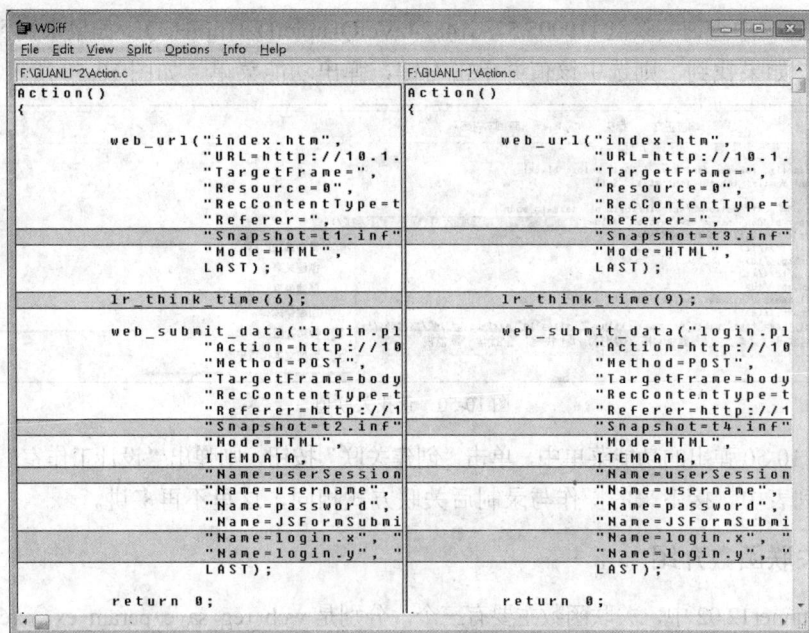

图 10-47　比较两份脚本

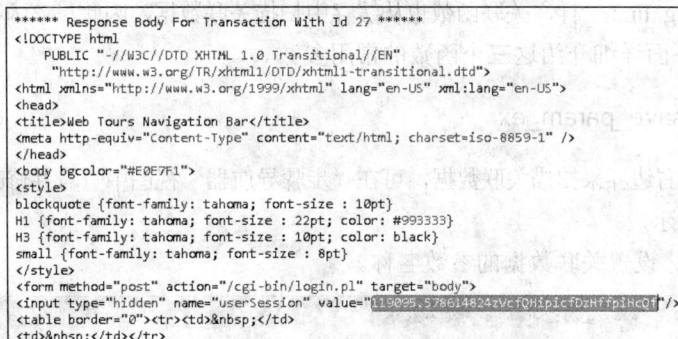

图 10-48　查找关联数据

(1) 找到返回关联数据的请求后，打开该请求的"快照"视图，然后打开响应正文窗口，如图 10-49 所示。

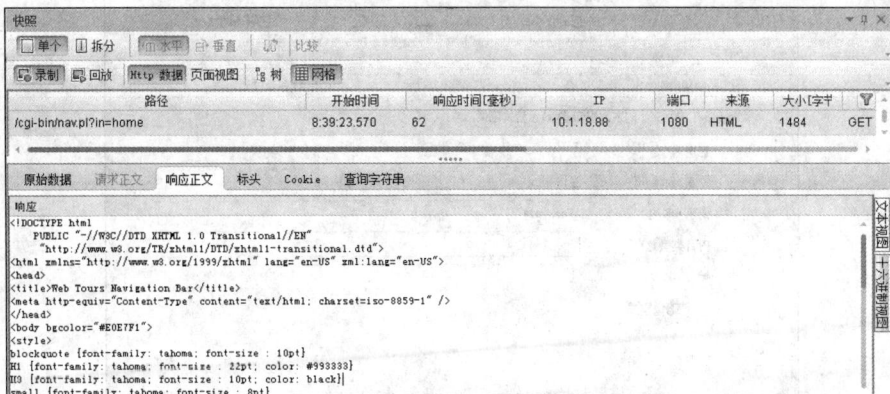

图 10-49　打开窗口

(2) 在该窗口中查询关联值 119095.578614824zVcfQHipicfDzHffpiHcQf。如果未找到，则可能是找错请求了。如果找到，则选中该值并单击右键，弹出功能菜单，如图 10-50 所示。

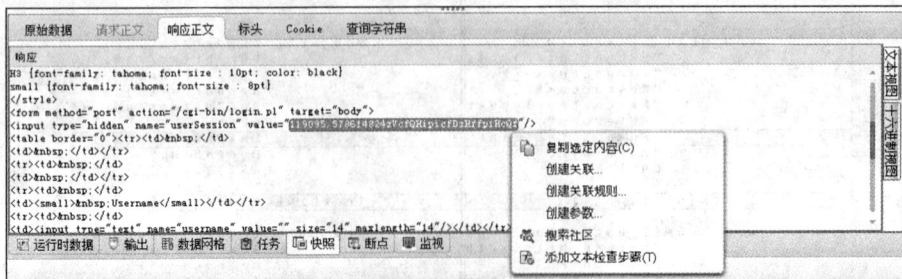

图 10-50 查找关联值

(3) 在图 10-50 弹出的功能菜单中，单击"创建关联"按钮，则弹出"设计工作室"并且该关联值出现在其列表中。接下来的操作与录制后关联方式相同，这里不再多讲。

10.10.2 关联函数介绍

在 Loadrunner12.02 中，关联函数主要有三个，分别是 web_reg_save_param_ex、web_reg_save_param_regexp 和 web_reg_save_param_xpath。从函数名可以看出，关联函数也属于注册型函数。与检查点函数 web_reg_find 一样，关联函数也从缓存中扫描关联数据，因此，该函数也需要插入相应请求代码之前。下面详细介绍这三个函数的常用参数。

1. web_reg_save_param_ex

该函数通过左右边界来扫描关联数据，可在"步骤导航器"视图中查看并修改该函数的参数配置，如图 10-51 所示。

● **参数名称**：设置关联数据的参数名称。

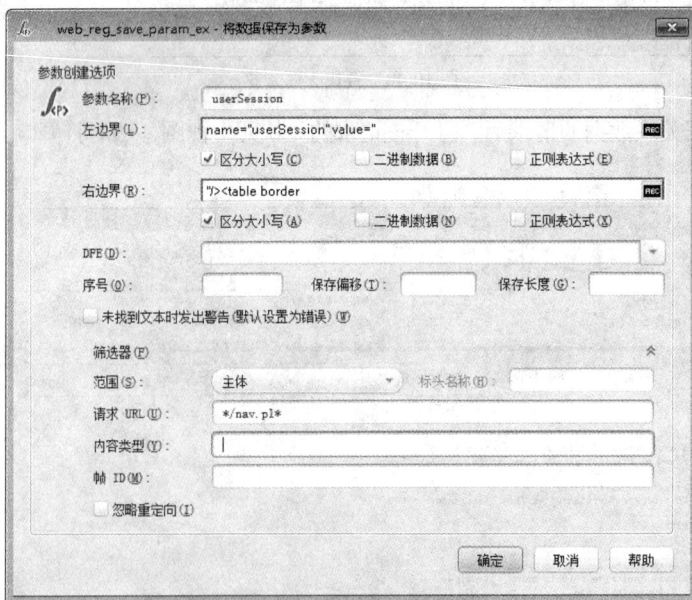

图 10-51 web_reg_save_param_ex 参数配置

- **左边界和右边界**：关联数据的左边界字符串和右边界字符串，可设置是否区分大小写、支持二进制数以及使用正则表达式。如果边界字符串中有特殊字符，需要使用转义符号，例如，"为特殊字符，需要在其前加上转义符号"\"。
- **DFE**：设置文件扩展格式。VuGen 支持多种不同类型的数据记录。随着文件格式的不断增加，VuGen 必须能够支持这些格式，有一些格式是专有和使用自定义序列化，但二进制代码和一些无格式的数据很难让人理解，所以 VuGen 增加了数据格式扩展功能。将这些格式进行转换，可以更好地理解这些数据，同时也可以将这些数据作为参数进行关联。
- **序号(ORD)**：符合条件的数据可能存在多个，该参数指明了选取第几次出现的数据赋给关联变量。该参数为可选参数，默认值为 1。假如值为 All，则查找所有符合条件的数据并把这些数据存储在数组中。
- **保存偏移(SaveOffset)**：当找到符合条件的动态数据时，从第几个字符开始才存储到参数中，该参数为可选参数。此属性的默认值为 0。
- **保存长度**：从位移(Offset)开始算起到指定长度内的字符串才存储到参数中。该参数为可选参数，默认值为-1，表示存储整个字符串。
- **范围**：搜寻的范围。可以是"主体"、"标头"、Cookie 和"全部"(默认值)，该参数为可选参数。
- **帧 ID**：相对于 URL 而言，要搜寻的网页的 Frame。此属性值可以是 All 或具体数字，该参数为可选参数。

2. web_reg_save_param_regexp

该函数通过正则表达式来扫描关联数据，可在"步骤导航器"视图中查看并修改该函数的参数配置，如图 10-52 所示。

- **正则表达式**：设置扫描的正则表达式。正则表达式是一个字符串，用来扫描或者匹配一系列符合某个句法规则的字符串。在测试过程中，如果要匹配的值需要模糊查询，则需要使用止则表达式进行匹配。Loadrunner 中常用的正则表达式匹配规则如表 10-2 所示。

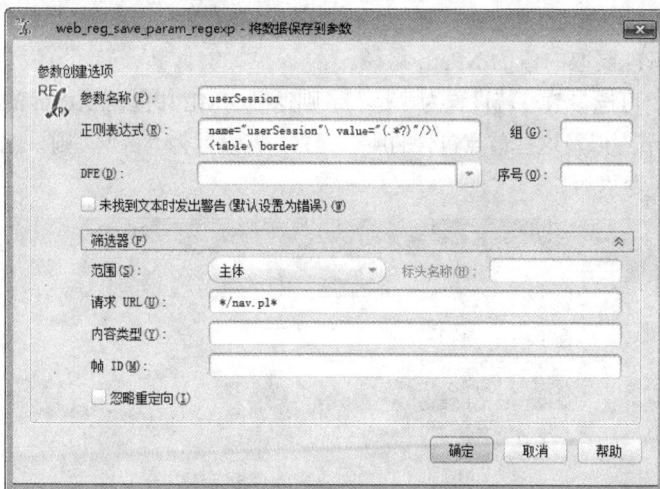

图 10-52　web_reg_save_param_regexp 参数配置

表 10-2　Loadrunner 常用正则表达式规则

字符	含义
[]	标记一个表达式的开始和结束位置
()	标记一个子表达式的开始和结束位置
^	匹配以某字符开始，如^abc 表示查找以 abc 开头的字符串
$	匹配以某字符结束，如$abc 表示查找以 abc 结束的字符串
.	匹配除换行符 \n 之外的任何单字符
?	匹配前面一个或一组字符，匹配次数为零次或一次。例如 ab?c 可匹配 abc 和 ac，A(123)?B 可以匹配 AB 和 A123B
+	匹配前面一个或一组字符，匹配次数为一次或多次。例如 ab+c 可以匹配 abbbc 和 abc，A(123)+B 可以匹配 A123B 和 A123123B
*	匹配前面一个或一组字符，匹配次数为零次或多次
\	转义字符
|	匹配"|"前面或后面的字符，例如(ABC)|(123)可匹配 ABC 或 123
{n}	n 是非负整数，匹配 n 次。例如，o{2}不能匹配 Bob 中的 o，但能匹配 food 中的两个 o
{n,}	n 是非负整数，至少匹配 n 次。o{2,}不能匹配 Bob 中的 o，但能匹配 foooood 中的所有 o
{n,m}	m 和 n 均为非负整数，其中 n<= m，表示最少匹配 n 次且最多匹配 m 次。例如，o{1,3}将匹配 foooooood 中的前三个 o

- 组：设置组号。该参数代表了一个 0~10 范围的取值。因为使用正则表达式取值时，表达式可能有多个匹配的字符串。若组=0，会保存所有匹配的字符串；若组=1~10，则保存 1~10 个位置匹配的字符串。

3. web_reg_save_param_xpath

该函数是使用 Xpath 路径取值的函数，它适用于 XML 格式的数据，该函数的参数配置如图 10-53 所示。

- 查询字符串：要取的值的 XPath 路径。
- 返回 XML：可选参数。若设置为"是"，则返回 XML 中匹配 XPath 的所有数据，包括所有的 XML 节点以及这些节点包含的所有元素；若设置为"否"，则只返回 XPath 指定元素的值。默认为"否"。

图 10-53　web_reg_save_param_xpath 参数配置

10.10.3　关联与参数化的区别

10.9 节和 10.10 节分别对参数化和关联技术进行了详细介绍。这两种技术容易令人混淆，它们有相似之处，都使用参数变量来代替脚本中的某些常量，不同之处主要有以下两点：

(1) 参数化变量的取值来自参数化文件，即外部一个独立的文本文件或数据库表；而关联变量的取值从服务器返回的数据中查找，即服务器针对客户端的某个请求做出响应，将需要的数据发送回客户端，而关联变量所要获取的数值就隐藏在发回的数据中。

(2) 参数化变量的参数化文件是事先准备好的静态文本文件；而关联变量所要查找的数据是动态的，需要通过左右边界或者正则表达式来查找。

10.11　本章小结

VuGen 是 Loadrunner 工具中用于录制和开发脚本的重要组件。本章详细介绍了 VuGen 的常用配置项以及脚本录制和开发技术。首先介绍了脚本录制的过程以及相关配置项的使用；接着说明了"运行时设置"的常用配置项，这些设置在调试脚本和控制器场景执行时需要用到；然后介绍了 VuGen 的通用函数以及使用脚本开发时的注意事项；最后讲述了一些常见的完善脚本的方法，包括事务技术、集合点技术、检查点技术、块技术、参数化技术和关联技术。

练 习 题

1. 简述 Loadrunner 脚本开发的一般过程。

2. 使用 VuGen 录制脚本时为何要选择协议？如何选择合适的通信协议？

3. VuGen 中包含哪两种录制模式？它们各有什么特点？

4. 在性能测试实践中，应该采取什么策略来选择 VuGen 录制模式？

5. "运行时设置"中常用的配置项包含哪些？

6. 在 VuGen 脚本开发过程中，通常使用哪几种方式来调试脚本？

7. 插入事务的目的是什么？应该如何插入事务？

8. 插入集合点的目的是什么？应该如何插入集合点？

9. 插入检查点的目的是什么？应该如何插入文本检查点？

10. 在 Loadrunner 中，注册函数的含义是什么？请列举出几个常用的注册函数。

11. 什么是参数化技术？参数化技术的应用背景是什么？

12. 在参数化技术的实现过程中，创建参数的步骤是什么？

13. 关联技术的原理是什么？创建关联的方式有哪些？

14. 关联技术与参数化技术的区别是什么？

第 11 章　HP Loadrunner 测试场景的设计与执行

当 Loadrunner 测试脚本开发完成后，需要设置脚本运行的测试场景，包括 Vuser 数量、Vuser 执行策略、负载生成器等。一个好的测试场景能更真实地模拟用户的实际操作，用于创建、设计和执行 Loadrunner 测试场景的工具是控制器。本章主要介绍控制器的常用配置操作及相关场景设计技术。

本章要点如下：
- 控制器简介
- 测试场景类型
- 控制器的工作视图
- 设计测试场景
- 执行和监控测试场景

11.1　控制器简介

Controller(控制器)组件是 Loadrunner 的控制中心，主要用于管理测试场景。在 Loadrunner 中，测试场景用来定义和描述性能测试会话中发生的各种事件，包括 Vuser 组、Vuser 数量、测试脚本列表、负载生成器列表等信息。使用 Controller 管理场景主要分为"场景设计"、"场景运行与监控"两部分。

该组件的主要运行流程如下：

(1) 将 VuGen 中编辑并调试好的脚本加载到 Controller 组件。

(2) 设计场景。针对已加载的测试脚本，并依据测试用例的要求制定脚本运行的策略，使脚本的运行接近真实用户的使用。在 Controller 中，设计场景时通常需要考虑场景类型、Vuser 组设置、Vuser 并发数量、Vuser 的调度计划、负载生成器设置、集合点设置、IP 欺骗设置等内容。

(3) 场景运行和监控。场景设计完成后，运行场景。在场景运行过程中，监控场景的运行信息以及生成的数据。根据笔者的经验，在场景运行初期，比较容易暴露测试脚本或者场景设计中的问题，因此，测试人员需要耐心地监测场景的运行情况。在运行场景时，通常需要关注 Vuser 脚本运行状态、事务通过情况、输出错误情况、各种资源计数器的指标、Vuser 运行的日志以及几种常见的数据分析图等信息。

(4) 测试数据收集。场景运行结束后，Controller 会依据场景预设的策略将各负载生成器生成的测试数据收集起来并进行一定处理。收集到的测试数据是后续分析器进行数据处理和分析的原始数据。

可通过两种方式来启动 Controller，下面具体介绍这两种方式的相关操作。

(1) 直接通过 Controller 组件的应用程序启动，启动界面如图 11-1 所示。

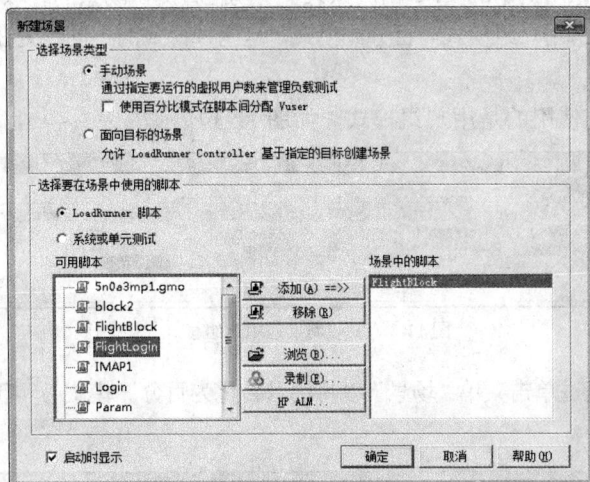

图 11-1　Controller 中的"新建场景"界面

在采用该种启动方式打开的"新建场景"界面中，用户需要选择场景类型并添加测试脚本。

(2) 在 VuGen 中启动 Controller，单击菜单"工具"|"创建 Controller 场景"后，弹出"创建场景"界面，如图 11-2 所示。

图 11-2　"创建场景"界面

在采用该启动方式打开的创建场景界面中，需要用户设置场景类型、Vuser 数量、负载生成器、Vuser 组以及测试结果数据存放目录等。另外，通过该方式打开的场景会自动将 VuGen 中的当前脚本添加到场景中，比较便捷。

11.1.1　测试场景类型

在新建一个场景时，首先需要选择场景类型。Controller 提供了手动和面向目标两种测试场景，具体介绍如下。

1. 手动场景

该方式根据性能测试用例中的要求,由测试人员手动配置测试场景的各项参数以及运行策略等。手动场景包含两种模式:用户组模式与百分比模式,这两种模式的不同之处在于计算 Vuser 的方式不同。

默认情况下,场景使用的是用户组模式,如图 11-3 所示。

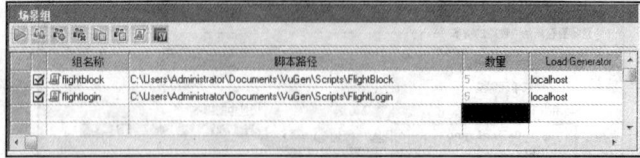

图 11-3 手动场景的用户组模式

在 Controller 中,通过单击菜单"场景"|"将场景转化为百分比模式",可以切换到百分比模式,如图 11-4 所示。

图 11-4 手动场景的百分比模式

2. 面向目标场景

该方式根据已定义的性能目标,由 Controller 基于该目标自动创建测试场景。在场景运行过程中,Controller 通过不断比较测试结果与目标,来动态调整测试场景的运行参数。在面向目标测试场景中,可针对虚拟用户数、每秒点击数、每秒事务数、事务响应时间和每分钟页面数五种性能指标来定义目标。面向目标场景设计的主界面如图 11-5 所示。

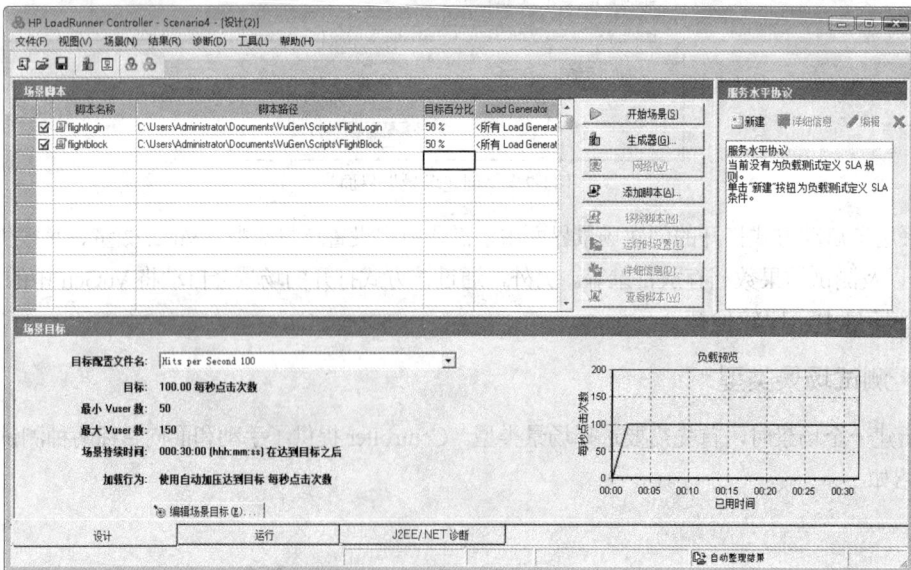

图 11-5 面向目标场景设计的主界面

　　手动场景设计方法可以更灵活地按照测试需求和测试用例来设计测试场景，使测试场景能更接近用户的真实使用，因此大多情况下使用该设计方法来设计场景。面向目标场景设计方法用于能力规划和能力验证的测试过程中。

11.1.2　Controller 工作视图

Controller 中有两个主要的工作视图："设计"视图和"运行"视图。

1.　"设计"视图

"设计"视图是 Controller 的场景设计视图，在手工场景模式下，其工作界面如图 11-6 所示。

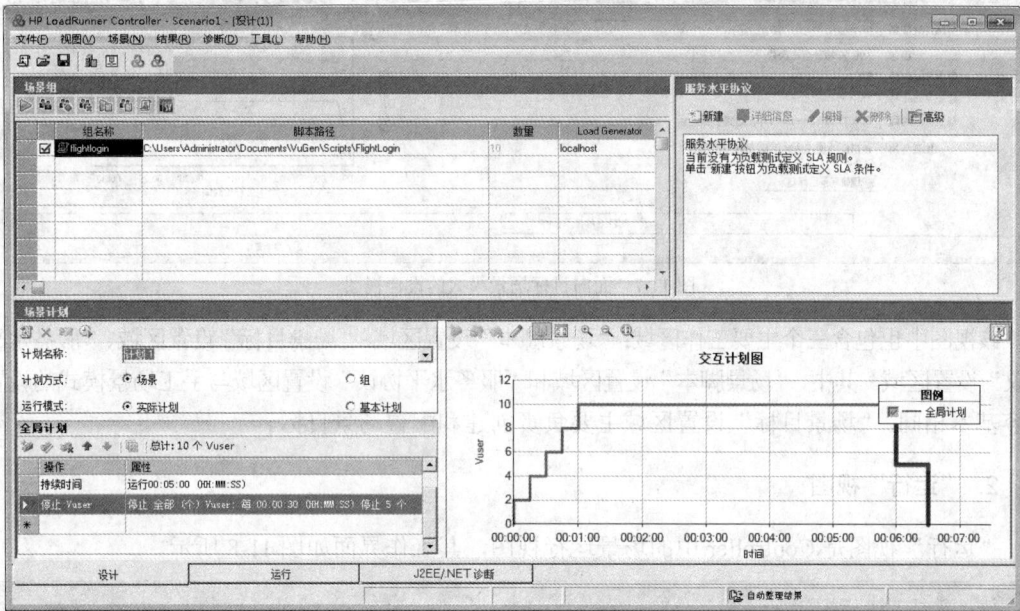

图 11-6　手工场景模式的"设计"视图

该界面中包含三个主要工作区域：

- **"场景组"设置区域**：在该区域可以对 Vuser 组、Vuser 脚本以及负载生成器进行设置。另外，通过区域左上角的功能按钮，还可查看当前 Vuser 脚本、修改脚本的运行时设置等。
- **"场景计划"设置区域**：可在该区域设置场景计划的名称、计划方式、运行模式、启动时间、Vuser 并发数量以及 Vuser 调度计划等。其中 Vuser 调度计划是指设置 Vuser 的启动加载方式、持续运行方式和结束释放方式。
- **"服务水平协议"设置区域**：设计负载测试场景时，可为性能测试指标定义目标值，即设置服务水平协议(SLA)。运行场景时，Loadrunner 收集并存储与性能相关数据。分析运行情况时，Analysis 将这些数据与 SLA 进行比较，并为预先定义的测量指标确定 SLA 状态。

在面向目标场景的模式下，"设计"视图工作界面如图 11-7 所示。

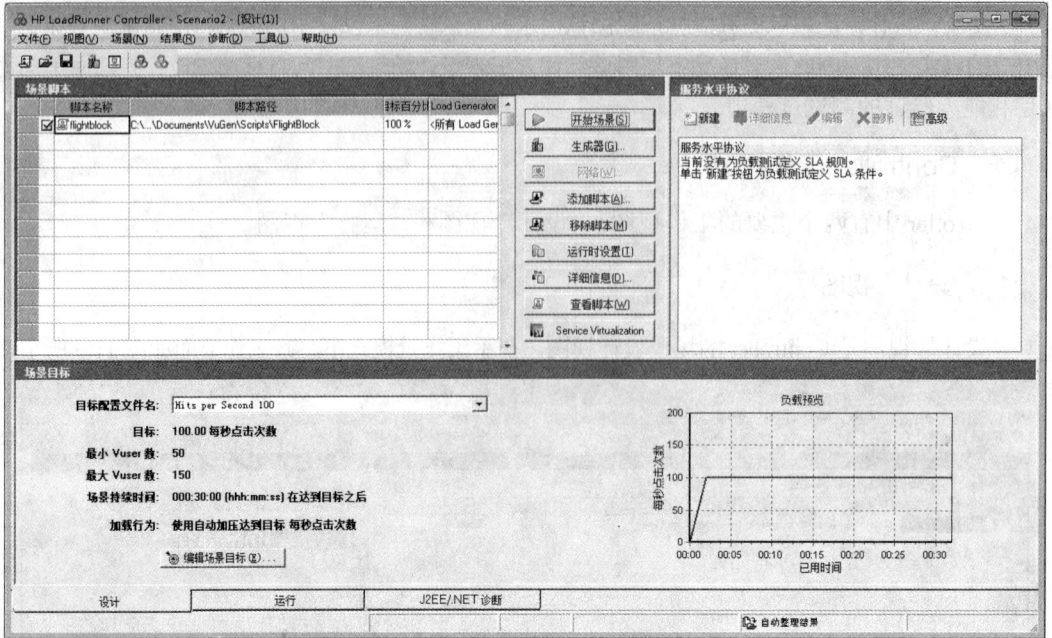

图 11-7　面向目标场景模式的设计视图

该视图中也包含三个主要工作区域："场景脚本"设置区域、"场景目标"设置区域、"服务水平协议"设置区域。其中，"场景脚本"设置区域和"服务水平协议"设置区域与手工场景模式的设置内容基本相同。"场景目标"设置区域主要负责创建和配置场景目标。

2. "运行"视图

"运行"视图是 Controller 中的场景运行视图，其工作界面如图 11-8 所示。

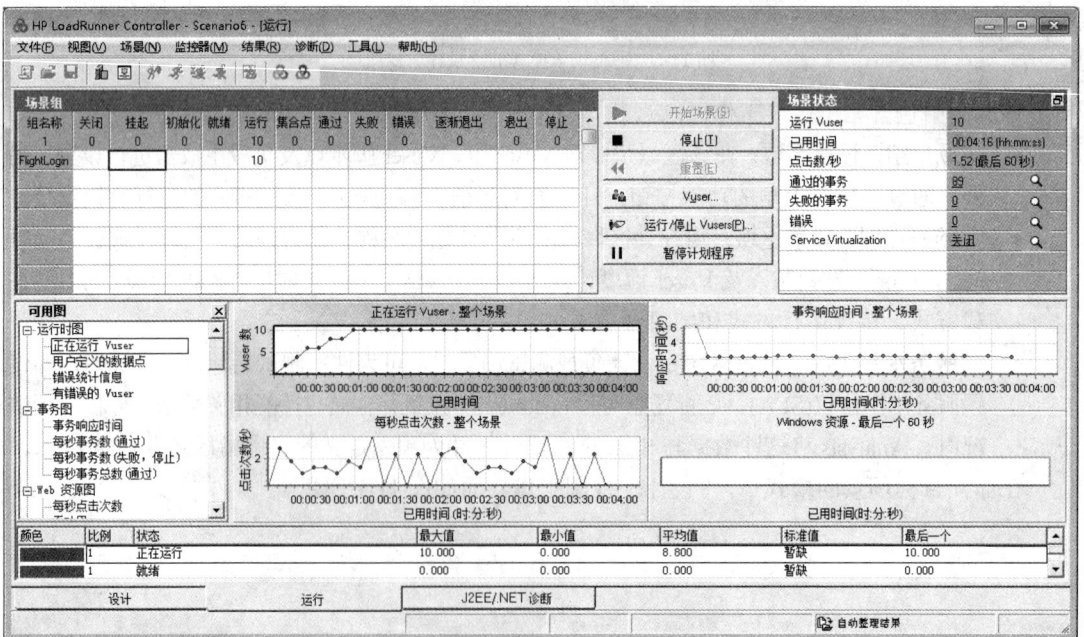

图 11-8　Controller 的运行视图

该视图包含 5 个主要区域：

- **"场景组"区域**：该区域显示场景组内 Vuser 的状态。通过使用该区域右侧的功能按钮可控制场景的运行以及查看各个 Vuser 的运行情况等。
- **"场景状态"区域**：该区域显示并发性测试的概要信息，包括场景状态、正在运行的 Vuser 数量、每秒点击数、事务的通过情况、场景错误等信息。
- **"可用图"区域**：该区域列出 Loadrunner 能提供的数据分析图，数据分析图中记录着性能指标的走势曲线。其中，蓝色是当前包含数据的分析图，黑色是暂时没有数据的分析图。
- **查图区域**：该区域可以显示数据分析图的详细指标数据，可通过鼠标双击或者拖曳方式将"可用图"区域的数据分析图的详细信息显示在该区域。
- **图例**：该区域显示所选数据分析图中性能指标的详细数据。

11.2　场景设计

本节主要介绍测试场景设计中常用的配置与技术，包括：配置脚本和运行时设置，配置场景计划，配置负载生成器，集合点运行设置以及 IP 欺骗技术。

11.2.1　配置脚本和运行时设置

在场景设计界面，Vuser 脚本加载后，用户可对已加载的脚本及相应的运行时参数进行编辑。有两种操作方法，具体如下：

(1) 直接通过"场景组"设置区域(面向目标场景设计方式中称为"场景脚本"设置区域)的"查看脚本"和"运行时设置"功能按钮来实现编辑操作。

(2) 通过测试脚本的功能菜单来实现编辑操作。具体操作是：在"场景组"设置区域，选中要编辑的脚本，单击右键，弹出与测试脚本相关的功能菜单，如图 11-9 所示。

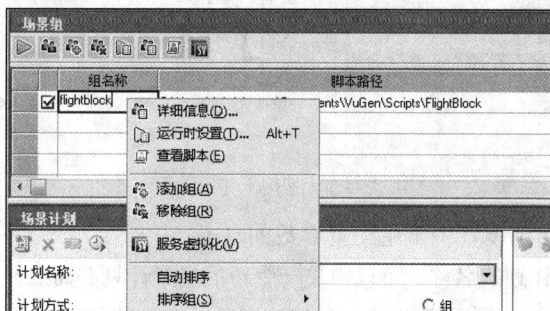

图 11-9　测试脚本操作菜单

如图 11-9 所示，选择"查看脚本"命令，则 Loadrunner 自动启动 VuGen 的脚本编辑界面，可在其上查看和修改脚本。需要注意，脚本修改后，一定要在 Controller 中重新加载该脚本，才能确保场景执行中的脚本是修改后的脚本。

如图 11-9 所示，选择"运行时设置"命令，Loadrunner 会弹出该脚本的"运行逻辑"界面，如图 11-10 所示。该界面的设置参数在前面 10.3 节中详细介绍过，这里不再赘述。

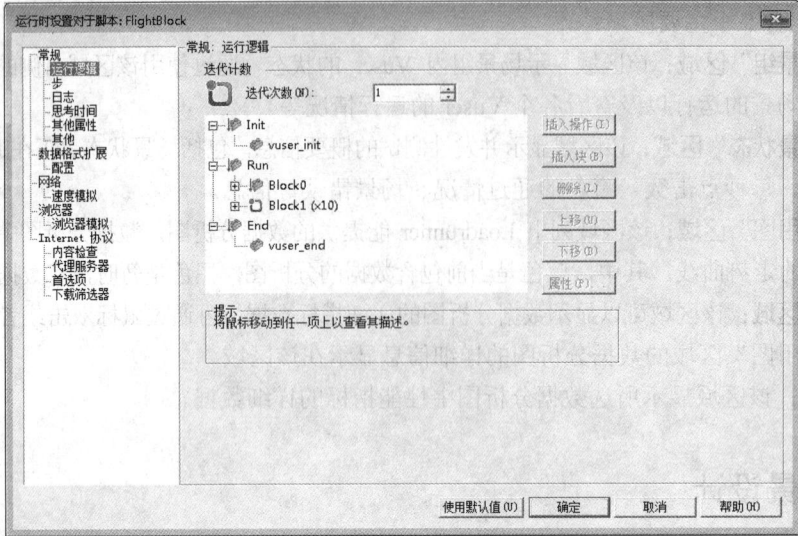

图 11-10 脚本的"运行逻辑"界面

11.2.2 手动场景计划配置

在信息软件系统实际使用过程中，用户对系统的访问具有一定的规律。为更好地模拟真实用户对信息软件系统的访问，在场景中需要对 Vuser 的调度计划进行设置。在手动场景设计界面中，通过设置场景计划的相关配置项来实现对 Vuser 的调度计划进行配置，如图 11-11 所示。

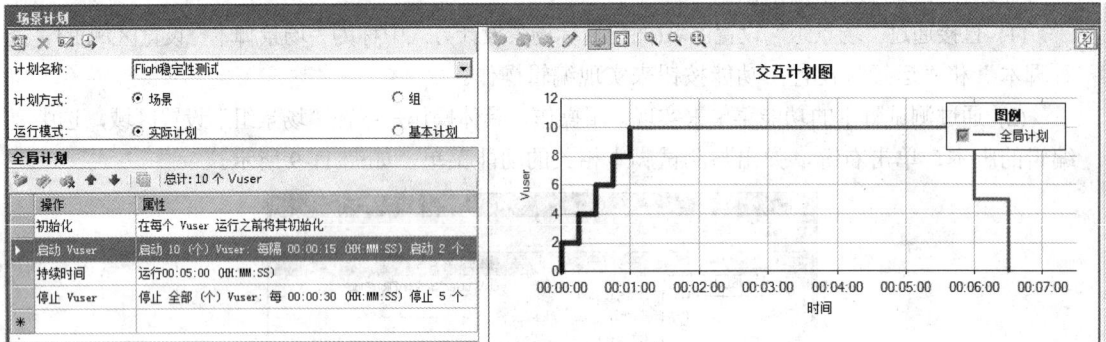

图 11-11 手动场景计划界面

下面详细介绍场景计划设置中常用配置参数的含义：

* **计划名称**：场景计划的名称。可以定义一个新的场景计划并命名，还可以对已有的场景计划进行删除和修改。场景计划的命名应该遵循一定的规则，应该能够反映场景的动作。
* **运行模式**：场景计划的运行模式有两个可选项："实际计划"和"基本计划"，默认选项是"实际计划"。"基本计划"启用后，可在"全局计划"中将用户组脚本的持续运行时间设置为"无限期运行"，如图 11-12 所示。"基本计划"运行模式是 Loadrunner 旧版本中的运行模式，通过一定的配置也可以取得与实际计划运行模式相近的效果。
* **场景启动时间**：场景开始时间。可通过单击 按钮打开"场景启动时间"配置界面，如图 11-13 所示，场景启动时间设置包含三种方式。

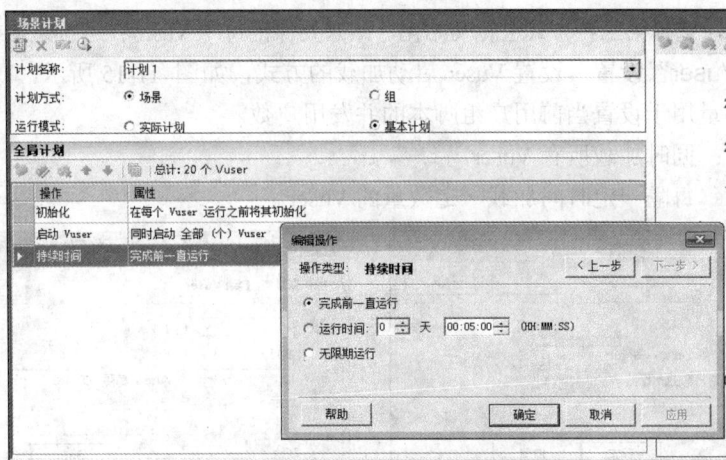

图 11-12　设置运行模式

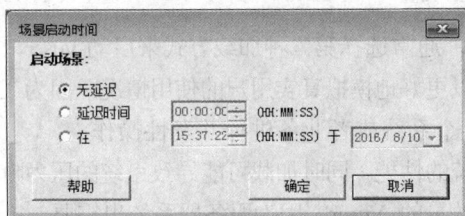

图 11-13　"场景启动时间"设置界面

启动方式一：单击"运行场景"按钮后，场景立即开始，没有延误时间。

启动方式二：单击"运行场景"按钮后，推迟指定的时间后才开始运行。

启动方式三：单击"运行场景"按钮后，在指定的时间开始运行。假设测试组要求在凌晨开始执行场景，可通过该选项来设置在指定的时间运行场景。

- **计划方式**：场景计划分为两种方式："场景"和"组"。"场景"是指所有用户组脚本都按同一个 Vuser 调度计划来运行；"组"是指不同的用户组脚本可分别设置为不同的 Vuser 调度计划。例如定义两个用户组分别添加注册业务和登录业务脚本，若选择"场景"，则只需要为两个用户组脚本设置一个 Vuser 调度计划即可，即它们都按同一个 Vuser 调度计划来调度 Vuser；若选择"组"，则需要分别为两个用户组脚本设置计划，比如可设置为注册业务脚本执行完成后才执行登录业务脚本，此时不同用户组脚本遵从各自的 Vuser 调度计划。

不同场景计划方式所对应的 Vuser 调度计划设置有一定的差异，下面分别介绍两种不同计划方式下的 Vuser 调度计划的设置项及参数。Vuser 调度计划在"全局计划"区域中设置。

1. 按场景的 Vuser 调度计划

(1) **"初始化"设置**：设置脚本运行前如何初始化每个 Vuser，如图 11-14 所示。包括三种初始化方式：

方式一：同时初始化所有 Vuser。

方法二：每隔一段时间初始化一定数量的 Vuser。

方法三：在脚本运行之前初始化所有 Vuser。

通常情况下，选择第三种方式进行初始化，即只要保证每个 Vuser 在运行之前被初始化即可。

(2)"**启动 Vuser**"**设置**：设置 Vuser 启动加载的方式，如图 11-15 所示。

"启动"数量用于设置当前用户组脚本的并发用户数。

加载方式一：同时加载所有 Vuser。

加载方式二：每隔一定时间加载一定数量的 Vuser。

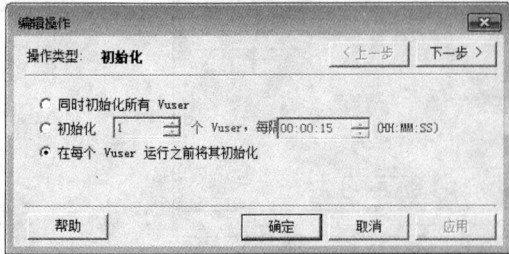

图 11-14　"初始化"设置

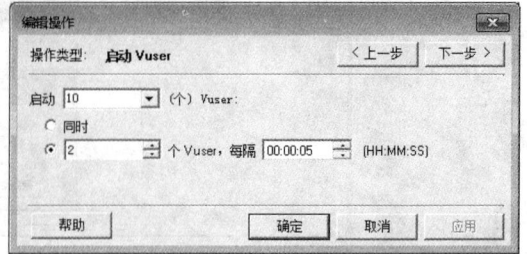

图 11-15　"启动 Vuser"设置

在实际性能测试过程中，通常选择第二种加载方式来启动 Vuser，主要有以下两方面的原因：

第一：为了保证场景可以更好地模拟真实用户的使用情况。因为在实际使用过程中，基本上不可能出现所有用户同时对某个系统或者业务进行并发性操作。

第二：不能真实反映系统的性能。同时加载可能导致系统的压力瞬间加大而出现瓶颈，但这不一定说明系统无法支持这些数量的 Vuser。因为服务器系统也需要一定时间的适应期，所以一般情况下选择每隔一段时间启动一定数量的 Vuser。

(3)"**持续时间**"**设置**：设置 Vuser 全部启动后场景持续运行的时间，如图 11-16 所示。

方式一：一直运行，直到所有的 Vuser 用户运行完成后，结束整个场景的运行。

方式二：设置场景持续运行时间。

在实际性能测试过程中，通常要检验系统在一定时间内的持久性能，因此使用第二种方式的情况居多。一般情况下，在进行负载压力测试时，需要测试 15~30 分钟；在稳定性测试时，则需要持续运行较长时间，常常是几天或者一周。

(4)"**停止 Vuser**"**设置**：设置场景运行结束后 Vuser 的停止释放策略，如图 11-17 所示。需要注意，只有设置了持续运行时间时才需要设置该项。

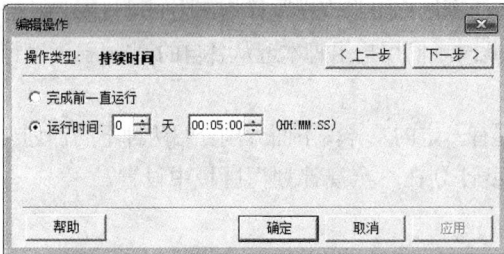

图 11-16　"持续时间"设置

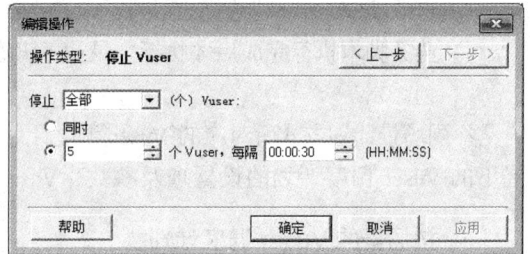

图 11-17　"停止 Vuser"设置

"停止"用户数指释放了多少 Vuser，默认值是所有 Vuser，也可以由用户自定义释放 Vuser 的数量。

释放方式一：当场景运行结束后，同时释放所有 Vuser。

释放方式二：每隔一段时间就停止一定数量的 Vuser。一般情况下，Vuser 如何启动加载就如何停止释放。

2. 按用户组的 Vuser 调度计划

相对于按场景的 Vuser 调度计划，按用户组的调度计划多出了"启动组"设置，其他三个设置项的配置参数相同。在按用户组的 Vuser 调度计划中，以用户组为单位进行计划，每个组都要单独设置自己的调度计划。按用户组的计划方式更灵活，能创建实际应用中用户组与用户组之间的约束关系，例如，注册业务用户组创建的用户可供登录业务用户组使用。下面介绍一下"启动组"设置的相关配置项，如图 11-18 所示。

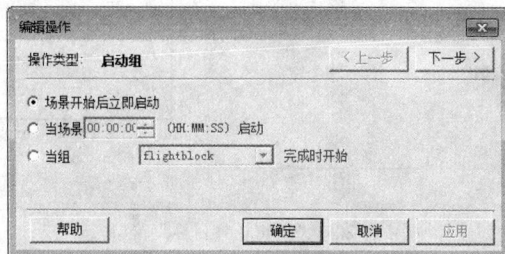

图 11-18　"启动组"设置的配置项

运行方式一：场景开始运行时立即启动该脚本。

运行方式二：场景执行一段时间后才开始运行该脚本。

运行方式三：在某个选定的用户组脚本运行结束后才开始运行该脚本。

11.2.3　面向目标场景计划配置

在面向目标场景中，首先定义测试需要达到的目标，然后 Controller 会根据这一目标自动创建场景。在面向目标的场景设计界面中，在"场景目标"区域中可查看和编辑测试场景目标，如图 11-19 所示。

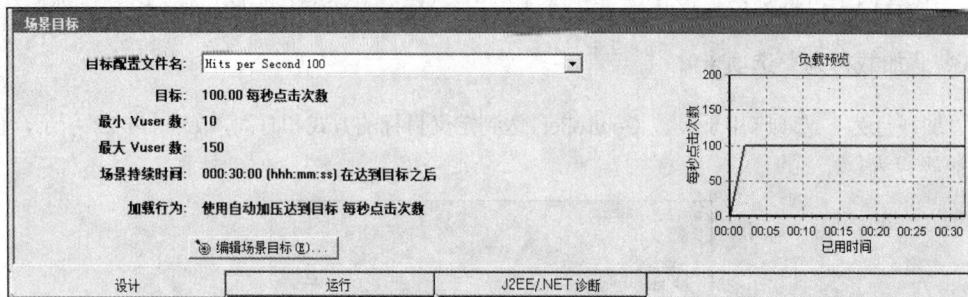

图 11-19　"场景目标"区域

单击"编辑场景目标"按钮，进入"编辑场景目标"界面，如图 11-20 所示，共包含五种目标类型("虚拟用户数"、"每秒点击次数"、"每秒事务数"、"事务响应时间"、"每分钟页数")。下面以"每秒点击次数"目标类型为例，详细介绍各配置项的参数。

1. 目标配置文件

在该区域可管理场景目标的配置文件，包括新建文件、重命名文件和删除文件，如图 11-21 所示。另外，该区域还包含"场景开始时间"设置，该设置项与手动场景模式的"场景启动时间"设置项功能相同，这里不再赘述。

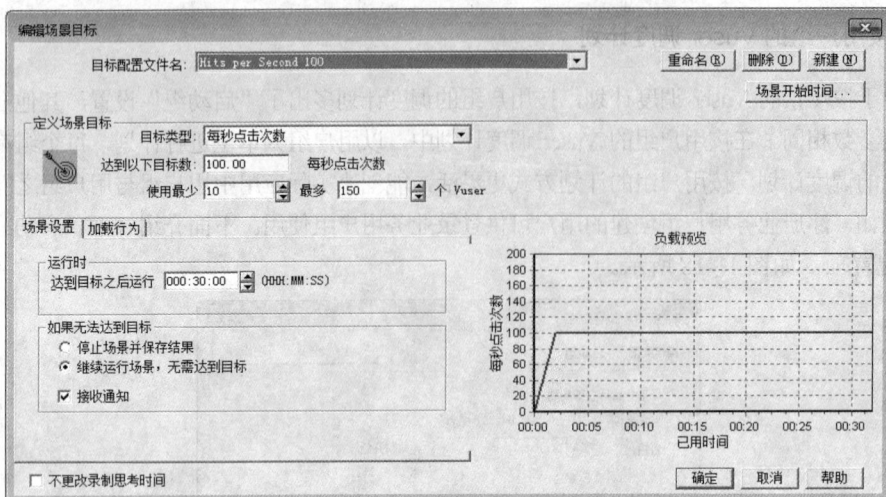

图 11-20　"编辑场景目标"窗口

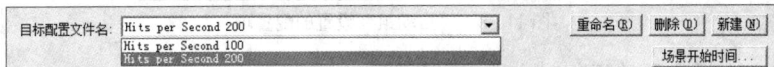

图 11-21　目标配置文件管理界面

2. "场景设置"选项卡

"场景设置"选项卡包括"运行时"设置和"如果无法达到目标"设置两部分内容。

- "运行时"设置：表示当场景运行达到目标后，该场景还会持续运行一段时间(设置的时间值)才结束运行。
- "如果无法达到目标"设置：表示如果无法达到目标，Controller 将如何处理场景。该设置包含两个可选项："停止场景并保存结果"或"继续运行场景，无需达到目标"。

3. "加载行为"选项卡

"加载行为"选项卡用于设置 Controller 达到定义目标的方式和时间，如图 11-22 所示，包含三种加载行为。

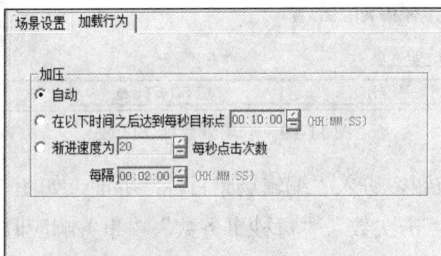

图 11-22　"加载行为"选项卡

加载行为一：Controller 按照内部默认策略来达到定义的目标。

加载行为二：Controller 需要在设定的时间达到目标。

加载行为三：Controller 每隔一段时间增加一定的目标量。

4. 目标类型

(1)"虚拟用户"目标类型

这种目标类型主要用来测试服务器对并发用户的处理能力，这种目标类型与手动场景中设置 Vuser 数相似，如图 11-23 所示。假设将虚拟用户数设置为 50 个，那么 Loadrunner 会依据"加载行为"中设置的条件逐渐增加虚拟用户，直到加载到 50 个为止。倘若在加载到 50 个 Vuser 之前系统已经出现瓶颈，例如 CPU 使用率过高，那么 Controller 会依据"如果无法达到目标"设置的策略来运行当前场景。

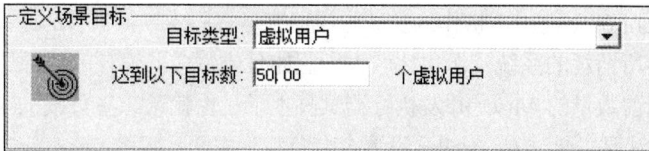

图 11-23　"虚拟用户"目标类型

(2)"每秒点击次数"目标类型

设置的目标是每秒点击数，如图 11-24 所示。该目标类型需要设置最小 Vuser 数和最大 Vuser 数。在场景运行过程中，从最小 Vuser 数开始运行，只要没有达到目标，就要增加一定量的 Vuser 数，直至增加到最大 Vuser 数。至于每次增加多少是由"加载行为"设置和 Controller 内部策略决定的，用户不需要关心。如果增加到最大 Vuser 数之后仍然无法达到目标(Controller 会使用指定的最大 Vuser 数连续执行两次)或者加载到最大 Vuser 数之前系统已经出现瓶颈，则会依据"如果无法到达目标"设置的策略来运行当前场景。

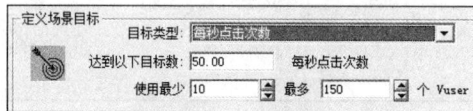

图 11-24　"每秒点击次数"目标类型

(3) 其他几种目标类型

"每秒事务数"、"事务响应时间"、"每分钟页数"目标类型的配置项与"每秒点击次数"目标的配置项以及运行原理基本相似，这里不再一一介绍。需要注意，"每秒事务数"、"事务响应时间"目标类型对应的脚本中一定要定义事务，否则"事务名"栏为空白，如图 11-25 所示。

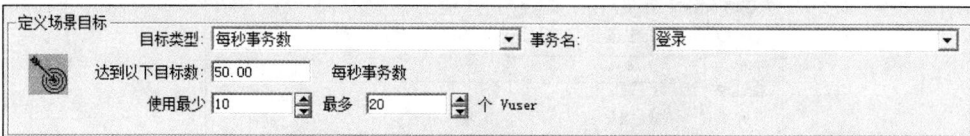

图 11-25　"每秒事务数"目标类型

在以下情况下，"每秒点击次数"、"每秒事务数"、"每分钟页数"目标类型的场景运行结果会被置为失败状态。

(1) Controller 两次使用指定的最大 Vuser 数均未达到目标。

(2) 第一批 Vuser 运行后，目标指标数值为 0。

(3) Controller 运行几批 Vuser 后，目标指标数值未增加。

(4) 所有 Vuser 都运行失败。

11.2.4 配置负载生成器

负载生成器(Load Generator,简称 LG)是指可独立部署并运行测试脚本的计算机,负载生成器也称为负载机。作为负载机的计算机必须安装负载生成器组件,否则 Controller 无法与其通信,默认情况下,安装 Loadrunner 的过程中会自动安装负载生成器组件,当然也可在负载机上单独安装该组件。在场景执行过程中,Controller 会依据场景设计方案向每台负载机发送配置参数和执行命令,Controller 可为每台负载机分配多个测试脚本和 Vuser。

默认情况下,Controller 使用本机作为负载生成器来运行脚本,如果 Vuser 数量比较大,那么负载生成器执行过程中所消耗的系统资源也比较大。假如负载生成器消耗的资源达到了一定的阈值,它可能就无法支持当前数量的 Vuser 并发执行测试脚本了,也就意味着负载机出现了瓶颈,导致测试无法进行。解决办法是,通过 Controller 设置多台负载生成器,并将 Vuser 分配在多台负载生成器上。另外,在实际测试过程中,为防止互相影响,Controller 和负载生成器一般不会部署在同一台计算机上。

下面详细介绍负载生成器的配置过程。

1. 添加负载生成器

(1) 在场景设计界面,打开 Load Generator 下拉框,如图 11-26 所示。

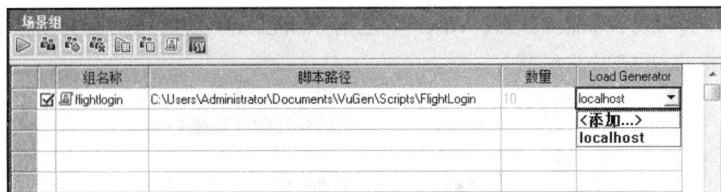

图 11-26　Load Generator 下拉框

(2) 在图 11-26 所示的界面中,单击"添加"按钮,弹出负载生成器创建界面,如图 11-27 所示,输入要添加负载生成器的名称、运行平台、测试数据的临时保存目录等信息,然后单击"确定"按钮,负载生成器创建完毕。其中,负载生成器名称可使用负载机的计算机名称、IP 地址来标识;运行平台可选 Windows 和 Linux。

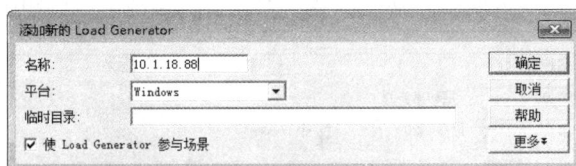

图 11-27　负载生成器创建界面

2. 为用户组分配多个负载生成器

如果用户组的 Vuser 数比较大,那么可能需要多台负载生成器来一起承担这些 Vuser 的运行。在 11.2 节中,我们了解到手动场景模式包含用户组模式和百分比模式,默认情况下使用用户组模式。Controller 中有这样的规定:只能在百分比模式下才可以为某个用户组脚本添加多台负载生成器,而在用户组模式下只能为用户组脚本添加一台负载生成器。因此,如果想要添加多台负载生成器,需要在两种模式下进行切换，具体操作如下：

(1) 选择菜单"场景"|"将场景转换为百分比模式"命令，即可将当前场景由用户组模式转换为百分比模式。

(2) 在百分比模式下，打开 Load Generator 下拉框，弹出负载生成器添加界面，如图 11-28 所示。

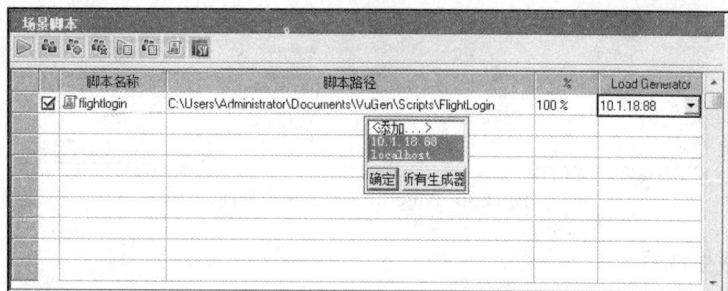

图 11-28　百分比模式下的负载生成器添加界面

(3) 在如图 11-28 所示的页面中，选择要添加的负载生成器，单击"确定"按钮，即可完成多个负载生成器的添加，如图 11-29 所示。

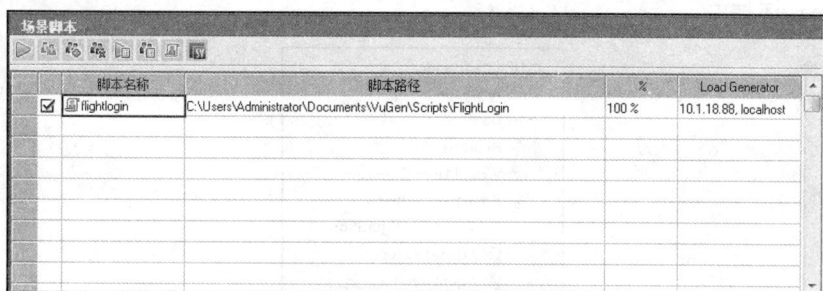

图 11-29　添加多个负载生成器

另外，还可通过选择菜单"场景"|"将场景转换为 Vuser 组模式"命令，将当前场景切换为 Vuser 模式。

3．负载均衡

如果添加多台负载生成器来执行测试脚本，需要保证负载均衡，即多个负载生成器均分并发 Vuser 数，否则可能造成某些分配 Vuser 数较多的负载生成器系统出现瓶颈。例如，在测试过程中使用 2 台计算机作为负载生成器，Vuser 数为 1000 个，如果负载分配不均衡，一台计算机分配了 900 个 Vuser，另一台分配了 100 个，那么在执行过程中，分配 900 个 Vuser 的负载机的硬件资源可能被耗尽，导致测试失败。

在 Loadrunner 中，Controller 会自动为每个负载生成器分配 Vuser 数。有时，由于某些原因会出现负载不均衡的情况，如频繁修改 Vuser 数。下面介绍如何查看和纠正负载均衡问题，具体操作如下：

在 Controller 的"运行"视图中，单击 Vuser 按钮，进入 Vuser 详细信息配置界面，如图 11-30 所示。在该界面，通过查看 Load Generator 列可检查负载是否均衡。例如，假设有两台负载机，10 个 Vuser，那么分配给每台负载机 5 个 Vuser 才算是负载均衡。倘若检查到存在不均衡的问题，可通过 Load Generator 下拉框的选项来重新分配负载机，直至负载均衡。

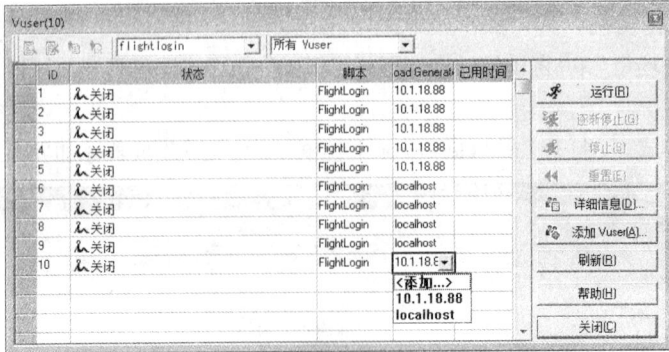

图 11-30 Vuser 详细信息配置界面

4. 连接负载生成器

在 Loadrunner 中,场景运行的原理是 Controller 通过代理程序控制负载生成器运行,因此,首先需要在负载生成器上启动代理程序,否则 Controller 与负载生成器无法连接通信。Loadrunner 代理程序名为 Agent Process,在"开始"菜单中,可在 Loadrunner 下的 Advanced Settings 目录下打开该程序,如图 11-31 所示。

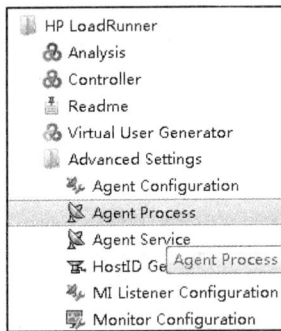

图 11-31 启动负载生成器的代理程序

11.2.5 服务水平协议设置

服务水平协议(Service Level Agreement,SLA)主要用于定义性能测试场景的具体目标。在场景运行过程中,Loadrunner 会收集和存储性能相关数据与已定义的目标值进行比较,从而可以确定目标的 SLA 状态(通过或失败)。例如,定义某个事务的平均响应时间阈值是 3 秒,那么运行结束后 Loadrunner 会将实际运行的响应时间与目标值进行比较。如果低于 3 秒,则 SLA 状态为通过,否则,SLA 状态是失败。

根据定义的目标,Loadrunner 将以下列某种方式来确定 SLA 状态:

(1) **通过时间线中的时间间隔确定 SLA 状态**。在运行过程中,Analysis 按照时间线上的预设时间(例如,每 5 秒钟)显示 SLA 状态。

(2) **通过整个运行确定 SLA 状态**。Analysis 为整个场景运行显示一个 SLA 状态。可在 Controller 中运行场景之前定义 SLA,也可以稍后在 Analysis 中定义 SLA。

下面简要介绍设置 SLA 的过程。

1. 打开"服务水平协议"向导

单击"服务水平协议"区域中的"新建"按钮，弹出"服务水平协议"功能项介绍界面，如图 11-32 所示。

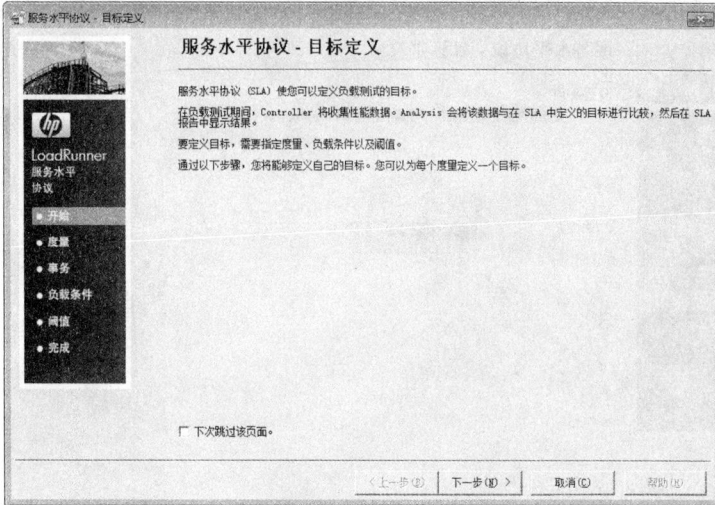

图 11-32　服务水平协议功能项介绍界面

注意，初次打开"服务水平协议"向导时，将显示功能项介绍页面，如果在下次运行时不希望显示该页面，请选择"下次跳过该页面"选项。

2. "服务水平协议"指标选择

单击"下一步"按钮，可进入指标选择界面，如图 11-33 所示，该工具提供了 6 种 SLA 指标，包括"事务响应时间"、"每秒错误数"、"总点击数"、"每秒平均点击次数"、"总吞吐量(字节)"和"平均吞吐量(字节/秒)"。用户可根据测试需要选择要设置目标值的指标项，这里以"每秒总点击数"为例，来进行目标值的设置。

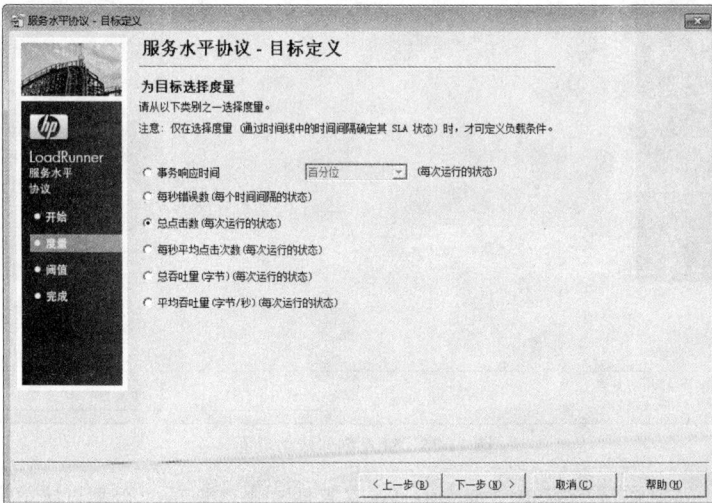

图 11-33　度量指标选择界面

3. 设置阈值

单击"下一步"按钮，进入设置阈值界面，如图 11-34 所示，由于各个目标指标的含义不同，所以它们的阈值设置界面也不同。这里仍以"每秒总点击次数"目标为例进行阈值的设置。

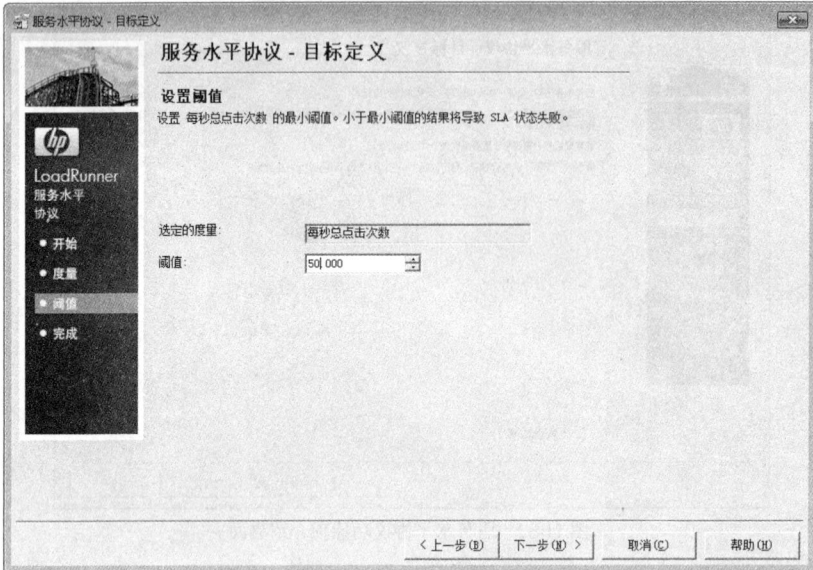

图 11-34　指标阈值设置界面

4. 结束设置

单击·"下一步"按钮，目标创建完成，如图 11-35 所示。

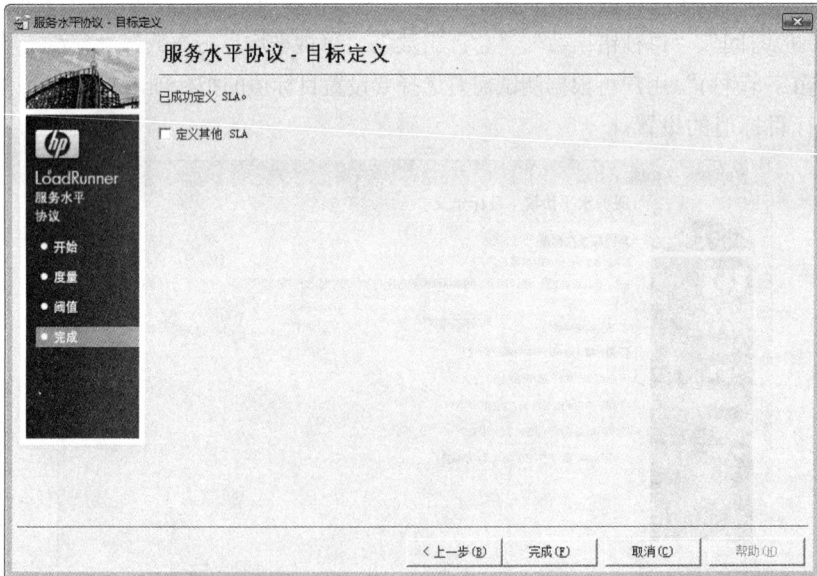

图 11-35　SLA 创建成功界面

如果还要继续创建 SLA 目标值，则选中"定义其他 SLA"选项，否则直接单击"完成"按钮。创建成功后，在"服务水平协议"区域会出现"服务水平协议"指标列表，如图 11-36 所示。

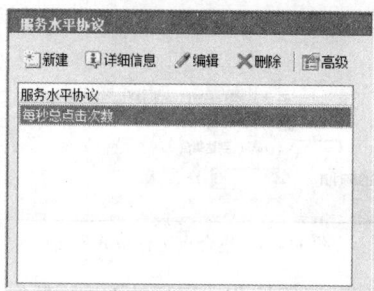

图 11-36　"服务水平协议"创建结果

11.2.6　集合点运行设置

10.6 一节详细介绍了集合点技术的原理、应用背景以及在 VuGen 中的相关操作。当我们把含有集合点函数的测试脚本加载到 Controller 后，还应该在 Controller 中对集合点的运行策略进行配置，以便使并发的 Vuser 可按一定的运行策略"集合"和"释放"，使脚本的运行更加合理。下面具体介绍集合点运行设置的相关操作。

通过选择菜单"场景"|"集合"命令可打开集合点设置界面，如图 11-37 所示。这里要注意，进行集合点运行设置的测试脚本中一定要包含集合点函数，否则菜单"场景"|"集合"项是不可选的。

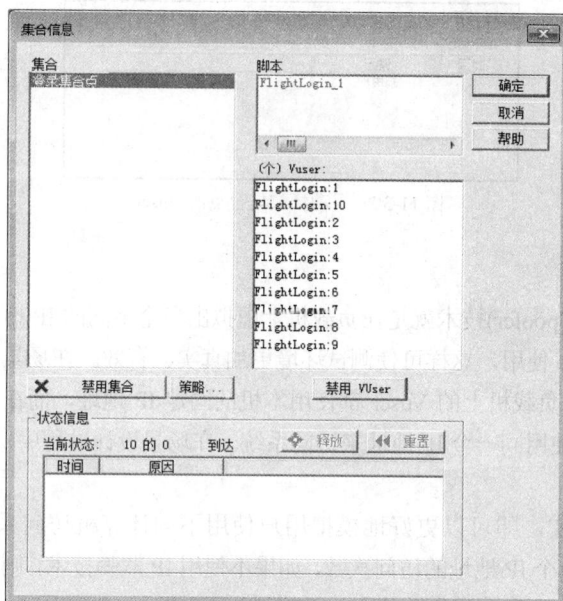

图 11-37　集合点设置界面

下面介绍集合点设置界面中主要对象的含义：

- **集合**：显示脚本中所含的集合点。可通过"禁用集合点"、"启用集合点"按钮来启用和禁用当前选择的集合点。
- **Vuser**：设置单个 Vuser 是否启用集合点。可通过"禁用 Vuser"、"启用 Vuser"按钮为单个 Vuser 启用或禁用当前选择的集合点。
- **策略**：设置集合点的运行策略。单击该按钮后，弹出集合点运行策略界面，如图 11-38 所示。

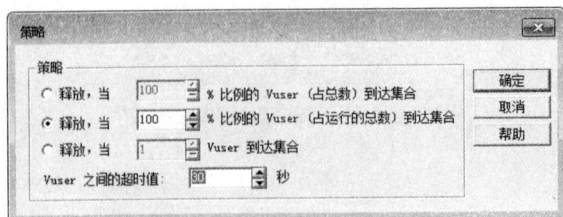

图 11-38　集合点运行策略界面

第一项：表示当所有 Vuser 数量(运行的和非运行的 Vuser 都包含在内)的 X%到达集合点时，开始释放等待的 Vuser 并继续执行场景。

第二项：表示当前正在运行 Vuser 数量的 X%到达集合点时，开始释放等待的 Vuser 并继续执行场景。

第三项：表示当 X 个用户到达集合点时，开始释放等待的 Vuser 并继续执行场景。

最后一项"Vuser 之间的超时值"是指当第一个 Vuser 到达集合点后，再等待 X 秒，如果在 X 秒内到达的 Vuser 数达到指定的数值，就继续执行场景。如果在 X 秒内还没有达到指定的 Vuser 数值，就不再等待，开始释放等待的用户并继续执行场景。

- **释放**：在脚本运行过程中，可通过"释放"按钮手动释放等待的 Vuser，使其继续执行场景。当有 Vuser 在集合点等待时，"释放"按钮变为可用状态，如图 11-39 所示。

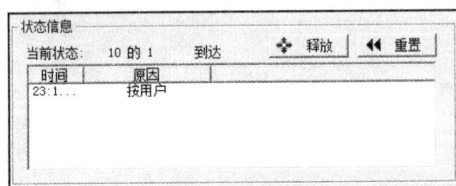

图 11-39　手动释放集合点的 Vuser

11.2.7　IP 欺骗技术

所谓的 IP 欺骗(IP Spoofer)技术就是在负载机上虚拟出多个不同的 IP 地址，然后将这些不同的地址分配给不同的 Vuser 使用，这样可使测试环境更加真实、有效。在场景执行过程中，如果不启用 IP 欺骗技术，则每个负载机上的 Vuser 都使用本机的固定 IP 地址，而在被测系统实际使用过程中，不可能所有用户都使用同一个 IP 地址来访问系统。在场景设计过程中，IP 欺骗技术的应用背景及意义如下：

(1) 使测试环境真实，即可以更好地模拟用户使用不同计算机访问系统的真实情况。

(2) 某些系统限制单个 IP 地址的访问次数，如果不使用 IP 欺骗技术，则针对该类系统的测试无法进行。例如，很多投票系统只允许某个 IP 每天投一次票。

(3) 对于安全级别比较高的信息系统，当某个 IP 地址访问量过大或者过于频繁，服务器可能会拒绝该 IP 地址的访问请求。对于这类系统，如果不使用 IP 欺骗技术，会导致测试脚本无法按照预期的流程模拟用户的操作。

(4) 对于某些信息系统，如果同一个 IP 地址多次访问服务器，服务器和路由器会对该 IP 地址的后续访问进行优化处理。

上面给出了使用 IP 欺骗技术的应用背景，测试人员可根据软件的运行要求来决定是否使用该技术以及如何使用该技术。需要注意，负载机必须使用固定 IP 地址，即不能使用 DHCP 服务器动态分配的 IP 地址，否则无法使用 IP 欺骗技术。

下面详细介绍 IP 欺骗技术的实现过程。

1. 在负载机上虚拟多个 IP 地址

在测试实践中，一般可通过两种方式在负载机上虚拟多个不同 IP 地址，一种是在本地连接中直接手动添加 IP 地址；另一种是通过 Loadrunner 自带的 IP 向导(IP Wizard)组件来批量添加 IP 地址。第一种方式的添加操作十分便捷，适合添加少量 IP 地址的情况，第二种方式适合添加数量较多 IP 地址的情况。下面具体介绍这两种方式的具体操作。

1) 在本地连接中手动添加 IP 地址

该方式的添加操作比较简单，以 Win7 系统为例，首先单击"本地连接"|"属性"|"Internet 协议版本 4(TCP/IPv4)"|"属性"，即可进入本机网络地址信息配置界面，如图 11-40 所示。

然后，在网络地址信息配置界面单击"高级"按钮，进入高级网络地址信息设置界面，如图 11-41 所示。

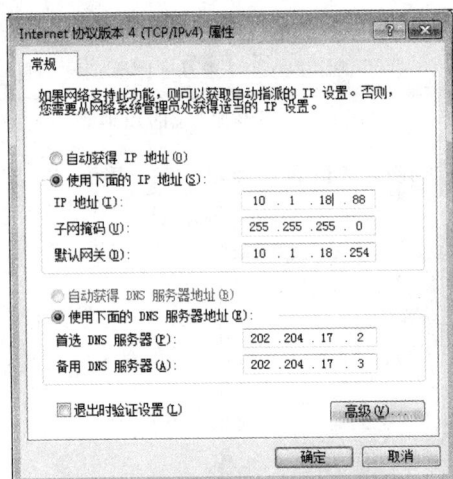

图 11-40　网络地址信息配置界面　　　图 11-41　高级网络地址信息配置界面

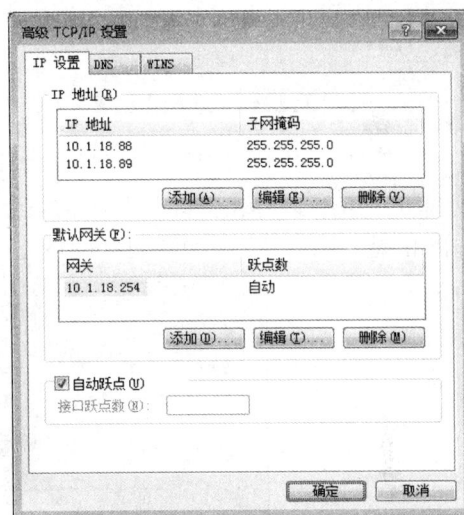

接着，通过"IP 地址"区域下的"添加"按钮可实现新 IP 地址的添加。

最后，通过重启本地连接(可先禁用再启用)来使新添加的 IP 地址生效。通过网络命令 IPconfig /all 可查看该 IP 地址是否生效，如图 11-42 所示。

2) 通过"IP 向导"批量添加 IP 地址

(1) 选择"开始"菜单|"所有程序"| HP Software | HP Loadrunner | Tools | IP Wizard 命令，弹出 IP 向导配置窗口，如图 11-43 所示。

(2) 在 IP 向导配置窗口，如果有已经创建好的 IP 向导配置文件(.ips 格式)，可通过"从文件中加载原有设置"选项导入配置文件，否则选择"创建新设置"选项，即创建一个新的配置。这里选择"创建新设置"选项，单击"下一步"按钮，在弹出的对话框中设置服务器的 IP 地址，如图 11-44 所示。如果计算机中安装了多个网卡，那么先要选择用于这些 IP 地址的网卡，然后设置服务器的 IP 地址。

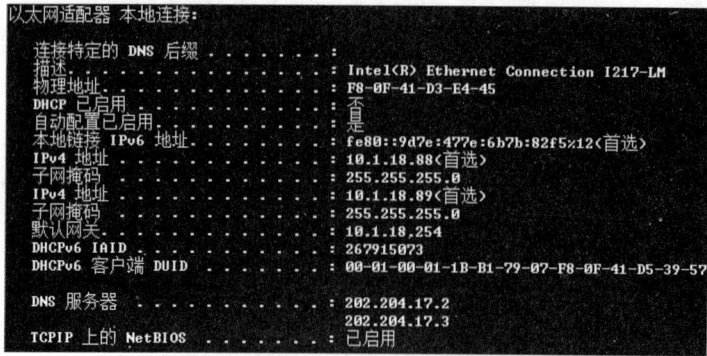

图 11-42 通过 IPconfig 命令查看网络地址信息

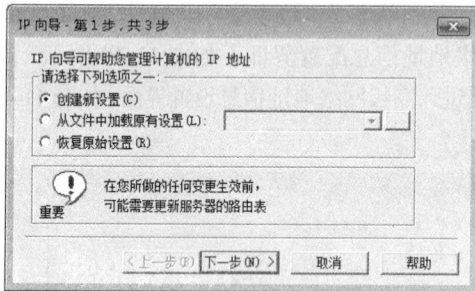

图 11-43 IP 向导配置窗口

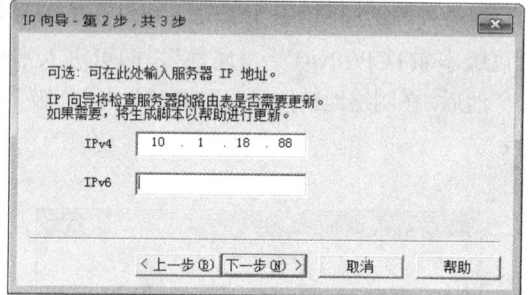

图 11-44 设置服务器的 IP 地址

(3) 单击"下一步"按钮，在弹出的界面上可以看到该计算机的 IP 地址列表。单击"添加"按钮，弹出 IP 地址添加界面，如图 11-45 所示。

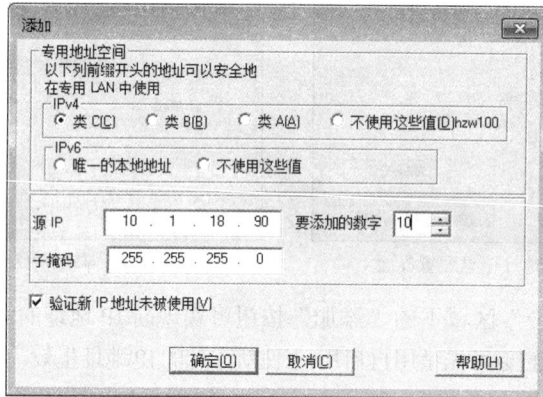

图 11-45 IP 地址添加界面

(4) 在 IP 地址添加界面中，选择负载机的 IP 地址类型，并指定要创建的 IP 地址范围。本实例中选择 C 类地址，IP 地址范围为 10.1.18.90~10.1.18.99。这里说明一下，A 类、B 类和 C 类地址只影响子网掩码，对应的掩码分别是 255.0.0.0、255.255.0.0 和 255.255.255.0，并不限制源 IP 地址。

"验证新 IP 地址未被使用"默认启用，该选项意味着 IP 向导对新添加的 IP 地址进行检查，即检查新添加的 IP 地址在同一网段中是否已被使用。如果 IP 已经被使用，那么这些 IP 地址将不会被添加进来，只有未被使用的 IP 地址才会被添加进来。单击"确定"按钮后即可进入 IP 地址检查环节。

(5) IP 地址添加完毕后，IP 向导会显示出 IP 地址变更统计界面，如图 11-46 所示。在该界面中，可通过"另存为"按钮将此次添加的 IP 地址保存为.ips 格式的配置文件，如果下次还要添加该范围的 IP 地址，可直接加载此配置文件。

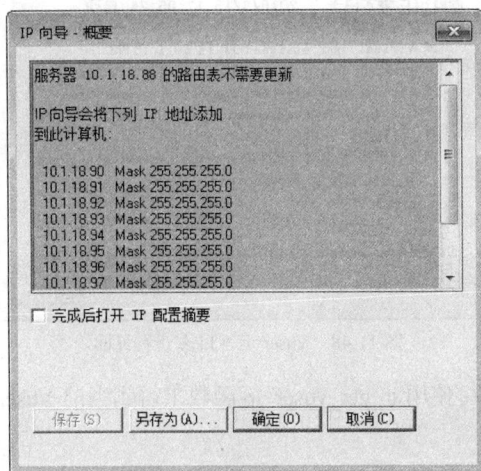

图 11-46　IP 地址变更统计界面

　　IP 地址添加完成后，也可通过 IPconfig /all 命令查看 IP 地址添加是否成功。

　　另外，如果添加的 IP 地址不在负载机所属的网段，会导致使用这些 IP 地址的 Vuser 无法收到服务器的响应报文。例如，假设负载机固定 IP 地址为 10.1.18.88，添加的 IP 地址为 192.168.1.1~192.168.1.10，服务器的 IP 地址为 10.1.20.100。当服务器向 IP 地址为 192.168.1.1 的机器发送响应报文时，由于 192.168.1.1 不属于 10.1.18.0 网段，因此该报文不会通过路由器转发到 IP 地址是 10.1.18.88 的负载机上。解决办法是在 10.1.18.0 网段出去的路由器上添加如下一条路由：

　　Route add 192.168.1.0 mask 255.255.255.0 10.1.18.88

　　此路由的含义为：目的网络号是 192.168.1.0 的报文转发到 IP 地址为 10.1.18.88 的计算机上。

2. 在 Controller 中启用 IP 欺骗

　　完成虚拟 IP 地址的创建后，必须在 Controller 中启用 IP 欺骗，具体操作是选择"场景"|"启用 IP 欺骗器"命令。启用 IP 欺骗后，在 Controller 的下方区域可看到"IP 欺骗器"标记，如图 11-47 所示。

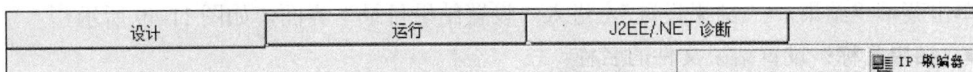

图 11-47　"IP 欺骗器"标记

　　至此，IP 欺骗技术设置完毕。在场景运行过程中，可在单个 Vuser 的运行日志中查看 IP 地址的使用情况，从而判断虚拟出的 IP 地址是否被正确使用。查看单个 Vuser 的运行日志的具体操作如下：

　　(1) 在 Controller 的"运行"视图中，单击"场景组"区域的 Vuser 按钮，进入 Vuser 运行信息查看界面。

　　(2) 选中某个 Vuser 的运行记录，右击"显示 Vuser 日志"按钮，进入该 Vuser 运行日志查看界面，如图 11-48 所示。在日志查看界面上，可查看该 Vuser 使用虚拟 IP 地址的情况。

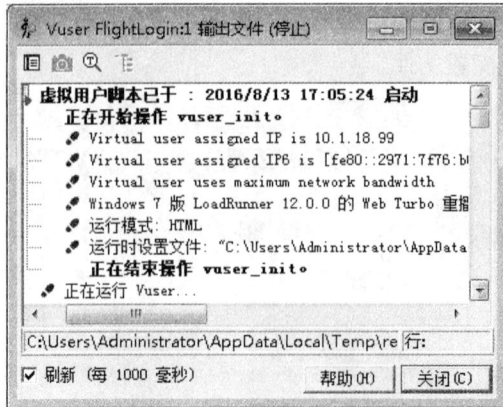

图 11-48　Vuser 运行日志查看界面

在 VuGen 脚本开放中，可使用 lr_get_vuser_ip 函数来得到当前 Vuser 的 IP 地址，在脚本中加入下面的代码即可。

```
char *ip;
ip=lr_get_vuser_ip();
if(ip)
    lr_output_message("该Vuser 使用的 IP 地址为%s",ip);
else
    lr_output_message("IP 分配失败");
```

另外，在测试结束后，最好释放负载机所添加的 IP 地址，以免影响网络其他用户的使用。在 IP 向导配置首页，如图 11-43 所示，通过选择"恢复原始设置"选项可以实现 IP 地址的释放。

11.3　场景执行

测试场景设计完毕后，就可以运行设置好的场景。由于 Controller 需要收集和保存场景运行所产生的结果数据，因此，通常情况下，测试人员首先需要对场景运行过程中结果数据的保存目录进行设置，然后运行场景。下面具体介绍场景执行的具体操作。

1. 设置结果目录

单击菜单"结果"|"结果设置"，进入"设置结果目录"界面，如图 11-49 所示。

- **结果名称**：设置结果文件的名称。
- **目录**：设置结果文件的保存目录。
- **自动为每次场景执行创建结果目录**：如果启用该选项，则每执行一次场景就生成一份结果文件，结果文件的命名方式为 res 后接一个数字序号，每执行一次序号就加 1；如果不启用该选项，则每次执行场景的结果文件会覆盖上一次执行的结果文件，结果文件名称固定不变，默认情况下是 res。
- **无需确认提示，自动覆盖现有结果目录**：如果启用该选项，那么当前执行场景的结果文件需要覆盖先前的结果文件时，不需要确认提示，直接覆盖；如果不启用该选项，则每次覆盖时，会弹出覆盖确认提示框，只有用户选择"是"之后，才会覆盖之前的结果文件。

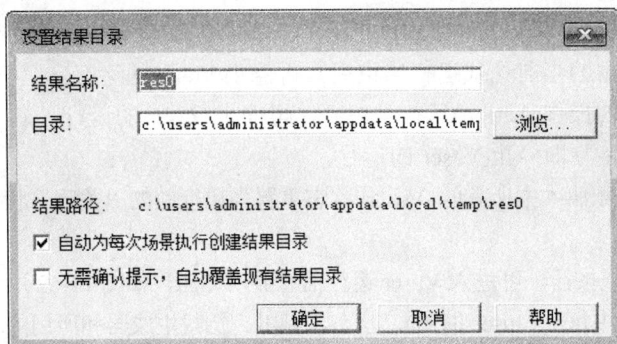

图 11-49　"设置结果目录"界面

2. 运行场景

在 Controller 的"运行"视图中，控制场景运行、停止等操作的按钮位于"场景组"区域的左侧，如图 11-50 所示。

图 11-50　场景的控制操作界面

- **开始场景**：单击该按钮，场景即开始运行。
- **停止**：在场景未开始运行时，该按钮为不可用状态。只有当场景处于运行状态时，该按钮才是可用状态。在场景运行期间，可通过单击该按钮停止运行场景。在 Controller 中，可通过相关设置来控制场景停止/运行的方式，具体操作是单击菜单"工具"|"选项"弹出"选项"对话框，打开"运行时设置"选项卡，可在"停止 Vuser 时"区域对场景停止/运行的控制方式进行设置，如图 11-51 所示。

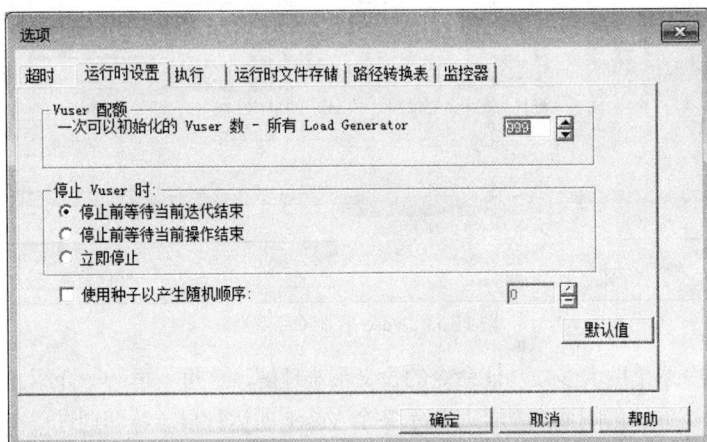

图 11-51　"选项"对话框

305

控制场景停止/运行有以下三种方式：

方式一：等待脚本的当前迭代运行结束后，再停止 Vuser 的运行。

方式二：等当前的操作(Action)运行结束后，再停止 Vuser 的运行。

方式三：不等待，立即停止 Vuser 的运行。

- **重置**：将用户组脚本中所有的 Vuser 状态重置为运行前的"关闭"状态，准备下一次场景的执行。
- Vuser：单击该按钮，可进入 Vuser 运行信息显示界面，如图 11-52 所示。在该界面中，可查看 Vuser 组中每个 Vuser 的 ID、状态、脚本、负载生成器和所用的时间，还可通过界面左侧的功能按钮对单个或多个被选中的 Vuser 进行操作。

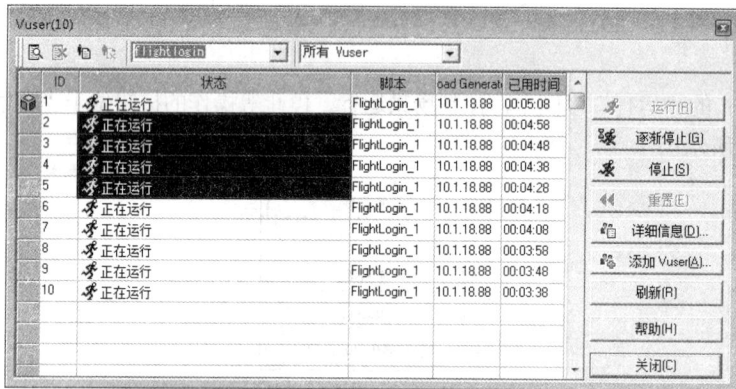

图 11-52　Vuser 运行信息显示界面

在图 11-52 所示的界面中，选中某个 Vuser，单击右键弹出 Vuser 控制命令菜单，如图 11-53 所示。

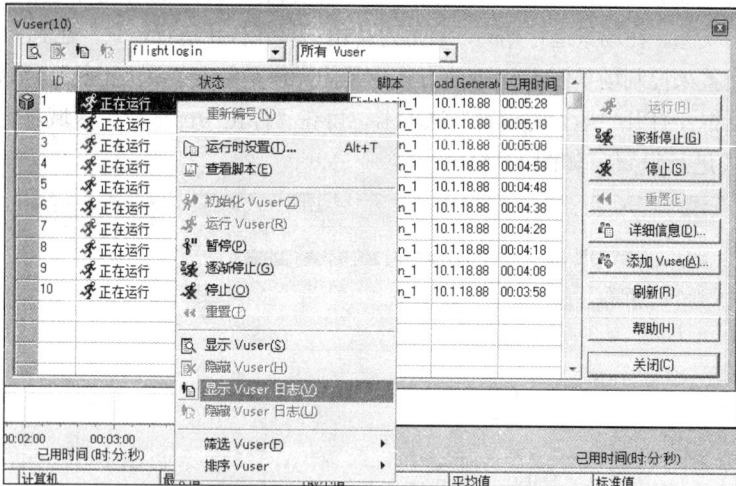

图 11-53　Vuser 控制命令菜单

Vuser 控制命令菜单中大多数功能命令的含义不难理解，这里不再一一介绍。需要强调的是，在场景执行过程中，经常的用到的功能是显示某个 Vuser 的运行日志，即通过单击"显示 Vuser 日志"按钮进入 Vuser 日志查看界面，如图 11-54 所示。

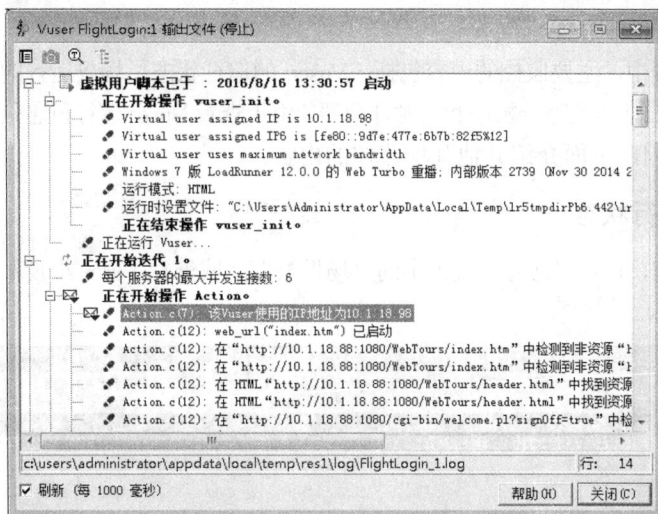

图 11-54　Vuser 日志查看界面

通过查看和分析单个 Vuser 的运行日志，可以发现测试脚本、场景设计、服务器等资源中隐藏的问题，例如，检查点查找失败、参数化取值策略错误、关联数值未找到、IP 欺骗失败、Web 服务器资源无法访问等问题都可通过日志数据分析出来。可以说，Vuser 运行日志是场景监控的一个关键点。另外，如果想在日志中查看参数变量的取值情况，需要在 VuGen 的"运行时设置"中启用"扩展日志"下的"参数替换"。

- 运行/停止 Vuser：单击该按钮，打开"运行/停止 Vuser"对话框，如图 11-55 所示。

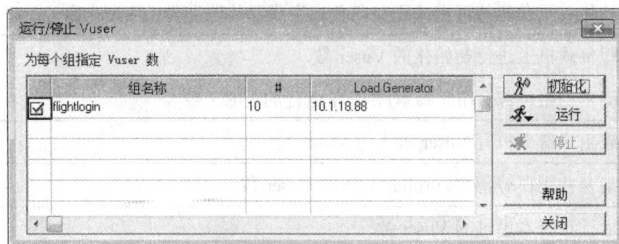

图 11-55　"运行/停止 Vuser"对话框

在该对话框中，可向 Vuser 组中添加新的 Vuser 数(用户组模式)或者新 Vuser 的百分比(百分比模式)以及设置运行这些新 Vuser 的负载生成器。如果场景正在运行，那么新增的 Vuser 会按照当前用户组已经设置好的场景计划运行。例如，如果场景设置了 5 分钟的持续运行时间，原有 Vuser 已经持续运行了 3 分钟，那么新添加的 Vuser 只需要跟随原有的 Vuser 运行 2 分钟即可。如果场景未运行或已经运行结束，则新添加的 Vuser 只需要按照用户组脚本的运行时设置来运行。

11.4　场景监控

在场景执行过程中，测试人员要监控场景的运行情况。场景执行初期尤其比较容易暴露测试脚本和场景设计中的问题，尽早发现并解决测试中存在的问题可以减少一些不必要的时间浪费。例如，如果场景要持续运行 24 小时，在场景运行结束后才发现测试脚本中犯了某些低级错误，那么本次场景运行基本上就没有任何意义了。

在场景执行过程中，主要监控的内容包括：Vuser 的运行状态、场景运行的概要信息、错误输出消息、Vuser 运行日志、数据分析图和资源计数器。由于查看 Vuser 运行日志信息的相关操作已在 11.5 节中介绍过，因此下面介绍其他几项监控的内容。

11.4.1 Vuser 运行状态

在场景执行期间，可在"运行"视图中的"场景组"区域查看 Vuser 组及单个 Vuser 的运行状态，如图 11-56 所示。

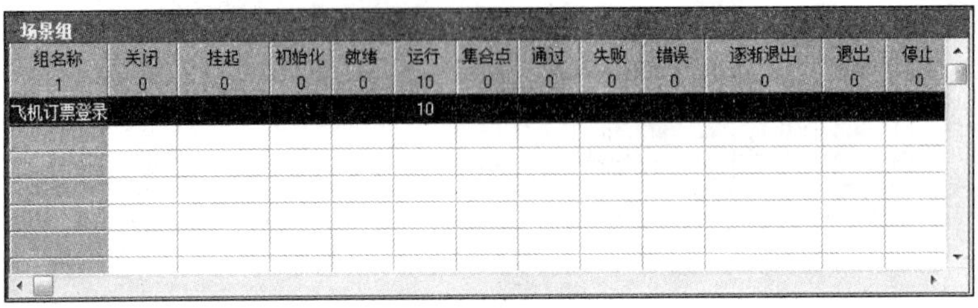

图 11-56 Vuser 的运行状态

场景组中这些状态的含义如表 11-1 所示。

表 11-1 Vuser 运行状态的含义

状态	含义
关闭	处于关闭状态的 Vuser 数
挂起	准备初始化并正在等待可用或正在向负载生成器传输文件的 Vuser 数
初始化	正在远程负载机上进行初始化的 Vuser 数
就绪	已执行脚本初始化部分(init 脚本)并准备运行的 Vuser 数
运行	正在负载生成器上执行 Vuser 脚本的 Vuser 数
集合点	已到达集合并正在等待 Controller 释放的 Vuser 数
完成/通过	已完成运行且脚本通过的 Vuser 数
完成/失败	已完成运行且脚本失败的 Vuser 数
错误	遇到问题的 Vuser 数。可通过"场景状态"区域的"错误"按钮打开输出窗口，了解完整的错误说明
逐步退出	退出前完成迭代或操作(可在场景的"运行时设置"中设置)的 Vuser 数
退出	已完成运行或已停止，且现在正在退出的 Vuser 数
停止	已停止运行的 Vuser 数

11.4.2 场景运行的概况

可在"运行"视图的"场景状态"区域中查看正在运行场景的概况，如图 11-57 所示。

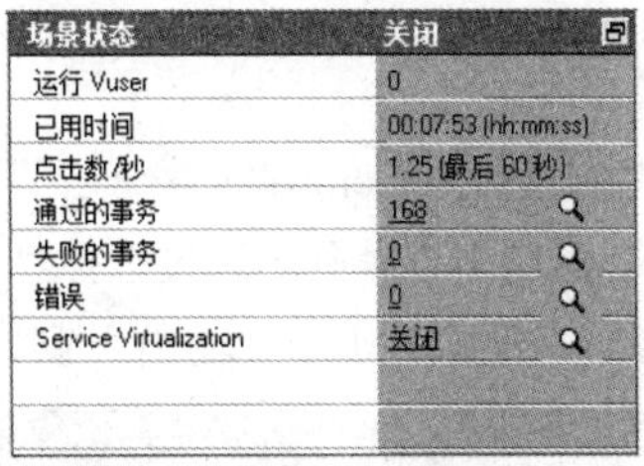

图 11-57　场景运行的概要信息

"场景状态"区域中各参数项的含义如表 11-2 所示。

表 11-2　场景运行的概要信息含义

状态	含义
场景状态	表示场景处于"正在运行"还是"关闭"状态
运行 Vuser	表示当前正在运行的 Vuser 数
已用时间	表示自场景开始运行以来已经用过的时间
点击数/秒	表示在每个 Vuser 运行期间，每秒钟向被测系统提交了多少次点击(HTTP 请求数)
通过/失败的事务数	表示自场景开始运行以来已通过/失败的事务数
错误	表示自场景开始运行以来已发生错误的 Vuser 数

可单击"场景状态"区域中"通过的事务数"或"失败的事务数"右侧的快照按钮来查看当前事务执行的详细信息，如图 11-58 所示。

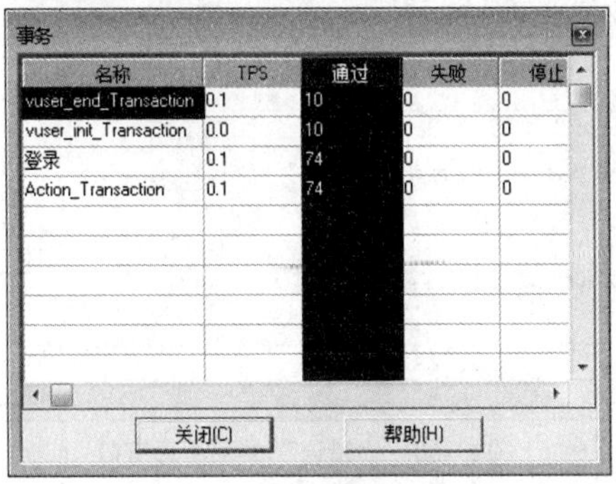

图 11-58　事务执行的详细信息

如图 11-58 所示，TPS 表示每秒的事务数，在场景执行初期，随着 Vuser 数量的增大，TPS 也应逐渐增大。通过监控事务执行的详细信息，可以估算出事务成功率(也可称为业务成功率)指标的数值，计算公式如下：

$$事务成功率=已通过的事务数/事务总数$$

事务成功率越高，说明被测系统的并发性能以及稳定性越好。在测试实践中，通常情况下，事务成功率要求在 98%以上，而对于性能要求较高的系统，事务成功率则要求达到 100%。在场景运行过程中，如果发现事务成功率过低，可立即停止场景的运行并查找系统可能存在的问题。

11.4.3　错误输出消息

在场景运行时，Vuser 和负载生成器会向 Controller 发送错误、通知、警告、调试和批处理消息，这些信息可在 Controller 的"输出"窗口中查看到。通过选择"视图"|"显示输出"或单击"场景状态"区域中"错误"右侧的快照按钮可以打开"输出"窗口，如图 11-59 所示。

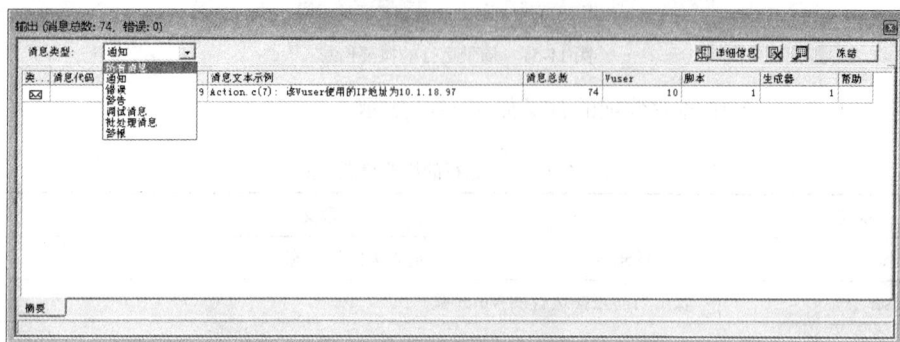

图 11-59　"输出"窗口

在"消息类型"下拉框中，可选择要显示的消息类型。在场景运行过程中，测试人员主要关注的是"错误"类型的消息，通过对错误进行分析，找到出错的原因并进行改正才能使后续场景正常运行。

在"输出"窗口，选择"错误"消息类型，可以查看当前错误消息列表，然后双击某条消息之后，"详细消息文本"区域就会显示该错误的描述信息，如图 11-60 所示。

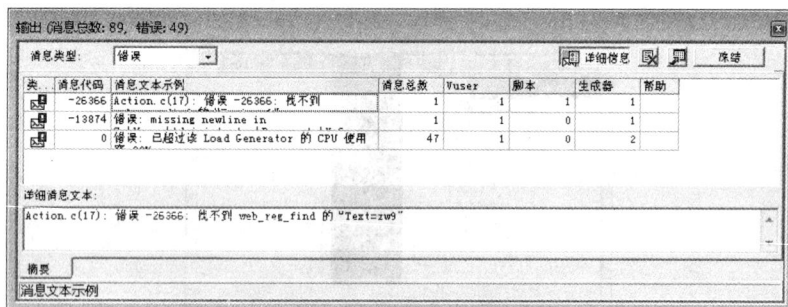

图 11-60　"错误"类型消息窗口

通过查看错误的描述信息，测试人员可判断错误发生的原因。然后单击"消息总数"列中的蓝色数字，可以查看该条错误产生的位置，如图 11-61 所示。

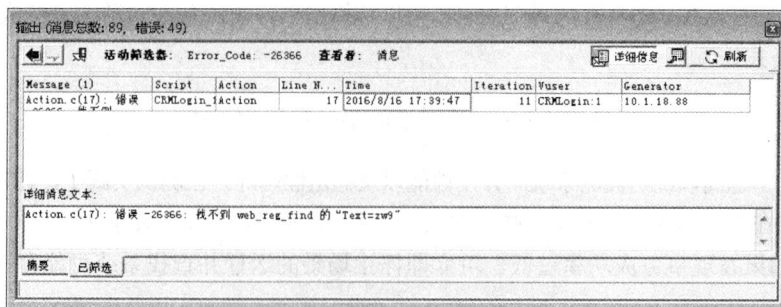

图 11-61　查看错误消息的位置信息

从上图可以看出,该错误出现在CRMLogin_1脚本的第11次迭代运行中,错误位置是脚本Action中的 17 行, Vuser 的 ID 是 1, 负载生成器 IP 为 10.1.18.88。掌握了错误的位置信息,再结合该 ID 的 Vuser 的运行日志等信息可以帮助测试人员更快、更准确地找到错误产生的原因。

11.4.4　数据分析图

在 Controller "运行"视图的"可用图"区域,用户可通过数据分析图监控某些性能指标数据的变化情况,这些指标数据经过 Controller 收集和处理后,以数据图形式显示在 Controller 中。指标数据主要来源于两个方面:一个是负载机执行时的数据,例如运行的 Vuser 数、事务响应时间、吞吐量、点击率等;另一个是服务器运行时的相关数据,包括 Web 服务器、数据库服务器的资源消耗情况。对于服务器运行指标的监控,有时候仅使用 Loadrunner 来监控是不够的,还需要借助第三方工具来辅助监控。

1. 可用监控器

Controller 中提供多种监控器,包括运行时图、事务图、Web 资源图、系统资源图、网络图、Web 服务器资源图、Web 应用服务器图、数据库服务器资源图、网络虚拟化图形、HP Service Virtualization、SiteScope 图、Flex 图、流媒体、ERP/CRM 服务器资源图、应用程序部署解决方案、中间件性能图、基础设施资源图。下面简单介绍几种常用监控器及其包含的数据分析图的用途,读者如果想了解其他监控器的用途,可参考 Loadrunner 用户指南文档中的相关介绍。

(1) 运行时图:该监控器包含正在运行 Vuser 图、用户自定义数据点图、错误信息统计图和有错误的 Vuser 图四种图。其中,正在运行 Vuser 图主要反映整个场景中 Vuser 的加载、运行和释放过程;用户自定义数据点图通过 Loadrunner 自带函数 lr_user_data_point 来绘制自己需要的图。

(2) 事务图:该监控器主要包含事务响应时间图和每秒处理的事务数图,每秒处理的事务数图又包括三种:结果为通过的事务图、失败和停止的事务图和通过的事务总数图。

(3) Web 资源图:该监控器有两个重要的数据分析图,即每秒点击次数图和吞吐量图。每秒点击次数需要与正在运行的 Vuser 数成正比,如果不成正比,说明客户端提交的申请很可能并未发送到服务器端。吞吐量图反映服务器的处理能力,它的走势通常情况下与每秒点击次数成正比。

(4) 系统资源图:该监控器主要监控 Windows 系统资源的使用情况和 UNIX 系统使用情况。在实际测试过程中,很少使用 Loadrunner 来监控 UNIX 系统资源的使用情况,通过使用第三方测试工具来监控 UNIX, 而 Loadrunner 对 Windows 资源的监控效果比较好。

(5) Web 服务器资源:该监控器用来监控场景运行期间 Apache 和 IIS 服务器的统计信息。

2. 监控视图设置

在场景运行期间,用户可以查看数据分析图指标数据的变化情况。默认情况下,显示正在运行 Vuser、事务响应时间、每秒点击次数和 Windows 资源四个数据分析图,如图 11-62 所示。

在监控过程中,如果想监控其他分析图的指标变化情况,可通过双击左侧可用图列表中的某个数据分析图来完成。另外,还可对数据分析图的显示数量进行设置,通过选择菜单"视图"|"查看图",在其子菜单中可选择或设置显示图的个数,可以选择同时显示 1 个、2 个、4 个或 8 个视图,也可在自定义数字中设置视图的数量,但自定义显示视图数量最多只能设置为 16 个,如图 11-63 所示。

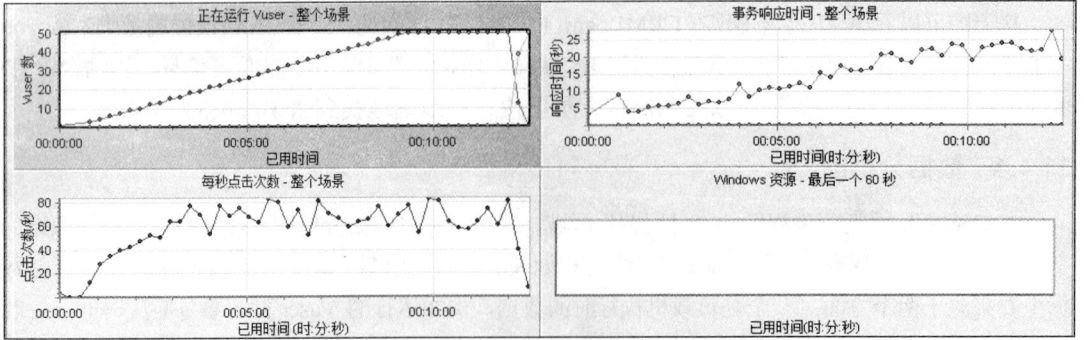

图 11-62 默认数据分析图

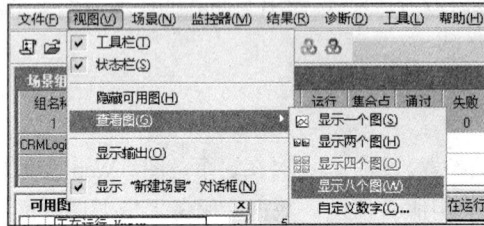

图 11-63 设置视图数量

3. 监控器设置

在菜单"工具"|"选项"的"监控器"选项卡中，可启用事务监控器，配置事务数据工作方式，还可为监控器设定数据采样率、错误处理、调试及频率，如图 11-64 所示。

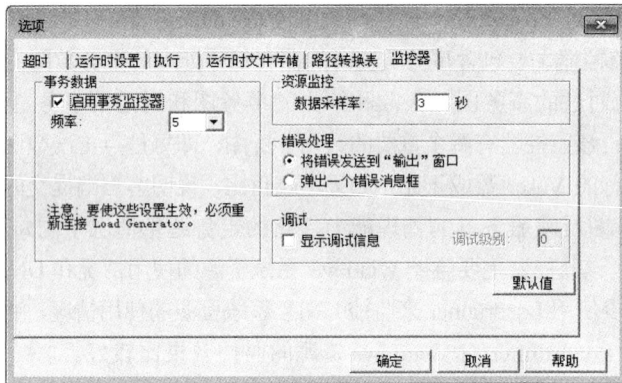

图 11-64 监控器设置

- **事务数据**：用来配置"事务""数据点""Web 资源"联机图的数据行为。需要注意，更改完设置后，必须重新连接负载机后才能生效。
- **启用事务监控器**：使联机的 Vuser 事务监控器在场景开始时监控事务。
- **频率**：用来设置联机监控器为生成"事务""数据点""Web 资源"联机图采集数据的频率，默认值为 5 秒。频率越高，网络流量越低。
- **数据采样率**：采样速率是连续采样之间的时间间隔，以秒为单位。
- **错误处理**：用来控制 LoadRunncr 发出错误消息的方式。可选择发送至"输出"窗口或弹出错误消息框中的一种。

- **将错误发送到"输出"窗口**：将执行场景过程中所有的错误发送到"输出"窗口。
- **弹出一个错误消息框**：将错误发送到消息框。

11.4.5　资源计数器

在测试场景运行过程中，测试人员需要对被测系统的各种资源使用情况进行监控，并从中分析出系统可能存在的瓶颈和问题。在 Loadrunner 中，利用各种资源计数器可监测各种资源指标的变化情况。下面介绍几种常见的资源计数器配置操作，其他计数器配置操作请参考 Loadrunner 用户指南文档。

1. 监控 Windows 系统

假如服务器采用 Windows 操作系统，那么测试人员应该对 Windows 操作系统的各项指标进行监控。一般对 Windows 操作系统的监控方法有两种：一种是使用 Loadrunner 直接监控；另一种是使用 Windows 操作系统自带的性能工具进行监控。Loadrunner 能很好地监控 Windows 操作系统，因此优先选用第一种方式。在添加 Windows 资源计数器前，需要先配置被监控主机的访问模式以及应启用的服务，保证计数器可以顺利取到数据。具体配置步骤如下：

(1) 修改被监控主机访问模式。进入"管理工具"|"本地安全策略"|"本地策略"|"安全选项"|"网络访问：本地账户的共享和安全模型"，将访问方式更改为"经典-对本地用户进行身份验证，不改变其本来身份"，如图 11-65 所示。需要注意，被监控的主机一定要设置非空的登录密码，否则控制器无法登录该主机。

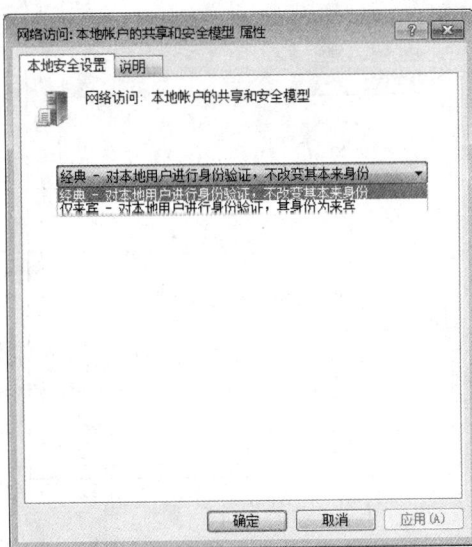

图 11-65　设置被监控主机访问模式

(2) 保证被监视系统启用以下 3 个服务：Remote Procedure Call(RPC)、Remote Registry Service 和 Remote Registry。其中，Remote Procedure Call(RPC) Locator 的登录选项中要输入当前主机账户和密码，然后重启该服务，其他服务设置不变。

注意，有时只要启用两个服务 Remote Procedure Call(RPC)和 Remote Registry 即可。

(3) 确认并打开共享文件。首先在监视的主机上右击"我的电脑"，选择"管理"|"共享文件

夹"|"共享"，这里有 C$这样一个共享文件夹。该文件可能存在，也可能不存在。若不存在，需要手动添加。然后在安装 Loadrunner 的机器上使用"运行"，在命令行中输入"\\*被监控主机 IP*\C$"，然后输入管理员用户名和密码，如果能看到被监控主机的 C 盘，就说明 Loadrunner 所在计算机具有被监控主机的管理员权限，可以使用 Loadrunner 去连接了。

完成被监控主机的配置后，就可以在控制器中添加 Windows 资源计数器了，具体步骤如下：

(1) 在"Windows 资源"中单击右键，在弹出菜单中选择"添加度量"，如图 11-66 所示。

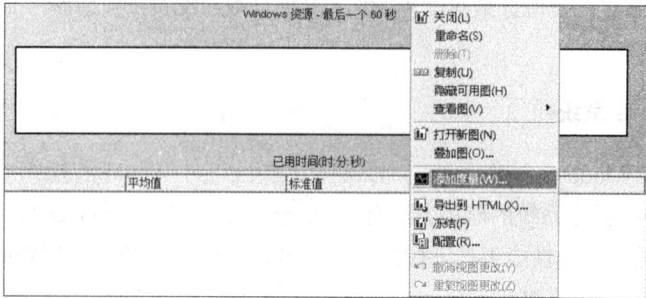

图 11-66　添加度量

弹出"Windows 资源"对话框，如图 11-67 所示。

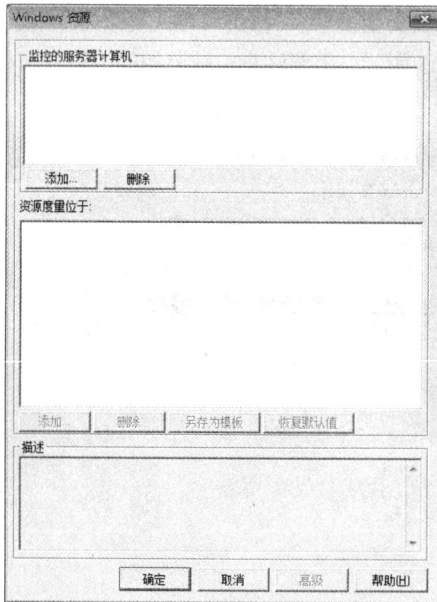

图 11-67　"Windows 资源"对话框

(2) 在该对话框中单击"添加"按钮，可添加要监控的计算机，如图 11-68 所示。在该对话框中输入要监控的计算机的名称或 IP 地址，并选择操作系统平台。

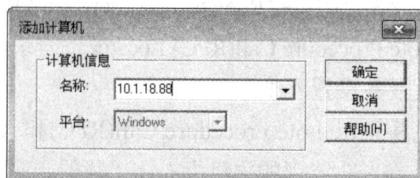

图 11-68　添加名称等信息

(3) 添加完要监控的计算机后，可选择并添加要监控的指标，具体操作如下：

a. 单击"资源度量位于"下的"添加"按钮，如果当前场景首次监控该计算机的资源，则会弹出被监控计算机的"输入登录信息"对话框，如图 11-69 所示。该对话框的密码信息不允许为空，这也是被监控计算机登录密码不允许为空的原因。

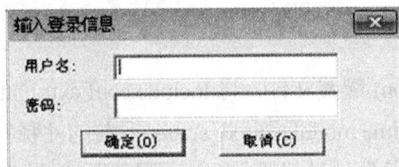

图 11-69　被监控主机的"输入登录信息"对话框

b. 在"输入登录信息"对话框中，输入被监控计算机的用户名和密码，单击"确定"按钮，弹出 Windows 资源指标选择对话框，如图 11-70 所示。

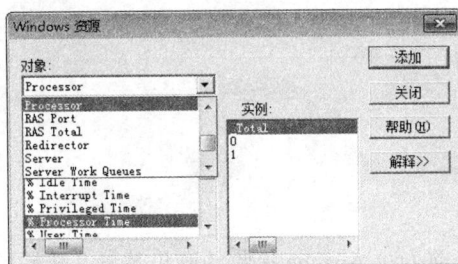

图 11-70　"Windows 资源"指标选择对话框

c. 在"Windows 资源"指标选择对话框中，可选择内存、CPU、磁盘、process、thread 等对象的相关指标，由于指标较多，可选择较常用的指标，常用指标说明如下：

分析内存时常用的计数器指标有 Memory\Available Mbyte，Memory\Pages/sec、Pages Read/sec 和 Page Faults/sec，Process\ private Bytes、Work set。

分析 CPU 时常用的计数器指标有：Processor\%Processor Time、%User Time、%Privileged Time、%DPC Time，System\Processor Queue Length。

分析磁盘时常用的计数器指标有：Physical Disk\%Disk Time、Average Disk Queue Length、Average Disk Seconds/Read 和 Average Disk Seconds/Write。

d. 添加完度量指标后，返回"Windows 资源"对话框，单击"确定"后，激活 Windows 资源监视器。Windows 资源监视器被激活后，Windows 资源图中就会出现指标数据。

2. 监控 Apache

Loadrunner 提供了对 Apache 服务器的监控方法。接下来介绍配置 Apache 资源计数器的具体操作。首先需要修改 Apache 的配置，具体做法如下：

(1) 打开 apache/conf/extra/httpd-info.conf 配置文件，将 server-status 部分的代码改为允许所有用户查看 Apache 服务器的状态信息，具体代码如下：

```
<Location /server-status>
SetHandler server-status
Order deny, allow
Deny from nothing
```

```
Allow from all
</Location>
```

然后，在该配置文件中找到 ExtendedStatus，该选项的默认值为 Off，将其值设置为 On，具体代码信息如下：

```
ExtendedStatus On
```

(2) 打开 apache/conf/httpd.conf 配置文件，将 Include conf/extra/httpd-info.conf 前的注释符号"#"去掉。将 LoadModule status_module modules/mod_status.so 前的注释符号"#"去掉，加载该模块。

(3) 重新启动 Apache，在浏览器地址栏输入 http://服务器 IP:端口号/server-status?auto，测试是否可以正确显示 Apache 服务器的动态信息，如果正确，则会在打开的页面中显示以下信息：

```
Total Accesses: 3
Total kBytes: 5
Uptime: 9
ReqPerSec: .333333
BytesPerSec: 568.889
BytesPerReq: 1706.67
BusyWorkers: 2
IdleWorkers: 62
```

这几个指标的含义如下：

- Total Accesses：到目前为止 Apache 接收的联机数量及传输的数据量。
- Total kBytes：接收的总字节数。
- Uptime：服务器运行的总时间(单位为秒)。
- ReqPerSec：平均每秒请求数。
- BytesPerSec：平均每秒发送的字节数。
- BytesPerReq：平均每个请求发送的字节数。
- BusyWorkers：正在工作数。
- IdleWorkers：空闲工作数。

BusyWorkers 与 IdleWorkers 之和为 Apache 服务器所允许的同时工作的最大线程数。最大线程数可在 httpd_mpm.conf 配置文件中通过修改 ThreadPerChild 选项进行设置。

修改完 Apache 的配置文件后，可在控制器里添加 Apache 资源计数器。具体步骤如下：

(1) 右键单击 Apache 图，然后选择"添加度量"。

(2) 在"Apache"对话框的"监视的服务器计算机"部分，单击"添加"按钮，在弹出的对话框中输入要监视计算机的名称或 IP 地址，选择计算机运行的操作系统平台，单击"确定"按钮。

(3) 在"Apache"对话框的"资源度量位于"部分单击"添加"按钮，弹出"Apache - 添加度量"对话框，显示可添加的度量和服务器属性，如图 11-71 所示。

(4) 在"服务器属性"部分输入端口号和不带服务器名的 URL，并单击"确定"。默认的 URL 是/server-status?auto。

这里选择"点击次数/秒"、"忙工作进程数"、"闲工作进程数"和"已发送 KB/秒"这 4 个度量指标。由于当前 Apache 版本对"CPU 使用情况"指标支持不太好，所以不监控该指标。

(5) 在"Apache"对话框中，单击"确定"按钮，激活 Apache 资源监视器。

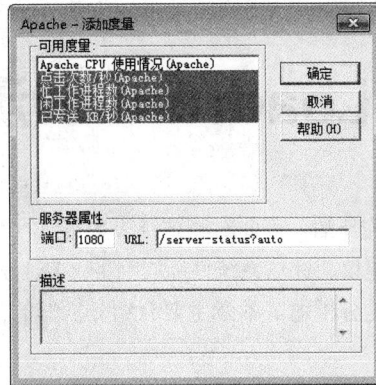

图 11-71　添加 Apache 资源监控的资源指标

11.5　本章小结

Controller 是 Loadrunner 工具中用于管理测试场景的组件，本章主要介绍 Controller 的常用配置项以及相关技术。首先介绍了 Controller 测试场景的类型，包括手动场景类型和面向目标的场景类型；接着重点说明了测试场景设计的常用配置项以及相关技术；然后介绍了场景执行相关的配置项和操作；最后讨论了场景监控的主要内容，包括 Vuser 运行状态、场景运行的概况、错误输出消息、数据分析图和资源计数器。

练习题

1. 简述 Controller 组件的主要运行流程。
2. 手动场景和面向目标场景的区别及特点分别是什么？
3. 在手动场景中，按场景的 Vuser 调度计划有哪些设置项？它与按用户组的调度计划有什么区别？
4. 简述负载生成器的主要作用。
5. 如何添加负载生成器并检查负载是否均衡？
6. 设置服务水平协议的主要目的是什么？
7. 什么是 IP 欺骗技术？该技术的应用背景是什么？
8. 在场景执行过程中，场景监控的主要内容包含哪些？

第12章 HP Loadrunner测试结果分析

当 Loadrunner 测试场景执行完毕后，需要对测试结果数据进行综合分析，以达到验证性能测试指标、发现系统瓶颈、提出优化建议、评估系统性能等目的。在 Loadrunner 中，用于收集、显示、处理和分析测试结果数据的工具是分析器。本章主要介绍分析器的常用配置操作及相关分析技术。

本章要点如下：
- 分析器简介
- 常用设置选项
- 摘要报告
- 常用数据分析图介绍
- 测试报告

12.1 分析器简介

Analysis(分析器)是对测试结果数据进行分析的组件，它提供了丰富的图表信息以及多种图表处理分析技术，可以帮助测试人员确定系统的性能以及分析系统的瓶颈。在场景执行过程中，Controller 组件会将测试数据收集起来并保存在结果文件中，其扩展名为.lrr。当场景执行完成后，可使用 Analysis 组件对结果文件中的数据进行整理，并生成数据分析图和测试报告。

可以通过以下两种方式打开 Analysis 组件并载入测试结果数据：

(1) **在 Controller 中打开 Analysis**。当场景运行结束后，通过选择菜单"结果"|"分析结果"命令或者单击工具栏上的![]按钮，打开 Analysis 组件，同时自动将当前场景运行的测试结果数据加载到该组件中。

(2) **通过桌面应用程序启动 Analysis**。通过桌面应用程序打开 Analysis 后，通过选择"文件"|"交叉结果"命令，打开结果文件选择界面，如图 12-1 所示。在该界面可以选择并添加某个测试结果文件，即将被选择结果文件中的测试结果数据加载到 Analysis 组件中。

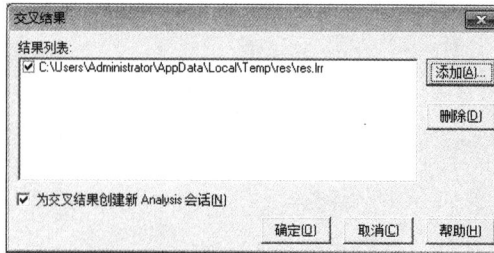

图 12-1　结果文件选择界面

需要注意，lrr 文件是 Controller 收集和处理的数据结果文件，在 Analysis 中打开 lrr 文件后，经过一定设置后的分析文件可保存为 lra 格式的文件。

打开 Analysis 组件并载入测试结果数据之后的界面如图 12-2 所示。

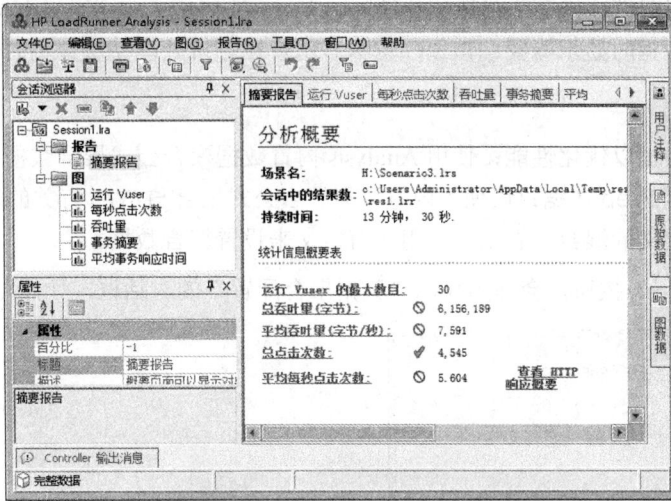

图 12-2　Analysis 主界面视图

Analysis 界面包含的主要窗口如下：

- **"会话浏览器"区域**：该区域中显示可供查看的报告和数据分析图。在该区域，用户可以对报告和数据分析图进行添加和删除等管理操作。
- **"属性"区域**：该区域显示用户在会话浏览器中选择的数据分析图或报告的属性信息，黑色字段是可编辑字段。
- **图查看区域**：该区域可以查看报告和数据分析图的详细信息。默认情况下，该区域显示摘要报告。

12.2　常用设置选项

Analysis 组件中的数据分析图是进行测试结果分析的重要对象。在数据图分析过程中，可以通过一些相关的设置来配置和筛选 Analysis 收集到的原始数据，以便用户对数据进行更加准确和直观的分析。下面介绍一些常用的设置选项的设置。

1.　"结果集合"设置

可以通过单击菜单"工具"|"选项"中的"结果集合"选项卡来打开结果集合设置界面，如图 12-3 所示。"结果集合"设置中定义 Analysis 处理负载测试场景结果数据的方式，包括：Analysis 聚合结果数据的方式、数据的处理范围以及是否从 Controller 中复制输出消息。在这里，主要介绍 Analysis 数据聚合的相关选项。

数据源

- **仅生成概要数据**：概要数据指未经过处理的原始数据。如果选择此选项，那么 Analysis 不会处理数据以用于筛选和分组等高级用途。注意，选择该项时，是不可以设置"数据聚合"选项的。

- **仅生成完整数据**：完整数据是指经过处理可在 Analysis 内使用的结果数据。如果选中此项，则可对数据图进行排序、筛选和处理。
- **生成完整数据时显示概要**：该选项意味着用户在等待处理完整数据时查看概要数据。

数据聚合

- **自动聚合数据以优化性能**：使用 Analysis 内置数据聚合公式聚合数据，以优化性能。
- **仅自动聚合 Web 数据**：仅使用内置数据聚合公式聚合与 Web 有关的数据。
- **应用用户定义的聚合**：表示应用用户自定义来设置聚合数据。

单击"聚合配置"按钮，会弹出显示"数据聚合配置"的对话框，如图 12-4 所示。

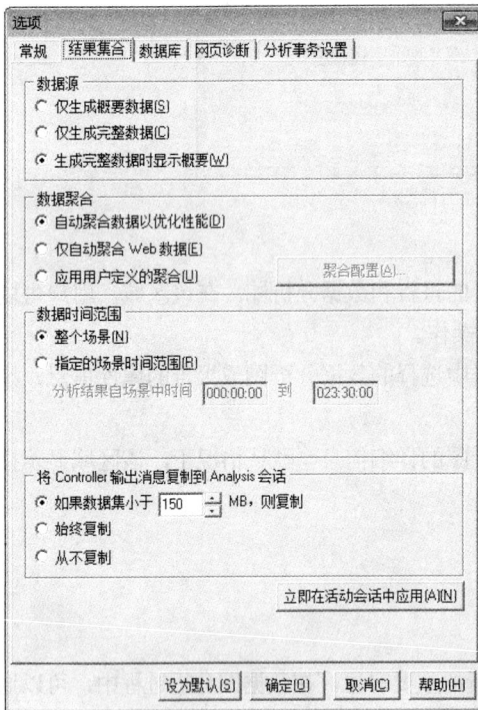

图 12-3   "结果集合"设置界面

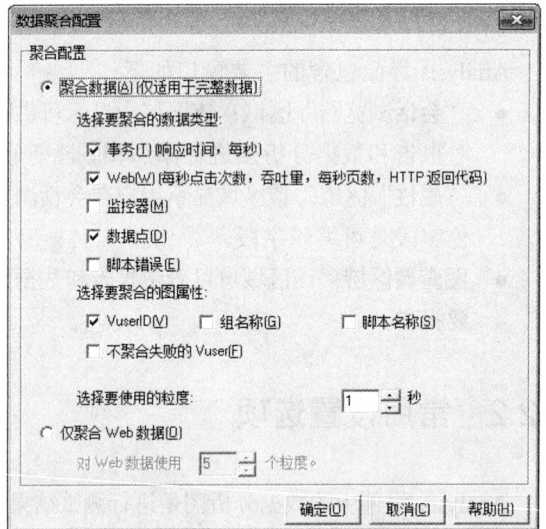

图 12-4   "数据聚合配置"界面

- **聚合数据(仅适用于完整数据)**：该选项用于选择要聚合的数据类型、图属性和粒度。其中，选择需要聚合的图属性在一定程度上可以减小数据库的容量。
- **仅自动聚合 Web 数据**：表示仅聚合与 Web 应用有关的数据，在这里可以设置聚合的粒度。

2. "配置度量"设置

通过"配置度量"设置可以更改数据分析图 Y 轴的比例，即可以对 Y 轴执行适当的放大或缩小操作。通过选择菜单"查看"|"配置度量"命令，弹出"度量选项"界面，如图 12-5 所示。

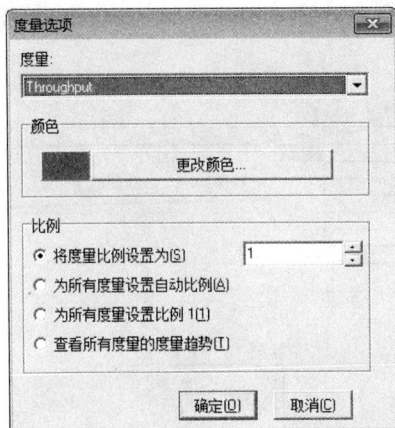

图 12-5　"度量选项"界面

在"度量选项"界面，可以设置当前数据图中某指标曲线的颜色和 Y 轴的比例。在数据图分析过程中，如果某数据图中含有多个性能指标，且这几个性能指标的数值大小相差几个数量级，那么，要想比较这几个性能指标的走势，则需要更改这几个指标的 Y 轴比例，使测试人员可以更直观地查看走势关系。

3. 设置 X 轴粒度

所谓的 X 轴粒度是指性能指标数据的采集和显示间隔，单位为秒。在数据图分析过程中，通过更改 X 轴的粒度可以使数据图便于阅读和分析。通过选择菜单"查看"|"设置粒度"命令或在数据图右键选择"设置粒度"命令，可以弹出 X 轴"粒度"设置界面，如图 12-6 所示。

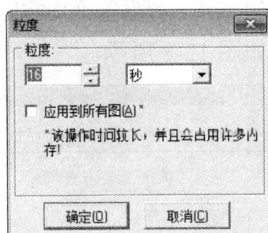

图 12-6　X 轴"粒度"设置界面

在"粒度"设置界面上，可以根据测试的需要更改当前图 X 轴的粒度值，最大粒度不能超过数据图的最大时间。若粒度值过大或过小，系统会显示相应的错误提示。

4. 设置筛选条件

在数据图分析过程中，可通过设置一定的筛选条件来提取图中最关键的数据。在 Analysis 中，有两种筛选设置，即全局筛选设置和单个图筛选设置，其中，单个图筛选设置根据当前图是否为摘要图又可分为摘要图筛选设置和数据图筛选设置。通过单击 Analysis 工具栏的 按钮可以打开全局筛选设置界面；通过单击工具栏上的 按钮可以打开单个图筛选设置界面；通过单击工具栏上的 按钮可以取消当前已设置的筛选条件。

由于两种筛选的设置操作相近，因此，下面主要介绍单个图筛选设置的相关操作，"平均事务响应时间"数据图筛选设置界面如图 12-7 所示。

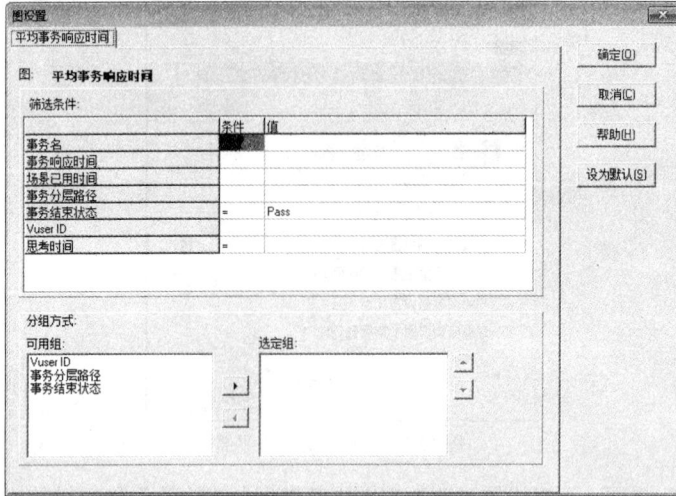

图 12-7　"平均事务响应时间"数据图筛选设置界面

- **筛选条件**：在这里要为每个筛选条件选择条件和值。
- **条件**：可以选择"="(等号)或"<>"(不等号)。
- **值**：从"值"栏列表中选择一个值，筛选条件的值分为三种类型，即离散、连续和基于时间。其中，离散值是一个明确的整数值，如事务名下拉列表中会显示所有事务名；连续值是一个可变维度，可以在最小值和最大值范围限制内取任何值，如事务响应时间；基于时间的值是指相对于测试场景开始时间的值，如场景已用时间。
- **分组方式**：通过该设置对图显示进行按组排序，分组方式包含可用组和选定组两个列表框。例如，如果选择 VuserID 的分组方式，则事务平均响应时间图会将每个 VuserID 对应的事务数据变化用曲线显示出来，如图 12-8 所示。

图 12-8　VuserID 分组方式

5. 添加数据分析图

Analysis 中提供了丰富的数据分析图，经常用到的数据图有 8 类：Vuser 图、错误图、事务图、Web 资源图、网页诊断图、系统资源图、Web 服务器资源图和数据库服务器资源图。在"会话浏览器"区域中，单击右键，然后选择"添加新项"|"添加新图"命令，弹出"打开新图"界面，如图 12-9 所示。

如果选中图 12-9 中的"仅显示包含数据的图"复选框，则只显示包含运行数据的数据图，有数据的图显示蓝色字体，没有数据的图显示黑色字体。

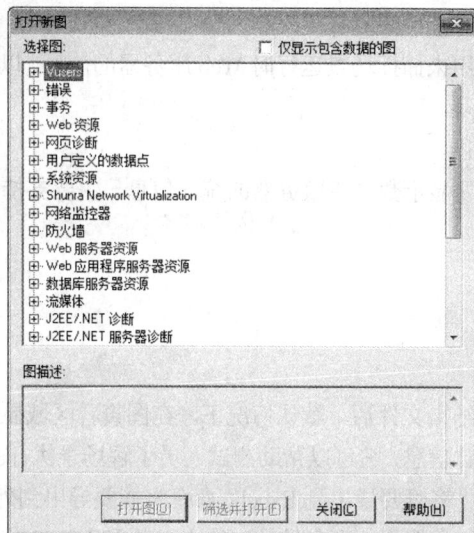

图 12-9　"打开新图"界面

下面简单介绍一下常用的 8 类数据图。

(1) Vuser 图

在场景执行过程中，Vuser 在执行事务时生成数据。使用 Vuser 图可以确定场景执行期间 Vuser 的整体行为。它显示 Vuser 状态和完成脚本的 Vuser 的数量。主要包括正在运行的 Vuser 图和 Vuser 摘要图两种。

(2) 错误图

在场景执行期间，某些 Vuser 可能会有执行失败、停止或因错误而终止的情况。错误图主要统计场景执行时的错误信息。主要包括：错误统计、错误统计信息、每秒错误数和每秒错误总数几种图。

(3) 事务图

事务图描述了整个脚本执行过程中的事务性能和状态。主要包括：平均事务响应时间图、每秒事务数图、每秒事务总数图、事务摘要图、事务性能摘要图、负载下的事务响应时间图、事务响应时间(百分比)图和事务响应时间(分布)图。

(4) Web 资源图

Web 资源图主要提供与 Web 服务器性能有关的一些信息。使用 Web 资源图可分析方案运行期间每秒单击次数、服务器的吞吐量、从服务器返回的 HTTP 状态代码、每秒 HTTP 响应数、每秒页面下载数、每秒服务器重试次数、服务器重试摘要、连接数和每秒连接数。

(5) 网页诊断图

网页诊断图主要提供一些信息来评估页面内容是否影响事务响应时间。使用网页诊断图可以分析网站上存在问题的元素，例如，下载速度慢的图像。主要包括网页诊断、页面组件细分、页面组件细分(随时间变化)、页面下载时间细分、页面下载时间细分(随时间变化)、第一次缓冲时间细分、第一次缓冲时间细分(随时间变化)等图。

(6) 系统资源图

系统资源图主要监控场景运行期间系统资源使用率的情况，可以监控 Windows、UNIX、SNMP、Sitescope 等资源。

(7) Web 服务器资源图

Web 服务器资源图主要用来捕捉场景运行时 Web 服务器的信息，以分析 Microsoft IIS 服务器和 Apache 服务器的运行情况。

(8) 数据库服务器资源图

数据库服务器资源图主要显示数据库服务器的统计信息。主要支持 DB2、Oracle、SQL Server 数据库。

12.3　摘要报告

在 Analysis 中打开测试结果文件后，默认情况下，在图查看区域显示的是摘要报告。摘要报告中提供了场景运行情况的统计信息，它可以帮助测试人员了解场景执行的基本情况。打开摘要报告，可以通过选择菜单"查看"|"将概要导出到 Excel"命令将摘要导出到外部 Excel 文件中。摘要报告中主要包括分析概要、统计信息概要、事务统计、SLA 分析和 HTTP 响应统计五大部分信息，下面具体介绍这五大部分的内容。

1. 分析概要部分

摘要报告中概要部分的信息如图 12-10 所示。

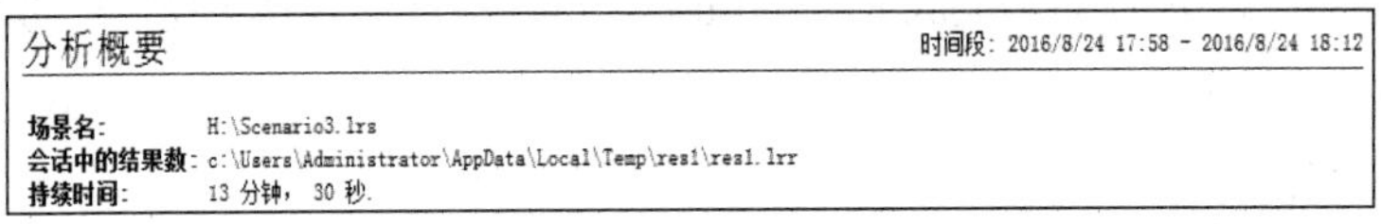

图 12-10　分析概要部分

- **场景名**：显示场景名的内容，如果该场景保存过，将显示场景的保存路径。
- **会话中的结果数**：显示场景结果文件存储的路径和结果文件名。
- **持续时间**：显示该场景运行的总时间。

2. 统计信息概要部分

统计部分显示的信息如图 12-11 所示，在该部分显示了"运行 Vuser 的最大数目"、"总吞吐量"、"平均吞吐量"、"总点击次数"、"平均每秒点击次数"、"错误总数"和"HTTP 响应概要"七种指标的数值。其中，只有场景运行中出现了错误才会显示"错误总数"指标。单击某指标可进入该指标的数据分析图。

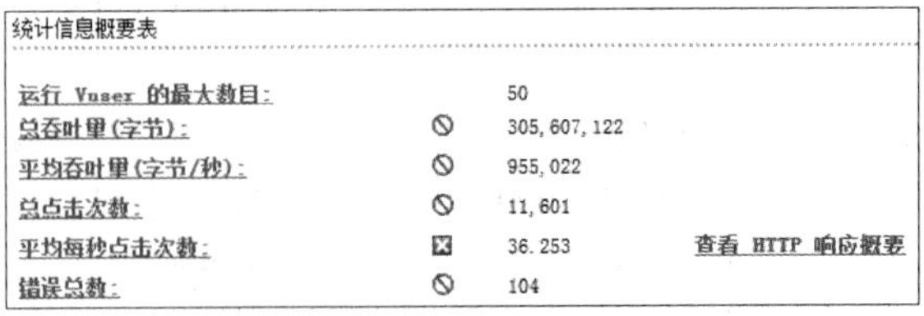

图 12-11　统计部分

3. 事务统计部分

事务统计部分信息如图 12-12 所示。

事务摘要

事务：通过总数：668 失败总数：0 停止总数：0　　　平均响应时间

事务名称	SLA 状态	最小值	平均值	最大值	标准偏差	90 百分比	通过	失败	停止
Action Transaction	⊘	0.155	1.297	13.514	1.545	2.85	304	0	0
vuser end Transaction	⊘	0	0	0	0	0	30	0	0
vuser init Transaction	⊘	0	0	0.001	0	0	30	0	0
登录	☒	0.082	0.566	2.583	0.534	1.328	304	0	0

服务水平协议图例：✓ 通过　☒ 失败　⊘ 无数据

图 12-12　事务统计部分

事务统计部分第一行统计场景运行时所有事务通过、失败和停止的数量。接下来的表格详细列出各个事务的运行结果信息，包括事务名称、SLA 状态、最小值、平均值、最大值、标准方差、90%事务的值、通过数量、失败数量和停止数量。其中事务的 SLA(服务水平协议)状态有三种：通过、失败和无数据，“失败”意味着实际运行值大于预期目标值；“通过”意味着实际运行值小于等于预期目标值；无数据意味着该事务未获取该项事务的数据。这里，笔者定义了“登录”事务的预期目标值是 0.03 秒，这是小于实际运行值的，因此 SLA 状态为失败。

在事务结果信息中，事务响应时间包括：最小值、平均值、最大值和 90%事务的值。一般来说，如果标准方差不大，可参考平均值和最大值来评估服务器的响应性能，因为这意味着在整个运行期间，响应时间上下波动不大。如果标准方差较大，可参考最大值和 90%事务的值，90%事务值表示在这个事务所有的运行次数中，90%的次数落在这个响应时间里。在 Analysis 中，事务百分比默认是 90%，可在菜单“工具”|“选项”中的“常规”选项卡中修改此值，如图 12-13 所示。

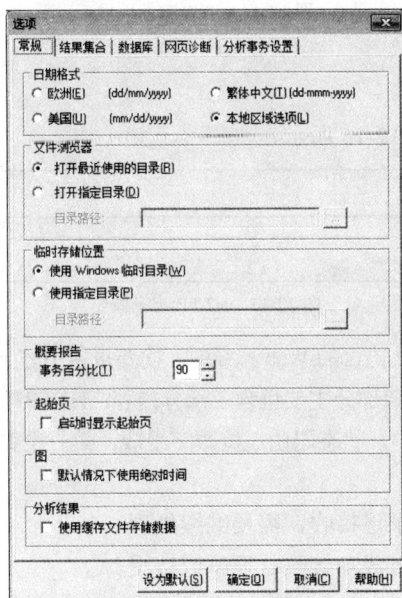

图 12-13　修改事务百分比

4. SLA 分析

在 Controller 中，测试人员可通过 SLA 定义测试场景的目标。在结果分析时，Analysis 会将收集的数据与 SLA 中定义的度量数据进行比较，并将分析结果显示在 Analysis 中，SLA 的结果状态有以下三种：

(1) **通过**：表示 SLA 获得该项测试数据，并且该数据达到目标要求；

(2) **失败**：表示 SLA 获得该项测试数据，但是测试结果未达到目标要求；

(3) **无数据**：表示 SLA 未获得该项测试数据，所以无法确定是通过还是失败。

在摘要报告中，系统会显示总吞吐量、每秒吞吐量、总点击数、每秒点击数、错误总数和事务响应时间的 SLA 状态，用户可通过单击这些指标之后的状态链接按钮进入 SLA 报告，来查看指标实际运行的数值和预期的目标值。例如，若在 SLA 中定义了每秒点击数和事务响应时间的预期目标值，场景执行结束后，打开 Analysis 中的 SLA 报告可以查看这两个指标的实际值和预期目标值，如图 12-14 所示。

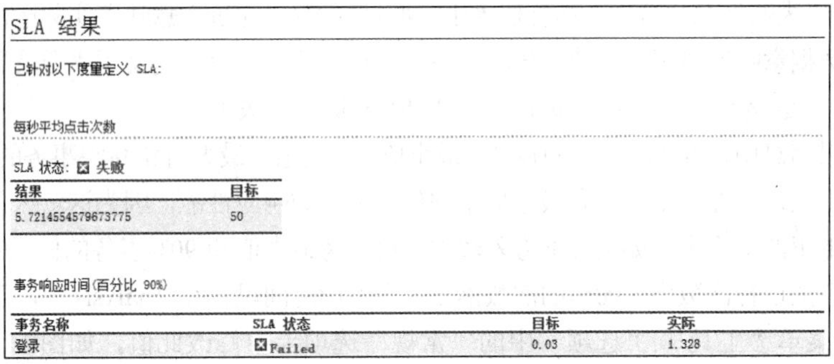
SLA 结果

已针对以下度量定义 SLA:

每秒平均点击次数

SLA 状态: 失败

结果	目标
5.7214554579673775	50

事务响应时间(百分比 90%)

事务名称	SLA 状态	目标	实际
登录	Failed	0.03	1.328

图 12-14　SLA 运行结果

5. HTTP 响应统计

HTTP 响应统计信息如图 12-15 所示。

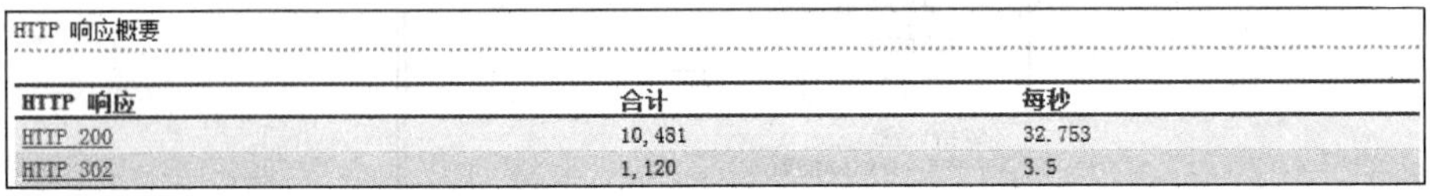
HTTP 响应概要

HTTP 响应	合计	每秒
HTTP 200	10,481	32.753
HTTP 302	1,120	3.5

图 12-15　HTTP 响应概要

只有被测系统是基于 HTTP 协议的 Web 系统时，摘要报告中才含有 HTTP 响应统计信息，它反映了 Web Server 的处理情况。该部分主要包含三部分内容：HTTP 响应的状态码、该状态码的总响应数量和每秒的响应数量。其中，状态码由三位数字组成，第一个数字定义了响应类别，它有五种可能取值，如下：

1xx：指示信息，表示请求已接收，需要继续处理。

2xx：成功，表示请求已被成功接收、理解或接受。

3xx：重定向，要完成请求必须执行进一步的操作。

4xx: 客户端错误，请求存在语法错误或请求无法实现。

5xx: 服务器端错误，服务器未能实现合法的请求。

HTTP 响应状态码的含义详见附录一。

12.4　常见数据分析图

在分析数据图时，通常先分析几个常用数据图中的指标数据，然后根据需要分析其他数据。常用的数据分析图包括：运行 Vuser 图、平均事务响应时间图、每秒事务数、点击率图、吞吐量图、系统资源计数器等图。对于系统资源计数器图，Loadrunner 对 Windows、IIS、Apache 和 SQL Server 等系统资源支持较好，其他资源的运行指标数据可以考虑使用第三方监控工具来获取。

用户在打开数据分析图之后，在图的右侧可看到 3 个视图，即用户注释、原始数据和图数据，如图 12-16 所示。其中，用户注释可以帮助用户记录与该图相关的一些文字描述；原始数据中可以列出生成该图的原始数据；图数据中将列出图的数据。用户可以将原始数据和图数据导出到外部 Excel 文件中，以便做进一步分析。

图 12-16　数据分析图右侧的视图

接下来介绍一些常用数据分析图的含义。

1. "运行 Vuser" 图

"运行 Vuser" 图反映了 Loadrunner 形成 Vuser 负载的过程，即随着时间的推移，Vuser 数量是如何变化的，如图 12-17 所示。Vuser 数量的变化情况应与 Controller 中设定好的 Vuser 调度计划保持一致。从图 12-17 可以看出，系统每 5 秒增加 1 个 Vuser，在 4 分 50 秒时到达负载峰值 30 个 Vuser，然后持续运行一段时间，再逐渐结束 Vuser。

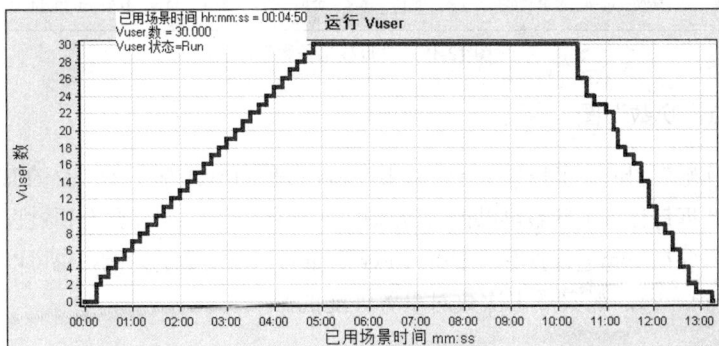

图 12-17　"运行 Vuser" 图

2. "平均事务响应时间"图

"平均事务响应时间"图记录了在场景运行期间执行事务所用的平均时间,如图 12-18 所示。事务的响应时间直接体现了系统对用户操作的反应速度,影响着被测系统的使用和推广,因此,该指标是测试人员比较关心的数据之一。在结果分析过程中,可将此图与 Vuser 图合并在一起查看,来观察 Vuser 数量对事务性能的影响。如果某个事务的响应时间过长,可通过其他数据分析图来进一步分析是哪些原因导致的。

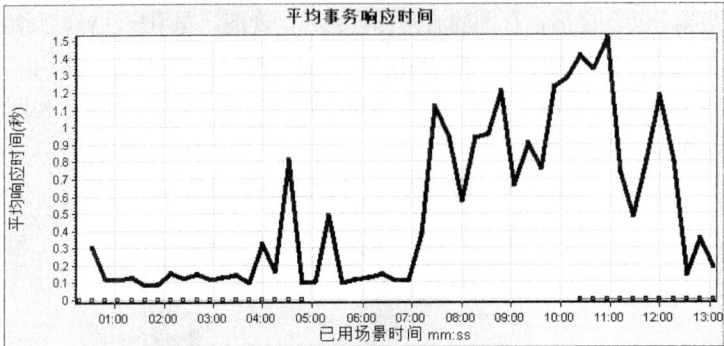

图 12-18　"平均事务响应时间"图

3. "每秒事务数"图(TPS)

"每秒事务数"图记录了每秒钟系统处理的事务数,如图 12-19 所示。该数据反映了系统在同一时间内处理业务的能力,该数据越高,系统处理能力越强。可将此图与运行 Vuser 图合并在一起进行查看,观察 Vuser 数量对 TPS 的影响。

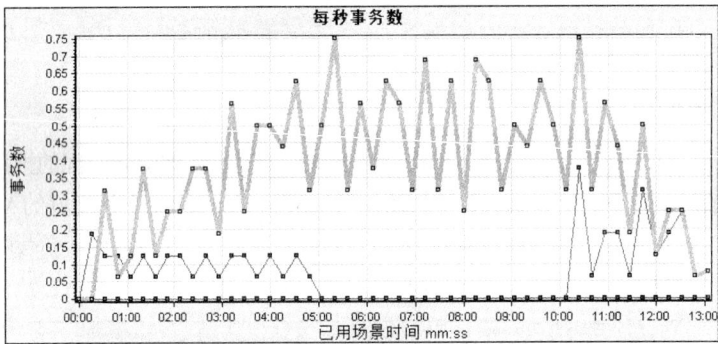

图 12-19　"每秒事务数"图

4. "每秒点击次数"图

"每秒点击次数"图记录了场景运行过程中 Vuser 每秒向 Web 服务器提交的 HTTP 请求数,如图 12-20 所示。依据每秒点击次数可以评估 Vuser 生成的负载量,在结果分析过程中,可以将此图与运行 Vuser 图合并在一起进行查看,观察 Vuser 数量对点击次数的影响,也可以将此图和平均事务响应时间图放到一起,观察点击次数对事务性能的影响。

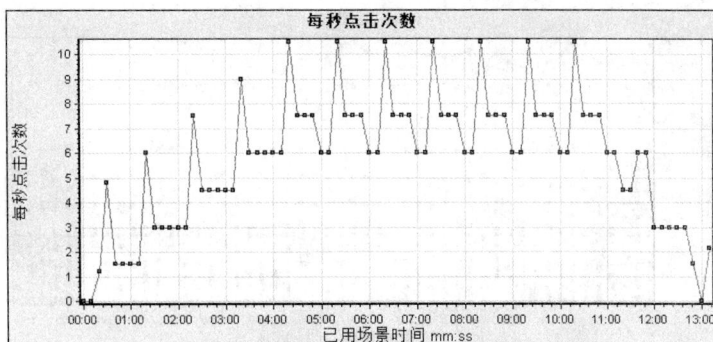

图 12-20　"每秒点击次数"图

5. "吞吐量"图

"吞吐量"图记录了在场景运行过程中服务器每秒钟返回给 Vusers 的数据量，如图 12-21 所示，吞吐量的单位为字节。依据吞吐量可以评估 Vuser 产生的负载量，吞吐量越大，说明服务器处理业务的能力越强。在结果分析过程中，可将此图与运行 Vuser 图合并在一起进行查看，观察 Vuser 数量对吞吐量的影响，也可将吞吐量和平均事务响应时间图合并在一起，以观察吞吐量对事务性能产生的影响。

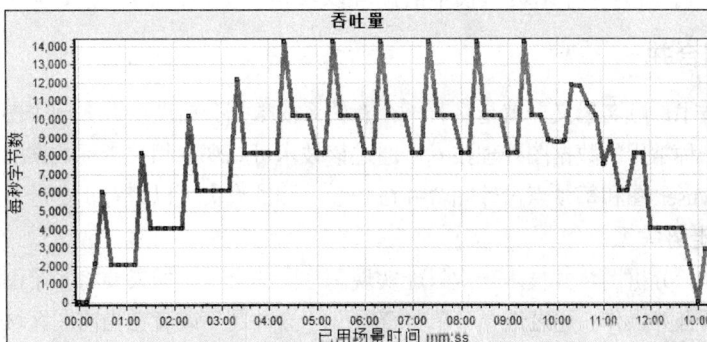

图 12-21　"吞吐量"图

6. "Windows 资源"计数器图

"Windows 资源"计数器图记录了 Windows 操作系统下各项资源指标的运行数据，包括 CPU、内存、磁盘、网络等相关指标数据，如图 12-22 所示。在测试实践中，大多是要对服务器所使用的 Windows 系统进行监控，并生成 Windows 资源计数器图。通过分析该图中各项资源指标数据来判断服务器的各个部件是否正常运行，是否存在瓶颈。

从图 12-22 可以看出，Windows 资源计数器图上显示的指标数量多而杂乱，测试人员可在"图例"区域选择当前需要分析的几个指标。

另外，"错误"图、"页面诊断"图、"服务器资源"计数器图等也是需要关注的数据图，限于篇幅，这里不再一一列出。其中，"页面诊断"图将在 12.5.3 节中详细介绍。

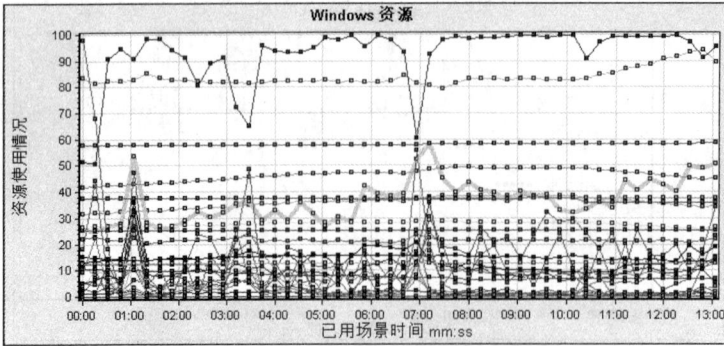

图 12-22　"Windows 资源"计数器

12.5　数据图分析技术

在上一节，我们介绍了一些常用的数据分析图，但在项目实践过程中仅靠这些原始数据图难以更好地捕捉图的信息。在结果分析过程中，为更好地挖掘数据分析图中的信息，测试人员可借助一些分析处理技术来分析数据图。Analysis 中常用的分析处理技术包括分析图合并、分析图关联、页面细分、钻取等，下面具体介绍这些技术的原理以及相关操作。

12.5.1　分析图合并

分析图合并技术，顾名思义，就是将若干个有关系的数据分析图合并在一个图中进行查看和分析。合并技术是一种常用的数据图处理技术，通过该技术可以观察相关指标数据的走势是否正常。例如，将运行的 Vuser 图和每秒点击数图合并在一起，测试人员可以查看正在运行的 Vuser 数量与每秒点击次数的走势关系。

在 Analysis 中，分析图合并技术一次只能实现两张图的合并，如果要将多个图合并在一起，则需要进行多次两两合并操作。通过选择菜单"查看"|"合并图"或者在当前图区域右键选择"合并图"命令，可打开"合并图"设置界面，如图 12-23 所示。

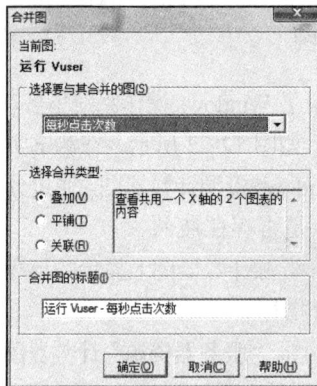

图 12-23　"合并图"设置界面

这里有 3 个需要设置的属性。

1) **选择与其合并的图**：选择一个要与当前数据图合并的图。注意，只能选择与 X 轴度量单位相同的图，比如，两个图的 X 轴都是时间。

2) **选择合并类型**：有三种类型供选择，分别是"叠加"、"平铺"和"关联"。这三类合并方式是不同的，这里以运行 Vuser 图和每秒点击次数图合并为例具体介绍。

- **叠加**：要合并的两个图共用 X 轴，合并图左侧的 Y 轴显示当前图的 Y 轴值，右边的 Y 轴显示合并进来的 Y 轴值，如图 12-24 所示。

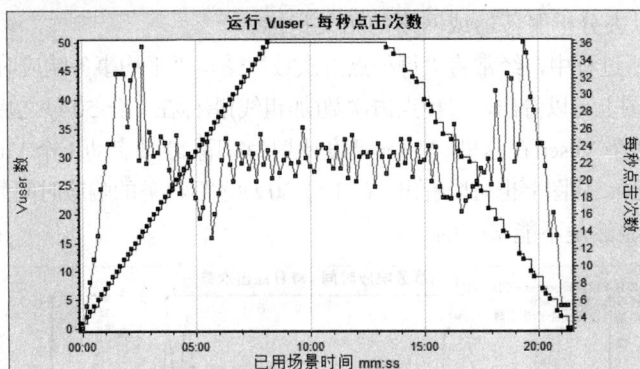

图 12-24　叠加合并图

- **平铺**：该方式与叠加方式的区别在于合并进来的图显示在当前图的上方，如图 12-25 所示。

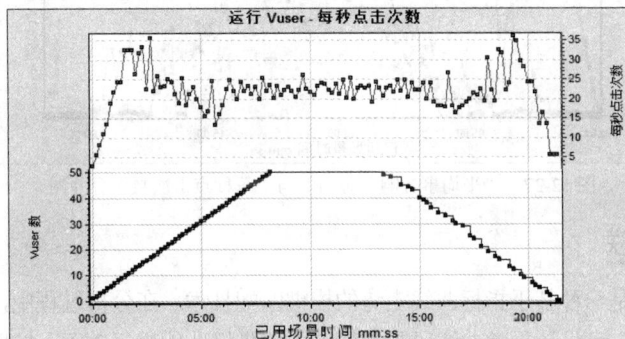

图 12-25　平铺合并图

- **关联**：合并之后，当前数据图的 Y 轴变为合并图的 X 轴，被合并图的 Y 轴作为合并图的 Y 轴，如图 12-26 所示。

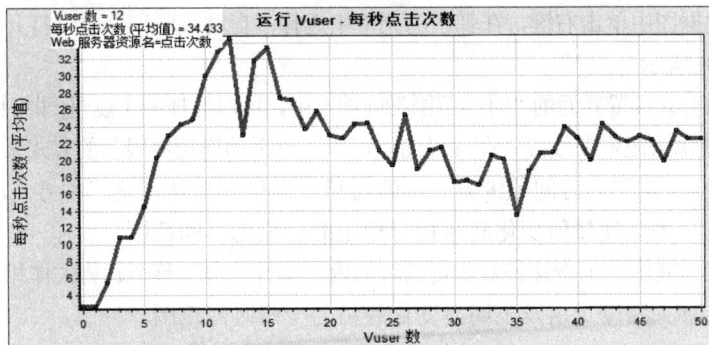

图 12-26　关联合并图

3) 合并图的标题：设置合并后视图的标题

下面通过实例来介绍合并技术的具体应用。

(1) 将"运行 Vuser"图和"每秒点击次数"图以关联方式合并，如图 12-25 所示。按照正常逻辑，随着运行 Vuser 数量的增加，每秒点击次数也应随之增加。从合并图可以看出，当运行的 Vuser 数量超过 12 时，每秒点击次数并没有随着 Vuser 数的增加而增加，这说明服务器或者网络可能存在处理瓶颈，然后可以去分析服务器或网络的相关指标。

(2) 在数据图分析过程中，经常将"每秒点击次数"图与"平均事务响应时间"图进行合并，如图 12-27 所示。从图上可以看出，每秒点击次数(加粗线)指标在 1 分 50 秒之后不再继续上升，而这个时间只启动了 12 个 Vuser(在这里，Vuser 调度计划为每隔 10 秒启动 1 个 Vuser)，也说明了服务器或网络存在处理瓶颈。从图上也可以看出，在 1 分 50 秒之后事务的响应时间急剧增加，最高甚至达到了 15 秒多，这显然是不能接受的。

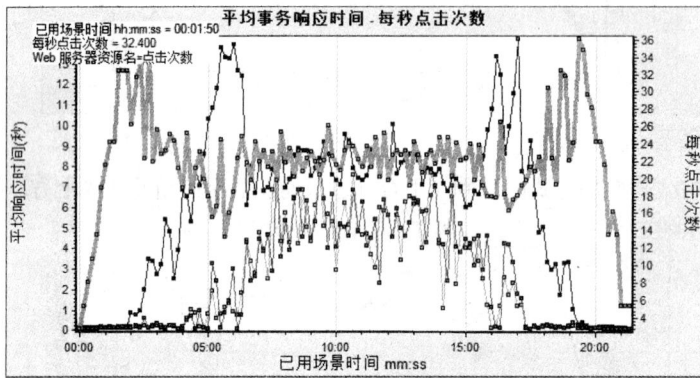

图 12-27　"平均事务响应时间"与"每秒点击次数"合并图

12.5.2　分析图关联

分析图关联技术是一种基于指标曲线走势的模糊匹配技术。在分析过程中，如果发现数据图中某指标曲线走势异常，可将该异常曲线段与其他图中的指标曲线进行关联，挖掘出与该曲线段走势类似或者完全相反的指标，那么被挖掘出来的这几个指标可能是造成目标指标曲线走势异常的原因。分析图关联技术只是一种模糊匹配技术，有一定误差，因此，在测试实践中，往往只有其他分析技术解决不了的问题才考虑使用分析图关联技术。下面介绍该技术的具体操作。

(1) 在当前数据图中单击右键，在弹出的菜单中选择"自动关联"命令，打开分析图关联设置界面，如图 12-28 所示。

(2) 在分析图关联设置界面的"时间范围"选项卡中，可以选择某个度量(即指标)要关联的曲线段，这里用时间范围来限定曲线段。在该界面，可以通过手动拖拉界限条的方式来选择时间范围，也可以使用 Analysis 建议的时间范围方式，即趋势、功能和最佳，这三种方式的含义如下：

- **趋势**：选择关联度量值变化趋势相对稳定的一段为时间范围。
- **功能**：在关联度量值变化相对稳定的时间内，选择一段与整个趋势大体相似的时间范围。
- **最佳**：选择关联度量值发生明显变化趋势的一段时间范围。

(3) 通过"关联选项"选项卡可以选择要关联的图以及设置数据间隔和输出选项，如图 12-29 所示。这里，将每秒点击次数指标与 Windows 资源计数器图进行关联。

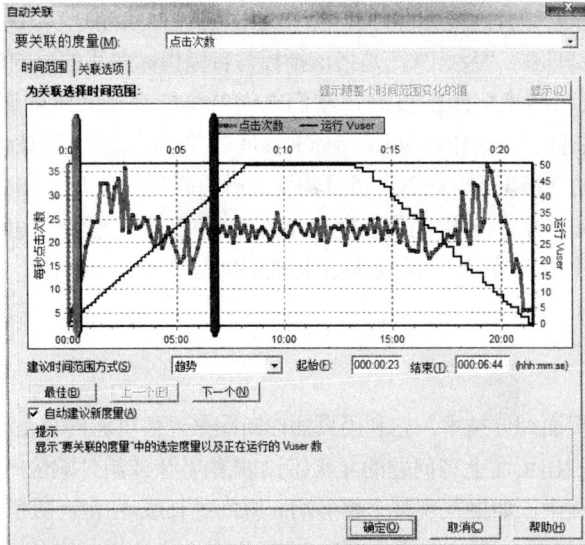

图 12-28　分析图关联设置界面

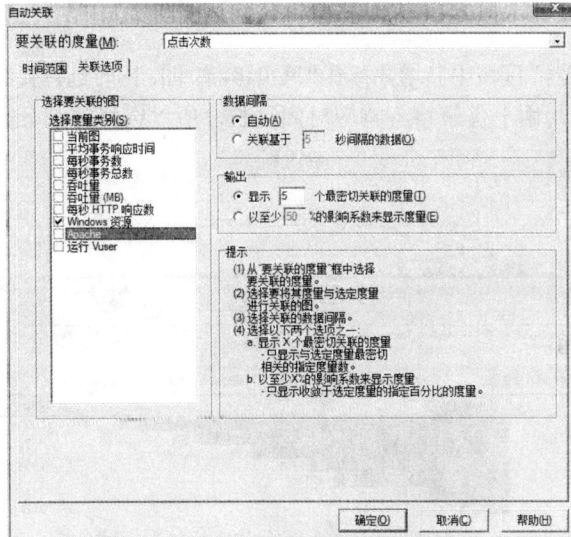

图 12-29　"关联选项"选项卡界面

(4) 在这里，以每秒点击次数指标与 Windows 资源计数器图的关联为例，关联结果如图 12-30 所示。

图 12-30　关联结果图

在图 12-30 中，"关联"列有"直接相关"和"反相关"两种结果，其中"直接相关"是指该指标与目标指标曲线的走势匹配；"反相关"是指该指标与目标指标曲线的反向走势匹配。不管是直接相关还是反相关，只要曲线走势匹配度高，它们之间就可能存在一定的影响关系。

在结果图中，"关联匹配"列给出了两个指标曲线间的关联匹配度，默认情况下是按照匹配度从大到小的次序排列的。通常情况下，测试人员只需要分析关联匹配度大于 50 的几个指标，倘若结果图中最大匹配度也未超过 50，则分析图关联技术失效。关联匹配度越大，说明两个指标之间越可能存在一定的影响关系，测试人员应该对与目标指标关联匹配度比较大的几个指标进行分析，以判断某些资源是否存在瓶颈。

12.5.3　页面诊断

页面诊断技术又称页面细分技术，它利用页面诊断图来评估页面内容是否影响事务响应时间。使用页面诊断技术可以找出页面上有问题的元素(例如某些链接或组件响应时间过长)，并分析出现问题的原因。在分析过程中，如果发现某个事务响应时间过长或者存在未通过的事务，可利用页面诊断技术来挖掘其中的问题。下面介绍页面诊断技术的原理及相关操作。

1. 分析组件下载时间

首先，在"会话浏览器"区域中新增并打开"网页诊断"图，同时选择要细分的页面，如图 12-31 所示。在本书的实例中，由于登录事务响应时间过长，所以选择与细分登录事务相关的页面。

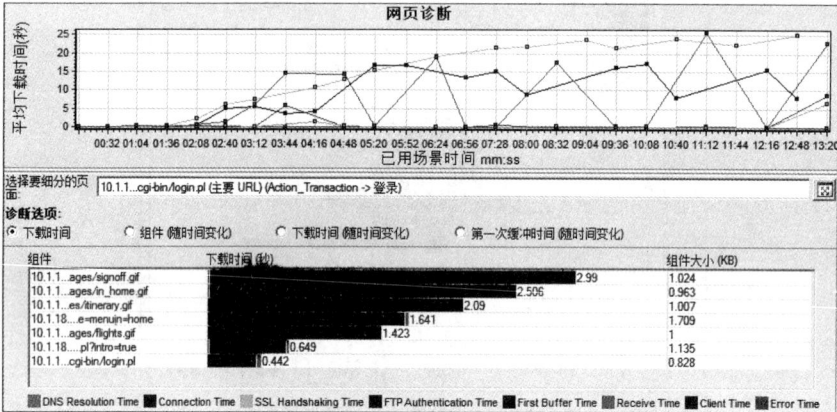

图 12-31　"网页诊断"图

选择好要细分的页面后，网页诊断图中会列出该页面包含的所有组件(元素)信息，包括组件名称、下载时间以及组件大小。其中，组件的下载时间又可以细分为 DNS 解析时间(DNS Resolution Time)、连接时间(Connection Time)、SSL 握手时间(SSL Handshaking Time)、FTP 验证时间(FTP Authentication Time)、第一次缓冲时间(First Buffer Time)、接收时间(Receive Time)、客户端时间(Client Time)和错误时间(Error Time)，各个时间片具体说明如表 12-1 所示。

表 12-1　页面下载时间细分指标说明

名称	描述
DNS Resolution Time	使用 DNS 服务器将域名解析为 IP 地址所用的时间。通过该时间可以确定 DNS 服务器或 DNS 服务器的配置是否有问题。如果 DNS 服务器运行情况良好，该时间会比较小

(续表)

名称	描述
Connection Time	客户端与 Web 服务器之间建立初始连接所用的时间。通过该时间就可以判断网络的使用情况，也可以判断 Web 服务器能否响应这个请求。如果正常，该时间会比较小
SSL Handshaking Time	建立 SSL 连接(包括客户端 hello、服务器 hello、客户端公钥传输、服务器证书传输和其他部分可选阶段)所用的时间。SSL 连接建立后，客户端和服务器之间的所有通信都被加密。SSL 握手度量仅适用于 HTTPS 通信
FTP Authentication Time	验证 FTP 客户端所用的时间。如果使用 FTP 协议通信，则服务器在开始处理客户端命令之前，必须验证该客户端。FTP 验证度量仅适用于 FTP 协议通信
First Buffer Time	从初始 HTTP 请求到成功收到 Web 服务器返回的第一次缓冲时为止所经历的时间。第一次缓冲时间是很好的 Web 服务器延迟和网络滞后指示器。注意，由于缓冲区大小最大为 8K，因此此第一次缓冲时间可能也是完成元素下载所需的时间
Receive Time	从客户端接收到第一个字节开始，直到所有字节都成功接收为止所经历的时间。通过该时间可以判断网络的质量
Client Time	请求在客户端上的延迟时间，可能是由于浏览器的思考时间或者客户端其他方面引起的延迟
Error Time	从发出 HTTP 请求到返回错误消息(仅限于 HTTP 错误)期间所经历的时间

在图 12-31 中，signoff.gif、in_home 等组件大小在 1KB 左右，但是单个组件的下载时间都在 2s 以上，这是用户无法接受的。通过进一步分析可以得出，组件在 First Buffer Time 环节所用的时间最多，这意味着下载时间过长可能是由 Web 服务器处理延迟造成的，也可能是由网络阻塞造成的。

另外，在分析过程中，如果发现某个组件的下载时间过长，可以手动复制该组件的 URL 地址并在浏览器上打开它，以初步判断该组件的响应时间以及实现是否有问题。复制组件 URL 地址的操作为：在"细分图"区域中，首先定位要查看 URL 地址的组件，然后单击右键，在弹山的菜单中选择"将完整路径复制到剪切板"命令即可实现 URL 地址复制操作，如图 12-32 所示。

2. 页面细分方式

在网页诊断图中，可以采用四种方式对页面进行细分，即下载时间细分、组件细分(随时间变化)、下载时间细分(随时间变化)和第一次缓冲时间细分(随时间变化)，下面具体介绍这四种细分方式。

(1) **下载时间细分**：默认选项，显示页面中不同组件的下载时间，同时还按照下载过程把时间分解为若干个子时间段，用不同的颜色分别来显示 DNS 解析时间、建立连接时间、第一次缓冲时间等子时间。

(2) **组件细分(随时间变化)**：显示页面组件随时间变化的细分图，如图 12-33 所示。通过该图可以看出哪些组件在测试过程中下载时间不稳定。适用于需要在客户端下载控件较多的页面，通过比较和分析控件的响应时间，测试人员很容易就能发现哪些控件不稳定或比较耗时。

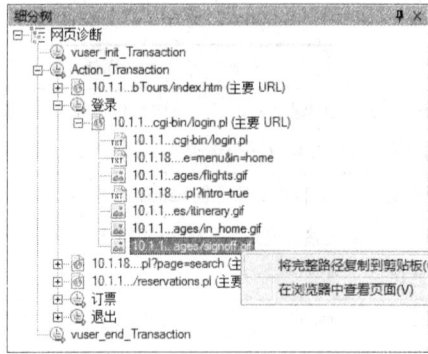

图 12-32　复制组件的 URL 地址

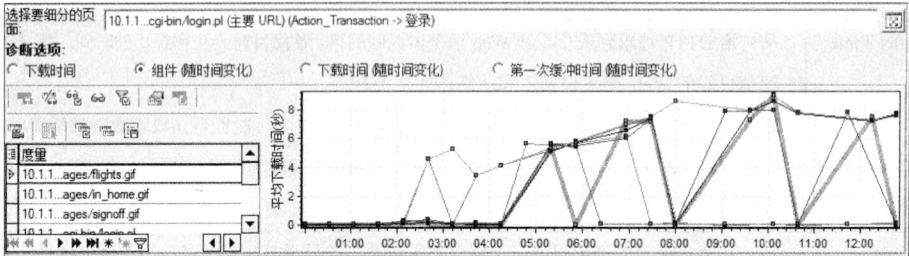

图 12-33　组件细分图(随时间变化)

(3) **下载时间细分(随时间变化)**：显示页面单个组件在测试过程中随时间变化的下载情况，如图 12-34 所示。该方式与下载时间细分是有区别的，下载时间细分视图显示的是页面组件在整个场景运行过程中所花费的下载时间的统计结果，而下载时间细分视图(随时间变化)显示的是页面组件在场景运行期间不同时间点的下载时间的统计结果，两者分别从宏观和微观角度来分析页面组件的下载时间。

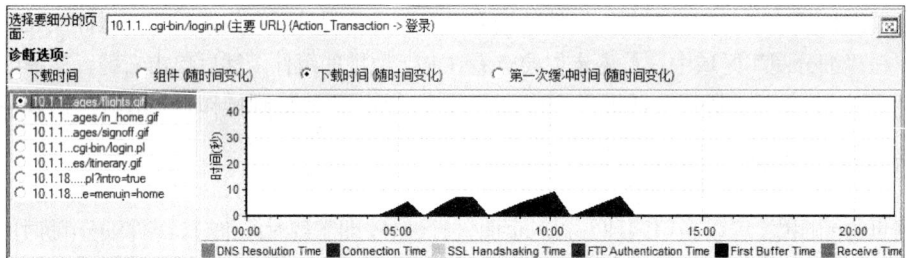

图 12-34　下载时间细分图(随时间变化)

(4) **第一次缓冲时间细分(随时间变化)**：显示从初始 HTTP 请求到成功收到 Web 服务器返回的第一次缓冲为止的这段时间里，每个页面组件在场景运行的不同时间点所花费的服务器处理时间和网络传输时间，如图 12-35 所示，其中，网络时间默认使用绿色表示，服务器时间默认使用是棕色表示。通过该细分视图可以判断导致某组件第一次缓存时间过长是由网络引起的还是由服务器引起的。

若在下载时间细分图中发现 First Buffer Time 环节耗时较多,可以进入第一次缓冲时间细分图(随时间变化)中进一步确定问题是由服务器还是网络引起的。在本实例中，从图 12-35 不难看出，signoff.gif 等组件的第一次缓存时间过长是由于服务器处理能力不足造成的，接下来，测试人员可以通过各种资源计数器图来确定服务器的哪些硬件或软件出现瓶颈。

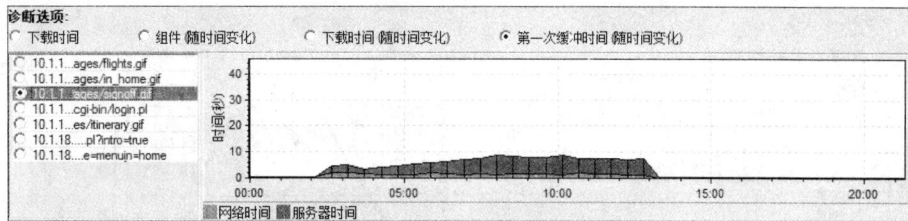

图 12-35　第一次缓冲时间细分图(随时间变化)

12.6　Analysis 报告

Analysis 提供了多种形式的结果分析报告，除了摘要报告和服务水平协议报告外，还提供了 HTML 报告、事务分析报告、自定义报告，并允许和使用报告模板定义报告。

12.6.1　HTML 报告

在 Analysis 中，通过选择菜单"报告"|"HTML 报告"命令可以创建 HTML 报告，如图 12-36 所示。HTML 报告内容与 Analysis 窗口中显示的报告内容相同，包括各种分析报告(如摘要报告、SLA 报告等)和已添加到界面上的数据分析图。在 Analysis 窗口中，通过添加或删除报告和数据分析图的操作可以确定 HTML 报告的保存内容。HTML 报告创建完毕后，可在浏览器中打开该报告。

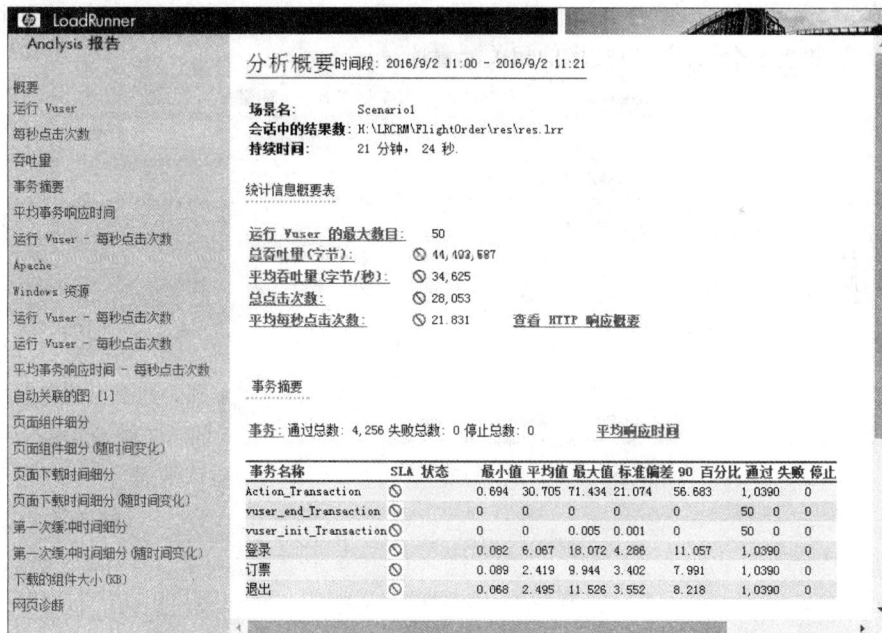

图 12-36　HTML 报告

12.6.2　事务分析报告

事务分析报告记录了与事务有关的测试数据。在 Analysis 中，通过选择菜单"报告"|"分析报告"命令可以打开"分析事务"设置界面，如图 12-37 所示。

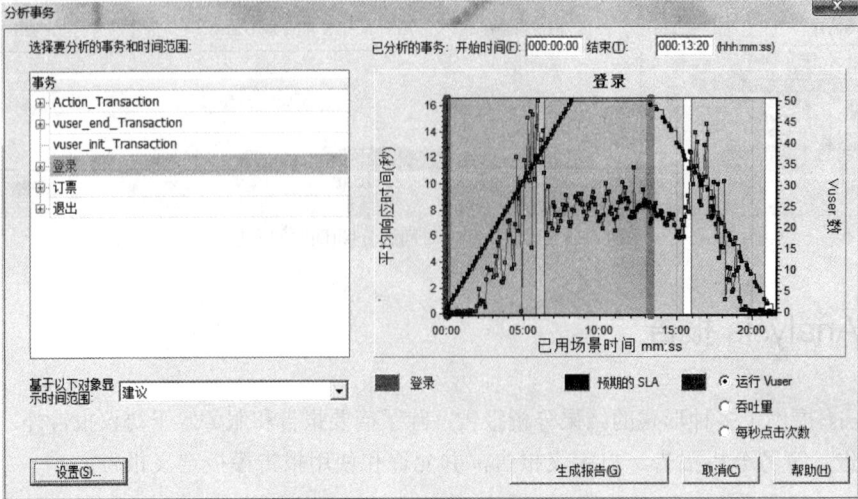

图 12-37 "分析事务"设置界面

事务分析报告的设置操作如下:

(1) 选择要分析的事务后,在界面右侧出现该事务的平均响应时间图。

(2) 在事务平均响应时间图区域中,定义要分析事务的时间范围,并选择要合并的数据分析图,有三种选项:"运行 Vuser"图、"吞吐量"图和"每秒点击次数"图。

(3) 单击"设置"按钮,弹出"分析事务设置"界面,如图 12-38 所示。在该界面可以设置是否启动关联,并设置和分析图关联技术的相关配置项。

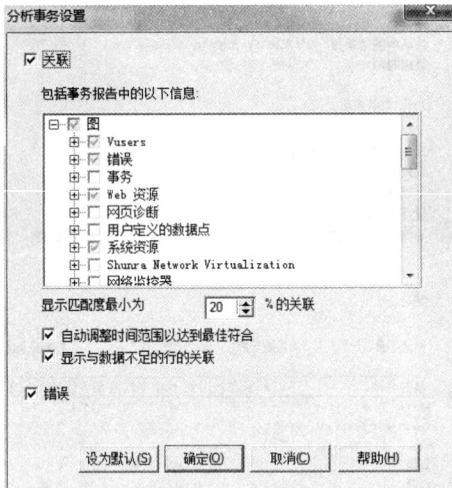

图 12-38 分析事务设置界面

(4) 事务分析报告设置完毕后,单击"生成报告"按钮后,在 Analysis 窗口中生成事务分析报告。下面具体介绍事务分析报告中的主要元素。

(1) 观察

"观察"部分信息显示所分析事务的图与其他图的正反关联,如图 12-39 所示。

图 12-39　"观察"部分信息

选择某个关联指标，然后单击该部分右下角的"查看图"按钮，可以查看具体的关联图，如图 12-40 所示。

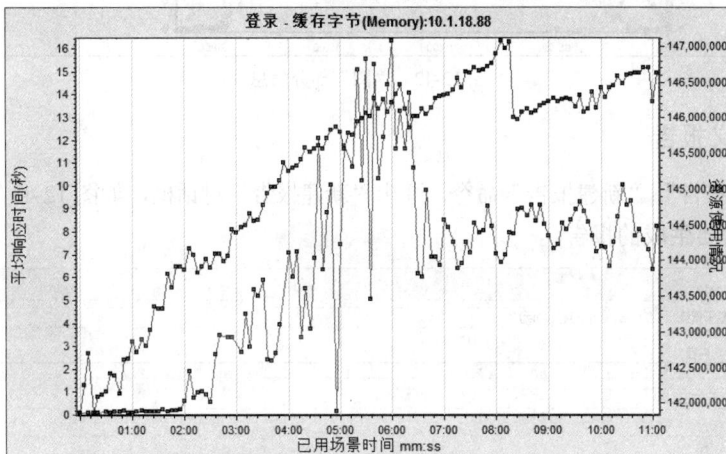

图 12-40　查看关联图

另外，关联匹配度默认比率是 20%，通过单击百分比旁边的箭头可以调整此比率，然后单击"重新计算"按钮即可生成新的匹配结果。

(2) 错误

"错误"部分信息如图 12-41 所示。

图 12-41　"错误"部分信息

该部分分为以下两个子部分：

- **接受测试的应用程序错误数**：显示事务运行过程中直接由 Vuser 活动引起的错误。
- **所有错误**：显示所测试应用程序的错误数，以及与影响系统但不影响所测试应用程序的与 Vuser 活动无关的错误数。

(3) 图

"图"部分将显示一张截图，内容为与所选显示选项(正在运行的 Vuser、吞吐量或每秒点击次数)合并在一起的选定事务及分析时间范围，如图 12-42 所示。注意，此图只是截图，不能像正常图一样操作。

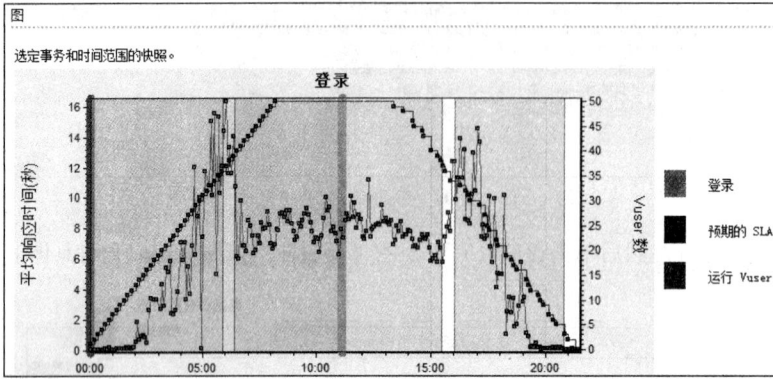

图 12-42　"图"部分信息

12.6.3　自定义报告

选择菜单"报告"|"新建报告"命令，弹出"新建报告"对话框，如图 12-43 所示。通过该对话框可以设置需要生成的报告。

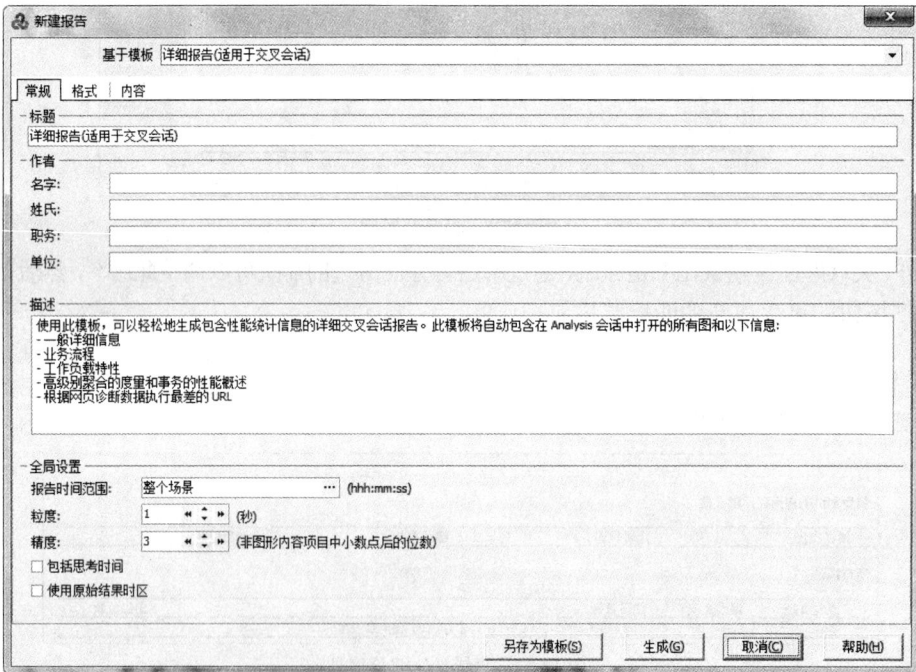

图 12-43　"新建报告"对话框

"新建报告"对话框中包括三个选项卡的设置："常规"、"格式"和"内容"。

1. "常规"选项卡

"常规"选项卡设置一些常用信息，主要包含以下信息：

- **标题**：描述报告的名称。
- **作者**：描述作者的相关信息，包括名字、姓氏、职务和单位。
- **描述**：简要描述报告的内容。
- **报告时间范围**：待生成报告分析数据的时间范围。
- **粒度**：每隔多长时间取一个数据点。
- **精度**：对于小数数据，定义小数点后保存多少位。

2. "格式"选项卡

"格式"选项卡主要用于设置生成报告的格式，如图 12-44 所示。包括常规、页眉和页脚、正常字体、标题 1、标题 2 和表等 6 项设置。

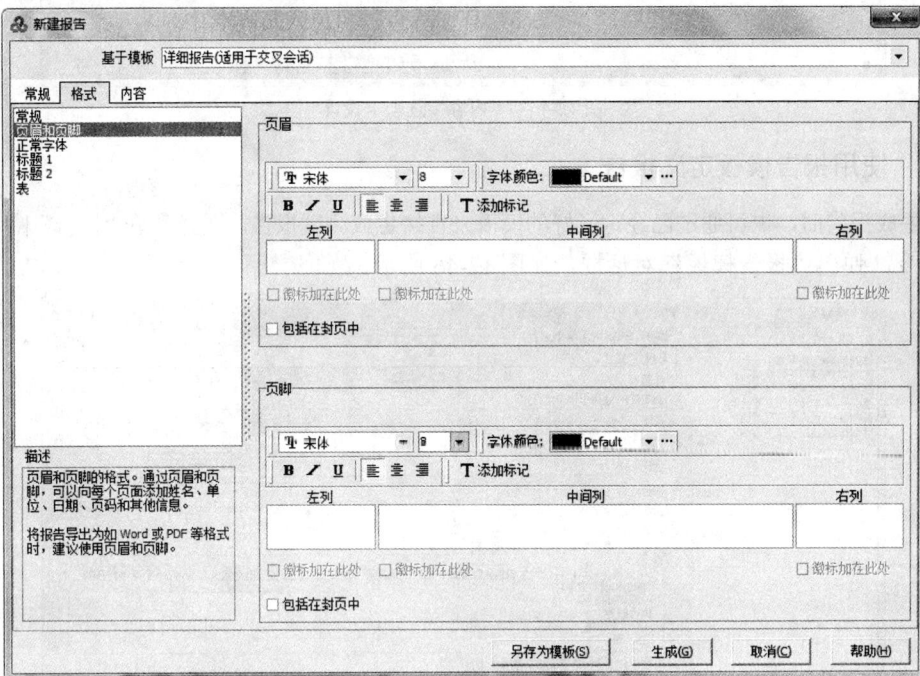

图 12-44　"格式"选项卡设置

3. "内容"选项卡

"内容"选项卡主要用于设置生成报告的内容，如图 12-45 所示。

设置好以上选项卡后，可以将其保存为模板，供以后使用，这样可以省去每次都设置模板的时间，如果不保存为模板，则可直接单击"生成"按钮生成测试报告。

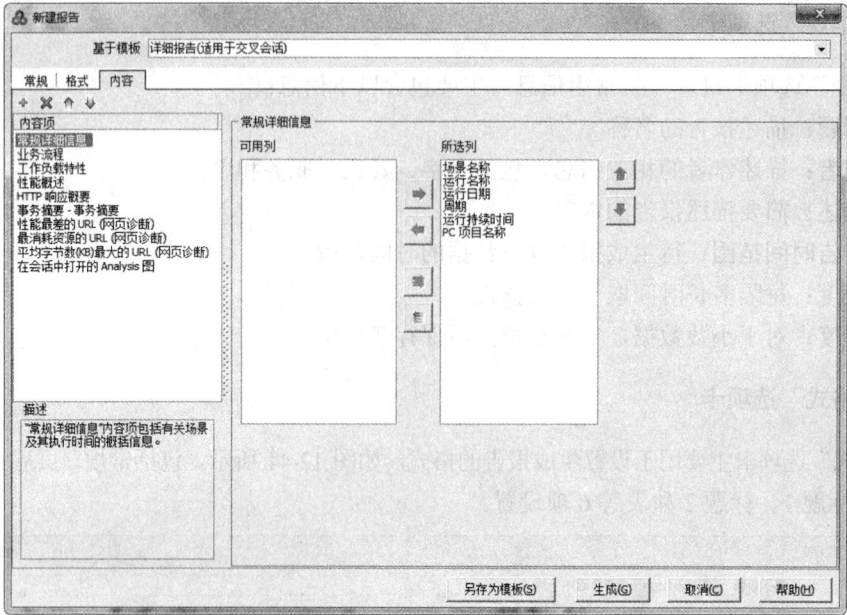

图 12-45 "内容"选项卡设置

12.6.4 使用报告模板定义报告

在生成报告时，也可通过已经定义好的模板来直接生成测试报告，选择菜单"报告"|"报告模板"命令，弹出"报告模板"对话框，如图 12-46 所示。

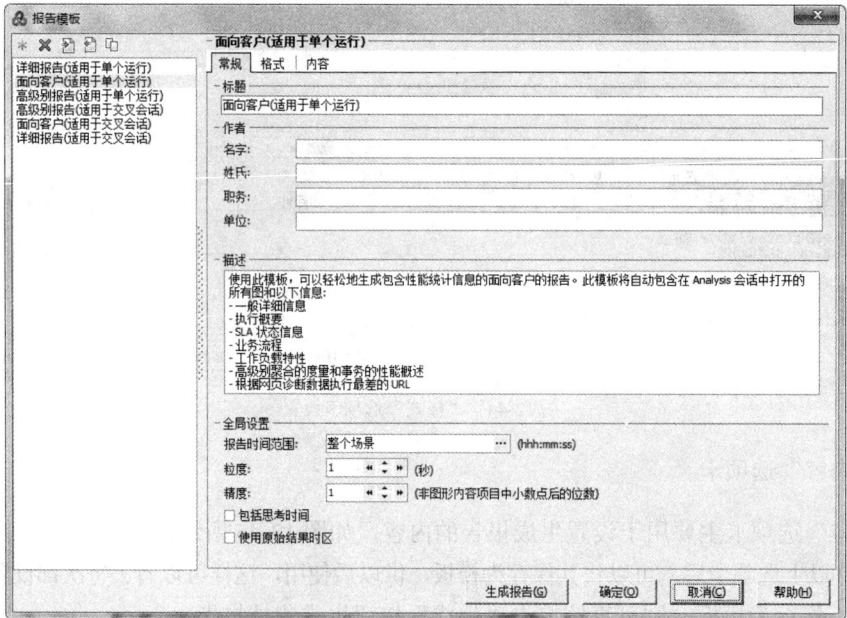

图 12-46 "报告模板"对话框

如果在设置报告模板的过程中保存过模板，那么在该报告模板对话框中可以看到已定义的模板，既可以直接用于生成测试报告，也可以对已使用的报告模板进行重新修改和定义。

12.7　本章小结

　　Analysis 是 Loadrunner 工具中用于测试结果数据分析的组件，本章主要介绍了 Analysis 的常用设置项、常见数据图及其分析技术等内容。在分析测试结果数据时，测试人员可以先结合摘要报告和 SLA 报告了解测试执行和指标运行的大致情况；然后通过查看某些数据分析图，并使用数据图分析技术来获取性能指标的运行数据；最后依据性能指标数据来分析系统可能存在的性能瓶颈，并提出优化建议。另外，性能瓶颈的定位和分析其实是一个复杂而耗时的过程，可能需要不断反复地进行测试才能发现系统的瓶颈。

练 习 题

1. 简述 Analysis 摘要报告中包含的主要内容。
2. 常见的数据分析图有哪些？
3. 数据图包含哪几种合并方式，其含义分别是什么？
4. 分析图关联技术的原理是什么？
5. 页面诊断技术的主要用途是什么？
6. First Buffer Time 和 Receive Time 的含义是什么？
7. 第一次缓冲时间细分图(随时间变化)的主要用途是什么？
8. Analysis 分析测试结果的流程是什么？

第13章　HP Loadrunner 性能测试实践

本章以 HP Loadrunner 自带的飞机订票系统为测试对象来讲述如何使用 Loadrunner 进行性能测试。当 Loadrunner 安装完成后，开始菜单的 HP Loadrunner/Samples 目录下将包含该系统的服务开启程序和系统首页链接，读者需要先运行系统的服务程序，然后通过首页链接进入系统首页，此后就可以利用 Loadrunner 实施性能测试了。

本章要点如下：
- 测试需求分析
- 编写测试计划
- 创建测试场景模型
- 设计测试用例
- 开发 Loadrunner 测试脚本
- 管理 Loadrunner 测试场景
- 分析 Loadrunner 测试结果

13.1　测试需求分析

WebTours 是 HP Loadrunner 自带的一款 B/S 架构的飞机订票系统，它主要包括用户登录、机票预订、订单显示等功能，WebTours 主页面如图 13-1 所示。本章将以该飞机订票系统为测试对象，利用 Loadrunner 来实施性能测试。

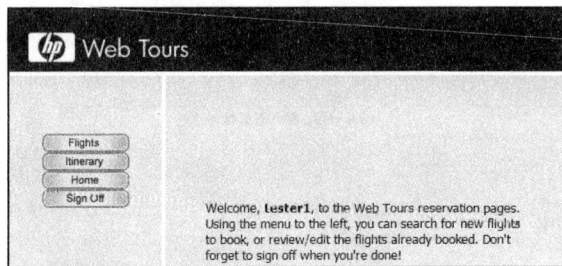

图 13-1　WebTours 系统主页面

13.1.1　性能指标分析

通常情况下，用户对性能测试需求的理解不如功能测试需求那样具体和准确。在实际项目中，我们经常会遇到用户没有明确提出性能要求，或者提出的性能指标含糊不清，提出的需求也并非十分符合企业的实际情况。例如，系统用户总共 20 人，服务器为普通的 PC 机配置，客户却要求"系统能够支持 200 人同时在线，最大并发用户数在 50 以上"；对响应时间的要求只是泛泛提出在 5s 以内，却没有提到哪个操作以及前提条件等。作为测试人员，我们需要帮助客户理解性能测试需求。

在飞机订票系统的性能测试中，依据用户需求可知，用户希望满足以下性能指标：

(1) 系统支持的在线用户数不低于 500 个。

(2) 用户登录、机票预订等模块相关操作的平均响应时间不超过 3s。

这样的需求描述太笼统，不够清晰，无法指导具体测试工作的实施，还需要对性能测试需求进一步分析，得出具体、清晰、可测性强的性能测试需求。

并发用户数

对于系统支持的在线用户数，通常不能直接测试出来，而是先测试出并发用户数，然后通过并发用户数与在线用户数的关系，计算出在线用户数。一般来讲：

$$并发用户数 = (5\% \sim 20\%) \times 在线用户数$$

具体比例需要根据系统的历史数据或者客户的经验等因素来估算。假设经过实际分析，飞机订票系统中该比例拟定为 5%，也就是说系统支持的并发用户数不低于 500×5%=25。确定了并发用户数后，接下来就需要选取要并发执行的业务操作。

选取被测业务

被测系统中有多个功能模块，每个功能模块又有若干个业务，那么我们是否需要对每个业务进行并发性能测试呢？答案很显然是否定的，一方面是因为系统的业务数量巨大，我们不可能把每个业务都测试到；另一方面是因为有些业务很少使用，而且与服务器的交互数据量并不大。在实际测试中，我们通常选择典型的、有代表性的业务流程去进行并发性测试。例如使用频率较高的业务操作、系统的核心业务操作、对数据库压力较大的操作、对某种资源消耗很大的操作等。由于飞机订票系统的核心业务是订票业务，并且该业务产生的数据交互量比较大，因此，这里选择订票业务进行并发性测试。

响应时间

关十系统的响应时间，普通的业务操作最好低于 2 秒，一般不超过 3 秒。如果响应时间过长，用户对系统的评价会降低，从而影响系统的推广和使用。而对于某些涉及大数据处理的业务操作，如几百万条记录的查询操作、数据库的初始化操作等可以根据数据量及资源情况设定响应时间。在飞机订票系统中，各种功能操作的响应时间不得超过 3 秒。

业务成功率

接下来规定业务的成功率。本书 8.1.2 节介绍了业务成功率的含义，该指标是指多用户对某一业务发起操作的成功率。在这里，业务的成功率要求在 98%以上，也就是说，对于某一业务，执行 1000 次，失败数不能超过 20 次。

硬件资源指标要求

除了软件的要求外，还应该对硬件资源进行监控，如应用服务器的 CPU 利用率、内存使用率、带宽情况、Web 服务器资源使用情况等。如果用户未明确提出这些性能要求，可按照行业的通用标准进行测试，如 CPU 的使用率不超过 75%，内存使用率不超过 70%等，其他指标这里就不一一列出了。之所以选择这两个数值，是因为它们具有代表性，CPU 的使用率超过 75%可以说是繁忙，如果持续在 90%甚至更高，很可能导致机器响应慢、死机等问题；如果过低也不好，说明 CPU 比较空闲，可能存在资源浪费。内存的使用率过高也会存在类似问题。

另外，测试人员还要预测系统的性能是否能够满足系统未来几年的使用。假设随着订票业务的发展，5 年后，系统的用户数可能增加 20%，达到 600 人，那么，系统支持的并发用户数要上浮 20%，达到 30 人。

经过上述分析，最终采集到本次测试的性能指标参考值，如表 13-1 所示。

表 13-1　订票业务性能测试指标参考

测试项	响应时间	业务成功率	CPU 使用率	内存使用率
订票业务	<=3	>=98%	<=75%	<=70%

13.1.2　确定业务流程

得到性能测试参考指标后，测试人员需要对要测试的业务流程进行确认。作为测试人员，首先要熟悉并确认测试业务的详细流程，即业务由哪些子功能构成，这些子功能按照什么样的顺序进行，功能实现所用到的数据有什么限制。尤其是功能复杂的业务，测试人员更应重视业务流程的确认。在实际项目中，经常会遇到测试用例和测试脚本的实现步骤出错，而且是在测试后期发现，造成前期做了很多无用的工作，这通常是由于测试人员忽视了对测试业务的流程的详细分析造成的。

根据上面的性能测试要求，被测试的业务为订票业务，该业务流程并不复杂，我们可以用流程图来表示业务的详细流程，如表 13-2 所示。

表 13-2　待测业务流程

待测业务名称	业务流程	备注
订票业务	用户登录→选择航班信息→支付账单→退出	已有登录用户信息 50 条

经过指标的提取和测试业务的确定两步，基本上已经确定了本次性能测试的测试需求，然后我们将性能测试指标交给测试组或项目组负责人，由他们进行评审确定。在规范的测试活动中，几乎每一个测试环节完毕后，都需要对这一环节的成果进行评审，包括后面的《测试计划》、《测试用例》、《测试报告》等文档完成后，都需要进行评审，这样可以尽早发现问题并及时纠正，防止影响到后续的测试活动。评审形式和评审人员构成都是比较灵活的，可以正式评审，也可以非正式评审，可在测试组内部评审，也可由开发人员或 QA 人员进行评审。

13.2　制订测试计划

13.2.1　编制测试计划

在性能测试中，测试计划文档的模板有很多种，但是包含的内容大同小异，可根据项目需要进行调整。一般来说，性能测试计划文档主要包含项目背景、测试环境、人员和时间安排、场景设计要求、风险分析和测试要提交的文档等内容。下面具体介绍测试计划文档的主要内容。

1. 测试环境

在进行性能测试之前，测试人员先要搭建好测试平台，这就需要考虑服务器和测试机的硬件和软件配置。其中，Web 服务器软件和数据库管理系统安装在同一台服务器上，服务器安装的操作系统为 Windows 2003，IP 地址为 10.1.18.88。

由于本次测试的负载量并不大，因此，Controller 和负载生成器使用同一台测试机，测试机与服务器在同一个局域网内。测试机安装的操作系统为 Windows 7 系统，IP 地址为 10.1.18.89。

服务器和测试机的详细配置如表 13-3 所示。

表 13-3　测试机与服务器软、硬件配置

设备	硬件配置	软件配置
数据库服务器 Web 服务器	PC 机(一台) CPU：Intel G3220 3.0GHz 双核 内存：4.0GB 硬盘：500GB	Windows Server 2003 MySQL Apache2.2
控制器 负载机	PC 机(一台) CPU：Intel i7-4610M 3.0GHz 双核 内存：4GB 硬盘：500GB	Windows 7 Loadrunner12.02 IE10.0 Microsoft Office

测试的网络拓扑结构如图 13-2 所示，其中，性能测试工具使用 HP Loadrunner12.02，测试脚本录制协议为"Web-HTTP/HTML"。

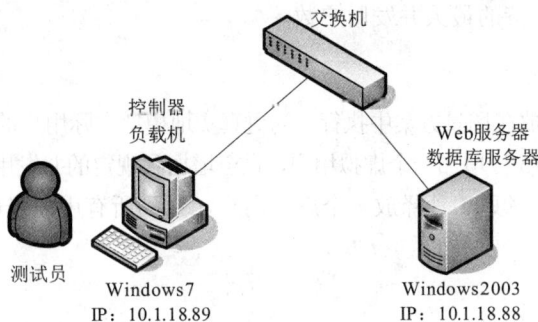

图 13-2　测试拓扑结构图

2. 人力资源及时间安排

在本次测试中，由经验丰富的测试组长完成性能测试需求分析、测试计划编写和场景模型设计工作，由一位测试员去完成剩余工作，故本次性能测试需要两位测试人员参与完成，整个性能测试需要在 10 天内完成。具体的人员和时间进度安排如表 13-4 所示。

表 13-4　人员和时间进度安排表

时间段	具体任务	执行人员	人员职责
第 1 天~第 3 天	需求分析 测试计划设计 场景模型设计	测试组长	负责分析测试需求，制订测试计划，创建测试场景模型，组织测试评审，协调管理测试工作与进度，汇报工作
第 4 天~第 6 天	脚本开发 场景设计 测试数据准备	测试员	负责开发测试脚本，设计测试场景，执行性能测试，分析测试结果，记录测试问题和结果，给出调优建议，编写测试报告
第 7 天~第 8 天	执行测试 测试结果分析	测试员	负责开发测试脚本，设计测试场景，执行性能测试，分析测试结果，记录测试问题和结果，给出调优建议，编写测试报告
第 9 天~第 10 天	测试报告	测试员	负责开发测试脚本，设计测试场景，执行性能测试，分析测试结果，记录测试问题和结果，给出调优建议，编写测试报告

3. 测试场景设计要求

1) 虚拟用户数的选择

为了测量和评估性能指标的活动情况，找出系统可能存在的问题，可采用多种不同的虚拟用户数去设计场景方案。在本案例中，如果要求规定的性能指标均能达标，测试人员可以逐渐增加并发用户数，找出系统可支持的最大并发用户数。如果性能指标不达标，测试人员可以逐渐降低并发用户数，直至找到系统可支持的最大并发用户数。

2) 测试执行的要求

将订票业务脚本单独放在场景方案中执行。为更真实地模拟实际用户的操作，测试场景的调度计划为：场景启动时，每 15 秒增加一个虚拟用户，直至增加到规定的并发用户数；脚本需要持续运行至少 30 分钟，退出时，每 15 秒释放一个虚拟用户，直到所有用户释放完毕。

3) 监控的关键指标

(1) 事务成功率

(2) 每秒点击次数

(3) 吞吐量

(4) 平均事务响应时间

(5) 服务器上 Windows 资源的常见指标，如% Processor Time(CPU 使用率)、Available Mbytes(可用的内存数)、% Disk Time(磁盘读写时间百分比)等

(6) Apache 资源的常见指标

4) 测试进入/退出标准

(1) 进入标准：

以下条件具备后，用户验收测试平台可以进行本次性能测试：

a) 生产环境测试准备完毕(包括数据库备份)

b) 测试脚本、场景设计文件准备完毕

c) 业务数据及测试数据准备完毕

d) 可以正常访问飞机订票系统界面

(2) 退出标准：

性能测试场景执行率达 100%，获得被测系统性能数据，可以进行数据分析。

(3) 测试中断标准：

如果飞机订票系统发生阻碍性能测试的功能问题，在一定时间段内无法修复，经项目经理确认后，性能测试将被中断。

(4) 测试恢复标准：

由功能问题引起的性能测试中断，将在测试方确认功能被修复后恢复测试。

4. 风险分析

在测试前期，测试负责人需要分析和评估测试可能存在的风险因素，并制定好应对措施，以防影响测试的进度和质量。本测试案例的风险分析情况如表 13-5 所示。

表 13-5　风险分析表

风险因素	可能结果	可能发生时间	风险级别	应对措施
环境能否按时准备就绪	环境搭建延时导致性能测试延时	录制脚本前	高	延迟性能测试开始时间
业务功能有 Bug	相关功能脚本不能录制	录制脚本期间	高	开发人员优先解决相关 Bug,缩短解决问题的时间
性能测试脚本有问题	执行测试时出现大量错误，该场景测试失败	测试执行阶段	中	测试员调整场景执行顺序，并及时修改脚本

5. 测试交付文档

除了最终的测试报告，测试过程中生成的文档和文件都需要保存下来，作为系统是否验收的依据。测试最终需要提交的文档如表 13-6 所示。

表 13-6　测试交付文档列表

测试阶段	阶段提交物
测试需求分析	测试需求大纲
测试计划设计	测试计划文档
测试用例设计	测试用例文档
测试脚本开发	测试脚本文件
测试场景设计	测试场景文件
测试结果分析	测试结果文件、软件缺陷报告单
测试报告编写	测试报告文档

除了以上几项内容，测试计划文档通常还包括测试的参考资料、测试术语、测试计划制订者、日期、修改记录、评审人员等信息。

13.2.2 创建测试场景模型

场景模型是用来约束和规范业务活动的场景环境，它是指导场景设计的依据。场景设计的主要目的是模拟出更接近用户真实使用情况的运行环境，场景模型的创建不仅要考虑具体业务操作过程，还要思考多用户同时使用系统的情况。创建场景模型应该考虑以下几方面：

(1) 确定 Vuser 的调度计划，包括 Vuser 的加载策略、场景持续运行的时间以及释放策略。调度计划可以通过以往系统的历史记录获得，如果以前没有这方面的相关记录，那么可以通过类似或同行业的情况做参考。

(2) 确定集合点的运行策略。需要特别注意，只有测试脚本中存在集合点，在场景设计中才可以设置集合点的策略。

(3) 确定负载机的数量。每个负载机都有可运行的虚拟用户数上限，当虚拟用户数很大，超出了一台负载生成器的承受能力时，就需要考虑多增加几台负载生成器去均摊并发的虚拟用户。

(4) 确定是否使用 IP 欺骗技术。通过该技术可以在负载机上虚拟出多个 IP 地址，并将 IP 地址分配给不同的虚拟用户使用，可使测试更接近真实用户的使用。

(5) 确定要添加的资源计数器。常见的计数器包括：操作系统、Web 服务器软件、数据库服务器软件等资源计数器。

在本次性能测试中，具体场景模型如表 13-7 所示。

表 13-7　场景模型表

业务名称	场景模型
订票业务	场景启动时，每 15 秒加载一个虚拟用户，虚拟用户加载完毕后，场景持续运行 30 分钟，结束时，每 15 秒释放一个虚拟用户。 使用 IP 欺骗技术，在负载机虚拟 10 个 IP 地址。 添加 Windows 资源计数器、Apache 资源计数器。 监控虚拟用户运行日志文件

13.3 设计测试用例

测试用例的设计是性能测试工作中最重要的环节之一，它是指导后续脚本开发、场景方案设计与执行以及测试需求分析的依据。性能测试用例模板也是多种多样，一般来说，一个性能测试用例通常包含测试用例编号、测试目的、前提、约束、并发用户数、操作步骤、预期结果、设计人员、执行人员、设计时间和执行时间。

性能测试通常是在功能测试之后开始实施的，因此，性能测试用例只需要考虑正常的业务流程，而不需要检查异常流程，但仍需要注意业务中的约束条件。例如：用户注册模块中不允许同名用户重复注册；某些输入框不允许为空；某些在线投票系统不允许一个 IP 多次投票等约束，在测试用例的设计和执行过程中，需要特别注意测试点中的约束条件。

在本章的测试案例中，订票业务不存在约束条件。另外，为更接近用户的真实使用情况，创建50 个不同的用户用于登录操作。本次性能测试的测试用例如表 13-8 所示。

表 13-8　订票业务测试用例

用例编号	FLIGHT-XN-ORDER(XN：性能，ORDER：订票)		
测试目的	测试订票业务的并发能力以及并发情况下的系统响应时间。 订票业务的业务成功率、HPS(每秒点击次数)等指标是否正常。 并发压力情况下服务器的资源使用情况，如 CPU、内存、磁盘、网络、Apache 系统		
前提条件	已创建 50 个用户可供登录系统		
约束条件	无		
步骤	操作	集合点	事务名
1	用户打开飞机订票系统首页地址		
2	输入用户名和密码，单击 Login 按钮，进入登录后的页面		登录
3	单击 Flights 按钮，进入航班查找页面		
4	输入要查找的航班信息后，进入机票付款页面		
5	输入机票账单信息，单击 Continue 按钮，显示机票订单信息		订票
6	单击 Sign Off 按钮，返回到系统首页		退出
期望结果	系统能够支持 30 个用户的并发访问。 登录、订票、退出事务的响应时间不超过 3 秒。 业务成功率≥98%，随着并发用户数的增加，HPS 稳步上升。 CPU 使用率≤75%，内存使用率≤70%		
实际结果			
测试执行人		测试日期	

13.4　执行测试

13.4.1　准备测试数据

在开发测试脚本之前，测试人员还要为脚本的运行准备必要的测试数据，在本次测试中，要预先准备 50 个可登录飞机订票系统的用户数据。测试数据获取途径很多，一般可以从以下几个方面入手：

(1) 参考历史数据。如对于搜索模块，需要数据库中至少已存在 10 万条记录，如果系统的数据库中已有 10 万条以上的历史记录，那么在准备数据时，可以直接调用这些现有的数据。

(2) 手动创建准备数据。这种方式一般适用于要准备的数据量不大的情况，假设登录模块需要两个可登录系统的用户名，那么测试人员可以手动创建两个用户。当要准备的数据量很大时，该方式就不适合了。

(3) 通过 SQL 语句添加准备数据。这种方式要求要添加的数据没有复杂的依赖关系，如果数据库中的数据表之间关系复杂，就很难用简单的 SQL 语句去添加准备数据了。

(4) 通过特殊软件添加准备数据。在测试中，可由开发人员编写一个专门添加数据的小软件，测试人员可以借助它来添加数据。当然，也可以使用 UFT、Loadrunner 等工具来创建数据。

在本案例中，使用 Loadrunner 来准备测试数据，具体步骤如下：

(1) 打开 VuGen，新建基于 Web-HTTP/HTML 协议的测试脚本 FlightReg。

(2) 将用户注册业务脚本录制到 VuGen 的 Action 中。用户注册业务的操作流程如下：

a) 打开飞机订票系统首页；

b) 单击 sign up now 按钮，进入用户信息注册界面；

c) 输入要注册的用户信息，通过单击 Continue 按钮提交注册信息；

d) 单击 Continue 按钮，使当前注册用户登录系统；

e) 单击 Sign Off 按钮，退出登录。

(3) 参数化用户名。在本案例中，录制的用户名为 tester1，因此，只需要对 tester 后的数字进行参数化。由于注册的用户名不允许与已有用户名重复，因此，"选择下一行"配置项选择 Unique，"更新值的时间"配置项选择 Each iteration，如图 13-3 所示。在添加参数数值时，可借助 Excel 工具快速添加 50 个数字。另外，由于 tester1 已经在录制过程中注册过，因此，应该从参数列表的第二行开始执行。

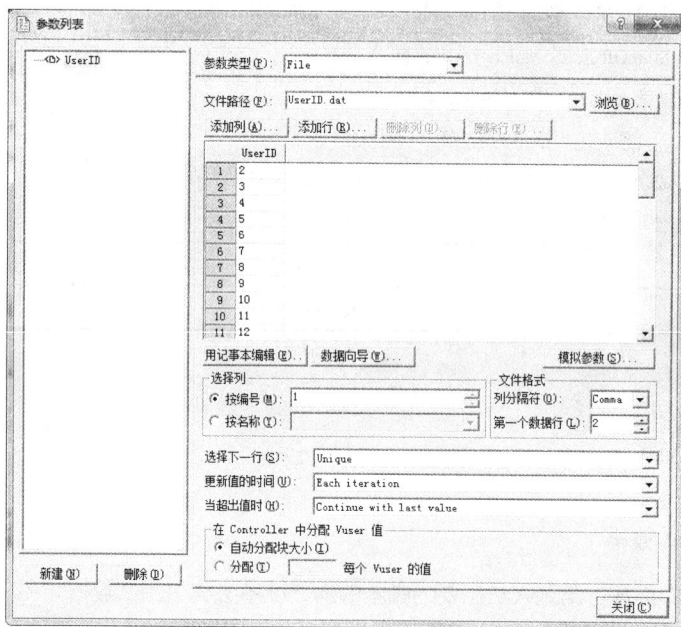

图 13-3　注册业务的参数化配置界面

(4) 脚本回放设置。打开"运行时设置"对话框，将"常规"下的"运行逻辑"选项卡中的"迭代次数"设置为 49，将"日志"选项卡中的"扩展日志"下的"参数替换"选项选中。

(5) 回放脚本，确认用户创建是否成功。在回放过程中，测试人员应密切注意输出日志，查看每次迭代的参数是否正确，脚本运行是否正确。回放完成后，可在结果文件中查看测试回放的详细结果。

13.4.2　测试脚本开发

测试数据准备完毕后，测试人员就可以根据场景模型和测试用例来开发测试脚本。在本案例中，订票业务脚本的开发步骤如下：

(1) 打开 VuGen，新建基于 Web-HTTP/HTML 协议的测试脚本 FlightOrder。

(2) 设置录制选项。打开"录制选项"对话框，录制模式选择"基于 HTML 的脚本"下的"仅包含明确 URL 的脚本"；支持字符集选择 UTF-8。

(3) 录制测试脚本。将订票业务脚本录制到 VuGen 的 Action 中，订票业务流程请参见订票业务测试用例。在脚本录制过程中，分别为 Login 按钮、提交机票账单信息的 Continue 按钮和 Sign Off 按钮定义事务"登录"、"订票"和"退出"。

(4) 扫描并创建关联。脚本录制结束后，VuGen 会自动扫描脚本中可能存在关联的地方，并将结果显示在"设计工作室"对话框中，如图 13-4 所示。

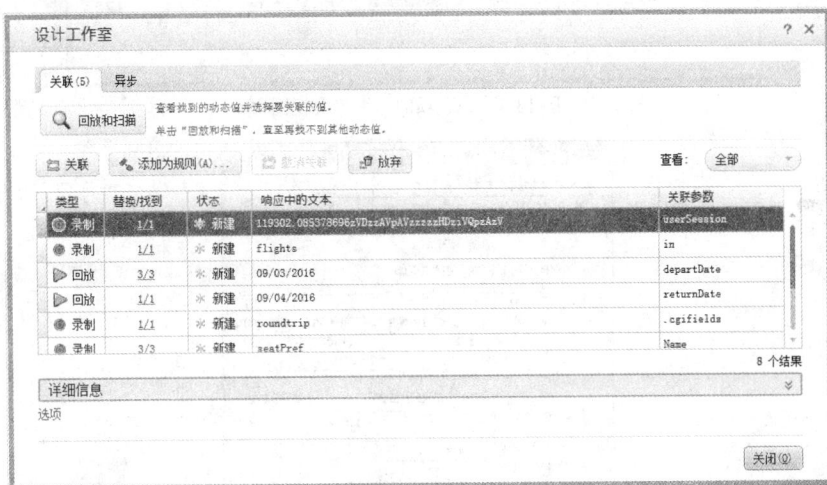

图 13-4　订票业务脚本的"设计工作室"对话框

10.10.1 节提到过，扫描出的关联项不一定都需要关联，需要测试人员进一步分析和确认。结合"详细信息"视图中"原始快照步骤"和"在脚本中出现的次数"的内容以及系统运行逻辑，测试人员可大致推断出哪些关联项需要设置关联，如图 13-5 所示。在本案例中，用户每次登录系统都需要携带 userSession 数据，而该数据是服务器传送给客户端的、用于辨别客户端身份的、每次可能不一样的数据，因此，需要为 userSession 数据创建关联。除 userSession 数据外，其他扫描出的关联项并不需要设置关联。

(5) 添加文本检查点。在本案例中，通过插入文件检查点来验证登录请求是否得到服务器的正确响应，即验证当前用户是否登录到飞机订票系统中。在飞机订票系统中，登录后的页面中含有"Welcome, tester1, to the Web Tours reservation pages."等字符串信息，因此，这里针对登录请求添加文本检查点函数，该函数的配置界面如图 13-6 所示。

(6) 参数化用户名。在本案例中，可供登录的用户名为 tester1~tester50，密码皆为 111111，因此，只需要对用户名中 tester 后的数字进行参数化，可取参数数值为 1~50。在场景执行过程中，随机选择用户来登录系统会更贴近实际，因此，"选择下一行"配置项选择 Random，"更新值的时间"配置项选择 Each iteration，如图 13-7 所示。

图 13-5　关联项的详细信息视图

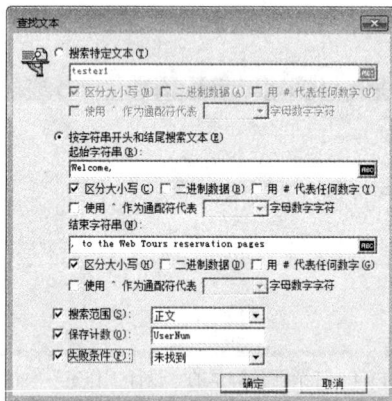

图 13-6　脚本检查点函数配置界面

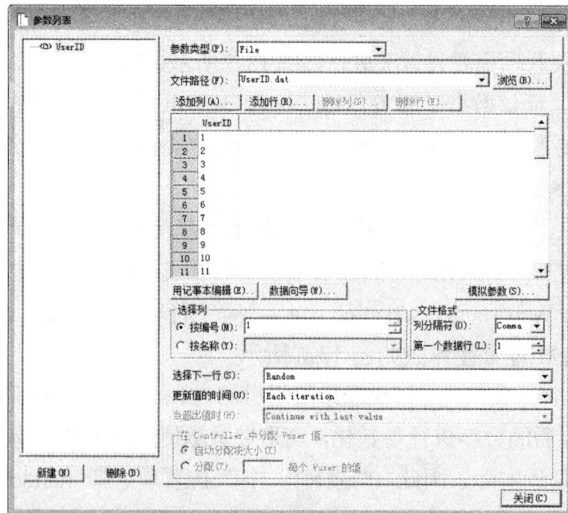

图 13-7　订票业务的参数化配置界面

(7) 设置思考时间。思考时间主要用于模拟两个操作之间的等待时间，通过设置思考时间可使脚本更接近真实用户的使用情况。在本案例中，在登录、订票、退出等请求函数之前添加 2s 的思考时间，即插入思考时间函数 lr_think_time(2)。需要注意，思考时间函数不能在某个事务的开始函数和结束函数之间插入，否则思考时间记入事务的响应时间之内。

(8) 为脚本添加必要的注释，增加脚本的可维护性、可读性和重用性。在订票业务脚本中，应该对脚本的概要情况、事务、检查点设置、关联设置等代码添加注释，脚本注释规则与 C 语言注释规则相同。在 VuGen 中，快速注释的方法是：选中要注释的内容，单击右键，选中"注释或取消注释"即可。

(9) 优化脚本代码。测试人员可根据测试需要调整代码的结构，去掉无用的代码，例如，在录制时，VuGen 生成了一些与系统无关的请求代码，这些代码可能影响脚本的运行，所以应该删除掉。

(10) 完成脚本运行时设置。打开"运行时设置"对话框，将"常规"下"运行逻辑"选项卡中的"迭代次数"设置为 2；将"日志"选项卡中"扩展日志"下的"参数替换"选中；将"思考时间"选项卡中的"按录制参数回放思考时间"选中。

(11) 回放脚本来检查脚本代码是否符合预期的设计并能成功执行。在回放过程，测试人员应密切注意回放日志，查看每次迭代的参数取值是否正确，脚本运行是否正确。回放完成后，可在结果文件中查看测试回放的详细结果。

经过上述步骤，订票业务脚本已经基本开发完毕。在该脚本中，用到了事务技术、关联技术、参数化技术、检查点技术，还增加了思考时间和必要的注释信息。

13.4.3　场景方案设计

订票业务脚本开发完成后，将测试脚本加载到 Controller 中，进行测试场景的设计。场景设计主要对 Controller 进行设置，设置脚本执行时的环境。13.2.2 节已经创建了测试场景模型，接下来主要依据该模型进行测试场景设计。

在本案例中，订票业务脚本单独放在一个场景中运行，该场景方案的设计思路以及具体操作如下：

(1) 设置并发的 Vuser 数。根据订票业务测试用例的要求，并发用户数为 30 个，因此，在 Controller 中设置并发用户数为 30，具体设置界面如图 13-8 所示。

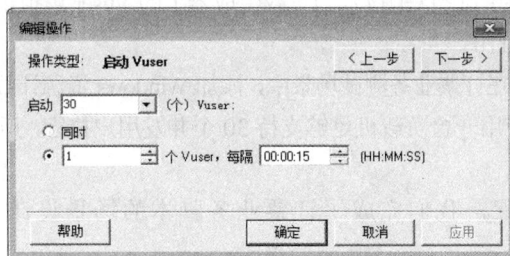

图 13-8　设置订票业务场景的并发用户数

(2) 设置 Vuser 的调度计划。依据订票业务脚本的测试场景模型，Vuser 的调度计划为：每 15 秒加载一个虚拟用户，虚拟用户加载完成后，场景持续运行 30 分钟，结束后，每 15 秒释放一个虚拟用户。在 Controller 的"设计"选项卡的"全局计划"视图中，可以设置 Vuser 的调度计划，设置结果如图 13-9 所示。

图 13-9　订票业务场景的 Vuser 调度计划

(3) 设置服务水平协议目标值。在本案例中，依据测试用例的要求，登录、订票和退出事务的响应时间不能超过 3 秒，因此，在服务水平协议中，分别定义这 3 个事务的响应时间目标值为 3 秒，如图 13-10 所示。

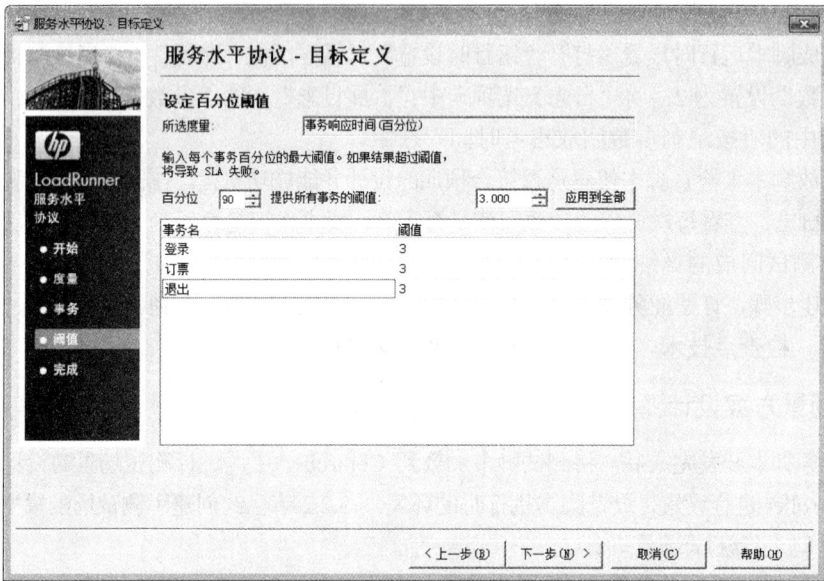

图 13-10　设置订票业务事务的服务水平协议值

(4) 使用 IP 欺骗技术。在场景运行时，默认情况下，负载生成器上的所有 Vuser 都使用机器唯一的 IP 地址向服务器发送请求，这样就不能模拟用户使用不同计算机的真实情况。为更接近真实的使用情况，在本案例中，使用 IP 欺骗技术为负载生成器上的 Vuser 虚拟出 10 个不同的 IP 地址，分别为 10.1.18.101~10.1.18.110。

(5) 添加资源计数器。在订票业务测试场景中，添加 Windows 资源计数器和 Apache 资源计数器。

另外，在本案例中，使用一台负载机足够支持 30 个并发用户执行，所以只需要添加一台负载机即可。

至此，通过以上步骤，我们完成了订票业务脚本的场景设计工作，可将场景保存为 Sce_FlightOrder。

13.4.4　执行和监控测试场景

在运行测试场景之前，通常需要测试人员设置运行结果的保存目录信息。在本案例中，结果目录设置信息如图 13-11 所示。

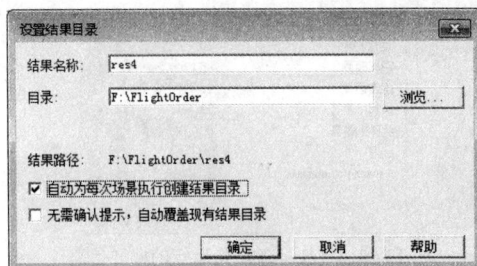

图 13-11 订票业务场景的结果目录设置

在场景运行过程中，测试人员需要监控场景运行情况，以发现测试脚本和场景方案中可能存在的问题并获取场景运行信息，这样更有利于对性能测试结果进行分析，以下几个方面的信息需要监控。

1. 场景组中 Vuser 的状态以及 Vuser 的日志信息

在"场景组"区域中，测试人员可以查看所有 Vuser 的运行状态以及每个 Vuser 的运行情况，如图 13-12 所示。其中，单个 Vuser 的运行日志是监控的重要内容，通过监控该日志信息，可以定位问题出现的位置并找出问题出现的原因。

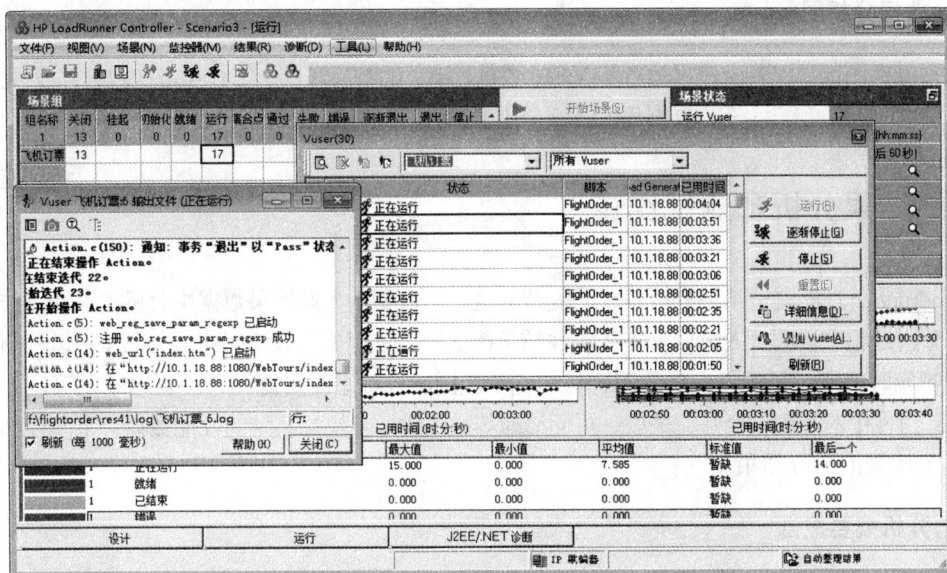

图 13-12 订票业务的 Vuser 运行情况

2. 场景运行概况

在"场景状态"区域中监控测试场景的运行概况，最重要的是关注失败事务的数量以及错误信息，如图 13-13 所示。

3. 场景运行的错误信息

如果在运行过程中场景状态出现错误信息，那么测试人员应该在 Controller 的输出窗口中查看错误信息的具体内容，以便帮助调试脚本和分析结果，如图 13-14 所示。

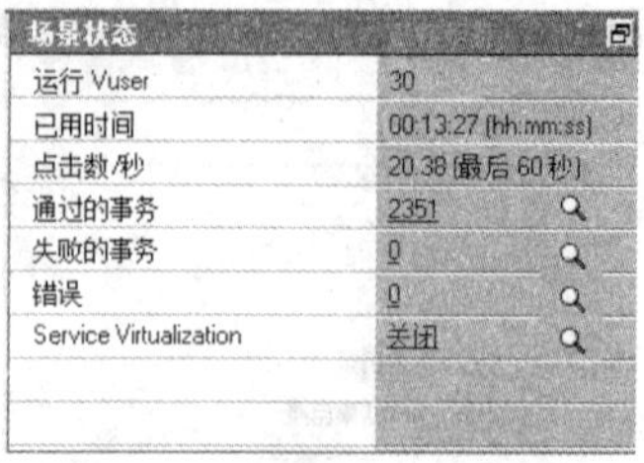

图 13-13　订票业务场景运行的概要信息

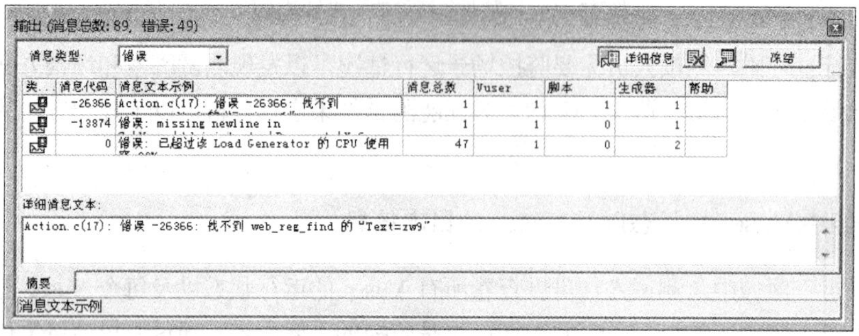

图 13-14　查看输出窗口中的错误信息

4. 数据分析图

数据分析图部分主要监控正运行的 Vuser 数量、事务的响应时间、每秒点击次数、每秒事务数、资源计数器(包括操作系统、数据库和服务器资源计数器)等视图的变化情况。

13.5　结果分析和测试结论

Loadrunner 性能测试结果分析是一个复杂的过程，需要从大量结果数据中分析出被测系统的性能。在分析过程中，测试人员通常需要关注结果摘要数据、服务协议水平报告、Vuser 运行图、平均事务响应时间图、每秒点击次数图、每秒吞吐量图、各种系统资源图、网页诊断图等，并结合 Analysis 组件中的筛选、合并、关联、页面诊断等技术进一步挖掘系统的性能数据。下面详细分析订票业务场景的运行结果。

1. 分析摘要报告

1) 场景执行情况摘要

该部分给出了本次测试场景的名称、结果存放路径及场景的持续时间，如图 13-15 所示，本次场景运行共耗时 44 分 48 秒，这与场景计划中设计的时间基本吻合。

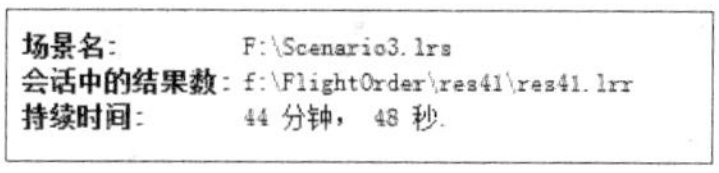

图 13-15　订票业务场景执行情况摘要

2) 统计信息摘要

该部分给出了场景执行结束后并发用户数、总吞吐量、平均每秒吞吐量、总点击数、平均每秒点击次数、错误总数的统计值，如图 13-16 所示。从该图可以得出如下分析结果：

（1）最大并发用户数为 30，与场景设计中设定的 Vuser 数吻合。

（2）在场景运行过程中，并未出现错误信息，因此，该部分没有错误总数的统计值。

（3）平均每秒吞吐量和平均每秒点击次数，在本次测试需求中并未明确要求。在服务器正常处理范围内，这两个指标值应该与并发用户数成正比。在实际测试中，测试人员可改变并发用户数，重新执行场景，查看这两个指标值的变化是否正常。如果并发用户数增加了，而这两个指标变化不大，说明网络或者服务器上存在瓶颈。

运行 Vuser 的最大数目：		30	
总吞吐量(字节)：	⊘	83,932,665	
平均吞吐量(字节/秒)：	⊘	31,400	
总点击次数：	⊘	52,920	
平均每秒点击次数：	⊘	19.798	查看 HTTP 响应概要

图 13-16　订票业务场景统计信息摘要图

3) 事务摘要图

该部分给出了场景执行结束后相关 Action 的平均响应时间、通过率等情况，如图 13-17 所示。测试人员可以从该图中得到每个事务的平均响应时间与业务成功率，测试用例中对这两个指标给出明确要求。

在 13.4.3 提出的场景方案中，针对登录、订票和退出事务的响应时间分别定义了服务水平协议目标值为 3 秒，从图 13-17 可以看出，订票和退出事务的响应时间的实际值符合目标值的要求，而登录事务的响应时间高于目标值，这不符合预期要求。对于响应时间指标，测试人员可结合"事务平均响应时间"图进一步分析该指标。

依据图 13-17 的结果数据，我们计算出"登录"事务、"订票"事务、"退出"事务和整个 Action 事务的业务成功率皆为 100%，均高于预期的 98%，因此，该项指标通过。

事务摘要

事务：通过总数：7,900 失败总数：0 停止总数：0　　　　平均响应时间

事务名称	SLA 状态	最小值	平均值	最大值	标准偏差	90 百分比	通过	失败	停止
Action Transaction	⊘	0.634	26.325	57.763	14.983	41.372	1,960	0	0
vuser_end Transaction	⊘	0	0	0	0	0	30	0	0
vuser_init Transaction	⊘	0	0.001	0.01	0.002	0	30	0	0
登录	✕	0.066	8.042	16.137	5.276	14.117	1,960	0	0
订票	✓	0.081	0.377	6.108	1.043	0.222	1,960	0	0
退出	✓	0.059	0.445	11.168	1.592	0.186	1,960	0	0

服务水平协议图例：　✓ 通过　　✕ 失败　　⊘ 无数据

图 13-17　订票业务场景事务摘要图

4) HTTP 相应摘要

该部分显示在场景执行过程中，可体现出每次 HTTP 请求发出的状态是否成功，如图 13-18 所示。本次测试过程中，Loadrunner 共模拟发出了 52 920 次请求(与"统计信息摘要"中的总点击数一致)，且所有发出的请求都得到了正确响应。

HTTP 响应概要

HTTP 响应	合计	每秒
HTTP 200	52,920	19.798

图 13-18　订票业务场景 HTTP 响应摘要

2. 分析几个重要数据图的走势

1) "运行 Vuser" 图

"运行 Vuser"图显示了测试过程中 Vuser 的运行走势,测试人员应该确认它的走势是否符合场景设计中 Vuser 的调度计划。默认状态下,该图 X 轴粒度较大,无法直观看出 Vuser 的加载和释放数据,因此,改变粒度为 15s(因为在调度计划中,每 15s 加载 1 个 Vuser,结束时每 15s 释放 1 个 Vuser,所以选择 15s 比较合适),粒度改变后的"运行 Vuser"图如图 13-19 所示。

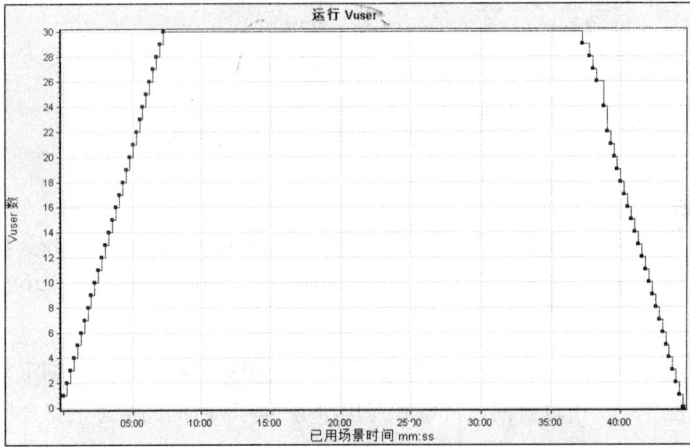

图 13-19　"运行 Vuser"图

从上图可以看出,Vuser 的启动加载方式、持续运行方式和结束释放方式均符合场景设计中的调度计划,该数据图走势正常。

2) "每秒点击次数"图和"吞吐量"图

这两个图的走势应该大体一致,至于这两个图的含义在前面已经做了详细说明,读者可自行查阅。正常情况下,随着 Vuser 数的增加,每秒点击次数和每秒吞吐量指标也会相应增加;当 Vuser 数值比较稳定时,这两个指标的变化情况也应该趋于稳定;当 Vuser 数值减少时,这两个指标值也会相应减少。利用合并技术,分别将这两个图合并到"运行 Vuser"图中,如图 13-20、图 13-21 所示。

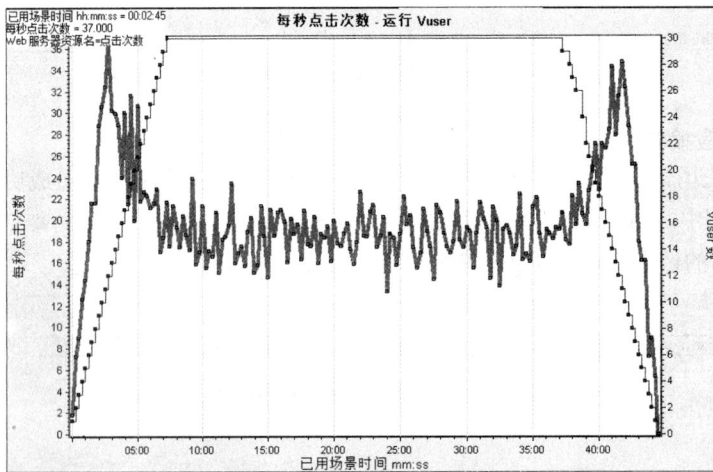

图 13-20　"运行 Vuser"与"每秒点击次数"合并图

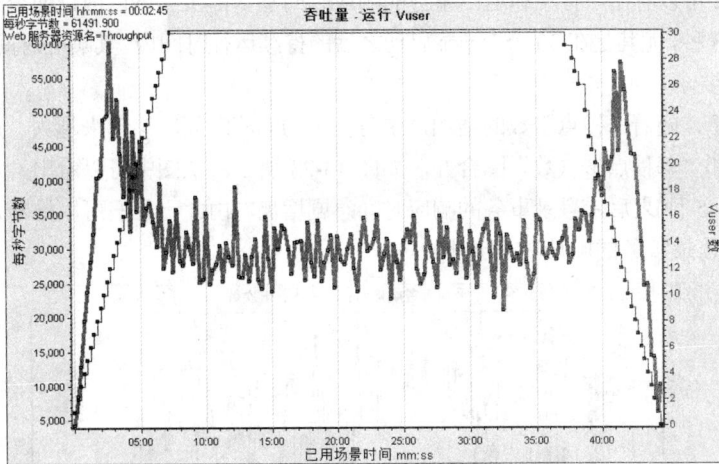

图 13-21　"运行 Vuser"与"吞吐量"合并图

从两个合并图看出，在场景运行的前 2 分 45 秒，每秒点击次数和吞吐量指标走势正常，此时启动了 12 个 Vuser，而在之后的运行中，这两个指标并未随着 Vuser 数的增加而增加，这说明系统可能存在瓶颈，可能是由于服务器的硬件或者软件处理能力不足造成的。

3) "事务平均响应时间"图

"事务平均响应时间"图中显示了订票业务中每个事务的响应时间，如图 13-22 所示，该图上的事务响应时间和"事务摘要"中的响应时间数值可能略有差别，这是因为数据图的采样时间不同造成的，但一般差距不大，不影响判断。需要注意，在分析事务响应时间的时候，先要在分析器里筛选掉思考时间，这是因为去掉思考时间之后的事务响应时间才能更真实地反映服务器的处理能力。

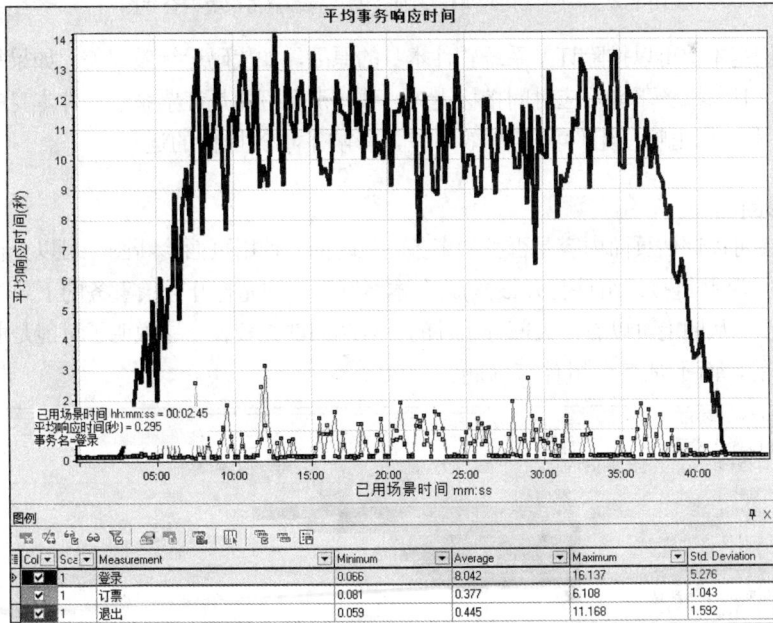

Col	Sca	Measurement	Minimum	Average	Maximum	Std. Deviation
1		登录	0.066	8.042	16.137	5.276
1		订票	0.081	0.377	6.108	1.043
1		退出	0.059	0.445	11.168	1.592

图 13-22　订票业务场景的平均事务响应时间图

从图 13-22 可以看出，订票和退出事务的响应时间基本都在 3 秒以内，而登录事务的响应时间超过了预期的 3 秒，尤其是在 30 个 Vuser 启动之后的持续运行时间内，其响应时间大多在 9 秒以上，这不符合测试要求。

正常情况下，随着每秒点击数的增加，事务的平均响应时间应该越来越大。这里将"平均事务响应时间"图和"每秒点击次数"图合并，如图 13-23 所示。从图中可以看出，每秒点击次数指标出现拐点(2 分 45 秒)之后，登录事务的响应时间急剧增加，由此，我们可以推断是服务器的处理能力不足造成了登录事务的响应时间过长。

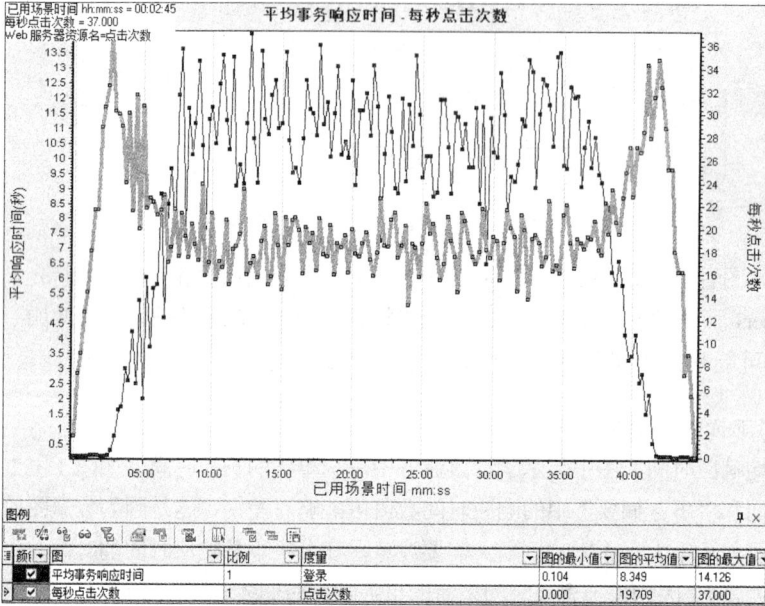

图 13-23 "平均事务响应时间"与"每秒点击次数"合并图

这里，我们基本上可以排除订票系统软件本身的原因，如代码运行效率差。如果每秒点击次数指标走势正常，且与事务平均响应时间指标走势一致，那么可能是订票系统软件本身的问题，可通过页面诊断技术来找出哪些组件的运行效率差，影响了事务操作的运行。

4) 页面诊断图

页面诊断图可以评估页面内容是否影响事务响应时间。使用页面诊断图，可以分析网站上有问题的元素(例如，某些链接或组件打开很慢)。在本案例中，首先打开登录事务的下载时间细分图，如图 13-24 所示。从图上可以看出大部分组件的下载时间都比较长，这说明了可能是服务器本身处理能力差造成的，而不是某个组件有问题。

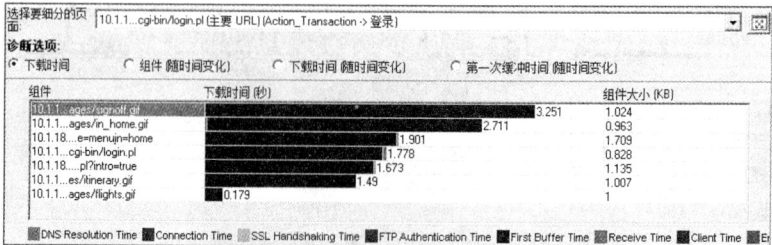

图 13-24 登录事务的下载时间细分图

　　然后打开登录事务的第一次缓冲时间细分图(随时间变化)，如图 13-25 所示。从图上可以看出，导致事务响应时间过长主要是由服务器造成的。

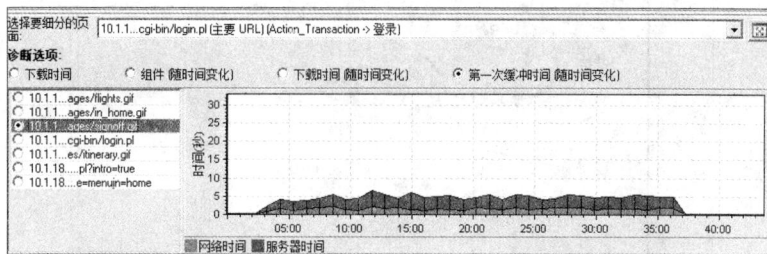

图 13-25　登录事务的第一次缓冲时间细分图(随时间变化)

5) 分析 Windows 系统资源图

　　Windows 资源图显示了在场景执行过程中被监控的计算机系统的资源使用情况，一般情况下监控计算机的 CPU、内存、网络、磁盘等各个方面的资源使用情况。接下来，我们分别对内存、CPU、磁盘使用情况进行简单分析。

　　(1) 内存分析

　　从图 13-26 中看出，可用内存指标的平均值为 906.298MB，最小值为 881MB，而被测服务器的总物理内存为 4GB，操作系统其他进程占用了 1.5GB 左右，也就是说可供被测系统使用的内存为 2560MB，那么内存的使用率为(2560-881)/2560=65.6%，满足"内存使用率不得高于 70%"的性能测试要求，所以内存使用率达标。另外，在整个执行过程中，可用内存数比较平稳，未见大幅减少，因此，不存在着内存泄漏问题。

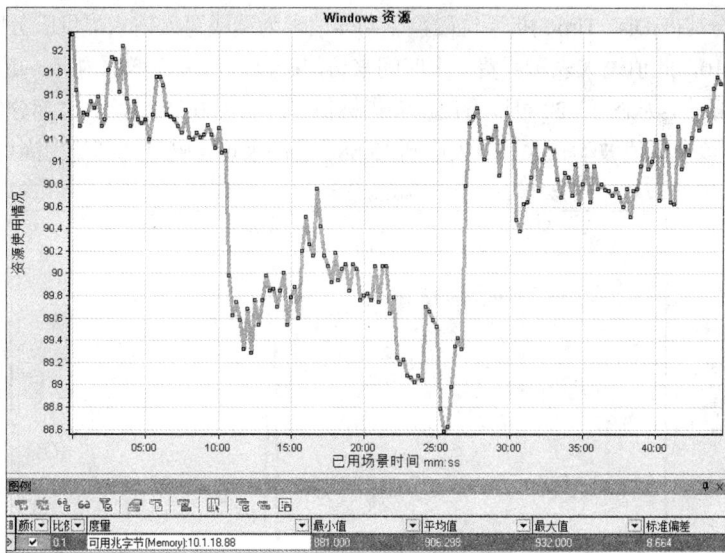

图 13-26　可用内存指标走势图

　　(2) CPU 分析

　　① 处理器时间百分比(CPU 使用率)

　　如图 13-27 所示，CPU 使用率的平均值为 39.322%，绝大部分值皆在 60%以下，满足"CPU 利用率不高于 75%"的性能测试要求，符合测试用例要求。

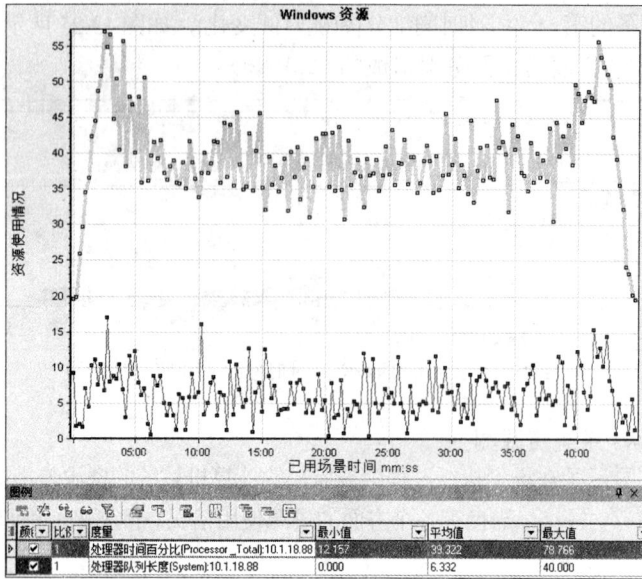

图 13-27　处理器时间百分比和处理器队列长度指标走势图

② 处理器队列长度

如图 13-27 所示，处理器队列长度平均值是 6.332，绝大部分值在 4~10 之间，这说明处理器略有堵塞，这可能影响 CPU 的稳定性。

(3) 磁盘分析

① 磁盘时间百分比

磁盘时间百分比(%Disk Time)指所选磁盘驱动器忙于为读或写入请求提供服务所用时间的百分比。正常值小于 10，此值过大表示耗费太多时间来访问磁盘，可考虑增加内存、更换更快的硬盘、优化读写数据的算法。从图 13-28 可以看出，该指标值平均值为 0.351 2，且大部分值都在 2 以下，在 27 分钟左右，该指标值波动较大，最大达到 13.68。总的来说，磁盘处理能力尚可，稳定性不足。

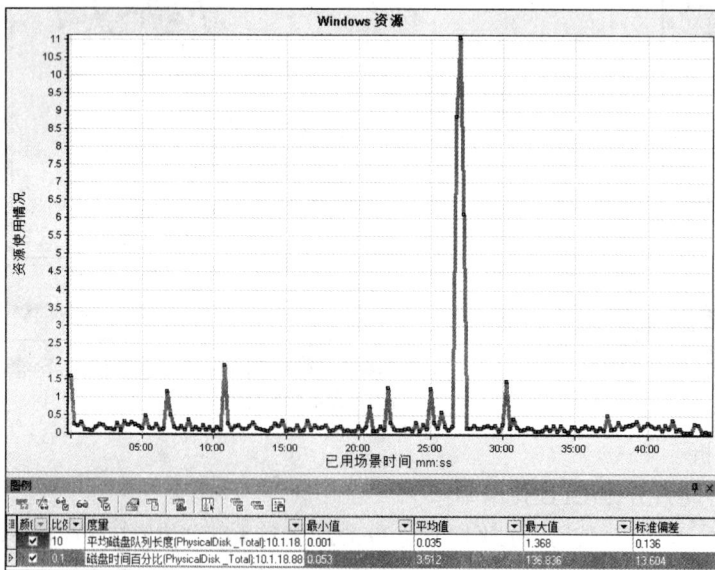

图 13-28　磁盘时间百分比和平均磁盘队列长度指标走势图

② 平均磁盘队列长度

平均磁盘队列长度指标的走势与磁盘时间百分比指标的基本一样，说明磁盘的 I/O 速度足够快。该指标值正常情况下应该小于 0.5，此值过大表示磁盘 I/O 太慢，需要更换更快的硬盘。

这里只对与订票业务场景运行结果有关的几个常用的性能指标趋势做了简单说明。如果测试人员怀疑某种资源的使用情况出现了问题，可以通过分析该资源的其他指标进一步挖掘可能存在的问题。

6) 分析 Web 服务器资源

如图 13-29 所示，Apache 资源图中显示"已发送 KB/秒"、"点击次数/秒"、"忙工作进程数"和"闲工作进程数"4 个指标。前两个指标的走势与每秒吞吐量和每秒点击次数指标的相似，这里不再多讲。"忙工作进程数"指标的最大值由 Apache 中的 ThreadsPerChild 参数决定，该值默认情况下为 64，即当前 Apache 可分配的线程数量为 64。当负载量较大而 ThreadsPerChild 参数设置较小时，Apache 的性能会变得很差。

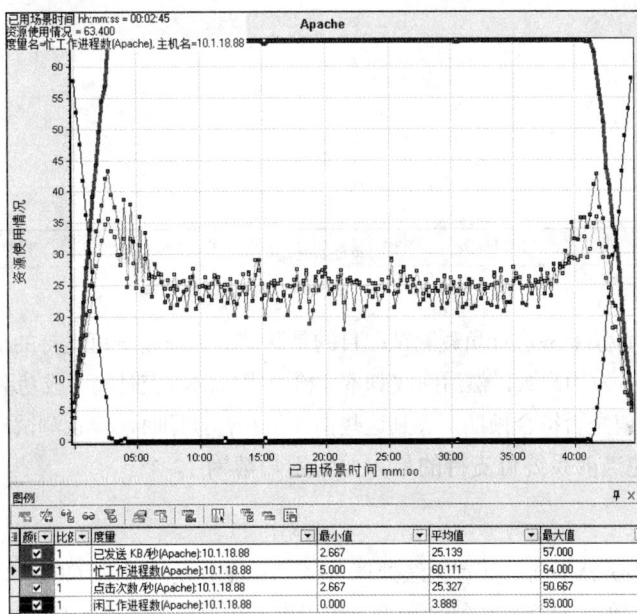

图 13-29　Apache 指标走势图

在本案例中，在 2 分 45 秒时，64 个线程已经分配完毕，那么后续用户请求只能等待有空闲线程时才能被处理，这使得服务器的处理能力变弱。因此，我们可以推断出 ThreadsPerChild 参数设置较小是造成每秒点击次数、每秒吞吐量异常的主要原因，也是登录事务响应时间过大的主要原因。我们可以对 Apache 的最大线程数进行修改，具体操作如下：

(1) 打开 conf\httpd.conf 配置文件，找到代码 Include conf/extra/httpd-mpm.conf 将其之前的注释符号#去掉。如果不启用 httpd-mpm.conf 配置文件，ThreadsPerChild 默认值为 64。

(2) 打开 conf\extra\httpd-mpm.conf 配置文件，找到以下代码：

```
<IfModule mpm_winnt_module>
    ThreadsPerChild      150
    MaxRequestsPerChild   0
</IfModule>
```

ThreadsPerChild 就是 Apache 为每个进程分配的最大线程数，当前值是 150，基本满足 30 用户并发的需要。

(3) 重新启动 Apache 服务器，进程可分配的最大线程数即可生效。

修改 ThreadsPerChild 参数后，测试人员应该重新运行订票业务场景，得到新的测试结果文件。在新的测试结果文件中，"忙工作进程数"最大值为 149，未超过 ThreadsPerChild 设置的 150，这说明 Apache 系统已经不存在瓶颈。通过进一步分析，发现 CPU 的使用率过高，如图 13-30 所示，在 3 分 45 秒时已经超过了 75%，这不符合预期。总之，当前系统无法支持 30 个用户的并发访问。

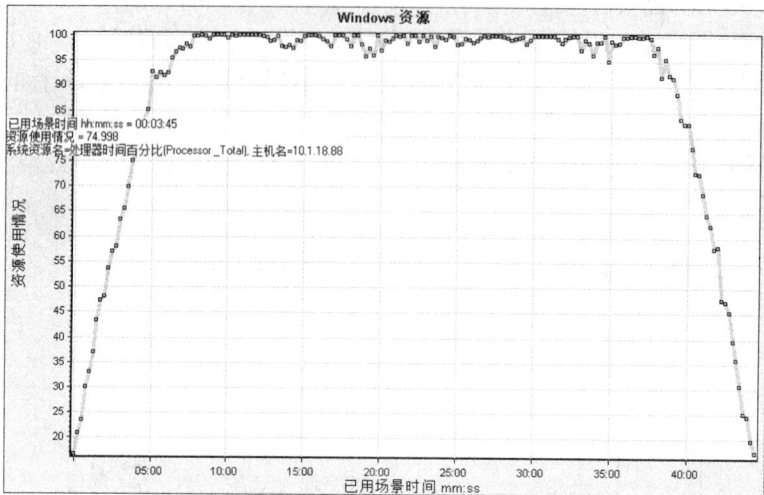

图 13-30　30 个并发 Vuser 的 CPU 使用率

接下来，继续对订票业务进行负载测试，目的是测试出当前系统可支持的最大并发用户数。具体思想是：逐步减少并发用户数，然后回放脚本，检查事务的响应时间、成功率、CPU 利用率和内存使用率等具体指标值是否符合预期。等到这些指标值符合预期时，停止测试。在本案例中，经过多轮负载测试，确定当前系统可支持的最大并发用户数为 17 个。

测试结论

对于订票业务，服务器当前的配置无法处理 30 个 Vuser 并发的活动，CPU 的使用率超过了 75%，除 CPU 使用率外，其他测试指标均符合预期，可以考虑为服务器更换处理能力更强的 CPU。经过多次负载测试，当测试 17 个 Vuser 并发时，所有测试指标均符合预期，即当前服务器的配置可支持的最大并发用户数为 17 个。

13.6　本章小结

本章以 HP Loadrunner 自带的飞机订票系统为测试对象来介绍使用 Loadrunner 进行性能测试的过程。通过该案例的学习，读者可更好地了解性能测试在实际项目中的实施过程。

练习题

1. 简述利用 Loadrunner 实施性能测试的一般流程。
2. Loadrunner 测试场景模型需要考虑哪些因素？

3. 性能测试数据可以通过哪些手段准备？

4. 在本章案例的场景执行过程中，你都监控了哪些数据信息，对于异常数据，你如何分析其中的问题？

5. 在本章案例的测试结果数据分析过程中，你分析了哪些结果数据，使用了哪些分析技术，发现了哪些性能上的问题？

第 Ⅴ 部分

信息软件系统安全测试

　　随着计算机技术和信息技术的发展，Web 应用系统在各个领域都得到了广泛应用，伴随而来的针对 Web 应用的攻击也大幅上升。Web 应用系统开发任务重、周期较短，Web 应用程序难免存在漏洞，给攻击者留下大量可乘之机。如何检测评估 Web 应用系统的安全性，是 Web 安全领域面临的严峻问题。

第 14 章　Web 应用安全基础

本章首先介绍软件安全的基本概念，对软件安全相关的问题进行了讨论，并对与 Web 应用安全相关的 Web 应用技术的一系列基本概念进行了介绍，在此基础上对 Web 应用常见的十大安全性威胁产生的原因和应对策略进行了分析和探讨。

本章要点如下：
- 软件安全简介
- Web 应用技术基础
- Web 应用程序安全
- 两大 Web 应用安全研究组织
- OWASP 十大应用安全攻击

14.1　软件安全简介

对于软件安全(Software Security)，业界还没有统一的标准定义。依据现有的书籍和文献资料，所谓的软件安全是指采取工程方法使得软件在敌对攻击的情况下仍能继续正常工作，即采用系统化、规范化和数量化的方法来指导构建安全的软件。软件安全所涉及的学科比较多，包括软件工程、数据库技术、计算机网络、密码学等，这给项目管理人员和软件设计人员带来了很大的挑战。

14.1.1　软件安全要素

著名软件安全专家 Julia H. Allen 给出了安全软件需要满足的属性，这些属性是软件安全的重要因素，主要包括以下几个方面。

(1) **机密性**。软件必须确保其特性、资源管理和内容对未授权实体隐藏。该属性对于开源软件来说也仍然适用，尽管开源软件的特性和内容对被授权对象都可以公开使用，但仍然要维持其资源管理的机密性。

(2) **完整性**。软件机器管理的资源必须能够抵御入侵，如覆盖、删除、修改文件等操作，并能从入侵中恢复。入侵破坏一般由未授权的修改引起，这些修改针对软件源代码、受管理的资源或配置，包括重写、覆盖、破坏、插入等。在软件开发过程中必须保证其完整性。

(3) **可用性**。软件必须对授权用户(人或进程)开放指定的功能，允许授权用户操作和运行，而对未授权用户应该永远关闭。

(4) **可追溯性**。所有与安全相关的软件行为都必须加以跟踪和记录，并进行责任归因。

(5) **抗抵赖性**。该属性是指软件在使用过程中，确保使用者身份及其使用方式的真实性均无法隐匿并将其记录下来，以保证该信息可以追溯并且不遭到破坏。

上述五种安全属性是紧密相关的，很难在不考虑其他属性的情况下使上述某一属性得到满足。

随着互联网的快速普及，人们越来越依赖互联网应用来解决关键性的工作，使得软件成为那些带有恶意、犯罪、敌对、竞争心理的或带恐怖主义性质的攻击者的首选攻击目标，所以软件安全性更显重要。此外，Gary McGraw 博士提出"使安全成为软件开发的必需部分"的观点已经得到工业界和政府部门的广泛认同。美国国土安全部下属的国家网络安全处(National Cyber Security Division，NCSD)专门建立了内置安全网站(http://buildsecurity.us-cert.gov/portal)，并由美国国家标准技术研究所(The National Institute of Standards and Technology，NIST)、国际标准化组织(International Organization for Standards，ISO)以及美国电气和电子工程师协会(Institute of Electrical and Electronics Engineers，IEEE)共同维护这个网站。

14.1.2 软件安全范畴

软件安全问题已经出现多年，随着软件系统及其复杂度的不断增加，使得潜在隐患不断增多。在确定软件安全特征并找到有效的改善方法之前，我们先要了解软件安全的具体范畴。一般来讲，软件安全的范畴主要包括数据的安全性、程序的安全性以及文档资料的安全性三大方面。

(1) **数据安全**：数据安全通常被认为是要保持数据的机密性、完整性、可用性等安全属性。数据安全包括两方面：一是数据本身的安全，主要指采用现代密码算法对数据进行主动保护，主要解决了数据的保密性、完整性、可追溯性、抗抵赖性等安全属性；二是数据防护的安全，主要采用现代信息存储手段对数据进行主动防护，例如通过磁盘阵列、数据备份、异地容灾等手段，主要保证数据的可用性、完整性、可靠性等安全属性。

(2) **程序安全**：程序安全主要指在软件开发周期中的代码安全，是贯穿在整个开发周期的软件安全保障。程序安全主要包括架构设计安全和编码测试安全两个方面，软件工程师要尽量使用健全的和已经验证为安全的开发工具来编写代码，以减少软件实现时的漏洞，并使用静态源码分析工具，进行源码审查和人工审查来减少安全漏洞。此外，要使用大量安全测试策略来检验程序是否安全，包括白盒测试、黑盒测试和渗透测试等。

(3) **文档资料安全**：文档资料安全指在软件开发过程中对于软件需求规格说明书、程序设计说明书等文档进行安全管理，要避免在开发周期的任意时候蓄意地删除、新增和修改文档资料，导致软件被破坏。由于文档资料对于软件开发者和使用者了解程序功能、代码作用、程序的测试过程等具有十分重要的作用，所以文档资料的保护工作要与程序和数据设计工作同步进行。

14.1.3 软件安全开发技术

在软件开发过程中，项目人员应该时刻关注程序设计和代码中是否存在安全性漏洞。有些漏洞的隐秘性很强，需要项目人员全面考虑系统设计的安全隐患、各种输入输出情况(尤其是边界值、特殊值的情况)、各种异常操作等内容，尽可能在软件使用之前减少或清除其中的漏洞。下面介绍软件安全开发的相关技术和要点。

(1) **输入验证和数据合法性校验**。程序接受的数据可能源于未经验证的用户、网络连接和其他不受信任途径。如果未对程序接收的数据进行输入有效性验证和合法性校验，则可能引发应用安全性问题。通过正则表达式等方式对输入有效性进行校验则可以有效地避免 SQL 注入、XML 注入跨站脚本等多种 Web 应用程序缺陷的出现。

(2) **数值操作合法性**。开发人员应对应用程序中的变量以及类的成员变量赋予适当的数据类型，以免程序运行过程中出现数值溢出的情况。此外，还需要对程序的计算过程进行适当检查，以免出现除数或分母为零的情况。

(3) **类操作和方法**。对于用户定义类型的操作，应用开发人员在技术上需要注意不要通过编码方式暴露敏感信息，以防敏感信息泄露使攻击者发现攻击方向。在验证类方法的参数，尤其在该参数由访问者提供时，开发人员需要做相应的检查，以防出现各类注入攻击。此外应用开发人员还需要注意内存泄漏、数组引用越界、不使用已报出漏洞的方法等方面的内容。

(4) **异常处理**。应用开发人员首先不应忽略捕获到的任何异常信息，然后还需要对每个异常进行相应处理。为防止由于异常信息造成的敏感信息泄露，应用开发人员不应在提示的异常信息中包含敏感信息，如确需暴露，也应将其中的敏感字筛选掉再进行相应操作。

(5) **多线程编程**。在多线程应用中，应用开发人员应在确保函数是线程安全的同时，还需要通过使用互斥信号等方法保证被调函数的可重入性，防止数据丢失或被篡改。

(6) **输入/输出**。应用程序退出前，开发人员需要确认程序运行过程中生成的临时文件、报错信息等内容是否都得到适当处理，以及程序运行过程中占用的资源(如内存、Session ID 等)是否得到了释放。

(7) **数据传输**。敏感数据在编码传输前一定要进行适当的加密操作，同时，敏感数据在解码时则只能赋予解码用户所需的最小权限。

14.2　Web 应用技术基础

本节主要介绍超文本传输协议(HyperText Transport Protocol，HTTP)以及与其对应的安全协议 HTTPS(HyperText Transport Protocol Secure)相关的一些基础概念，为读者学习后续章节打下基础。

14.2.1　HTTP 简介

HTTP 是互联网上应用最广泛的一种网络协议。所有 WWW(World Wide Web，万维网)文件都必须遵守这个标准。设计 HTTP 最初的目的是提供一种发布和接收 HTML 页面的方法。万维网协会 (World Wide Web Consortium)和互联网工程工作小组(Internet Engineering Task Force)共同合作研究，最终发布了一系列 RFC(Request From Comments)，如 RFC 2616，其中定义了 HTTP 1.1。

HTTP 是一个客户端和服务器端请求和应答的标准。客户端是终端用户，服务器端是 Web 应用服务器。客户端通过使用 Web 浏览器、网络爬虫或者其他工具，发起一个到服务器上指定端口(默认端口为 80)的 HTTP 请求。这个客户端被称为用户代理。被访问的服务器上存储着其请求的资源，如 HTML 文件或图像等，这个应答服务器被称为源服务器。在用户代理和源服务器中间可能存在多个中间层，比如代理、网关或隧道等。尽管 TCP/IP 协议是互联网上最流行的应用，HTTP 协议并未规定必须使用它和它支持的层。事实上，HTTP 可在任何其他互联网协议上，或者在其他网络上实现。HTTP 只假定其下层协议能够提供可靠的传输，因此任何能提供这种保证的协议都可以被其使用。

HTTP 是一种通用的、无状态的、与传输数据无关的协议，它广泛应用于分布式、协同式、超媒体信息系统。通常，由 HTTP 客户端发起一个请求，建立一个到服务器指定端口(如 80 端口)的 TCP 连接。HTTP 服务器则在该端口监听客户端发过来的请求。一旦收到请求，服务器向客户端发回一个状态行(比如 HTTP/1.1 200 OK)以及响应的消息体。消息体可能是请求的文件、错误消息或者其他一些信息。使用 HTTP 协议建立通信连接的具体过程如下:

(1) 客户端和服务器建立 TCP 连接。HTTP 服务器运行在某个端口上进行侦听，等待连接请求。客户端打开一个 Socket 向服务器发出连接请求。

(2) 客户端向服务器发送 HTTP 请求报文。客户端与服务器建立 TCP 连接后，发送一个请求报文给服务器。请求报文包括请求方法、URI(统一资源标识符)和协议版本号，以及一个类 MIME 消息。这个类 MIME 消息又包括请求修饰符、客户端信息和可能的报文主体等内容。

(3) 服务器向客户端发送 HTTP 响应报文。服务器接收到客户端的请求报文后，向其返回响应报文。响应报文提供一个状态行和一个类 MIME 消息。状态行包含报文的协议版本号和成功、出错的状态码，类 MIME 消息包含服务器信息、实体元信息以及可能的实体内容。

(4) 关闭 TCP 连接。当服务器响应了客户端的请求后便会关闭 TCP 连接，直到接收到下一个请求后重新建立连接。目前使用的 1.1 版本的 HTTP 协议可以在服务器响应过后，维持该连接一段时间，此时间段内客户端可以继续发送请求而不必重新建立连接。

此外，HTTP 也是用于用户代理之间及代理(或网关)到其他网络系统的通用通信协议，这种网络系统可能由 SMTP、NNTP、FTP、Gopher 或 WAIS 等协议支持。这样，HTTP 便可以实现不同的应用程序对资源进行基本的超媒体访问。

尽管 HTTP 能够使信息在服务器间快速、轻松而且精确地进行传输，但 HTTP 不是安全的，攻击者可以采用监听、中间人等手段对用户与 Web 服务器之间的数据传输进行窃听和篡改。很多情况下，客户端和服务器之间传输的是敏感信息，需要防止未经授权的访问。所以，网景公司很快又推出了基于安全套接字层(SSL)的 HTTP 协议，即 HTTPS。

14.2.2　HTTPS 简介

超文本传输安全协议(Hyper Text Transfer Protocol over Secure Socket Layer，HTTPS)，是以安全为目标的 HTTP 通道。它的实现是在 HTTP 与 TCP 之间加入 SSL 协议来进行加密认证，从而保证数据传输的安全性。

1. HTTPS 的工作方式

使用 HTTPS 连接时，服务器要求有公钥和签名的证书。当客户端使用 HTTPS 连接，服务器响应初始连接，并提供它所支持的加密方法。作为回应，客户端选择一个连接方法，并且客户端和服务器端交换证书验证彼此身份。身份验证完成后，在确保使用相同密钥的情况下传输加密信息，然后关闭连接。为提供 HTTPS 连接支持，服务器必须有一个公钥证书，该证书包含经过证书机构认证的密钥信息，大部分证书都是通过第三方机构授权的，以保证证书是安全的。因此 HTTPS 只是增加了 SSL 的 HTTP 协议。建立 HTTPS 连接主要包括以下两个部分。

HTTP 包含如下动作：
(1) 浏览器打开一个 TCP 连接；
(2) 浏览器发送 HTTP 请求到服务器端；
(3) 服务器发送 HTTP 回应信息到浏览器；
(4) TCP 连接关闭。

SSL 包含如下动作：
(1) 验证服务器端；

(2) 允许客户端和服务器端选择加密算法和密码，确保双方都支持；

(3) 验证客户端(可选)；

(4) 使用公钥加密技术来生成共享加密数据；

(5) 创建一个加密的 SSL 连接；

(6) 基于该 SSL 连接传递 HTTP 请求。

2. 使用 HTTPS 主要解决的问题

由于采用证书认证和加密传输机制，一般情况下 HTTPS 的效率会较 HTTP 有所下降。通常采用 HTTPS 主要用于解决以下两大问题：

(1) 信任主机的问题。采用 HTTPS 的服务器必须从 CA 申请一个用于证明服务器用途类型的证书。该证书只有用于对应服务的时候，客户才信任此服务器。所以目前所有的银行系统网站以及关键业务应用都采用 HTTPS。而客户通过信任该证书，从而信任了该服务器提供的指定服务。

(2) 通信过程中的数据的泄密和被篡改的问题。防止服务端和客户端之间数据泄露主要包括以下两个步骤。首先，建立连接时客户端生成一个对称密钥，通过服务器的证书来交换密钥，即一般意义上的握手过程。接下来所有信息往来就都是加密的，第三方即使截获，也因为没有密钥而无任何意义，并且也无法进行有意义的篡改。

3. HTTPS 与 HTTP 的区别

除上述建立连接过程的区别外，HTTPS 和 HTTP 的主要区别还表现在以下几个方面：

(1) HTTP 的 URL 以 http://开头，而 HTTPS 的 URL 以 https://开头；

(2) HTTP 是不安全的，而 HTTPS 是安全的；

(3) HTTP 默认端口是 80，而 HTTPS 的默认端口是 443；

(4)在 OSI 网络模型中，HTTP 工作于应用层，而 HTTPS 工作在传输层和应用层；

(5) HTTP 不需要认证证书，而 HTTPS 需要到 CA 申请证书，一般免费证书较少，因而需要一定的费用。

14.2.3　URI/URL/URN

1. URI

统一资源标识符(Uniform Resource Identifier，URI)是一个用于标识互联网某一特定资源名称的字符串。URI 允许用户对任何本地的或互联网上的资源通过特定协议进行交互操作。URI 由包括确定语法和相关协议的方案所定义。就 HTTP 而言，URI 只是简单地格式化字符串，它通过名称、位置或其他特征识别一个资源。Web 上可用的各种资源，如 HTML 文档、图像、视频片段、程序等都可以由一个 URI 进行标识。

2. URL

统一资源定位符 (Uniform Resource Locator，URL)是对可从互联网上得到的资源的位置和访问方法的简洁表示，是互联网上资源的地址。互联网上的每个文件都有一个唯一的 URL，它包含的信息指出文件的位置以及浏览器应该怎么处理它。URL 最初由 Tim Berners-Lee 发明用作万维网的地址。现在它已经被万维网联盟编制为互联网标准 RFC1738。

一个完整的 URL 包括访问协议类型、主机地址、路径和文件名，其中"访问协议类型"表示采用什么协议访问哪类资源，以便浏览器决定用什么方法获得资源，例如：

(1) http://，表示采用超文本传输协议 HTTP 访问 WWW 服务器；

(2) ftp://，表示通过文件传输协议 FTP 访问 FTP 服务器；

(3) telnet://，表示通过远程登录协议 Telnet 进行远程登录；

(4) gopher://，表示通过 Gopher 协议访问 Gopher 服务器。

"主机地址"表示要访问主机的 IP 地址或域名地址；"路径和文件名"表示信息在主机中的路径和文件名，如果使用默认文件路径，则表示访问资源定位于 Web 服务器的主页。

URL 一般分为绝对 URL 和相对 URL 两种。绝对 URL 显示文件的完整路径，这意味着绝对 URL 本身所在的位置与被引用的实际文件的位置无关。相对 URL 以包含 URL 本身的文件夹的位置为参考点，描述目标文件夹的位置。如果目标文件与当前页面处于同一目录，那么这个文件的相对 URL 仅是文件名和扩展名。如果目标文件在当前目录的子目录中，那么它的相对 URL 是子目录名，后面是斜杠，然后是目标文件的文件名和扩展名。如果要引用文件层次结构中更高层目录中的文件，那么使用两个句点和一条斜杠。可组合和重复使用两个句点和一条斜杠，从而引用当前文件所在的硬盘上的任何文件。一般来说，对于同一服务器上的文件，应该总是使用相对 URL，它们更容易输入，而且在将页面从本地系统转移到服务器上时更方便，只要每个文件的相对位置保持不变，链接就仍然有效。

3. URN

统一资源名称(Uniform Resource Name，URN) 唯一标识一个实体的标识符，但不能给出实体的位置，用于标识带有名称的因特网资源。与统一资源定位符不同，统一资源名称的拥有者可以期望其他人(或者程序)能够总是找到这个资源。

与 URL 不同，URN 与地址无关。URN 和 URL 都属于 URI。URN 在 Web 中主要用于制作下拉菜单。使用 URN 时，下拉菜单的易扩展性将得到很大提高。例如，P2P 下载中使用的磁力链接就是 URN 的一种实现，它可以持久标识一个 BT 资源，资源分布存储在 P2P 网络中，不需要中心服务器，用户即可找到并下载它。

14.2.4 HTTP 方法

根据 HTTP 协议，HTTP 请求可以使用多种请求方法。HTTP 1.0 定义了三种请求方法： GET、POST 和 HEAD 方法。HTTP 1.1 新增了五种请求方法：OPTIONS、PUT、DELETE、TRACE 和 CONNECT 方法。这里简要介绍 HTTP 1.1 协议所定义的八种方法。

1. GET

GET 请求会显示请求指定的资源。一般来说 GET 方法只用于数据的读取，而不应当用于会产生副作用的操作中。GET 方法会请求指定的页面信息，并返回响应主体，但 GET 方法是不安全的方法。

如果 GET 方法中有 Range 头，GET 请求就变为"部分 GET"，它将只获取 Range 描述的部分。如果客户端已经持有部分信息，通过带有 Range 头的 GET 命令可以减少向服务器请求的信息，节约网络资源。

2. POST

POST 可向指定资源提交进行数据处理的请求，如提交表单或者上传文件，数据被包含在请求体中。POST 请求可能导致新资源的建立和/或已有资源的修改。虽然 GET 方法和 POST 方法很相似，但 POST 的主要目的并不是获取响应的主体内容。POST 请求会向指定资源提交数据，请求服务器进行处理，如表单数据提交、文件上传等。

3. HEAD

HEAD 类似于 GET 请求，只不过返回的响应中没有具体的内容，只用于获取报文头。HEAD 方法的使用与 GET 方法一样，都是向服务器发出指定资源的请求。但是，服务器在响应 HEAD 请求时不会回传响应主体。这样，请求方在不传输全部内容的情况下，就可以获取服务器的响应头信息。HEAD 方法常用于客户端来了解服务器的性能，以及测试超文本传输的有效性、可用性和最近的修改等。

4. OPTIONS

OPTIONS 请求与 HEAD 类似，一般也用于客户端来查看服务器的性能。返回服务器针对特定资源所支持的 HTTP 请求方法。该方法允许客户机判断与某个资源相关的选项或者服务器能力相关选项，而不需要对资源采取任何操作或者发起一个对资源的获取请求，如使用 POST、PUT、DELETE 方法等。此外，OPTTIONS 的响应消息是不可以缓存的。

5. PUT

PUT 方法主要用于文件传输，类似于 FTP 协议中的文件上传，要求在请求报文的主体中包含文件内容，然后保存在请求 URI 指定的位置。通过该方法，客户端可将指定资源的最新数据传送给服务器取代指定资源的内容。但是 HTTP/1.1 的 PUT 方法自身不带验证机制，任何人都可以上传文件，存在安全问题，故一般情况下不宜使用。

6. DELETE

DELETE 方法与 PUT 方法相反，用于请求服务器删除 URI 所标识的资源。由于该方法可以被人为屏蔽，因此，即使服务器返回操作成功完成的状态码，客户端也无法确保该操作已经被执行。

7. TRACE

TRACE 方法用于激发一个远程的、应用层的请求消息回路。TRACE 方法是让 Web 服务器端将之前的请求通信还给客户端的方法，也就是回显服务器收到的请求。该方法主要用于 HTTP 请求的测试或诊断。

8. CONNECT

CONNECT 方法是 HTTP/1.1 协议预留的，它要求在与代理服务器通信时建立隧道，实现用隧道协议进行 TCP 通信。主要使用 SSL(安全套接层)和 TLS(传输层安全)协议加密，把服务器的链接与非加密的 HTTP 代理服务器的通信内容加密后经隧道传输。

14.2.5　HTTP 状态码

HTTP 状态码是由三位数字组成的标识 HTTP 请求消息的处理状态的编码,共有五类,以 1、2、3、4、5 开头,分别表示不同意义。下面简要介绍各类状态码的主要意义,更详细的各状态码与其所代表含义请参见书后附录。

1. 1XX:信息

此类状态码表示临时响应,只包含状态行和可选头,以空行结束。由于 HTTP 1.0 没有定义 1XX 状态码,服务器必须禁止向 HTTP 1.0 客户端发送 1XX 响应。1XX 系列目前有两种,即 100(继续) 和 101(切换协议)。

2. 2XX:成功

2XX 状态码共有 7 个:200~206,表示客户端的请求被成功接受和处理,最常用的 200 状态码表示浏览器请求已经成功。服务器成功响应的返回值取决于使用的方法。如 GET 方法得到的返回值是与请求资源对应的实体信息。

3. 3XX:重定向

3XX 系列重定向状态码用来告诉浏览器客户端它访问的资源已被移动,Web 服务器发送一个重定向状态码和一个可选的位置头,告诉客户端资源的新地址。浏览器客户端会自动用响应头中提供的地址重新发送新请求。

4. 4XX:客户端错误

4XX 状态码表示客户端出错的情况。4XX 系列状态码共有 18 种:400~417。有时客户端会发送一些服务器无法处理的东西,比如格式错误的请求,其中最常见的是请求一个不存在的 URL,这时浏览器会收到服务器发送的 404。

5. 5XX:服务器错误

5XX 状态码表示服务器有错误发生或者不能处理请求。除了处理相应的 HEADER 请求的响应以外,服务器应该包含解释当前错误状态的信息。5XX 共有 6 种状态码:500~505。

14.2.6　HTTP Cookie

HTTP Cookie 简称 Cookie,在 HTTP 协议下,Cookie 由 Web 服务器发出并保存在客户端缓存中,主要用于用户身份识别、缓存用户常用数据、缓解 Web 服务器访问及处理压力等。Web 服务器的某些信息存放在客户端的 Cookie 后,当用户再次访问该 Web 服务器的站点时,Web 服务器会依据 Cookie 里的内容来判断使用者的身份和之前的活动,送出特定的网页内容给用户。

下面介绍两个关于 Web 安全的 Cookie 属性:Secure Cookie 属性和 HttpOnly Cookie 属性。

(1) Secure Cookie 属性。设置了 Secure 属性的 Cookie 只能在 HTTPS 连接中被浏览器传递到服务器端进行会话验证,如果是 HTTP 连接,则不会传递该信息,设置了 Secure 属性的 Cookie 可在一定程度上避免会话被窃听的风险。

(2) HttpOnly Cookie 属性。该属性指示浏览器不要在 HTTP/ HTTPS 请求之外暴露 Cookie。一个有 HttpOnly 属性的 Cookie 不能通过非 HTTP 方式来访问，例如通过调用 JavaScript。因此，这种 Cookie 无法通过跨站脚本的方式被盗走。

14.2.7　HTTP Session

虽然使用 Cookie 可很好地解决 HTTP 无状态传输的问题，但 Cookie 中的所有数据在客户端，可被任意篡改，数据非常容易被伪造，还存在 Cookie 被窃取的可能；并且如果 Cookie 中数据字段太多，会极大地影响传输效率。为解决这些问题，服务器通常会使用 HTTP Session。

Session 是另一种记录客户状态的机制，Session 中的数据保留在服务器端。客户端浏览器访问服务器的时候，服务器要为这个请求创建一个 Session。创建 Session 时，服务器会先检查这个客户端的请求是否包含 Session 的标识 SessionID。SessionID 是一个不重复且很难发现规律的字符串。当用户在应用程序的 Web 页之间跳转时，存储在 Session 对象中的变量将不会丢失，在整个用户会话中一直存在下去，作为服务器端区分访问用户的标识。如果用户的请求中已经包含了一个 SessionID，说明以前已经为此用户创建过一个 Session，服务器会根据 SessionID 检索相应的 Session。如果请求中不包含 SessionID，服务器就会为请求创建一个 Session，并生成一个与该 Session 相关联的 SessionID。

如果说 Cookie 机制是通过检查客户身上的"通行证"来确定客户身份的话，那么 Session 机制就是通过检查服务器上的"客户明细表"来确认客户身份。Session 相当于程序在服务器上建立的一份客户档案，客户来访时只需要查询客户档案表就可以了。

Cookie 与 Session 之间的主要区别如下：

(1) Cookie 将状态保存在客户端，而 Session 将状态保存在服务器上；

(2) Cookie 在客户端本地以文本形式存在，伴随每次请求发送给服务器，而 Session 则由服务器指定一个 SessionID 对每次请求进行验证；

(3) Session 相对于 Cookie 具有更好的安全性。

14.3　Web 应用程序安全

Web 应用程序是一种可以通过 Web 浏览器访问的应用程序，Web 应用程序的一个最大好处是用户只需要有浏览器即可，不需要再安装其他软件即可以方便地访问多种应用程序。Web 应用通常架设在 Web 服务器上，用户在 Web 浏览器上发送请求。

随着互联网技术的迅猛发展，Web 服务与应用已经成为引领网络发展的内在推动力，互联网发展至今，包含 Web 应用的站点已数以亿计，包括几十亿网络用户。同时，全球经济在电子商务、电子政务、在线办公、邮件、新闻、银行、医疗服务、社交网络和购物等方面已经越来越依赖于互联网，如用户会在 Web 应用中存储身份证号码、信用卡号码、手机号码等各类敏感数据，并由 Web 应用根据用户身份为其提供相应的服务。同时，Web 应用程序还应用于国计民生的多项重要领域，如电网管理、化工过程自动化生产、军事设施控制等诸多方面。然而，这些网络上的数据和应用的安全却未受到足够重视，此类数据被窃或应用受到安全威胁将给个人或社会带来难以估量的损失。

常见的 Web 应用架构如图 14-1 所示，主要包括客户层、中间层和数据层三个部分。

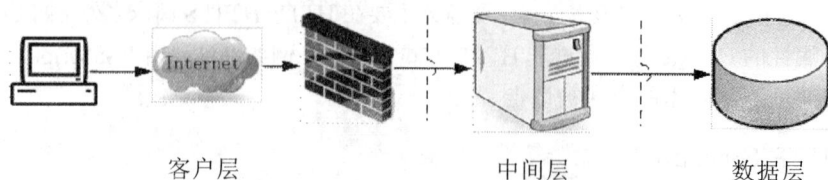

客户层   中间层   数据层

图 14-1   典型的 Web 应用架构

(1) **客户层**：包括用户操作的浏览器和运行平台，最常见的是由 Windows 平台、IE 浏览器和防火墙组成。

(2) **中间层**：用于处理来自客户端的请求和商业逻辑。

(3) **数据层**：现在大多数 Web 系统都包含数据库。此类数据库多为关系型数据库，常见的有 Oracle、SQL Server、MySQL 等。

由于 Web 应用安全性与其运行环境(包括硬件、软件、通信连路、用户配置等)紧密地交织在一起，因此目前 Web 安全主要分为三个方面：保护服务器及其数据的安全、保护服务器和用户之间传递信息的安全与保护 Web 应用客户端及其环境安全。具体为：

(1) **保护服务器及其数据的安全**，即实现 "站点安全"。此类安全问题是指系统持续不断地、稳定可靠地运行，保证 Web 服务器提供可靠的服务，保证只有经过授权的用户才能修改服务器上的信息，系统文件未经授权不得访问，存储在服务器里的数据和配置信息未经授权不能被窃取、篡改和删除，只允许授权用户访问 Web 服务器发布的信息，同时保证把数据发送给指定的接收者。

(2) **保护服务器和用户之间传递信息的安全**。保护 Web 服务器和用户之间传递信息的安全主要包括三个方面的内容：第一，必须确保用户提供给 Web 服务器的信息在传输过程中不被第三方窃听、篡改和破坏；第二，对从 Web 服务器端发送给用户的信息要加以同样的保护；第三，用户和服务器间的链路也要进行保护，使得攻击者不能轻易地破坏该链路。

(3) **保护 Web 应用客户端及其环境安全**。此类安全问题在于保证用户使用的 Web 浏览器和安全计算平台上的软件不会被病毒干扰或被恶意程序破坏；确保用户的隐私和私人信息不会遭到破坏或泄露。保护连入 Internet 的设备的安全，主要是保护诸如路由器、交换机的正常运行，保证不被攻击者安装监控以及后门程序等。

14.4   两大 Web 应用安全研究组织

随着 Web 应用技术的发展，Web 应用程序带来的一系列新的安全漏洞给人们的财产安全和社会安全带来了不同程度的危害。为更有效地研究和分析 Web 应用程序安全问题，相关专家对大量 Web 应用程序漏洞和风险进行分析，并根据对各类威胁的认知和处理角度的不同，给出了一些有效的分类方法。Web Application Security Consortium(WASC)和 Open Web Application Security Program(OWASP) 是两个重要的 Web 应用安全研究组织。

14.4.1   WASC

WASC 是一个由安全专家、行业顾问和诸多安全组织的代表组成的国际团体，他们负责为 WWW 制定被广为接受的 Web 应用安全标准。WASC 组织的关键项目之一是 "Web 安全威胁分类" 项目，该项目将各类 Web 应用所受到的威胁、攻击进行收集并归纳成具有共同特征的分类。该项目的目的是针对 Web 应用的安全隐患，制定和推广行业标准术语。WASC 将 Web 应用安全威胁分为验证、授权、客户侧攻击、命令执行、信息暴露和逻辑性攻击六类，具体说明如下：

(1) 验证(Authentication)用来确认某用户、服务或应用的身份。

(2) 授权(Authorization)用来决定某用户、服务或应用是否具有执行请求动作的必要权限。

(3) 客户侧攻击(Client-Side Attack)是用来扰乱或探测 Web 站点用户的攻击手段。

(4) 命令执行(Command Execution)是在 Web 站点上执行远程命令的攻击手段。

(5) 信息暴露(Information Disclosure)是用来获取 Web 站点具体系统信息的攻击手段。

(6) 逻辑性攻击(Logical Attacks)是用来扰乱或探测 Web 应用逻辑流程的攻击手段。

14.4.2　OWASP

OWASP 是世界范围专注软件安全的国际组织。OWASP 于 2004 年 4 月 21 日在美国成立，由 OWASP 基金会负责支持其在世界各地的活动。OWASP 是一个开放的社区，致力于发现和解决不安全 Web 应用的根本原因。OWASP 最重要的项目之一是"Web 应用的十大安全隐患"，即 OWASP Top 10 项目。该项目总结了一定时期内 Web 应用最常受到的十种攻击手段，并且基于攻击载体、漏洞普及度、漏洞可侦查度的技术影响和业务影响等诸多指标的综合分析而构建。这个项目旨在统计业界最关键的 Web 应用安全隐患，并且加强企业对 Web 应用安全的意识，进行有针对性的防范。其关注的风险评估要素主要有下列几个方面：

(1) **漏洞方面**：发现漏洞的难易程度、利用该漏洞的难易程度、知名度、入侵检测难易程度；

(2) **技术影响**：对机密性、完整性、可用性、可追溯性的破坏程度；

(3) **业务影响**：对机构财务、信誉、违规行为、隐私数据的破坏程度。

OWASP Top10 项目根据上述评估要素，对被调查的漏洞进行评估，给出相应的排名。该项目最新的十大应用程序漏洞排名为：

A1. 注入；Injection；

A2. 被破坏的验证和会话管理；Broken Authentication and Session Management；

A3. 跨站脚本攻击；Cross Site Scripting；

A4. 不安全的对象直接引用；Insecure Direct Object References；

A5. 安全配置错误；Security Misconfiguration；

A6. 敏感信息泄露；Sensitive Data Exposure；

A7. 功能级访问控制缺失；Missing Function Level Access Control；

A8. 跨站请求伪造；Cross Site Request Forgery；

A9. 使用含有已知漏洞的组件；Using Known Vulnerable Components；

A10. 未验证的重定向和转发；Unvalidated Redirects and Forwards。

下面将依据 OWASP Top 10 项目的分类方式，对其中各项漏洞分别从攻击方式、造成的危害和常用的应对策略三方面进行介绍。

14.5　OWASP 十大应用安全攻击

本节将对最新的 OWASP Top 10 项目中 Web 应用安全威胁的原理、攻击方式、带来的危害和相应的应对策略等进行概要介绍。

14.5.1 注入

近年来注入缺陷一直是攻击者使用最多的攻击方式。对于已经发布的 Web 应用程序，任何可疑的信息输入都可能是注入攻击。此类漏洞常常是 Web 应用缺少对用户输入的数据或提交的页面等操作进行必要的安全性检查所引起的。发动此类攻击时，攻击者会把一些包含指令的数据发送给解释器，解释器把收到的数据转换成指令执行。这些攻击通常发生在攻击者将不可信的数据作为命令，或者查询语句的一部分发送给解释器的情况。攻击者发送的恶意数据欺骗解释器，以执行计划外的命令或者在未被恰当授权时访问数据。注入攻击漏洞是一类缺陷的统称，通常包括 SQL 注入、OS 命令注入、Xpath 注入、LDAP 注入、JSON 注入、URL 注入等多种攻击类型。上述各类注入缺陷方法都导致在 Web 应用上进行不受信或被操纵的请求、命令或者查询等操作。下面以较常见的 SQL 注入为例介绍注入式攻击的主要过程和防范方法。

SQL 注入能够得以实施在于 Web 应用程序把攻击者输入的一段字符串直接拼凑于 SQL 语句上，使得攻击者可以利用 SQL 语句控制 Web 程序执行删除、绕过用户密码验证、获取高级权限等操作。SQL 注入攻击通常会给 Web 应用提供者带来以下风险：

(1) 数据丢失或受损；

(2) 数据被窃；

(3) 未授权登录和未授权数据访问；

(4) 拒绝合法访问；

(5) 服务器被占据。

下面以 http://demo.firetest.net 网站为例介绍 SQL 注入攻击的主要过程。

首先在登录界面分别输入任意用户名(合法、非法的用户名都可以)，本例中使用 abcdefg 作为用户名，密码使用英文单引号"'"，然后单击 Login，如图 14-2 所示。

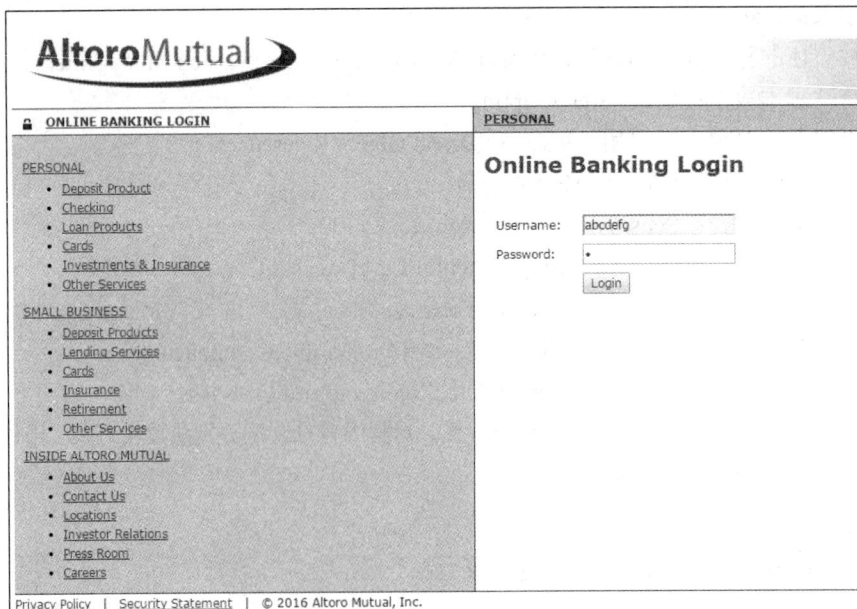

图 14-2 AltoroMutual 登录界面

尽管登录失败，但是攻击者可获得 Web 应用运行失败的查询表达式的错误信息，如图 14-3 所示：

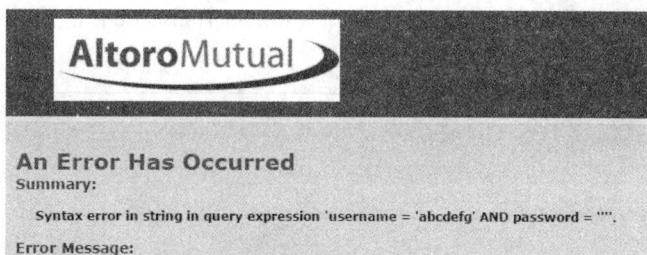

图 14-3　登录错误信息

通过该错误信息，攻击者可获得以下两点内容：

(1) 程序没有判断客户端提交的数据是否符合程序对数据格式的要求，直接将用户输入的数据拼接在数据库查询语句中；

(2) 该 SQL 语句所查询的表中，username 字段与 password 字段间采用逻辑"与"运算操作。

利用该错误信息，使用同样的账户名，将密码换为"'OR 1=1--"，使上面的 SQL 查询表达式变为：

```
username = 'abcdefg' AND password = '' OR 1=1--''
```

通过"--"符号，使该查询语句其后的内容变为注释项，不起任何作用。而其前面的 password 字段被赋值为空。因此，username 字段和 password 字段的"与"操作结果将和其后的"或"操作，即"OR 1=1"进行运算，其结果必为真。这样攻击者绕过登录界面的鉴权功能成功登录，并获得 Admin User 的权限，结果如图 14-4 所示。

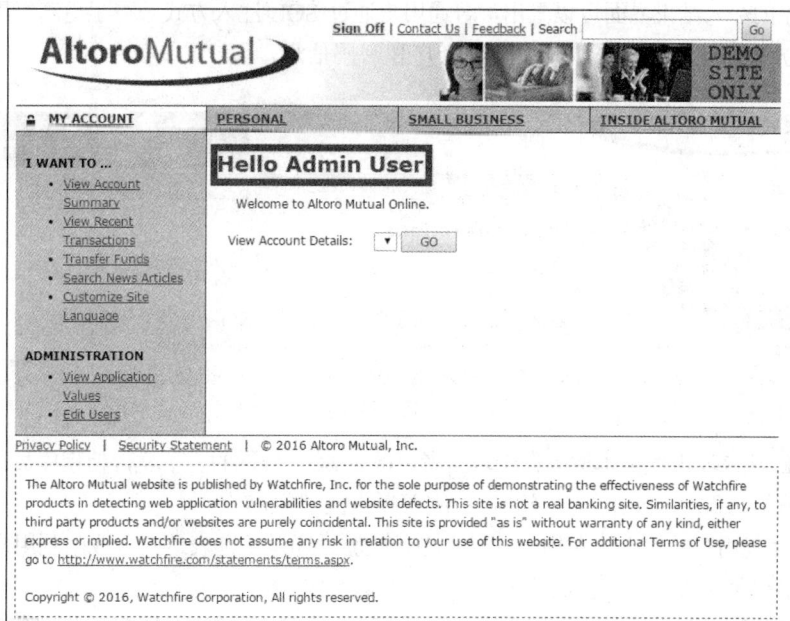

图 14-4　登录成功界面

攻击者除使用注入式登录攻击外，还可以采用类似步骤，在已登录的账户内进行注入攻击，获取更高级权限。

首先，在网站 http://demo.firetest.net 的登录界面，使用网站给出的测试账户 jsmith、密码 Demo1234，以普通用户身份登录。单击左侧的 View Recent Transactions 链接，进入账户最近交易查询界面，如图 14-5 所示。

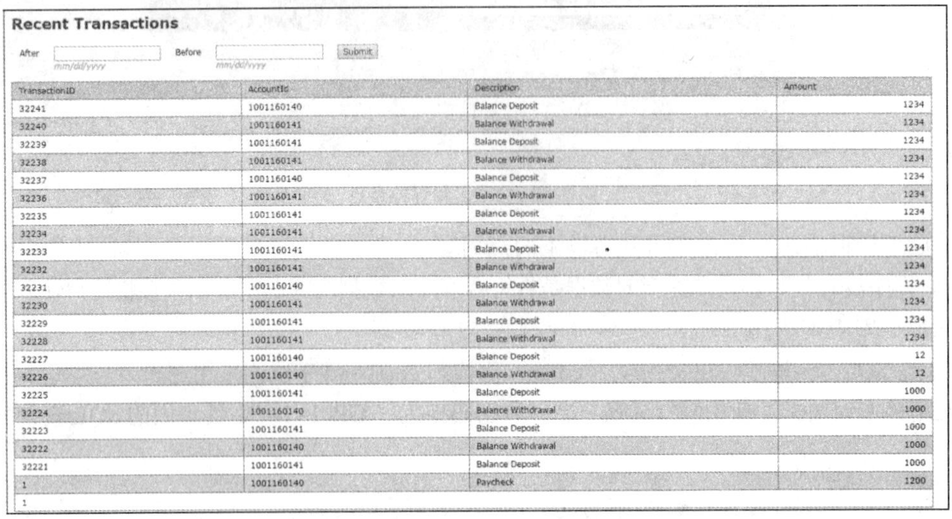

TransactionID	AccountId	Description	Amount
32241	1001160140	Balance Deposit	1234
32240	1001160141	Balance Withdrawal	1234
32239	1001160141	Balance Deposit	1234
32238	1001160141	Balance Withdrawal	1234
32237	1001160140	Balance Deposit	1234
32236	1001160141	Balance Withdrawal	1234
32235	1001160141	Balance Deposit	1234
32234	1001160141	Balance Withdrawal	1234
32233	1001160141	Balance Deposit	1234
32232	1001160141	Balance Withdrawal	1234
32231	1001160140	Balance Deposit	1234
32230	1001160141	Balance Withdrawal	1234
32229	1001160141	Balance Deposit	1234
32228	1001160141	Balance Withdrawal	1234
32227	1001160140	Balance Deposit	12
32226	1001160140	Balance Withdrawal	12
32225	1001160141	Balance Deposit	1000
32224	1001160140	Balance Withdrawal	1000
32223	1001160141	Balance Deposit	1000
32222	1001160140	Balance Withdrawal	1000
32221	1001160141	Balance Deposit	1000
1	1001160140	Paycheck	1200
1			

图 14-5　jsmith 账户最近交易查询界面

然后，在图 14-5 所示页面中 After 字段后的文本框内填写如下注入语句：

```
“08/08/2014 union select userid, 'username: ' + username, 'password: ' + password, null
from users--”
```

从图 14-6 的注入结果界面可以看出，普通用户通过 SQL 注入方式获得了更高级用户的相应权限，而网站方面也因为该攻击泄漏了全部账户和密码信息。

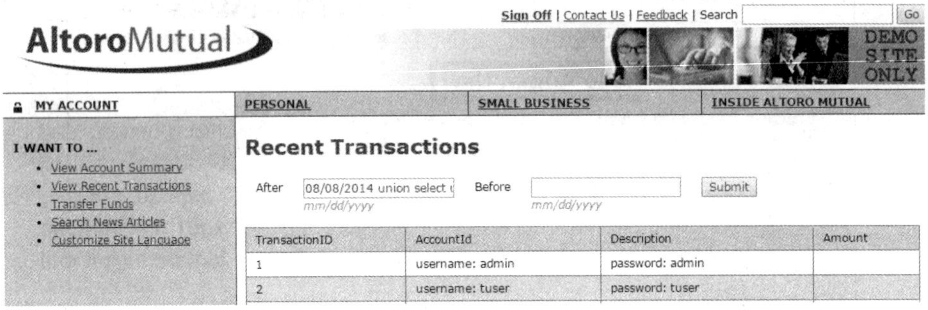

图 14-6　注入结果界面

造成 SQL 注入攻击的根本原因在于攻击者可改变 SQL 查询的上下文，使程序员原本要作为数据解析的数值被篡改为命令。常见的 SQL 注入攻击应对策略有：

(1) 不要信任用户的输入，对用户的输入进行校验，通过正则表达式，或限制用户输入字符串的长度，对单引号和双“-”等敏感符号进行转换；

(2) 不使用动态拼装 SQL，使用参数化的 SQL 或者直接使用存储过程进行数据查询存取；

(3) 永远不要使用管理员权限的数据库连接，为每个应用使用单独的权限有限的数据库连接；

(4) 不要使用明文存放机密信息，对密码和敏感信息进行加密处理。

14.5.2　被破坏的验证和会话管理

此项缺陷对应于 Web 应用程序与身份验证和会话管理相关的组件的功能，由于在实现过程中存在缺陷，使得攻击者能通过破坏或绕过授权验证等方式，获得会话接入的能力来假冒被授权用户的行为。根据 IBM X-Force 的一项报告显示，大约 23%的被测应用都存在此项缺陷。这里的验证方式通常指账户名/口令验证、使用摘要算法的验证和基于公钥基础设施(Public Key Infrastructure，PKI)的验证等。

常见的 Web 应用验证失效情况包括：

(1) 未加密/被解密的链接；

(2) 可预测的登录凭据；

(3) Session ID 无时间限制或者用户退出后 Session ID 仍然有效；

(4) 存储用户名、密码时未加密；

(5) 在 URL 中使用 Session ID。

下面分别介绍这几类情况所对应的攻击方式和现象。

1. 未加密/被解密的链接

用户和 Web 应用发送/接收的全部数据都可能在不被感知的情况下被第三方截获。因此用户名、密码和 Session ID 等信息都可能被无意间泄露出去。为防止这种缺陷，用户需要在传输敏感信息时启动加密传输机制。

2. 可预测的登录凭据

包括 qwerty、123456、abcdefg 等在内的很多简易密码是攻击者常用的执行未验证接入的攻击方式。这种简易密码对用户账号和密码不能起到任何保护作用，Web 应用应该强烈建议用户使用具有更好保护性的复杂密码策略。如 AltoroMutual 网站的登录界面 http://demo.testfire.net/bank/login.aspx 采用账户 admin、密码 admin，攻击者便轻易获取了 admin 用户的全部权限，如图 14-7 所示。

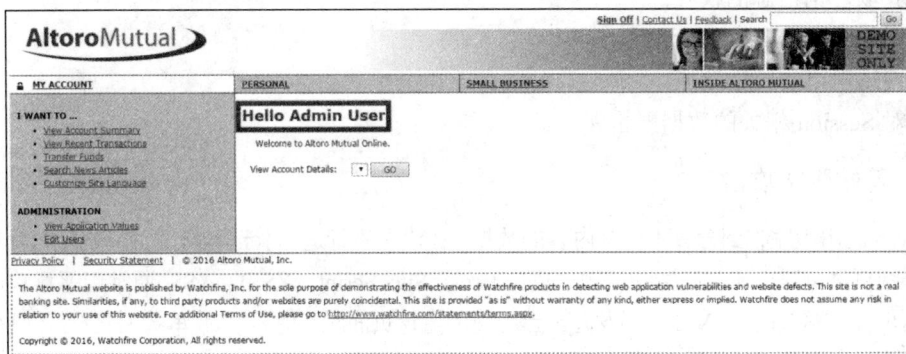

图 14-7　使用预测的 admin 账户密码登录成功

3. Session ID 无时间限制或者用户退出后 Session ID 仍然有效

普通用户通过提供正确的用户名和密码来登录一个 Web 应用。登录后，Web 应用为用户提供一个唯一的 SessionID，用来映射用户名和密码，如：

```
Username = jsmith, Password = 123456
Session id = 1gLXXEnpGbaQjUGvJpgojOFdnN2viP3rWqp7DP4b70
```

如果 Web 应用未在用户退出后将用户的 Session ID 作废，或者设置其 Session ID 的有效期为无限时间，那么攻击者获得这个 Session ID 后，可在不需要用户名和密码等信息的条件下获得该用户的全部权限。为防止此类缺陷，Web 应用应在某一预先指定时间后将目前的 Session ID 作废，或在用户退出后将分配给该用户的 Session ID 作废。

4. 存储用户名、密码时未加密

存储用户名和密码等信息时在加密的同时还需进行加盐和散列化处理，使密码在落入攻击者手里时变得更加难以处理。如果攻击者获得了未进行加密等处理的账户、密码信息，将使攻击者能够方便地获得相应的用户权限，并实施进一步的攻击。

5. 在 URL 中使用 Session ID

为叙述方便，这里假设存在一个银行网站，某用户登录后获得的 URL 为 http://www.bank.com/login.jsp?sessionid=abcde。这里假设 abcde 是 SessionID 号。Web 应用创建的 Session ID 表明用户已经成功登录网站 http://www.bank.com/，但 Session ID 这种敏感信息应在 POST 请求的消息体部分发送而不应写在 URL 字段。此外，这种情况下，如果用户将带有 Session ID 的网址分享给朋友等其他用户，其朋友便可用分享者的身份登录，导致链接分享者的相关信息泄露。

开发者建立的验证和会话管理方案往往在退出、密码管理、超时、记住我、秘密问题、账户更新等方面存在漏洞，使得攻击者可以盗用验证或会话管理功能中的漏洞，比如暴露的账户、密码、或 Session ID 来假冒用户。为避免受此项缺陷攻击，Web 应用需要在登录和注销两个阶段对相关信息采取相应的保护措施，具体包括：

(1) 不进行默认身份验证；

(2) 对多次登录失败的账户进行短期锁定；

(3) 获取注销信息的权利；

(4) 添加 Session ID 超时设置；

(5) 使用严格的验证功能；

(6) 对 Session 相关的数据严格保护。

14.5.3　跨站脚本攻击

当 Web 应用程序收到含有不可信内容的数据，在没有进行适当验证和转义的情况下，就将它发送给一个网页浏览器，就会产生跨站脚本攻击(Cross Site Script，XSS)。XSS 通常由恶意攻击者向 Web 页面里插入恶意的 HTML 代码发起。当用户浏览该页面时，嵌入 Web 里的 HTML 代码被触发执行，从而达到攻击者的特殊目的。不同于对数据库操作的 SQL 注入式攻击，XSS 通过将恶意代码发送到服务器，让服务器把恶意代码发送到其他用户浏览器中，实现劫持用户会话、危害网站或者将用户转向至恶意网站等操作。常见的 XSS 方法有窃取 Cookie 值、透过 Javascript 发动攻击和改写页面等。XSS 攻击通常会为用户和企业带来以下危害：

(1) 用户的账户被暴露或者被接管；

(2) 目标网络应用数据被窃取；

(3) 目标网站的内容被修改；

(4) 将受害者重定向到恶意网站；

(5) 在受害者系统上安装其他恶意软件；

(6) 影响用户或组织的声誉。

常见的 XSS 攻击一般分为持续型和反射型两种，下面分别介绍这两种攻击方法的具体流程。

1. 持续型 XSS

持续型 XSS 攻击指的是恶意脚本代码被存储进被攻击的数据库，当其他用户正常浏览网页时，站点从数据库中读取攻击者存入的非法数据，使得恶意脚本代码在本地浏览器端执行。这种攻击类型通常在留言板等地方出现。持续型 XSS 的流程如图 14-8 所示。

2. 反射型 XSS

反射型 XSS 通常把跨站代码附带在 URL 中，由攻击者采用诱骗或加密变形等方式，将存在恶意代码的链接发给用户，用户单击后，使用户转向至恶意网站。典型的反射型 XSS 的流程如图 14-9 所示。

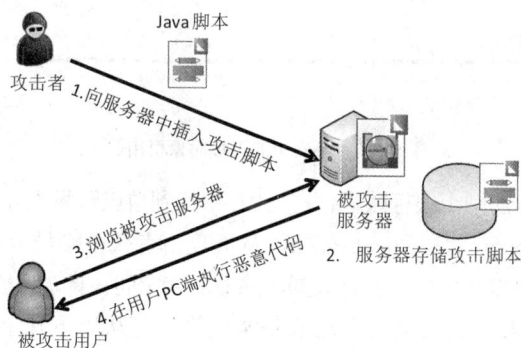

图 14-8　持续型 XSS

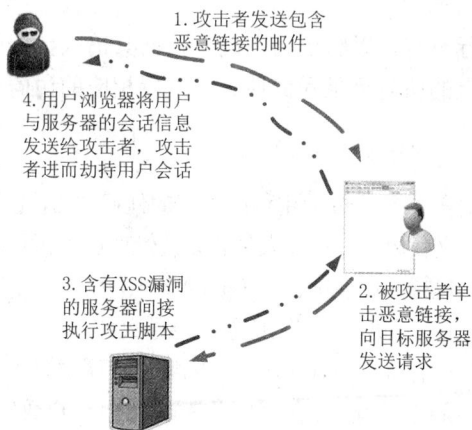

图 14-9　反射型 XSS

为避免受到 XSS 攻击，需要采取的应对措施主要有：

(1) Web 应用程序不能依赖于任何用户输入数据的安全性，即 Web 应用程序应对所有进入 Web 应用程序以及由 Web 应用程序传送至用户端的数据进行安全验证；

(2) 为 Web 应用创建一份安全字符的白名单，只允许白名单中的字符出现在 HTTP 内容中，并且只接受完全由这些经认可的字符组成的输入，但这种方法用户体验较差；

(3) 对包括 "&"、"<"、">"、"-"、"'"、"/"、"?"、";"、":"、"%"、"<SPACE>"、"="、"+" 等在内的潜在危险字符进行替换，建立类似的黑名单，这种方法可以在抵御一般 XSS 攻击的同时为 Web 应用提供一定的灵活性。

14.5.4   不安全的直接对象引用

此类攻击通常发生在 Web 应用需要根据用户提交的参数进行响应的情况下。不安全的直接对象引用通常由开发者将文件、路径、数据库记录作为 URL 或表单的一部分，暴露给用户一个引用，导致攻击者能够通过更改此参数，尝试访问原本并没有得到授权的对象。而 Web 应用又未在对象访问时检查用户权限，这样就造成不安全的直接对象引用的漏洞。不安全的对象直接引用的一个典型例子如图 14-10 所示。

图 14-10   不安全的直接对象引用

首先，攻击者访问自己的网上银行账户，在 URL 中找到自己账号为 6666 的信息；然后，攻击者直接更改参数 6666 为 6665，即 account=6665。从而攻击者获得账号为 6665 用户的账户信息。

这种漏洞能损害被利用参数引用的所有数据，除非名字空间很稀疏，否则攻击者很容易访问该类型的所有数据。防范不安全的直接引用对象漏洞风险，可从以下几个方面考虑：

(1) 避免在 URL 或网页中直接引用内部文件名或数据库关键字；

(2) 在 Web 应用中创建同名映射，把暴露给用户的内部引用，通过自定义的映射名进行替代；

(3) 使名字空间变得稀疏；

(4) 对用户的输入进行审查，以验证用户确有访问其请求数据的权限；

(5) 锁定网站服务器上的所有目录和文件夹，设置相应的访问权限。

14.5.5   安全配置错误

安全配置错误可以发生在一个 Web 应用程序堆栈的任何层面，包括平台、Web 服务器、应用服务器、数据库、框架和自定义代码等。开发人员和系统管理员需要共同努力，以确保整个应用的配置正确无误。安全配置错误包括开启调试、不正确的文件夹权限、使用默认的账户和密码和开启设置/配置页面等，不恰当的服务和网络应用配置都会导致此项缺陷。

错误的安全配置使得攻击者有机会进入服务器的测试或调试模式，或者使攻击者能够进入服务器的远程配置界面，造成系统在不知情的情况下被完全攻破，用户数据被全部盗走或者篡改等危害。

以城市之间(http://www.oricity.com/)网站为例，普通用户在浏览网站配置信息页面的时候，Web 应用应提示找不到该网页，而打开网址 http://www.oricity.com/phpinfo.php 时，发现可进入 php 信息页面，具体结果如图 14-11 所示。

避免安全配置错误缺陷的建议主要有以下几点：

(1) 使用最小权限原则，给用户分配刚好满足其业务需求的权限；

(2) 关闭调试功能；

(3) 不使用默认账户和密码；

(4) 配置服务器对未授权账户拒绝提供对应的服务；

(5) 及时了解并部署每个环境的软件更新和补丁信息，确保所有应用都安装了最新的安全补丁，包括第三方软件或平台；

(6) 保证各组件间的隔离和安全；

(7) 实施漏洞扫描和安全审计，以帮助检查错误的配置或者未安装的补丁，使用 IBM Rational AppScan 等扫描软件对应用程序和服务器进行安全扫描；

(8) 合理处理应用程序错误的返回信息，不要将敏感信息随意泄露和展现到客户端。

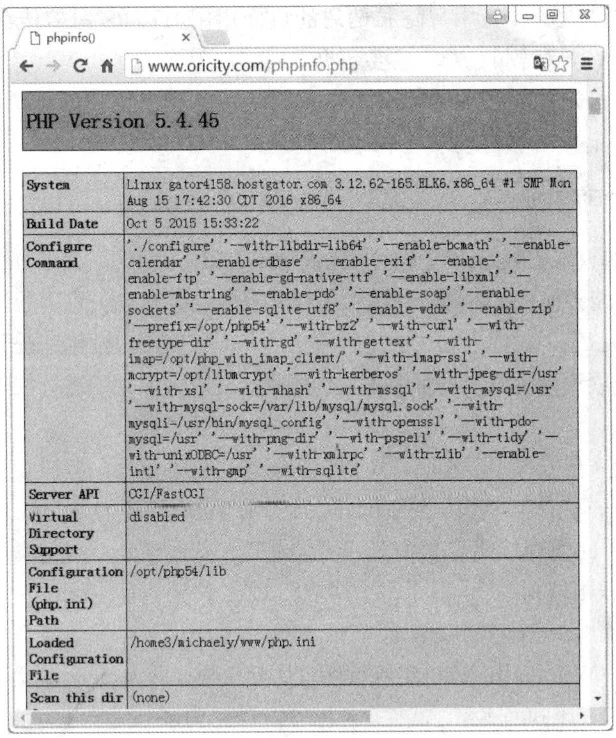

图 14-11　网站配置信息泄露

14.5.6　暴露敏感数据

Web 应用中存储的敏感数据通常包括银行账号信息、个人信息和用户密码等。随着计算机系统的不断发展，数据的安全也越来越受到关注，存储系统逐渐成为整个信息系统的中心，数据成为最重要的资源。为防止存储系统中的敏感数据被他人获取，需要对保存在计算机上的数据进行加密。但是随着网络中的存储系统受到越来越多的关注，各种攻击手段也越来越多，带有一定危害的数据安全事件也逐年增多。2011 年以来，分别报出了信息安全企业 HBgary 公司 CEO 的 Gmail 邮件泄露事件、索尼公司 7000 万游戏玩家资料失窃事件、Yahoo 邮件用户密码失窃事件，以及 CSDN 等国内多家大型网站采用明文存储用户信息导致用户数据遭到曝光等多起数据安全事件。

敏感数据的暴露损害了那些应该被保护的数据，这通常会导致攻击者能够盗取或篡改机密的或私有的信息、使企业丧失品牌信誉等危害。常见的导致敏感数据暴露的原因有：

(1) 加密算法使用不当。这种情况是指由于 Web 应用开发者对数据保密的意愿不强，未对敏感数据进行加密处理或者使用过时的、弱的加密算法。

(2) 不恰当的报错信息。如果 Web 应用程序的某些报错信息中包含实施细则和开发过程的敏感信息，并通过浏览器返回给用户，那么这些信息将容易被攻击者利用，使其快速定位到攻击方向。

(3) 哈希算法使用不当。这种情况是指 Web 应用开发者未使用哈希或未使用随机的盐对敏感数据进行处理。

保护与加密敏感数据已经成为网络应用安全性最重要的组成部分，因此对于敏感数据保护需要做到以下几点：

(1) 不要用明文保存账号、密码、住址、居民身份证号等敏感内容；

(2) 对登录、付款这类含有用户隐私信息的页面启用 HTTPS 保护传输；

(3) 尽快清除没必要存放的敏感/重要数据；

(4) 确保使用了合适的、强大的标准算法和密钥，并且密钥管理到位；

(5) 关闭能够收集数据的自动填充表单功能。

14.5.7　功能级访问控制缺失

很多 Web 应用的权限控制是通过页面灰化或隐藏 URL 实现的，并没有在服务器端进行身份确认和权限验证。这可能会使攻击者通过修改页面样式获取隐藏 URL，进而获取特权页面来对系统进行攻击，或者在匿名状态下对他人的页面进行攻击，从而获取用户数据或提升权限。此类问题的主要原因是系统在开发或设计阶段，没有考虑攻击场景，在服务端并未进行权限控制和身份校验，给了攻击者可乘之机。

由于每个系统的实现方式不尽相同，所以权限管理也极为复杂，但权限管理本质上是要确保正确的用户做自己该做的事情。只要基于这个目标去实现 Web 系统，就可以防止出现功能级访问控制缺失问题。应对此类问题的策略主要有如下几点：

(1) 设计严格的权限控制系统，对于每个请求和 URL 都要进行校验和权限确认，防止 Web 应用执行非法请求。

(2) 默认情况下，Web 应用应该拒绝执行所有访问权限，即 Web 应用默认不给用户任何权限，防止攻击者利用默认权限执行攻击。

(3) 对于每个功能的访问，都要有明确的角色授权，采用筛选器对每个请求的合法性进行校验，针对非法访问要能及时识别出该非法访问来源 IP 的地址，并进行相应的锁定等操作。

(4) 建立 Web 访问的 IP 黑名单和白名单列表，禁止不可信 IP 的访问，能够极大地减少此类问题的发生。

(5) 在涉及访问权限的最终页面中加入权限判断代码，这样即便直接输入了某特权 URL，由于还会在页面中检查权限，具体功能还是安全的。

14.5.8　跨站点请求伪造

跨站请求伪造(Cross Site Request Forge，CSRF)是一种常见的 Web 攻击方式，也是最容易被忽视的攻击方法。CSRF 攻击可以理解为攻击者盗用了用户身份，以用户的名义向存在漏洞的网站发送恶意请求，使用户在不知不觉中遭受恶意行为的侵害。攻击者通常使用 CSRF 方式攻击云存储、社交网站、媒体、银行和网上购物网站这些类型的应用程序。CSRF 能够造成的危害包括：以用户名义发送邮件、发消息、盗取用户的账号，甚至购买商品、虚拟货币转账等。

典型的 CSRF 攻击的过程如图 14-12 所示。

首先，用户正常访问某一网站，如 www.web1.com，成功登录系统，生成会话 Cookie，并保持会话处于有效状态；

然后，由于某种原因，用户在没有登出 web1 网站的情况下，登录危险网站 web2；

在图 14-11 中第 4 步，用户收到伪装的具有恶意代码的攻击网址，当用户单击此攻击页面时，攻击者可以在用户在不知情的情况下，伪装成用户的身份对 www.web1.com 发起恶意访问。

第 5 步时，恶意代码已经执行完毕，攻击完成。

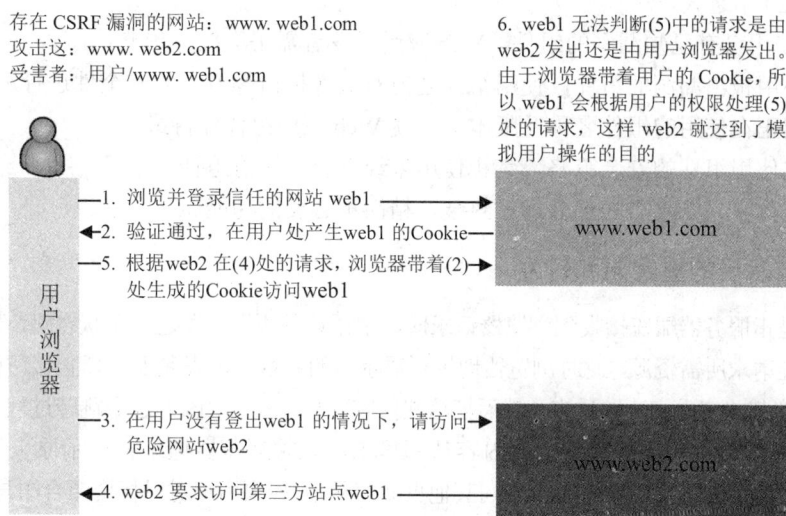

图 14-12　CSRF 攻击流程

虽然 CSRF 与 XSS 都采用跨站方式进行攻击，但两者相比具有以下区别：

(1) XSS 攻击需要借助脚本语言，CSRF 攻击则未必需要脚本语言；

(2) XSS 需要受害站点接受用户输入来保存恶意代码，而 CSRF 攻击可能从第三方网站发起；

(3) XSS 产生的主要原因是对用户输入没有正确筛选，CSRF 产生的主要原因是采用了隐式验证方式。

为防止受到 CSRF 攻击，常用策略有：

(1) 在请求地址中添加 Token 并验证。用户登录成功后，服务器为该会话分配一个采用安全随机数(不可被预测)生成的值，保存在 Session 里面，称为 Token。当客户端提交请求的时候，将此 Token 随请求一起提交，服务器端可以通过将提交的 Token 和 Session 里存放的 Token 进行对比，来判断客户端的访问是否合法。这种方法也是当前运用最广泛的方法；

(2) 使用 Cookie 的 HttpOnly 属性。HttpOnly 属性可以阻止客户端 JavaScript 脚本来读取用户的 Cookie 信息，从而保证数据的安全性；

(3) 检查请求的 Referer。Referer 检查可以用来检验请求是否来自合法的源头。但是这样会使得编码变得相对复杂。此外，有些用户或浏览器处于隐私保护或安全的目的，会禁用 Referer 信息的发送，因此该方法并不是一种可以依赖的防御 CSRF 的手段。

14.5.9　使用含有已知漏洞的组件

目前 Web 应用开发中不可避免会用到一些开发组件，比如：开发框架、库文件和其他软件模块。使用这些组件是快速创建富属性应用的基础，同时这些组件几乎总是以全部权限运行。然而，这些组件许多是开源或免费提供的，如果使用含有已知漏洞的组件，攻击者可利用这种已知漏洞造成数据库泄露或服务器被接管等危害。Web 应用程序使用带有已知漏洞的组件会破坏应用程序防御系统，并使一系列更进一步的攻击成为可能。

Heartbleed 漏洞和 Shellshock 漏洞是最近这种威胁的典型代表。2014 年爆发的 Heartbleed 和 Shellshock 两种缺陷受到了社会各界的广泛关注。其中，Heartbleed 广泛用于 Open SSL 的加密库，并被一个加拿大黑客利用，盗取了大量社保账号相关信息，而 Shellshock 注入缺陷则存在于 Bash Unix 命令行长达 20 年之久。

为避免使用含有已知漏洞的组件，Web 应用开发者需采取以下策略：

(1) 不使用报出漏洞的组件，使用组件之前对组件接口等方面的安全性进行测试；

(2) 识别正在使用的组件名称及版本，并使 Web 应用组件保持最新；

(3) 建立使用组件的安全策略，禁止使用未经安全评估的组件；

(4) 对组件中易受攻击的部分进行封装，精简不必要的功能。

14.5.10　未验证的重定向和转发

重定向是指服务器端在接收到浏览器请求时，根据业务逻辑，发送一个状态码，告诉浏览器重新去新的地址请求所需资源，此时浏览器地址栏显示新的 URL。转发是服务器直接访问目标资源地址的 URL，把其响应内容读取过来，然后把这些内容发给浏览器。因为这个跳转过程在服务器端实现，浏览器根本不知道服务器发送的内容从哪里来，此时浏览器地址栏显示原来的地址。

Web 应用经常会重定向或将用户转向其他页面或网站。如果用户对目标资源合法与否未加验证，攻击者便可以利用用户对合法网站的信任作为诱饵，将被攻击者重定向到恶意网站或跳转到未授权界面，从而进行恶意操作。未验证的重定向和转发可能给用户带来的危害包括：

(1) 盗取用户的账户和密码等敏感信息；

(2) 利用网站挂载的木马，对用户进行远程控制；

(3) 越过访问控制，跳转到管理员界面；

(4) 使用户进入钓鱼网站，对用户的财产安全造成威胁。

为避免受到这种漏洞的危害，常见的防范策略有：

(1) 尽量避免使用重定向和转发机制；

(2) 如果使用了重定向和转发，则不要在确定重定向或转发目标时涉及用户参数等敏感信息；

(3) 如果无法避免使用目标参数，则应对每个参数进行验证以确保它的正确性和合法性，或者在服务器端提供目标参数映射机制；

(4) 对于返回的 URL 参数值进行判断，只有白名单中的 URL 才能重定向。

上述 OWASP 十大问题仅是现代网络应用中最常见安全问题的代表，此外还有缓冲区溢出、分布式拒绝服务攻击(DDOS)等攻击方式，用户在创建安全的 Web 应用时也应考虑。

14.6　本章小结

　　本章首先以 Web 应用软件相关的安全概念为基础，对 Web 应用软件相关的技术基础、Web 应用安全的概念进行了简要介绍，并在此基础上针对具有较大影响的 Web 应用安全攻击方法的原理与应对策略进行相关介绍。

练习题

1. 软件安全主要包括哪些方面的内容？
2. 导致 OWASP Top 10 项目中的各安全缺陷的原因是什么？应如何预防？

第 15 章　Web 应用安全测试

安全性测试是有关验证应用程序的安全服务和识别潜在安全性缺陷的过程。考虑 Web 应用安全性，首先需要分析其安全度量标准是什么，安全功能满足哪些应用场景；然后拟定全局安全策略及安全测试重点范围；再选定安全测试方案及使用的工具；根据应用架构、组件等的实现准备测试环境及测试输入，最后提供评估的安全测试报告及综合评价、改进建议等。

Web 应用安全性测试的目的是查找程序设计中存在的安全隐患，并检查应用程序对非法入侵的防范能力。根据系统要求的安全指标不同，其安全测试策略、测试方法也不尽相同。需要注意，安全性测试只能验证被测 Web 应用对所用测试策略和测试方法的有效性，并不能最终证明被测 Web 应用的安全性。

本章要点如下：
- Web 引用安全测试方法与技术
- Web 安全性测试工具 IBM Rational AppScan 简介

15.1　Web 应用安全测试方法与技术

加密与验证、访问控制等安全技术在软件安全中发挥着关键作用，安全本身是整个系统的一个重要特性，不仅仅是安全机制和安全技术的应用。无论是程序缓冲区或是无关紧要的图形用户界面，皆有可能存在安全问题。我们常说，Web 应用系统的安全必须能够经受住正面的攻击，以及侧面和背后的攻击。普通软件测试的主要目的是：确保软件不会去完成没有预先设计的功能，确保软件能够完成预先设计的功能。但安全测试更有针对性，同时可能采用一些和普通测试不一样的测试手段，如攻击和反攻击技术。因此，实际上，安全测试就是一轮多角度、全方位的攻击和防御，其目的就是要抢在攻击者之前尽可能多地找到软件中的漏洞，以降低软件遭到攻击的可能性。

15.1.1　软件安全测试

一般来说，对安全要求不高的软件，其安全测试可以混在单元测试、集成测试、系统测试里一起做。但对安全有较高需求的软件，则必须做专门的安全测试，以便在被破坏之前预防并识别软件的安全问题。

1. 安全测试定义

安全测试(Security Testing)用来验证集成在软件内的保护机制能否在实际中保护系统免受非法的侵入，在测试软件系统中对程序的危险防止和危险处理进行有效性测试和验证，它是验证应用软件的安全等级和识别潜在安全缺陷的过程。

应用软件安全测试的主要目的是查找软件自身程序设计中存在的安全隐患，并检查应用软件对非法侵入的防范能力。不同安全指标的测试策略是不同的。注意，安全测试并不最终证明应用软件是安全的，而是用于验证所设立策略的有效性，这些对策是基于威胁分析阶段所做的假设而选择的。例如，测试应用软件防止未授权的内部或外部用户访问或故意破坏等的情况。

2. 安全测试工作

安全测试一般要做的工作有：

(1) 全面检验软件需求规格说明中规定的防危措施的有效性和每个危险状态下的处理反应情况。

(2) 对软件设计中用于提高安全性的逻辑结构、处理方案，进行针对性测试。

(3) 在异常条件下测试软件，以表明不会因可能的单个或多个输入错误而导致不安全状态。

(4) 用错误的安全性关键操作进行测试，以验证系统对这些操作错误的反应。

(5) 对安全性关键的软件单元功能模块单独进行加强的测试以确认其满足安全性需求。

3. 安全测试方法

有许多的测试手段可以进行安全测试，目前的主要安全测试方法有：

(1) 静态代码安全测试。主要通过对源代码进行安全扫描，根据程序中数据流、控制流、语义等信息与其特有软件安全规则库进行匹配，从中找出代码中潜在的安全漏洞。静态的源代码安全测试是非常有用的方法，它可在编码阶段找出所有可能存在安全风险的代码，这样开发人员可在早期解决潜在的安全问题。而正因为如此，静态代码测试比较适用于早期的代码开发阶段，而不是测试阶段。

(2) 动态渗透测试。渗透测试也是常用的安全测试方法。使用自动化工具或者人工方法模拟黑客的输入，对应用系统进行攻击性测试，从中找出运行时刻存在的安全漏洞。这种测试的特点就是真实有效，一般找出来的问题都是正确的，也是较为严重的。但渗透测试一个致命的缺点是模拟的测试数据只能到达数量有限的测试点，覆盖率很低。

(3) 程序数据扫描。一个高安全需求的软件，在运行过程中数据是不能遭到破坏的，否则就会导致缓冲区溢出类型的攻击。数据扫描的手段通常是进行内存测试，内存测试可以发现许多诸如缓冲区溢出之类的漏洞，而这类漏洞使用除此之外的测试手段都难以发现。例如，对软件运行时的内存信息进行扫描，看是否存在一些隐患，当然这需要专门工具来进行验证，手工完成是比较困难的。

4. 安全测试内容

安全测试内容很多，但主要测试内容有：

(1) **功能验证**。功能验证采用软件测试中的"黑盒"测试方法，对涉及安全的软件功能，如用户管理模块、权限管理、加密系统、验证系统等进行测试，主要验证上述功能是否有效。对安全的功能验证可以采用与一般的程序功能测试相似的方法，如黑盒测试方法、白盒测试方法或灰盒测试方法等进行测试。

(2) **漏洞扫描**。安全漏洞扫描主要借助特定的漏洞扫描器完成。通过使用漏洞扫描器，系统管理员能够发现系统存在的安全漏洞，从而在系统安全中及时修补漏洞。

(3) **模拟攻击**。对于安全测试来说，模拟攻击测试是一组特殊的极端测试方法，我们以模拟攻击来验证软件系统的安全防护能力。模拟攻击的主要技术分为：

① 服务拒绝型攻击。企图通过使服务器崩溃来阻止提供服务，是最容易实施的攻击行为，主要

包括死亡之 ping、泪滴、UDP 洪水、SYN 洪水、Land 攻击、Smurf 攻击、Fraggle 攻击、电子邮件炸弹、畸形消息攻击等 9 种。

② 漏洞木马型攻击。主要是由于系统漏洞未及时打补丁或者不小心安放了木马等原因导致的非法入侵行为，主要包括口令猜测、特洛伊木马和缓冲区溢出等 3 种。

③ 伪装欺骗型攻击。这类攻击是使目标配置不正确的消息，攻击技术主要包括 DNS 高速缓存污染、ARP 欺骗和 IP 欺骗。

(4) 侦听技术，也称网络监听。可以获取网络上传输的信息，而这些信息并不是发给自己的。网络侦听技术是一个常用手段。可有效地管理网络、诊断网络问题、检查网络的安全威胁。目前网络侦听工具有多种，有硬件的，也有软件的。为了评测信息系统的安全环境，熟悉和使用侦听技术是一种有效的安全测试方法。

15.1.2　渗透测试

渗透测试(Penetration testing)是安全性测试的主要测试手段，它完全模拟黑客可能使用的攻击技术和漏洞发现技术，对目标软件系统的安全进行深入探测，发现系统最脆弱的环节，它能直观地展现被测软件系统面临的安全问题。

1. 渗透测试的必要性

渗透测试利用网络安全扫描器、专用安全测试工具和富有经验的安全工程师的人工经验对网络中的核心服务器及重要的网络设备(包括服务器、网络设备、防火墙等)进行非破坏性的模拟黑客攻击，目的是侵入系统获取机密信息并将入侵的过程和细节报告给用户。

渗透测试和工具扫描可以很好地互相补充。工具扫描具有很高的效率和速度，但存在一定的误报率和漏报率，并且不能发现高层次、复杂并且相互关联的安全问题；渗透测试需要投入的人力资源较大、对测试者的专业技能要求很高，但非常准确，可以发现逻辑性更强、更深层次的弱点。

2. 渗透测试分类

渗透测试涉及的内容很多、面很广，因此对它的分类有不同的侧重点。

(1) 根据渗透方法分类有：①黑箱测试(zero-knowledge testing)。渗透者完全处于对系统一无所知的状态。对于这种类型的测试，最初的信息通常来自 DNS、Web、Email 及各种对外公开的服务器；②"白盒"测试。测试者可通过正常渠道向被测单位取得各种资料，包括网络拓扑、员工资料甚至网站或程序的代码片段，也能与单位其他员工进行面对面沟通。这类的测试目的是模拟企业内部雇员的越权操作；③隐秘测试。隐秘是针对被测单位而言的，通常接受渗透测试的单位网络管理部门会收到通知：在某些时间段进行测试。因此能够检测网络中出现的变化。但在隐秘测试中，被测单位也仅有极少数人知晓测试的存在，因此能有效检验单位中的信息安全事件监控、响应及恢复是否做得到位。

(2) 根据渗透目标分类有：①主机操作系统渗透。对 Windows、Solaris、AIX、Linux、SCO、SGI 等操作系统本身进行渗透测试；②数据库系统渗透。对 MS-SQL、Oracle、MySql、Infomix、Sybase、DB2 等数据库应用系统进行渗透测试；③应用系统渗透。对渗透目标提供的各种应用，如 ASP、CGI、JSP、PHP 等组成的 WWW 应用进行渗透测试；④网络设备渗透。对各种防火墙、入侵检测系统、网络设备进行渗透测试。

3. 攻方主要用到的渗透测试

(1) **内网测试**。这类测试由渗透测试人员从内部网络发起测试，能够模拟企业内部违规操作者的行为，其优势是绕过了防火墙的保护。它常用的渗透方式有远程缓冲区溢出、口令猜测以及 B/S 或 C/S 应用程序测试。

(2) **外网测试**。这种情况下渗透测试人员完全处于外部网络，模拟对内部状态一无所知的外部攻击者的行为，包括对网络设备的远程攻击\口令管理安全性测试\防火墙规则试探与规避\Web及其他开放应用服务的安全性测试。

(3) **不同网段/虚拟局域网之间的渗透测试**。从某内/外部网段，尝试对另一网段/虚拟局域网进行渗透。通常可能用到的技术包括：对网络设备的远程攻击；对防火墙的远程攻击或规则探测、规避尝试。信息的收集和分析伴随着每个渗透测试步骤，每个步骤又有三个组成部分：操作、响应和结果分析。

(4) **端口扫描**。通过对目标地址的 TCP 或 UDP 端口扫描，确定其所开放的服务的数量和类型，这是所有渗透测试的基础。通过端口扫描，可确定一个系统的基本信息，结合安全工程师的经验可以确定其可能存在以及可能被利用的安全弱点，为进行深层次的渗透提供依据。

(5) **远程溢出**。这是当前出现的频率最高、威胁最严重，同时又是最容易实现的一种渗透方法，一个具有一般网络知识的入侵者就可在很短的时间内利用现成的工具实现远程溢出攻击。对于防火墙内的系统同样存在这样的风险，只要对跨接防火墙内外的一台主机攻击成功，那么通过这台主机对防火墙内的主机进行攻击就易如反掌。

(6) **口令猜测**。口令猜测也是一种出现概率很高的风险，几乎不需要任何攻击工具，利用一个简单的暴力攻击程序和一个比较完善的字典，就可以猜测口令。对一个系统账号的猜测通常包括对用户名的猜测和对密码的猜测两个方面。

(7) **本地溢出**。是指在拥有了一个普通用户的账户之后，通过一段特殊指令获得管理员权限的方法，即导致本地溢出的一个关键条件是密码策略设置不当。多年的实践证明，在使用前期的口令猜测阶段获取的普通账户登录系统之后，对系统实施本地溢出攻击，就能获取不进行主动安全防御的系统的控制管理权限。

(8) **脚本及应用测试**。该测试类型专门针对 Web 及数据库服务器进行。据最新技术统计，脚本安全弱点是当前 Web 系统(尤其是存在动态内容的 Web 系统)比较严重的安全弱点之一。利用脚本相关弱点，轻则可以获取系统其他目录的访问权限，重则可能取得系统的控制权限。因此对于含有动态页面的 Web、数据库等系统，Web 脚本及应用测试是必不可少的一环。在 Web 脚本及应用测试中，需要检查的内容包括：①检查应用系统架构，防止用户绕过系统直接修改数据库；②检查身份验证模块，以防止非法用户绕过身份验证；③检查数据库接口模块，以防用户获取系统权限；④检查文件接口模块，防止用户获取系统文件等内容。

除上述测试手段外，还有一些可能会在渗透测试过程中使用的技术，包括社交工程学、拒绝服务攻击以及中间人攻击。

4. 防守方对渗透测试的关注

当站到系统管理员的角度保障一个大网的安全时，我们会发现，需要关注的问题是完全不同的：从攻方的视角看，是"攻其一点"，只要找到一点漏洞，就可能撕开整条战线；但从守方的视角看，却发现往往"千里之堤，毁于蚁穴"。因此，需要有好的理论指引，从技术到管理都注重安全，才能使网络固若金汤。

15.1.3　软件安全测试过程

软件安全测试过程在安全测试中分为两种测试过程：反向安全测试过程和正向安全测试过程。

1. 反向安全测试过程

大部分软件的安全测试都依据缺陷空间反向设计原则来进行，即事先检查哪些地方可能存在安全隐患，然后针对这些可能的隐患进行测试。因此，反向测试过程是从缺陷空间出发，建立缺陷威胁模型，通过威胁模型来寻找入侵点，对入侵点进行已知漏洞的扫描测试。该方法的好处是可对已知的缺陷进行分析，避免软件中存在已知类型的缺陷，但对未知的攻击手段和方法通常无能为力。

(1) 建立缺陷威胁模型。建立缺陷威胁模型主要从已知的安全漏洞入手，检查软件中是否存在已知的漏洞。建立威胁模型时，需要先确定软件牵涉哪些专业领域，再根据各个专业领域所遇到的攻击手段进行建模。

(2) 寻找和扫描入侵点。检查威胁模型里的哪些缺陷可能在本软件中发生，再将可能发生的威胁纳入入侵点矩阵进行管理。如有成熟的漏洞扫描工具，那么直接使用漏洞扫描工具进行扫描，然后将发现的可疑问题纳入入侵点矩阵进行管理。

(3) 入侵矩阵的验证测试。创建好入侵矩阵后，即可针对入侵矩阵的具体条目设计对应的测试用例，然后进行测试验证。

2. 正向安全测试过程

为规避反向设计原则所带来的测试不完备性，需要一种正向测试方法对软件进行比较完备的测试，使测试过的软件能预防未知的攻击。

(1) 标识测试空间。对测试空间的所有可变数据进行标识，由于进行安全测试的代价高昂，要重点对外部输入层进行标识。例如，需求分析、概要设计、详细设计、编码这几个阶段都要对测试空间进行标识，并建立测试空间跟踪矩阵。

(2) 精确定义设计空间。重点审查需求中对设计空间是否有明确定义，以及需求牵涉的数据是否都标识出了合法取值范围。在这个步骤中，最需要注意的是"精确"二字，要严格按照安全原则对设计空间做精确的定义。

(3) 标识安全隐患。根据找出的测试空间和设计空间以及它们之间的转换规则，标识出哪些测试空间和哪些转换规则可能存在安全隐患。例如，测试空间越复杂(即测试空间划分越复杂或可变)，数据组合关系越多，也越不安全。

(4) 建立和验证入侵矩阵。安全隐患标识完成后，就可以根据标识出来的安全隐患建立入侵矩阵。列出潜在安全隐患，标识出存在潜在安全隐患的可变数据，并标识出安全隐患的等级。其中对于那些安全隐患等级高的可变数据，必须进行详尽的测试用例设计。

3. 正向和反向测试的区别

正向测试过程是以测试空间为依据寻找缺陷和漏洞，反向测试过程则以已知的缺陷空间为依据去确认软件中是否会发生同样的缺陷和漏洞，两者各有其优缺点。反向测试过程的一个主要优点是成本较低，只要验证已知的、可能发生的缺陷即可，但缺点是测试不完善，无法将测试空间覆盖完整，无法发现未知的攻击手段。正向测试过程的优点是测试比较充分，但工作量相对较大。因此，对安全要求较低的软件，一般按反向测试过程来测试即可，对于安全要求较高的软件，应以正向测试过程为主，反向测试过程为辅。

15.1.4 软件安全测试组织

组织开展 Web 应用安全测试活动的过程通常包括六个环节。

1. 搭建测试环境

Web 应用进入测试环节后，应用开发人员应该提交一份指导软件产品部署或安装的书面材料，在书面材料中详细描述软件产品运行所需的软硬件环境，给出详细安装指导书等。对于较复杂的软件产品，尤其是大型软件项目的产品来说，如果没有详细的安装指导资料作为参考，在搭建安全测试环境的每个环节都可能遇到问题。

2. 执行测试过程

软件安全测试过程中，当实际测试输出结果与测试用例的预期结果相符时，不可轻易认定测试用例执行成功。即使实际测试结果与预期输出结果一致，也要再查看软件产品的各种日志，包括操作日志、系统运行日志等，还有系统资源使用情况，要通过所有证明信息来判断测试用例是否执行成功。只有全面检测软件产品的各类输出，才能发现更多隐性问题。

3. 记录测试过程

测试执行过程中，一定要加强测试过程记录。如果实际测试步骤与测试用例的设计步骤有差异，一定要如实记录下来，作为日后复测或者更新测试用例的依据。如果软件产品本身提供日志功能，例如软件系统运行日志、用户操作日志等，一定要在每个测试用例执行完毕后查看并保存相关的日志记录，作为测试过程记录下来，日后一旦发现问题，开发人员或维护人员可通过这些测试信息定位问题，从而避免测试人员重新搭建安全测试环境，为重现问题节省时间。

4. 确认安全缺陷

在安全测试的执行过程中，如果测试人员能够肯定目标软件存在某种安全缺陷，可以毫不犹豫地提交测试结果。如果发现疑似问题，不能确定是否为软件安全缺陷，则需要保留测试现场，通知相关软件开发人员到现场直接定位问题。如果软件开发人员在短时间内能够判断是否为软件安全缺陷，则安全测试人员可以现场给予配合；如果软件开发人员需要花费很长的时间定位问题，测试人员要尽量继续执行其他测试环节，由软件开发人员记录软件出现疑似缺陷时的测试环境配置，然后在软件开发环境上重现疑似问题，进行深入分析，避免耽误测试执行时间。

5. 更新测试用例

在安全测试执行过程中，需要及时更新测试用例。许多遗漏的测试用例是在测试执行过程中才想到的，这时应及时补充；有些测试用例在具体执行过程中才发现不具有可行性，根本无法操作，这时应该删除这些用例；对于完全可由另外一个或几个测试用例替代的冗余用例，则应删除，以提高测试效率。测试执行的过程中及时更新测试用例可以避免在安全测试执行结束后统一更新测试用例，后者往往导致测试时遗漏许多本应该更新的测试用例，成为测试过程的瑕疵。

6. 提交测试报告

软件安全测试报告是软件安全测试人员工作成绩的集中体现。测试报告的清晰程度、准确程度非常重要。报告的核心内容有三部分：第一部分是发现安全缺陷时的目标软件运行环境，包括软件环境、硬件环境、运行时状态等；第二部分是软件安全缺陷的详细描述，也就是问题描述；第三部分是对安全缺陷提出的解决方法。这三部分中最关键的是"问题描述"部分，这是软件开发人员重现问题、定位问题的重要依据，也是第一手资料。问题描述应包含以下内容：软硬件环境配置、测试用例输入、详细操作步骤、预期输出、当时输出设备的实际输出信息和系统相关日志信息等内容。

15.1.5　安全测试主要关注的问题

软件安全有很多方面的内容，主要的安全问题由软件本身的漏洞造成，通常安全测试关注的缺陷和漏洞有如下几个方面。

1. 缓冲区溢出

缓冲区溢出已成为软件安全的头号公敌，许多实际中的安全问题都与它有关。造成缓冲区溢出问题通常有以下两种原因：

(1) 设计空间的转换规则的校验问题。即缺乏对可测数据的校验，导致非法数据没有在外部输入层被检查出来并丢弃。非法数据进入接口层和实现层后，由于它超出了接口层和实现层的对应测试空间或设计空间的范围，从而引起溢出。

(2) 局部测试空间和设计空间不足。当合法数据进入后，由于程序实现层内对应的测试空间或设计空间不足，导致程序处理时出现溢出。

2. 加密缺陷

加密缺陷主要包括以下五个方面：

(1) 使用不安全的加密算法。加密算法强度不够，某些加密算法甚至可用穷举法破解。

(2) 加密数据时密码由伪随机算法生成，而生成伪随机数的方法存在缺陷，使密码很容易被破解。

(3) 身份验证算法存在缺陷。

(4) 客户机和服务器时钟未同步，给攻击者足够的时间来破解密码或修改数据。

(5) 未对加密数据进行签名，导致攻击者可以篡改数据。

所以，对加密进行测试时，必须针对这些可能存在的加密弱点进行测试。

3. 错误处理

一般情况下，错误处理都会返回一些信息给用户，返回的出错信息可能会被恶意用户利用来进行攻击，恶意用户能够通过分析返回的错误信息来了解下一步要如何做才能使攻击成功。如果错误处理时调用了一些不该有的功能，那么错误处理的过程将被利用。错误处理属于异常空间内的处理问题，异常空间内的处理要尽量简单，使用这条原则来设计可以避免这个问题。但错误处理往往牵涉易用性方面的问题，如果错误处理的提示信息过于简单，用户可能会一头雾水，不知道下一步该怎么操作。所以，在考虑错误处理的安全性时，需要和易用性一起进行权衡。

4. 权限过大

如果对用户赋予过大的权限，就可能导致只有普通用户权限的恶意用户利用过大的权限做出危害安全的操作。例如没有对能操作的内容做出限制，就可能导致用户可以访问超出规定范围的其他资源。进行安全测试时必须测试应用程序是否使用了过大的权限，重点要分析用户在各种情况下应该有的权限，然后检查实际中是否超出了给定的权限。权限过大问题本质上属于设计空间过大问题，所以在设计时要控制好设计空间，避免设计空间过大造成权限过大的问题。

15.1.6 如何做好 Web 应用安全测试

许多软件安全测试经验告诉我们，做好 Web 应用安全性测试的必要条件是：①充分了解软件安全漏洞；②评估安全风险；③拥有高效的软件安全测试技术和工具。

1. 充分了解软件安全漏洞

评估一个软件系统的安全程度，需要从设计、实现和部署三个环节同时入手。通常评估软件系统安全的方法是：①要确定软件产品对应的防范要求(Protection Profile，PP)，通常一个 PP 定义了一类软件产品的安全特性模板，例如数据库的 PP、防火墙的 PP 等；②根据 PP 再提出具体的安全功能需求，如用户的身份验证实现；③确定安全对象以及如何满足对应的安全功能需求。

2. 安全性测试的评估

做完安全性测试后，软件能否达到预期的安全程度是安全测试人员最关心的问题，因此需要建立测试后的安全评估机制。一般从以下两个方面进行评估。

(1) 安全缺陷数据评估。软件的安全缺陷和漏洞越多，可能遗留的缺陷也越多。进行这类评估时，必须建立基线数据作为参照，否则评估起来没有依据，无法得到正确的结论。

(2) 采用漏洞植入法进行评估。漏洞植入法和可靠性测试里的故障插入测试是同一道理，只不过这里是在软件里插入一些有安全隐患的问题。采用漏洞植入法时，先让不参加安全测试的特定人员在软件中预先植入一定数量的漏洞，测试完后看有多少植入的漏洞被发现，以此来评估软件的安全测试做得是否充分。

3. 采用安全测试技术和工具

可使用专业的具有特定功能的安全扫描软件来寻找潜在漏洞，将已经发生的缺陷纳入缺陷库，然后通过自动化测试方法使用自动化缺陷库进行轰炸测试。例如，使用一些能够模拟各种攻击的软件来进行测试，或采用下面介绍的商用安全测试工具。

15.2 Web 安全性测试工具 IBM Rational AppScan 简介

IBM Rational AppScan 标准版是 Rational IBM Rational AppScan 产品家族的重要成员，是自动化

Web 应用安全性测试的桌面解决方案。IBM Rational AppScan 是一种自动化 Web 应用安全性测试引擎，能够连续、自动地扫描 Web 应用程序、测试安全性问题，并生成包含修订建议的任务报告，简化修复过程。

IBM Rational AppScan 主要包括以下功能：

(1) **核心漏洞支持**：包含 OWASP Top 10 项目和 WASC 隐患分类中已识别的漏洞，如 SQL 注入、跨站点脚本攻击和缓冲区溢出等。

(2) **广泛的应用程序覆盖**：包含集成 Web 服务扫描和 JavaScript 执行(包括 Ajax)与解析。

(3) **自定义和可扩展功能**：全面的 IBM Rational AppScan SDK 支持，以及方便灵活的 IBM Rational AppScan eXtension Framework，供加载和运行用户社区共享的开源插件。

(4) **高级修复建议**：展示全面的任务清单，用于修复扫描过程中发现的问题。

(5) **面向渗透测试人员的自动化功能**：高级测试实用工具和 Pyscan 框架作为手动测试的补充，提供更强大的能力和更高的效率。

(6) **法规遵从性报告**：40 种开箱即用的遵从性报告，包括 PCI Data Security Standard、ISO 17799 和 ISO 27001 以及 Basel II 等。

(7) **可定制的扫描策略**：IBM Rational AppScan 配备一套使用多种测试方法的扫描策略，此外用户还可以根据项目需要定制所需的扫描策略。

(8) **工具支持**：包括令牌分析器和 HTTP 请求编辑器等多种工具，方便手动测试软件漏洞。

15.2.1 IBM Rational AppScan 最低配置要求

流畅运行 IBM Rational AppScan 的操作系统通常需要 2GB 的 RAM，以确保可以安装.NET 框架和 Adobe Flash 来执行扫描过程中的 Flash 内容。为充分利用 IBM Rational AppScan 的各项功能，安装 IBM Rational AppScan 的计算机需要在软硬件方面满足其最低配置要求，如表 15-1 所示。

表 15-1 IBM Rational AppScan 的最低安装配置

名称	要求
操作系统	Windows XP Professional SP2 或更高版本
处理器	Intel Pentium P4，1.5 GHz
内存	512MB RAM
空闲磁盘空间	1GB
网络	1NIC 10Mbps
浏览器支持	Microsoft Internet Explorer 6.0 Service Pack 1 或更高版本；Mozilla Firefox 1.5 或更高版本
平台支持	.NET Framework 2.0 或更高版本

15.2.2 IBM Rational AppScan 工作过程

采用 IBM Rational AppScan 进行 Web 应用漏洞扫描的完整过程共包括四个阶段，即探测阶段、测试阶段、扫描阶段和后续工作。

1. 探测阶段

此阶段 IBM Rational AppScan 根据用户预先指定的测试策略和起始的 URL，模仿一个用户对被访问 Web 应用或 Web 服务站点进行探测访问，通过发送请求对站点内的链接与表单域进行访问或填写，以获取相应的站点信息，构建 Web 应用的树形结构图。IBM Rational AppScan 分析器将对其发送的每一个请求的响应做出判断，分析出可能存在潜在风险的地方，并针对这些确定需要自动生成的测试用例。测试执行完成后，再确定这些潜在的高危区域是否真正隐含着安全缺陷或应加以改良，并确定这些隐含的风险的等级。

2. 测试阶段

通过探测阶段，IBM Rational AppScan 已经分析出被测 Web 应用中可能的安全风险类型及需要构建的安全测试用例数量和该 Web 应用的站点模型。IBM Rational AppScan 将根据该站点模型，通过测试策略库中相应安全隐患的检测规则生成对应的、足够全面且复杂的测试输入，作为相应的安全测试用例，以检测模型中相应区域的安全隐患。这个阶段主要基于测试策略库和对 Web 应用的扫描结果生成测试用例。

3. 扫描阶段

IBM Rational AppScan 在扫描阶段首先把测试阶段产生的测试用例中的服务请求陆续发送出去，此后 IBM Rational AppScan 对被测应用的响应进行分析，从而判断该测试用例的输入是否造成了安全隐患或者安全问题。如果检测出安全隐患，IBM Rational AppScan 再通过生成该测试用例时所采用的策略，找出该安全问题的描述，以及该问题的解决方案，同时还将记录这个请求中包含的相关参数以及响应结果。

4. 后续工作

扫描阶段完成后，IBM Rational AppScan 将统计扫描过程中发现的安全问题及相应的检测结果，并按风险等级等分类方式对结果进行归类。IBM Rational AppScan 支持将检测结果报告以多种业内流行的模板形式导出，便于用户对检测出的问题逐个进行分析，并可依据报告对问题进行修复、改良或做进一步的回归测试及相关的分析工作。

IBM Rational AppScan 中，Web 应用被测对象的典型工作流程如图 15-1 所示。

(1) **模板选择**。用户可根据自己的业务逻辑情况预先定义一套模板，或者选择系统默认的模板设置。用户如果需要制作模板，可先选择默认模版，再按照设置向导的提示进行设置，在设置向导的最后一步选择暂时不执行测试，然后对当前的扫描任务进行自定义，定义为设计模板样式。在扫描配置中选择"另存为"来保存模板。用户再次创建新的扫描时，就可以选择这个定义好的扫描模板。

(2) **选择扫描类型**。AppScan 提供对 Web 应用程序和 Web 服务两种对象的扫描功能，这里以 Web 应用为例进行介绍。

(3) **配置扫描向导**。在进行扫描配置时，IBM Rational AppScan 需要用户对被测应用的起始网址、代理设置、登录信息、测试策略等内容进行设置。

```
┌─────────────────────┐
│ 1.为新扫描选择模板   │
└─────────────────────┘
          ↓
┌─────────────────────┐
│ 2.选择扫描类型       │
└─────────────────────┘
          ↓
┌─────────────────────┐
│ 3.配置扫描向导       │
└─────────────────────┘
          ↓
┌─────────────────────┐
│ 4.运行扫描专家       │
└─────────────────────┘
          ↓
┌─────────────────────┐
│ 5.启动自动扫描       │
└─────────────────────┘
          ↓
┌─────────────────────┐
│ 6.运行结果专家       │
└─────────────────────┘
          ↓
┌─────────────────────┐
│ 7.生成测试报告       │
└─────────────────────┘
```

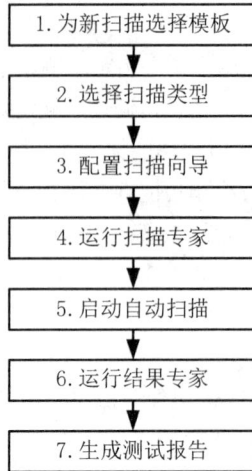

图 15-1　Web 应用下 IBM Rational AppScan 典型工作流程

(4) **运行扫描专家**。扫描专家是 IBM Rational AppScan 开发的对用户扫描配置进行优化的工具。扫描专家运行一个简短的扫描来评估用户所指定的网站的相关 IBM Rational AppScan 软件配置的效率。当扫描专家运行的时候，扫描专家面板在屏幕的上部面板打开，应用的树形结构图在左上部面板中打开。

在扫描专家评估的结尾，扫描专家将给出对扫描配置修改的建议，用户可以接受或者拒绝。这里需要注意，对于有些改变，扫描专家只能在人工干预下才能实施，所以当选择自动选项时，某些改变是不会被应用的。

(1) **启动自动扫描**。IBM Rational AppScan 开始对被测应用进行相关扫描。

(2) **运行结果专家**。结果专家对扫描结果进行处理，并向"问题信息"选项卡添加信息。

(3) **生成测试报告**。在 Rational IBM Rational AppScan 评估了用户网站的脆弱性后，用户可根据不同的个人或单位需求配置、生成定制的报告。该报告既可用 Rational IBM Rational AppScan 保存、打开，也可以另存为第三方的应用文件，如 Acrobat Reader。

15.3　IBM Rational AppScan 窗口

IBM Rational AppScan 主窗口包括一个菜单栏、工具栏和视图选择栏，还包括三个数据窗口，即应用树、结果列表和细节窗口。IBM Rational AppScan 主窗口如图 15-2 所示。窗口顶部是菜单栏和工具栏，左侧窗格是应用程序树，右上窗格是结果列表，右下窗格是详细信息，最下面是状态栏。

(1) **菜单栏**：包含 IBM Rational AppScan 中所有可用的功能。

(2) **工具栏**：常用功能的快捷菜单，如扫描、暂停、手动探索、配置和报告等。

(3) **应用程序树**：IBM Rational AppScan 会在扫描过程中按照一定层次结构生成站点结构图，默认按照 URL 层次进行组织。

(4) **视图选择器**：单击数据、问题、任务三个按钮中的一个，以选择在三个主窗口中显示的数据类型。

(5) **结果列表**：此视图中列出监测到的所有安全缺陷。

(6) **详细信息窗口**：此视图中的内容与安全问题显示视图相关，用来显示某特定安全问题的详细信息，包括问题介绍、修复建议、测试数据等。

(7) **状态栏**：实时显示 IBM Rational AppScan 的状态信息，包括发现问题数、已访问网页数目等。

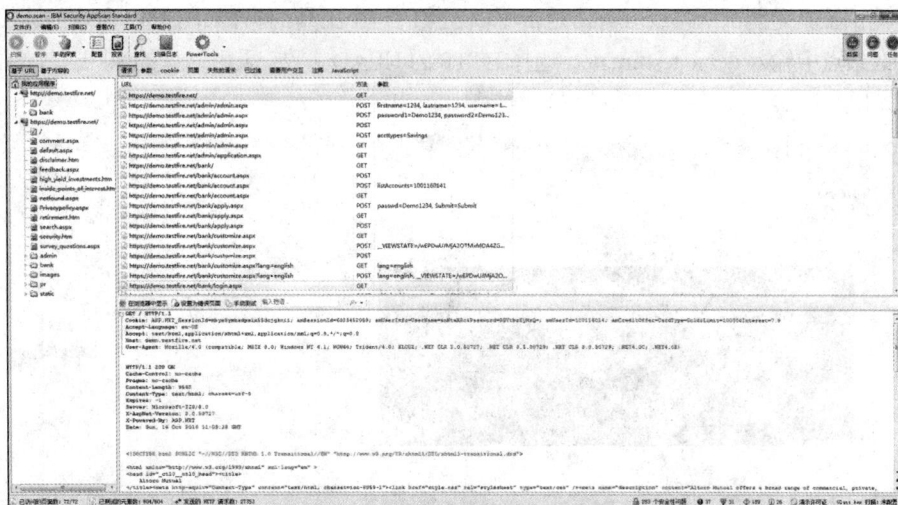

图 15-2　IBM Rational AppScan 主窗口

工具栏上的按钮为用户提供了常用功能的快速访问，同时这些功能也能从菜单栏中打开。工具栏上的图标名称与功能如表 15-2 所示。

表 15-2　IBM Rational AppScan 按钮功能

按钮	名称	功能
	新建	创建一个新的扫描功能
	打开	加载一个保存过的扫描结果或一个扫描模板
	保存	保存当前扫描
	打印	打印应用程序树和当前视图下的细节窗格
	扫描	该按钮仅在已经装载扫描并且配置好后可用，用于可以打开一个带有如下选项的小菜单： ●完全扫描：开始完全扫描或继续一个暂停的扫描 ●仅探索：运行"仅探索"或继续一个暂停的探索 ●仅测试：仅运行测试阶段或继续一个暂停的测试
	暂停扫描	该功能仅在扫描过程中可用，用于暂停当前扫描。用户可在暂停后继续之前的工作或对暂停状态进行保存
	手动探索	使用浏览器打开被测应用的 URL，并手动浏览网站、填写所需的参数。IBM Rational AppScan 将自动收集此过程中生成的数据，并用于生成相关测试用例

15.4　IBM Rational AppScan 辅助工具

IBM Rational AppScan 除了提供对 Web 应用扫描的功能外，还附带了许多使用的小工具，用户

可以在菜单栏中单击"工具"| PowerTool 找到它们。常用的辅助工具主要包括以下几种。

1. 连接测试工具

连接测试工具是测试网站或服务器是否可以连接的一个工具。打开如图 15-3 所示的连接测试工具，在 Web 站点中输入 demo.testfire.net，选择 HTTP 的 HEAD 方法，采用默认的 80 端口，单击"Ping 站点"按钮即可。

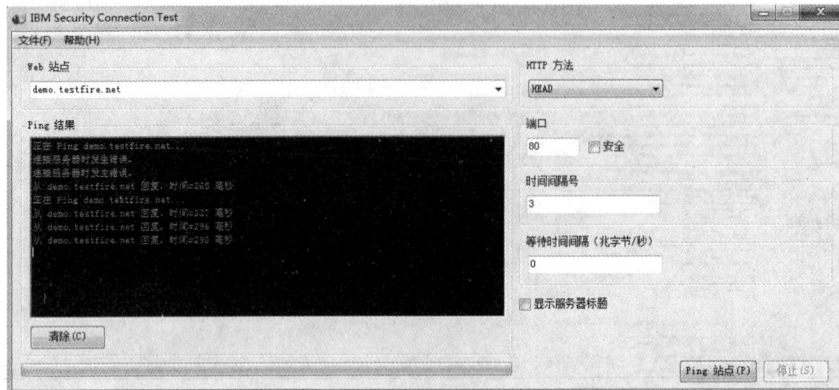

图 15-3　连接测试工具

2. 编码/解码工具

为便于渗透测试，IBM Rational AppScan 提供了编码/解码工具。该工具支持对 Base64、HTML、MD5、SHA1 等算法的加密或解密操作。

在"方法"选择框中选择要进行加密或解密的算法，在左侧输入框中输入要加密或解密的字符串，然后单击"编码"或"解码"按钮，结果将显示在右侧输出框内，如图 15-4 所示。

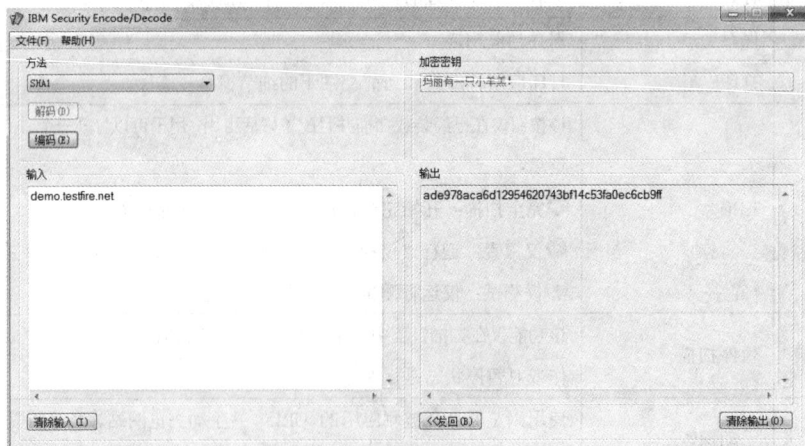

图 15-4　编码/解码工具

3. 表达式测试

在进行 Web 应用测试时，如探索网页等，常需要使用正则表达式来获取结果。为获取数据的准确性，编写好正则表达式后通常需要进行测试。IBM Rational AppScan 中的"表达式测试"工具即可实现此项功能。用户可在该工具内编写测试表达式，然后进行结果检查，如图 15-5 所示。

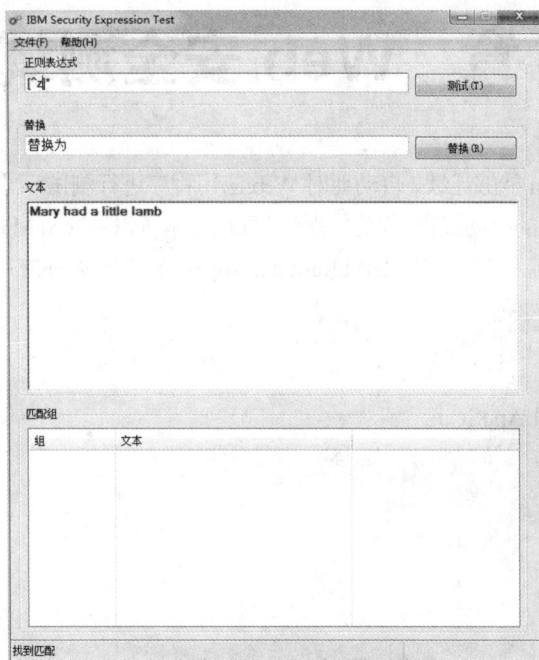

图 15-5　表达式测试工具

除上述提到的工具外，IBM Rational AppScan 还提供了 HTTP 请求编辑器、令牌分析器等辅助工具。此外，为了更方便渗透测试人员，IBM Rational AppScan 还允许渗透测试人员通过添加外部工具操作集成自己熟悉的工具。

15.5　本章小结

Web 应用安全性测试是有关验证 Web 程序的安全服务和识别潜在安全性缺陷的过程。本章首先介绍 Web 应用安全测试的方法与技术相关的基本概念，并在此基础上介绍 Web 应用安全测试过程的主要内容、组织 Web 应用安全测试的流程和进行相关测试需要关注的相关问题，并进一步对 IBM Web 应用安全测试工具 Rational AppScan 的基本使用方法和功能进行了简要介绍。

练习题

1. Web 应用软件安全测试的定义是什么？Web 应用软件的测试方法有哪几种？Web 应用软件安全测试有哪些主要步骤？

2. 如何配置 IBM Rational AppScan 使其能够调用用户所需的测试工具？

第 16 章　Web 安全测试实践

IBM Rational AppScan 能够连续、自动地对 Web 应用程序进行测试，同时高效地管理测试结果，并自动生成包含修订建议的行动报告，简化问题修复过程。本章以 Altoro Mutual 网站为例，按照 IBM Rational AppScan 的工作流程介绍使用 IBM Rational AppScan 进行 Web 应用安全测试的典型过程。

本章要点如下：
- 安全性测试需求
- 启动 IBM Rational AppScan
- 新建扫描
- 配置扫描
- 启动扫描
- 结果专家

16.1　Altoro Mutual 安全性需求

Altoro Mutual 是 IBM 所提供的 Web 安全漏洞演示网站，该网站主要用于实现对在线银行业务的模拟。使用 IBM Rational AppScan 对 Altoro Mutual 进行的安全性测试的需求主要包括以下两个方面：

(1) **安全功能测试**。安全功能测试基于软件的安全功能需求说明，测试软件的安全功能实现是否与安全需求一致，需求实现是否完备。其中，安全功能需求主要包括数据机密性、完整性、可用性、不可否认性、身份验证、授权、访问控制、审计跟踪、委托、隐私保护、安全管理等内容。

(2) **安全漏洞测试**。安全漏洞测试则从攻击者的角度出发，以发现软件的安全漏洞为目的。安全漏洞是指系统在设计、实现、操作、管理上存在的可被利用的缺陷或弱点。漏洞被利用可能造成软件受到攻击，使软件进入不安全状态，安全漏洞测试就是识别软件的安全漏洞。

上述安全性需求与 IBM Rational AppScan 不同的测试策略相对应，用户可根据实际的测试需要，在扫描配置界面选择所需的测试策略。

16.2　启动 IBM Rational AppScan

启动 IBM Rational AppScan，屏幕中央将出现如图 16-1 所示的对话框。在此对话框中，用户可以单击"入门"链接，查看 IBM Rational AppScan 的新手入门文档，这里选择单击"创建新的扫描"来创建 Web 安全扫描任务。

图 16-1　启动 IBM Rational AppScan

16.3　新建扫描

单击图 16-1 中"创建新的扫描"链接，IBM Rational AppScan 将打开如图 16-2 所示的"新建扫描"界面，该界面中主要列出了用户常用的扫描模版。扫描模板中包括已经定义好的扫描配置，用户需要根据具体项目需求选择一个适合的扫描模板。下面将以 Altoro Mutual 网站的主页 https://demo. testfire.net 为例，介绍如何使用 IBM Rational AppScan 进行常规扫描，单击"常规扫描"进入下一步。这里建议用户勾选页面左下角"启动扫描配置向导"，这样 IBM Rational AppScan 将为用户打开扫描配置向导，以便用户进行定制的扫描配置。"扫描配置向导"界面如图 16-3 所示。

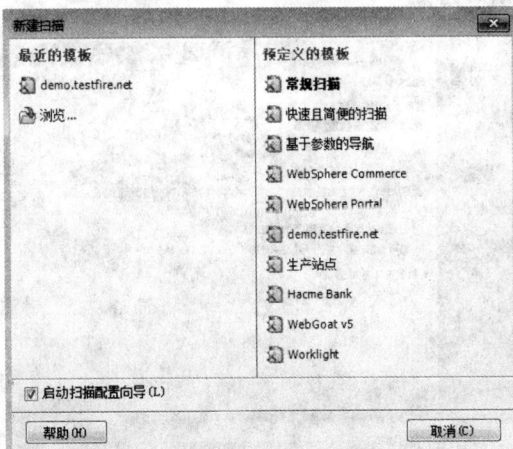

图 16-2　"新建扫描"界面

16.4　配置扫描

开始扫描之前，IBM Rational AppScan 需要用户提供被测 Web 应用的起始 URL、登录的用户名密码等一系列参数和扫描策略信息，如图 16-3 所示。

1) 选择使用搜索站点的方式。IBM Rational AppScan 提供了"AppScan(自动或手动)"、"外部设备/客户机(AppScan 作为记录代理)"和"通用服务客户机(WSDL)"三种探索站点的方式供用户选择，本例中选择"AppScan(自动或手动)"方式，并单击"下一步"。

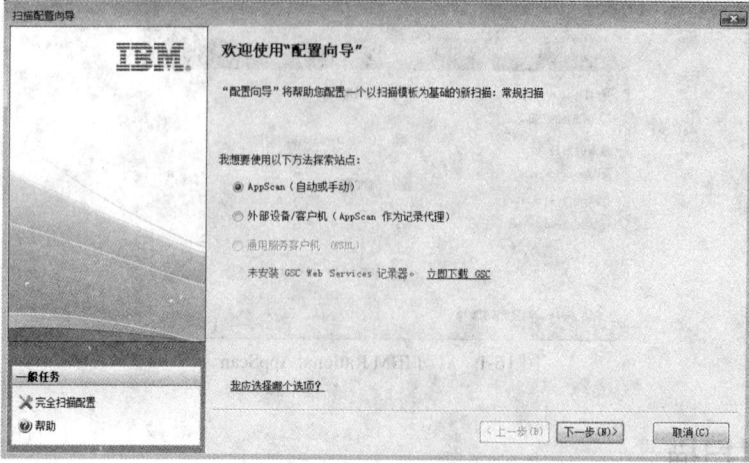

图 16-3　"扫描配置向导"界面

2) 设置起始 URL 和服务器。用户需要在对话框中配置扫描范围，包括起始 URL 以及需要额外包括的其他服务器和域。

(1) **起始 URL**：IBM Rational AppScan 将从该 URL 网址启动扫描，对被测 Web 应用进行扫描；

(2) **其他服务器和域**：IBM Rational AppScan 将在扫描中包括在此处输入的服务器和域。

本例中，起始 URL 处使用的地址为 https://demo.testfire.com/，如图 16-4 所示。输入起始 URL 后，单击右侧测试服务器连接性按钮，测试服务器是否已经链接。确认服务器连接后，单击"下一步"按钮，进入"连接设置"界面。

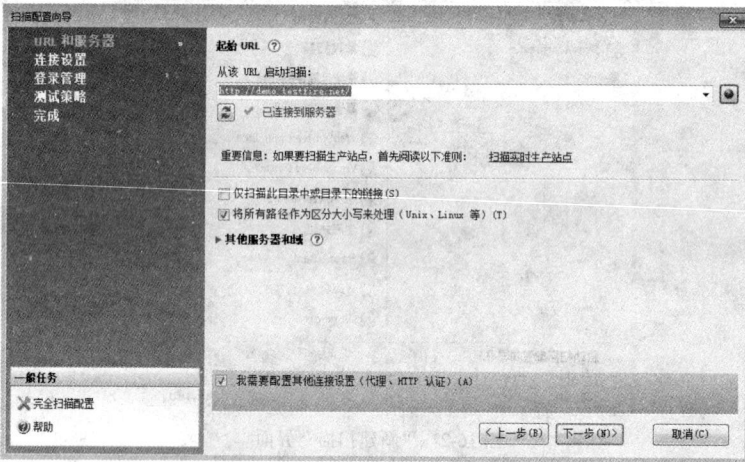

图 16-4　设置启动扫描 URL

3) 连接设置。IBM Rational AppScan 连接设置界面给出了"使用 Internet Explorer 代理服务器"、"不使用代理"和"使用定制代理设置"三种代理设置方法。本例采用第一种连接方式。配置好连接方式后，如图 16-5 所示，检查对话框下方的连接状态，确认连接到服务器后单击"下一步"，进入"登录管理"界面。

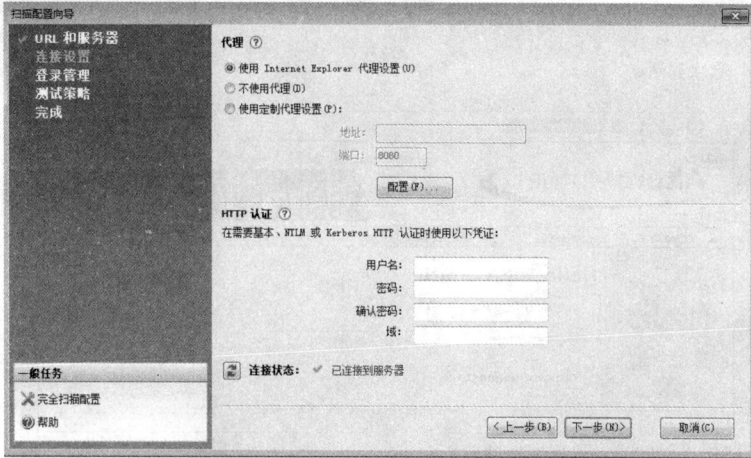

图 16-5　连接设置

4) 配置登录管理。对于需要用户名和密码登录的 Web 应用，IBM Rational AppScan 给出了"记录(推荐)"、"提示"、"自动"和"无"四种配置登录管理的方式，如图 16-6 所示。

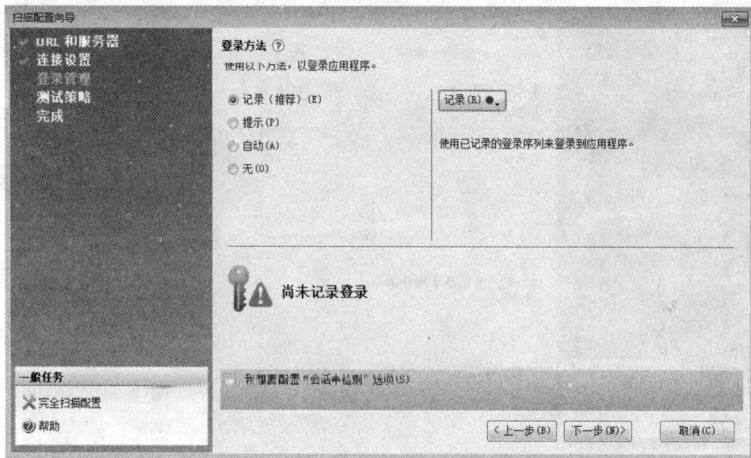

图 16-6　登录管理配置

单击图 16-6 上的"记录(R)"按钮，IBM Rational AppScan 启动内置浏览器，单击 Sign In，分别输入用户名 jsmith 和密码 Demo1234，单击 Login。登录成功后，单击嵌入式浏览器上的"我已成功登录到站点"按钮，通知设置向导完成登录记录操作，如图 16-7 所示。

登录记录操作完成后，检查返回的登录管理配置界面，其中显示登录记录成功，如图 16-8 所示。单击"下一步"，进行测试策略配置。

5) 测试策略配置。测试策略配置窗口如图 16-9 所示。用户可以根据测试需求选择已有的测试策略文件，如"仅基础结构"、"仅应用程序"等作为此次测试的测试策略。用户也可单击页面左下方的"完全扫描配置"链接，展开如图 16-10 所示的全部测试策略选项，此处用户可根据严重性、威胁类型等分类方式进行详细的测试策略配置。

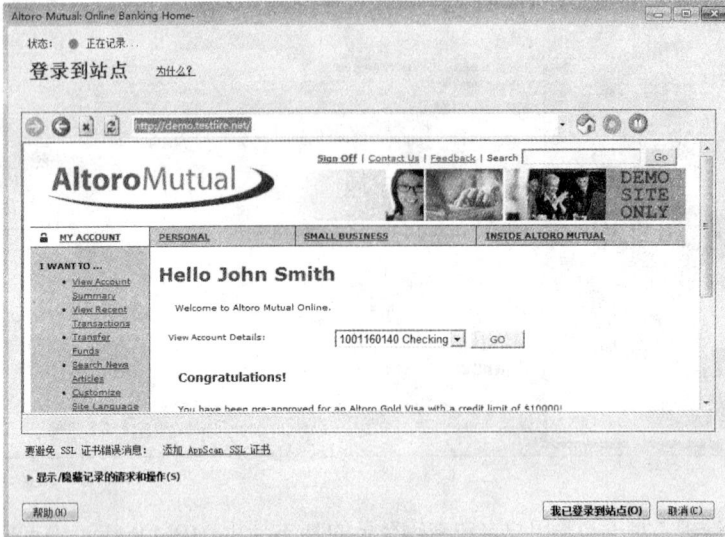

图 16-7　登录记录完成

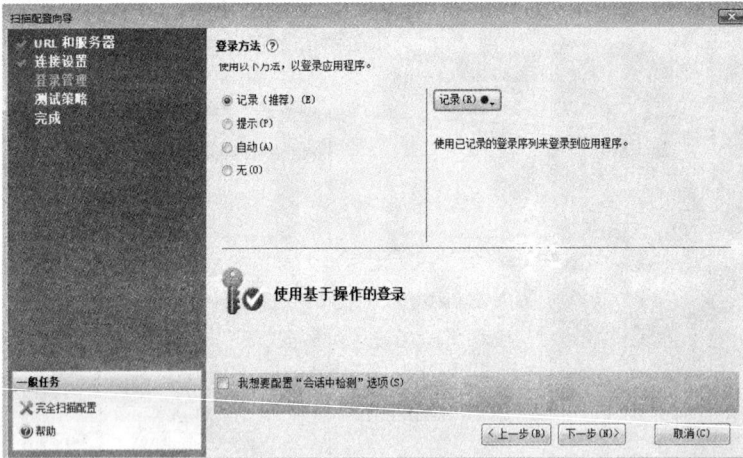

图 16-8　登录记录成功

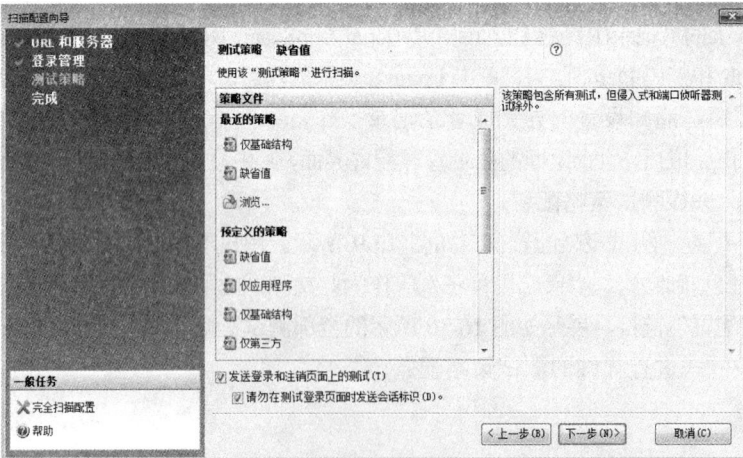

图 16-9　测试策略配置

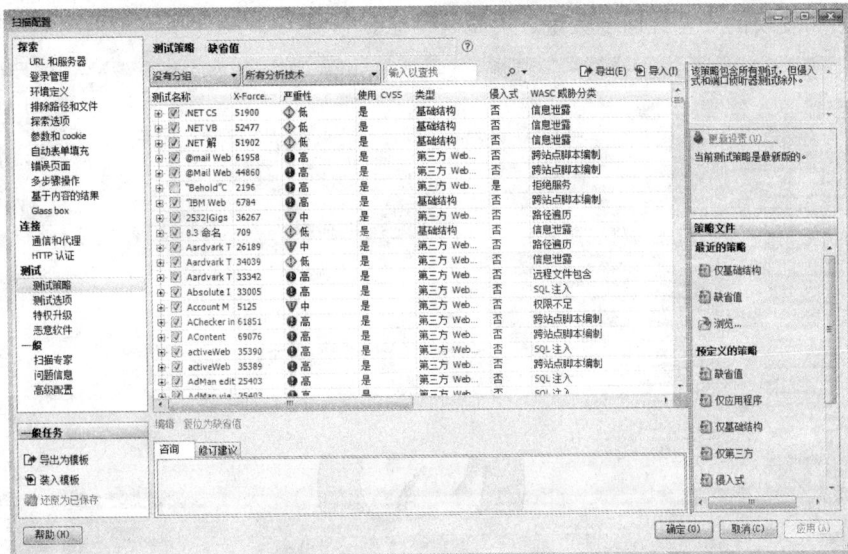

图 16-10　全部测试策略

6) 完成配置向导。此对话框中用户可以选择"启动全面自动扫描"启动扫描分析，或者选择"我将稍后启动扫描"，将本次扫描配置保存成模板供后续工作调用，以便从主面板启动测试。"扫描配置向导"界面如图 16-11 所示。

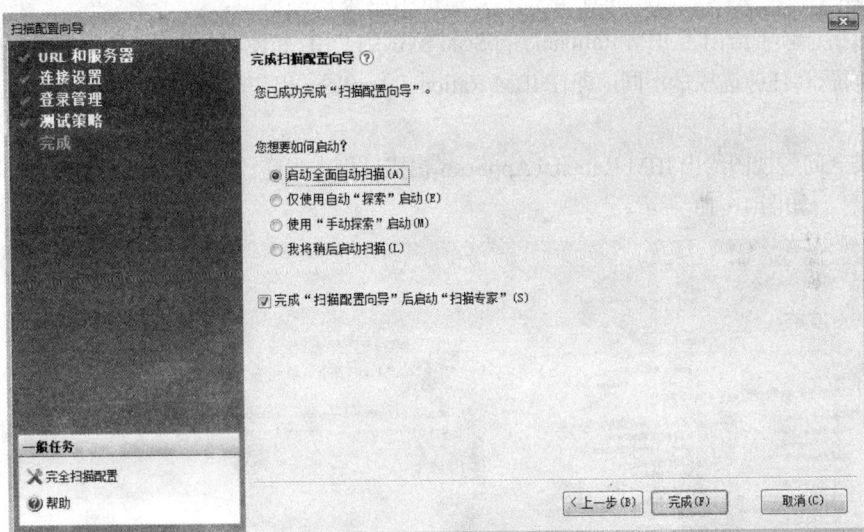

图 16-11　"扫描配置向导"界面

16.5　启动扫描

启动扫描后会看到如图 16-12 所示的 IBM Rational AppScan 工作界面。其中，主选项卡有"数据"、"问题"和"任务"三个按钮。页面左侧是被测应用的树形结构图。下方是扫描的进度条和状态栏。进度条给出的信息包括当前探索或测试的 URL、测试完成的百分比、测试已使用的时间。状态栏给出当前测试中已访问页面数量和计划访问的页面总数，还包括已测试的元素数量、计划测试的元素总数和发现的安全性问题数量、类型等信息。

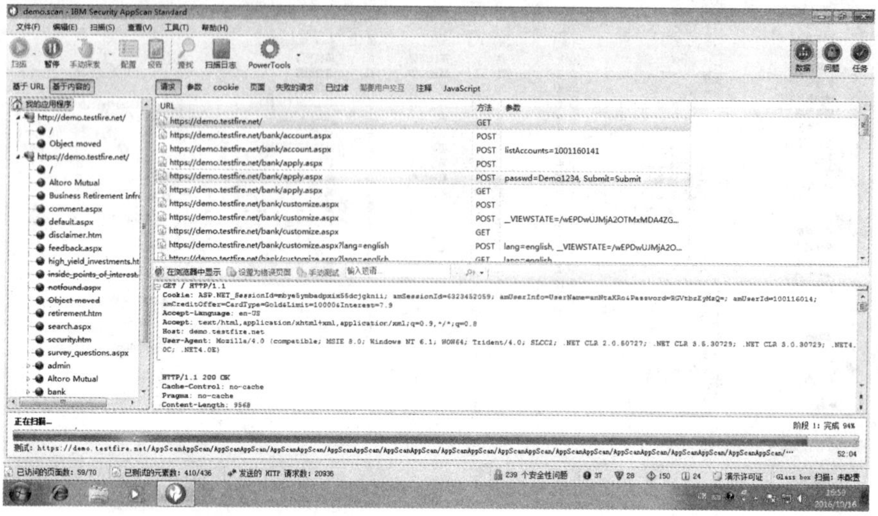

图 16-12　扫描工作界面

16.5.1　结果视图

IBM Rational AppScan 会在扫描过程中实时地将已发现安全隐患的信息显示在结果视图窗口中。扫描结果按照数据、问题和任务三个类别重用结果视图窗口。

(1) 数据选项卡给出了 IBM Rational AppScan 测试的 URL 和使用的方法、参数信息,如图 16-12 所示。与问题和任务选项卡不同,即使 IBM Rational AppScan 仅完成了探索步骤,数据选项卡也是可用的。

(2) 安全问题视图给出 IBM Rational AppScan 扫描过程中当前已发现的问题类型、严重性等级、数量等信息,如图 16-13 所示。

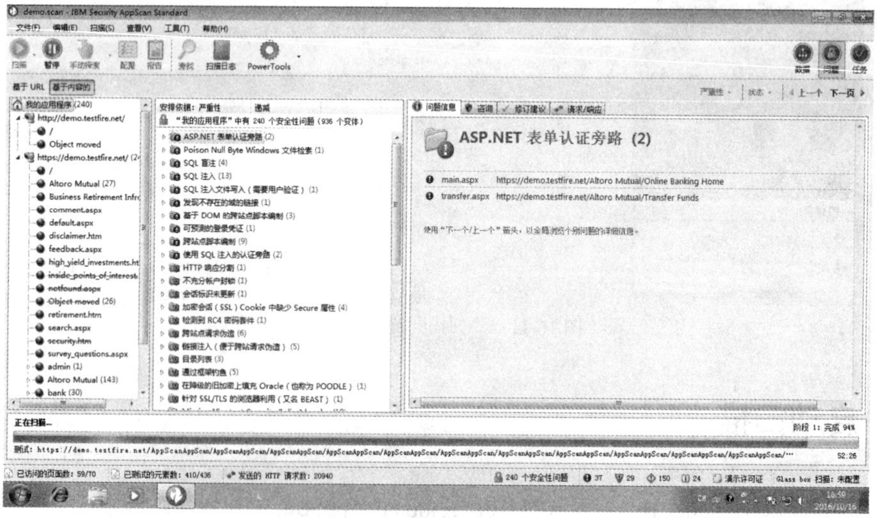

图 16-13　"问题"选项卡

(3) 任务选项卡提供一个修复扫描中发现问题的详细修改建议,以及该修订将解决的问题的详细分析,如图 16-14 所示。

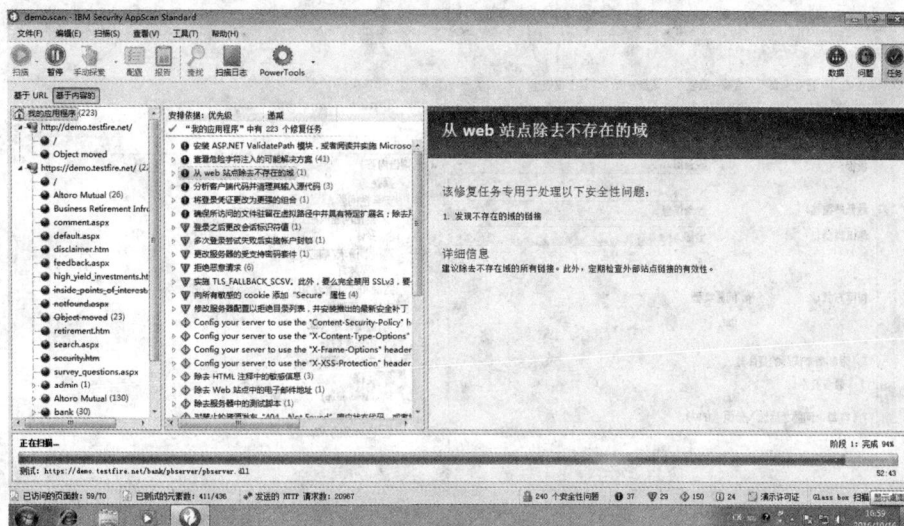

图 16-14　"任务"选项卡

16.5.2　严重等级

IBM Rational AppScan 为每一个发现的问题分配安全级别，安全级别分为 4 个严重等级，如表 16-1 所示。需要注意，IBM Rational AppScan 默认分配的任何问题的严重性级别都可以通过右键单击节点进行手动更改。

表 16-1　问题严重等级

图标	名称	危害描述
❗	高严重等级	直接危害应用程序、Web 服务器或信息
⚠	中严重等级	尽管数据库和操作系统没有危险，但会通过未授权的访问威胁私有区域，如脚本源代码泄露等
◆	低严重等级	允许未授权的侦测，如服务器路径泄露
ⓘ	报告安全问题	应当人工核查的问题，未必是安全问题

16.6　结果专家

结果专家通常在完全扫描后自动运行，也可在任意时间，选择显示全部或部分扫描结果。在时间有限，结果量巨大的情况下，用户可以决定不运行结果专家，或禁止一个或多个结果专家的模块。

用户使用 IBM Rational AppScan 评估了站点的漏洞后，可以配置"创建报告"对话框中的不同选项，为组织中各类人员，如开发者、内部审计员、安全测试员和项目经理等生成定制的报告。

单击工具栏上的"报告"图标，或者单击菜单栏上的"工具"|"报告"按钮，即可打开如图 16-15 所示的"创建报告"对话框。

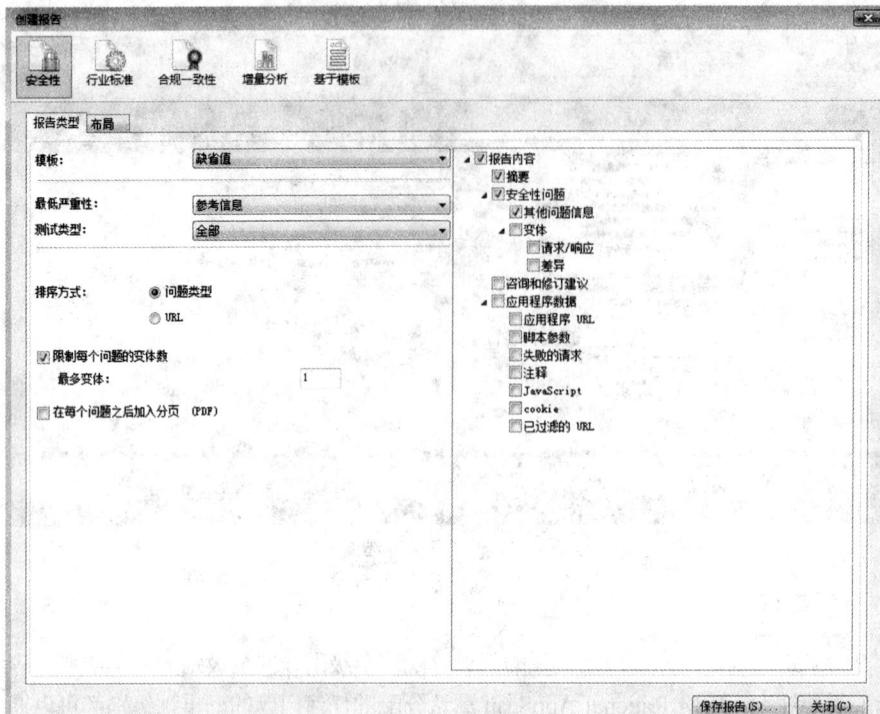

图 16-15　创建报告

IBM Rational AppScan 为用户提供了如表 16-2 所示的五种报告类型：

表 16-2　IBM Rational AppScan 报告类型

图标	名称	描述
	安全报告	报告扫描中发现的安全问题。安全问题包括的内容非常多，用户可以根据需求进行筛选和调整。安全报告中共有六种不同的模板，用户亦可根据项目需求对模板进行调整
	行业标准报告	报告给出被测应用对一系列行业要求(如 OWASP Top 10、ISO 27002、WASC 等)或用户定制的标准的符合性
	合规一致性报告	报告给出被测应用对大量规范、法律标准(如 GLBA、HIPPA、MITS 等)或用户定制标准的符合性报告
	增量分析报告	报告对两组扫描结果进行比较，并给出发现的 URL 和/或安全问题中的差异
	基于模板的报告	报告提供一定量的样本模板，用户还可根据项目需求定义模板中所包含的数据类型、文件类型等

　　配置好所需的报告类型后，单击"保存报告"按钮，IBM Rational AppScan 将自动生成报告，其中包含介绍、摘要和按类型分类的问题、原因等。

16.7　本章小结

　　本章使用 Altoro Mutual 网站的主页为例，介绍了使用 IBM Rational AppScan 进行 Web 应用程序自动化测试的主要过程和管理测试结果的方法。

练 习 题

1. 配置 IBM Rational AppScan 对 Altoro Mutual 网站的主页 https://demo.testfire.net 进行测试，选择的策略为基础设施测试。

2. 配置 IBM Rational AppScan 对 Altoro Mutual 网站的主页 https://demo.testfire.net 进行数据注入方面的缺陷测试时应选的测试策略有哪些？执行这些测试策略后，你能得到什么结论？

附录　HTTP 状态码简明释义表

状态码	状态码英文名称	描述
100	Continue	继续。客户端应继续其请求
101	Switching Protocols	切换协议。服务器根据客户端的请求切换协议。只能切换到更高级的协议，例如，切换到 HTTP 的新版本协议
200	OK	请求成功。一般用于 GET 与 POST 请求
201	Created	已创建。成功请求并创建了新的资源
202	Accepted	已接受。已经接受请求，但未处理完成
203	Non-Authoritative Information	非授权信息。请求成功。但返回的 meta 信息不在原始的服务器，而是一个副本
204	No Content	无内容。服务器成功处理，但未返回内容。在未更新网页的情况下，可确保浏览器继续显示当前文档
205	Reset Content	重置内容。服务器处理成功，用户终端(例如：浏览器)应重置文档视图。可通过此返回码清除浏览器的表单域
206	Partial Content	部分内容。服务器成功处理了部分 GET 请求
300	Multiple Choices	多种选择。请求的资源可包括多个位置，相应可返回一个资源特征与地址的列表用于用户终端(例如：浏览器)选择
301	Moved Permanently	永久移动。请求的资源已被永久移动到新 URI，返回信息会包括新的 URI，浏览器会自动定向到新 URI。今后任何新的请求都应改用新的 URI
302	Found	临时移动。与 301 类似。但资源只是临时被移动。客户端继续使用原有 URI
303	See Other	查看其他地址。与 301 类似。使用 GET 和 POST 请求查看
304	Not Modified	未修改。所请求的资源未修改，服务器返回此状态码时，不会返回任何资源。客户端通常会缓存访问过的资源，通过提供一个头信息指出客户端希望只返回在指定日期之后修改的资源
305	Use Proxy	使用代理。所请求的资源必须通过代理访问
306	Unused	已经被废弃的 HTTP 状态码
307	Temporary Redirect	临时重定向。与 302 类似。使用 GET 请求重定向
400	Bad Request	客户端请求的语法错误，服务器无法理解
401	Unauthorized	用户未获得授权
402	Payment Required	保留，将来使用
403	Forbidden	服务器理解请求客户端的请求，但是拒绝执行此请求
404	Not Found	服务器无法根据客户端的请求找到资源(网页)。通过此代码，网站设计人员可设置"你所请求的资源无法找到"的个性页面

(续表)

状态码	状态码英文名称	描述
405	Method Not Allowed	客户端请求中的方法被禁止
406	Not Acceptable	服务器无法根据客户端请求的内容特性完成请求
407	Proxy Authentication Required	请求要求代理的身份验证，与 401 类似，但请求者应当使用代理进行授权
408	Request Time-out	服务器等待客户端发送的请求时间过长，超时
409	Conflict	服务器完成客户端的 PUT 请求时可能返回此代码，服务器处理请求时发生了冲突
410	Gone	客户端请求的资源已经不存在。410 不同于 404。如果资源以前有，但现在被永久删除了，可使用 410 代码。网站设计人员可通过 301 代码指定资源的新位置
411	Length Required	服务器无法处理客户端发送的不带 Content-Length 的请求信息
412	Precondition Failed	客户端请求信息的先决条件错误
413	Request Entity Too Large	由于请求的实体过大，服务器无法处理，因此拒绝请求。为防止客户端的连续请求，服务器可能关闭连接。如果只是服务器暂时无法处理，则包含一个 Retry-After 的响应信息
414	Request-URI Too Large	请求的 URI 过长(URI 通常为网址)，服务器无法处理
415	Unsupported Media Type	服务器无法处理请求附带的媒体格式
416	Requested range not satisfiable	客户端请求的范围无效
417	Expectation Failed	服务器无法满足 Expect 的请求头信息
500	Internal Server Error	服务器内部错误，无法完成请求
501	Not Implemented	服务器不支持请求的功能，无法完成请求
502	Bad Gateway	充当网关或代理的服务器，从远端服务器接收到了一个无效请求
503	Service Unavailable	由于超载或系统维护，服务器暂时无法处理客户端的请求。延时的长度可包含在服务器的 Retry-After 头信息中
504	Gateway Time-out	充当网关或代理的服务器，未及时从远端服务器获取请求
505	HTTP Version not supported	服务器不支持请求的 HTTP 协议的版本，无法完成处理

参 考 文 献

[1] 周百顺、张伟、陈良臣. 应用软件测试实践[M]. 北京：清华大学出版社，2014.

[2] 蔡建平. 软件测试方法与技术[M]. 北京：清华大学出版社，2014.

[3] 朱少民. 全程软件测试(第2版)[M]. 北京：电子工业出版社，2014.

[4] 曹薇. 软件测试[M]. 北京：清华大学出版社，2008.

[5] (美) paul C Jorgensen，译者：韩柯，杜旭涛. 软件测试[M]. 北京：机械工业出版社，2003.

[6] 甘仞初. 信息系统原理与应用[M]. 北京：高等教育出版社，2004.

[7] 蔡为东. 步步为赢——软件测试管理全程实践[M]. 北京：电子工业出版社，2009.

[8] (美)Daniel J Mosley,Bruce A Posey，译者：邓波，黄丽娟，曹青春. 软件测试自动化[M]. 北京：机械工业出版社，2003.

[9] 余杰，赵旭斌. 精通 QTP——自动化测试技术领航[M]. 北京：人民邮电出版社，2012.

[10] 于学军等. 软件功能测试及工具应用[M]. 北京：清华大学出版社，2014.

[11] 田艳琴. QTP 从实践到精通. 北京：电子工业出版社，2010.

[12] 修佳鹏等. 软件性能测试及工具应用[M]. 北京：清华大学出版社，2014.

[13] 黄文高等. Loadrunner 性能测试完全讲义[M]. 北京：中国水利水电出版社，2010.

[14] 张甦等. 软件测试管理及工具应用[M]. 北京：清华大学出版社，2014.

[15] 张剑. 软件安全开发[M]. 四川：电子科技大学出版社，2015.

[16] 霍华德、李兆星、原浩等. 软件安全开发生命周期[M]. 北京：电子工业出版社，2014.

[17] (美) John Viega、Gary McGraw，译者：殷丽华. 安全软件开发之道[M]. 北京：机械工业出版社，2014.

[18] (美) Brian Chess、Jacob West，译者：董启雄、韩平、程永敬. 安全编程[M]. 北京：机械工业出版社，2008.

[19] (美) Ed Taylor，译者：刘志刚、王虎、邓宏涛. TCP/IP 使用详解[M]. 北京：机械工业出版社，1999.

[20] (美) Craig Zacker，译者：王晓东. TCP/IP 网络管理[M]. 北京：中国水利水电出版社，1998.

[21] 刘化君、张文. TCP/IP 基础[M]. 北京：电子工业出版社，2015.

[22] (日) 上野宣，译者：于均良. 图解 HTTP[M]. 北京：人民邮电出版社，2014.

[23] (英) Ivan Ristic，译者：杨洋. HTTPS 权威指南[M]. 北京：人民邮电出版社，2016.

[24] 兰景英、王永恒. Web 应用程序测试[M]. 北京：清华大学出版社，2015.

[25] (美)Edardo B. Fernandez，译者：董国伟. 安全模式最佳实践[M]. 北京：机械工业出版社，2015.

[26] 张炳帅. Web 安全深度剖析[M]. 北京：电子工业出版社，2015.

[27] (美) Kent Beck，译者：白云鹏. 测试驱动开发：实战与模式解析[M]. 北京：机械工业出版社，2013.

[28] (美) Justin Seitz，译者：孙松柏等. Python 黑帽子：黑客与渗透测试编程之道[M]. 北京：电子工业出版社，2015.

[29] 兰景英，王永恒. Web 应用程序测试[M]. 北京：清华大学出版社，2015.

[30] Guttman Barbara、Roback Edward. An introduction to computer security: the NIST handbook[M]. U.S. Dept. of Commerce, Technology Administration, National Institute of Standards and Technology, 1995.

[31] 陈小兵. 安全之路：Web 渗透技术及实战案例解析[M]. 北京：电子工业出版社，2015.

[32] 郭乐深、尚晋刚，史乃彪. 信息安全工程技术[M]. 北京：北京邮电大学出版社，2011.

[33] 王晓卉、李亚伟. Wireshark 数据包分析实战详解[M]. 北京：清华大学出版社，2015.

[34] 何泾沙、钱进. 软件安全测试及工具应用[M]. 北京：清华大学出版社，2015.

[35] 张勉、曹卫锋. 软件安全开发的流程分析[J].

[36] 彭雁虹，李怀祖. 信息系统体系结构的总体框架[J].

[37] 孟成彬. 软件自动化测试技术与工具[J].

[38] 软件生命周期[EB/OL]. [2015-6-22]. http://baike.baidu.com/item/软件生命周期.

[39] QTP 自动化测试框架的基础知识[EB/OL]. [2014-1-14]. http://www.cnitblog.com.

[40] HTTP 状态码大全[EB/OL]. [2016-7-22]. http://www.cnblogs.com/lxinxuan.

[41] HP. HP ALM11.5 用户指导文档[EB/OL]. [2013.7.1] .

[42] HP. HP UFT11.5 用户指导手册[EB/OL]. [2013.7.1].

[43] HP. HP Loadrunner12 用户指导手册[EB/OL]. [2015.3.7] .

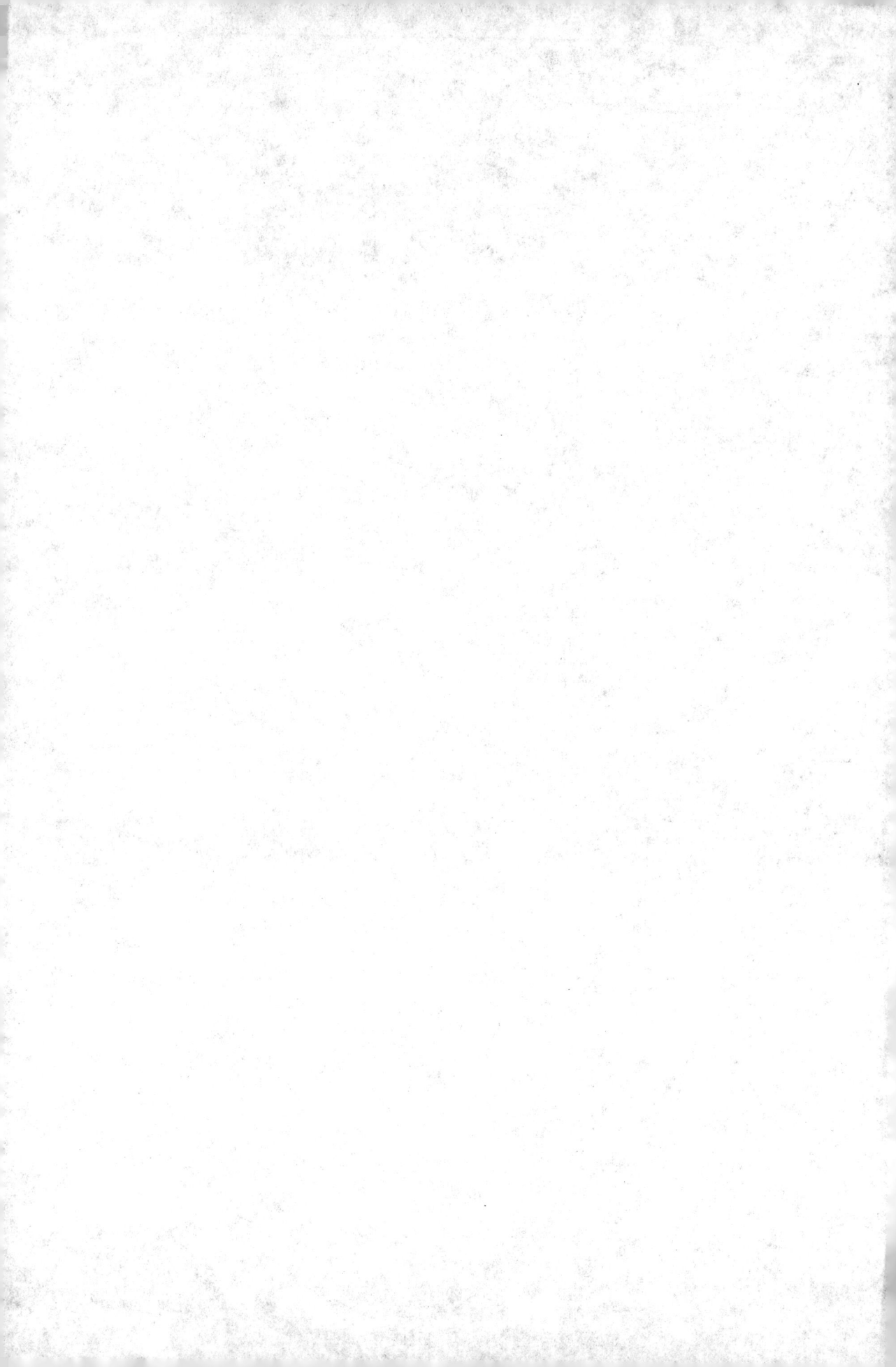